프론트엔드 개발자를 위한

인터랙티브 웹 애니메이션

저자 김영민

HTML, CSS, JavaScript 기본기부터
React, Three.js를 활용한 3D 애니메이션까지

YoungJin.com Y.
영진닷컴

프론트엔드 개발자를 위한
인터랙티브
웹 애니메이션

Copyright ©2025 by Youngjin.com Inc.
B-10F, Gab-eul Great Valley, 32, Digital-ro 9-gil, Geumcheon-gu, Seoul,
Republic of Korea 08512

All rights reserved. No part of this book may be reproduced or transmitted in any form or by any means, electronic or mechanical, including photocopying, recording or by any information storage retrieval system, without permission from Youngjin.com Inc.

ISBN : 978-89-314-7939-3

독자님의 의견을 받습니다.
이 책을 구입한 독자님은 영진닷컴의 가장 중요한 비평가이자 조언가입니다. 저희 책의 장점과 문제점이 무엇인지, 어떤 책이 출판되기를 바라는지, 책을 더욱 알차게 꾸밀 수 있는 아이디어가 있으면 팩스나 이메일, 또는 우편으로 연락주시기 바랍니다. 의견을 주실 때에는 책 제목 및 독자님의 성함과 연락처(전화번호나 이메일)를 꼭 남겨 주시기 바랍니다. 독자님의 의견에 대해 바로 답변을 드리고, 또 독자님의 의견을 다음 책에 충분히 반영하도록 늘 노력하겠습니다.

이메일 : support@youngjin.com
주 소 : (우)08512 서울특별시 금천구 디지털로9길 32 갑을그레이트밸리 B동 10층
           (주)영진닷컴 기획팀

파본이나 잘못된 도서는 구입하신 곳에서 교환해 드립니다.

STAFF
저자 김영민 | **총괄** 김태경 | **기획** 김용기 | **디자인·편집** 김유진
영업 박준용, 임용수, 김도현, 이윤철 | **마케팅** 이승희, 김근주, 조민영, 김민지, 김진희, 이현아
제작 황장협 | **인쇄** 제이엠

지은이의 글

퍼블리셔(Publisher)라는 국내에만 있는 직군으로 시작해서 여러 UI(User Interface), UX(User Experience)를 JavaScript를 사용하지 않고 만들어 나가던 때가 있었습니다.

그 당시는 jQuery가 전성기였고, 반응형 웹이 막 도입되기 시작하던 때였습니다. 웹 표준과 접근성의 중요성이 대두되며 더 나은 웹을 만들기 위한 노력이 본격화되던 시기였습니다.

필자는 사용자 경험이 웹 서비스의 성패를 좌우한다는 것을 깨달으면서, 프론트엔드 개발에 더욱 매료되었습니다. 점점 국내에서도 웹 개발자 대신 프론트엔드 전문 인력을 구인하기 시작했고, 지금은 완전히 분리된 하나의 직군으로 인식되고 있습니다.

이제는 기술의 변화 속도가 더욱 빨라졌고, AI의 등장으로 개발 환경도 크게 변화하고 있습니다. 하지만 여전히 사람의 관점에서 생각하고 UI, UX에 대해서 각자의 상황에 맞게 고민할 수 있는 직군을 대체할 수는 없습니다. 또한, AI는 결코 프롬프트를 질의할 수 있는 기본 지식을 직접 알려주지 않습니다.

이 책은 사용자와 실시간으로 상호작용하는 인터랙티브한 웹을 만들기 위한 HTML, CSS, JavaScript 기본기뿐만 아니라 다양한 예제를 다루고 있습니다. 챕터를 실행해 보면서 본인만의 웹 페이지를 꼭 구성해 보시기 바랍니다.

기술은 끊임없이 변화하지만, 사용자의 니즈를 이해하고 그에 맞는 최적의 해결책을 찾아가는 것이 프론트엔드 개발의 본질이라고 생각합니다. 이 책이 여러분의 프론트엔드 개발 여정에 출발점이 되길 바랍니다.

마지막으로 이 책을 기획해 주시고 지원해 주신 김용기 대리님, 책의 코드에 사용된 3D 이미지를 제작해 주시고, 오랜 집필 기간 동안 끊임없는 응원과 정신적 지지를 보내준 사랑하는 아내 윤이랑님께 깊은 감사의 마음을 전합니다.

김영민 드림

이 책에 대하여

이 책의 구성

이 책은 크게 12장으로 구성되어 있습니다. 1장부터 5장까지는 인터랙티브 웹을 실습하기에 앞서 HTML, CSS, JavaScript 기본 개념에 대해서 알아봅니다. 세부적으로 1장은 프론트엔드 웹 개발을 위한 환경 설정, 2장은 HTML의 기본 개념, 3장은 CSS의 기본 개념, 4장은 인터랙티브 웹을 위한 추가적인 지식을 습득하게 됩니다. 그리고 5장은 JavaScript의 기본 개념을 보충하고 6장부터 실제 현업에서 사용하게 되는 다양한 인터랙티브 웹을 하나씩 구현하며 실습하게 됩니다. 11장부터는 React 프레임워크와 Three.js 라이브러리를 활용해서 고급 인터랙티브 웹 콘텐츠와 웹 게임을 제작하는 방법을 배웁니다. 이 책의 장별 내용은 순차적으로 난이도가 높아지므로 차근차근 학습하는 것을 권장하지만, HTML, CSS, JavaScript에 대한 기본 지식이 충분히 있다고 생각된다면 6장으로 넘어가서 실습을 바로 시작하셔도 좋습니다.

숙지해야 할 내용

인터랙티브 웹 개발에 필요한 많은 지식을 최대한 자세하게 설명하고자 노력하였으나, 기본적인 컴퓨터 사용법과 인터넷 활용 능력이 있다고 가정하고 설명하였습니다. HTML, CSS, JavaScript, React 등 서술하지 않은 다른 속성이나 기능에 대해 알고 싶다면 관련 문서나 도서를 학습하시길 권합니다. 특히 Node.js 설치나 Git 사용법과 같은 일부 기본 도구 설정은 간략하게 다루었으므로, 필요 시 관련 자료를 참고하시기 바랍니다.

이 책에 소개된 모든 코드와 예제는 최신 웹 브라우저인 크롬 브라우저와 VS Code를 기준으로 설명하였습니다.

대상 독자

이 책은 프론트엔드 개발에서 인터랙티브 웹 애니메이션을 만드는 것에 관심있는 분들을 대상으로 합니다. 처음 시작하는 분들을 위해 필요한 HTML, CSS, JavaScript 기본 지식부터 시작해서 실제 웹에서 많이 사용되는 프로젝트들을 실습하고 React, Three.js 등 라이브러리 사용법 및 실습을 통해 웹 게임을 만들어 볼 수 있습니다.

─● 독자 여러분께

이 책은 1장부터 차근차근 배워가실 수도 있고, 기본 지식이 있으신 분들은 6장부터 바로 실습을 시작하실 수도 있습니다. 특히 6장부터 시작하시는 분들께서는 예제 코드를 반드시 직접 타이핑하면서 실습해 보시기를 권해드립니다.

프론트엔드 개발 생태계는 지금도 끊임없이 변화하고 있습니다. 책을 보시다가 궁금하신 점이나 오류를 발견하시면 아래 방법으로 문의해 주시기 바랍니다.

깃허브 : https://github.com/Youngjin-com/interactive_web/issues
이메일 주소 : copstyle86@gmail.com

여러분의 의견과 질문을 통해 더 나은 프론트엔드 개발 학습 경험을 만들어 갈 수 있기를 기대합니다.

─● 예제 소스 다운로드

이 책에서 작성된 모든 소스 코드는 깃허브 저장소(https://github.com/Youngjin-com/interactive_web)나 영진닷컴 자료실(https://youngjin.com/reader/pds/pds.asp (영진닷컴 〉 고객센터 〉 부록CD 다운로드))에서 다운로드할 수 있습니다.

─● 동영상 강의

이 책에 대한 온라인 동영상 강의는 영진닷컴 유튜브 채널(https://www.youtube.com/@IT-Youngjin)을 통해 제공되고 있습니다.

영진닷컴 IT 유튜브 채널 QR코드

추천사

| 김석민(비쥬얼스토리 대표) |

프론트엔드는 고객과 서비스가 처음 만나는 접점을 설계하는 일입니다. 겉으로 드러나는 화면을 넘어, 사용자의 흐름과 감각을 섬세하게 구축하는 과정이며 그 안에는 기술, 디자인, 그리고 사용자에 대한 깊은 이해가 유기적으로 녹아 있습니다. 눈앞에 펼쳐지는 UI 하나하나에는 기능을 넘어선 맥락과 설계 의도가 담겨 있습니다. 이 책은 그 복잡하고 정교한 과정을 실무자의 시선으로 현실감 있게 풀어낸, 밀도 높은 실전형 지침서입니다.

| 안병선(상공 대표) |

마크업 웹 표준부터 시작해 10년 넘게 프론트엔드 개발 실무 경험을 쌓아온 저자의 전문성이 돋보이는 책입니다. 이 책은 이론에만 그치지 않고 현업에서 즉시 활용 가능한 실전 지식으로 가득합니다.

학원에서는 배울 수 없는 현장의 노하우, 문제 해결 방법, 최신 기술 트렌드까지 모두 담겨 있어, 개발자로서의 역량을 한 단계 높일 수 있습니다. 특히 취업 준비생들에게는 포트폴리오 구성 전략과 기술 인터뷰 대비법까지 제공해 실질적인 취업 경쟁력을 갖추는 데 큰 도움이 됩니다.

프론트엔드 개발의 실제 업무 프로세스와 핵심 기술을 체계적으로 배울 수 있는 이 책은 개발자로 성장하고자 하는 모든 분께 자신 있게 추천합니다.

| 이용천(KT 계열사 프리랜서 개발자) |

프론트엔드 개발의 세계는 끊임없이 변하고 있고 새로운 기술과 도구가 매일 등장합니다. 그만큼 개발자에게 요구되는 역량도 높아지고 있습니다.

이 책은 저자가 초급부터 현재까지 성장하며 배운 실무의 경험을 토대로 일반인부터 실무자까지 프론트엔드 개발에 필요한 기술과 경험을 제공하고 있습니다.

HTML 및 CSS 활용부터 REST API 사용 및 애니메이션 처리 기법까지 천천히 따라 익히다 보면, 실제 프로젝트에서 사용할 수 있는 개발 환경 및 기능들을 자연스럽게 습득되리라 생각됩니다.

프론트엔드 개발의 길을 걷고자 하는 모든 이에게 이 책을 강력히 추천합니다.

| 김재신(엔씨소프트) |

웹 프론트엔드 개발에 필요한 필수 지식을 체계적이고 쉽게 전달하는 책입니다.

HTML, CSS, JavaScript의 기초부터 인터랙티브 웹 구현, 반응형 디자인, Three.js 및 WebGL 기반의 3D 인터랙션까지 풍성한 예제를 통해 실습 중심으로 구성되어 있습니다.

현직 개발자는 물론, 웹 기술에 관심 있는 모든 분들에게 자신 있게 추천합니다.

| 김준휘(웨이커 CTO) |

이 책은 프론트엔드 개발의 기본부터 실무에 바로 적용 가능한 기술까지 폭넓은 주제를 다루고 있습니다. 제가 생각하는 가장 큰 장점은 백엔드 개발자와의 협업을 고려한 내용을 포함하고 있다는 점입니다. 이를 통해 프론트엔드 기술을 배우는 것뿐만 아니라, 백엔드와의 협업을 원활하게 하는 데에도 도움을 줄 것입니다. 이는 실무에서 겪을 수 있는 여러 상황을 미리 이해하고, 효과적으로 소통하는 데 큰 도움이 될 것입니다.

| 권경열(키워드로 완성하는 AI 아트 테크닉 with 미드저니, 니지저니 저자) |

함께 일할 때 웹 개발자로서 열정적이고 적극적인 자세로 어려운 문제도 척척 풀어간 인재로, 웹 프론트엔드 개발 실력, 내공이 상당히 풍부한 저자입니다.

현대 웹 프론트엔드 개발은 끊임없이 진화하는 분야입니다. 급속한 변화 속에서 초보자는 물론이고 현업 개발자들까지 기술의 흐름을 놓치지 않고 따라가기 위한 효과적인 안내서가 필요합니다. 이 책은 바로 그러한 요구를 완벽하게 충족시키는 교재입니다.

평범한 다른 책과 달리 인터랙티브에 집중하여 반응형 웹페이지에 관심있는 누구라도 금방 따라 할 수 있게 구성한 것은 이 책만의 독특한 점이라고 생각합니다.

웹의 동적인 기능을 구현하는 핵심 언어인 JavaScript의 기본적인 문법과 환경 설정부터 비동기 처리(Promise, async/await)까지 깊이 있게 설명하고, 실습 예제를 통해 자연스럽게 실력을 키울 수 있어 웹 프론트엔드 초보자, 경력자 모든 독자에게 추천할 만한 책입니다.

| 박선호(ConnectWave) |

프론트엔드 개발을 잘한다는 건 단순히 예쁜 화면을 만드는 게 아니라, 그 안에 숨은 '왜'를 끊임없이 고민하는 일이라고 생각합니다. 저자는 그런 질문을 놓치지 않는 사람이고, 실제로 함께 일하면서 그런 부분을 많이 느꼈습니다. 이 책엔 단순한 문법이나 코드 설명을 넘어서, 실무에서 직접 부딪히고 고민한 흔적들이 잘 담겨 있습니다. 하나하나 따라가다 보면 단순히 '어떻게'가 아니라 '왜 이렇게 만드는지'까지 자연스럽게 이해하게 될 것입니다. 프론트엔드를 제대로 배우고 싶은 분들께 이 책을 추천합니다.

| 강태희(웹디자이너) |

사용자 경험을 설계하는 디자이너에게 프론트엔드는 단순한 개발 영역이 아닌, 표현의 확장입니다. 이 책은 HTML, CSS, JavaScript부터 반응형 UI, 애니메이션, Three.js 기반 3D 구현까지 폭넓은 기술을 다루며, 정적인 디자인을 동적인 경험으로 전환하는 방법을 체계적으로 안내합니다. 구현력은 물론, 설계 사고와 기술적 소통 능력까지 한 단계 도약하게 될 것입니다.

베타 리더

프론트엔드 관련된 업무에서 필요한 기초적인 부분에서 자세하고 쉽게 설명해서 이해하기 쉬웠고, 내용도 평소에는 당연히 가져다가 쓰기만 했던 것들인데, 어떤 기능으로 어떻게 사용하면 좋은지에 관련된 부분에 이야기가 있어서 유익했습니다. 그리고 **기초적인 부분의 개념이 필요할 부분도 설명이 잘되어 있어서 공부하기에 좋았습니다.**

프론트엔드 관련된 부분에 대해서 백엔드 개발자가 읽고 이해가 잘 되도록 설명도 상세히 되어 있어 추천합니다.

_ 박성준(갤럭시아머니트리)

이 책은 애니메이션의 원리부터 실무에서 활용할 수 있는 다양한 기법까지 체계적으로 설명하며, 특히 성능 최적화와 접근성을 고려한 베스트 프랙티스를 제시합니다. **프론트엔드 개발자라면 반드시 익혀야 할 필수 개념과 실전 노하우를 담고 있어, 초보자부터 숙련된 개발자까지 모두에게 유익한 지침서가 될 것입니다.**

웹 인터페이스의 완성도를 한 단계 높이고 싶은 개발자라면 이 책을 강력히 추천합니다.

_ 이맹렬(솔리데오시스템즈)

프론트엔드 개발자를 위한 정석 책이라고 생각됩니다. HTML, CSS, JavaScript의 기초 문법부터 요즘 새로 추가된 문법 및 웹 프론트 동작 원리까지 기초 내용부터 차근차근 알려주는 책입니다. SEO라던지 DOM Tree 등 실무적인 내용들과 다크 모드와 라이트 모드 등 다양한 예제로 실행해 볼 수 있는 책입니다.

_ 고요한(윈도우 클라이언트 개발)

코드가 간결해서 애니메이션의 요소를 처음 배우는데 좋았습니다. **이 책으로 부족한 웹 프론트엔드 지식을 배울 수 있어 도움이 많이 되었습니다.** 처음 웹 프론트엔드를 시작한다면 이 책을 통해 끝까지 재미있게 배울 수 있습니다.

_ 백지연(웹 개발자를 꿈꾸는 대학생)

자세한 개념 설명과 풍부한 코드 예제를 통해 독자가 개념을 더욱 쉽게 이해할 수 있도록 구성했습니다. 특히, 실무에서 놓치기 쉬운 부분까지 세심하게 다루어, 프론트엔드 개발자가 한층 더 깊이 있는 역량을 쌓을 수 있도록 도와줍니다.

_ 김태현(폰비 개발자)

프론트엔드 개발자를 꿈꾸는 분들께 감히 교과서라고 권해드리고 싶은 책입니다.

이 책에서는 웹 애니메이션을 배우기 위해 필요한 기본기를 A부터 Z까지 빼놓지 않고 설명해주고 있습니다. 책 제목에서 프론트엔드 개발자를 위한 웹 애니메이션이라고 해서 웹 애니메이션에 집중하고 있는 것처럼 보일 수 있지만 사실 웹 개발에 필요한 기본적인 지식을 모두 가르쳐주고 있습니다.

기본기를 이렇게나 깊이 있게 다루는 책이 나왔다니, 읽으면서 감탄스럽기도 했고 저자에게 정말 감사하다는 생각이 들었습니다. 요즘은 프론트엔드 개발로 React, Vue, Svelte 등 다양한 프레임워크를 많이 사용하는데, 그래서인지 DOM을 직접 다루거나 CSS를 자세히 설명하는 책이 부족하고 제대로 공부하려 해도 몇 년 전에 출간된 오래된 기술 서적을 봐야 했습니다. 하지만 이 책에서는 그런 기술적 갈증을 해결시켜주고 있으며, 기본기와 최근 기술까지 충실하게 잘 설명하고 있습니다.

부디 이 책을 통해 훌륭한 웹 개발자로 성장하기 위한 탄탄한 초석을 다지시길 바랍니다.

_ 김만경(나인아크 게임 서버 개발자)

애니메이션은 사용자 경험을 풍부하게 만들어주는 중요한 요소입니다. 이 책은 별도의 라이브러리 없이 HTML, CSS, JavaScript의 기본 요소만으로 애니메이션을 구현하는 방법에 대해, 도서와 실습 코드를 통해 익힐 수 있도록 구성되어 있습니다. 특히, 독자가 궁금해할 만한 부분에 대해 TIP과 설명을 적절히 배치하여 학습 중 생기는 의문을 자연스럽게 해소해주는 점이 인상 깊었습니다. 실습 코드가 함께 제공되어 단순히 읽고 지나가는 책이 아니라, 직접 코드를 확인하고 따라 하며 이해할 수 있도록 돕는 실용적인 구성도 장점입니다.

'웹에 생명을 불어넣는' 감각을 익히고 싶은 분들에게 이 책을 추천합니다.

_ 주미현(취업준비생)

프론트엔드 개발 8년차로서, 인터렉티브 개발에 관심 있는 모든 이들에게 이 책을 추천합니다.

HTML, CSS, 그리고 JavaScript를 활용한 애니메이션의 기초부터 실무 적용까지 한눈에 파악할 수 있도록 구성되어 있으며, 다양한 인터렉티브 예제들이 실제 코딩에 큰 도움을 줍니다.

비전공자뿐만 아니라 실무자들에게도 기초를 다지고 기본기를 복기하는 데 도움이 되는 책입니다.

_ 최낙현(빌드코퍼레이션)

프론트엔드 개발을 처음 접하는 분들에게 HTML과 CSS의 기초를 탄탄하게 다져주는 책!

단순한 문법 설명에 그치지 않고, 실전에서 바로 활용할 수 있는 예제와 애니메이션을 적용한 페이지까지 따라 할 수 있도록 구성되어 있어 실용적입니다.

특히, 웹 애니메이션에 대한 부분은 초보자도 쉽게 이해할 수 있도록 친절히 설명되어 있고, 실무에서도 적용하기 좋을 것 같습니다. 기본기를 다지면서도 한 단계 더 나아가고 싶은 분들에게 이 책을 추천합니다.

저자의 다음 책도 기대됩니다.

_ 장지선(비즈테크아이)

목차

1장 웹 프론트엔드 개발, 작업 환경을 위한 준비 … 15
- **1-1** 프론트엔드 개발 온보딩 … 16
- **1-2** 작업 환경 구성 - 브라우저, Node.js … 20
- **1-3** 작업 환경 구성 - IDE … 26
- **1-4** 작업 환경 구성 - VS Code 확장 프로그램 설치 및 설정 … 29

2장 HTML 문법을 익히다 … 45
- **2-1** HTML(HyperText Markup Language) … 46
- **2-2** \<meta\> 태그와 브라우저 작동 원리 … 52
- **2-3** HTML 요소의 종류와 HTML 디버깅 … 61
- **2-4** 많이 사용되는 HTML 기본 요소 배우기 … 68

3장 CSS 문법을 익히다 … 93
- **3-1** CSS 파일과 기본 환경 설정 … 94
- **3-2** CSS 선택자 사용 … 99
- **3-3** CSS 레이아웃 … 129
- **3-4** 웹 페이지 리소스 사용 … 161

4장 웹에 UI, UX를 첨가하다 … 179
- **4-1** 인터랙티브 웹이란? … 180
- **4-2** 레이아웃이 서서히 노출되도록 하기 … 189
- **4-3** 카드 목록에서의 애니메이션 … 211
- **4-4** SVG 활용하기 … 238
- **4-5** 반응형 웹 … 262

5장

JavaScript 문법을 익히다 — 285

- 5-1 JavaScript 파일 생성하기 — 286
- 5-2 JavaScript를 위한 환경 설정 — 291
- 5-3 JavaScript DOM 사용하기 — 301
- 5-4 JavaScript 이벤트 — 331
- 5-5 JavaScript 함수 — 368
- 5-6 비동기 처리 — 390

6장

반응형 카드 레이아웃 로딩 UI 만들기 — 409

- 6-1 반응형 카드 레이아웃과 Spinner UI — 410
- 6-2 SVG 로딩 UI — 432
- 6-3 스켈레톤 UI — 439

7장

눈길을 사로잡는 인터랙티브 로그인 — 445

- 7-1 로그인 폼 레이아웃 — 446
- 7-2 입력 필드를 따라다니는 눈을 구현하기 — 463

8장

그리드 레이아웃과 동적 UI를 활용한 반응형 대시보드 — 473

- 8-1 Grid를 사용하여 대시보드 만들기 — 474
- 8-2 하나의 HTML로 카드 UI와 리스트 UI 만들기 — 504
- 8-3 모바일 메뉴 만들기(position fixed) — 511
- 8-4 다크 모드와 라이트 모드 — 519
- 8-5 좋아요 기능 구현하기 — 523

| 8-6 | 웹 페이지를 떠날 때 상태 저장하기 | 526 |
| 8-7 | 검색 기능 만들기 | 534 |

9장 페이지가 전환되는 랜딩 페이지 만들기 — 539

결과물 보기

9-1	SEO를 고려한 마크업	540
9-2	scroll-snap-type, animation-timeline을 활용한 fullPage 애니메이션	555
9-3	반응형 환경을 위한 미디어 쿼리 작업을 최소화하기	567
9-4	지원하지 않는 브라우저를 위해 @supports 키워드 활용	571
9-5	JavaScript에서 setProperty를 활용한 테마 관리	574
9-6	proxy와 observer를 사용한 상태 관리	577
9-7	뒤로 가기 기능, 렌더링 최적화 및 콘텐츠 부드럽게 노출하기	585

10장 외부 API를 활용한 날씨 애플리케이션 — 593

결과물 보기

10-1	REST API란?	594
10-2	API KEY 발급하기	596
10-3	날씨 애플리케이션 마크업	599
10-4	날씨 애플리케이션 스타일링	606
10-5	JavaScript 클래스 문법 알아보기	623
10-6	날씨 정보 가져와서 표시하기	627
10-7	날씨 단위 변경하기	647
10-8	날씨에 따른 비디오 전환 효과 만들기	652
10-9	날씨 검색 기능 만들기	660

11장 스크롤을 따라 회전하는 도넛(R3F) — 671

결과물 보기

- 11-1 React와 Three.js — 672
- 11-2 Vite를 사용해 리액트 개발 환경 구성 — 678
- 11-3 R3F를 사용해 Three.js 개발 환경 구성 — 695
- 11-4 스크롤에 따라 회전하는 박스 만들기 — 706
- 11-5 GSAP 라이브러리 적용 — 711
- 11-6 스크롤에 따라 회전하는 도넛 만들기 — 714
- 11-7 스크롤 도넛 랜딩 페이지 만들기 — 720

12장 WebGL을 활용한 웹 게임 만들기 — 751

결과물 보기

- 12-1 Game 프로젝트 생성 및 기본 설정 — 752
- 12-2 useGLTF 활용한 3D 캐릭터 로드 — 755
- 12-3 환경 조명 및 방향 조명 생성 — 757
- 12-4 카메라 위치 및 움직임 구성 — 761
- 12-5 TextureLoader를 사용한 바닥 생성 — 766
- 12-6 캐릭터 크기 조절 및 애니메이션 적용 — 769
- 12-7 마우스 인터랙션으로 캐릭터 이동 구현 — 775
- 12-8 키보드 인터랙션으로 캐릭터 점프 구현 — 789
- 12-9 이벤트를 통한 축구공 노출 구현 — 796

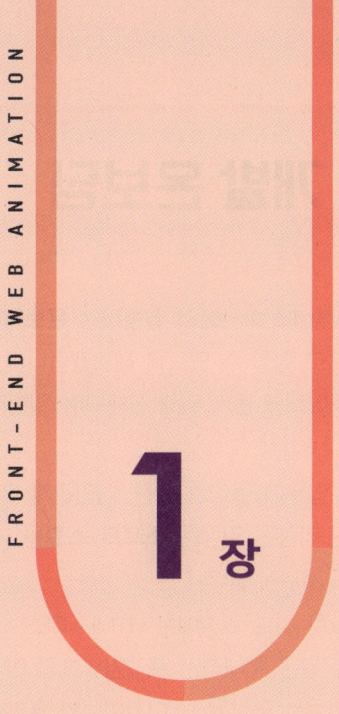

웹 프론트엔드 개발, 작업 환경을 위한 준비

웹 프론트엔드 개발을 하기 위해 HTML, CSS, JavaScript에 대한 깊은 이해가 필수적입니다. 또한 React와 같은 현대적인 웹 프레임워크와 Git 등 다양한 개발 도구에 대한 지식도 필요합니다.

이번 장에서는 프론트엔드 개발을 위한 효율적인 작업 환경 구성 방법을 알아보겠습니다.

- **1-1** 프론트엔드 개발 온보딩
- **1-2** 작업 환경 구성 - 브라우저, Node.js
- **1-3** 작업 환경 구성 - IDE
- **1-4** 작업 환경 구성 - VS Code 확장 프로그램 설치 및 설정

1-1 프론트엔드 개발 온보딩

프론트엔드 개발을 시작할 때 회사에서 실행하는 **온보딩(onboarding) 과정**처럼 새로운 사람이 잘 적응하고 생산적으로 일할 수 있도록 해보겠습니다. 온보딩은 주로 회사의 비전, 문화, 제도, 업무 및 절차에 대한 이해를 돕기 위해 진행되며, 일반적으로 입사 후 며칠 또는 몇 주 동안 진행됩니다.

이 기간 동안 본격적인 업무에 들어가기 전, 대인관계, 커뮤니케이션, 책임감, 문제 해결 능력, 협업 능력 등 인간적인 역량을 일컫는 **소프트 스킬**을 기르고 동시에 직무와 직접 연관된 **하드 스킬**에 필요한 환경도 갖추게 됩니다.

프론트엔드 개발에 필요한 하드 스킬에는 HTML, CSS, JavaScript와 같은 핵심 기술을 기반으로 하며, React나 Vue 같은 현대적인 프레임워크의 이해도 필요합니다. 또한 Photoshop, Figma 등 디자인 도구를 다루는 역량은 웹 디자이너와 원활한 협업을 위해 필수적입니다. Git과 같은 버전 관리 시스템, 웹 보안, 빌드 도구 등 개발 생태계에 대한 지식도 중요하며, 인터랙티브 웹과 애니메이션을 활용한 사용자 경험 설계 능력도 요구됩니다.

이러한 기술적 역량은 AI 시대에도 여전히 중요합니다. 반복적인 코딩이나 테스트는 AI가 보조할 수 있지만, 사용자의 감정과 문화적 맥락을 이해하고 창의적인 UI/UX를 설계하는 능력, 그리고 다양한 팀원과의 협업 및 문제 해결 능력은 인간 개발자만이 제공할 수 있는 고유한 가치로 더욱 부각되고 있습니다.

프론트엔드 개발자가 하는 일?

프론트엔드 개발자는 **사용자 경험(UX)**을 개선하기 위해 **사용자 인터페이스(UI)**를 개발하고, 웹 사이트의 **접근성, 웹 표준, 성능 최적화, 웹 애니메이션** 등과 같은 다양한 측면에서도 중요한 역할을 수행합니다.

또한, 프레임워크뿐만 아니라 다양한 웹 기술과 도구를 이해하고 활용하여, 애플리케이션의 디자인, 레이아웃, 콘텐츠 및 기능을 구현합니다. 최근에는 개발자들의 생산성과 효율성을 높이기 위해 **DX(Developer Experience)**를 개선하는 데 집중하는 개발자들도 많아지고 있습니다. DX는 소프트웨어 개발자가 코드를 작성하고 디버깅하며, 협업하고 배포하는 등의 개발 과정 전반에서 경험하는 모든 환경과 도구를 포함합니다.

프론트엔드 개발자는 애플리케이션을 만들 때 많은 도구와 라이브러리, 프레임워크 등을 사용합니다.

협업에 있어 코드 포맷팅을 도와주는 **ESLint**나 **Prettier**와 같은 도구들을 잘 활용하여 개발 생산성을 높이는 것은 DX를 개선하는 중요한 요소 중 하나입니다.

프론트엔드 개발과 애니메이션

[그림 1-1] 12장 웹 게임 만들기 예제 결과 장면

애니메이션은 프론트엔드 개발을 할 때 핵심 요소 중 하나입니다. 이를 효과적으로 구현하려면 사용자 경험 향상을 위해 사용자의 요구사항과 행동을 깊게 이해하고 서비스를 어떻게 이용하는지 파악하는 것이 중요합니다. 사용자의 니즈와 행동 패턴을 분석하여, 애플리케이션의 UI를 직관적으로 구성하고 UX를 지속적으로 개선함으로써 서비스를 쉽고 다양하게 활용할 수 있도록 해야합니다.

 애플리케이션?

애플리케이션은 특정 목적을 위해 설계된 소프트웨어 프로그램입니다. 예를 들어, 웹 브라우저, 이메일 클라이언트, 모바일 앱, 게임 등이 있습니다.

프론트엔드 개발은 주로 애플리케이션의 사용자 인터페이스와 상호작용 부분을 담당합니다. 이는 사용자가 직접 조작하는 부분을 만드는 것을 의미하며, 사용자 경험을 최적화하고 애플리케이션의 기능을 효과적으로 구현하는 것이 주된 목표입니다.

그림 1-1과 같은 **인터랙티브 UI(Interactive User Interface)**는 사용자와 상호작용할 수 있는 사용자 인터페이스를 의미합니다.

예를 들어, 사용자가 버튼을 클릭하면 새로운 화면이 나타나거나 슬라이더를 움직여 다음 페이지로 넘기는 등의 상호작용이 가능한 인터페이스를 말합니다. 인터랙티브 UI는 사용자가 웹사이트나 앱에서 원하는 기능을 쉽게 이용하고 오래 머물 수 있도록 해주며 사용자 경험(UX)을 향상시킵니다.

최근에는 컴퓨터 성능의 향상, 팬데믹과 같은 환경적 변화, 그리고 기업 문화의 다변화로 인해 메타버스나 가상공간을 위한 다양한 애니메이션 기술이 접목된 복잡한 3D 그래픽 환경의 웹 페이지가 많이 등장하고 있습니다.

[그림 1-2] 가상환경 웹사이트 "Decentraland", 메타버스 시대에 대응하는 웹의 진화

[그림 1-3] 3D 환경을 활용한 "춘식이 관찰일기"

HTML, CSS, JavaScript 기초가 없어도 가능할까?

HTML, CSS, JavaScript 기초가 이미 탄탄하다면 프로젝트를 만들기 위해 6장으로 넘어가서 바로 프로젝트를 시작해도 괜찮습니다. 반면, 처음 프론트엔드 개발을 시작하는 경우, 이 책에서 다루는 과제들이 HTML, CSS, JavaScript의 기초 없이 구현하기에는 매우 어렵기 때문에 처음부터 차근차근 학습해보는 것을 권장합니다. 먼저 HTML, CSS, JavaScript를 사용하여 인터랙티브 웹을 만들기 위한 기본 필수 기술들을 배우게 됩니다.

그 후, 프로젝트를 기반으로 연습하고 필요한 기술들은 추가적으로 검색하면서 진행하다보면 HTML, CSS, JavaScript의 다양한 측면들을 자연스럽게 익히게 될 것입니다.

1-2 작업 환경 구성 - 브라우저, Node.js

웹 브라우저의 역사

IE(Internet Explorer)브라우저는 웹 표준을 완전히 지원하지 않았기 때문에, 개발자들은 IE와 다른 현대적인 브라우저들 사이의 호환성을 유지하기 위해 많은 시간과 노력을 투자해야 했습니다. 이러한 노력은 코드베이스를 복잡하게 만들어 레거시 코드(오래되어 유지보수가 힘든 코드)가 쌓이는 원인이 되기도 했습니다.

하지만 2022년 **IE의 지원 종료**로 웹 프론트엔드 개발자들은 HTML, CSS, JavaScript를 더욱 자유롭게 사용할 수 있게 되었습니다.

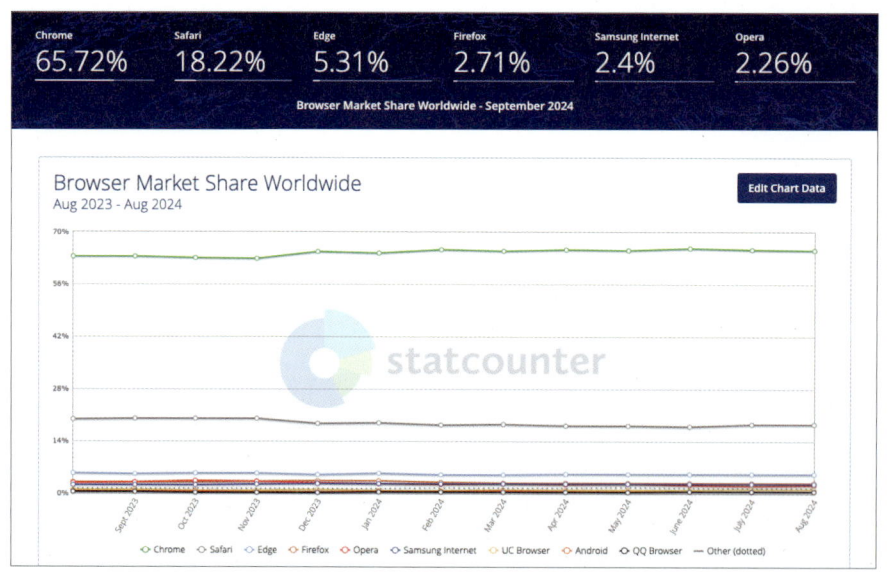

[그림 1-4] statcounter의 2023년 8월부터 2024년 8월까지 브라우저 점유율 변화

statcounter에서 제공하는 브라우저 점유율 결과에서 나타나는 것처럼 데스크톱, 태블릿, 모바일 등 대부분의 플랫폼에서 크롬의 점유율이 압도적으로 높으며, 사파리가 그 뒤를 잇고 있습니다. 웹 애플리케이션을 사용하는 대부분의 사용자가 크롬과 사파리(83.94%)를 사용한다는 뜻이

며 Opera, Edge, 삼성 인터넷도 마찬가지로 **크로미움(Chromium)** 기반의 브라우저이기 때문에 현대 대부분의 사용자는 동일한 환경에서 애플리케이션을 사용하고 있다는 것을 의미합니다.

 크로미움(Chromium) 브라우저란?

크로미움 브라우저는 Google이 개발한 오픈 소스 웹 브라우저 프로젝트인 Chromium을 기반으로 만들어진 브라우저를 말하는데 이 프로젝트는 속도, 안정성, 보안성, 그리고 모듈성을 핵심 가치로 삼고 있고 크로미움의 가장 큰 특징은 오픈 소스이기 때문에 누구나 소스 코드를 열람하고 수정할 수 있으며, 개발자들은 이를 기반으로 자신만의 브라우저를 만들 수 있습니다.

크로미움을 기반으로 만들어진 브라우저로는 크롬(Chrome), 오페라(Opera), 웨일(Whale), 엣지(Edge), 삼성 인터넷, 브레이브(Brave), 비발디(Vivaldi), 얀덱스(Yandex) 등이 있습니다. 이는 대부분의 사용자가 **최신 브라우저를 사용**하고 있음을 의미합니다. 약 10년 전만 해도 인터넷 익스플로러(IE)의 브라우저 시장 점유율이 매우 높았던 것과는 대조적입니다.

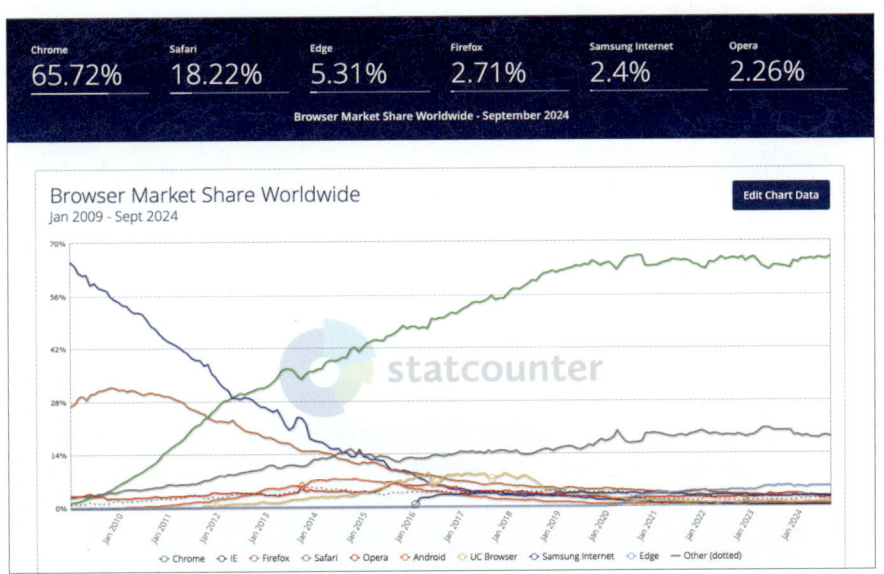

[그림 1-5] statcounter의 2009년 1월부터 2024년 8월까지 브라우저 점유율 변화

이후, 구글 크롬과 같은 빠른 브라우저들이 등장하면서 인터넷 익스플로러의 점유율은 점차 감소했고, 결국 지원 중단에 이르게 되었습니다.

웹 표준 단체인 W3C(World Wide Web Consortium - 웹의 아버지 팀 버너스 리를 중심으로 설립된 단체)는 **웹 표준을 브라우저 종류 및 버전에 관계없이 호환 가능한 기능을 제시하는 표준**으로 정의합니다. 이는 HTML, CSS, JavaScript 등 웹사이트 작성에 필요한 규정을 포함하며,

사용자가 어떤 운영체제나 브라우저를 사용하더라도 동일한 서비스를 제공하는 것을 목표로 합니다. 인터넷 익스플로러는 최신 웹 표준을 제대로 지원하지 않아 웹 개발자들이 서비스하는 웹사이트가 여러 브라우저에서 동일하게 동작하는 크로스 브라우징 이슈 해결에 많은 시간을 투자해야 했고, 이는 생산성 저하와 유지보수 비용 증가로 이어졌습니다.

인터넷 익스플로러는 보안 문제도 심각했습니다. 악성코드가 웹사이트를 통해 쉽게 전파되어 사용자의 컴퓨터를 감염시키는 일이 빈번했죠. 이는 인터넷 익스플로러 사용자들에게 큰 위협이 되었고, 웹 개발자들은 이러한 보안 이슈를 고려하며 웹사이트를 개발해야 했습니다. 마이크로소프트가 지원 중단을 선언함에 따라 인터넷 익스플로러로 인한 크로스 브라우징 이슈 없이 웹 브라우저에서 서비스를 개발할 수 있는 환경을 갖추게 되었습니다.

앞으로 다룰 웹 애니메이션은 다양한 기능을 포함하고 있습니다. 웹 환경에서 복잡한 애니메이션을 구현하려면 적절한 도구가 필수입니다. 우선, 웹 애플리케이션 개발에 필요한 웹 브라우저 및 Node.js를 설치하고, 더 나은 개발 환경을 위한 프로그램 설치와 설정도 함께 진행해 보겠습니다.

웹 브라우저 설치

가장 점유율이 높은 크롬 브라우저를 설치하기 위해 https://www.google.com/chrome/에 접속한 다음, **크롬 다운로드**를 클릭해서 다운로드를 받아 설치해 주세요.

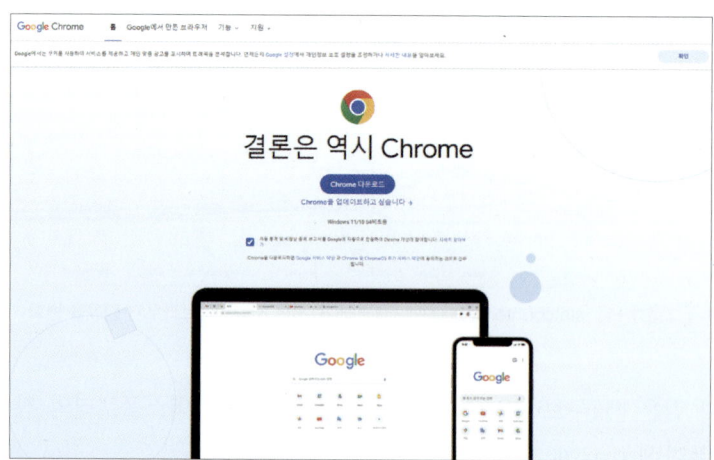

[그림 1-6] 크롬 공식 홈페이지

Node.js 설치

Node.js는 구글 크롬의 V8 자바스크립트 엔진을 기반으로 만들어진 **서버 사이드 자바스크립트(JavaScript) 실행 환경**입니다.

웹 애플리케이션을 개발한다고 가정해 봅시다. 이 애플리케이션은 서버에서 동작하며, HTML, CSS, JavaScript로 구성된 정적 파일들은 서버에 존재해야 사용자가 접근할 수 있습니다. Node.js를 활용하면 자바스크립트로 이러한 서버를 구축할 수 있으며, 이를 통해 웹 브라우저와 원활하게 통신하며 데이터를 주고받을 수 있습니다.

Node.js는 웹 서버 개발, API 구축, 파일 시스템 조작, 데이터베이스 처리 등 다양한 영역에서 활용됩니다. 특히 자바스크립트로 **백엔드와 프론트엔드 개발을 모두 할 수 있다는 점**에서 개발자들 사이에서 큰 인기를 얻고 있습니다. 이 책에서 다룰 작업들 중 일부는 Node.js를 활용할 예정입니다. 이 과정에서 **NPM(Node Package Manager)**이라는 강력한 패키지 관리 도구를 통해 모듈을 쉽게 설치하고 관리하는 방법도 익히게 될 것입니다.

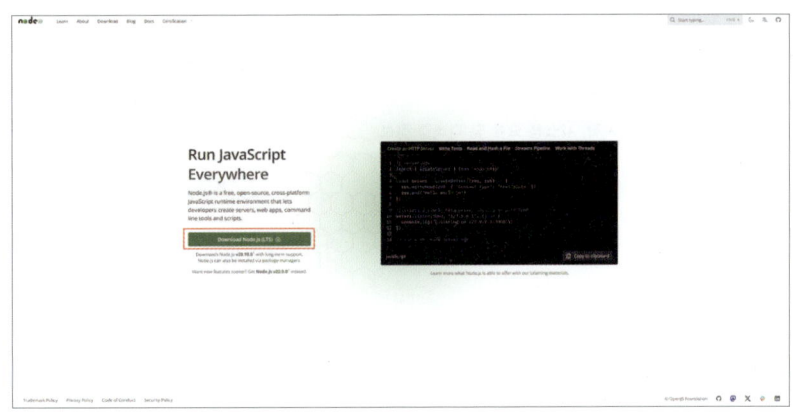

[그림 1-7] https://nodejs.org/ Node.js 설치 페이지

https://nodejs.org/에 접속하여 **LTS(Long-Term Support - 안정적인 버전)**버전을 다운로드합니다. 설치 완료 후, 탐색 창에서 터미널(cmd, 명령 프롬프트)을 탐색해서 열고 **node -v와 npm -v** 명령어를 입력하여 Node.js와 NPM(Node Package Manager)이 제대로 설치되었는지 확인합니다.

[그림 1-8] Node.js와, npm의 버전을 확인하는 방법

환경 변수 설정

그림 1-8과 같이 node 버전과 npm 버전이 잘 나타나는 경우도 있겠지만 그렇지 않은 경우도 있습니다.

만약, 윈도우 환경에서 커맨드를 통한 결괏값이 출력되지 않는다면, 윈도우에서 시작메뉴로 진입, 시스템 환경 변수 편집 메뉴를 선택해서 시스템 속성 메뉴의 환경 변수 메뉴로 진입합니다.

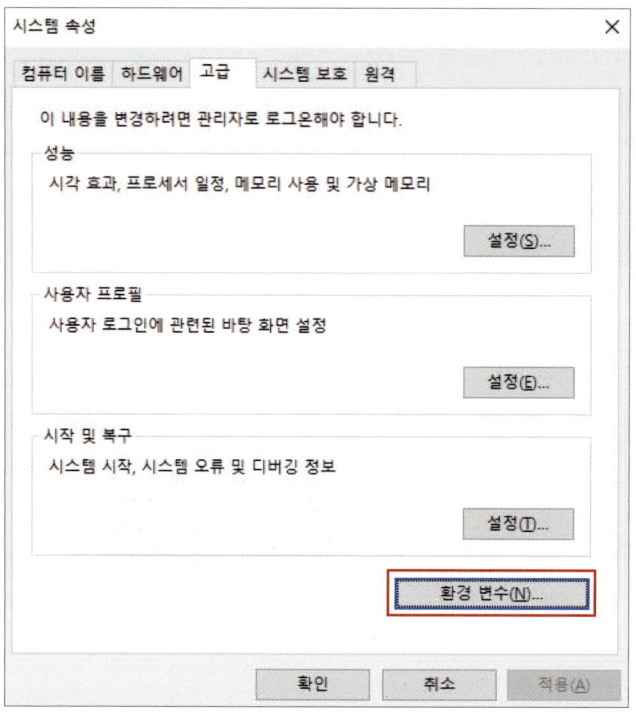

[그림 1-9] 시스템 환경 변수 편집

그런 다음, 환경 변수 편집 화면에서 새로 만들기 메뉴를 클릭하고 변수 이름은 NODE_HOME 으로, 변수 값은 nodejs가 설치된 경로(C:\Program Files\nodejs)를 지정합니다.

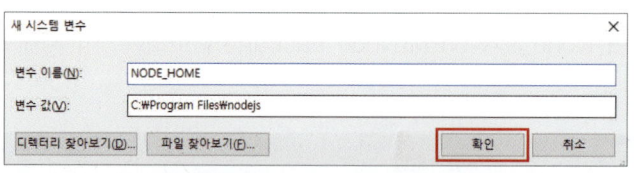

[그림 1-10] NODE_HOME으로 환경 변수 추가

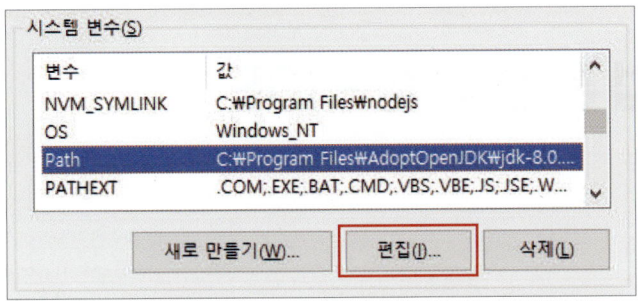

[그림 1-11] Path 편집을 위해서 편집 클릭

확인을 클릭해 새 시스템 변수를 추가했다면, Path를 클릭하고 편집 버튼을 클릭해 주세요.

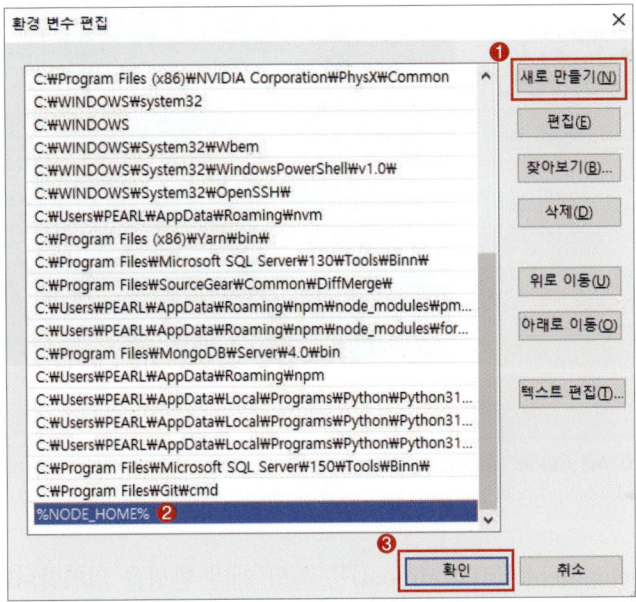

[그림 1-12] NODE_HOME으로 추가한 변수를 Path 환경 변수에 삽입

Path 환경 변수 편집 화면에서 **새로 만들기**를 클릭하여 변수 **%NODE_HOME%**을 입력하고 확인 버튼을 눌러 설정을 완료합니다.

설정을 최신화하기 위해서 터미널을 껐다가 다시 켜서, node -v, npm -v 커맨드를 각각 입력해 보세요. 정상적으로 버전이 잘 표시되고 있나요?

1-3 작업 환경 구성 - IDE

IDE(Integrated Development Environment)

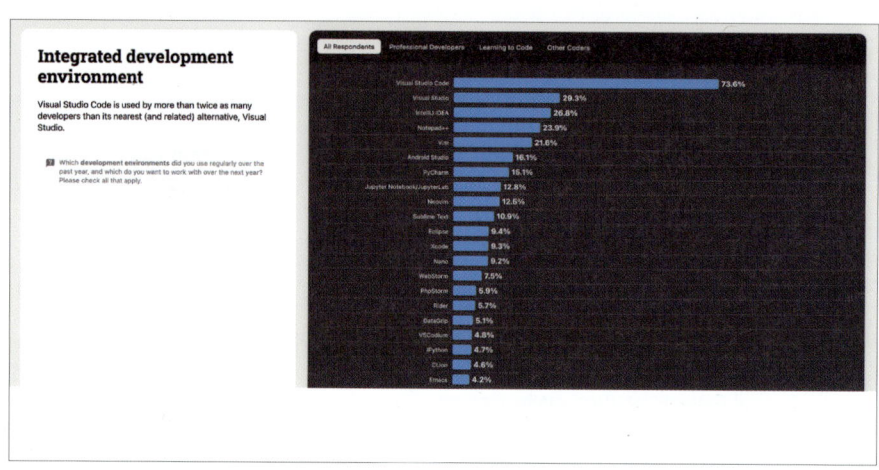

[그림 1-13] 2024년 StackOverflow의 IDE 사용량 추이(https://survey.stackoverflow.co/2024/technology#most-popular-technologies-new-collab-tools)

IDE(Integrated Development Environment)는 통합 개발 환경을 의미합니다. 메모장과 같은 텍스트 편집기와 다르게 전체 텍스트 치환을 편하게 할 수 있거나, 코드를 검사할 수 있는 디버깅을 지원하거나 빌드를 하는 등 다양한 기능을 제공하는 소프트웨어입니다. IntelliJ, Webstorm, Eclipse, Sublime Text, Visual Studio Code, Cursor 등이 대표적입니다.

개발을 시작할 때 적합한 도구 선택에 있어 사용자 수와 같은 생태계 규모가 중요한데, 이는 풍부한 확장 기능과 빠른 문제 해결을 가능하게 합니다. 이러한 이유로, 널리 사용되고 많은 규모의 개발자 커뮤니티를 가진 Microsoft의 **Visual Studio Code**를 추천하며, 이를 설치하고 실행해 보도록 하겠습니다.

Visual Studio Code 설치

https://code.visualstudio.com에 접속해서 Visual Studio Code를 내려받아 설치합니다.

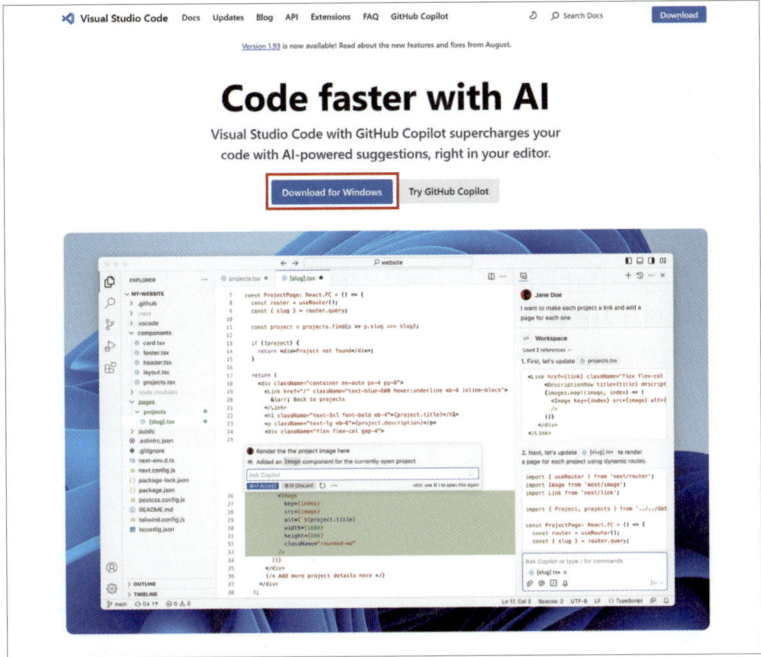

[그림 1-14] Visual Studio Code 다운로드

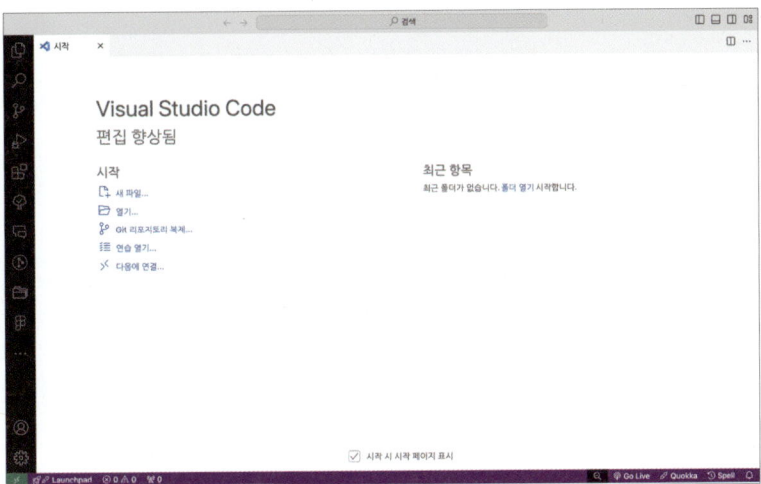

[그림 1-15] Visual Studio Code 실행 화면

설치 후 실행했을 때, 그림 1-15와 같은 화면이 나타난다면 앞으로 이 책에서 다루는 모든 과제들을 해낼 수 있는 환경에 대한 준비가 된 것입니다.

이제 작업을 더 효율적으로 진행할 수 있도록 도움이 될 수 있는 확장 프로그램(Extensions)을 설치해보고, Visual Studio Code의 기본 설정까지 진행해 보겠습니다.

VS Code의 화면이 왜 흰색인가요?

본문에서 VS Code의 화면이 흰색으로 표현된 이유는 독자들의 이해를 돕기 위함입니다. 실제 개발 환경에서는 개발자마다 선호하는 테마가 다르고, VS Code의 기본 설정이 다를 수 있습니다. 그러나 이 책에서는 일관성 있는 설명과 스크린샷을 제공하기 위해 밝은 테마를 사용하고 있습니다.

테마를 변경하려면 `Ctrl`+`Shift`+`P` 또는 `Cmd`+`Shift`+`P` 입력을 한 후에 "색 테마"라고 타이핑하면 **Visual Studio Code에서 사용할 수 있는 여러 가지 테마**를 미리보기 하면서 선택할 수 있습니다. 이 책에서 "Light+"를 선택해서 테마를 설정했습니다.

1-4 작업 환경 구성 – VS Code 확장 프로그램 설치 및 설정

VS Code 확장 프로그램 설치

Visual Studio Code(이하 VS Code)의 많은 사용자들 중 더 나은 생태계를 위해서 기여하는 사람들도 많습니다.

VS Code를 조금 더 쉽고 효율적으로 사용할 수 있도록 새로운 프로그램들을 만들어서 업로드하는 사람들이 많고, 다른 사용자들에게 도움을 줄 수 있는 확장 프로그램들을 만들어 생태계에 기여할 수도 있습니다.

확장 프로그램의 종류로 단순하게는 전체 IDE를 번역해서 현지 언어를 제공함으로써 IDE 사용을 편리하게 만드는 것에서부터 코드 작업 시에 중괄호 표시를 개수에 따라 다른 색상으로 강조해서 가독성을 높여주거나, 코드에서 상대 경로 폴더명을 하나만 입력해도 나머지 경로의 파일 경로를 자동 완성해서 보여주는 등 많은 유용한 프로그램들이 존재합니다. 하나씩 설치해서 더욱 더 나은 작업 환경을 만들어 봅시다.

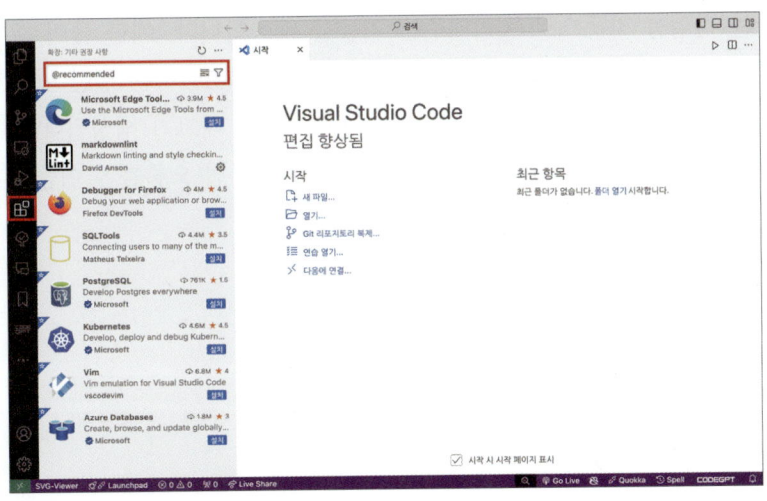

[그림 1-16] 확장 프로그램 설치 화면에서 추천 항목 검색

1장 웹 프론트엔드 개발, 작업 환경을 위한 준비   29

VS Code에서 왼쪽 사이드 바 영역을 보면 확장 프로그램 메뉴로 진입하는 아이콘이 보입니다.

이 메뉴를 클릭해서 마켓플레이스(확장 프로그램이 모여있는 곳)에서 확장 프로그램들을 내려받아 설치할 수 있고, 설치된 확장을 조회하고 각종 설정도 할 수 있습니다. 이제 확장 프로그램을 하나씩 설치해 보겠습니다.

확장 프로그램(1) – Auto Close Tag

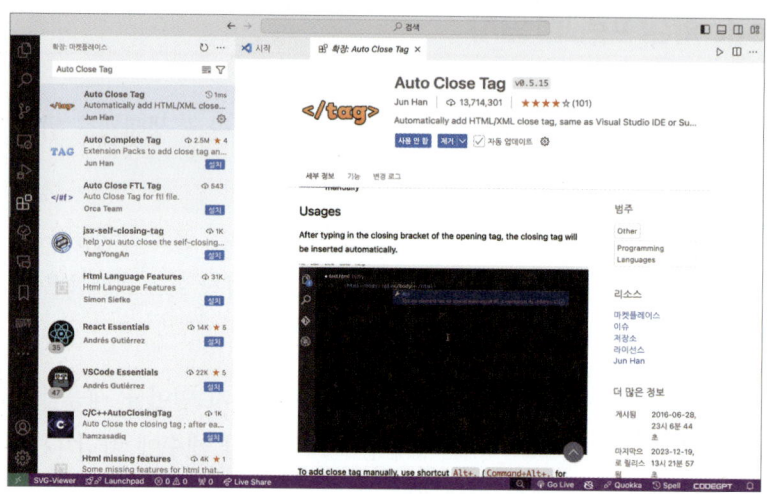

[그림 1-17] 확장 프로그램(1) – Auto Close Tag

Auto Close Tag 확장 프로그램은 HTML, XML, JSX 등과 같은 마크업 언어를 작성할 때 태그를 입력하고 닫는 작업을 자동으로 처리해주는 기능을 제공합니다. 예를 들어, 열린 태그(〈div〉)와 닫힌 태그(〈/div〉)로 되어 있는 태그를 사용할 때 사용자가 〈div〉라는 열린 태그를 입력하면 〈/div〉라는 닫힌 태그가 자동으로 추가되어 완전한 〈div〉〈/div〉 태그가 생성됩니다. 이렇게 자동으로 태그를 달아주는 기능은 작업 속도를 향상시키고 오타나 문법 오류를 줄여줍니다.

확장 프로그램(2) – Prettier

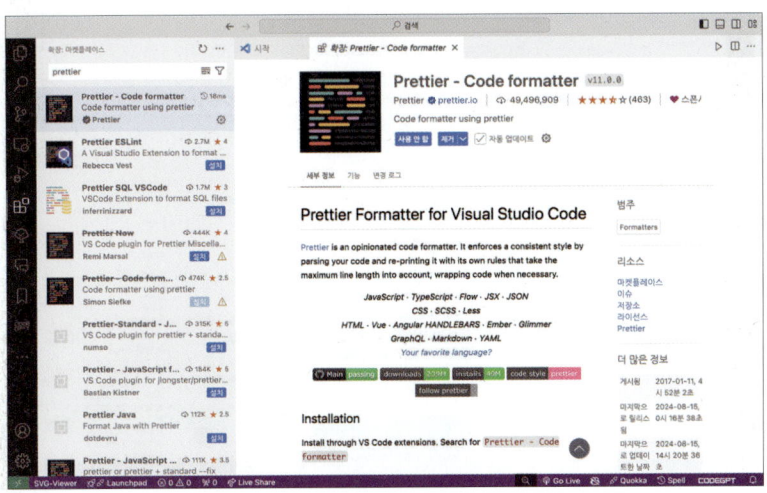

[그림 1-18] 확장 프로그램(2) – Prettier

Prettier는 코드 포맷터(Formatter)로 사용되는 확장 프로그램으로 HTML, CSS, JavaScript, TypeScript 등의 코드 포맷을 자동으로 정리하는 기능을 제공합니다. 다른 사람들과 협업 시 **코드 스타일을 일관성 있게 유지**할 수 있어, 팀 작업에서 유용하게 활용됩니다.

Prettier는 들여쓰기, 줄바꿈 위치, 코드 마지막 콤마 여부 등과 같은 코드 스타일 규칙을 설정할 수 있으며, 코드를 저장할 때 해당 확장 프로그램이 코드를 자동으로 변환해주는 기능도 제공합니다. 이러한 코드 포맷터를 사용하면 수동으로 코드를 정리하는 번거로운 작업을 줄일 수 있어 시간이 절약됩니다. 협업 시 일관된 스타일을 유지할 수 있을 뿐만 아니라 다양한 코드 포맷팅 설정을 통해 프로젝트에 맞게 커스터마이징할 수 있어 가장 널리 사용되는 확장 프로그램 중 하나입니다.

확장 프로그램(3) – Live Server

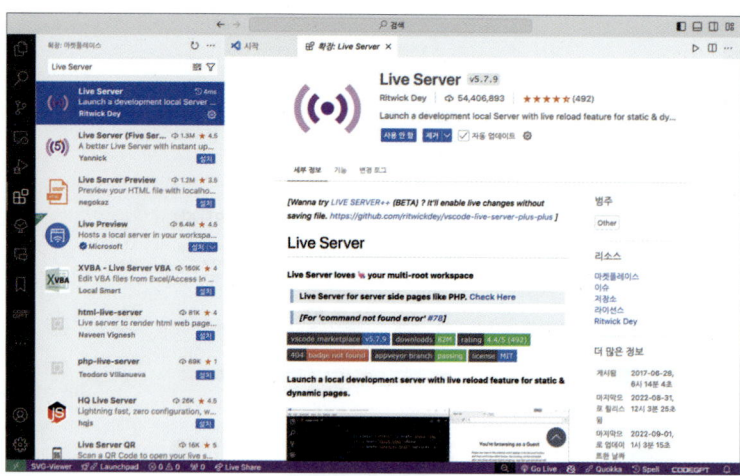

[그림 1-19] 확장 프로그램(3) – Live Server

Live Server는 VS Code의 현재의 작업 환경을 기준으로 로컬 서버를 호스팅해서 **서버 환경을 제공하고, 변경 사항을 저장할 때마다 새로고침하여 실시간으로 반영**해서 결과를 확인할 수 있게 해줍니다. 이 책에서 가장 많이 사용하게 될 확장 프로그램이고, HTML, CSS, JavaScript 작업을 할 때 우측 하단의 **Go Live** 버튼을 클릭해 서버 환경을 구성하고 브라우저에서 작업 결과를 바로 확인할 수 있습니다.

확장 프로그램(4) – IntelliCode

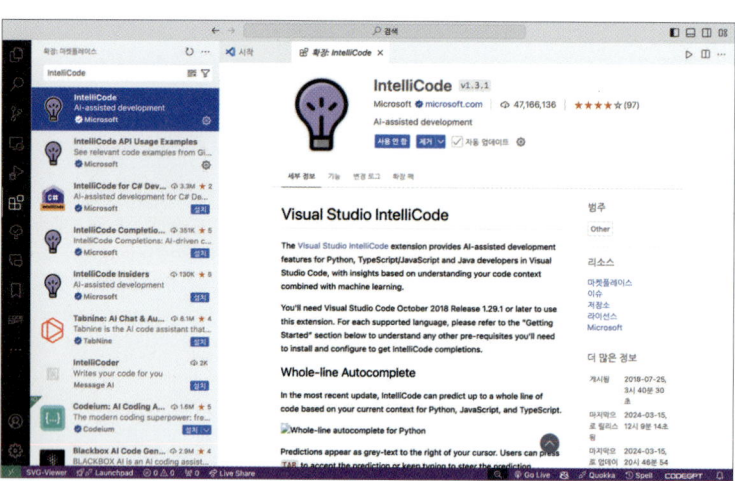

[그림 1-20] 확장 프로그램(4) – IntelliCode

IntelliCode는 Microsoft가 개발한 AI 기반의 VS Code 확장 프로그램입니다. AI 알고리즘을 사용해서 코드 작성 시에 빈번하게 사용되는 패턴들을 학습하고 자동 완성 기능을 점점 향상시킵니다. JavaScript 작성 시 **코드 제안** 등 유용한 기능들을 제공하여 개발 효율을 높여줍니다.

확장 프로그램(5) – ESLint

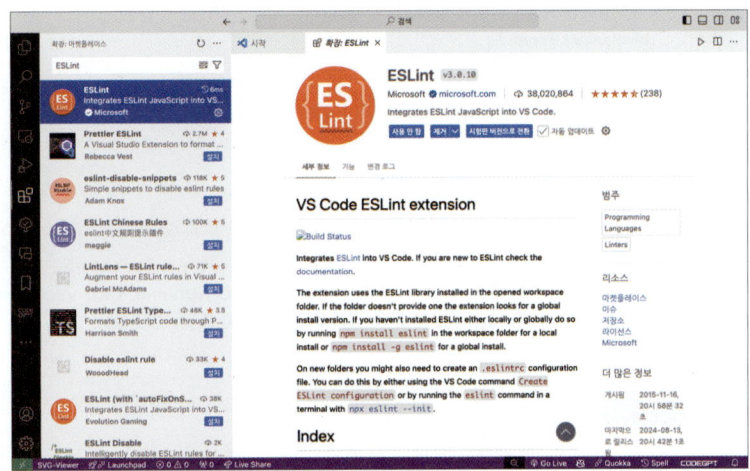

[그림 1-21] 확장 프로그램(5) – ESLint

ESLint 확장 프로그램을 설치하면 코드 설정을 통해 **코드에서 발생한 문제들을 실시간 감지하고 코드 품질을 개선**할 수 있습니다. 또한, 협업 시에도 일관된 코드 품질을 유지하는데 도움을 주며, 앞서 설치한 Prettier 확장과 연동하여 함께 설정하고 사용할 수도 있습니다.

그 외 확장 프로그램

앞에서 언급한 5가지 확장 프로그램 외에도 유용한 확장 프로그램들이 다음과 같이 많기 때문에 모두 설치해서 VS Code 작업 환경을 구성해 보도록 합시다.

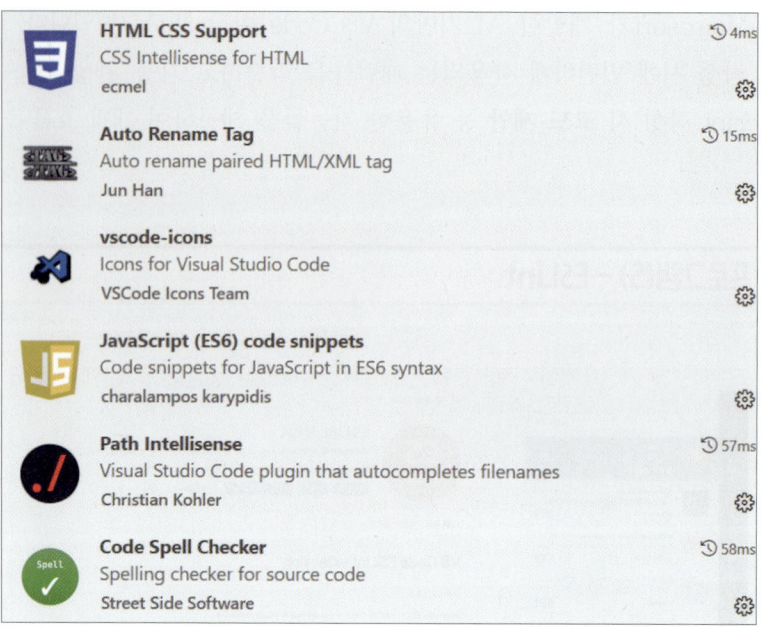

[그림 1-22] 확장 프로그램. 위에서 부터 HTML CSS Support, Auto Rename Tag, vscode-icons, JavaScript (ES6) code snippets, Path Intellisense, Code Spell Checker

- HTML CSS Support
  - HTML 및 CSS 코드 작성 보조, 자동 완성, Emmet, 문법 강조 표시 등의 기능을 제공
- Auto Rename Tag
  - 하나의 태그 이름을 변경할 때 해당 태그의 닫는 태그 이름도 자동으로 변경하는 기능을 제공
- vscode-icons
  - JavaScript 파일은 JS 아이콘으로 표시되고, 폴더는 폴더 유형에 따라 다양한 아이콘으로 표시하여 파일과 폴더를 빠르게 식별하도록 도와주는 기능을 제공
- JavaScript (ES6) code snippets
  - JavaScript 코드를 작성할 때 자동 완성 및 제안 기능을 제공
- Path Intellisense
  - 파일 경로를 입력할 때 현재 작업 중인 프로젝트 또는 폴더 구조에서 파일 및 폴더 이름을 자동으로 완성해주는 기능을 제공
- Code Spell Checker
  - 오타를 식별하고 교정하는 기능을 사용할 수 있음과 동시에 고유명사 등인 경우에는 커스텀 사전에 등록하여 오타로 인식되지 않도록 하는 기능을 제공

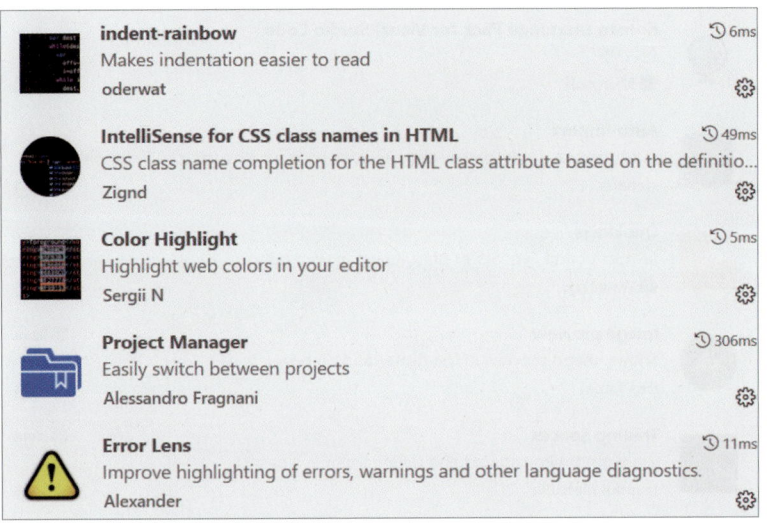

[그림 1-23] 확장 프로그램. 위에서부터 indent-rainbow, IntelliSense for CSS class names in HTML, Color Highlight, Project Manager, Error Lens

- indent-rainbow
  - 코드의 들여쓰기를 시각적으로 강조하여 가독성을 향상시켜주는 기능을 제공
- IntelliSense for CSS class names in HTML
  - HTML 파일에서 CSS 클래스 이름을 자동 완성하고 선택할 수 있으며, CSS 클래스 이름의 일관성을 유지하고 오타를 방지하는 기능을 제공
- Color Highlight
  - 색상 코드를 식별하고 해당 색상을 실제로 표시해주는 기능을 제공
- Project Manager
  - 프로젝트 간의 전환을 빠르게 수행할 수 있도록 프로젝트 목록 기능을 제공
- Error Lens
  - 코드 작성 중 발생하는 오류 및 경고 메시지를 강조 표시해주는 기능을 제공

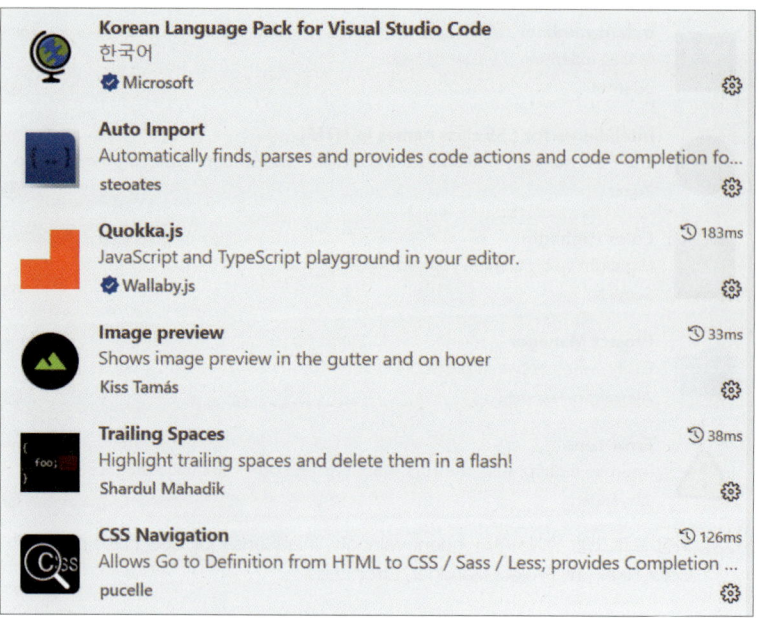

[그림 1-24] 그 외 확장 프로그램. 위에서부터 Korean Language Pack for Visual Studio Code, Error Lens, Image preview, Trailing Spaces, CSS Navigation

- Korean Language Pack for Visual Studio Code
  - 표시 언어 선택 메뉴를 통해서 사용자 인터페이스, 메뉴, 명령어, 툴팁 등을 한국어로 표시하는 기능을 제공
- Auto Import
  - 코드 작성 중에 필요한 모듈이나 패키지를 자동으로 가져오는 기능을 제공
- Quokka.js
  - JavaScript 작성 중에 실시간으로 코드 실행 결과를 확인할 수 있고, 디버깅 과정에서 변수의 값을 쉽게 추적할 수 있도록 도와주는 기능을 제공
- Image preview
  - 이미지 파일을 빠르게 탐색하고 미리보기하는 기능을 제공
- Trailing Spaces
  - 불필요한 공백 문자를 감지하고 표시해주며 자동으로 제거해주는 기능을 제공
- CSS Navigation
  - CSS 클래스 또는 ID에 대한 정의로 이동하는 기능을 제공

"Korean Language Pack for Visual Studio Code" 확장 프로그램을 설치했으므로, VS Code를 재시작해서 한글 UI로 변경해 보겠습니다.

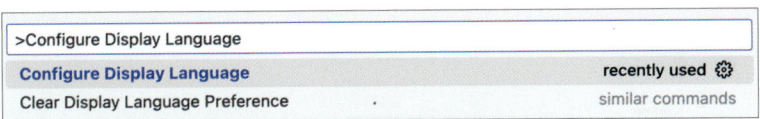

[그림 1-25] 언어 선택 옵션 화면

Ctrl + Shift + P 또는 Cmd + Shift + P 입력을 한 후에 "Configure Display Language"라고 입력하면 다양한 언어를 선택할 수 있습니다. 한국어를 선택하고 VS Code를 재시작합니다.

VS Code 사용자 설정하기

VS Code의 확장과 관련된 사용자 설정을 진행해 보겠습니다.

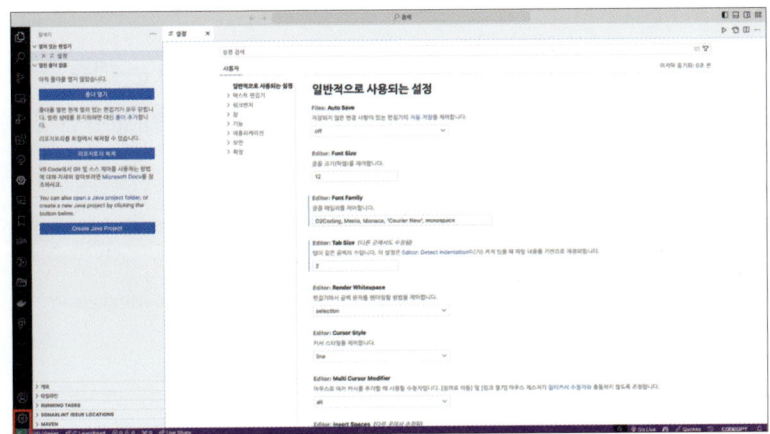

[그림 1-26] 사용자 설정으로 진입하기 위한 버튼

좌측 하단의 톱니바퀴 버튼을 클릭해서 **"설정"** 메뉴를 클릭하고 설정 화면으로 진입합니다.

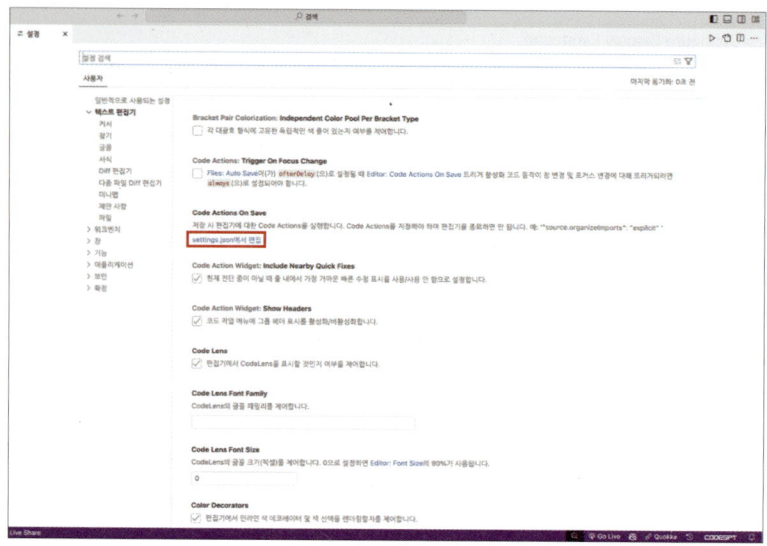

[그림 1-27] settings.json에서 편집 메뉴 클릭

설정창에서 스크롤을 아래로 내려보면 "settings.json에서 편집"이라는 메뉴를 찾을 수 있고 이를 클릭해서 사용자 설정 json 파일로 진입합니다. 미리 설정한 내용이 없다면 빈 설정 파일이 열립니다.

```
{} settings.json ×
Users > kim > Library > Application Support > Code > User > {} settings.json > ...
{
  "[javascript]": {
    "editor.defaultFormatter": "esbenp.prettier-vscode"
  },
  "[jsonc]": {
    "editor.defaultFormatter": "esbenp.prettier-vscode"
  },
  "[html]": {
    "editor.defaultFormatter": "esbenp.prettier-vscode"
  },
  "[css]": {
    "editor.defaultFormatter": "esbenp.prettier-vscode"
  },
  "editor.formatOnSave": true,
  "workbench.iconTheme": "vscode-icons",
  "cSpell.userWords": ["esbenp", "Menlo"],
  "editor.fontFamily": "D2Coding, Menlo, Monaco, 'Courier New', monospace",
  "window.zoomLevel": 2,
  "workbench.colorTheme": "Default Light+",
```

[그림 1-28] settings.json 설정 완성 화면

설치했던 확장 프로그램에 대한 세부 설정을 하기 위해 그림 1-28과 같이 코드를 입력합니다.

[코드 1-1] .vscode / settings.json

```json
{
  "[javascript]": {
    "editor.defaultFormatter": "esbenp.prettier-vscode"
  },
  "[jsonc]": {
    "editor.defaultFormatter": "esbenp.prettier-vscode"
  },
  "[html]": {
    "editor.defaultFormatter": "esbenp.prettier-vscode"
  },
  "[css]": {
    "editor.defaultFormatter": "esbenp.prettier-vscode"
  },
  "editor.formatOnSave": true,
  "workbench.iconTheme": "vscode-icons",
  "cSpell.userWords": ["esbenp", "Menlo"],
  "editor.fontFamily": "D2Coding, Menlo, Monaco, 'Courier New', monospace",
  "window.zoomLevel": 2,
  "workbench.colorTheme": "Default Light+",
}
```

우선, html, css, javascript, json 파일에 대해 esbenp.prettier-vscode라는 값을 할당해 prettier 확장 프로그램으로 기본 포맷팅을 사용하도록 설정합니다.

 기본 포맷팅?

기본 포맷팅은 코드의 들여쓰기, 줄 바꿈, 공백 등을 일관된 스타일로 자동 정렬해주는 기능입니다. 이는 코드의 가독성을 높이고 일관된 코드 스타일을 유지하는 데 도움을 줍니다.

```html
  <body>
    <!-- <div>안녕하세요</div> 부분을 <span>안녕하세요</span>으로 수정 -->
    <h1>블록
      태그<span>안녕하세요</span>
    </h1>
    <div>저는

    </div>
    <div>김영민 입니다.

    </div>
    <h1>
      인라인 태그</h1>          You, 24초 전 • Uncommitted changes
    <!-- <div>에러</div> 부분을 <span>에러</span>으로 수정 -->
    <span>저는<span>에러</span></span>
    <span>김영민 입니다.</span>
  </body>
</html>
```

[그림 1-29] 포맷팅 전

```html
  <body>
    <!-- <div>안녕하세요</div> 부분을 <span>안녕하세요</span>으로 수정 -->
    <h1>블록 태그<span>안녕하세요</span></h1>
    <div>저는</div>
    <div>김영민 입니다.</div>
    <h1>인라인 태그</h1>          You, 17개월 전 • ✨ Create folder chapter_2 > 2
    <!-- <div>에러</div> 부분을 <span>에러</span>으로 수정 -->
    <span>저는<span>에러</span></span>
    <span>김영민 입니다.</span>
  </body>
</html>
```

[그림 1-30] 포맷팅 후

Prettier는 가장 널리 사용되는 코드 포맷터로, 팀 프로젝트에서 일관된 코드 스타일을 유지하는 데 도움을 줍니다.

[코드 1-2] 기본 설정: 사용자 설정 JSON 파일

```json
  "[javascript]": {
    "editor.defaultFormatter": "esbenp.prettier-vscode"
  },
  "[jsonc]": {
    "editor.defaultFormatter": "esbenp.prettier-vscode"
  },
  "[html]": {
    "editor.defaultFormatter": "vscode.html-language-features"
  },
  "[css]": {
    "editor.defaultFormatter": "esbenp.prettier-vscode"
  },
  "editor.formatOnSave": true,
```

다음으로, editor.formatOnSave 옵션을 true로 설정하면 VS Code에서 저장할 때마다 자동으로 코드 포맷팅이 적용됩니다.

[코드 1-3] 기본 설정: 사용자 설정 JSON 파일

```json
  "workbench.iconTheme": "vscode-icons",
  "cSpell.userWords": ["esbenp", "Menlo"],
  "editor.fontFamily": "D2Coding, Menlo, Monaco, 'Courier New', monospace",
  "window.zoomLevel": 2,
  "workbench.colorTheme": "Default Light+"
```

파일 아이콘 테마는 **vscode-icons**로 다양한 파일 및 폴더 아이콘들이 나타나도록 설정하여, 파일 구조를 더 직관적으로 이해하고 필요한 파일을 빠르게 찾을 수 있도록 합니다.

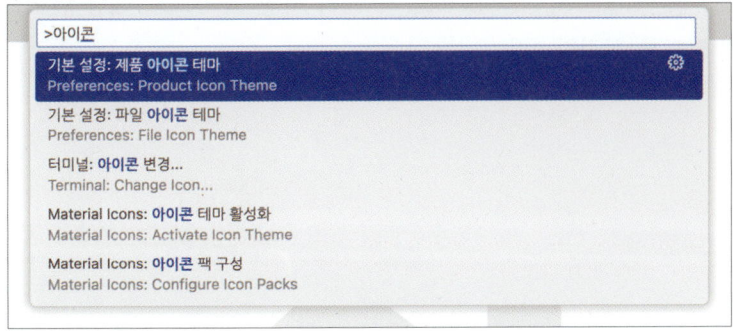

[그림 1-31] 파일 아이콘 테마 설정 방법

테마를 변경하는 것과 마찬가지로 Ctrl+Shift+P 또는 Cmd+Shift+P 입력을 한 후에 "파일 아이콘"이라고 타이핑한 후 "기본 설정: 파일 아이콘 테마"를 선택합니다.

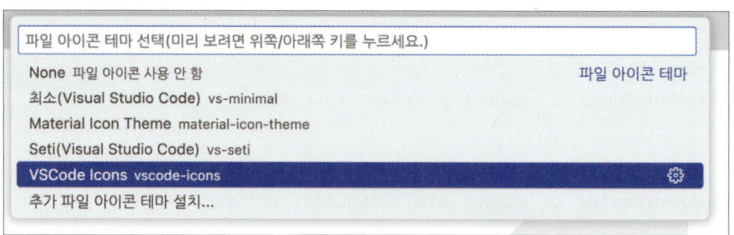

[그림 1-32] 파일 아이콘 목록 중에 VSCode Icons 선택

설치된 파일 아이콘에서 선택하거나 추가 파일 아이콘 테마를 설치할 수 있는데 그중 마켓플레이스에서 설치한 "VSCode Icons" 확장 프로그램을 적용합니다.

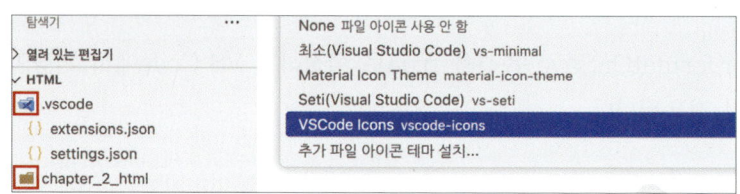

[그림 1-33] 목록에서 파일 아이콘을 선택하며 탐색기에서 아이콘이 변경되는 부분을 확인

설정하게 되면, 직접 타이핑하지 않아도 settings.json 파일에 설정이 생성된 것을 확인할 수 있습니다.

[코드 1-4] 인터페이스로 설정했을 때 설정 파일로 자동으로 적용

```
"workbench.iconTheme": "vscode-icons",
```

cSpell.userWords에는 Code Spell Checker의 예외 사전 목록으로 해당 단어들에 대해서 철자 경고 표시가 되지 않도록 설정합니다.

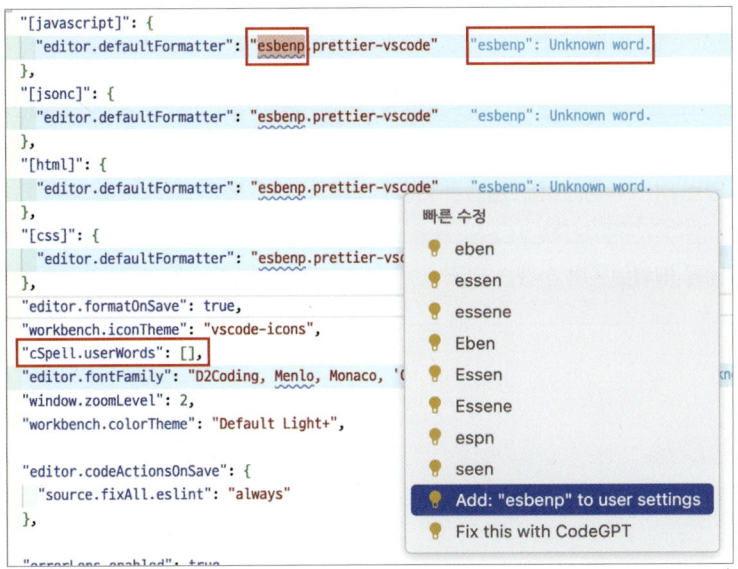

[그림 1-34] esbenp가 사전에 없는 단어이기 때문에 경고를 "빠른 수정"으로 처리

현재 사용자 설정 JSON 파일에서도 "esbenp"라는 단어가 없고, 이를 예외 처리하기 위해서 cSpell.userWords 키에 할당이 되어 예외 단어로 처리가 되도록 "빠른 수정" 메뉴의 "Add "esbenp" to user settings" 메뉴를 통해서 설정하도록 합니다.

[코드 1-5] 경고에서 예외가 된 단어 목록

```
"cSpell.userWords": ["esbenp"]
```

경고 문구가 사라졌나요?

window.zoomLevel은 VS Code 화면을 축소하거나 확대하면 자동으로 재갱신되는 것을 확인할 수 있습니다. 마지막으로, 폰트는 국문과 영문을 모두 지원하면서 인기가 많은 **D2Coding 폰트**를 사용하겠습니다.

https://github.com/naver/d2codingfont에 접속해서 D2Coding 폰트를 다운받아서 설치합니다. **editor.fontFamily** 설정에 해당 폰트를 지정하고 해당 폰트가 시스템에 없을 때 사용할 수 있는 폰트를 뒤이어 정의합니다.

 마무리

이번 장에서는 프론트엔드 개발자가 하는 일들에 대해서 개괄적인 내용을 살펴보았습니다.

또한, 작업 환경 구성을 위해 크롬 브라우저, Node.js, VS Code를 설치하고, VS Code에서 작업을 더욱 원활하게 할 수 있는 여러 확장 프로그램들과 사용자 설정 방법도 알아보았습니다.

다음 장에서는 본격적으로 HTML, CSS, JavaScript의 기본 속성들을 학습하며, 인터랙티브 웹을 만들기 위한 기본 개념을 배워보도록 하겠습니다.

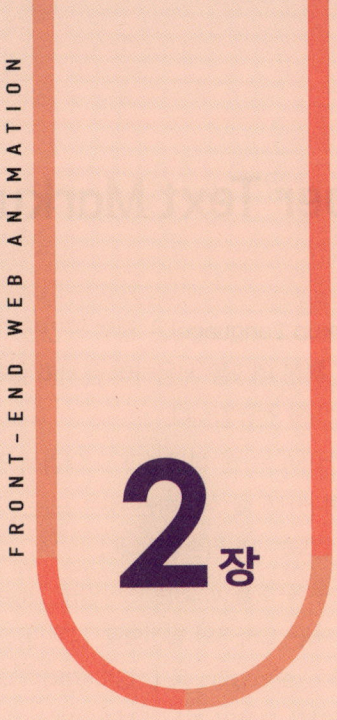

HTML 문법을 익히다

이번에는 HTML 파일을 직접 작성하며 웹 페이지의 기본 구조를 살펴보겠습니다. HTML의 주요 요소와 속성들을 학습하면서, 각각이 웹 페이지에서 어떤 역할을 하는지 이해하게 될 것입니다. 단순히 코드를 작성하는 데 그치지 않고, 웹 표준과 웹 접근성의 중요성에 대해 깊이 있게 탐구하고 이를 통해 다양한 사용자 환경에서 최적화된 경험을 제공하는 방법을 배우게 될 것입니다. 또한, 검색 엔진 최적화(SEO)의 기초를 다루어, 웹 페이지가 검색 결과에서 더 잘 노출될 수 있는 방법을 익히게 될 것입니다.

이론적 지식과 실제 코딩 경험을 결합해서 사용자 친화적이고 검색 엔진에 최적화된 웹 페이지를 만드는 기술을 습득해 봅시다.

- **2-1** HTML(HyperText Markup Language)
- **2-2** <meta> 태그와 브라우저 작동 원리
- **2-3** HTML 요소의 종류와 HTML 디버깅
- **2-4** 많이 사용되는 HTML 기본 요소 배우기

2-1 HTML(Hyper Text Markup Language)

HTML(Hyper Text Markup Language)은 웹의 근간을 이루는 **마크업 언어**로, 웹 페이지의 구조와 의미를 정의합니다. 특정 태그를 사용하여 문서의 골격을 형성하며, 웹 브라우저와 검색 엔진에 콘텐츠의 구조와 의미를 전달합니다.

웹 개발의 핵심 요소인 HTML은 웹 접근성과 SEO(검색 엔진 최적화)에 직접 영향을 미치기 때문에, **웹 표준**을 준수하여 HTML을 작성하는 것은 모든 사용자에게 접근 가능하고, 검색 엔진에 최적화된 웹사이트를 만드는 데 필수적입니다.

현대 웹 개발에서 HTML은 구조를, CSS는 스타일을, JavaScript는 동적 기능을 담당하여 조화롭게 동작합니다. 그러나 최근 CSS3의 발전으로 많은 동적 효과들이 CSS로 구현될 수 있게 되었으며, transform, transition, animation 등 CSS의 강력한 기능들은 JavaScript의 영역을 일부 대체하면서 효율적인 웹 페이지 제작이 가능해졌습니다.

이번 장에서는 이러한 현대적 웹 기술의 기반이 되는 HTML의 올바른 작성법에 중점을 두어, 견고한 HTML 구조로 향후 CSS와 JavaScript를 효과적으로 적용할 수 있는 토대가 되는 과정을 학습할 것입니다.

HTML 파일 만들기

이제 HTML 파일을 만들고 태그를 하나씩 사용해 보며 다양한 속성들을 배워 보도록 하겠습니다.

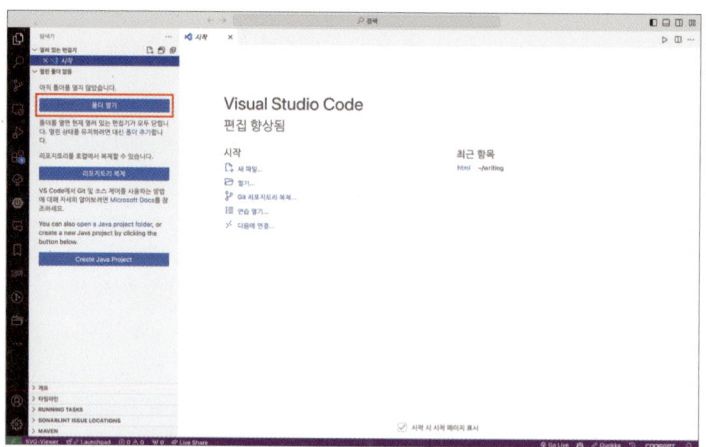

[그림 2-1] VS Code에서 폴더 열기를 통해서 폴더를 선택하는 화면으로 진입

'폴더 열기'를 선택해 탐색기에서 "html"이라는 폴더를 만들고 해당 폴더를 기준으로 프로젝트를 열어보겠습니다.

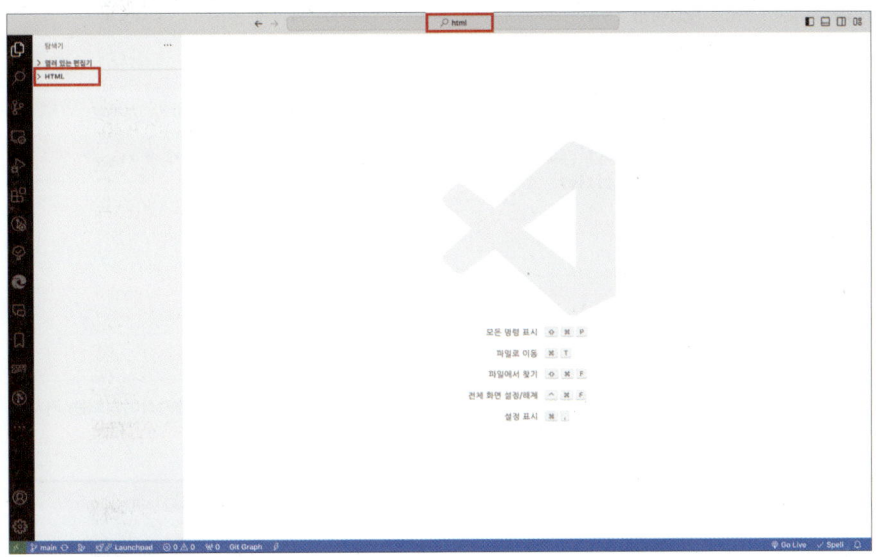

[그림 2-2] "html" 폴더를 만들어서 해당 폴더 기준의 작업 환경

그다음 상단 메뉴에서 "파일" 〉 "새 파일"[Ctrl + N 또는 Cmd + N]을 선택해 새로운 파일을 생성합니다.

그러고 나서, "파일" 〉 "저장"[Ctrl + S 또는 Cmd + S]을 선택해 index.html이라는 이름으로 파일을 저장한 후에 ! 또는 html을 입력하면 자동완성 메뉴가 나타나는데 "html:5"를 선택해 HTML5 기준의 코드 조각이 자동 완성되도록 합니다.

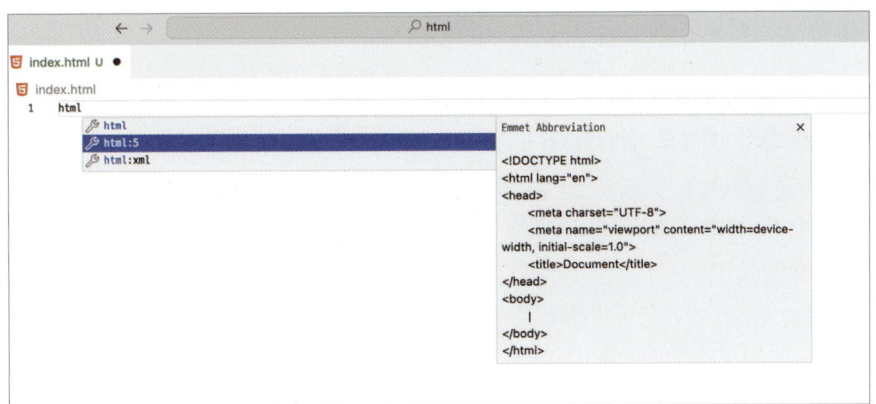

[그림 2-3] "html:5"을 사용한 VS Code의 HTML 자동 완성 코드 조각

2장 HTML 문법을 익히다 47

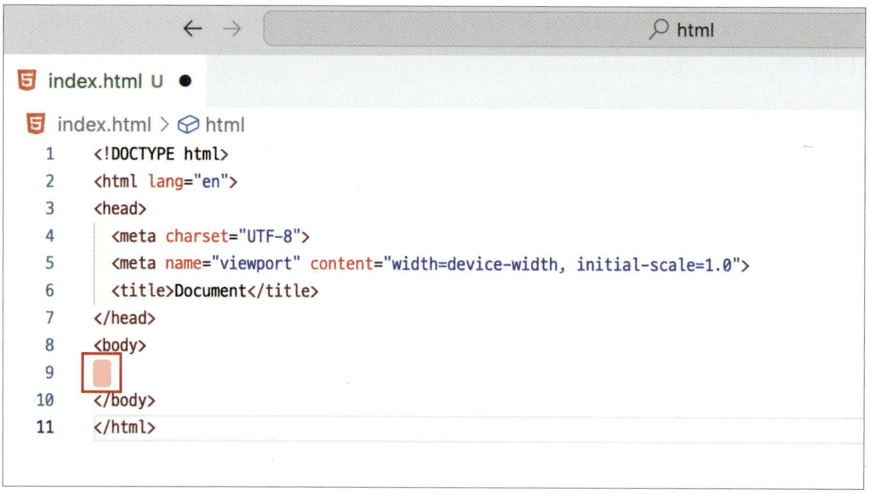

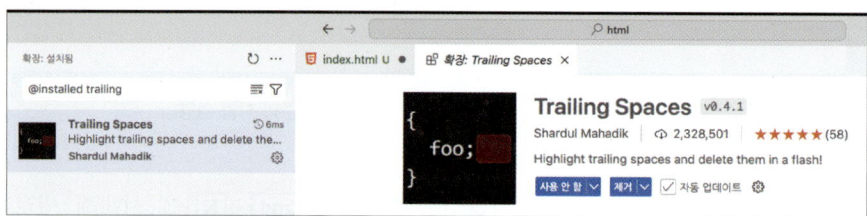

[그림 2-4] 코드 조각이 완성된 상태에서 Trailing Spaces 확장 프로그램에 의해 하이라이팅되는 커서

[그림 2-5] 1장에서 설치한 Trailing Spaces 확장 프로그램

HTML 파일을 저장했을 때 긴 공백이 하이라이팅되어 표시되는 이유는 1장에서 설치한 Trailing Spaces 확장 프로그램에 의해 불필요한 빈 공백이 표시되고 있기 때문입니다.

`Cmd`+`S` 또는 `Ctrl`+`S`를 입력해서 포맷팅을 해도 계속 빈 공백이 남아있다면, 기본 Tab Size(탭 너비)를 조절하도록 하겠습니다.

`Ctrl`+`Shift`+`P` 또는 `Cmd`+`Shift`+`P`를 입력하여 "도움말 〉 모든 명령 표시"를 실행해 **설정**이라고 써서 기본 설정 메뉴로 진입합니다.

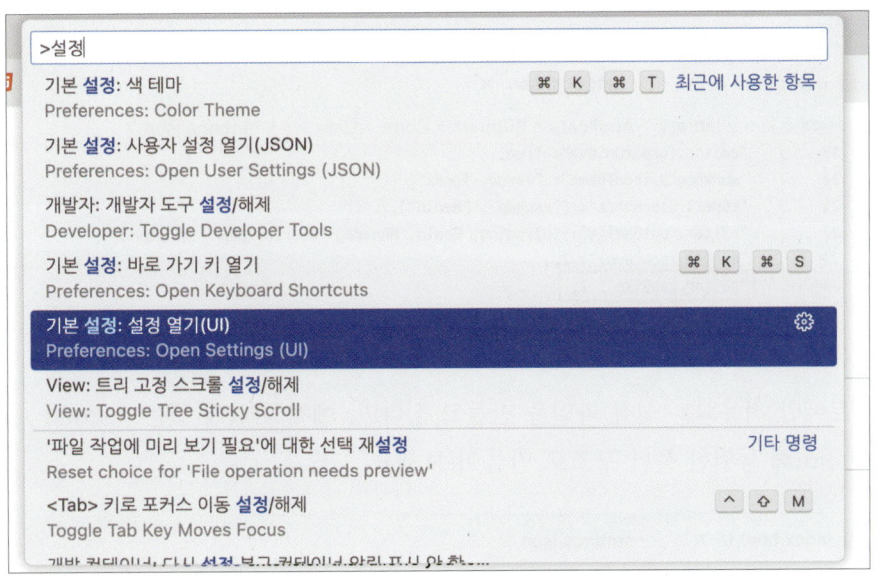

[그림 2-6] 도움말 > 모든 명령 표시 > 기본 설정: 설정 열기(UI) 메뉴로 진입하는 화면

이번에는 기본 설정: 사용자 설정 열기(JSON)이 아닌, 기본 설정: 설정 열기(UI)를 통해 간편하게, UI 모드를 통해서 설정해 보도록 하겠습니다.

기본 설정: 설정 열기(UI) 검색창에서 "tab"을 입력해서 Prettier 플러그인의 Tab Width와 Editor의 Tab Size 속성의 값을 각각 "2"로 변경합니다.

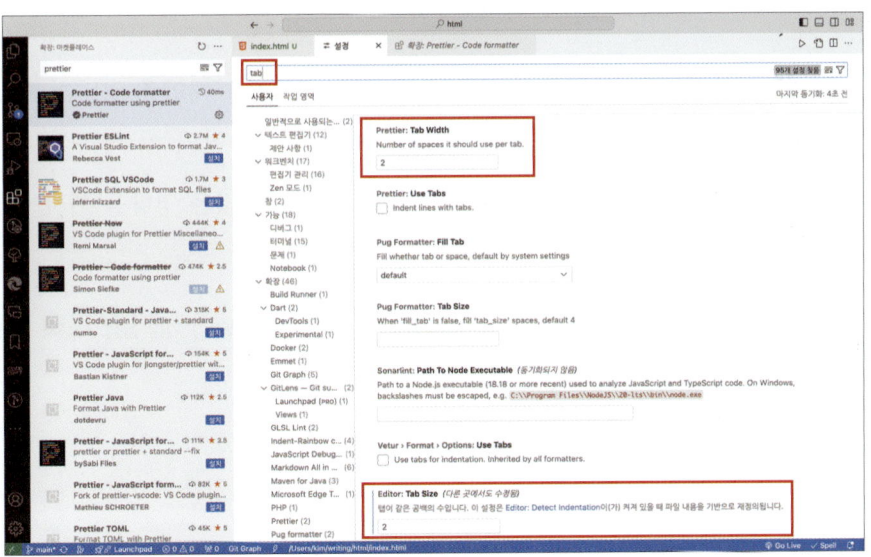

[그림 2-7] Prettier: Tab Width 속성과 Editor: Tab Size 속성을 "2"로 변경

그림 2-7과 같이 수정한 부분은 1장에서 설정했던 settings.json 파일에도 기록됩니다.

2장 HTML 문법을 익히다   49

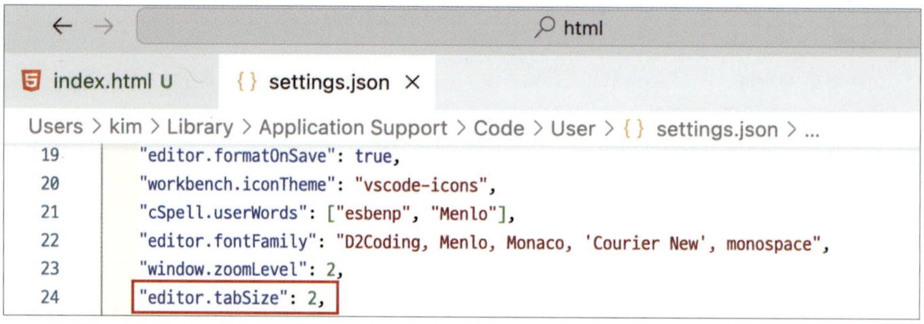

[그림 2-8] VS Code 사용자 설정 settings.json 파일에 기록된 "editor.tabSize"

현재 프로젝트에만 적용되는 설정 파일을 만들고 싶다면, 예제 파일에 있는 .vscode > settings.json 파일을 참고해 동일한 폴더 구조로 만들어 보세요.

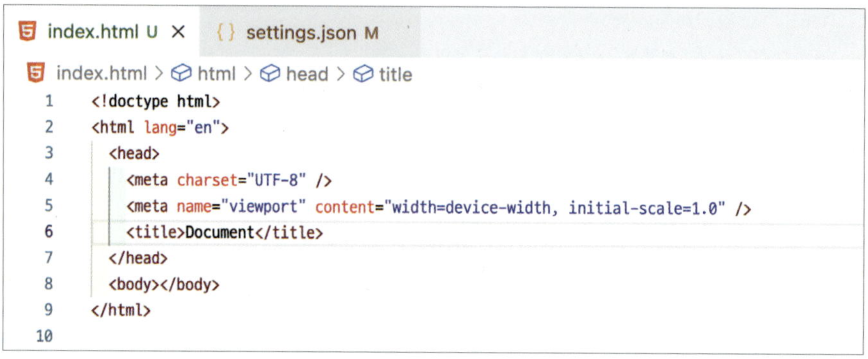

[그림 2-9] Tab Size가 "2"로 설정된 index.html 파일 결과

index.html을 저장하면 HTML 문서 tab 영역 내의 "4"로 되어있을 때의 Trailing Spaces 확장 프로그램에 의해 하이라이팅되는 커서는 사라지게 됩니다.

이와 같이 1장에서 설치했던 여러 확장 프로그램들은 작업 환경에 많은 영향을 끼치게 됩니다.

[코드 2-1] [Ctrl]+[Shift]+[P] 또는 [Cmd]+[Shift]+[P] 명령 팔레트 > 기본 설정: 사용자 설정 열기(JSON)

```
(...)
"[html]": {
  "editor.defaultFormatter": "esbenp.prettier-vscode"
},
(...)
```

HTML 코드 포맷팅을 할 때 VS Code에서 설치한 **Prettier** 확장 프로그램을 기준으로 포맷팅되도록 설정을 변경하고 코드를 작성해 보겠습니다.

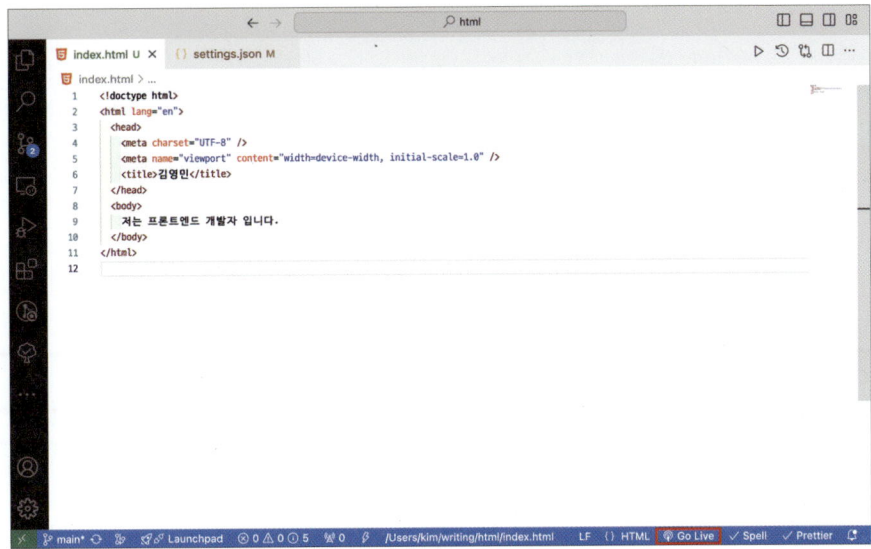

[그림 2-10] HTML 파일에 ⟨title⟩, ⟨body⟩ 태그 내에 내용 입력 후 우측 하단의 Go Live 클릭

처음 만든 HTML 파일에서 우측 하단의 "Go Live" 버튼을 클릭해 1장에서 설치했던 "Live Server"를 통해 서버를 구동합니다.

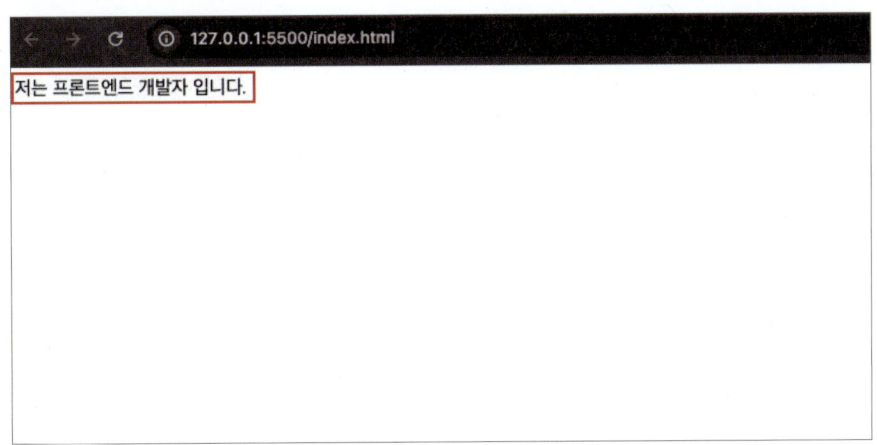

[그림 2-11] Live Server로 실행된 127.0.0.1:5500/index.html의 화면

실행된 화면에서 ⟨title⟩ 태그와 ⟨body⟩ 태그에 입력한 텍스트가 제대로 표시되는 것을 확인했나요? "Live Server" 확장 프로그램을 통해 간단한 웹 서버 환경을 구성했습니다.

<meta> 태그와 브라우저 작동 원리

이제 HTML 문법을 하나씩 작성해 보면서, 인터랙티브 웹을 만들기 위한 HTML 태그들을 배워보도록 하겠습니다.

<head> 태그의 내부 구조

〈html〉 태그 내부에는 기본적으로 〈head〉 태그와 〈body〉 태그가 존재합니다.

[코드 2-2] HTML 기본 예제

```html
<!doctype html>
<html lang="en">
  <head>
    <meta charset="UTF-8" />
    <meta name="viewport" content="width=device-width, initial-scale=1.0" />
    <title>타이틀</title>
  </head>
  <body>
    텍스트
  </body>
</html>
```

예제에서 확인할 수 있듯이, 〈head〉 태그 내에는 HTML 전체 문서의 **정보(meta)** 내용이 포함됩니다.

[코드 2-3] UTF-8 속성 예제

```html
<meta charset="UTF-8" />
```

코드 2-3의 charset 속성의 값은 UTF-8로 대부분의 국가의 문자를 지원하는 인코딩 방식입니다. 이는 영어, 한국어 등 다른 언어의 문자들을 문서 내에서 표현할 때 올바르게 표현하기 위해 사용합니다.

[코드 2-4] viewport 속성 예제

```
<meta name="viewport" content="width=device-width, initial-scale=1.0" />
```

코드 2-4의 〈meta〉 태그는 여러 장치에서 웹 페이지의 화면에 대한 정의를 담당하는 태그로 모바일 장치에서 viewport 설정을 통해 웹 페이지가 화면 크기에 맞게 나타나도록 합니다.

content="width=device-width"는 viewport의 width를 실제 장치의 width와 똑같이 만들어 주고, content="initial-scale=1.0"은 웹 페이지의 초기 화면 크기가 100%인 상태로 표시되도록 합니다.

사용자는 확대, 축소를 해서 웹 페이지를 원하는 크기로 확인할 수 있습니다.

[코드 2-5] 〈title〉 태그 예제

```
<title>타이틀</title>
```

〈title〉 태그는 웹 페이지의 제목을 정의하는 태그로 웹 브라우저 상단 제목 표시줄에 표시되는 텍스트를 나타냅니다.

인터넷에서 검색했을 때 제목으로 나타나는 부분이고, 웹 페이지의 제목은 해당 페이지에 대한 정보를 전달하는 역할을 하기 때문에 검색 엔진에서 수집하는 내용 중에서 매우 중요하게 여겨지는 요소이기도 합니다.

따라서 제목은 웹 페이지의 콘텐츠와 목적성에 맞게 간결하게 완성된 형태로 작성합니다.

그 외에도 웹사이트를 서비스로 출시하기 위해서는 다양한 〈meta〉 태그를 적절히 활용할 필요가 있습니다.

[코드 2-6] 그 외 〈meta〉 태그 예제

```html
<!doctype html>
<html lang="en">
  <head>
    <meta name="keywords" content="HTML 문법, CSS 스타일 가이드, JavaScript, Modern Site, Interactive Site">
    <meta name="description" content="인터랙티브 웹 페이지를 만들기 위해서 HTML을 배우는 내용을 담고 있는 콘텐츠">
    <meta property="og:type" content="website" />
    <meta property="og:title" content="HTML 문법 가이드" />
    <meta property="og:description" content="인터랙티브 웹 페이지를 만들기 위해서 HTML을 배우는 내용을 담고 있는 콘텐츠" />
    <meta property="og:image" content="https://www.sample.com/sample.png" />
    <meta property="og:image:width" content="1480" />
    <meta property="og:image:height" content="800" />

    <meta name="apple-mobile-web-app-capable" content="no" />
    <meta name="apple-mobile-web-app-status-bar-style" content="black-translucent" />
    <meta name="format-detection" content="telephone=no" />
    <meta name="theme-color" content="#000000" />

    <link rel="stylesheet" href="./style.css" />
    <script src="./script.js"></script>
  </head>
  <body>
    태그 등 콘텐츠 내용 삽입
  </body>
</html>
```

[코드 2-7] keywords 〈meta〉 태그 예제

```html
<meta name="keywords" content="HTML 문법, CSS 스타일 가이드, JavaScript, Modern Site, Interactive Site">
```

코드 2-7은 웹 페이지와 관련된 키워드를 검색 엔진에게 알려주는 〈meta〉 태그입니다.

[코드 2-8] description 〈meta〉 태그 예제

```html
<meta name="description" content="인터랙티브 웹 페이지를 만들기 위해서 HTML을 배우는 내용을 담고 있는 콘텐츠">
```

검색 엔진은 코드 2-8의 content 속성의 값을 분석하여 사이트 제목 하단 설명을 나타냅니다.

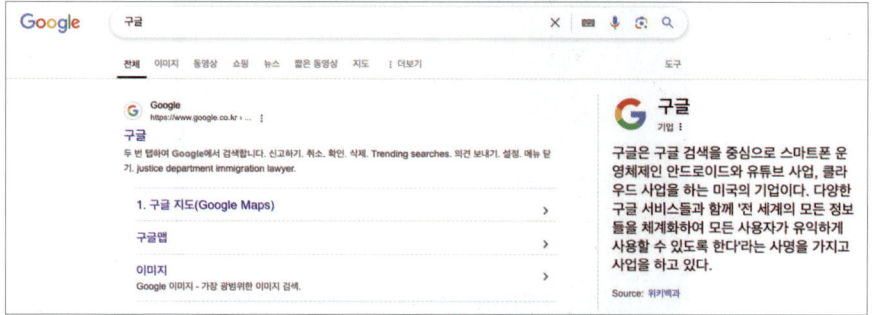

[그림 2-12] 검색 사이트의 하단부에 description 속성의 결과

이는 검색 결과에서 해당 웹 페이지의 내용을 더 자세하고 정확하게 표현하여 사용자의 웹 페이지 유입에 도움이 됩니다.

[코드 2-9] 〈meta〉 태그 중 오픈 그래프 프로토콜 예제

```
<meta property="og:type" content="website" />
<meta property="og:title" content="HTML 문법 가이드" />
<meta property="og:description" content="인터랙티브 웹 페이지를 만들기 위해서 HTML을 배우는 내용을 담고 있는 콘텐츠" />
<meta property="og:image" content="https://www.sample.com/sample.png" />
<meta property="og:image:width" content="1200" />
<meta property="og:image:height" content="630" />
```

오픈 그래프 프로토콜(Open Graph Protocol) 은 웹사이트에서 제공되는 콘텐츠가 SNS에서 공유될 때 그 정보를 구조화해서 알려주기 위한 역할을 합니다. 〈meta〉 태그 각각의 속성들을 작성하면 웹 페이지가 공유될 때 제목(og:title), 설명(og:description), 이미지(og:image) 등을 나타낼 수 있습니다.

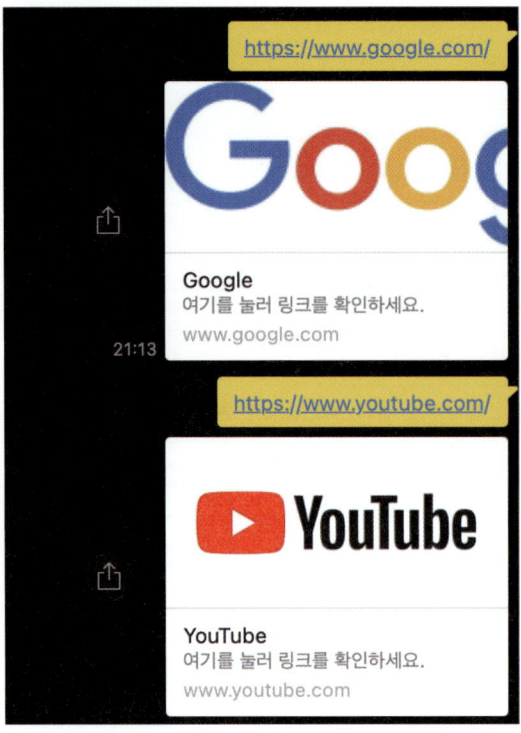

[그림 2-13] 오픈 그래프를 사용해서 og:image, og:title을 표현

이 프로토콜은 페이스북에서 먼저 개발되어 다른 SNS로 확대 지원되게 되었는데 이를 사용하면 콘텐츠를 다양한 방식으로 제공할 수 있으면서도 **검색 엔진 최적화(SEO)**에도 도움이 됩니다.

주의할 점은 오픈 그래프 이미지 최소 크기는 1200×630 **픽셀**로 권장된다는 것입니다. 이 크기는 대부분의 SNS에서 적용되는 미리보기 이미지 크기인 **1.91:1 비율**에 적합합니다.

 다양한 \<meta\> 태그

다양한 \<meta\> 태그에 대해서 정리한 사이트가 있어 참고해 보세요.
https://gist.github.com/lancejpollard/1978404

[코드 2-10] Apple 태그 예제

```html
<meta name="apple-mobile-web-app-capable" content="no" />
<meta name="apple-mobile-web-app-status-bar-style" content="black-translucent" />
<meta name="format-detection" content="telephone=no" />
<meta name="theme-color" content="#000000"/>
```

그 외에도 사파리 브라우저를 사용하는 애플 기기에서만 제공되는 다양한 속성들이 있습니다.

[코드 2-11] apple-mobile-web-app-capable ⟨meta⟩ 태그 예제

```html
<meta name="apple-mobile-web-app-capable" content="no" />
```

코드 2-11에서 apple-mobile-web-app-capable ⟨meta⟩ 태그는 사파리 브라우저 환경에서 웹 페이지를 전체 화면으로 보여주는 웹 앱 모드를 비활성화합니다. 이 옵션을 no로 설정하면, 전체 화면 모드가 비활성화되어 사파리 주소 창, 하단 네비게이션 바 등이 계속 표시됩니다.

[코드 2-12] apple-mobile-web-app-status-bar-style ⟨meta⟩ 태그 예제

```html
<meta name="apple-mobile-web-app-status-bar-style" content="black-translucent" />
```

만약 apple-mobile-web-app-capable ⟨meta⟩ 태그 속성을 yes로 설정하면 apple-mobile-web-app-status-bar-style 속성은 **상단 상태바의 표시 방식**을 설정할 수 있습니다.

content 속성의 값으로 black-translucent을 할당하면 검은색의 투명한 상태바를 사용하도록 설정됩니다.

[코드 2-13] format-detection ⟨meta⟩ 태그 예제

```html
<meta name="format-detection" content="telephone=no" />
```

format-detection 속성은 모바일 장치에서 전화번호를 자동으로 인식하게 할지 여부에 대한 설정입니다. 모바일 장치에서 일반 숫자들이 나열되어 있을 때 자동으로 그 숫자들을 전화번호나 계좌번호로 인식하는 기능들이 내장되어 있습니다. 해당 기능을 사용하지 않기 위해 content 값을 "telephone=no"로 설정할 수 있습니다.

[코드 2-14] theme-color 〈meta〉 태그 예제

```
<meta name="theme-color" content="#000000"/>
```

모바일 장치에서 웹 페이지를 볼 때 theme-color 속성을 사용해 상단 상태바(시계, 배터리 잔량 표시 영역 등)의 색상을 지정할 수 있습니다. 예제에서는 검은색(#000000)으로 설정되어 있습니다.

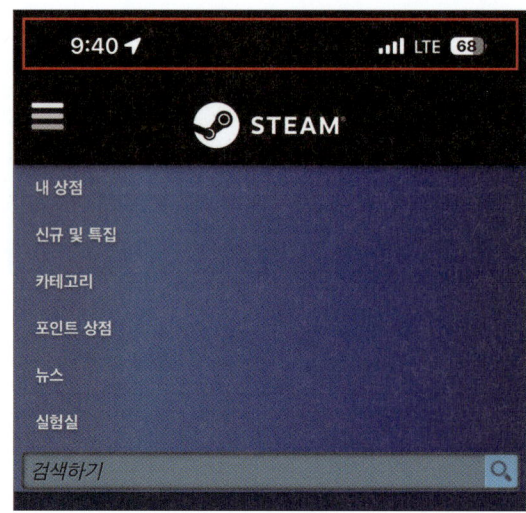

[그림 2-14] store.steampowered.com에서 볼 수 있는 "theme-color" 〈meta〉 태그 컬러 설정 결과

[코드 2-15] 〈link〉 태그와 〈script〉 태그 예제

```
<link rel="stylesheet" href="./style.css" />
<script src="./script.js"></script>
```

〈link〉 태그와 〈script〉 태그를 사용하면 HTML 문서에서 외부 리소스를 불러올 수 있습니다. 〈link〉 태그는 주로 외부 CSS 파일을 연결하는 데 사용되고 CSS 파일을 분리해서 사용할 수 있도록 해줍니다. 이는 코드의 가독성과 유지보수를 용이하게 만들어 줍니다. 〈script〉 태그도 JavaScript 파일을 로드하고 마찬가지로 HTML의 구조와 동작 부분인 JavaScript를 분리해서 관리할 수 있어 유지보수성을 높여줄 수 있습니다.

하지만, 〈script〉 태그는 〈head〉 태그가 아닌 〈body〉 태그를 닫기 전에 사용하거나 〈head〉 태그에 사용할 때는 defer 속성을 사용해서 HTML 파싱을 차단하지 않고 DOM이 완성된 후 script를 실행하도록 설정하는 것이 좋습니다.

HTML문서의 구조 요약

- ⟨!DOCTYPE html⟩: 문서 타입 선언으로, 현재 문서가 HTML5 문서임을 나타냅니다.
- ⟨html lang="ko-KR"⟩: 페이지의 기본 언어가 한국어(ko)이고 지역이 한국(KR)임을 나타냅니다.
- ⟨head⟩: 문서의 메타데이터를 나타낼 수 있는 섹션입니다.
- ⟨meta charset="UTF-8"⟩: 문서의 문자 인코딩을 UTF-8로 설정합니다.
- ⟨body⟩: 문서의 본문으로, 사용자에게 보여질 모든 요소를 이곳에 작성합니다.
- ⟨meta name="viewport" content="width=device-width, initial-scale=1.0"⟩
    - name="viewport": 메타 태그가 뷰포트(viewport)와 관련된 설정임을 나타내고, 이는 사용자가 웹 페이지를 보는 영역을 의미합니다.
    - content="width=device-width": 뷰포트의 너비를 해당 기기의 화면 너비로 설정하라는 의미입니다.
    - initial-scale=1.0: 페이지가 처음 로드될 때의 줌(zoom) 레벨을 1.0으로 설정하는 것으로 페이지가 100%의 크기로 보여지도록 설정합니다.

브라우저 동작 원리 살펴보기

⟨script⟩ 태그의 위치를 ⟨body⟩ 태그 닫기 전으로 추천하는 이유는 브라우저 렌더링 과정과 관계가 있습니다.

브라우저 렌더링 과정은 크게 DOM(Document Object Model) 생성 CSSOM(CSS Object Model) 구성, Render Tree(렌더 트리) 구성, Layout(레이아웃), Painting(페인팅) 과정으로 진행됩니다.

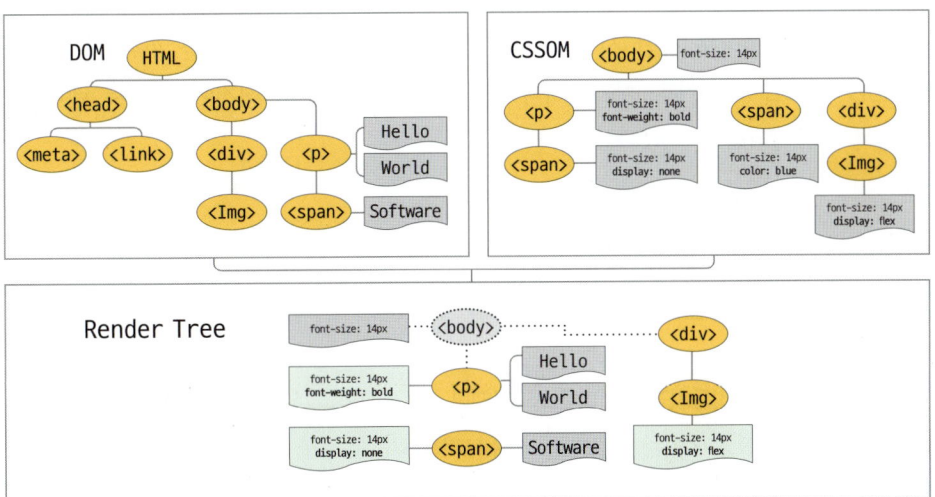

[그림 2-15] DOM, CSSOM, Render Tree, 브라우저의 동작 원리와 각 요소들의 정보

HTML, CSS, JavaScript로 작성된 웹 페이지를 브라우저에서 실행할 때 일어나는 렌더링 과정은 웹 브라우저의 핵심 작동 원리를 보여줍니다. 이 과정을 더 자세히 설명하면 다음과 같습니다.

1. **HTML 파싱과 DOM 트리 생성**: 브라우저는 먼저 HTML 문서를 파싱하여 DOM(Document Object Model) 트리를 생성합니다. DOM은 웹 페이지의 구조를 나타내는 계층적 트리 구조입니다.
2. **CSS 파싱과 CSSOM 트리 생성**: 동시에 브라우저는 CSS 파일을 파싱하여 CSSOM(CSS Object Model) 트리를 생성합니다. CSSOM은 웹 페이지의 스타일 정보를 포함하는 구조입니다.
3. **Render Tree 구축**: DOM 트리와 CSSOM 트리가 결합되어 Render Tree가 생성됩니다. Render Tree는 실제로 화면에 표시될 요소들만을 포함합니다. 예를 들어, display: none이 적용된 요소는 Render Tree에 포함되지 않습니다.
4. **레이아웃(Layout) 계산**: Render Tree의 각 노드는 화면상의 정확한 위치와 크기를 계산합니다. 이 과정을 통해 각 요소의 기하학적 정보가 결정됩니다.
5. **페인팅(Painting)**: 계산된 레이아웃 정보를 바탕으로 브라우저는 실제 픽셀을 화면에 그리는 페인팅 과정을 수행합니다. 이 단계에서 텍스트, 색상, 이미지, 테두리 등 모든 시각적 요소가 그려집니다.
6. **합성(Compositing)**: 페인팅 단계에서 생성된 레이어들을 하나의 이미지로 결합합니다. 각 레이어는 독립적으로 처리되어 최종적으로 화면에 표시될 때 합쳐집니다. 이 과정은 GPU를 활용하여 수행되므로, 복잡한 애니메이션이나 변환 등을 매우 효율적으로 처리할 수 있습니다.

브라우저 렌더링 작업을 하면서 CSS의 경우, CSS 파일을 다운로드하고 파싱하여 CSSOM 트리를 생성합니다.

반면, JavaScript가 〈head〉 태그 내에 있으면 HTML 파싱 중에 스크립트를 만났을 때 DOM 트리 생성을 일시 중지하고 스크립트를 다운로드 및 실행한 후 다시 HTML 파싱을 재개합니다. 스크립트가 길어질수록 렌더링 차단 시간이 길어져 사용자 경험에 악영향을 끼칠 수 있습니다. 따라서, 〈script〉 태그를 비동기로 처리하거나 〈body〉 태그를 닫기 직전에 두어서 렌더링 차단을 방지하는 것이 권장됩니다.

 async와 defer?

스크립트를 비동기적으로 로드하는 방식에는 async 또는 defer 속성을 사용하는 두 가지 방식이 있습니다.
- async: 스크립트를 비동기적으로 다운로드하고, 다운로드 완료 즉시 실행합니다.
- defer: 스크립트를 비동기적으로 다운로드하지만, HTML 파싱이 완료된 후 실행합니다.

async 속성은 DOM 요소가 있는 경우에는 DOM 트리를 차단할 수도 있으므로 DOM에 의존성이 없는 독립적인 스크립트에 주로 사용되고 defer 속성의 경우에는 DOM 조작이나 다른 스크립트에 의존성이 있는 경우에 더 적합하게 사용될 수 있습니다.

HTML 요소의 종류와 HTML 디버깅

〈head〉 태그 내에 들어가는 〈meta〉, 〈link〉, 〈script〉 태그 등에 대해서 알아보았으니 이제 〈body〉 태그 내에 포함되는 HTML 요소들에 대해서 실습해 보도록 하겠습니다.

〈body〉 태그 내에는 웹 페이지에 표시되는 콘텐츠를 나타내는 HTML 요소들이 포함되며, HTML 요소들은 크게 **블록 요소**와 **인라인 요소**로 구분할 수 있습니다. 이 구분은 웹 페이지의 구조와 레이아웃을 결정하는 데 중요한 역할을 합니다.

인라인 요소와 블록 요소

블록 요소는 일반적으로 새로운 줄에서 시작하여 가용한 전체 너비를 차지하는 반면, **인라인 요소**는 콘텐츠의 흐름 내에서 연속적으로 표시됩니다. 이러한 특성 차이는 웹 디자인과 개발에 있어 중요한 고려사항이 되며, CSS를 통한 스타일링과 레이아웃 구성의 기초가 됩니다. 요소의 유형을 이해하는 것은 웹 페이지의 구조를 효과적으로 설계하고, 사용자 경험을 향상시키는 데 필수적입니다.

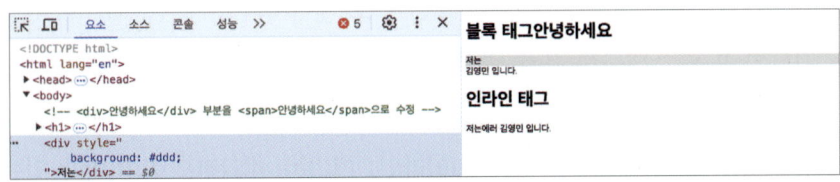

[그림 2-16] 새로운 라인에서 시작하고, 전체 가로폭을 차지하는 블록 요소 예시

블록 요소는 HTML 문서의 구조를 형성하는 기본 요소로, 다음과 같이 중요한 특성을 가지고 있습니다.

첫째, 블록 요소는 항상 새로운 줄에서 시작합니다. 이는 각 블록 요소가 문서의 흐름에서 독립적인 영역을 차지한다는 것을 의미합니다. 둘째, 블록 요소는 기본적으로 부모 요소의 전체 가로폭을 차지합니다. 이로 인해 블록 요소는 페이지의 레이아웃을 구성하는 데 주로 사용됩니다.

블록 요소의 또 다른 중요한 특징은 다른 HTML 요소들을 포함할 수 있다는 점입니다. 블록 요소는 다른 블록 요소뿐만 아니라 인라인 요소도 자식 요소로 가질 수 있습니다.

대표적인 블록 요소로는 제목을 나타내는 〈h1〉부터 〈h6〉, 일반적인 컨테이너로 사용되는 〈div〉, 문단을 나타내는 〈p〉, 그리고 목록을 만드는 〈ul〉, 〈ol〉, 〈li〉 등이 있습니다. 이러한 요소들은 각각 특정한 의미와 용도를 가지고 있어, 웹 페이지의 구조와 의미를 명확히 전달하는 데 중요한 역할을 합니다.

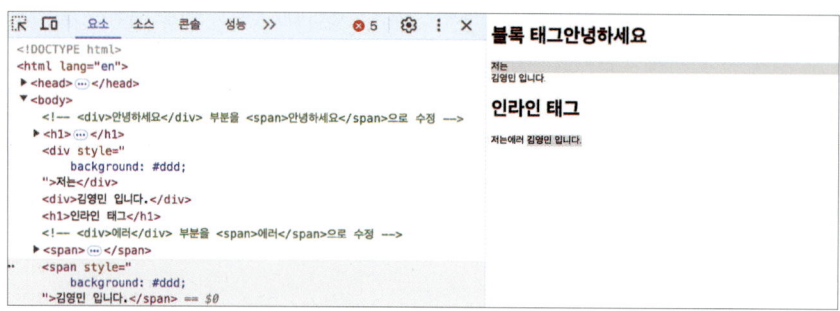

[그림 2-17] 새로운 라인에서 시작하지 않고, 필요한 만큼의 가로폭만 차지하는 인라인 요소 예시

인라인 요소는 웹 페이지의 텍스트 흐름을 자연스럽게 유지하면서 콘텐츠를 표현합니다. 이들은 필요한 만큼의 가로폭만 차지하여 텍스트나 작은 이미지 등 콘텐츠의 일부를 효과적으로 꾸미거나 강조하는 데 사용됩니다. 〈span〉, 〈a〉, 〈img〉, 〈strong〉, 〈em〉 등이 대표적인 인라인 요소 태그로, 각각 고유한 역할을 수행합니다. HTML의 요소들은 서로 다른 포함 규칙을 가지고 있어, 웹 페이지의 구조를 더욱 체계적으로 만듭니다.

인라인 요소는 일반적으로 다른 인라인 요소만 포함할 수 있습니다. 이러한 규칙은 웹 페이지의 레이아웃과 콘텐츠 구성에 중요한 영향을 미칩니다. 웹 페이지의 구조에서 블록 요소와 인라인 요소는 각각 다른 역할을 수행합니다. 블록 요소는 주로 페이지의 전체적인 레이아웃을 구성하는 데 사용되며, 인라인 요소는 텍스트 흐름 내에서 세부적인 콘텐츠 표현을 담당합니다.

대부분의 HTML 요소들은 특정한 의미를 가지고 있어 웹 페이지의 구조와 내용을 명확하게 전달합니다. 그러나 〈div〉(블록) 태그와 〈span〉(인라인) 태그는 예외적으로 의미가 없는 컨테이너 요소로, 주로 스타일링이나 요소들을 그룹화하는 데 사용됩니다. 이들은 웹 개발자에게 유연성을 제공하여 다양한 레이아웃과 디자인을 구현할 수 있게 해줍니다.

〈section〉, 〈article〉, 〈main〉, 〈header〉, 〈footer〉, 〈nav〉 등 의미가 있는 HTML 태그를 **의미론적 태그(Semantic Tags)**라고 하는데, 의미있는 태그들을 적절히 사용하는 것은 웹 접근성과 검색 엔진 최적화(SEO)에 큰 영향을 미칩니다. 검색 엔진의 크롤러는 이러한 의미 있는 구조를 통해 웹 페이지의 내용을 더 정확하게 이해하고 분석할 수 있습니다. 따라서 각 요소의 의미에 맞게 HTML을 구성하면 웹 페이지의 검색 순위 향상에도 도움이 됩니다. 이는 단순히 기술적인 측면을 넘어서, 사용자에게 더 나은 정보 접근성을 제공하고 웹의 전반적인 품질을 향상시키는 데 기여합니다.

콘텐츠 모델(Content Model)

HTML5에서 도입된 콘텐츠 모델(Content Model) 개념은 HTML 요소들의 사용 규칙을 더욱 체계화했습니다. 이는 Flow Content, Metadata Content, Sectioning Content, Heading Content, Phrasing Content, Embedded Content, Interactive Content 등 다양한 카테고리로 구분되며, 각 요소가 어떤 콘텐츠를 포함할 수 있는지를 정의합니다.

이 콘텐츠 모델로 인해 일부 요소들은 예외적인 특성을 갖게 됩니다. 예를 들어, 〈p〉 태그는 블록 요소이지만 문단이라는 의미 때문에 다른 블록 요소를 포함할 수 없으며, 인라인 요소만 허용합니다. 반면, 인라인 요소인 〈a〉 태그는 Phrasing Content에 속하지만 다양한 블록 요소를 포함할 수 있는 특별한 경우입니다.

〈a〉 태그 내에는 〈em〉, 〈strong〉, 〈span〉, 〈img〉, 〈input〉, 〈button〉, 〈abbr〉, 〈cite〉, 〈code〉, 〈del〉, 〈ins〉, 〈sup〉, 〈sub〉 등의 인라인 요소를 삽입할 수 있습니다.

또한, 〈h1〉~〈h6〉, 〈p〉, 〈blockquote〉, 〈address〉, 〈article〉, 〈aside〉, 〈div〉, 〈footer〉, 〈header〉, 〈main〉, 〈nav〉, 〈section〉, 〈table〉, 〈ul〉, 〈ol〉, 〈dl〉, 〈figure〉, 〈form〉 등의 블록 요소도 삽입할 수 있습니다.

각 HTML 요소의 의미를 이해하고 적절히 사용하는 것은 웹 개발에서 매우 중요합니다. 이는 단순히 기술적인 측면을 넘어서, 사용자에게 더 나은 정보 접근성을 제공하고 웹의 전반적인 품질을 향상시키는 데 기여합니다. 따라서 개발자들은 각 요소의 의미와 사용 목적을 잘 이해하고, 이를 바탕으로 의미 있고 구조화된 웹 페이지를 만들어야 합니다.

 콘텐츠 모델의 세부 내용

1. **Flow Content**: 대부분의 HTML 요소에서 사용할 수 있는 콘텐츠 모델입니다. 인라인 요소, 블록 요소, 그리고 몇몇 특수 요소를 포함합니다.
2. **Metadata Content**: 문서의 meta 정보를 나타내는 요소로, 〈head〉 요소 안에서 사용됩니다. 〈style〉, 〈link〉, 〈script〉, 〈base〉, 〈meta〉 등이 포함됩니다.
3. **Sectioning Content**: 문서의 섹션을 나누는 요소입니다. Sectioning Content는 outline을 만들기 위한 〈article〉, 〈aside〉, 〈nav〉, 〈section〉 태그들이 포함됩니다.
4. **Heading Content**: 섹션의 제목을 나타내는 요소입니다. Heading Content에는 〈h1〉 ~ 〈h6〉, 〈hgroup〉 등이 포함됩니다.
5. **Phrasing Content**: 대부분의 콘텐츠를 포함하는 인라인 요소 모델입니다. 텍스트, 이미지, 하이퍼링크 등이 포함됩니다.
6. **Embedded Content**: 외부 콘텐츠를 나타내는 요소입니다. 이미지, 비디오, 오디오, canvas 등이 포함됩니다.
7. **Interactive Content**: 사용자와 상호작용하는 콘텐츠를 나타내는 요소입니다. 폼 요소(input, button, select, textarea, label, fieldset, legend)와 iframe 요소가 포함됩니다.

HTML 디버깅하기

웹 개발을 처음 시작할 때 HTML의 모든 요소와 그 특성을 암기하는 것은 부담스러울 수 있으며, 웹 개발에서는 단순 암기보다는 실제 이해와 적용이 더 중요합니다. 대신, 웹 표준을 준수해야 한다는 기본 원칙을 이해하고 이를 실천하는 것이 더 효과적인 학습 방법입니다. 웹 표준을 준수하지 않은 HTML은 여러 문제를 야기할 수 있습니다. 이는 웹사이트의 평가를 낮추고, 다양한 브라우저에서 일관되지 않은 화면을 표시하게 만들 수 있습니다. 이러한 이유로 웹 표준 준수와 웹 접근성 향상이 강조되고 있습니다. 다행히 현대 웹 개발에서는 웹 표준을 준수하는 데 도움을 주는 다양한 도구들이 있습니다. 예를 들어, W3C Validator는 이러한 도구 중 하나로, HTML의 웹 표준 준수 여부를 검사하고 수정을 도와줍니다. W3C(World Wide Web Consortium)는 웹의 아버지로 불리는 팀 버너스 리(Tim Berners-Lee)를 중심으로 1994년에 설립된 조직으로, 웹 기술의 표준을 개발하고 유지보수하는 역할을 합니다. 이러한 도구와 접근 방식은 웹 개발 초보자들이 웹 표준의 중요성을 이해하면서 실제적인 웹 개발 기술을 부담 없이 습득할 수 있으며, 이는 지속적인 학습과 발전을 위한 좋은 기반이 될 것입니다.

 디버깅이란?

디버깅은 소프트웨어 개발에서 오류나 버그를 찾아 수정하는 과정을 말합니다. 이는 프로그래밍에서 매우 중요한 부분으로, 문제 식별과 오류 분석을 통해 제대로 작동하지 않는 부분을 찾고 코드를 검토한 후에 발견된 버그를 수정하고 테스트하는 일련의 과정을 포함하고 있습니다.

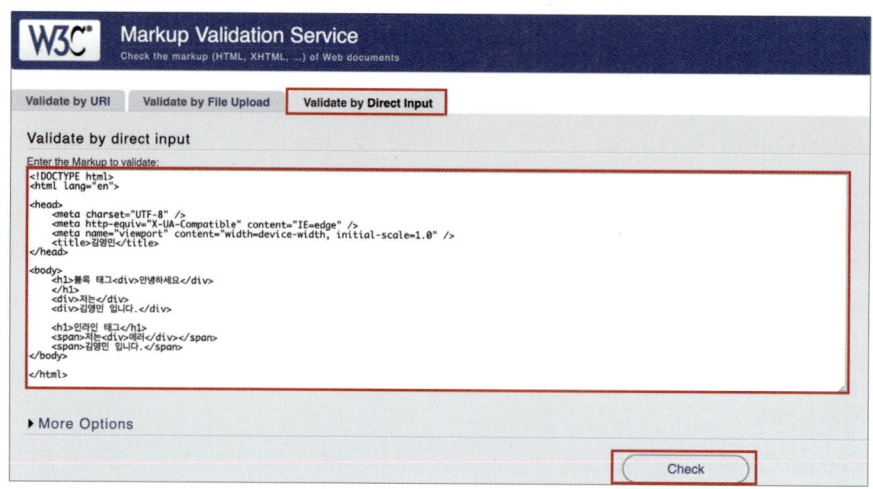

[그림 2-18] W3C Validator 사용

W3C Validator 사이트에 접속하여, "Validate by Direct Input" 탭을 클릭한 후 작성된 HTML 을 전체 복사해서 붙여넣고, "Check" 버튼을 클릭하면 다음과 같은 결과가 나타납니다.

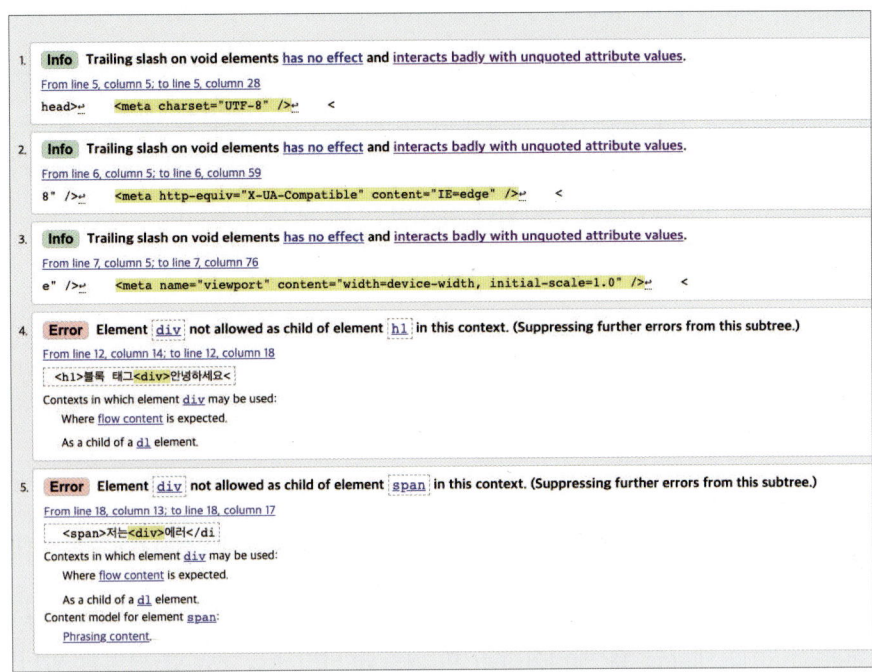

[그림 2-19] HTML 웹 표준 검사 후 오류가 발견된 결과

W3C Validator의 결과로 나타나는 내용들을 하나씩 살펴보도록 하겠습니다.

[코드 2-16] W3C Validator 검증에서 info로 노출되는 코드

```
<meta charset="UTF-8" />
<meta http-equiv="X-UA-Compatible" content="IE=edge" />
<meta name="viewport" content="width=device-width, initial-scale=1.0" />
```

W3C Validator의 "Info" 메시지는 단순히 정보를 전달하는 역할을 합니다. 현재 웹 환경에서 불필요하다고 판단되는 요소는 제거할 수 있으며, 그림 2-19의 첫 번째 내용의 경우 싱글 태그의 마지막 슬래시(/)를 생략해도 된다는 정보입니다.

싱글 태그(img, input, meta 등)의 끝에 슬래시(/)를 붙이는 관행은 이전 HTML 버전, 특히 XHTML에서 유래했습니다. 이는 태그의 종료를 명시적으로 나타내는 역할을 했습니다. 그러나 HTML5에서는 이러한 싱글 태그의 슬래시(/)를 생략해도 정상적으로 동작합니다.

하지만 리액트와 같은 현대적인 라이브러리를 사용할 때는 상황이 다릅니다. JSX(JavaScript

XML)는 JavaScript 내에서 HTML과 유사한 문법으로 UI 요소를 직접 작성할 수 있게 해주는 리액트의 문법 확장입니다. 해당 문법에서는
과 같은 Self-Closing 태그 형태를 반드시 사용해야 합니다. 이 경우 슬래시(/)를 생략하면 리액트에서 오류가 발생할 수 있습니다.

이러한 이유로, HTML5에서도 싱글 태그에 슬래시(/)를 습관적으로 사용하는 경우도 있습니다. 이는 다양한 개발 환경에서의 일관성을 유지하고, 향후 리액트로 전환할 때 발생할 수 있는 오류를 미리 방지하는 데 도움이 됩니다. 이러한 접근 방식은 개발자가 다양한 웹 기술을 오가며 작업할 때 특히 유용하며, 일관된 코딩 스타일을 유지하는 데 도움이 됩니다.

W3C Validator 결과

```
Element div not allowed as child of element h1 in this context. (Suppressing further errors from this subtree.)
```

검사 후 나온 오류는 "<div> 태그는 <h1> 태그의 하위 태그로 허용되지 않습니다." 라는 내용입니다.

HTML의 구조적 규칙과 의미론적 일관성은 웹 문서의 품질과 접근성에 중요한 역할을 합니다. 특히 헤딩 요소인 <h1> 태그는 웹 페이지의 주요 제목을 나타내는 중요한 역할을 합니다. 이러한 맥락에서, <h1> 태그 내부에 <div> 태그와 같은 블록 요소를 삽입하는 것은 HTML 표준에 맞지 않는 것입니다.

일반적으로 블록 요소 내부에는 다른 블록 요소를 자유롭게 삽입할 수 있지만, 헤딩 요소는 이러한 규칙의 예외입니다. 헤딩 요소의 본질적인 의미는 제목을 나타내는 것이므로, 그 안에 의미가 없는 <div> 태그와 같은 요소를 포함시키는 것은 의미론적으로 부적절합니다. 이는 마치 <p> 태그 내부에 또 다른 <p> 태그를 삽입할 수 없는 것과 유사한 원리입니다.

HTML은 단순한 마크업 언어를 넘어서 문서의 구조와 의미를 전달하는 중요한 역할을 합니다. 따라서 각 요소의 의미와 용도에 맞게 사용하는 것이 중요합니다. 이러한 의미론적 일관성을 지키지 않으면, HTML 검증 도구에서 오류로 인식되며, 이는 웹 접근성과 검색 엔진 최적화에도 부정적인 영향을 미칠 수 있습니다.

이러한 규칙을 이해하고 준수함으로써, 더 명확하고 구조화된 웹 문서를 작성할 수 있으며, 이는 결과적으로 더 나은 사용자 경험과 웹 표준 준수로 이어집니다.

[코드 2-17] chapter_2 / 2-3_validation / 01_validation.html

```html
<!doctype html>
<html lang="en">
  <head>
    <meta charset="UTF-8" />
    <meta http-equiv="X-UA-Compatible" content="IE=edge" />
    <meta name="viewport" content="width=device-width, initial-scale=1.0" />
    <title>김영민</title>
  </head>

  <body>
    <!-- <div>안녕하세요</div> 부분을 <span>안녕하세요</span>으로 수정 -->
    <h1>블록 태그<span>안녕하세요</span></h1>
    <div>저는</div>
    <div>김영민 입니다.</div>
    <h1>인라인 태그</h1>
    <!-- <div>에러</div> 부분을 <span>에러</span>으로 수정 -->
    <span>저는<span>에러</span></span>
    <span>김영민 입니다.</span>
  </body>
</html>
```

오류로 표시되는 부분을 코드 2-17과 같이 chapter_2 / 2-3_validation / 01_validation.html 파일에 작성하고 해당 내용을 다시 W3C Validator에 복사해서 디버깅을 해보도록 합시다.

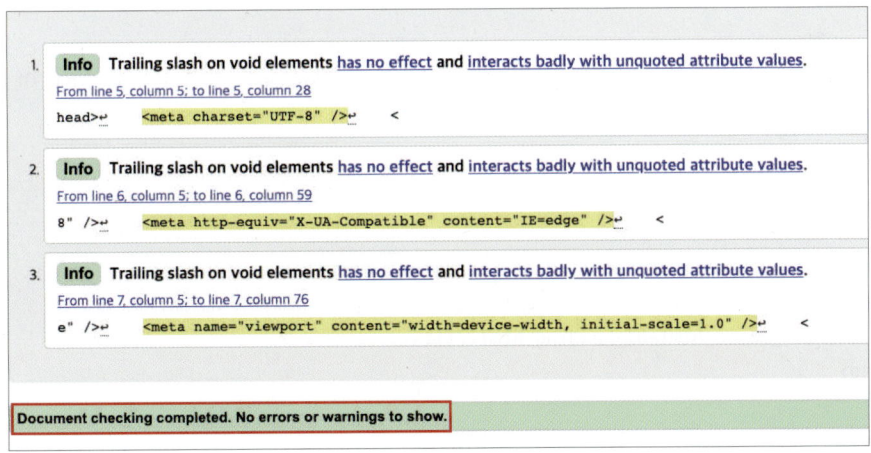

[그림 2-20] 오류가 없는 HTML 웹 표준 검사 결과

오류가 모두 사라졌네요. 이와 같이 직접 작성한 HTML을 스스로 수정해 나가며 디버깅할 수 있는 방법에 대해 배워 보았습니다.

2-4 많이 사용되는 HTML 기본 요소 배우기

웹 페이지에서 많이 사용되는 HTML 기본 요소들을 배워보도록 하겠습니다.

헤딩 요소(<h1> ~ <h6>)

헤딩 요소는 웹 페이지의 구조를 의미론적으로 정의하는 데 중요한 역할을 합니다. 〈h1〉부터 〈h6〉까지의 태그는 콘텐츠의 계층 구조를 나타내며, 웹 페이지의 골격을 형성합니다. 이러한 구조화는 사용자의 이해를 돕고, 검색 엔진 최적화(SEO)에도 긍정적인 영향을 미칩니다. 〈h1〉은 페이지의 제목으로 전체 콘텐츠의 주제를 나타내고 〈h2〉는 주요 섹션의 제목으로 사용되어, 페이지의 주요 구분을 나타냅니다. 〈h3〉부터 〈h6〉까지는 섹션 내의 하위 주제나 세부 내용의 제목으로 사용됩니다. 이러한 구조는 웹 페이지의 콘텐츠를 논리적으로 구성하여 스크린 리더와 같은 보조 기술을 사용하는 사용자들에게도 페이지의 구조를 명확히 전달할 수 있어 웹 접근성 향상에도 좋습니다.

[코드 2-18] chapter_2 / 2-4_ basic_html / 01_heading.html

```html
<!doctype html>
<html lang="en">
  <head>
    <meta charset="UTF-8" />
    <meta http-equiv="X-UA-Compatible" content="IE=edge" />
    <meta name="viewport" content="width=device-width, initial-scale=1.0" />
    <title>2-4_basic_html-01_heading.html</title>
  </head>

  <body>
    <main class="main">
      <h1>h1 - 가장 중요한 제목</h1>
      <section>
        <h2>h2 - 두 번째로 중요한 제목</h2>
        나타내고자 하는 전체 기사들의 제목
```

```html
            <article>
                <h3>h3 - 세 번째로 중요한 제목</h3>
                기사 제목이 나타났으니,
                <div>내용이 들어오겠군요.</div>
            </article>
        </section>
        <section>
            <h2>h2 - 두 번째로 중요한 제목</h2>
            <article>
                <h3>h3 - 세 번째로 중요한 제목</h3>
                <h4>h4 - 네 번째로 중요한 제목</h4>
                <h5>h5 - 다섯 번째로 중요한 제목</h5>
                <h6>h6 - 가장 낮은 수준의 제목</h6>
            </article>
        </section>
    </main>
  </body>
</html>
```

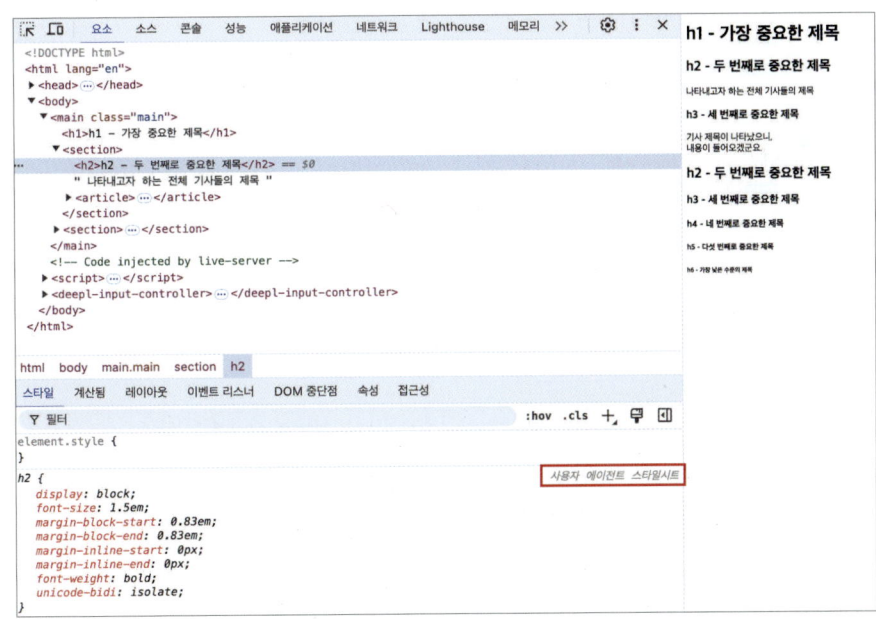

[그림 2-21] 브라우저의 "사용자 에이전트 스타일시트"에 의해서 스타일링된 헤딩 태그들

그림 2-21과 같이 브라우저에서 기본적으로 정의되어 있는 **사용자 에이전트 스타일시트(User Agent Stylesheet)**에 의해 각각의 스타일이 적용됩니다. 각 브라우저 개발사(예: 구글 크롬, 모질라 파이어폭스, 애플 사파리 등)는 자체적인 디자인 가이드라인에 따라 이 기본 스타일을 약간씩

다르게 정의합니다. 이로 인해 동일한 HTML 문서라도 브라우저마다 약간씩 다르게 보일 수 있습니다. 다시 한 번 HTML을 디버깅해 봅시다.

```
Document checking completed. No errors or warnings to show.
Image report
No images in the document.
Source
 1. <!DOCTYPE html>
 2. <html lang="en">
 3.
 4. <head>
 5.     <meta charset="UTF-8">
 6.     <meta http-equiv="X-UA-Compatible" content="IE=edge">
 7.     <meta name="viewport" content="width=device-width, initial-scale=1.0">
 8.     <title>2-4_basic_html-01_heading.html</title>
 9. </head>
10.
11. <body>
12.     <main class="main">
13.         <h1>h1 - 가장 중요한 제목</h1>
14.         <section>
15.             <h2>h2 - 두 번째로 중요한 제목</h2>
16.             나타내고자 하는 전체 기사들의 제목
17.             <article>
18.                 <h3>h3 - 세 번째로 중요한 제목</h3>
19.                 기사 제목이 나타났으니,
20.                 <div>내용이 들어오겠군요.</div>
21.             </article>
22.         </section>
23.         <section>
24.             <h2>h2 - 두 번째로 중요한 제목</h2>
25.             <article>
26.                 <h3>h3 - 세 번째로 중요한 제목</h3>
27.                 <h4>h4 - 네 번째로 중요한 제목</h4>
28.                 <h5>h5 - 다섯 번째로 중요한 제목</h5>
29.                 <h6>h6 - 가장 낮은 수준의 제목</h6>
30.             </article>
31.         </section>
32.     </main>
33. </body>
34.
35. </html>
```

Outline
- `<h1>` h1 - 가장 중요한 제목
  - `<h2>` h2 - 두 번째로 중요한 제목
    - `<h3>` h3 - 세 번째로 중요한 제목
  - `<h2>` h2 - 두 번째로 중요한 제목
    - `<h3>` h3 - 세 번째로 중요한 제목
      - `<h4>` h4 - 네 번째로 중요한 제목
        - `<h5>` h5 - 다섯 번째로 중요한 제목
          - `<h6>` h6 - 가장 낮은 수준의 제목

Used the HTML parser.
Total execution time 6 milliseconds.

[그림 2-22] W3C Validator에서 outline 체크 후 디버깅

W3C Validator에서 검사할 때 **outline** 체크박스를 체크하고 디버깅해 봅시다.

Outline 하위에 작성한 내용들이 중요한 제목 순으로 잘 나열되어 있고, 〈section〉 태그와 〈article〉 태그를 사용해서 의미론적인 섹션을 나누고 해당 섹션에 각각의 의미있는 제목을 사용한 것을 확인할 수 있습니다.

모든 HTML 파일은 개요를 잘 작성하고 〈div〉 태그와 같이 의미 없는 블록 태그를 사용할 때는 헤딩 태그를 삽입하지 않습니다. 대신, 의미론적 태그인 〈section〉, 〈article〉, 〈header〉, 〈nav〉, 〈main〉, 〈footer〉 태그 등에서 구조적인 순서에 맞게 작성하면 됩니다.

의미론적 태그(Semantic Tags)란?

의미론적 태그는 HTML에서 콘텐츠의 의미를 명시적으로 정의하는 요소들을 말하고, 웹 페이지의 구조와 의미를 강화해 주므로 검색 엔진이나 웹 접근성에 도움을 주어 개발자와 사용자 모두에게 이점을 제공합니다. 또한, 스타일링이나 레이아웃 변경 시에도 의도한 구조를 유지하기 쉽습니다.

- 〈header〉: 전체 상단 영역을 감싸는 데 주로 사용하고, 사이트의 로고, 메뉴, 검색 등의 유틸 메뉴 등이 포함되는 태그입니다.
- 〈nav〉: 내비게이션(navigation)을 뜻하며, 메뉴, 사이트를 안내하는 링크 요소 등을 사용해서 사이트의 안내를 돕는 역할을 하는 태그입니다.
- 〈main〉: 해당 웹 페이지에서 중요 콘텐츠를 감싸는 데 사용하며, 한 문서에는 하나의 〈main〉 태그만 존재할 수 있습니다.
- 〈section〉: 문서의 주제에 관련 있는 콘텐츠들의 집합으로, 그 집합군으로 여러 구획을 나눌 때 사용하는 태그입니다.
- 〈article〉: 문서 내에서 독립적인 콘텐츠를 나타낼 때 사용하고, 블로그, 뉴스, 포럼 등의 독립적으로 재사용 가능한 콘텐츠에 사용하는 태그입니다.
- 〈aside〉: 주요 콘텐츠의 내용과 관련이 없는 보조적인 정보들을 나타내는 콘텐츠에 사용하는 태그입니다.
- 〈footer〉: 주로 문서의 가장 아래쪽에 위치하며, 저작권 정보, 연락처, 관련 링크 목록(Sitemap) 등을 포함하는 하단 영역을 감싸기 위해서 사용하는 태그입니다.

문단 요소(<p>)

〈p〉 태그는 HTML 문서에서 단락(Paragraph)을 나타내는 중요한 요소입니다. 이 태그는 주로 텍스트 콘텐츠를 구조화하고 가독성을 높이는 데 활용되며, 웹 페이지의 내용을 명확하게 구분하는 역할을 합니다. 〈p〉 태그를 사용할 때 주의해야 할 점은 그 안에 또 다른 〈p〉 태그를 삽입할 수 없다는 것입니다. 이는 HTML의 의미론적 구조를 유지하기 위한 중요한 규칙입니다. HTML5의 콘텐츠 모델에서 〈p〉 태그는 Flow Content에 해당하므로, 텍스트나 이미지와 같은 인라인 요소만을 포함할 수 있습니다. 이러한 특성을 이해하고 올바르게 사용함으로써, 개발자는 더 구조화되고 의미 있는 웹 문서를 작성할 수 있으며, 이는 사용자 경험 향상과 검색 엔진 최적화에도 긍정적인 영향을 미칩니다.

[코드 2-19] chapter_2 / 2-4_basic_html / 02_paragraph.html

```html
<!doctype html>
<html lang="en">
  <head>
    <meta charset="UTF-8" />
    <meta http-equiv="X-UA-Compatible" content="IE=edge" />
    <meta name="viewport" content="width=device-width, initial-scale=1.0" />
    <title>2-4_basic_html-02_paragraph.html</title>
  </head>

  <body>
    <main class="main">
      <p>&lt;p&gt; 태그 안에 다른 &lt;p&gt; 태그를 사용하는 것은 올바른 방법이 아닙니다.</p>
      <p>
          &lt;p&gt; 태그 안에 다른 &lt;span&gt; 태그를 사용하는 것은 올바른 방법 입니다. <br />
          <span>&lt;p&gt; 태그는 Flow Content의 의미를 가지게 됩니다.</span> <br />
          <span>"&에" "gt"와 "lt" 같은</span> HTML 문자 엔티티를 사용해서 HTML 문서에 부등호(&gt;(gt),&lt;(lt)), 공백( (nbsp)), 앰퍼센드(&amp;(amp)), 따옴표(&quot;(quot)) 등을 나타낼 수 있습니다.
      </p>
    </main>
  </body>
</html>
```

```
<p> 태그 안에 다른 <p> 태그를 사용하는 것은 올바른 방법이 아닙니다.
<p> 태그 안에 다른 <span> 태그를 사용하는 것은 올바른 방법 입니다.
<p> 태그는 Flow Content의 의미를 가지게 됩니다.
"&에" "gt"와 "lt" 같은 HTML 문자 엔티티를 사용해서 HTML 문서에 부등호(>(gt),<(lt)), 공백( (nbsp)), 앰퍼센드(&(amp)), 따옴표("(quot)) 등을 나타낼 수 있습니다.
```

[그림 2-23] ⟨p⟩ 태그를 사용한 02_paragraph.html 실행 결과

HTML 문자 엔티티 종류

HTML 문자 엔티티는 특수 문자나 예약된 문자를 HTML 문서에서 표현하기 위해 사용되는 코드입니다. HTML 문자 엔티티는 &으로 시작하고 ;로 끝나는 문자열로 구성됩니다.
이를 사용하면 특수 문자를 HTML 코드로 표현할 수 있습니다.

- < : 〈 기호를 나타냅니다. HTML에서는 〈 가 태그의 시작을 알리므로 <로 나타내야 합니다.
- > : 〉 기호를 나타냅니다. HTML에서는 〉 가 태그의 끝을 알리므로 >로 나타내야 합니다.
- & : & 기호를 나타냅니다. 특수 문자로 사용되므로 &로 문자 자체를 표현해야 합니다.
- " : " 기호를 나타냅니다. HTML에서는 "(쌍따옴표)가 HTML 태그 내의 속성 값의 시작과 종료를 나타내므로 "로 문자를 표현해야 합니다.

-   : 공백을 나타냅니다. 권고되는 방법은 아닙니다. 해당 HTML 엔티티를 부득이하게 사용해야 하는 경우를 제외하고는 공백은 스타일로 간주하여 CSS 파일 내에서 CSS 속성을 사용해서 표현해야 합니다.

그 외에도 ©는 저작권 기호, ™는 상표 기호를 나타내는 등 다양한 HTML 문자 엔티티가 존재합니다.

강조 요소 (<strong>, <em>)

HTML 문서에서 중요한 내용임을 알리고 싶거나 문맥 상에서 특정 단어를 강조하고 싶다면, <strong> 태그와 <em> 태그를 사용해 보세요.

[코드 2-20] chapter_2 / 2-4_basic_html / 03_strong_em.html

```html
<!doctype html>
<html lang="ko-KR">
  <head>
    <meta charset="UTF-8" />
    <meta http-equiv="X-UA-Compatible" content="IE=edge" />
    <meta name="viewport" content="width=device-width, initial-scale=1.0" />
    <title>2-4_basic_html-03_strong_em.html</title>
  </head>
  <body>
    <main class="main">
      <h1>&lt;strong&gt;</h1>
      <p>
        &lt;strong&gt; 태그는 내용의 중요성이나 심각성을 강조하기 위해 사용됩니다. <br />
        시각적으로 강조되어 주목을 끌어야 할 중요한 텍스트를 나타냅니다. <br />
        주요 포인트, 키워드, 중요한 정보 등을 강조하는 데 적합합니다. <br />
        하지만 HTML은 말 그대로 문서이므로, <strong>CSS를 사용해서 font-weight: bold로 강조를 표현</strong> 하세요.
      </p>

      <h1>&lt;em&gt;</h1>
      <p>
        &lt;em&gt; 태그는 텍스트를 강조하여 문맥 내에서 강조나 강조의 변화를 나타냅니다. <br />
        중요성이나 의미를 전달하기 위해 강조되어야 할 텍스트를 표시합니다. <br />
        책이나 글 제목, 외국어 단어, 전문 용어 등을 강조하는 데 적합합니다. <br />
        하지만 <em>HTML</em>은 말 그대로 <em>문서</em>이므로, <em>CSS</em>를 사용해서 <em>font-style: italic</em>으로 강조를 표현하세요.
```

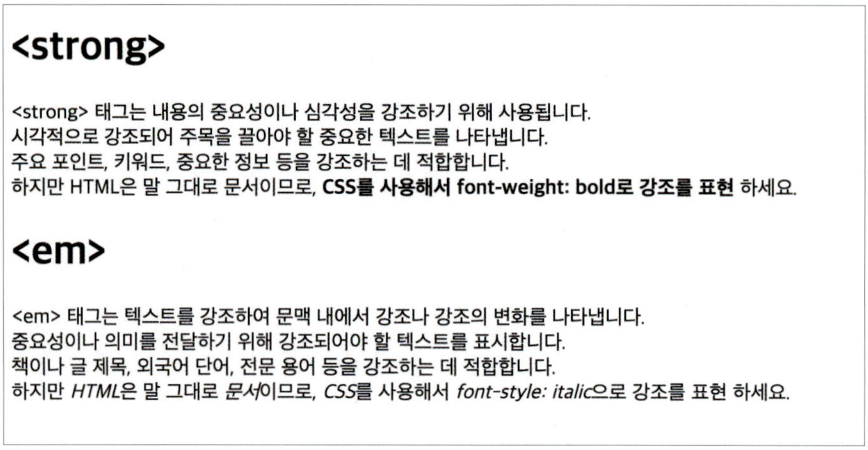

```html
        </p>
    </main>
  </body>
</html>
```

\<strong\>

\<strong\> 태그는 내용의 중요성이나 심각성을 강조하기 위해 사용됩니다.
시각적으로 강조되어 주목을 끌어야 할 중요한 텍스트를 나타냅니다.
주요 포인트, 키워드, 중요한 정보 등을 강조하는 데 적합합니다.
하지만 HTML은 말 그대로 문서이므로, **CSS를 사용해서 font-weight: bold로 강조를 표현** 하세요.

\<em\>

\<em\> 태그는 텍스트를 강조하여 문맥 내에서 강조나 강조의 변화를 나타냅니다.
중요성이나 의미를 전달하기 위해 강조되어야 할 텍스트를 표시합니다.
책이나 글 제목, 외국어 단어, 전문 용어 등을 강조하는 데 적합합니다.
하지만 *HTML*은 말 그대로 *문서*이므로, *CSS*를 사용해서 *font-style: italic*으로 강조를 표현 하세요.

[그림 2-24] 〈strong〉, 〈em〉 태그를 사용한 03_strong_em.html의 결과

〈strong〉 태그와 〈em〉 태그는 HTML에서 텍스트를 강조하는 데 주로 사용되는 의미론적 태그입니다. 이들은 단순히 텍스트의 외관을 변경하는 것이 아니라, 내용의 중요성이나 강조를 나타내는 데 사용됩니다. 〈strong〉은 강한 중요성을, 〈em〉은 강조나 강세를 표현합니다.

반면, 〈u〉(밑줄) 태그와 〈i〉(이탤릭체) 태그는 주로 스타일링을 위해 사용되었지만, 현대 웹 개발에서는 권장되지 않습니다. 〈u〉 태그는 웹 접근성 측면에서 문제가 될 수 있는데, 이는 밑줄이 일반적으로 하이퍼링크를 나타내기 때문입니다. 〈i〉 태그도 단순히 시각적 스타일링을 위한 것이므로, HTML5에서는 HTML 태그로 스타일링을 하는 것을 지양하고 있으므로 맞지 않습니다.

HTML은 문서의 구조와 의미를 정의하는 데 사용되어야 하며, 시각적 표현은 CSS를 통해 처리하는 것이 웹 표준과 접근성 측면에서 더 바람직합니다. 따라서 〈strong〉과 〈em〉 태그를 사용하여 텍스트의 중요성이나 강조를 나타내고, 필요한 경우 CSS를 통해 시각적 스타일을 적용하는 것이 좋습니다.

이러한 접근 방식은 웹 문서의 의미론적 구조를 강화하고, 검색 엔진 최적화(SEO)와 웹 접근성을 향상시키는 데 도움이 됩니다. 또한, 다양한 디바이스와 보조 기술에서 일관된 사용자 경험을 제공할 수 있습니다.

<html> 태그의 lang 속성

HTML 문서에서 lang 속성은 웹 페이지의 주 언어를 명시하는 중요한 요소입니다. 이 속성은 <html> 태그에 추가되어, 브라우저, 검색 엔진, 스크린 리더 등이 문서의 언어를 정확히 인식하고 처리할 수 있게 합니다. 기본적으로 언어 코드(예: 'ko'는 한국어)를 사용하며, 필요에 따라 지역 코드(예: 'ko-KR'은 대한민국의 한국어)를 추가할 수 있습니다. 이러한 정확한 언어 지정은 다국어 지원, 검색 엔진 최적화(SEO), 웹 접근성 향상에 크게 기여합니다. 또한, CSS 스타일링이나 JavaScript 작업에도 영향을 줄 수 있어, 언어별 특정 기능이나 스타일 적용이 가능해집니다. 'en-US'(미국 영어), 'fr-FR'(프랑스 프랑스어), 'zh-CN'(중국 중국어) 등 다양한 언어와 지역 조합을 통해, 글로벌 사용자를 위한 세밀한 콘텐츠 최적화가 가능합니다. 이는 결과적으로 다양한 언어와 문화권의 사용자들에게 더 나은 웹 경험을 제공하며, 웹사이트의 국제화와 지역화를 효과적으로 지원합니다. 따라서, 웹 개발자들은 문서의 주 언어를 정확히 반영하기 위해 lang 속성을 신중히 선택하고 적용해야 합니다.

다음은 언어와 지역을 결합한 lang 속성의 종류입니다.

- en-US : 미국 영어 (English - United States)
- en-GB : 영국 영어 (English - United Kingdom)
- ko-KR : 남한 한국어 (Korean - South Korea)
- ko-KP : 북한 한국어 (Korean - North Korea)
- fr-FR : 프랑스 프랑스어 (French - France)
- fr-CA : 캐나다 프랑스어 (French - Canada)
- de-DE : 독일 독일어 (German - Germany)
- de-AT : 오스트리아 독일어 (German - Austria)
- ja-JP : 일본 일본어 (Japanese - Japan)
- ja-JP-mac : 일본 맥OS 환경 일본어 (Japanese - Japan, macOS 특정 로캘)
- zh-CN : 중국 중국어 (Chinese - China)
- zh-TW : 대만 중국어 (Chinese - Taiwan)
- es-ES : 스페인 스페인어 (Spanish - Spain)
- es-MX : 멕시코 스페인어 (Spanish - Mexico)
- ru-RU : 러시아 러시아어 (Russian - Russia)
- ru-BY : 벨라루스 러시아어 (Russian - Belarus)

이는 문서의 언어와 지역에 따라 다양한 문화, 형식 등을 고려하여 사용자 경험을 개선하고 다국어 지원을 강화하는 데 도움이 됩니다.

스크린 리더(Screen reader)

스크린 리더는 시각 장애가 있는 사람들이 컴퓨터를 사용할 때 화면의 내용을 음성으로 전달하는 중요한 보조 기술입니다. 이 기술은 시각적 정보에 의존하기 어려운 사용자들에게 오디오를 통해 웹 페이지, 애플리케이션 등의 내용을 읽어주고 탐색을 도와줍니다. 스크린 리더는 단순히 텍스트를 읽는 것을 넘어서 웹 페이지의 구조와 내비게이션을 이해하고 사용자에게 전달하여, 디지털 콘텐츠에 대한 접근성을 크게 향상시킵니다. Windows 운영체제에서 주로 사용되는 NVDA(NonVisual Desktop Access)를 비롯해 JAWS, 애플 기기의 VoiceOver 등 다양한 스크린 리더가 존재하며, 각각의 특성에 맞게 최적화되어 있습니다. 웹 개발을 할 때 이러한 스크린 리더의 중요성을 인식하고, 웹 접근성 지침을 준수하여 모든 사용자가 동등하게 정보에 접근할 수 있도록 노력해야 합니다.

링크 요소(<a>)

링크 요소인 〈a〉 태그는 웹 페이지 제작에 있어 가장 빈번히 사용되는 요소 중 하나입니다. 이 태그는 사용자를 다른 웹 페이지로 안내하거나 같은 페이지 내의 다른 위치로 이동시키는 핵심적인 역할을 합니다. 〈a〉 태그의 주요 속성인 "href"는 이동할 목적지 URL을 지정하며, 이는 외부 사이트 주소나 내부 페이지의 상대 또는 절대 경로가 될 수 있습니다.

"target" 속성은 링크가 열리는 방식을 제어합니다. "_blank"는 **새 탭에서**, "_self"는 **현재 탭에서**, "_parent"는 **부모 프레임에서**, "_top"은 **최상위 프레임에서 링크를 열게 합니다**. "rel" 속성은 링크의 관계와 보안 설정을 정의합니다. "nofollow"는 검색 엔진 크롤러의 링크 추적을 방지하고, "noopener"와 "noreferrer"는 새 탭에서 열린 페이지가 원래 페이지에 접근하는 것을 차단하여 보안을 강화합니다. "external"은 외부 링크임을 명시합니다.

이러한 다양한 속성들을 적절히 활용함으로써, 웹사이트의 보안을 강화할 수 있습니다. 각 상황에 맞는 속성을 신중히 선택하여 적용하는 것이 중요하며, 사용자와 웹사이트 모두를 보호하는 데 도움이 됩니다.

[코드 2-21] chapter_2 / 2-4_basic_html / 04_anchor.html

```html
<body>
   (...)
   <h1>&lt;a&gt;</h1>
   <div>
      <p>
         <em>&lt;a&gt; 태그</em>는 <strong>HTML에서 하이퍼링크를 생성하는 주요 요소</strong>입니다 <br />
         &lt;a href="https://www.naver.com" target="_blank" rel="nofollow noopener noreferrer external"&gt;네이버로 이동&lt;/a&gt;와 같이 표현할 수 있습니다. <br />
         <a href="https://www.naver.com" target="_blank" rel="nofollow noopener noreferrer external">네이버로 이동</a>
      </p>
   </div>
   (...)
</body>
```

<a>

<a> 태그는 HTML에서 하이퍼링크를 생성하는 주요 요소입니다
<a href="https://www.naver.com" target="_blank" rel="nofollow noopener noreferrer external">네이버로 이동</a>와 같이 표현할 수 있습니다.
네이버로 이동

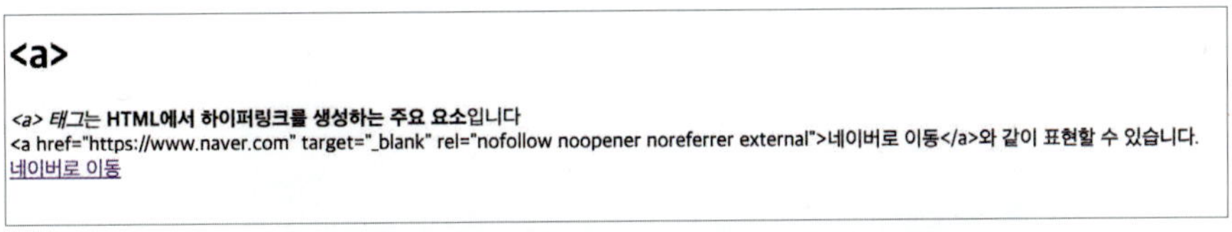

[그림 2-25] 〈a〉 태그를 사용한 04_anchor.html의 실행 결과

이미지 요소(<img>)

〈img〉 태그는 웹 페이지에 이미지를 삽입하는 데 사용되는 필수적인 HTML 요소입니다. 이 태그에는 이미지의 표시와 웹 접근성에 중요한 여러 속성이 있습니다.

"src" 속성은 〈img〉 태그의 가장 기본적이고 필수적인 속성으로, 이미지 파일의 URL을 지정하여, 어떤 이미지를 표시할지 알려줍니다. 상대 경로나 절대 경로로 입력할 수 있습니다.

"alt" 속성은 웹 표준과 접근성 측면에서 매우 중요합니다. 이 속성은 이미지를 볼 수 없는 상황(예: 이미지 로딩 실패, 스크린 리더 사용 등)에서 이미지를 설명하는 대체 텍스트를 제공합니다. 웹 표준을 준수하기 위해서는 이 속성이 반드시 포함되어야 합니다.

그 외에도 "title" 속성은 마우스 오버 시 표시될 툴팁 텍스트를 지정할 수 있고, loading="lazy" 속성은 이미지의 지연 로딩을 구현하여 성능을 최적화할 수 있습니다. "width"와 "height" 속성은 이미지의 크기를 직접 지정할 때 사용합니다.

[코드 2-22] chapter_2 / 2-4_basic_html / 05_img.html

```html
<body>
   (...)
   <h1>&lt;img&gt;</h1>
   <div>
     <img src="../public/img/nathan-dumlao-0KwIHr00BJo-unsplash.jpg"
          width="400" height="267"
          alt="갈대 숲을 걷다가 멈춰 서서 하늘을 바라보고 있는 금발 머리를 한 남자 아이"
          loading="lazy" />
   </div>
   (...)
</body>
```

[그림 2-26] <img> 태그를 사용한 05_img.html의 실행 결과

TIP 이미지 srcset 속성

반응형 디자인에서 다양한 이미지를 준비해 보여주고 싶다면, srcset 속성과 sizes 속성을 사용할 수 있습니다.

[코드 2-23] img srcset 속성과 sizes를 활용

```
<img srcset="small.jpg 320w, medium.jpg 640w, large.jpg 1024w"
     sizes="(max-width: 640px) 320px, (max-width: 1024px) 640px, 1024px"
     src="medium.jpg" alt="산을 타고 있는 아이" />
```

예제의 〈img〉 태그를 해석해보면, 기본적으로 "src" 속성에 medium.jpg라는 기본 이미지를 중간 사이즈로 할당해 두었습니다. "sizes" 속성에 의해서 viewport(화면비) 속성이 640px 이하(보통 모바일 사이즈)라면, 320px의 이미지를 보여주고, 1024px 이하(보통 태블릿 사이즈)라면 640px의 이미지를 보여줍니다. 만약 두 가지 케이스에 부합하지 않는 1025px 이상(보통 큰 태블릿이나 데스크톱 사이즈)이라면, 1024px의 이미지를 보여줍니다.

sizes 속성이 없다면 브라우저가 판단해서 가장 적절한 사이즈를 srcset에서 선택해서 보여줍니다.

멀티미디어 요소(<video>, <audio>)

HTML5는 웹 페이지에 멀티미디어 콘텐츠를 쉽게 통합할 수 있는 강력한 도구를 제공합니다. 대표적으로 〈video〉와 〈audio〉 태그가 있으며, 이들은 각각 비디오와 오디오 콘텐츠를 웹 페이지에 직접 삽입하고 재생할 수 있게 해줍니다.

이 두 태그는 공통적으로 src와 controls 속성을 사용합니다. src 속성은 〈img〉 태그와 유사하게 미디어 파일의 URL을 지정합니다. 〈video〉 태그는 MP4, WebM, Ogg 등 다양한 비디오 포맷을 지원하며, 〈audio〉 태그는 MP3, WAV, Ogg 등의 오디오 포맷을 재생할 수 있습니다. 이러한 다양성은 개발자들에게 유연성을 제공하여 다양한 브라우저와 디바이스에 대응할 수 있게 합니다.

controls 속성은 사용자 인터페이스의 핵심 요소로, 이를 추가하면 재생, 일시 정지, 볼륨 조절 등의 기본적인 미디어 제어 옵션이 표시됩니다. 이를 통해 사용자는 미디어 콘텐츠와 직접 상호작용할 수 있게 되어 사용자 경험이 향상됩니다.

더 세밀한 미디어 제어를 위해 추가적인 속성들이 제공됩니다. loop 속성은 미디어의 반복 재생을 가능하게 하여 배경 음악이나 순환 비디오에 유용하게 사용될 수 있습니다. autoplay 속성은 페이지 로드 시 자동으로 미디어를 재생하지만, 사용자 경험을 해칠 수 있으므로 신중히 사용해야 합니다.

preload 속성은 성능 최적화를 위한 도구로, 페이지 로드 시 미디어 파일의 사전 로딩 여부를 지정합니다. 이를 통해 사용자의 상호작용 시 더 빠른 미디어 시작이 가능하지만, 초기 페이지 로딩 시간과의 균형을 고려해야 합니다.

브라우저 호환성을 더욱 높이기 위해 <source> 태그가 제공됩니다. 하나의 미디어 요소에 대해 여러 포맷의 소스를 지정할 수 있으며, 브라우저에 따라 지원하는 첫 번째 포맷을 선택하여 재생하므로 다양한 환경에서의 원활한 미디어 재생이 보장됩니다.

[코드 2-24] chapter_2 / 2-4_basic_html / 06_video_audio.html

```html
<body>
  (...)
  <h1>&lt;video&gt;</h1>
  <video controls>
    <source src="../public/video/file_example_WEBM_480_900KB.webm" type="video/webm">
    <source src="../public/video/file_example_MP4_480_1_5MG.mp4" type="video/mp4">
    <source src="../public/video/file_example_OGG_480_1_7mg.ogg" type="video/ogg">
    이 브라우저에서는 비디오 재생을 지원하지 않습니다.
  </video>
  <h1>&lt;audio&gt;</h1>
  <audio controls>
    <source src="../public/audio/file_example_MP3_700KB.mp3" type="audio/mp3">
    <source src="../public/audio/file_example_WAV_1MG.wav" type="audio/wav">
    <source src="../public/audio/file_example_OOG_1MG.ogg" type="audio/ogg">
    이 브라우저에서는 오디오 재생을 지원하지 않습니다.
  </audio>
  (...)
</body>
```

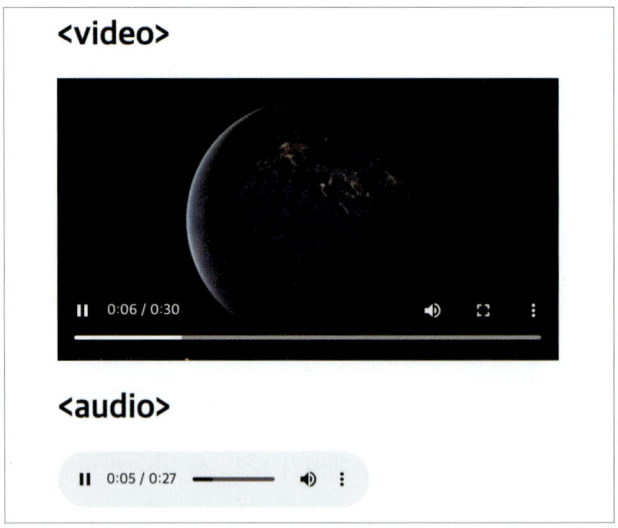

[그림 2-27] <video> 태그를 사용한 06_video_audio.html의 실행 결과

⟨source⟩ 태그의 우선순위를 결정할 때 기기별 지원율이 높고, 용량이 적은 포맷을 우선으로 배치합니다.

 Can I Use

웹 개발에 있어 기술 선택과 호환성 확인은 매우 중요한 과정입니다. "Can I Use"(caniuse.com)는 웹 개발자들에게 브라우저 및 디바이스 호환성 정보가 있는 사이트로 다양한 웹 기술과 API가 각기 다른 브라우저와 버전에서 어떻게 지원되는지에 대한 상세한 정보를 제공합니다. 새로운 기술이나 기능을 프로젝트에 도입할 때, 단순히 그 기술의 성능이나 효율성만을 고려해서는 안 됩니다. 대신, 그 기술이 타겟 사용자의 다양한 브라우저와 디바이스에서 어느 범위까지 호환성이 있도록 할지를 우선적으로 고려해야 합니다. 이는 웹의 근본적인 철학인 "보편적 접근성"과 직결되는 문제입니다. Can I Use를 이용해서 브라우저 호환성 체크, 사용률 통계, 대안 정보나 버그 이슈 정보에 대한 내용들을 수집하고 안정적 기술을 선택하는 것을 목표로 해보세요.

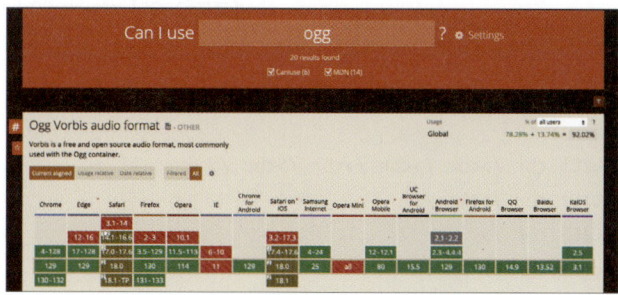

[그림 2-28] Can I Use 홈페이지에서 ogg를 검색했을 때의 결과

https://caniuse.com/?search=ogg와 같이 검색된 결과를 확인해 보면 다양한 브라우저 버전에서 어떤 지원율을 가지고 있는지도 확인이 가능합니다. 좌측부터 "Usage relative", "Date relative"에 따라서 브라우저의 시장 점유율과 기술 지원 시작 시점을 상세히 보여줍니다.

예를 들어, Ogg 오디오 포맷의 경우 iOS 사파리에서 지원되지 않는다는 정보는 매우 중요합니다. 이는 해당 기술이 광범위한 모바일 사용자층에 접근하지 못할 수 있음을 시사하며, 기술 우선순위 결정할 때, 하위권으로 고려해야 할 수 있습니다. 우측 상단에 표시되는 전체 지원율은 안정 버전과 부분 지원 버전을 합산한 수치로, 해당 기술의 전반적인 시장 수용도를 나타냅니다. 이 비율이 높을수록 더 많은 사용자가 해당 기술을 원활히 이용할 수 있음을 의미하므로, 기술 채택 여부를 신속하게 판단하는 데 중요한 지표로 활용될 수 있습니다.

줄 바꿈 요소(
, <hr>)

 태그는 줄 바꿈을, <hr> 태그는 수평 구분선을 나타내는 데 사용됩니다. 이들 태그는 HTML 문서의 구조와 의미를 직접적으로 표현하는 요소들입니다. 그러나 이들의 사용은 단순한 시각적 효과를 위해서가 아니라, 문서의 논리적 구조를 나타내기 위해 신중하게 이루어져야 합니다.

이러한 태그들의 존재는 CSS(Cascading Style Sheets)의 중요성을 더욱 부각시킵니다. CSS는 웹 페이지의 시각적 표현을 담당하며, HTML은 문서의 구조와 의미를 정의합니다. 이러한 분리는 **관심사의 분리(Separation of Concerns)** 원칙을 반영하며, 이는 현대 웹 개발의 근간을 이루는 철학입니다.

[코드 2-25] chapter_2 / 2-4_basic_html / 07_br_hr.html

```
<body>
  (...)
  <h1>&lt;br&gt;</h1>
  1. 문장을 나눕니다.<br /><br /><br /><br />
  2. 문장을 나눕니다.<br /><br />
  3. 문장을 나눕니다.<br />
  4. 문장을 나눕니다.<br />
  <h1>&lt;hr&gt;</h1>
  밑줄
  <hr />
  (...)
</body>
```

[그림 2-29]
, <hr>태그를 사용한 07_br_hr.html의 실행 결과

싱글 태그인 〈br〉과 〈hr〉의 경우, 최신 HTML5 표준에서는 종료 슬래시(/)를 생략할 수 있습니다. 하지만, 〈meta〉 태그를 설명할 때 언급했듯이 리액트와 같은 프레임워크를 사용할 때를 고려하여, 슬래시(/)를 추가하는 습관을 가지는 것도 좋습니다.

그림 2-29와 같이 반복되는 〈br〉 태그의 사용은 시각적으로 여러 줄의 공백을 만들어내는 것처럼 보일 수 있습니다. 하지만 이는 HTML의 의미론적 사용 원칙에 위배되며, 브라우저 간 일관성 없는 렌더링 결과를 초래할 수 있습니다. 대신, CSS의 margin이나 padding 속성을 활용하여 원하는 간격을 정확하고 일관되게 구현하는 것이 바람직합니다. 〈br〉 태그는 오직 문장 내에서 실제로 개행이 필요한 경우에만 단일 사용을 권장합니다.

과거에 시각적 구분선으로 사용되던 〈hr〉 태그 역시 그 용도가 변화했습니다. 현대 웹 개발에서는 순수한 시각적 효과를 위해 HTML 태그를 사용하는 것을 지양하며, 대신 의미론적으로 관련 있는 콘텐츠를 그룹화할 때는 〈article〉 태그와 같은 구조적 요소를 사용하고, 필요한 시각적 구분은 CSS를 통해 구현하는 것이 좋습니다.

목록 요소(<ul>, <ol>, <dl>)

ul(Unordered List), ol(Ordered List), dl(Description List)이라는 목록을 표현해 주는 요소들이 있습니다.

[코드 2-26] chapter_2 / 2-4_basic_html / 08_ul_ol_dl.html

```html
<body>
  (...)
  <article>
    <h1>&lt;ul&gt;</h1>
    <h2>자동차 회사 목록</h2>
    <ul>
      <li>테슬라</li>
      <li>현대</li>
      <li>기아</li>
    </ul>
  </article>
  <article>
    <h1>&lt;ol&gt;</h1>
    <h2>자동차 판매 순위</h2>
    <ol>
```

```html
            <li>현대</li>
            <li>기아</li>
            <li>테슬라</li>
        </ol>
    </article>
    <article>
        <h1>&lt;dl&gt;</h1>
        <h2>자동차 회사별 목록</h2>
        <dl>
            <dt>현대</dt>
            <dd>투싼</dd>
            <dd>코나</dd>
            <dd>아이오닉6</dd>
            <dd>캐스퍼</dd>
            <dt>테슬라</dt>
            <dd>ModelS</dd>
            <dd>Model3</dd>
            <dd>ModelX</dd>
            <dd>ModelY</dd>
        </dl>
    </article>
    (...)
</body>
```

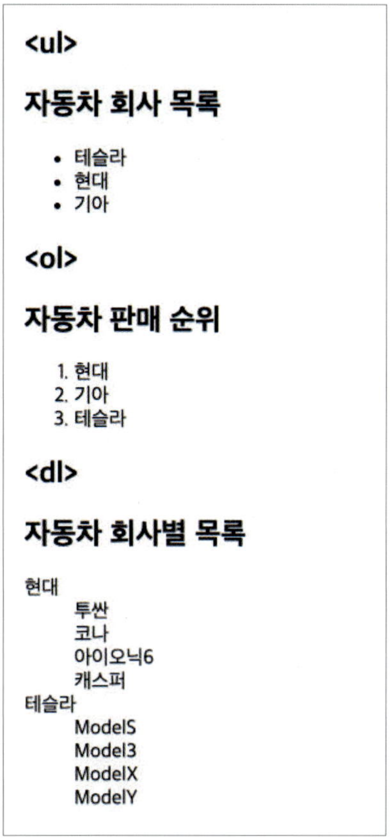

```
<ul>
자동차 회사 목록
  • 테슬라
  • 현대
  • 기아
<ol>
자동차 판매 순위
  1. 현대
  2. 기아
  3. 테슬라
<dl>
자동차 회사별 목록
현대
    투싼
    코나
    아이오닉6
    캐스퍼
테슬라
    ModelS
    Model3
    ModelX
    ModelY
```

[그림 2-30] 〈ul〉, 〈ol〉, 〈dl〉 태그를 사용한 08_ul_ol_dl.html의 실행 결과

〈ul〉(Unordered List) 태그는 순서가 중요하지 않은 항목들의 집합을 나타내며, 쇼핑 목록이나 특징 나열 등에 적합합니다. 〈ul〉 태그의 직접적인 자식으로는 〈li〉(List Item) 태그만을 허용하여, 목록의 일관성을 유지하고 스크린 리더와 같은 보조 기술이 내용을 정확히 해석할 수 있게 돕습니다.

〈ol〉(Ordered List) 태그는 순서가 의미를 갖는 목록을 나타내며, 요리 레시피나 사용 설명서의 단계, 순위 목록 등에 사용됩니다. 〈ol〉 역시 직접적인 자식으로 〈li〉 태그만을 포함해야 합니다. 브라우저는 자동으로 각 〈li〉 항목에 순차적인 번호나 문자를 부여하여 순서를 시각적으로 표현합니다.

〈li〉 태그는 〈ul〉이나 〈ol〉 내부에서 개별 목록 항목을 정의하고, 각 요소를 명확히 구분하며 필요에 따라 추가적인 콘텐츠나 하위 목록을 포함할 수 있습니다.

〈dl〉(Description List) 태그는 용어와 그에 대한 설명을 쌍으로 제시하는 정의형 목록을 생성합니다. 이 구조 내에서 〈dt〉(Description Term) 태그는 용어나 개념을, 〈dd〉(Description Details) 태그는 해당 용어에 대한 설명이나 정의를 나타내며, 용어집, FAQ, 메타데이터 표시 등 키-값 쌍의 정보를 표현하는 데 특히 유용합니다.

자식 요소, 자손 요소

HTML에서 자식 요소와 자손 요소는 어떤 요소들의 계층 구조를 설명하는 데 사용되는 용어입니다. 자식 요소는 해당 요소의 직접적인 하위 요소를 의미합니다.

[코드 2-27] 자식 요소 예제

```
<ul>
  <li>ul의 자식 요소</li>
  <li>ul의 자식 요소</li>
</ul>
```

자손 요소는 어떤 요소의 하위 계층에 속하는 모든 요소를 의미합니다.

[코드 2-28] 자손 요소 예제

```
<ul>
  <li>ul의 자식 요소, ul의 자손 요소</li>
  <li>
    <span>ul의 자손 요소</span>
    <a>ul의 자손 요소</a>
  </li>
</ul>
```

ul 요소를 기점으로 볼 때, li 요소는 자식 요소이면서 자손 요소입니다. 반면, span 요소와 a 요소는 감싸고 있는 li 요소가 있고, 그 상위에 ul 요소가 있으므로, 자손 요소이기도 합니다.

폼 요소(<form>, <input>, <label>, <textarea>, <select>)

HTML에서 다양한 상호작용을 할 수 있는 폼 요소에 대해 배워보도록 하겠습니다. 〈form〉 태그는 사용자 입력을 수집하고 서버로 전송하기 위한 컨테이너 역할을 하고 이 태그 내부에는 다양한 입력 요소들이 포함될 수 있으며, 이를 통해 사용자로부터 다양한 형태의 데이터를 수집하고 사용자에게서 입력을 받아 〈form〉 태그로 정의된 내부에서 input 요소 등으로 입력받은 내용들을 제출(submit)을 하게 되면 해당 내용은 form 요소에 의해 웹 서버로 전송되게 됩니다. 주로 submit은 사용자에게 form 요소 내부에 있는 제출 버튼을 클릭하거나 엔터 키를 누름으로써 발생합니다.

[코드 2-29] chapter_2 / 2-4_basic_html / 09_form_input_label_textarea_select.html

```html
(...)
  </head>

  <body>
    <main class="main">
      <h1>&lt;form&gt;, &lt;input&gt;, &lt;label&gt;, &lt;textarea&gt;, &lt;select&gt;</h1>
      <!-- sendPost는 임시 주소이고, 사용되지 않습니다. -->
      <form action="./sendPost" method="POST" enctype="multipart/form-data">
        <div>
          <label for="id">아이디 : </label>
          <input type="text" id="id" name="id" placeholder="아이디를 입력하세요." required />
        </div>

        <div>
          <label for="password">비밀번호 : </label>
          <input type="password" id="password" name="password" placeholder="비밀번호를 입력하세요." required />
        </div>

        <div>
          <label for="gender">성별 : </label>
          <select name="gender" id="gender">
            <option value="female">여성</option>
            <option value="male">남성</option>
            <option value="diversity">다양성</option>
          </select>
        </div>

        <div>
          <h2>지역</h2>
          <input type="radio" name="region" id="incheon" value="incheon" checked />
          <label for="incheon">인천</label>

          <input type="radio" name="region" id="seoul" value="seoul" />
          <label for="seoul">서울</label>

          <input type="radio" name="region" id="busan" value="busan" />
          <label for="busan">부산</label>
        </div>

        <div>
          <h2>좋아하는 음식</h2>
```

2장 HTML 문법을 익히다 **87**

```html
        <input type="checkbox" name="food" id="chicken" value="chicken" />
        <label for="chicken">치킨</label>

        <input type="checkbox" name="food" id="beef" value="beef" checked />
        <label for="beef">소고기</label>

        <input type="checkbox" name="food" id="fish" value="fish" />
        <label for="fish">생선</label>
      </div>

      <div>
        <label for="birth">생년월일 : </label>
        <input type="date" name="birth" id="birth" />
      </div>

      <div>
        <label for="attach">첨부파일 : </label>
        <input type="file" name="attach" id="attach" />
      </div>

      <div>
        <h2><label for="message">메모</label></h2>
        <textarea name="message" id="message" cols="30" rows="10" required></textarea>
      </div>

      <div>
        <label for="reset"></label>
        <input type="reset" name="reset" id="reset" value="초기화" />

        <label for="submit"></label>
        <input type="submit" name="submit" id="submit" value="전송" />
      </div>
    </form>
  </main>
 </body>
</html>
```

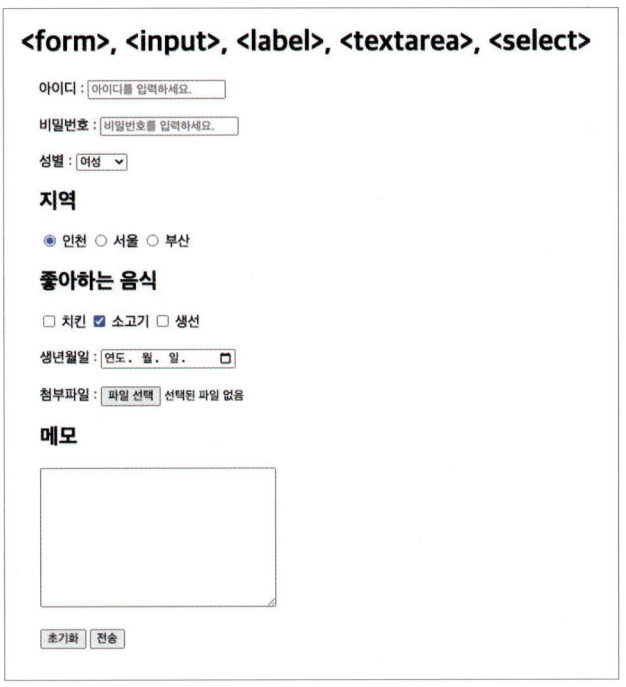

[그림 2-31] <form> 태그를 사용한 09_form_input_label_textarea_select.html의 실행 결과

[코드 2-30] chapter_2 / 2-4_basic_html / 09_form_input_label_textarea_select.html

```
<!doctype html>
<html lang="ko-KR">
  <head>
    (...)
    <style>
      div {
        margin: 20px;
      }
    </style>
  </head>
(...)
```

임시로 내부 스타일을 삽입합니다. CSS 파일로 분리하는 것이 더 좋은 습관입니다. 현재는 하나의 스타일만 임시로 삽입하기 위해 사용합니다.

⟨form⟩ 태그에는 다음과 같은 속성들이 있습니다.
- **action** : 폼 데이터가 전송되는 서버의 URL을 지정합니다.
- **method** : 폼 데이터를 서버로 전송할 때 HTTP 메서드를 지정합니다. GET, POST를 주로 사용합니다.
- **name** : 폼 요소의 이름을 지정합니다.
- **autocomplete** : 폼 필드의 자동완성 기능을 설정합니다.
- **enctype** : 폼 데이터를 서버로 전송할 때 사용되는 인코딩 유형을 지정합니다. 주로 multipart/form-data나 application/x-www-form-urlencoded를 사용합니다.

⟨input⟩ 태그의 대표적인 속성은 type 속성으로, 이를 통해 다양한 form 내부 요소들을 만들어 낼 수 있습니다.

텍스트 입력 필드(type="text")는 가장 기본적인 형태의 사용자 입력을 받습니다. required 속성을 추가하면 필수 입력 항목으로 지정되어 폼 제출 시 유효성 검사를 수행합니다. placeholder 속성은 입력 필드에 임시 안내 텍스트를 표시하여 사용자에게 입력 지침을 제공합니다.

비밀번호 입력(type="password")은 입력 내용을 특수 기호로 가려 보안을 유지합니다. 선택 요소로는 ⟨select⟩ 태그와 type="radio" 속성이 있어 사용자가 여러 옵션 중 하나를 선택할 수 있습니다. 다중 선택이 필요한 경우 type="checkbox"를 사용합니다.

날짜 선택(type="date")은 달력 UI를 제공하여 사용자가 쉽게 날짜를 입력할 수 있게 합니다. 파일 업로드(type="file")는 사용자가 서버로 파일을 전송할 수 있게 해주며, enctype="multipart/form-data" 속성과 함께 사용해서 여러 개의 파일을 한 번에 전송할 수 있습니다.

여러 줄의 텍스트 입력이 필요한 경우 ⟨textarea⟩ 태그를 사용합니다. 이 요소의 크기는 CSS를 통해 조절하는 것이 권장됩니다. value 속성으로 기본 텍스트를 설정할 수 있습니다.

폼 초기화 버튼(type="reset")은 모든 입력 필드를 기본값으로 되돌립니다. 제출 버튼(type="submit")은 폼 데이터를 서버로 전송하며, 필수 입력 항목의 유효성을 검사합니다.

다양한 form 관련 요소들을 통해 웹 서버와 상호작용하는 HTML 요소들에 대해 살펴보았습니다.

HTTP 메서드

HTTP 메서드는 클라이언트가 서버에게 요청을 전달하는 방식을 지정하는 메서드입니다.
각각의 메서드는 의미가 있고, 특징적인 일을 수행합니다.

- GET : 서버에서 리소스를 요청합니다. 주로 데이터의 조회나 검색에 사용됩니다. GET으로 데이터를 전송할 때는 URL의 쿼리 문자열에 첨부하여 전송합니다.
- POST : 서버에게 리소스를 제출하거나 업로드합니다. 주로 데이터의 생성이나 수정에 사용됩니다. POST로 데이터를 전송할 때는 요청의 본문(body)에 포함하여 전송합니다.
- PUT : 서버에게 리소스를 전송하고, 해당 리소스를 요청된 주소에 전체 업데이트 합니다.
- PATCH : 서버에게 리소스를 전송해서 부분적인 수정을 요청합니다. PUT과 달리 일부만 업데이트할 때 사용합니다.
- DELETE : 서버에서 특정 리소스를 삭제할 때 사용합니다.

이 외에도 HEAD, OPTIONS, TRACE, CONNECT 등 다양한 HTTP 메서드들이 있습니다.
서버에서는 각각의 해당 메서드들에 맞게 요청을 처리하여 적절한 응답을 제공합니다.

 **마무리**

　이번 장에서는 직접 HTML을 작성하며, <head>태그에 포함된 내용부터 시작해서 <body> 태그 내 HTML 요소들의 스펙에 대해 학습했습니다.

　브라우저의 동작원리가 어떻게 진행되는지 배웠고, 인라인 요소와 블록 요소의 차이에 대해서도 배웠습니다.

　헤딩 요소(h1~h6), 문단 요소(p), 강조 요소(strong, em), 링크 요소(a), 이미지 요소(img), 멀티미디어 요소(video, audio), 줄바꿈 요소(br, hr), 목록 요소(ul, ol, dl), 폼 요소(form, input, label, textarea, select) 등 자주 사용되는 HTML 요소들을 익혔습니다.

　이 외에도 다양한 HTML 요소들에 대해서 더 학습하려면 W3Schools(https://www.w3schools.com/html/default.asp) 사이트에서 보충 학습해 보세요.

　다음 장에서는 HTML 기본 틀을 바탕으로, CSS 속성들을 통해 웹사이트를 조금 더 시각적으로 매력적이고 사용자 친화적으로 만드는 방법을 배우겠습니다.

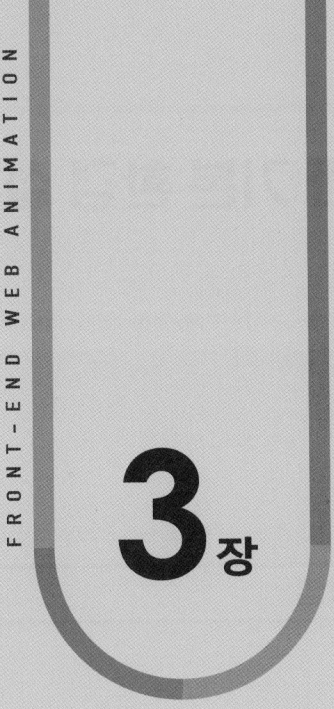

CSS 문법을 익히다

CSS(Cascading Style Sheets)는 웹 디자인의 핵심 요소로, HTML과 함께 현대 웹 개발의 근간을 이룹니다. 이번 장에서는 CSS의 다양한 속성과 기능을 탐구하며, HTML 구조와 결합하여 시각적으로 매력적이고 사용자 친화적인 웹사이트를 구축하는 방법을 살펴보겠습니다.

웹 페이지 설계는 종종 건축에 비유되는데, HTML이 건물의 골조와 구조를 담당한다면, CSS는 공간 배치, 색상, 텍스처 적용 등 세부적인 디자인과 인테리어를 담당합니다. CSS를 통해 단순한 텍스트 문서를 시각적으로 풍부하고 사용자와 상호작용이 가능한 동적인 웹 경험으로 변화시킵니다. 텍스트 스타일링부터 레이아웃 구성, 애니메이션 효과 적용까지, CSS는 웹 페이지의 모든 시각적 측면을 제어할 수 있게 해줍니다. 기능적이면서도 미학적으로 뛰어난 CSS의 다양한 속성들을 탐구하며, 웹 문서를 스타일링하는 방법을 배워보겠습니다.

- **3-1** CSS 파일과 기본 환경 설정
- **3-2** CSS 선택자 사용
- **3-3** CSS 레이아웃
- **3-4** 웹 페이지 리소스 사용

CSS 파일과 기본 환경 설정

이제 HTML이라는 뼈대에 CSS를 사용해서 살을 붙여보도록 하겠습니다. CSS를 HTML에 적용할 수 있는 방법들은 다양합니다.

스타일을 적용하는 3가지 방법

스타일을 적용하기 위한 방법은 대표적으로 3가지가 있습니다. 그 중 첫 번째로 **인라인 스타일 (Inline Styles)**이 있습니다.

[코드 3-1] chapter_3 / 3-1_css / 01_css.html

```
<body>
  (...)
    <div style="width: 150px; height: 150px; margin: 20px; padding: 20px; background-color: darkblue; color: #fff;">
      인라인 스타일
    </div>
  (...)
</body>
```

인라인 스타일은 HTML 요소에 직접 스타일을 적용하는 방식으로, 세 가지 방법 중 가장 높은 우선순위를 가집니다. 이 방식에서는 **속성명과 속성값 사이에 콜론(:)**을 사용하고, 각 스타일 **선언의 끝에는 세미콜론(;)**을 붙여야 합니다. 하지만 인라인 스타일은 HTML 문서의 가독성을 떨어뜨리고, 동일한 스타일을 여러 요소에 적용할 때 번거롭습니다. 또한, 높은 우선순위로 인해 나중에 스타일을 수정하기 어려워 유지보수성이 낮아집니다. 이러한 이유로 인라인 스타일은 일반적인 웹 개발에서 선호되지 않으며, 특별한 경우를 제외하고는 사용을 피하는 것이 좋습니다.

두 번째로는 **내부 스타일시트(Internal Stylesheet)** 방법이 있습니다.

[코드 3-2] chapter_3 / 3-1_css / 01_css.html

```html
<!DOCTYPE html>
<html lang="ko-KR">
  <head>
    (...)
    <style>
      .internal_style {
        width: 150px;
        height: 150px;
        margin: 20px;
        padding: 20px;
        background-color: darkblue;
        color: #fff;
      }
    </style>
  </head>
  <body>
    (...)
    <div class="internal_style">
      내부 스타일 시트
    </div>
    (...)
  </body>
</html>
```

HTML 문서 내에 직접 스타일을 정의하는 두 번째 방법인 내부 스타일시트는 <style> 태그를 사용하여 구현됩니다. 이 방식은 인라인 스타일과 마찬가지로 HTML 문서에 스타일을 삽입하지만, 문서의 <head> 태그 내에 위치하여 전체 페이지에 적용될 스타일을 한 곳에서 관리할 수 있게 해줍니다.

내부 스타일시트는 단일 HTML 문서에 고유한 스타일을 적용할 때 유용합니다. 예를 들어, 특정 페이지에만 필요한 독특한 레이아웃이나 디자인 요소를 구현할 때 효과적입니다. 또한, 빠른 프로토타이핑이나 간단한 단일 페이지 문서를 만들 때도 편리합니다.

그러나 내부 스타일시트는 여러 페이지에 걸쳐 일관된 디자인을 유지해야 하는 웹사이트에서는 비효율적입니다. 동일한 class나 id를 가진 요소에 같은 스타일을 적용하려면 각 HTML 문서마다 스타일을 반복해서 작성해야 하기 때문입니다. 이는 코드의 중복을 초래하고, 전체적인 웹사이트의 스타일을 일괄적으로 변경하기 어렵게 만듭니다.

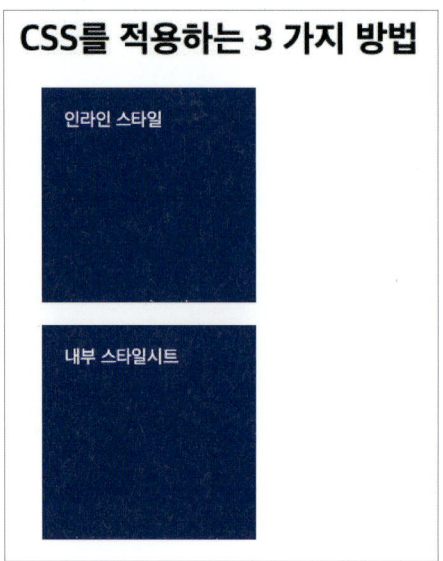

[그림 3-1] 인라인 스타일과 내부 스타일을 적용한 01_css.html의 실행 결과

내부 스타일시트는 유지보수성과 확장성 측면에서 제한적이며, 대규모 웹사이트나 여러 페이지로 구성된 프로젝트에서는 권장되지 않습니다. 마지막 방법으로, 다음의 외부 스타일시트를 사용하여 CSS를 별도의 파일로 관리하는 것이 현대 웹 개발의 표준적인 접근 방식으로 선호됩니다.

CSS 파일 생성

세 번째 방법은 **외부 스타일시트** 방식으로 별도의 CSS 파일을 생성하여 스타일을 정의합니다.

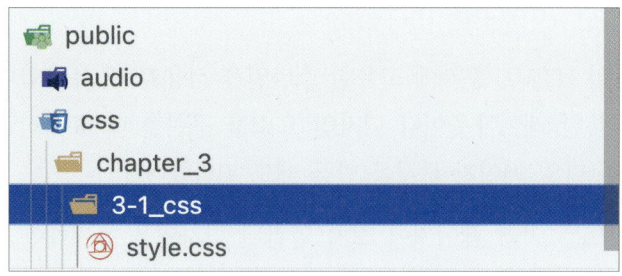

[그림 3-2] public / css / chapter_3 / 3-1_css에 style.css 파일 생성

public 폴더를 생성하고 그 안에 css, chapter_3, 3-1_css 폴더를 생성하고 style.css 파일을 생성하세요.

[코드 3-3] chapter_3 / 3-1_css / 02_external_css.html

```html
<!doctype html>
<html lang="ko-KR">
  <head>
    <meta charset="UTF-8" />
    <meta http-equiv="X-UA-Compatible" content="IE=edge" />
    <meta name="viewport" content="width=device-width, initial-scale=1.0" />
    <title>3-1_css-02_external_css.html</title>
    <link rel="stylesheet" href="../../public/css/chapter_3/3-1_css/style.css" />
  </head>

  <body>
    <main class="main">
      <h1>CSS를 적용하는 3 가지 방법</h1>
      <div class="external_style">외부 스타일 시트</div>
    </main>
  </body>
</html>
```

HTML 파일에서 〈link〉 태그를 사용해 외부 CSS 파일을 연결할 때, href 속성에 "../../"를 입력하면 1장에서 설치한 Path Intellisense 확장 프로그램에 의해 자동으로 public 폴더부터 시작하는 파일 경로를 제안합니다. 자동 완성 기능은 정확한 파일 경로 설정을 돕고 개발 효율성을 높여줍니다.

[코드 3-4] public / css / chapter_3 / 3-1_css/style.css

```css
@charset "utf-8";

.external_style {
  width: 150px;
  height: 150px;
  margin: 20px;
  padding: 20px;
  background-color: darkblue;
  color: #fff;
}
```

CSS 파일 최상단에 @charset "utf-8";을 선언하여 UTF-8 문자 인코딩을 명시합니다. 이는 특수 문자나 한글을 올바르게 표시합니다.

외부 스타일시트의 주요 장점은 재사용성과 유지보수의 용이성입니다. 여러 HTML 문서에서 동일한 CSS 파일을 참조할 수 있어, 일관된 디자인을 효율적으로 적용할 수 있습니다. 예를 들어, 여러 페이지에 걸쳐 같은 클래스를 사용하는 요소들의 스타일을 한 번에 변경해서 시간과 노력을 크게 절약할 수 있습니다. 나중에 여러 페이지에서 같은 class를 사용하는 〈div〉 태그의 color를 white에서 blue로 바꾸고 싶다고 했을 때도 외부 스타일 시트를 사용하면 한 번의 수정으로 모든 페이지에서 해당 스타일이 적용됩니다.

또한, 브라우저의 캐싱 기능은 외부 스타일 시트의 성능을 향상시킵니다. 한 번 로드된 CSS 파일은 캐시에 저장되어, 이후 페이지 로드 시 다시 다운로드하지 않아도 됩니다. 이는 개발자 도구의 Network 탭에서 확인할 수 있으며, 일반 새로고침과 강력 새로고침[Ctrl]+[Shift]+[R] 또는 [Cmd]+[Shift]+[R]] 시의 로딩 크기를 비교해 보면 캐싱의 차이를 명확히 알 수 있습니다.

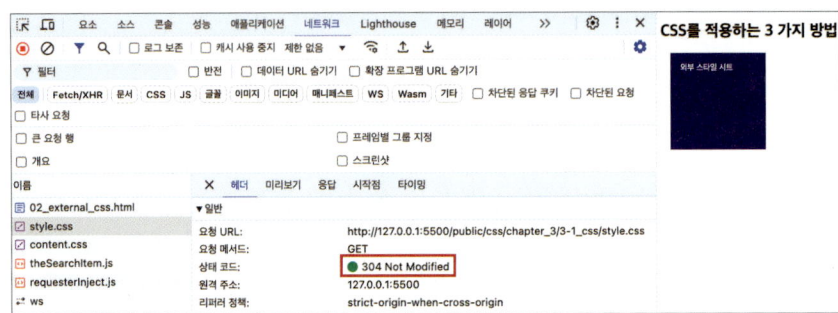

[그림 3-3] 새로고침 시 304 Not Modified로 외부 스타일 시트가 캐시된 화면

 브라우저 캐시

브라우저 캐시는 웹 성능 최적화의 핵심 요소로 웹 브라우저가 웹 페이지의 리소스를 임시로 저장하는 메모리 또는 디스크 공간을 의미합니다. 캐시의 주요 목적은 웹 페이지 로딩 속도를 높이는 것으로, 이전에 요청한 리소스를 재사용함으로써 네트워크 트래픽을 줄이고 페이지 렌더링 시간을 단축시킵니다. 브라우저 캐시는 주로 정적 리소스를 대상으로 합니다. 이미지, CSS 파일, JavaScript 파일 등이 여기에 해당하며, 이들은 일반적으로 변경 빈도가 낮아 캐싱에 적합합니다. 이러한 리소스들을 매번 서버에서 다운로드하지 않고 로컬에서 불러옴으로써, 페이지 로드 시간을 크게 단축할 수 있습니다. 캐시에 저장된 리소스는 브라우저에 의해 로컬 상태로 관리됩니다. 사용자가 페이지를 새로고침할 때, 브라우저는 먼저 캐시를 확인하여 필요한 리소스가 있는지 검사합니다. 캐시에 해당 리소스가 존재하면, 서버에 요청을 보내지 않고 직접 캐시에서 로드합니다.

3-2 CSS 선택자 사용

CSS 선택자는 HTML 문서에서 특정 요소를 식별하고 선택하기 위한 핵심 도구로, 웹 페이지의 구조와 스타일을 정교하게 제어할 수 있게 해줍니다. CSS 선택자의 역할은 단순한 스타일링을 넘어 웹 페이지의 전반적인 디자인과 기능성을 결정짓는 데까지 영향을 미칩니다. 선택자를 활용하면 웹 페이지의 레이아웃을 구성하고, 다양한 스타일을 적용하며, 애니메이션 효과를 부여할 수 있습니다. 더 나아가, JavaScript의 DOM API와 결합하여 동적인 사용자 인터랙션(클릭, 마우스 오버 등)을 구현하는 데에도 중요한 역할을 합니다. CSS 선택자의 효과적인 학습을 위해서는 각 선택자의 특성과 용도를 이해하고, 실제 상황에 적용해보는 과정을 통해 적절한 사용 방법을 배워보도록 합시다.

CSS 선택자

CSS 선택자는 HTML 요소를 정확하게 타겟팅하기 위한 다양한 방법을 제공합니다. Class가 box인 div 요소를 선택하여 색상을 빨간색으로 지정하는 경우를 살펴보겠습니다.

[코드 3-5] "Class가 box인 div 요소" 선택자 예시

```css
.box { color: red; }
div.box { color: red; }
div { color: red; }
```

코드 3-5에 제시된 3가지 방법 중 어떤 것을 사용해도 color 속성의 값으로 red가 적용됩니다. 각 선택자는 우선순위가 다릅니다.

위 코드의 경우, div.box는 요소와 클래스가 모두 포함된 선택자이기 때문에 .box보다 더 높은 우선순위를 가집니다.

따라서 같은 속성을 중복 정의했을 때는 우선순위가 더 높은 선택자의 스타일이 적용됩니다.

VS Code화면 분할

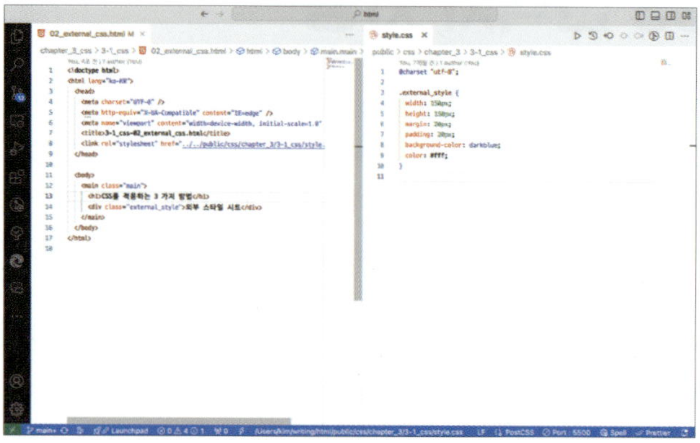

[그림 3-4] VS Code에서 화면 분할을 적용

VS Code에서 HTML과 CSS 파일을 동시에 작성할 때 CSS 파일을 화면 분할을 하고 작업하는 것이 더 편합니다. 상단 탭의 오른쪽 탭을 우측으로 끌어당기면 화면 분할이 곧장 되고 변경 사항을 즉시 확인할 수 있고, 두 파일 간의 연관성을 쉽게 파악할 수 있어 개발 속도와 정확성이 향상됩니다.

단축키로는 Ctrl + \, macOS의 경우 Cmd + \를 입력하면 됩니다.

태그 선택자

태그만 있는 상태에서도 사용할 수 있어, 가장 넓은 범위에서 적용될 수 있는 **태그 선택자**에 대해서 알아보도록 합시다.

[코드 3-6] chapter_3 / 3-2_selector / 01_selector.html

```html
<!doctype html>
<html lang="ko-KR">
  <head>
    <meta charset="UTF-8" />
    <meta http-equiv="X-UA-Compatible" content="IE=edge" />
    <meta name="viewport" content="width=device-width, initial-scale=1.0" />
    <title>3-2_selector-01_selector.html</title>
    <link rel="stylesheet" href="../../public/css/chapter_3/3-2_selector/01_selector.css" />
  </head>
```

```html
<body>
  <main class="main">
    <h1 id="selector">Selector(선택자)</h1>
    <h2 id="parent_child">태그 선택자, 자식 선택자, 자손 선택자</h2>
    <div>
      선택자
      <span>
        자식 선택자
        <em>자손 선택자</em>
        <em>자손 선택자</em>
      </span>
    </div>
  </main>
</body>
</html>
```

우선, ⟨div⟩ 태그를 사용하여 여러 요소를 그룹화하고, 그 안에 "선택자"라는 텍스트를 배치합니다. 이어서 ⟨span⟩ 태그를 사용해 "자식 선택자"라는 텍스트를 추가하고, 마지막으로 두 개의 ⟨span⟩ 태그를 더 삽입하여 각각 "자손 선택자"라는 텍스트를 포함시킵니다. 이렇게 HTML 구조를 만든 후, "01_selector.css"라는 이름의 CSS 파일을 생성합니다. 이 CSS 파일을 HTML 문서와 연결하기 위해 HTML의 ⟨head⟩ 섹션에 ⟨link⟩ 태그를 사용해서 연결하고 CSS를 작성해 보겠습니다.

[코드 3-7] chapter_3 / 3-2_selector / 01_selector.css

```css
@charset "utf-8";

/* 태그 선택자 사용 */

* {
  box-sizing: border-box;
}

div {
  width: 400px;
  height: 400px;
  padding: 30px;
  border: 2px solid dodgerblue;
}

span {
```

```
    display: block;
    width: 300px;
    height: 300px;
    margin: 10px;
    padding: 30px;
    border: 2px solid #cccccc;
}

em {
    display: block;
    width: 120px;
    height: 80px;
    margin: 10px;
    padding: 20px;
    background-color: brown;
    color: white;
}
```

CSS에서 주석은 "/* */" 형식으로 작성됩니다. 이는 코드의 가독성을 높이고 다른 코드를 이해하는 데 도움을 주는 중요한 요소입니다. 주석 기호는 붙여서 작성해야 하며, 그 사이에 설명이나 부가 정보를 기입할 수 있습니다.

"*" 선택자는 전체 선택자로 알려져 있으며, HTML 문서의 모든 요소에 스타일을 적용할 수 있게 해 줍니다. 이 강력한 선택자는 〈html〉 태그부터 문서 내의 모든 요소에 영향을 미치므로 사용 시 주의가 필요합니다.

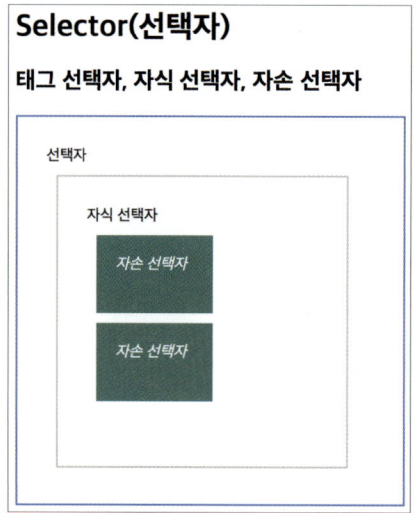

[그림 3-5] HTML 전체 선택자로 적용된 box-sizing: border-box;

크롬 개발자 도구의 스타일(Styles) 탭을 통해 적용된 CSS 스타일을 확인할 수 있습니다. 먼저 * { box-sizing: border-box; }가 〈html〉 태그를 포함한 모든 요소에 적용된 것을 볼 수 있습니다. 〈div〉 태그의 경우, 너비와 높이가 각각 400px로 설정되었으며, 30px의 패딩을 사용해 박스 모델 내부에 여백을 만들었습니다. 또한 2px 두께의 실선 테두리가 dodgerblue 색상으로 적용되었습니다. 〈span〉과 〈em〉 태그 역시 각각 고유한 스타일을 가지고 있습니다.

이와 같이 **태그 선택자**를 사용해서 각각의 요소에 스타일을 부여할 수 있습니다.

 박스 모델(Box Model)과 box-sizing: border-box

박스 모델은 CSS에서 웹 페이지의 레이아웃을 구성하는 핵심 개념으로, HTML의 모든 요소가 웹 페이지에서 사각형 박스로 표현되는 방식을 설명합니다. 박스 모델은 안쪽에서 바깥쪽으로 내용(content), 패딩(padding), 테두리(border), 마진(margin)의 네 가지 구성 요소로 이루어져 있습니다.

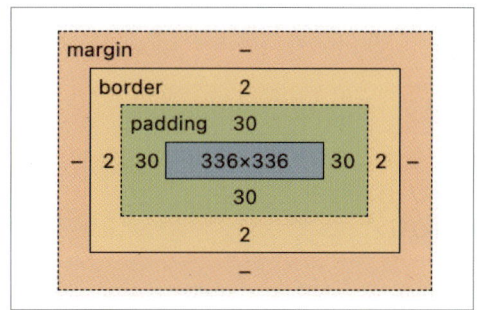

[그림 3-6] 박스 모델에서 "내용" 영역이 파란색, "패딩" 영역이 초록색, "마진" 영역이 주황색으로 각각 표현

내용(Content)은 요소의 실제 내용이 위치하는 중심 영역으로, 텍스트나 이미지 등이 표시됩니다. width와 height 속성은 이 내용 영역에 직접 적용됩니다.

패딩(Padding)은 내용과 테두리 사이의 여백 공간입니다. 기본적으로 요소의 전체 크기에 영향을 주며, 이는 box-sizing 속성이 기본값인 content-box로 설정되어 있기 때문입니다. 예를 들어, width가 300px, padding이 3px, border가 1px인 경우, 실제 요소의 너비는 308px(300 + (3px * 2) + (1px * 2))가 됩니다. 그러나 box-sizing: border-box를 사용하면 패딩과 테두리가 요소의 지정된 크기 내에 포함되어, 더 직관적인 크기 계산이 가능해집니다.

테두리(Border)는 내용과 패딩을 둘러싸는 선으로, 굵기, 스타일, 색상을 지정할 수 있습니다.

마진(Margin)은 요소의 가장 바깥쪽 영역으로, 테두리와 주변 요소 사이의 간격을 조절합니다. 마진은 요소의 배경색 등 내부 스타일의 영향을 받지 않습니다.

이러한 박스 모델의 이해는 웹 레이아웃을 정확하게 구성하고 요소 간 간격을 효과적으로 관리하는 데 필수적입니다.

자식 선택자, 자손 선택자

HTML에서는 동일한 태그를 여러 번 사용하는 것이 일반적이기 때문에, 태그 선택자만으로는 스타일 적용에 한계가 있습니다. 이를 보완하기 위해 부모-자식 요소의 개념과 함께 자손 선택자와 자식 선택자를 사용합니다.

[코드 3-8] chapter_3 / 3-2_selector / 02_child.html

```html
<body>
  (...)
  <h1 id="selector">Selector(선택자)</h1>
  <h2 id="parent_child">태그 선택자, 자식 선택자, 자손 선택자</h2>
  <div>
    선택자
    <ol>
      <li>
        자식 선택자
        <ul>
          <li>자손 선택자</li>
          <li>자손 선택자</li>
        </ul>
      </li>
    </ol>
  </div>
  (...)
</body>
```

자손 선택자는 띄어쓰기로 표시하며, 선택된 요소의 모든 하위 요소에 스타일을 적용합니다. 자식 선택자는 ">" 기호로 표시하며, 직접적인 자식 요소만을 선택합니다. 예를 들어, "ol > li"는 ol 요소의 직접적인 자식인 li 요소만을 선택합니다. 이러한 선택자들을 활용하면 HTML 구조 내에서 원하는 요소를 정확하게 선택하여 스타일을 적용할 수 있습니다. 자손 선택자는 모든 하위 요소에, 자식 선택자는 직접적인 자식 요소에만 스타일을 적용하므로, 상황에 따라 적절한 선택자를 사용하여 더 세밀한 스타일 제어가 가능합니다.

먼저, **자손 선택자**를 사용해서 가장 최상위의 부모 ol 요소의 자손인 li 요소들의 스타일을 변경해 보겠습니다.

"태그 선택자" 절에서 〈em〉 태그에 적용했던 스타일을 그대로 적용해 보겠습니다.

[코드 3-9] chapter_3 / 3-2_selector / 02_child.css

```css
(...)
ol,
ul {
  list-style: none;
}

ol li {
  display: block;
  width: 120px;
  height: 80px;
  margin: 10px;
  padding: 20px;
  background-color: darkcyan;
  color: white;
}
(...)
```

우선, ol, ul 그룹 선택자에 대해서 list-style: none을 입력하게 되면 ol 요소와 ul 요소의 기본 리스트에 붙는 불릿 스타일이 사라지게 됩니다.

 불릿(bullet) 스타일?

불릿(bullet) 스타일은 문서나 프레젠테이션에서 목록을 만들 때 자주 사용되는 방식입니다.
◆ ■ ▲ ▶ ※ ○ □ △ 와 같은 기호를 사용해서 목록의 각 항목에 대한 내용을 구분 짓고 표현합니다.
주의할 점은 일관성을 유지하는 것입니다. 같은 수준의 항목에는 동일한 불릿을 사용하고, 하위 항목으로 갈수록 다른 스타일의 불릿을 사용하면 문서의 구조를 명확히 할 수 있습니다.

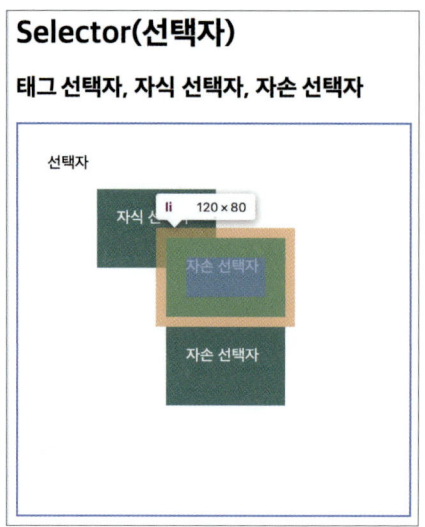

[그림 3-7] ol li 자손 선택자를 사용한 실행 결과

ol 요소의 하위 모든 li 요소들의 스타일들이 변경되었습니다. 이와 같이 자손 선택자의 스타일은 해당 선택자의 내부의 모든 하위 요소들에게 적용됩니다.

자식 선택자라고 되어있는 부분은 태그 선택자에서 〈span〉 태그에 적용했던 스타일로 변경하겠습니다. 자식 선택자는 〉 기호를 사용해서 표시합니다.

[코드 3-10] chapter_3 / 3-2_selector / 02_child.css

```css
(...)
ol > li {
  display: block;
  width: 300px;
  height: 300px;
  margin: 10px;
  padding: 30px;
  border: 2px solid #cccccc;
  background-color: initial;
  color: initial;
}
(...)
```

자손 선택자로 모든 li 요소의 background-color와 color가 변경되었기 때문에 자식 선택자로 다시 스타일을 적용해 주었습니다.

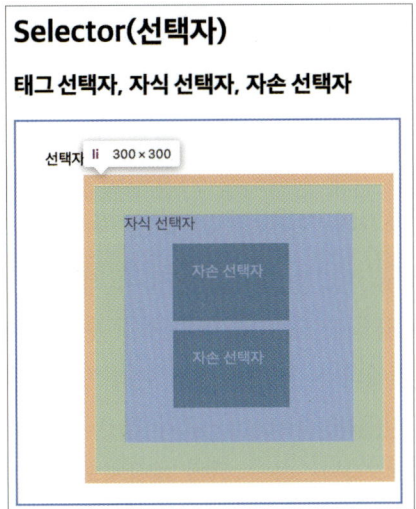

[그림 3-8] 자식 선택자)를 사용해서 자손 선택자의 스타일보다 우선순위로 나타나는 결과

결과를 보면 자손 선택자에 의해서 선언되었던 스타일들이 취소되고 자식 선택자의 **우선순위와 특정성**에 의해 자식 선택자의 스타일들이 적용된 것을 확인할 수 있습니다. 자식 선택자를 먼저 작성하고 자손 선택자를 후에 작성하면 다른 결과가 나타납니다.

 우선순위와 특정성

CSS의 적용 우선순위와 특정성은 스타일 적용의 핵심 개념입니다. 기본적으로 CSS는 "Cascading"이라는 이름에 걸맞게 위에서 아래로 흐르듯 적용되지만, 선택자의 종류에 따라 우선순위가 달라집니다. 전체 선택자, 태그 선택자, 속성 선택자, 클래스 선택자, 아이디 선택자 순으로 우선순위가 높아지며, 이들을 결합하여 사용할 때는 특정성에 기반한 더 복잡한 우선순위가 적용됩니다. 특정성은 각 선택자 유형에 부여된 점수로 계산되는데, 주목할 점은 아이디 선택자 하나가 여러 개의 클래스 선택자를 결합한 것보다 항상 우선한다는 것입니다. 이러한 규칙을 이해하고 적용하면 복잡한 스타일시트에서도 예측 가능하고 일관된 스타일링을 구현할 수 있습니다.

[코드] CSS 선택자 특정성 예제

```css
#aa, #bb {
  color: red;
}

.aa.bb.cc.dd.ee.ff.gg.hh.ii.jj.kk.ll.mm.nn.oo.pp {
  color: blue;
}
```

결과적으로 위 예에서 두 가지 케이스의 div 요소 모두 컬러가 red로 적용됩니다.

클래스 선택자, 아이디 선택자

웹 개발에서 **reset.css** 파일을 사용하는 것은 브라우저 간의 일관성을 유지하는 웹 표준을 지키기 위한 작업입니다. 예를 들어, 전체 선택자를 사용하여 기본 여백을 제거하거나, ul과 ol의 li 요소에서 기본 list-style을 제거 등의 작업이 포함하여, 개발자가 원하는 스타일을 더 쉽게 적용할 수 있게 도와줍니다. reset.css 파일을 별도로 만들어 적용하는 것은 코드의 구조화와 유지보수 측면에서 유용합니다. 이 파일은 HTML 문서에 가장 먼저 연결되어야 하며, 그 다음에 개발자의 커스텀 스타일 파일이 연결됩니다. HTML에서 이를 구현할 때는 〈link〉 태그를 사용하며, reset.css를 먼저 작성하고 그 다음에 custom.css와 같은 개별 스타일 파일을 연결합니다. 이러한 순서는 reset.css에서 정의한 기본 스타일 위에 개발자의 커스텀 스타일이 적용되도록 보장합니다.

클래스 선택자와 아이디 선택자를 학습하기 전에 기본 스타일들을 reset.css라는 파일로써 적용해 보겠습니다.

[코드 3-11] reset.css 가져오기

```
<head>
  (...)
  <link rel="stylesheet" href="../../public/css/reset.css">
  <link rel="stylesheet" href="../../public/css/chapter_3/3-2_selector/03_class_id.css">
  (...)
</head>
```

reset.css에는 2011년 기준으로 작성된 **에릭 마이어(Eric Meyer)의** reset.css 파일이 아닌, 인터넷 익스플로러 지원 종료에 따라 성능과 가독성을 고려한 CSS 기술이 적용된 **The New Reset CSS**를 사용해 보겠습니다. 코드 첨부 파일을 복사해 사용해 보세요.

```css
@charset "utf-8";
@layer base {
  /***
      The new CSS reset - version 1.11.2 (last updated 15.11.2023)
      GitHub page: https://github.com/elad2412/the-new-css-reset
  ***/

  /*
      Remove all the styles of the "User-Agent-Stylesheet", except for the 'display' property
      - The "symbol *" part is to solve Firefox SVG sprite bug
      - The "html" element is excluded, otherwise a bug in Chrome breaks the CSS hyphens property (https://github.com/elad2412/the-new-css-reset/issues/36)
  */
  *:where(:not(html, iframe, canvas, img, svg, video, audio):not(svg *, symbol *)) {
    all: unset;
    display: revert;
  }

  /* Preferred box-sizing value */
  *,
  *::before,
  *::after {
    box-sizing: border-box;
  }

  /* Fix mobile Safari increase font-size on landscape mode */
  html {
    -moz-text-size-adjust: none;
    -webkit-text-size-adjust: none;
    text-size-adjust: none;
  }

  /* Reapply the pointer cursor for anchor tags */
  a,
  button {
    cursor: revert;
  }
  /* Remove list styles (bullets/numbers) */
  ol,
  ul,
  menu,
  summary {
```

```css
    list-style: none;
}

/* For images to not be able to exceed their container */
img {
  max-inline-size: 100%;
  max-block-size: 100%;
}

/* removes spacing between cells in tables */
table {
  border-collapse: collapse;
}

/* Safari - solving issue when using user-select:none on the <body> text input doesn't working */
input,
textarea {
  -webkit-user-select: auto;
}

/* revert the 'white-space' property for textarea elements on Safari */
textarea {
  white-space: revert;
}

/* minimum style to allow to style meter element */
meter {
  -webkit-appearance: revert;
  appearance: revert;
}

/* preformatted text - use only for this feature */
:where(pre) {
  all: revert;
  box-sizing: border-box;
}

/* reset default text opacity of input placeholder */
::placeholder {
  color: unset;
}
```

```css
  /* fix the feature of 'hidden' attribute.
display:revert; revert to element instead of attribute */
  :where([hidden]) {
    display: none;
  }

  /* revert for bug in Chromium browsers
  - fix for the content editable attribute will work properly.
  - webkit-user-select: auto; added for Safari in case of using user-select:none on wrapper element*/
  :where([contenteditable]:not([contenteditable='false'])) {
    -moz-user-modify: read-write;
    -webkit-user-modify: read-write;
    overflow-wrap: break-word;
    -webkit-line-break: after-white-space;
    -webkit-user-select: auto;
  }

  /* apply back the draggable feature - exist only in Chromium and Safari */
  :where([draggable='true']) {
    -webkit-user-drag: element;
  }

  /* Revert Modal native behavior */
  :where(dialog:modal) {
    all: revert;
    box-sizing: border-box;
  }

  /* Remove details summary webkit styles */
  ::-webkit-details-marker {
    display: none;
  }
}
```

이제 본격적으로 클래스 선택자에 대해서 알아보겠습니다.

[코드 3-13] chapter_3 / 3-2_selector / 03_class_id.html

```html
<body>
  (...)
  <section>
    <h2 class="sr-only">클래스 선택자</h2>
    <article id="news_no_class">
      <h3>클래스가 없는 제목</h3>
      <div>클래스가 없는 뉴스 내용</div>
      <span>클래스가 없는 뉴스 내용</span>
      <em>클래스가 없는 뉴스 내용</em>
    </article>
    <article id="news_with_class" class="news">
      <h3 class="news_title">클래스가 있는 제목</h3>
      <div class="news_content">클래스가 있는 뉴스 내용</div>
      <span class="news_content">클래스가 있는 뉴스 내용</span>
      <em class="news_content">클래스가 있는 뉴스 내용</em>
    </article>
  </section>
  (...)
</body>
```

[코드 3-14] chapter_3 / 3-2_selector / 03_class_id.css

```css
@charset "utf-8";

.sr-only {
  position: absolute;
  overflow: hidden;
  width: 1px;
  height: 1px;
  padding: 0;
  margin: -1px;
  border: 0;
  clip: rect(0, 0, 0, 0);
}

section {
  display: flex;
  align-items: center;
  justify-content: center;
```

```css
  padding: 30px;
  margin: 30px;
  background-color: skyblue;
}

article {
  padding: 30px;
  margin: 10px;
  border: 3px solid paleturquoise;
}

h3 {
  margin-bottom: 10px;
  font-size: 24px;
  background-color: azure;
}

div {
  margin-bottom: 10px;
  background-color: beige;
}

span {
  background-color: wheat;
}

em {
  background-color: white;
}
```

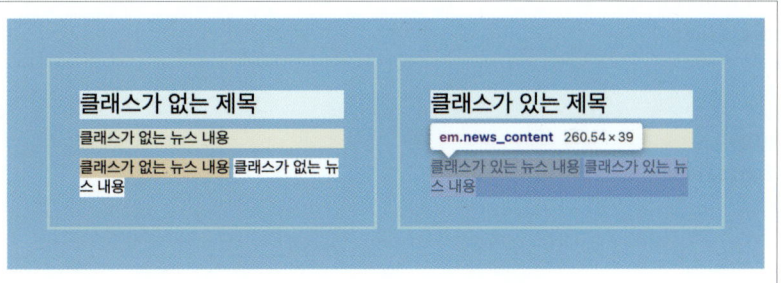

[그림 3-9] 태그 선택자만 사용한 실행 결과

우선, sr-only 클래스를 사용해 화면에 보이지 않지만 스크린 리더에서 읽을 수 있도록 작성합니다. 그런 다음 태그 선택자를 사용해 두 개의 article 요소를 section 요소 내부에 나란히 배치합니다. 그리고 태그 선택자를 사용해 각각 여백과 background-color를 작성합니다. article 요소 양쪽의 내부 태그들은 모두 같은 태그이기 때문에 똑같이 적용된 것을 확인할 수 있습니다. 이제 클래스 선택자를 사용해 오른쪽의 article 요소와 그 내부의 요소들에게 다른 색상을 적용해 보겠습니다.

[코드 3-15] chapter_3 / 3-2_selector / 03_class_id.css

```css
(...)
/* 클래스 선택자 사용 */
article.news {
  border: 3px solid white;
  background-color: paleturquoise;
}

h3.news_title {
  color: red;
}

.news_title {
  color: blue;
}

.news_content {
  color: green;
}

span.news_content {
  color: royalblue;
}

em.news_content {
  color: lightsalmon;
}
```

클래스 선택자를 사용해서 각각의 요소들에 글자 색상을 지정했습니다.

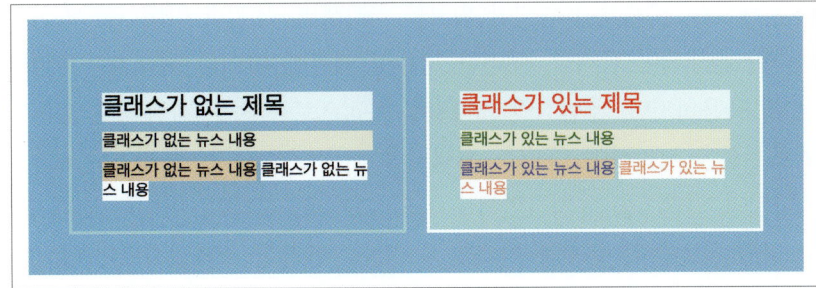

[그림 3-10] 3-2_selector / 03_class_id.css에서 클래스 선택자로 태그 선택자의 color 속성을 재정의해서 작성한 결과

기본적으로 CSS는 캐스캐이딩(Cascading)에 의해서 위에서부터 아래로 적용되고, 특정성에 의해 또 한 번 우선순위를 가지게 됩니다.

h3.news_title로 작성한 color: red가 그 아래에 작성한 .news_title로 클래스 선택자로만 작성한 결과보다 더 우선한다는 것을 확인할 수 있습니다.

또한, .news_content 클래스 선택자를 사용해서 color를 div, span, em 요소 모두에게 green을 지정했지만, span.news_content, em.news_content를 통해서 royalblue, lightsalmon 색상으로 특정성이 부여된 스타일을 확인할 수 있습니다.

이와 같이, 사용하는 여러 클래스 선택자를 사용해서 공통의 CSS 속성을 결합해서 유지보수성을 높일 수도 있고, 각각의 특정성을 부여해 같은 클래스 선택자를 사용한 곳에서 중복 스타일을 적용할 수도 있습니다.

이제, 아이디 선택자를 사용해서 특정성을 더욱 더 강화시켜 보겠습니다.

[코드 3-16] chapter_3 / 3-2_selector / 03_class_id.css

```css
(...)
/* 아이디 선택자 사용 */
#news_no_class {
  background-color: cyan;
}

#news_with_class {
  background-color: navajowhite;
}
```

아이디 선택자는 HTML 문서에서 특별한 위치를 차지하며, 동일한 아이디를 가진 요소는 한 문서 내에 단 하나만 존재해야 합니다. 이러한 고유성 때문에 아이디 선택자는 페이지의 특정 부분을 식별하는 데 유용하지만, 일반적인 스타일링 목적으로는 자주 사용되지 않습니다. 대신, 재사용성과 유지보수성을 고려하여 클래스 선택자를 더 선호합니다. 클래스는 여러 요소에 적용될 수 있어 스타일의 일관성을 유지하면서도 유연성을 제공합니다. 아이디 선택자의 높은 특정성은 때때로 스타일 우선순위 문제를 야기할 수 있어, 복잡한 스타일시트에서는 관리가 어려워질 수 있습니다. 따라서 스타일링을 위해서는 주로 클래스 선택자를 사용하고, 아이디 선택자는 JavaScript와의 상호작용이나 앵커 링크 등 특정 요소를 고유하게 식별해야 하는 상황에 한정하여 사용하는 것이 좋은 관행으로 여겨집니다.

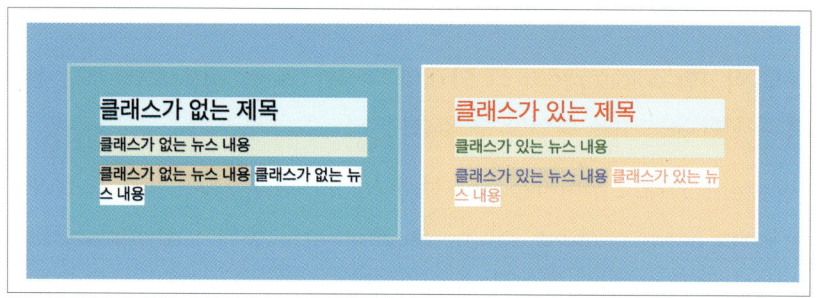

[그림 3-11] 3-2_selector / 03_class_id.css에서 아이디 선택자로 태그 선택자와 클래스 선택자의 background-color를 재정의한 결과

그림 3-11과 같이 특정성에 의해 article 태그 선택자, article.news 태그 선택자와 클래스 선택자를 결합한 선택자보다 아이디 선택자가 더 높은 우선순위를 가지는 것을 확인할 수 있습니다.

 sr-only?

sr-only 또는 blind 클래스는 웹 접근성을 위한 클래스로 시각적으로는 보이지 않지만 스크린 리더 사용자에게 읽히는 요소를 만드는 데 사용됩니다. 이를 통해 시각적 디자인을 해치지 않으면서도 필요한 정보를 모든 사용자에게 제공할 수 있습니다.

[코드 3-17] sr-only 클래스

```css
.sr-only {
  position: absolute;
  overflow: hidden;
  width: 1px;
  height: 1px;
  margin: -1px;
  padding: 0;
```

```
    border: 0;
    clip: rect(0, 0, 0, 0);
}
```

sr-only 클래스의 CSS 구현은 여러 기법을 조합하여 요소를 시각적으로 숨기면서도 스크린 리더에는 접근 가능하게 만듭니다. position: absolute로 요소를 일반 문서 흐름에서 제거하고, width와 height를 1px로 설정하여 크기를 최소화합니다. margin: -1px은 요소를 화면 밖으로 밀어냅니다. overflow: hidden은 1px을 초과하는 내용을 숨기고, clip: rect(0, 0, 0, 0)은 요소를 완전히 클리핑합니다. 이러한 기법을 사용함으로써 시각적 디자인의 완성도를 유지하면서도 스크린 리더 사용자에게 중요한 컨텍스트 정보를 제공할 수 있습니다. 예를 들어, 아이콘만으로 구성된 버튼에 설명 텍스트를 추가하거나, 복잡한 데이터 테이블에 대한 요약 정보를 제공하는 등의 용도로 활용될 수 있습니다.

 색상 표현법

색상 표현법의 종류는 다양합니다.
대표적으로 사용하는 색상이름이 있고, HEX, RGBA 등 다양한 방법들이 있습니다.

- 색상명 : white, black 등의 이름으로 사용하기도 하며, CSS의 변수(variables) 속성으로 미리 할당해둔 색상을 이름으로 사용할 수도 있습니다. 예시) color : red; color : var(—red)
- HEX 코드 : 흔하게 볼 수 있는 색상 HEX(16진수) 표기법입니다. #ffffff로 하얀색을 표시하고 #000000으로 검정색을 표현합니다. 그 외에 다양한 코드들을 조합해서 사용할 수 있고, #fff, #000과 같이 HEX의 일부분이 완전히 같다면 줄여서도 사용할 수 있습니다. 예시) color : #ff0000; color : #f00
- RGB 코드 : Red, Green, Blue를 혼합하여 색상을 표현합니다. 각 색상은 0부터 255 사이의 값을 가질 수 있습니다. 예시) color : rgb(255, 0, 0)
- RGBA 코드 : RGB코드에 Alpha(투명도)를 더한 값입니다. 투명도는 0부터 1사이의 실수로 표현됩니다. 예시) color: rgba(255, 0, 0, 0.5)
- HSL 코드 : Hue(색상), Saturation(채도), Lightness(명도)로 표현하는 코드입니다. 색상은 0부터 360각도 사이로 표현되고, 채도와 명도는 0부터 100% 사이의 퍼센트로 비율을 표현합니다. 예시) hsl(0, 100%, 50%)
- HSLA 코드 : RGBA와 같이 HSL에 Alpha(투명도)를 더한 값입니다. 투명도는 0부터 1사이의 실수로 표현됩니다. 예시) hsla(0, 100%, 50%, 0.5)

주의할 점으로 모든 속성이 모든 브라우저에 지원되는 것은 아니니 현업에서 사용시에는 CAN I USE에서 검색해서 확인하고 사용하세요.

가상 클래스 선택자

가상 클래스 선택자는 CSS에서 요소의 특정 상태나 조건을 선택하는 선택자로 HTML 구조를 변경하지 않고도 다양한 상황에 따라 스타일을 적용할 수 있게 해줍니다. 상호작용 관련 가상 클래스 선택자로는 :hover, :focus, :active가 대표적입니다. :hover는 마우스가 요소 위에 있을 때, :focus는 요소가 포커스를 받았을 때(예: 탭으로 선택), :active는 요소가 활성화되었을 때(예: 클릭하는 순간) 스타일을 적용합니다. 이들은 사용자 인터페이스의 반응성을 높이는 데 중요한 역할을 합니다.

순서와 구조 관련 가상 클래스 선택자로는 :first-child, :last-child, :first-of-type, :last-of-type, :nth-child(), :nth-of-type() 등이 있습니다. 이들은 요소들 중 특정 위치에 있는 요소를 선택합니다. 예를 들어, :first-child는 첫 번째 요소를, :nth-child(2n)은 짝수 번째 요소를 선택합니다. 이러한 가상 클래스 선택자들은 복잡한 구조의 HTML에서도 특정 요소에 스타일을 적용할 수 있어, 반복적인 패턴이나 특정 조건에 따른 스타일링이 가능합니다.

[코드 3-18] chapter_3 / 3-2_selector / 04_pseudo_class.html

```html
<body>
  (...)
  <section>
    <h2 class="sr-only">가상 클래스 선택자</h2>
    <article class="news">
      <h3 class="news_title">hover</h3>
      <div class="news_content">active</div>
      <form action="/">
        <label for="name">이름 : </label>
        <input type="text" id="name" name="name" value="" placeholder="focus" class="news_input" />
      </form>
    </article>
  </section>
  (...)
</body>
```

sr-only 클래스와 section 클래스는 이전 파일에서 옮겨서 작성하고 클래스 선택자에 대한 CSS를 작성해 보겠습니다.

[코드 3-19] chapter_3 / 3-2_selector / 04_pseudo_class.css

```css
(...)
section {
  display: flex;
  align-items: center;
  justify-content: center;
  padding: 30px;
  margin: 30px;
  background-color: skyblue;
}

.news {
  width: 100%;
  padding: 30px;
  margin: 10px;
  border: 3px solid paleturquoise;
}

.news_title {
  width: 100%;
  height: 40px;
  margin-bottom: 10px;
  font-size: 24px;
  background-color: azure;
}

.news_content {
  width: 100%;
  height: 40px;
  margin-bottom: 10px;
  background-color: beige;
}

.news_input {
  width: 100%;
  height: 50px;
  background-color: white;
  border: 2px solid rgb(255, 0, 0);
}
```

이제 가상 클래스 선택자 :hover, :active, :focus를 사용해 보겠습니다.

[코드 3-20] chapter_3 / 3-2_selector / 04_pseudo_class.css

```css
(...)
/* 가상 클래스 선택자 hover, focus, active */
.news_title:hover {
  background-color: darkgrey;
}

.news_content:active {
  background-color: darkorange;
}

.news_input:focus {
  background-color: beige;
}
```

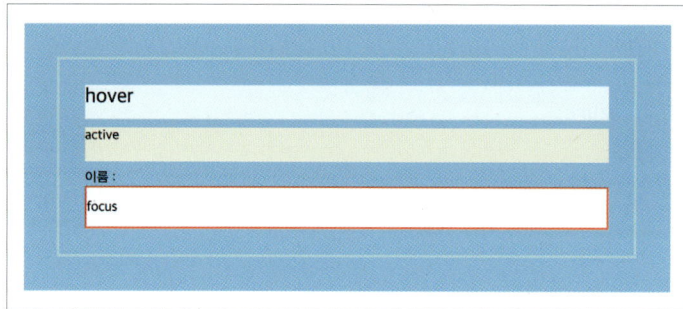

[그림 3-12] :hover, :active, :focus가 되기 전의 결과

:hover, :active, :focus 가상 요소 선택자를 각각 적용해서 스타일링된 결과를 확인해 보겠습니다.

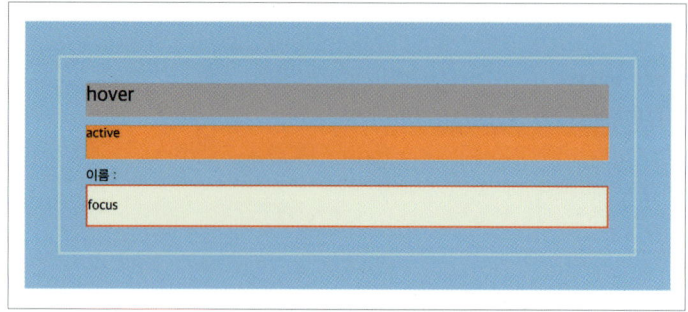

[그림 3-13] :hover, :active, :focus가 되고 난 후의 결과

각각 스타일이 변경되는 것을 확인할 수 있나요?

이제, 가상 클래스 선택자에서 nth-child, nth-of-type과 같이 순서를 나타내는 선택자에 대해 알아보도록 합시다.

[코드 3-21] chapter_3 / 3-2_selector / 04_pseudo_class.html

```html
<body>
 (...)
 <section>
   <h2 class="sr-only">nth-of-type, nth-child</h2>
   <article class="news">
     <div class="news_content">nth-of-type 1</div>
     <p class="news_content">nth-of-type 2</p>
     <p class="news_content">nth-of-type 3</p>
     <div class="news_content">nth-of-type 4</div>
     <div class="news_content">nth-of-type 5</div>
     <p class="news_content">nth-of-type 6</p>
     <p class="news_content">nth-of-type 7</p>
     <div class="news_content">nth-of-type 8</div>
     <div class="news_content">nth-of-type 9</div>
     <p class="news_content">nth-of-type 10</p>
     <p class="news_content">nth-of-type 11</p>
     <div class="news_content">nth-of-type 12</div>
   </article>
 </section>
 (...)
</body>
```

[코드 3-22] chapter_3 / 3-2_selector / 04_pseudo_class.css

```css
(...)
/* 가상 클래스 선택자 :nth-child, :nth-of-type */
.news_content:nth-child(3),
div:nth-child(5),
div.news_content:nth-child(12) {
  background-color: wheat;
}
```

\<div\> 태그에 각각 3, 5, 12번째를 나타내는 nth-child를 사용해서 그룹 선택자로 선택하여 background-color를 작성했습니다.

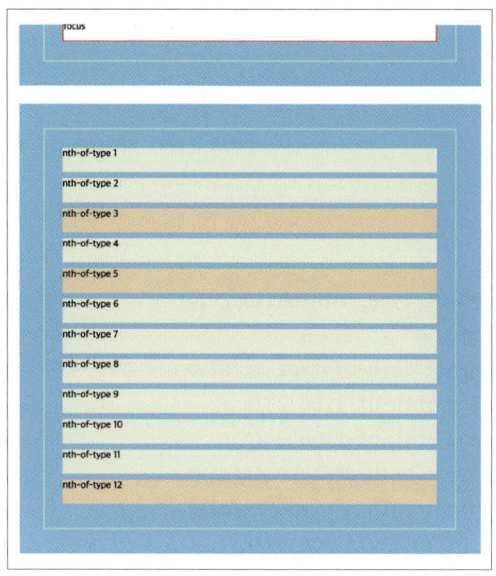

[그림 3-14] nth-child를 사용해서 background-color를 지정

nth-child는 요소들 중에서 특정 순서에 있는 요소를 선택합니다. 이때 단위를 사용하여 다양한 방식으로 요소를 선택할 수 있습니다. 예를 들어, nth-child(3)은 세 번째 요소를 선택합니다. 이 선택자의 유연성은 정수 값뿐만 아니라 "odd"나 "even" 키워드를 사용하여 홀수 번째 또는 짝수 번째 요소를 선택할 수 있는 점에서 드러납니다. 더 나아가 수식을 사용하여 복잡한 패턴의 요소 선택도 가능합니다. 예를 들어, nth-child(3n)은 3의 배수 번째 요소들을, nth-child(2n + 1)은 홀수 번째 요소들을 선택합니다. nth-child의 주목할 만한 특징은 요소의 타입을 구분하지 않고 순서만을 고려한다는 점입니다. 이는 nth-of-type과의 주요 차이점입니다. nth-child는 요소를 순서대로 선택하므로, 선택된 요소가 예상과 다른 태그일 수 있습니다. 이러한 특성은 복잡한 HTML 구조에서 유용할 수 있지만, 때로는 예기치 않은 결과를 초래할 수 있으므로 사용 시 주의가 필요합니다.

[코드 3-23] chapter_3 / 3-2_selector / 04_pseudo_class.css

```
(...)
div.news_content:nth-of-type(6),
p:nth-of-type(4) {
  background-color: rosybrown;
}
```

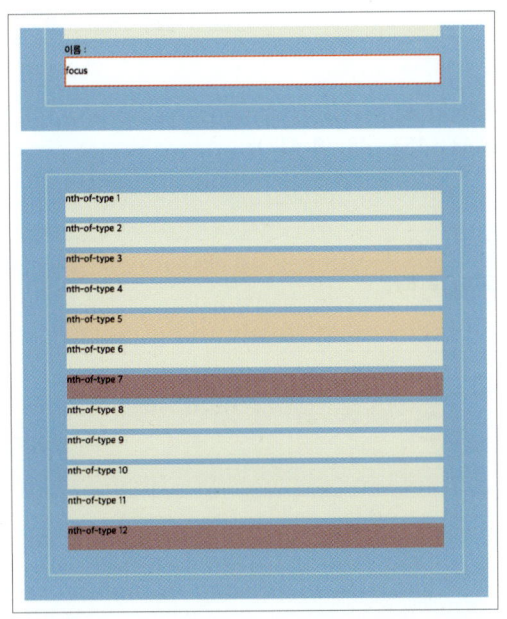

[그림 3-15] nth-of-type을 사용해서 background-color를 지정

nth-of-type 선택자는 같은 유형(태그)의 요소들 중에서 특정 순서에 있는 요소를 선택합니다. 이 선택자 역시 정수, 키워드(odd, even), 수식 등 다양한 값을 사용할 수 있습니다. nth-child와의 핵심적인 차이점은 nth-of-type이 요소의 타입을 고려한다는 것입니다. 예를 들어, p:nth-of-type(4)는 네 번째 <p> 태그를 선택하며, 다른 태그의 요소는 무시합니다. 이로 인해 특정 태그의 요소들 중에서 원하는 순서의 요소만을 정확하게 선택할 수 있습니다.

코드에서 볼 수 있듯이, div:nth-of-type(6)은 여섯 번째 <div> 태그를, p:nth-of-type(4)는 네 번째 <p> 태그를 선택하고 배경색을 rosybrown으로 지정했습니다. 이는 각 태그 유형 내에서의 순서를 기준으로 선택되었음을 보여줍니다. 추가로, first-child, last-child, first-of-type, last-of-type 같은 선택자들도 유용하게 사용될 수 있습니다. 이들은 각각 첫 번째와 마지막 요소, 또는 특정 타입의 첫 번째와 마지막 요소를 선택합니다.

수식을 사용한 선택도 가능합니다. 수식을 활용하면 복잡한 패턴의 스타일링을 간단하게 구현할 수 있습니다.

[코드 3-24] chapter_3 / 3-2_selector / 04_pseudo_class.css

```css
(...)
.news_content:nth-child(3n-1) {
  background-color: rgba(41, 153, 48, 0.417);
}

.news_content:nth-child(2n + 4) {
  color: hsla(0, 100%, 50%, 0.8);
}
```

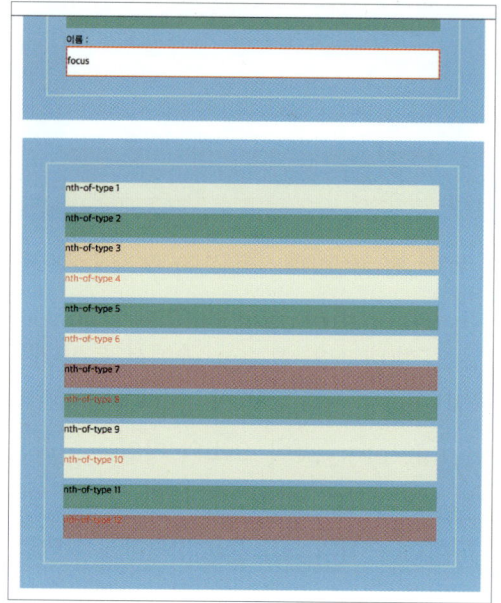

[그림 3-16] nth-child 수식을 사용한 실행 결과

코드에서 먼저 hsla(0, 100%, 50%, 0.8)로 투명도가 있는 빨간색이 적용된 요소를 살펴봅시다. 해석하면, 네 번째부터 2의 배수마다 색상을 color로 지정하는 것을 의미합니다. 다음으로 background-color가 rgba(41, 153, 48, 0.417)로 녹색이 적용된 요소를 살펴봅시다. 해석하면, 3의 배수에서 1을 뺀 요소마다 색상을 background-color로 지정하는 것을 의미합니다.

이처럼, 여러분이 선택하고자 하는 요소를 CSS 선택자로 JavaScript 도움 없이 nth-child 또는 nth-of-type에 수식을 넣어 CSS만으로도 충분히 스타일을 지정할 수 있는 부분도 있습니다.

속성 선택자, 인접 선택자, 인접 형제 선택자, 그룹 선택자

- 속성 선택자
  - [required] : 필수 속성이 추가된 요소만 선택합니다. 예시) input[required] { color: red }
  - [href="www.naver.com"] : www.naver.com이 href 속성으로 포함된 요소만 선택합니다.
     예시) a[href="www.naver.com"] { color: red }
  - [href~="naver"] : naver라는 단어가 포함되는 요소를 선택합니다.
  - [data-id^="www"] : data-id 속성의 값이 www로 시작하는 요소를 선택합니다.
  - [data-value$=".com"] : data-value 속성의 값이 .com으로 끝나는 요소를 선택합니다.
  - [data-id*="naver"] : data-id 속성의 값 중에 naver가 포함되어있다면 해당 요소를 선택합니다.
- 인접 선택자(+)
  - +를 사용하여 인접한 형제 요소를 선택합니다. 예시) div + p { color: red } 이는 div 요소 바로 다음에 나오는 p 요소를 선택합니다.
- 인접 형제 선택자(~)
  - ~를 사용해서 인접되는 모든 형제 요소를 선택할 수 있습니다. 예시) div ~ p { color: red } 이는 div 요소 다음에 나오는 모든 p 요소를 선택합니다.
- 그룹 선택자(,)
  - ,(쉼표)를 사용해서 여러개의 선택자를 동시에 선택할 수 있습니다. 예시) div, p { color: red } 이는 div, p 요소 모두 color를 red 색상으로 지정 합니다.

가상 요소 선택자

가상 요소 선택자는 실제 HTML 요소를 추가하지 않고도 콘텐츠를 삽입하거나 스타일을 적용할 수 있게 해줍니다. 가상 요소 선택자는 콜론 두 개(::)를 사용하여 표시합니다. 이는 가상 클래스 선택자(:)와 구분하기 위함입니다. **::before**와 **::after**는 가장 널리 사용되는 가상 요소 선택자로, ::before는 선택한 요소의 내용 앞에, ::after는 내용 뒤에 가상 요소를 생성합니다. 이들은 주로 content 속성과 함께 사용되어 텍스트나 아이콘을 추가하거나, 장식적 요소를 만드는 데 활용됩니다. **::first-letter**는 텍스트의 첫 글자에 스타일을 적용할 때 사용되며, 단락의 첫 글자를 강조하거나 특별한 디자인을 적용할 때 유용합니다. **::first-line**은 텍스트의 첫 줄에 스타일을 적용하며, 단락의 첫 줄을 다르게 스타일링하고자 할 때 사용됩니다.

[코드 3-25] chapter_3 / 3-2_selector / 05_pseudo_element.html

```html
<body>
  (...)
  <section>
    <h1 class="sr-only">선택자</h1>
    <section>
      <h2 class="sr-only">가상 요소 선택자</h2>
      <div data-id="before">::before, ::after</div>
      <div data-id="after">::before, ::after</div>
      <div data-value="first-letter">Lorem ipsum dolor sit amet.</div>
      <div data-value="first-line">
            Lorem ipsum dolor, sit amet consectetur adipisicing elit. Adipisci, officia? Quo molestiae dicta cupiditate, beatae recusandae suscipit possimus accusantium ratione aut nulla cum sint a earum
            expedita amet dolores explicabo tenetur? Harum corporis obcaecati ab libero expedita iste aperiam. Consectetur deserunt nisi tenetur repellat, ex est a praesentium impedit eos quia cum,
          nesciunt blanditiis libero!
      </div>
    </section>
  </section>
  (...)
</body>
```

이번에는 **속성 선택자**를 사용하기 위해 data-id, data-value를 사용해서 CSS를 작성하겠습니다.

[코드 3-26] chapter_3 / 3-2_selector / 05_pseudo_element.css

```css
(...)
div {
  margin: 30px;
  font-size: 18px;
}

[data-id] {
  color: firebrick;
}

[data-id="before"]::before {
  content: "hi";
  display: inline-block;
```

```css
    vertical-align: middle;
    margin-right: 10px;
    font-size: 40px;
    color: salmon;
  }

  [data-id="after"]::after {
    content: "";
    display: inline-block;
    vertical-align: middle;
    width: 40px;
    height: 40px;
    margin-left: 10px;
    border-radius: 50%;
    background-color: coral;
    border: 4px dashed cadetblue;
  }

  div:nth-of-type(3)::first-letter {
    color: red;
    font-size: 30px;
  }

  [data-value="first-line"]::first-line {
    color: rgba(208, 33, 167, 0.8);
  }
```

전체 div 요소에 기본 margin을 설정해서 박스 모델 가장 밖의 여백들을 사방으로 주어서 요소들이 너무 붙지 않도록 간격을 만들어줍니다.

[data-id]를 사용한 요소들에게 기본적으로 color로 firebrick 색상을 부여하고 [data-id="before"] 속성 선택자와 [data-id="after"] 속성 선택자에게 각각 before와 after 가상 요소 선택자로 content에 "hi"와 빈 content를 주고, display: inline-block으로 옆의 요소와 나란히 나열합니다. [data-id="after"]::after 가상 요소 선택자에게 border-radius: 50%로 50%만큼 동그랗게 만들어서 완전한 동그라미를 만들고 테두리(border)를 4px 굵기의 dashed 스타일로 작성합니다. [data-value="first-letter"] 대신에 이전 시간에 배웠던 div:nth-of-type(3) 가상 클래스 선택자를 사용해서 ::first-letter 가상 요소 선택자로 첫 글자만 font-size를 30px로 color는 red로 작성하고, [data-value="first-line"]::first-line 가상 요소 선택자에게 color 스타일을 작성합니다.

결과 화면을 보면, 첫 번째 라인만 적용된 색상이 유지되는 것을 확인할 수 있습니다.

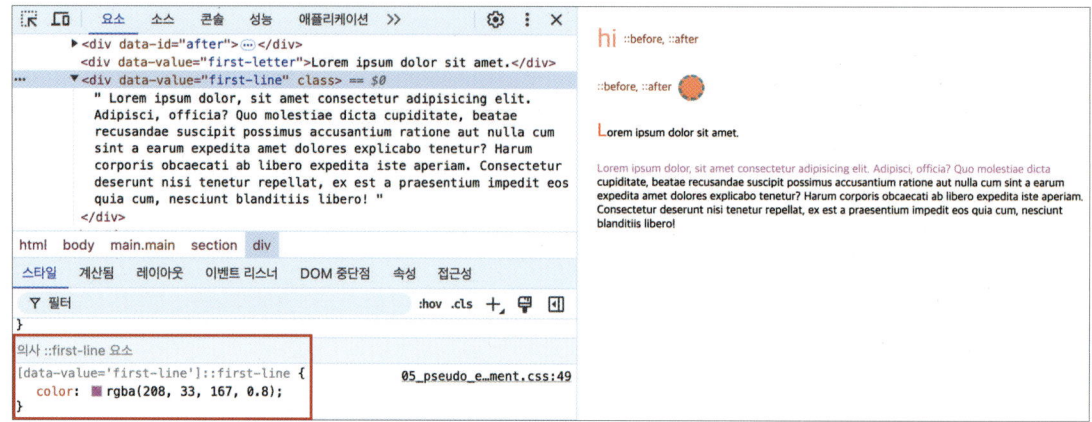

[그림 3-17] 가상 요소 선택자 ::before, ::after, ::first-letter, ::first-line으로 스타일을 작성한 결과

CSS 레이아웃

웹 디자인과 개발에서 레이아웃은 핵심적인 요소입니다. 이전에 소개된 박스 모델(Box Model)의 개념을 바탕으로, 이제 다양한 레이아웃 기술에 대해 살펴보겠습니다. 웹 페이지의 구조를 잡는 데 사용되는 주요 CSS 레이아웃 기술로는 float, position, flexbox, 그리고 grid가 있습니다. 이들 각각의 방식은 고유한 특징과 용도를 가지고 있으며, 상황에 따라 적절히 선택하여 사용할 수 있습니다. 이러한 레이아웃 기술들을 학습하면서, 동시에 박스 모델의 주요 속성인 margin, padding, border를 활용하는 방법도 함께 익혀볼 것입니다. 이를 통해 요소들 간의 간격 조절, 내부 여백 설정, 테두리 스타일링 등을 효과적으로 할 수 있습니다. 각 레이아웃 기술을 차례로 살펴보고, 실제 예제를 통해 그 특성과 사용법을 이해해 보겠습니다. 이러한 학습을 통해 다양한 디자인 요구사항에 맞는 유연하고 화면에 반응하는 웹 레이아웃을 구현할 수 있는 능력을 기를 수 있을 것입니다.

float

float 속성은 CSS에서 레이아웃을 구성하는 오래된 방식이지만, 여전히 특정 상황에서 유용하게 사용됩니다. float의 기본 기능은 요소를 **왼쪽이나 오른쪽으로 '띄워' 배치**하는 것입니다. 이를 통해 텍스트나 인라인 요소들이 배치된 요소의 주위를 감싸도록 할 수 있습니다. 그러나 float의 가장 큰 특징은 요소를 일반적인 문서 흐름에서 벗어나게 한다는 점입니다. float이 적용된 요소는 마치 물 위에 떠 있는 것처럼 동작하며, 이로 인해 레이아웃에 예기치 않은 영향을 줄 수 있습니다. 이러한 특성 때문에 float을 사용한 후에는 반드시 **float 해제**가 필요합니다. float 해제를 하지 않으면, float 처리된 요소 이후의 모든 요소들이 float의 영향을 받아 원치 않는 위치에 배치될 수 있습니다. float 해제 방법으로는 clear 속성을 사용하거나, overflow 속성을 이용하는 방법, 그리고 가상 요소를 이용한 clearfix 기법 등이 있습니다. 이러한 해제 기법을 적절히 사용함으로써 float 속성으로 인한 레이아웃 붕괴를 방지할 수 있습니다. float은 특히 이미지와 텍스트를 함께 배치하거나, 간단한 다단 레이아웃을 구성할 때 유용하게 사용될 수 있습니다. 하지만 복잡한 레이아웃의 경우, flexbox나 grid와 같은 현대적인 레이아웃 기술을 사용하는 것이 더 효율적일 수 있습니다.

[코드 3-27] chapter_3 / 3-3_layout / 01_float.html

```html
<body>
 (...)
 <ul class="layout_float clearfix">
   <li class="item large count">
     <img src="../../public/img/unsplash/item_05.jpg" alt="큰 창이 있는 방" aria-describedby="item_05" />
     <div id="item_05" class="sr-only">
       스트라이프 형태의 벽지에 왼쪽 벽에는 액자, 오른쪽 벽에는 민트색상의 커튼, 중간에는 세로로 긴 창으로 부터 쏟아지는 햇살이 방 중앙에 위치한 식탁에 내리쬐고 있음
     </div>
   </li>
   <li class="item">
    <ul class="item_wrap clearfix">
      <li class="item count">
        <img src="../../public/img/unsplash/item_06.jpg" alt="회색 코트를 입고 검은색 크로스백을 하고 걸어가는 남성의 뒷모습" />
      </li>
      <li class="item count">
         <img src="../../public/img/unsplash/item_07.jpg" alt="기하학적인 푸른 회색빛의 철제 건축물" />
      </li>
    </ul>
   </li>
   <li class="item large count">
     <img src="../../public/img/unsplash/item_08.jpg" alt="왼손으로 도화지를 들고 파란색 붓으로 분홍색 꽃을 터치하고 있는 사람의 오른손" />
   </li>
 </ul>
 (...)
</body>
```

float 속성을 사용한 레이아웃을 위해서 layout_float이라는 클래스 이름의 〈ul〉 태그를 작성합니다. 이어서 뒤따르는 자식 요소로 〈li〉 태그도 작성하고 〈li〉 태그 아래에 바로 〈li〉 태그를 작성할 수 없으므로 .item_wrap 클래스 선택자를 가진 〈ul〉 태그로 부모 요소를 만들고 그 자식 요소로 다시 〈li〉 태그를 작성합니다. 각각의 li 요소 내부에는 〈img〉 태그를 작성하고 〈img〉 태그에 반드시 있어야할 속성인 alt 속성 내부에는 이미지를 묘사하기 위한 글을 작성합니다.

alt 속성은 웹 표준을 지키기 위해 반드시 필요하고 이미지를 볼 수 없는 환경이나 사용자에게 대체 텍스트(Alternative Text)를 제공해 줌으로써 검색 엔진 최적화와 접근성(accessibility, a11y)를 동시에 충족시킬 수 있습니다.

또, 그 설명이 길어질 경우, ARIA(Accessible Rich Internet Application) 속성 중에 하나인 aria-describedby를 사용해서 설명을 추가할 수 있습니다. 이 속성은 id로 연결된 요소에서 추가 설명을 제공합니다.

count 클래스를 부여해서 각각의 ::before 가상 요소 선택자에 숫자가 자동으로 생성되도록 해보겠습니다.

[코드 3-28] chapter_3 / 3-3_layout / 01_float.css

```css
(...)
h1 {
  font-size: 30px;
}

.heading_1 {
  margin-top: 50px;
  text-align: center;
  font-weight: bold;
}

.clearfix::after {
  content: "";
  display: block;
  clear: both;
}

.layout_float {
  max-width: 1024px;
  margin: 40px auto;
  padding: 30px;
  background-color: #73e3ff91;
  counter-reset: items;
}

.layout_float .item {
  display: flex;
  position: relative;
  float: left;
  width: 33.33%;
  height: 150px;
}
```

```css
.layout_float .item.large {
  height: 300px;
}

.layout_float .count::before {
  counter-increment: items;
  content: counter(items);
  position: absolute;
  left: 10px;
  top: 10px;
  color: #fff;
  text-shadow: 2px 2px 3px rgba(0, 0, 233, 1);
  font-size: 20px;
}

.layout_float .item_wrap > .item {
  float: none;
  width: 100%;
}

.layout_float .item img {
  display: block;
  object-fit: cover;
}
```

전체 코드를 참고하여 작성해 보겠습니다. reset.css에 의해서 브라우저에서 기본적으로 적용된 스타일들이 거의 대부분 사라졌으므로, h1 요소에 대해 font-size를 30px로 부여해 글자 크기를 적용합니다.

그리고 h1 요소에 클래스 선택자 .heading_1을 사용해 margin-top으로 박스 모델 가장 밖의 요소 간 거리를 50px 정도 상단에만 적용합니다. 전체 박스 모델이 블록 요소 상태이기 때문에 너비가 100%에 해당하므로 text-align 속성을 사용해 텍스트를 가운데 정렬하고 font-weight: bold를 통해 글자 굵기를 두껍게 설정합니다.

clearfix라는 클래스를 float으로 띄운 요소들 부모에게 부여해 가장 마지막 요소로 clear:both로 float을 해제하는 요소가 삽입되도록 가상 요소 선택자 ::after를 활용합니다. clearfix 클래스가 있는 요소는 내부에서 float으로 동작하더라도 가장 마지막에 항상 clear: both를 통해서 float을 해제하는 요소가 존재하게 됩니다.

[코드 3-29] chapter_3 / 3-3_layout / 01_float.css

```css
(...)
.layout_float {
  max-width: 1024px;
  margin: 40px auto;
  padding: 30px;
  background-color: #73e3ff91;
  counter-reset: items;
}
(...)
```

layout_float 클래스는 float 레이아웃이 적용된 요소들의 최상위 부모 컨테이너로 사용됩니다. max-width: 1024px로 설정하여 화면 폭이 넓어져도 최대 너비를 제한하며, 기본적으로 블록 요소의 width: 100% 속성으로 인해 화면을 축소했을 때 자연스럽게 줄어듭니다.

컨테이너를 중앙에 배치하기 위해 margin: 40px auto를 사용하는데, 이는 상하 여백 40px, 좌우 여백 자동 조절을 의미합니다. margin 속성은 값의 개수에 따라 다양하게 적용할 수 있어, 위쪽, 오른쪽, 아래쪽, 왼쪽 방향으로 네 가지 방향을 각각 값으로 지정하거나 상하, 좌우 두 가지 값을 설정할 수도 있습니다. 또한, 하나의 값으로 모든 방향을 동시에 지정할 수도 있습니다.

padding을 30px로 적용하고 박스 모델 padding과 content 사이에 background-color로 #73e3ff91를 HEX 코드로 적용합니다. 보통 여섯 자리 HEX 코드로 작성하는데 여기에서 제일 마지막의 두 숫자인 91은 투명도입니다. 그리고 counter-reset 속성을 사용해서 자동으로 1부터 숫자가 증가하도록 작성합니다.

[코드 3-30] chapter_3 / 3-3_layout / 01_float.css

```css
(...)
.layout_float .item {
  display: flex;
  position: relative;
  float: left;
  width: 33.33%;
  height: 150px;
}

.layout_float .item.large {
  height: 300px;
}
(...)
```

.layout_float .item으로 자손 선택자를 통해 .layout_float 아래에 있는 .item에만 스타일이 적용되도록 작성했습니다.

display를 flex로 설정하여 div 요소들이 float에 의해서 옆으로 정렬될 때 각 item이 자동으로 옆의 요소들과 똑같은 높이를 갖도록 합니다. float: left를 작성해서 형제 요소들이 모두 왼쪽으로 정렬되는 것을 확인하실 수 있습니다. 각 item이 33.33% 너비를 갖도록하여, 총 100%의 너비를 가질 수 있도록 합니다. height를 150px로 하고, large라는 클래스를 가진 item은 height를 300px로 합니다.

[코드 3-31] chapter_3 / 3-3_layout / 01_float.css

```css
(...)
.layout_float .count::before {
  counter-increment: items;
  content: counter(items);
  position: absolute;
  left: 10px;
  top: 10px;
  color: #fff;
  text-shadow: 2px 2px 3px rgba(0, 0, 233, 1);
  font-size: 20px;
}

.layout_float .item_wrap > .item {
  float: none;
  width: 100%;
}
(...)
```

count라는 클래스를 각각 부여해서 위에서 초기화했던 counter-reset 속성이 1부터 해당 클래스를 가진 아이템에 순서대로 가상 요소 선택자 ::before를 통해서 content 속성에 숫자가 삽입되도록 합니다. 그리고 2개의 작은 item이 들어있는 큰 .item_wrap 클래스를 가진 요소의 자식 요소들은 float이 되지 않도록 float: none을 설정합니다.

[코드 3-32] chapter_3 / 3-3_layout / 01_float.css

```css
(...)
.layout_float .item img {
  display: block;
  object-fit: cover;
}
```

마지막으로 〈img〉 태그에 대해 너비와 높이가 해당 요소 안에 가득 채워지도록 object-fit: cover 속성을 사용합니다.

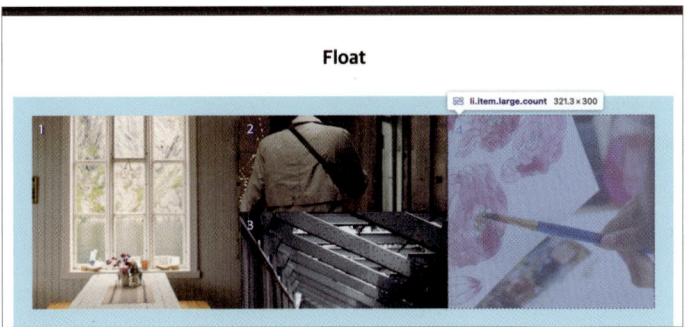

[그림 3-18] float: left를 활용하여 요소들을 좌에서 우로 정렬한 실행 결과

 CSS 작성 시 세미콜론(;)은 생략 가능할까요?

CSS를 작성하고 마지막 중괄호({})를 닫기 전에 작성하는 CSS 속성에 대해서는 세미콜론(;)을 생략할 수 있습니다.

[코드] CSS 코드 마지막의 세미콜론 사용 예제

```css
.test {
  margin-left: 30px;
  margin-right: auto
}
```

하지만 "auto" 뒤에 세미콜론이 없어도 정상 작동하지만, 30px 뒤에 세미콜론이 없으면 작동을 제대로 하지 않기 때문에, 습관적으로 모두 세미콜론을 작성하는 습관을 들이는 것을 추천합니다.
VS Code에서 Prettier 플러그인을 통해서 자동으로 포맷팅이 될 수 있지만, 자동 포맷팅 설정이 없는 환경에서 작업할 때는 주의가 필요합니다.

position

이번에는 position 속성에 대해서 알아보도록 합시다. position에 대해 공부하기 전에 CSS 스타일을 다시 한 번 공통 파일로 분리해서 작성하겠습니다.

[코드 3-33] public / css / common.css

```css
@charset "utf-8";

.sr-only {
  position: absolute;
  overflow: hidden;
  width: 1px;
  height: 1px;
  padding: 0;
  margin: -1px;
  border: 0;
  clip: rect(0, 0, 0, 0);
}

h1 {
  font-size: 30px;
}

.heading_1 {
  margin-top: 50px;
  text-align: center;
  font-weight: bold;
}
```

다른 페이지에서도 계속 반복될 것 같은 스타일은 **reset.css**가 있는 css 폴더에 **common.css** 파일로 분리해서 작성합니다.

[코드 3-34] chapter_3 / 3-3_layout / 02_position.html

```
<head>
  (...)
  <link rel="stylesheet" href="../../public/css/reset.css" />
  <link rel="stylesheet" href="../../public/css/common.css" />
  <link rel="stylesheet" href="../../public/css/chapter_3/3-3_layout/02_position.css" />
  (...)
</head>
```

common.css 파일을 reset.css 다음으로 〈link〉 태그의 href 속성으로 작성합니다. reset.css는 CSS 초기화를 담당하는 파일로, 수정하지 않고 프로젝트 진행 중 반복되는 스타일은 common.css에 작성하도록 합니다.

position 속성을 사용하면 요소의 위치를 자유롭게 이동할 수 있습니다. 앞서 배운 float이 레이아웃 흐름 내에서 요소를 좌우 배치하는 것이었다면, position은 속성에 따라 레이아웃의 흐름에서 벗어나 떠 있을 수 있습니다. position의 대표적인 속성 값에는 relative, absolute, fixed, sticky가 있습니다.

position: relative는 **현재 자신의 박스 모델 위치를 기준**으로 top, left, right, bottom 속성을 적용해서 이동할 수 있습니다.

position 속성이 적용된 요소 간에는 도화지 위에 그림을 그린 상태에서 새로운 도화지가 위로 쌓이는 것처럼 쌓임 맥락(Stacking Context)을 형성해서 요소가 겹쳐지도록 할 수 있습니다.

 쌓임 맥락(Stacking Context)

z-index 속성을 작성해서 쌓임 맥락을 바꿀 수도 있겠지만, 작성하는 코드 안에서 기본적인 쌓임 맥락은 다음과 같습니다.

1. position 속성이 relative, absolute, fixed, sticky인 요소들이 여러 개 있을 경우, HTML에서 나중에 나오는 요소가 더 높은 쌓임 맥락을 가집니다.
2. 동일 선상의 형제 요소들 간에는 z-index 값이 동일하지 않다면 z-index가 높은 요소가 높은 쌓임 맥락을 가집니다.

그리고, 이런 우선순위가 있지만 기본적으로 z-index를 작성하지 않을 경우에 쌓임 맥락을 가지는 속성에 의해서 쌓임 맥락의 순서가 달라질 수 있습니다.

쌓임 맥락이 생성되는 상황들은 다음과 같습니다.

1. position 속성이 relative, absolute, fixed, sticky인 요소
2. opacity 값이 1 미만인 요소
3. transform이 none이 아닌 요소

4. filter 속성이 none이 아닌 요소
5. mix-blend-mode 속성이 기본값과 다른 요소

예상치 못한 쌓임 순서 문제 발생 시, 최상위 요소부터 형제 요소들 간의 쌓임 순서를 체계적으로 확인합니다. 쌓임 맥락을 이해하고 적절히 관리하면 복잡한 레이아웃에서도 요소들의 겹침을 원하는 대로 제어할 수 있습니다.

[코드 3-35] chapter_3 / 3-3_layout / 02_position.html

```html
<body>
 (...)
 <main class="main">
   <h1 class="heading_1">Position</h1>
   <ul class="layout_position">
     <!-- 1 -->
     <li class="item count">
       <img src="../../public/img/unsplash/item_05.jpg" alt="큰 창이 있는 스트라이프 무늬 벽지의 방" />
     </li>
     <li class="item count">
       <img src="../../public/img/unsplash/item_08.jpg" alt="왼손으로 도화지를 들고 파란색 붓으로 분홍색 꽃을 터치하고 있는 사람의 오른손" />
     </li>
     <li class="item count">
       <img src="../../public/img/unsplash/item_15.jpg" alt="어두컴컴한 지하에서 밝은 빛이 끝을 알 수 없는 계단을 향해 비추어지는 사진" />
     </li>
     <!-- 2(1번 복사) -->
     <li class="item count">
       <img src="../../public/img/unsplash/item_05.jpg" alt="큰 창이 있는 스트라이프 무늬 벽지의 방" />
     </li>
     <li class="item count">
       <img src="../../public/img/unsplash/item_08.jpg" alt="왼손으로 도화지를 들고 파란색 붓으로 분홍색 꽃을 터치하고 있는 사람의 오른손" />
     </li>
     <li class="item count">
       <img src="../../public/img/unsplash/item_15.jpg" alt="어두컴컴한 지하에서 밝은 빛이 끝을 알 수 없는 계단을 향해 비추어지는 사진" />
     </li>
     <!-- 3(1번 복사) -->
     <li class="item count">
```

```html
            <img src="../../public/img/unsplash/item_05.jpg" alt="큰 창이 있는 스트라이프 무늬 벽지의 방" />
        </li>
        <li class="item count">
            <img src="../../public/img/unsplash/item_08.jpg" alt="왼손으로 도화지를 들고 파란색 붓으로 분홍색 꽃을 터치하고 있는 사람의 오른손" />
        </li>
        <li class="item count">
            <img src="../../public/img/unsplash/item_15.jpg" alt="어두컴컴한 지하에서 밝은 빛이 끝을 알 수 없는 계단을 향해 비추어지는 사진" />
        </li>
    </ul>
 </main>
 (…)
</body>
```

float에서 사용했던 요소들을 그대로 복사해서 가져오고 CSS 작성만 추가하겠습니다.

[코드 3-36] chapter_3 / 3-3_layout / 02_position.css

```css
@charset "utf-8";

.layout_position {
  max-width: 1024px;
  margin: 40px auto;
  padding: 30px;
  background-color: #73e3ff91;
  counter-reset: items;
}

.layout_position .item {
  position: relative;
  z-index: 5;
}

.layout_position .item:first-of-type {
  top: -50px;
  left: 200px;
}

.layout_position .item:nth-of-type(8n - 6) {
  position: fixed;
  left: 20%;
```

```css
    top: 150px;
    z-index: 3;
}

.layout_position .item:nth-of-type(2n + 3) {
    position: sticky;
    top: 0;
    z-index: 2;
}

.layout_position .item:nth-of-type(6) {
    z-index: -1;
}

.layout_position .count::before {
    counter-increment: items;
    content: counter(items) ' - relative, z-index - 5';
    position: absolute;
    left: 10px;
    top: 10px;
    color: #fff;
    text-shadow: 2px 2px 3px rgba(0, 0, 233, 1);
    font-size: 20px;
}

.layout_position .item:nth-of-type(8n - 6)::before {
    content: counter(items) ' - fixed, z-index - 3';
}

.layout_position .item:nth-of-type(2n + 3)::before {
    content: counter(items) ' - sticky, z-index - 2';
}

.layout_position .item:nth-of-type(6)::before {
    content: counter(items) ' - sticky, z-index - 1';
}
```

전체 코드를 참고하여 작성해 보겠습니다. ul 요소에 layout_position 클래스를 적용했습니다. 이 ul 요소 안에는 총 9개의 li 요소가 있으며, 3개씩 3번 반복되는 구조입니다. 레이아웃을 중앙에 배치하고 박스 모델 안쪽에 여백을 주기 위해 padding을 30px로 설정했습니다. counter-reset: items를 사용하여 카운터를 초기화했는데, 이는 float 속성에서 사용한 방식과 유사합니다. 각 li 요소의 ::before 가상 요소 선택자를 통해 숫자를 표시하게 됩니다.

[코드 3-37] chapter_3 / 3-3_layout / 02_position.css

```css
(...)
.layout_position .item {
  position: relative;
  z-index: 5;
}
(...)
```

모든 li 요소에 item이라는 클래스가 있기 때문에 position: relative 속성을 작성합니다. 그리고 쌓임 맥락(Stacking Context)이 요소의 정렬 순서에 따라서 뒤에 나오는 요소가 더 높은 쌓임 맥락을 가지게 되겠지만 z-index를 5로 작성해서 다른 요소의 z-index와 비교해서 수동으로 조절할 수 있도록 작성합니다.

[코드 3-38] chapter_3 / 3-3_layout / 02_position.css

```css
(...)
.layout_position .item:first-of-type {
  top: -50px;
  left: 200px;
}
(...)
```

가상 클래스 선택자 first-of-type으로 같은 li 요소 중에서 가장 첫 번째 li 요소에는 position: relative에 top 속성과 left 속성을 사용해서 **요소를 현재 자신이 위치한 좌표로부터** 위로 -50px, 왼쪽에서부터 200px 움직여서 배치합니다.

[코드 3-39] chapter_3 / 3-3_layout / 02_position.css

```css
(...)
.layout_position .item:nth-of-type(8n - 6) {
  position: fixed;
  left: 20%;
  top: 150px;
  z-index: 3;
}
(...)
```

가상 클래스 선택자 nth-of-type을 사용해서 수식을 통해 요소를 선택하고, 반복되는 요소를 기준으로 6을 음수로 설정하여 8번째마다 두 번째 요소를 선택합니다. 현재 총 요소가 9개이기 때문에 현재 요소들 중에는 두 번째 요소를 선택하는 것과 같습니다. 즉, 현재 화면에서는 nth-of-type(2)와 같은 선택자를 의미합니다.

position: fixed를 작성해서 해당 요소는 문서의 흐름과 상관없이 최상위 요소인 **body 요소를 기준으로 스크롤에 영향을 받지 않고 고정된 위치**를 갖도록 합니다. 브라우저 창 가장 왼쪽에서부터 left 속성으로 20% 정도 떨어지게 하고, top 속성으로 브라우저 창 가장 위쪽을 기준으로 아래로 150px 위치에 배치합니다. 또한, z-index를 3으로 작성해서 기존 position: relative 요소들보다 아래에 쌓이도록 하여, 스크롤할 때 상대적으로 더 낮은 위치에 유지되도록 합니다.

[코드 3-40] chapter_3 / 3-3_layout / 02_position.css

```css
(...)
.layout_position .item:nth-of-type(2n + 3) {
  position: sticky;
  top: 0;
  z-index: 2;
}
(...)
```

가상 클래스 선택자를 사용해서 2n + 3으로 세 번째 요소부터 2의 배수마다 position: sticky를 작성하고 스크롤이 되면서 화면의 최상단에 해당 요소가 닿을 때 스크롤을 따라다니도록 top 속성을 0으로 설정합니다. z-index는 2로 작성해서 position: fixed 요소보다는 쌓임 맥락에서 아래로 배치합니다.

[코드 3-41] chapter_3 / 3-3_layout / 02_position.css

```css
(...)
.layout_position .count::before {
  counter-increment: items;
  content: counter(items) " - relative, z-index - 5";
  position: absolute;
  left: 10px;
  top: 10px;
  color: #fff;
  text-shadow: 2px 2px 3px rgba(0, 0, 233, 1);
```

```
    font-size: 20px;
}

.layout_position .item:nth-of-type(8n - 6)::before {
  content: counter(items) " - fixed, z-index - 3";
}

.layout_position .item:nth-of-type(2n + 3)::before {
  content: counter(items) " - sticky, z-index - 2";
}

.layout_position .item:nth-of-type(6)::before {
  content: counter(items) " - sticky, z-index - 1";
}
```

각 count라는 클래스를 item 클래스가 가지고 있는 모든 요소에 작성하고, li 요소 순서대로 번호를 작성한 후 position: absolute를 사용해서 **item 클래스 전체에 position 속성이 적용되어 해당 요소가 부모 요소로 판단**되도록 합니다. 그리고 부모 좌표를 기준으로 left 10px, top 10px을 작성합니다. 마지막으로 가상 클래스 선택자 nth-of-type으로 각각의 요소에 적용한 position 속성들을 content로 작성해서 어떤 position 속성이 적용되었는지 구분할 수 있도록 표시합니다.

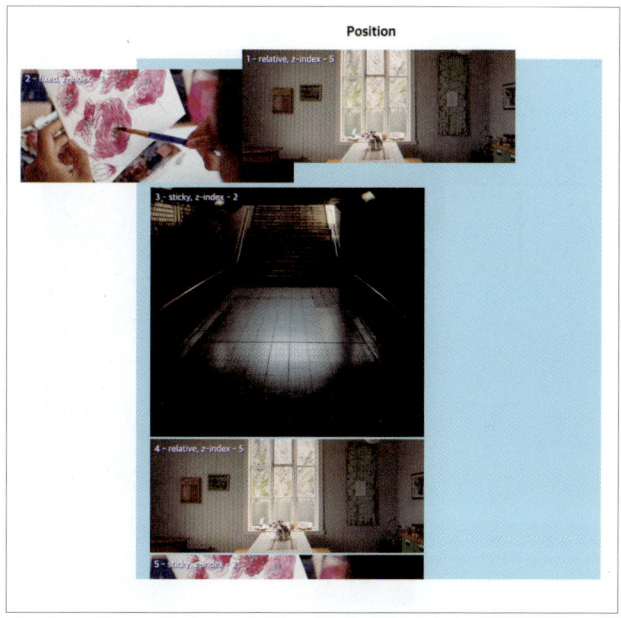

[그림 3-19] 다양한 position 속성을 적용한 결과

다양한 position 속성들을 적용해 보겠습니다.

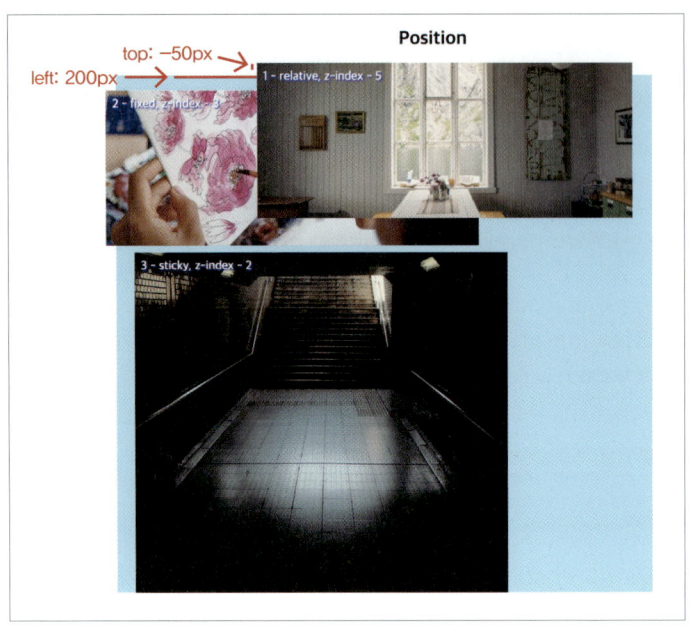

[그림 3-20] position: relative 속성 적용

그림 3-20과 같이 position: relative 속성은 자연스럽게 흐르는 콘텐츠의 현재 자신의 박스 모델을 기준으로 배치되었기 때문에 오른쪽 위로 배치되었습니다.

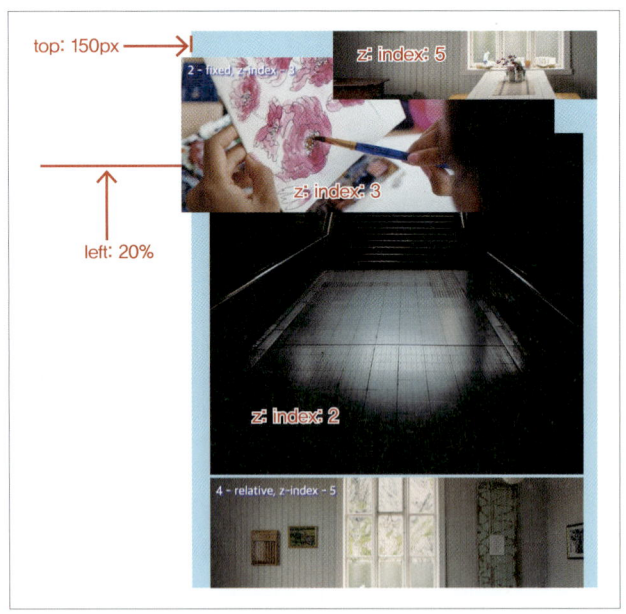

[그림 3-21] position: fixed 속성 적용

그에 반해, position: fixed 속성이 적용된 2번 요소는 고정된 위치를 좌표로 가지고 있기 때문에 스크롤에 따라 화면을 따라 움직이게 됩니다. 화면을 기준으로 left, top 좌표가 설정되어 있고, z-index 속성에 따라 레이어의 순서가 결정됩니다. 레이어의 위치가 z-index: 2보다는 위에 있고, z-index: 5보다는 아래에 있는 것을 확인할 수 있습니다.

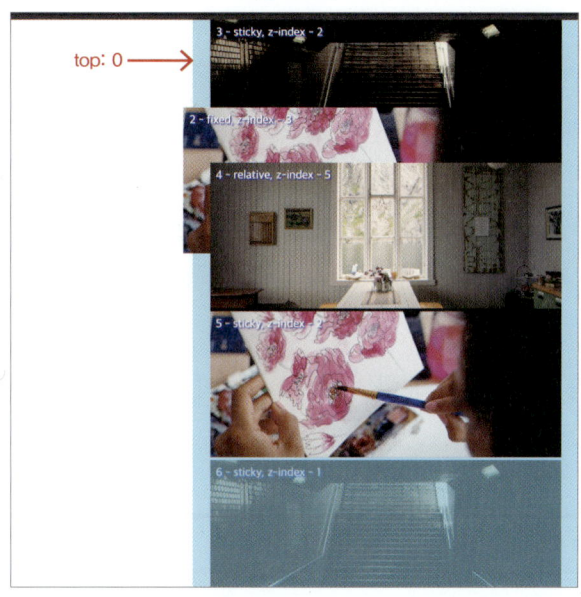

[그림 3-22] position: sticky 속성 적용

또한, position: sticky 속성이 적용된 3번 요소는 스크롤을 내리다 보면 top: 0px을 기준으로 position: fixed처럼 화면 위쪽에 고정됩니다. 스크롤을 다시 위로 스크롤하면 본래의 위치로 돌아가게 됩니다.

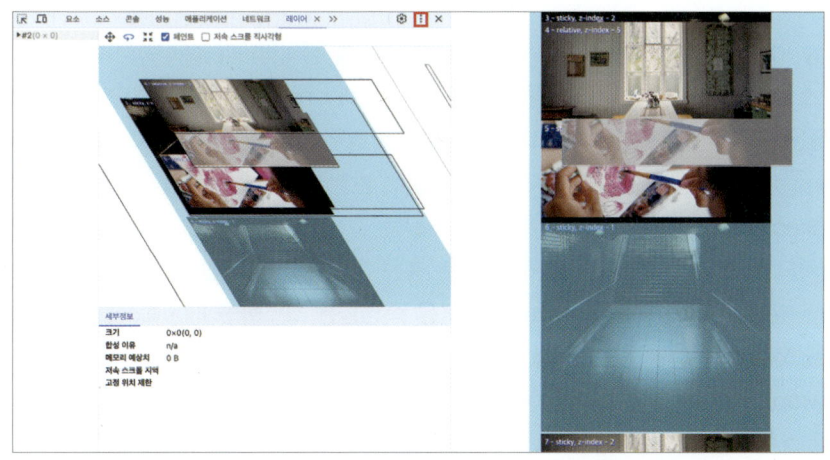

[그림 3-23] position 속성의 쌓임 맥락을 확인할 수 있는 개발자 도구의 레이어 도구

브라우저 가장 우측 상단에 옵션 메뉴에서 **도구 더보기 〉 개발자 도구**를 클릭하여 개발자 도구를 열어 가장 우측 위에 **점 3개가 있는 아이콘**을 클릭합니다. 해당 메뉴를 열어 **도구 더보기(More tools)** 옵션에서 **레이어(Layers)**라는 옵션을 선택하면 쌓임 맥락을 확인할 수 있는 도구를 볼 수 있습니다.

옵션 중에 회전하는 모양의 아이콘을 클릭해서 화면을 돌려보면서 적용했던 CSS의 z-index 속성에 의해서 쌓임 맥락에 따른 레이어의 순서를 확인할 수 있습니다.

자세히 보면 z-index가 5인 position: relative가 부여된 4번 요소가 가장 위쪽에 배치되어 있고, 그 아래 쌓임 맥락으로 z-index가 3인 position: fixed가 부여된 2번 요소가 있습니다. 그 아래로 z-index가 2인 position: sticky가 부여된 3번 요소와 5번 요소가 있는데, 3번 요소보다 5번 요소가 HTML 순서 상에서 아래에 있기 때문에 더 높은 쌓임 맥락을 가지게 됩니다.

그리고 가장 아래쪽에 하늘색 배경 레이어의 아래쪽에 있는 것으로 보이는 6번 요소는 z-index가 -1이므로 z-index가 0인 ul 요소보다 더 아래에 배치된 것을 확인할 수 있습니다.

flex

flex 속성은 웹 페이지의 레이아웃 배치에 가장 많이 사용하는 속성입니다. 요소들을 수평 또는 수직 방향으로 배치할 수 있도록 하고, **부모 요소인 Flex Container**와 **자식 요소인 Flex Items**로 구성됩니다.

Flex Container에는 다음과 같은 속성들을 사용할 수 있습니다.

- **display** : flex, inline-flex를 사용해서 Flex Container를 정의합니다. flex 속성과 inline-flex 속성은 블록 요소와 인라인 요소의 차이점을 지니게 됩니다. display에 flex를 사용하면, 그 부모 요소의 자식 요소들은 모두 수평으로 배치가 되게 되고, 필요할 경우 줄바꿈이 자동으로 발생하게 되지만, display에 inline-flex를 사용하면 필요에 따라서 줄바꿈이 발생하지 않고 가로 방향으로만 확장됩니다.
- **flex-direction** : Flex Items의 주 축(main axis)을 결정합니다. 기본값은 가로(row)이기 때문에 가로로 배치되고, 세로(column)로 선언하면 세로 축을 기준으로 배치됩니다. row, column, row-reverse, column-reverse 속성이 있고, reverse가 붙은 속성들은 요소들을 Flex Container 내부의 반대 순으로 Flex Items들을 정렬하게 됩니다.
- **flex-wrap** : Flex Items의 줄바꿈 여부를 지정합니다. 기본값은 nowrap이므로 줄바꿈이 발생하지 않고, wrap(줄바꿈)과 wrap-reverse(줄바꿈을 역순으로) 하는 옵션들이 있습니다.
- **justify-content** : Flex Items 요소들을 주 축(main axis)을 기준으로 정렬합니다. flex-start, flex-end, center, space-between, space-around 속성이 있습니다.

- **align-items** : Flex Items 요소들을 교차 축(cross axis)을 기준으로 정렬합니다. flex-start, flex-end, center, baseline, stretch 속성이 있습니다.

[코드 3-42] chapter_3 / 3-3_layout / 03_flex.html

```
<body>
 (...)
 <ul class="flex-container">
   <!-- 1 -->
   <li class="flex-items count">
       <img src="../../public/img/unsplash/item_05.jpg" alt="큰 창이 있는 스트라이프 무늬 벽지의 방" />
   </li>
   <li class="flex-items count">
       <img src="../../public/img/unsplash/item_08.jpg" alt="왼손으로 도화지를 들고 파란색 붓으로 분홍색 꽃을 터치하고 있는 사람의 오른손" />
   </li>
   <li class="flex-items count">
       <img src="../../public/img/unsplash/item_15.jpg" alt="어두컴컴한 지하에서 밝은 빛이 끝을 알 수 없는 계단을 향해 비추어지는 사진" />
   </li>
   <!-- 2(1번 복사) -->
   <li class="flex-items count">
       <img src="../../public/img/unsplash/item_05.jpg" alt="큰 창이 있는 스트라이프 무늬 벽지의 방" />
   </li>
   <li class="flex-items count">
       <img src="../../public/img/unsplash/item_08.jpg" alt="왼손으로 도화지를 들고 파란색 붓으로 분홍색 꽃을 터치하고 있는 사람의 오른손" />
   </li>
   <li class="flex-items count">
       <img src="../../public/img/unsplash/item_15.jpg" alt="어두컴컴한 지하에서 밝은 빛이 끝을 알 수 없는 계단을 향해 비추어지는 사진" />
   </li>
   <!-- 3(1번 복사) -->
   <li class="flex-items count">
       <img src="../../public/img/unsplash/item_05.jpg" alt="큰 창이 있는 스트라이프 무늬 벽지의 방" />
   </li>
   <li class="flex-items count">
       <img src="../../public/img/unsplash/item_08.jpg" alt="왼손으로 도화지를 들고 파란색 붓으로 분홍색 꽃을 터치하고 있는 사람의 오른손" />
   </li>
   <li class="flex-items count">
```

```
        <img src="../../public/img/unsplash/item_15.jpg" alt="어두컴컴한 지하에서 밝은 빛이
끝을 알 수 없는 계단을 향해 비추어지는 사진" />
    </li>
  </ul>
  (...)
</body>
```

position 절에서 사용했던 요소를 그대로 사용하도록 하겠습니다. 1번을 2번 더 복사해서 총 9개의 요소를 만들고, ul 요소의 클래스를 flex-container, li 요소의 클래스를 flex-items, count로 각각 작성합니다.

[코드 3-43] chapter_3 / 3-3_layout / 03_flex.css

```css
(...)
.flex-container {
  display: flex;
  flex-wrap: wrap;
  justify-content: space-between;
  align-items: center;
  max-width: 1024px;
  margin: 40px auto;
  padding: 30px;
  background-color: #73e3ff91;
  counter-reset: items;
}

.flex-container .flex-items {
  position: relative;
  width: 20%;
  margin: 10px;
}

.flex-container .count::before {
  counter-increment: items;
  content: counter(items);
  position: absolute;
  left: 10px;
  top: 10px;
  color: #fff;
  text-shadow: 2px 2px 3px rgba(0, 0, 233, 1);
  font-size: 20px;
}
```

이전 절과 마찬가지로 max-width: 1024px 이하의 코드들은 디자인 요소들로 채워지도록 합니다. 중요한 부분은 display: flex를 통해서 Flex Container를 구성하게 되고, 그 내부의 요소는 크기가 다양하겠지만 **flex-wrap** 속성을 **wrap**으로 작성해서 자연스럽게 줄 바꿈이 될 수 있도록 합니다.

justify-content 속성을 **space-between**으로 작성하여 Flex Items 요소들의 사이에 동일한 간격을 두고 가장 왼쪽과 오른쪽 여백을 제거한 상태로 보여지게 합니다. align-items 속성을 center로 작성해서 현재의 교차축인 세로 방향을 기준으로 아이템들이 중앙에 배치되도록 하고 Flex Items 요소들의 너비를 20%로 합니다. 가상 요소 선택자 ::before의 content로 숫자를 표시하고 absolute를 통해 좌측 상단에 띄워서 표시하기 위해 Flex Items 요소에 position 속성을 relative로 작성합니다. 요소들이 너무 붙어있어 여백을 마진으로 10px씩 떨어지도록 작성합니다. .count는 숫자를 표현하기 위해 앞의 position 절과 동일하게 작성합니다.

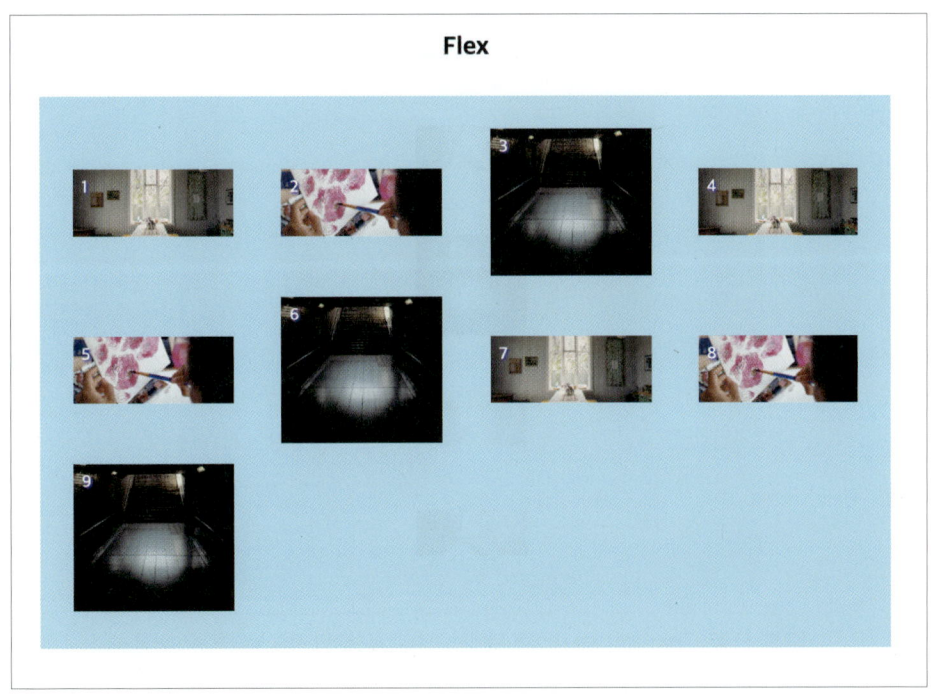

[그림 3-24] flexbox 레이아웃을 사용한 결과

flex 레이아웃을 사용하면 그림 3-24처럼 동일한 여백을 가진 레이아웃을 쉽게 만들 수 있습니다. 이제 주축과 교차축을 바꿔보면서 다양한 flex 속성들에 대해서 조금 더 실습을 해보도록 하겠습니다.

flex-direction 속성을 사용해서 주축과 교차축을 세로와 가로 방향으로 서로 바뀌도록 해보겠습니다.

[코드 3-44] chapter_3 / 3-3_layout / 03_flex.css

```css
(...)
.flex-container {
  display: flex;
  flex-direction: column;
  flex-wrap: wrap;
  height: 2000px;
(...)
```

주축과 교차축이 제대로 변경되었는지 확인하기 위해서 전체 Flex Container의 높이인 height 값을 2000px로 늘립니다.

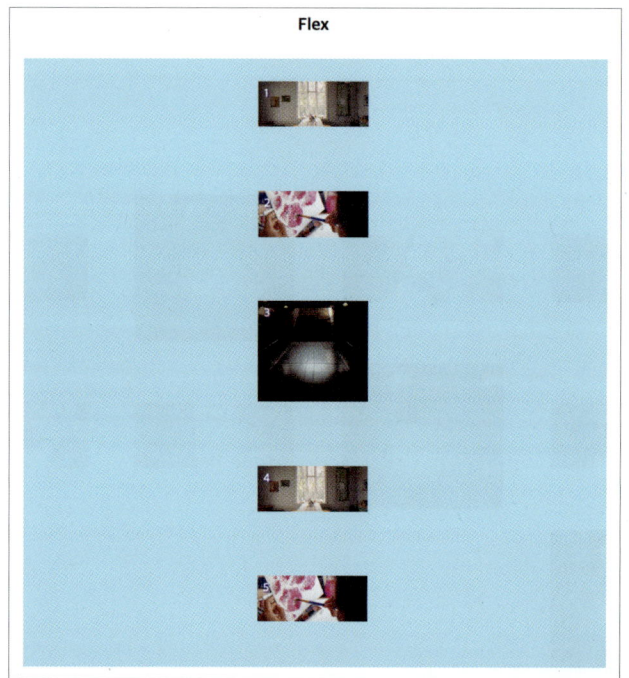

[그림 3-25] flex-direction 속성에 의해서 주축과 교차축이 서로 변경된 레이아웃

flex-direction을 **column**으로 작성함으로써 justify-content 속성의 space-between 값이 가로방향을 기준으로 사이의 공간을 두고 반영되던 부분이 세로 방향을 기준으로 사이의 공간을 두도록 변경되었습니다. 또한, align-items 속성의 center가 세로 방향을 기준으로 중앙에 배치되던 것과 달리 가로 방향을 기준으로 중앙에 배치된 것을 확인할 수 있습니다.

이제 다른 속성들도 사용해서 레이아웃의 다양한 배치 옵션을 실습해 보세요.

[코드 3-45] chapter_3 / 3-3_layout / 03_flex.css

```
(...)
.flex-container {
  display: flex;
  flex-wrap: wrap;
  justify-content: flex-start;
  align-items: flex-start;
  max-width: 1024px;
  height: 1000px;
(...)
```

flex-direction을 제거하고 height를 1000px로 작성하고, justify-content와 align-items를 flex-start로 작성합니다. 화면을 보기 전에 어떻게 정렬될 것인지 생각을 해보세요. 머릿속에 그려진다면 flex의 레이아웃에 대해서 어느정도 이해를 한 것입니다.

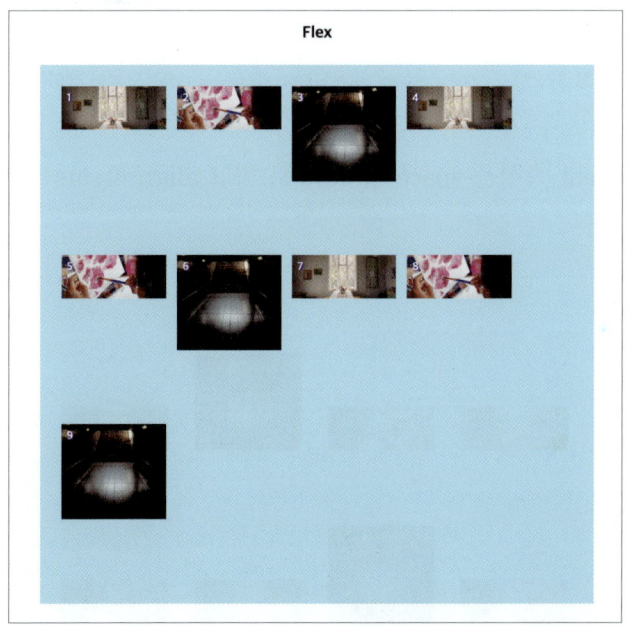

[그림 3-26] justify-content, align-items를 flex-start로 구성한 레이아웃

예상했던 대로 레이아웃이 나타났나요? flex-start 속성이기 때문에 각각 가장 첫 번째를 기준으로 위로 붙어서 정렬된다는 것을 알 수 있습니다. justify-content와 align-items를 flex-end로 한다면 반대의 경우가 나타날 것입니다.

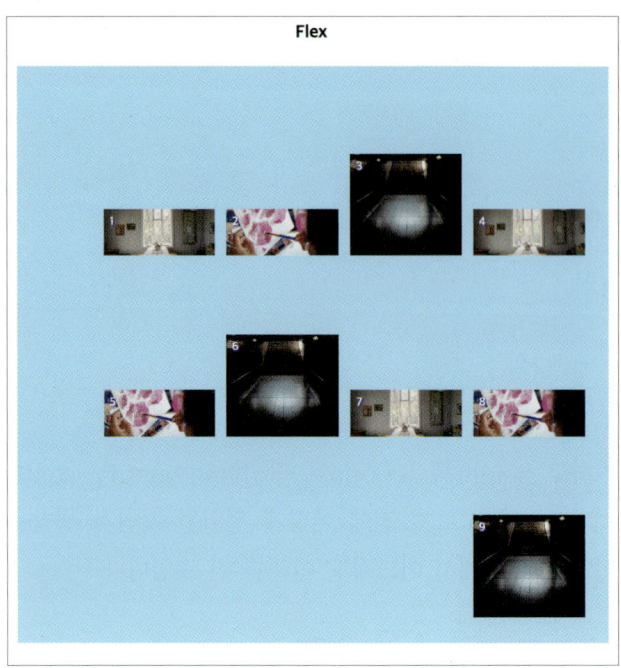

[그림 3-27] justify-content, align-items를 flex-end로 구성한 레이아웃

이번에는, justify-content 속성을 space-around로 하고 align-items를 baseline 속성으로 작성해 보도록 하겠습니다.

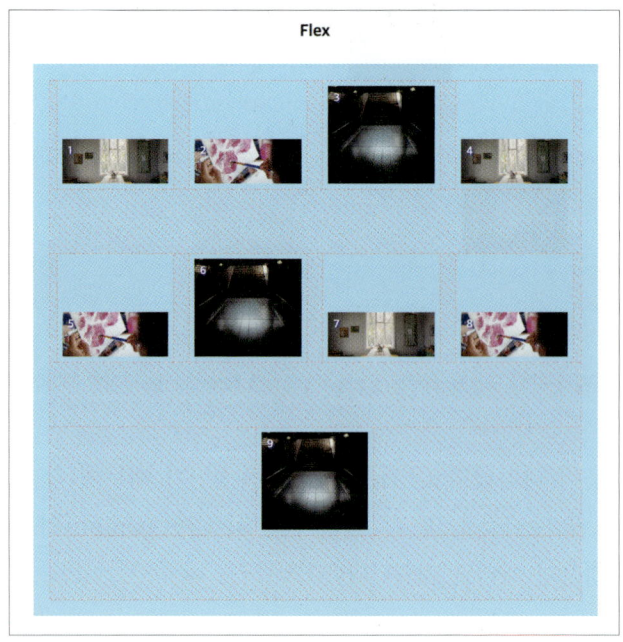

[그림 3-28] justify-content를 space-around, align-items를 baseline으로 구성한 레이아웃

개발자 도구에서 확인한 것처럼 justify-content 속성을 space-around로 작성했기 때문에 요소들 사이와 양쪽 끝에 여백이 생기게 됩니다. space-evenly로 작성하게 되면 양쪽 끝의 여백이 각각의 아이템들의 사이 여백과 동등하게 변경됩니다. align-items 속성은 baseline이기 때문에 각 row의 요소들의 최대 높이의 밑변을 기준으로 정렬됩니다.

이번에는 **align-items** 속성을 **stretch**로 바꾸고 Flex Items 요소들을 또 하나의 Flex Container로 지정한 다음 이미지들을 stretch된 요소들을 기준으로 가장 아래쪽으로 배치해 보겠습니다.

[코드 3-46] chapter_3 / 3-3_layout / 03_flex.cs

```css
(…)
.flex-container {
  display: flex;
  flex-wrap: wrap;
  justify-content: space-around;
  align-items: stretch;
(…)
.flex-container .flex-items {
  position: relative;
  display: flex;
  align-items: flex-end;
  width: 20%;
  margin: 10px;
}
(…)
```

Flex Container의 자식 요소들인 Flex Items을 또 다른 Flex Container로 만들고 그 자식의 요소들로 레이아웃을 구성해 보았습니다.

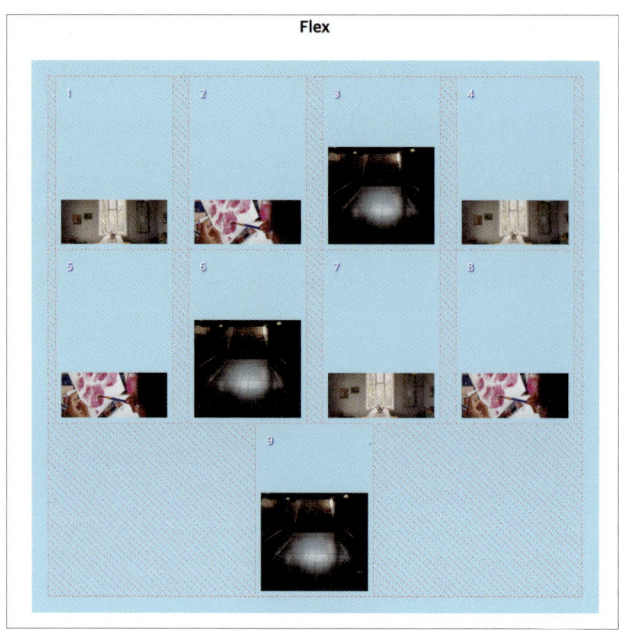

[그림 3-29] align-items를 stretch로 구성하고, 자식 Flex Items 요소들도 Flex Container로 만들어 align-items 속성을 flex-end로 작성한 레이아웃

align-items: stretch에 의해 높이가 늘어나서 가득 채워지도록 각각의 Flex Items 요소들이 구성 되게하고, 그 각 요소들이 Flex Container 요소가 되도록 display: flex를 작성합니다. 그리고 그 안의 이미지를 제일 끝 바닥을 기준으로 레이아웃을 정렬하기 위해서 align-items: flex-end 속성을 작성해서 이미지들이 각 Flex Container 내에서 Flex Items로 가장 아래쪽에 위치하게 합니다.

 주축(main axis)와 교차축(cross axis)

주축과 교차축은 Flex 레이아웃에서 사용되는 개념입니다. 주축은 기본적으로 Flex Container의 flex-direction 속성에 의해서 결정이 됩니다. flex-direction의 값이 row이면 주축은 가로 방향이 되고, column이면 주축은 세로 방향이 됩니다. 교차축은 수직으로 교차하는 방향을 나타냅니다. 마찬가지로 flex-direction 속성에 의해서 결정이 되고, row일 때 교차축은 세로 방향, column일 때는 가로 방향입니다. 주축과 교차축을 이해하는 것은 justify-content(주축 정렬)와 align-items(교차축 정렬) 속성을 사용할 때 특히 중요합니다.

이번에는 flex 속성과 Flex Items에 작성할 수 있는 속성들 중 **order** 속성에 대해 알아보도록 하겠습니다.

[코드 3-47] chapter_3 / 3-3_layout / 03_flex.css

```css
(...)
.flex-container .flex-items:nth-of-type(7) {
  flex: 1 1 700px;
  order: -1;
}
(...)
```

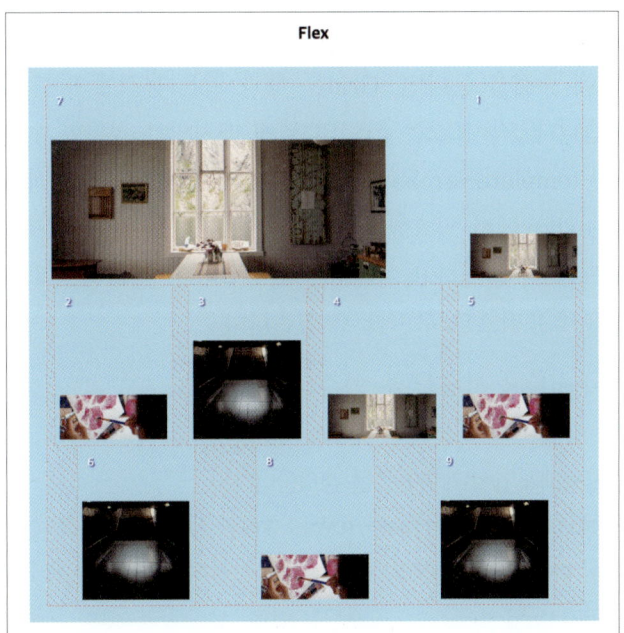

[그림 3-30] 일곱 번째 Flex Items 요소에 대해서 flex 속성과 order 속성을 적용한 레이아웃

Flex Container 이기도 하고, Flex Items 요소이기도 한 flex-items 클래스 선택자 중에 일곱 번째 아이템에 대해서 flex 속성을 1 1 700px로 작성합니다.

제일 첫 번째 값인 1은 **flex-grow** 속성으로, Flex Container 내에서 유연한 공간을 어떻게 분배할지 결정합니다. 기본값은 0이지만, 1을 설정하면 옆의 요소들에 비해 더 큰 영역을 고정으로 사용할 수 있도록 유연하게 확장됩니다.

두 번째 값인 1은 **flex-shrink** 속성인데 기본값은 1을 가지며, Flex Container가 작아지면 Flex Items 요소들이 동일하게 줄어들게 되고 0을 설정하게 되면, 요소의 크기가 고정되어 줄어들지 않기 때문에 1로 작성합니다.

마지막 값인 700px은 **flex-basis** 속성이고 기본값은 auto이며, 정확한 크기를 지정하기 위해 다른 Flex Items 요소들과 달리 고정된 영역을 가지도록 작성합니다. 또한, Flex Items 중 일곱 번째 요소에 기본값이 0인 order 속성을 -1로 작성해서 다른 요소들보다 상대적으로 앞에 배치되도록 작성합니다.

이렇게 flex 속성과 order 속성을 사용해서 레이아웃 사이에서 특정 아이템의 크기와 배치를 유연하게 조정할 수 있습니다.

Grid

Flexbox가 1차원 배치에 중점을 둔다면, **Grid**는 행과 열을 동시에 다룰 수 있어 더 복잡한 구조를 쉽게 만들 수 있습니다. 각 요소는 grid의 셀에 배치되어 정확한 위치 지정이 가능합니다. Grid의 큰 장점은 **grid-template-areas** 속성을 통해 레이아웃을 직관적으로 구성할 수 있다는 점입니다. 이를 통해 Flexbox에서 필요했던 nth-child나 nth-of-type 같은 복잡한 선택자 사용을 줄일 수 있어, 코드가 더 간결하고 이해하기 쉬워집니다. 결과적으로 Grid를 사용하면 다양하고 복잡한 레이아웃을 효율적으로 구현할 수 있습니다.

grid에는 다음과 같은 속성들을 사용할 수 있습니다.

- display : grid를 사용해서 grid 레이아웃을 정의합니다.
- grid-template-columns, grid-template-rows : grid의 행(column)과 열(row)의 크기를 결정할 수 있습니다. 일반적으로 px, %, fr(fractional unit) 단위를 사용하고, repeat() 함수를 사용하면 반복되는 패턴을 생성할 수도 있습니다.
- grid-gap : grid 아이템들의 사이의 간격을 지정합니다. grid-gap은 row-gap, column-gap을 축약해서 사용할 수 있고, 단위로는 px, % 등을 사용할 수 있습니다.
- grid-template-areas : grid 영역의 이름을 지정하여 요소들을 배치할 수 있습니다. 2차원 격자 레이아웃에서 각 그리드의 셀(cell)에 이름을 문자열로 지정하고, 각 grid 아이템 영역에서 grid-area 속성을 사용해서 요소와 영역을 연결합니다.
- grid-auto-columns, grid-auto-rows : grid 영역에 배치되지 않은 추가 요소들의 크기를 지정합니다. grid-column과 grid-row 속성을 사용해서 각각의 셀(cell) 영역의 크기를 지정할 수 있는데, 그 영역 사이에 지정되지 않은 셀이 있다면 그 셀의 크기를 설정할 수 있습니다.
- justify-items, align-items : grid 영역의 각각의 아이템의 수평 정렬과 수직 정렬을 지정합니다. 가능한 속성으로는 start, end, center, stretch 등이 있습니다.

- justify-content, align-content : grid 영역의 grid 아이템들의 수평 정렬과 수직 정렬을 지정합니다.
- justify-self, align-self : grid 영역의 개별 아이템들에 대해서 수평 정렬과 수직 정렬을 지정합니다.

 justify-items, justify-content, justify-self

justify-items, justify-content, justify-self는 모두 grid에 부여할 수 있는 정렬 속성들입니다. **justify-content**는 **grid 내부의 아이템들을 수평 방향으로 정렬**하기 위해 사용하고, **justify-items**는 grid 영역 내의 **모든 아이템들에 동일한 수평 정렬**을 적용합니다. 마지막으로 **justify-self**는 **개별 아이템에 대한 수평 정렬**을 지정하고 justify-items 속성보다 더 높은 우선순위를 가집니다.

Common	Axis	Aligns		Applies to
'justify-content'	main/inline	content within element (effectively adjusts padding)		block containers, flex containers, and grid containers
'align-content'	cross/block			
'justify-self'	inline	element within parent (effectively adjusts margins)		block-level boxes, absolutely-positioned boxes, and grid items
'align-self'	cross/block			absolutely-positioned boxes, flex items, and grid items
'justify-items'	inline	items inside box (controls child items' 'justify-self: auto')		block containers and grid containers
'align-items'	cross/block			flex containers and grid containers

[그림 3-31] grid 요소에 대해 각각 적용되는 justify-와 align-속성의 범위에 대한 설명 (출처, W3C)

[코드 3-48] chapter_3 / 3-3_layout / 04_grid.html

```html
<body>
 (...)
 <main class="main">
   <h1 class="heading_1">Grid</h1>
   <section class="grid-container">
     <header>Header 영역</header>
     <aside>Aside 영역</aside>
     <h2 class="grid-title">H2 제목 영역</h2>
     <article>Article 1</article>
     <article>Article 2</article>
     <article>Article 3</article>
     <article>Article 4</article>
     <footer>Footer 영역</footer>
   </section>
 </main>
 (...)
</body>
```

요소들을 section 요소에 grid-container라는 클래스를 작성하고 자식 요소로 **의미론적 태그인** header, aside, article, footer 그리고 헤딩 요소인 h2 요소를 각각 형제 요소로 작성합니다. grid 속성은 2차원 격자로 레이아웃을 만들 수 있기 때문에, 각 요소에서 변형이 필요할 때마다 요소들을 중첩하여 요소들을 관리할 필요가 없습니다. 때문에 배치와 정렬을 쉽게 구현할 수 있고, 코드의 간결성, DOM 트리에서의 성능 향상, 가독성을 향상시키며, 유지보수를 쉽게 만들 수 있습니다.

[코드 3-49] chapter_3 / 3-3_layout / 04_grid.css

```css
@charset "utf-8";

.grid-container {
  display: grid;
  grid-gap: 10px;
  grid-template-columns: 150px repeat(4, 1fr);
  grid-template-rows: auto auto 1fr auto;
  grid-template-areas:
    'header header header header header'
    'nav title title title title'
    'nav . . . .'
    'footer footer footer footer footer';
  max-width: 1024px;
  height: 500px;
  margin: 40px auto;
  padding: 30px;
  background-color: #73e3ff91;
}

header,
nav,
.grid-title,
aside,
article,
footer {
  padding: 20px;
  font-weight: 600;
  font-size: 20px;
  color: #fff;
}
```

```css
header {
  grid-area: header;
  background-color: #8e0a0fe8;
}
aside {
  grid-area: nav;
  background-color: rgb(74, 109, 4);
}
article {
  background-color: #15785494;
}
.grid-title {
  grid-area: title;
  background-color: rgb(120, 79, 4);
}
footer {
  grid-area: footer;
  background-color: #112b9f91;
}
```

.grid-container에 display를 grid로 작성합니다. grid-gap 속성을 10px로 작성해서 각 요소들 사이에 여백이 있도록 합니다. grid-template-columns 속성을 제일 첫 번째 열을 150px로 고정하고, 옆으로 나열될 요소들에 대해서 "1fr" 단위로 각각 동일한 비율로 유지되도록 합니다. grid-template-rows는 각 열에 대한 비율이며, 현재 height를 500px로 고정해 두었기 때문에, 세 번째 열만 "1fr" 단위로 늘어나도록 하고, 나머지는 auto로 작성해서 각각 세 번째 열의 크기에 따라서 자연스러운 높이를 갖도록 작성합니다. grid-template-areas 속성을 사용해서 2차원 레이아웃을 각 행과 영역을 나누어서 각 선택자로 자유롭게 수정할 수 있도록 연결되도록 작성합니다. 각 시맨틱 요소 및 grid-title이라는 클래스를 가진 h2 요소에 grid-area 속성을 통해 각각의 이름이 부여되어 연결되어 있는 것을 확인할 수 있습니다.

article 요소에는 따로 grid-area 속성을 지정하지 않고, 선언된 grid-template-areas 속성 내에서 이름이 없는 "."으로 표시해서 해당 영역들은 모두 grid-template-columns 속성의 150px 너비를 뺀 나머지를 "1fr" 단위씩 활용함으로써, 자연스럽게 배치합니다.

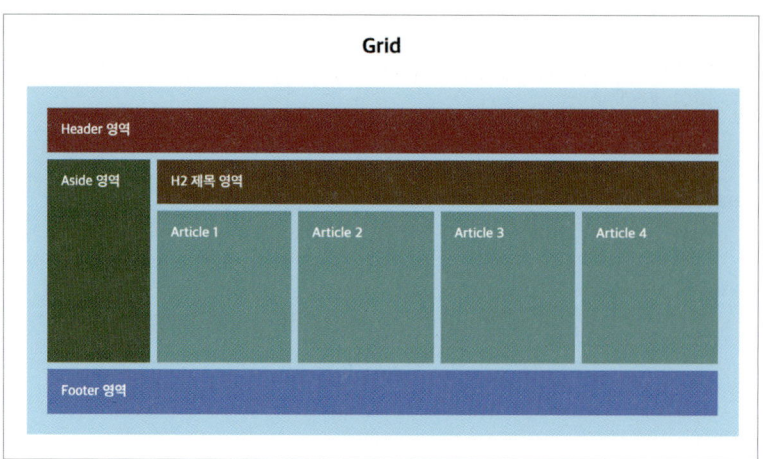

[그림 3-32] grid 속성을 사용해서 구성한 레이아웃의 결과

전체 웹 페이지를 레이아웃을 설계할 때도 grid 속성을 사용하면 조금 더 간결하고 유지보수를 쉽게 할 수 있도록 만들 수 있습니다. Aside 영역을 보면 엑셀에서 합쳐진 셀처럼 보여지는데, 실제 HTML 영역에서는 분리하지 않고도 쉽게 구현할 수 있음을 확인할 수 있습니다.

3-4 웹 페이지 리소스 사용

CSS를 사용해서 레이아웃을 잡는 것을 배웠으니, 인터랙티브 웹을 만들 때 사용되는 다양한 리소스에 대해서 알아보도록 하겠습니다. 웹 페이지를 만들기 위해서 HTML과 CSS뿐만 아니라 다양한 리소스를 활용하게 됩니다. 이미지, 폰트, SVG, Video, 외부 라이브러리 등 다양한 리소스를 활용할 수 있는데, 그 중에서 먼저 이미지, 폰트 그리고 SVG를 다루는 방법들에 대해 학습해 봅시다.

이미지 포맷 (jpg, png, webp, avif)

이미지 포맷은 여러 가지가 있지만 가장 많이 사용되는 포맷 위주로 한번 살펴보겠습니다.

- **JPEG** : JPG 확장자로 많이 사용되는 JPEG는 JPG와 사실상 동일한 이미지 파일 형식을 가리키는 용어입니다. 대부분의 운영체제 및 브라우저에서 지원되고, 주로 사진 및 복잡한 이미지를 나타내는데 사용되는데 손실 압축 방식을 사용하므로 용량을 감소시키기 위해서 이미지를 어느정도 손실할 것인지를 선택해서 사용할 수 있습니다.
- **PNG** : JPG가 사진 및 복잡한 이미지를 표현하는데 사용되긴 하지만, 투명도까지 나타낼 수는 없습니다. PNG는 무손실 압축 방식을 사용하기 때문에 저장할 때마다 손실되는 JPG와 달리 크기 조절 후 저장시에 손실 없이 압축됩니다. 투명도 및 고해상도 이미지를 지원하며, 아이콘, 로고, 일러스트레이션, 텍스트가 포함된 이미지 등에 많이 사용되지만, 보통의 경우 JPG보다 큰 용량을 가질 수 있어, 웹 페이지에서 사용할 때 로딩 시간이 지연될 수 있습니다.
- **WEBP** : 구글에서 개발한 이미지 포맷으로, 손실 압축 및 무손실 압축 모두를 지원하는 이미지 포맷입니다. WEBP는 JPEG보다 용량이 더 적은 상황에서도 고품질의 이미지를 제공할 수 있고, 투명도가 있는 이미지를 PNG 포맷보다 더 용량이 적은 상태로 제공할 수도 있습니다. 뿐만 아니라, GIF와 마찬가지로 움직이는 이미지도 지원하기 때문에, 애니메이션이 들어간 이미지를 저용량, 고품질로 제공할 수도 있습니다. 다만, 브라우저 호환성 측면에서 완벽하게 지원하지 않는 측면이 있어 대체 이미지 또는 폴리필(Polyfill) 기능을 사용하기도 합니다.
- **AVIF** : AVIF(AV1 Image File Format)는 AOMedia에서 개발한 차세대 이미지 형식으로, 뛰어난 압축률과 높은 화질을 동시에 제공합니다. JPEG, PNG, WebP보다 더 효율적인 압축을 지원하며 투명도, HDR, 넓은 색영역(WCG) 등 고급 기능을 제공합니다.

폴리필(Polyfill)이란?

폴리필이란 최신 웹 표준 기능을 구현하지 않은 브라우저에서도 해당 기능을 지원할 명목으로 대체되는 코드를 삽입해서 이전 코드로 자연스럽게 변환해주는 기능을 가진 코드 조각 등을 일컫습니다. 주로 최신 웹 기술 중에 JavaScript에서 사용되는 여러 가지 기능들 중에서 일부 브라우저 환경이나 모바일 기기에서 사용할 수 없는 기술을 사용했을 때 해당 기능을 사용할 수 있도록 예전 코드로 변환하는 코드 조각을 삽입하여 보완해주는 역할을 합니다. 코드를 간단하게 가져다 쓰기만 하면 최신 기술을 사용하면서도 다른 브라우저에 대해서 일일이 다 신경 쓸 필요가 없으므로 매우 유용해서 현업 개발 문화에서는 폴리필 문화가 널리 퍼져 있습니다.

JPG, PNG, WEBP, AVIF의 특징들을 살펴보았으니, 각 포맷들의 주로 사용하는 방식에 대해서 알아보도록 합시다. JPG와 PNG 포맷은 일반적으로 <img> 태그를 사용해서 구현하게 됩니다.

[코드 3-50] chapter_3 / 3-4_resources / 01_images.html

```html
<body>
 (...)
 <img src="../../public/img/unsplash/item_06.jpg" alt="회색 코트를 입고 검은색 크로스백을 하고 걸어가는 남성의 뒷모습" />
 <img src="../../public/img/pixabay/leaf.png" alt="초록 빛을 띄는 나뭇가지" />
 (...)
</body>
```

<img> 태그에 **src(Source)** 속성에 이미지 경로와 **alt(Alternative Text)** 속성에 대체 텍스트를 입력합니다. 대체 텍스트는 시각적으로 이미지를 볼 수 없는 사용자에게 이미지 정보를 제공하고, 만약 이미지가 로드 되지 않았을 때 사용자에게 전달되는 용도로 사용되므로 최대한 자세하게 묘사합니다. 또한, 검색 엔진이 이미지를 검색할 때 인덱싱하는 용도로 사용되기도 합니다. <img> 태그는 싱글 태그이기 때문에 닫는 태그가 따로 없기에 "/"(슬래시)로 닫아주도록 합니다.

WEBP나 AVIF의 경우에는 브라우저 호환성 측면을 고려하기 위해서 주로 폴백(fallback) 형태를 작성할 수 있는 <picture> 태그를 사용하게 됩니다.

[코드 3-51] chapter_3 / 3-4_resources / 01_images.html

```html
<body>
 (...)
 <picture>
   <source srcset="image.webp" type="image/webp" />
   <source srcset="image.jpg" type="image/jpeg" />
   <img src="image.jpg" alt="Fallback Image" />
 </picture>
 (...)
</body>
```

💡TIP 폴백(fallback)이란?

어떤 기능이 제대로 동작하지 않을 때, 대체재로 사용할 수 있는 것을 선언하는 것을 의미합니다. 브라우저 호환성이 좋지 않을 경우, 호환되지 않는 브라우저에서 사용할 수 있는 코드를 폴백 코드로 삽입할 수 있습니다.

또는, 오류 처리나 네트워크 상황에 있어서 데이터를 불러오지 못했을 때도 기본값을 폴백 코드로 설정해 두면, 화면에 아무것도 나타나지 않는 상황을 방지할 수 있습니다. 따라서, 이런 폴백 환경을 구성하면 사용자들의 경험을 향상시킬 수 있어 현업에서 많이 사용되는 방법입니다.

그러면 CSS에서의 폴백은 어떻게 해야할까요?

[코드 3-52] chapter_3 / 3-4_resources / 01_images.html

```html
(...)
<span class="bg_webp"></span>
(...)
```

[코드 3-53] chapter_3 / 3-4_resources / 01_images.css

```css
.bg_webp {
  (...)
  background-image: url("../../../img/unsplash/item_07.jpg");
  @supports (background-image: url("../../../img/unsplash/item_07.webp")) {
    background-image: url("../../../img/unsplash/item_07.webp");
  }
}
```

3장 CSS 문법을 익히다

CSS에서는 @supports 규칙을 사용해서 지원하는 경우에만 사용하는 것으로 폴백 처리를 할 수 있습니다. 먼저 안전한 background-image 속성을 선언하고, 만약 지원하는 브라우저가 있다면 @supports 규칙 내부에 있는 background-image 속성이 적용됩니다.

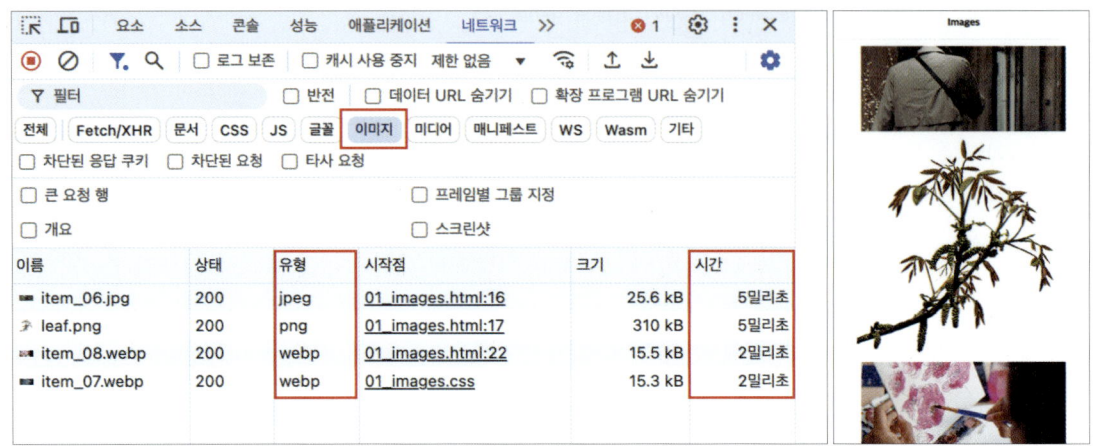

[그림 3-33] 개발자 도구를 활용해서 jpg, png, webp의 로드 결과를 확인

개발자 도구의 최상단 **"네트워크"** 탭에서 **"필터"**로 **"이미지"**를 선택하고 확인하면 각각 jpg, png, webp 타입을 로드한 것을 확인 할 수 있습니다. 이미지의 사이즈가 같아도 WEBP 확장자의 이미지가 JPG, PNG 확장자 이미지의 용량보다 훨씬 적은 용량을 사용한다는 것을 확인할 수 있습니다.

폰트 포맷 (ttf, otf, woff, woff2)

웹 페이지에서 폰트를 사용하기 위해서는 어떤 작업을 해야할까요? 폰트 포맷에는 TTF(True Type Font), OTF(Open Type Font)와 웹에서 사용하는 경량화된 폰트들인 WOFF(Web Open Font Format), WOFF2(WOFF 2.0)가 있습니다. 각 폰트는 지원 범위에 따라 성격이 다르며, 용량 차이도 존재합니다. 브라우저별 폰트 지원 범위는 다음과 같습니다.

Font Format	Chrome	Firefox	InternetExplorer	Safari	Opera	Edge
EOT	No	No	6+	No	No	12+
TTF / OTF	4+	3.5+	9+	3.1+	10+	12+
WOFF	5+	3.6+	9+	5.1+	11.1+	12+
WOFF2	36+	39+	No	10+	26+	14+

[표 3-1] 폰트 포맷에 따르는 브라우저별 폰트 지원 현황

웹에서 사용할 때 WOFF2가 가장 용량이 적고 대부분의 브라우저를 지원하므로 가장 좋은 선택이 될 수 있습니다. 인터넷 익스플로러가 지원 종료됨에 따라 대부분의 웹사이트가 WOFF2 웹폰트만 로드하고, 구글에서 제공하는 폰트도 WOFF2 위주로 제공하고 있습니다.

구글 폰트를 탐색해서 폰트를 직접 적용해 보겠습니다. 폰트를 임포트하기 위해 구글 폰트 (https://fonts.google.com/)에 접속하세요.

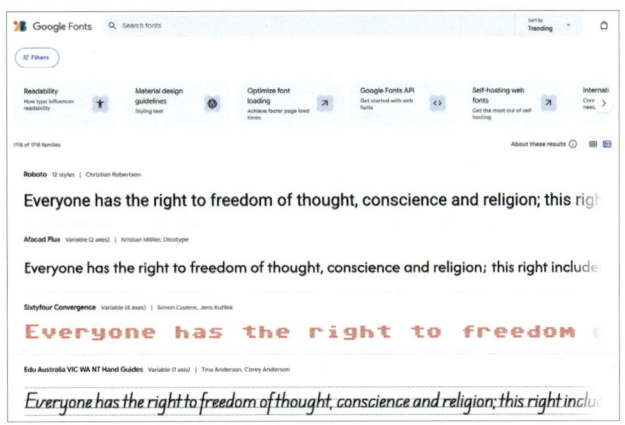

[그림 3-34] Google Fonts 웹사이트 메인 화면

많은 폰트 중에서 가장 널리 사용하는 고딕 계열 폰트인 Noto Sans를 사용하겠습니다.

[그림 3-35] Google Fonts에서 Noto Sans를 검색

Noto Sans Korean을 클릭해서 "Get font"를 클릭한 뒤 "Get embed code" 메뉴를 클릭하면 적용된 폰트를 미리보기 할 수 있고, 폰트 굵기를 선택할 수 있습니다.

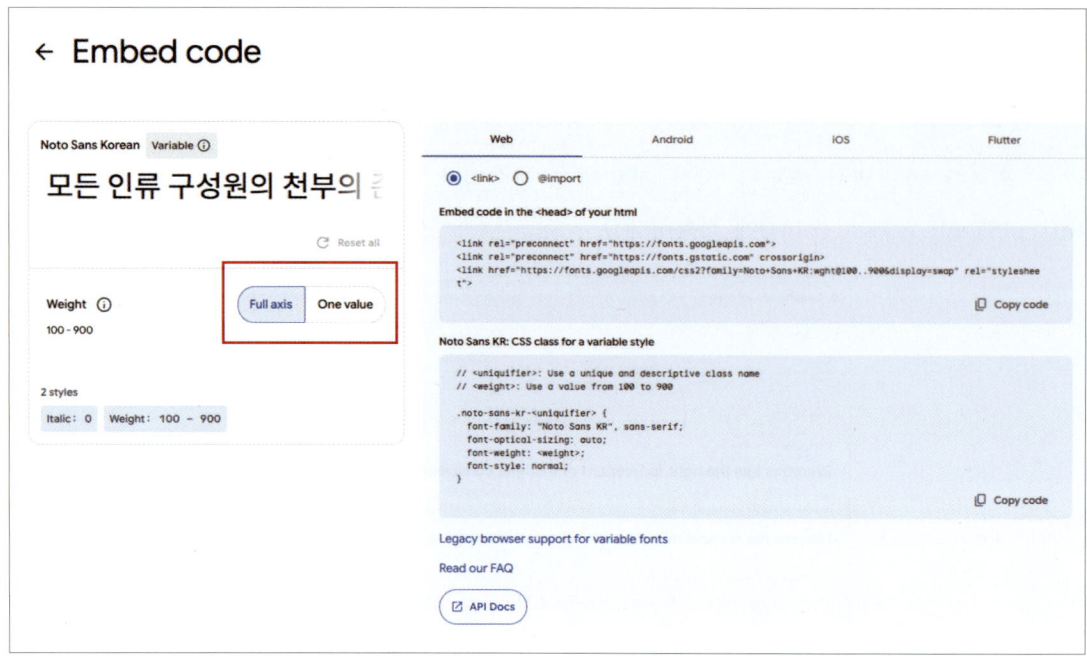

[그림 3-36] Google Fonts Noto Sans Korean 페이지의 정보 화면

해당 페이지에서 폰트 굵기를 선택하는데 Full axis와 One value로 모든 폰트 굵기 범위 또는 하나의 굵기를 각각 선택할 수 있는데 Full axis로 선택하고 우측 〈link〉 태그의 주소를 보면 100..900과 같이 범위를 지정을 할 수 있습니다. 이와 같이 100..400, 400..700 이런식으로 범위를 조정해서 임포트할 수도 있습니다. 우측의 Copy code를 클릭해서 복사해서 HTML 코드에 삽입하겠습니다.

[코드 3-54] chapter_3 / 3-4_resources / 02_fonts.html

```html
<!doctype html>
<html lang="ko-KR">
  <head>
    (...)
    <!-- 구글폰트 작성 -->
    <link rel="preconnect" href="https://fonts.googleapis.com" />
    <link rel="preconnect" href="https://fonts.gstatic.com" crossorigin />
    <link href="https://fonts.googleapis.com/css2?family=Noto+Sans+KR:wght@100..900&display=swap" rel="stylesheet" />
  </head>

  <body>
    <main>
```

```html
        <h1 class="heading_1">Fonts</h1>
        <p>
            Noto Sans는 Google이 전 세계의 언어를 지원하기 위해 만든 폰트 패밀리 중 하나입니다. "Noto"라는 이름은 "No more Tofu"의 약자로, 'tofu'는 알 수 없는 문자를 나타내는 네모 상자를 의미합니다.
            따라서 Noto 프로젝트의 목표는 모든 언어의 모든 문자를 표현하는 것입니다.
        </p>
        <p class="noto_sans thin">
            Noto Sans는 Google이 전 세계의 언어를 지원하기 위해 만든 폰트 패밀리 중 하나입니다. "Noto"라는 이름은 "No more Tofu"의 약자로, 'tofu'는 알 수 없는 문자를 나타내는 네모 상자를 의미합니다.
            따라서 Noto 프로젝트의 목표는 모든 언어의 모든 문자를 표현하는 것입니다.
        </p>
        <p class="noto_sans regular">
            Noto Sans는 Google이 전 세계의 언어를 지원하기 위해 만든 폰트 패밀리 중 하나입니다. "Noto"라는 이름은 "No more Tofu"의 약자로, 'tofu'는 알 수 없는 문자를 나타내는 네모 상자를 의미합니다.
            따라서 Noto 프로젝트의 목표는 모든 언어의 모든 문자를 표현하는 것입니다.
        </p>
        <p class="noto_sans medium">
            Noto Sans는 Google이 전 세계의 언어를 지원하기 위해 만든 폰트 패밀리 중 하나입니다. "Noto"라는 이름은 "No more Tofu"의 약자로, 'tofu'는 알 수 없는 문자를 나타내는 네모 상자를 의미합니다.
            따라서 Noto 프로젝트의 목표는 모든 언어의 모든 문자를 표현하는 것입니다.
        </p>
    </main>
  </body>
</html>
```

폰트들을 적용하기 위해 복사한 코드들을 하나씩 살펴보도록 하겠습니다.

[코드 3-55] chapter_3 / 3-4_resources / 02_fonts.html

```html
<link rel="preconnect" href="https://fonts.googleapis.com" />
```

이 코드는 브라우저에게 https://fonts.googleapis.com으로의 연결을 사전에 준비하도록 명령합니다. **preconnect**는 브라우저가 웹 페이지에서 다른 요소를 다운로드 받는 동안, 해당 도메인으로의 연결을 사전에 준비하는 **성능 최적화** 기법입니다.

[코드 3-56] chapter_3 / 3-4_resources / 02_fonts.html

```
<link rel="preconnect" href="https://fonts.gstatic.com" crossorigin />
```

이 코드는 브라우저에게 사전 연결을 준비시키는데 해당 주소는 폰트 파일을 다운로드받을 수 있는 주소입니다. 또한, crossorigin 속성을 통해 브라우저에게 이 연결이 CORS(Cross-Origin Resource Sharing, 교차 출처 리소스 공유) 요청을 포함하도록 합니다.

[코드 3-57] chapter_3 / 3-4_resources / 02_fonts.html

```
<link href="https://fonts.googleapis.com/css2?family=Noto+Sans+KR:wght@100..900&display=swap" rel="stylesheet" />
```

마지막 〈link〉 태그에는 실제 폰트 주소를 불러오게 됩니다. 이 스타일시트는 **Noto Sans KR** 폰트의 **100**에서 **900** 굵기의 스타일을 포함하고 있습니다. 또한, **display=swap** 속성을 통해서 폰트를 로드하는 동안 임시 폰트를 표시하고, 폰트가 모두 로드되는 즉시 해당 폰트로 교체하여, 페이지가 로드될 때 **FOIT**와 같은 문제 없이 레이아웃의 변동을 최소화해줍니다.

다시 HTML 파일에서 첫 번째 〈p〉 태그를 제외하고 다른 〈p〉 태그에는 noto_sans 클래스와 각각 굵기를 표시하기 위한 thin, regular, medium 클래스를 추가합니다.

FOUT(Flash of Unstyled Text), FOIT(Flash of Invisible Text)

웹 폰트를 로드할 때 발생하는 이슈 중에서 FOUT과 FOIT이 있습니다.

- **FOUT(Flash of Unstyled Text)** : 웹 폰트가 로드되기 전에 브라우저에서 기본 폰트가 먼저 표시되고, 완전히 로드되면 웹 폰트로 교체되는 상황을 말합니다. 이 때문에 사용자는 웹사이트의 스타일이 깜빡이며 변경되는 경험을 하게 됩니다. 이 현상은 주로 font-display 속성의 값을 swap으로 설정함으로 인해서 발생하고, 이 속성은 웹 페이지의 내용이 빠르게 로드되고 레이아웃의 변동을 최소화하는 데 목적을 두고 있습니다.
- **FOIT(Flash of Invisible Text)** : 웹 폰트가 로드되는 동안 텍스트가 표시되지 않고, 완전히 로드되면 텍스트가 표시되는 상황을 말합니다. 그래서 사용자는 일시적으로 웹 페이지의 텍스트가 보이지 않는 상태를 경험하게 됩니다. 이 현상은 웹 폰트의 로드가 웹사이트의 렌더링을 지연시킬 수 있어 사용자 경험에 부정적인 영향을 미칠 수 있기 때문에, 주로 font-display 속성을 swap으로 설정함으로써 미리 텍스트를 보여주는 상황을 선호하는 추세입니다.

[코드 3-58] chapter_3 / 3-4_resources / 02_fonts.css

```css
@charset "utf-8";

main {
  width: 1024px;
  margin: 30px auto;
  font-size: 30px;
}

p {
  margin-top: 30px;
  line-height: 1.5;
}

.noto_sans {
  font-family: 'Noto Sans KR', 'sans-serif';
  font-optical-sizing: auto;
  font-style: normal;
}

.noto_sans.thin {
  font-weight: 100;
}

.noto_sans.regular {
  font-weight: 400;
}

.noto_sans.medium {
  font-weight: 500;
}
```

main 요소의 너비를 고정하고 margin 속성의 값을 상하 30px 좌우 auto로 지정하여 정중앙에 위치하도록 합니다. 상속되는 속성인 font-size에 30px을 부여하여 전체적으로 main 요소 내부의 콘텐츠의 기본 폰트를 30px로 표시되도록 설정했습니다.

p 요소는 margin-top 속성을 30px로 지정하여 기본적으로 p 요소 간의 간격을 위쪽 여백으로 주었습니다. 또한, line-height 속성을 사용해서 폰트 크기가 아닌 폰트의 행간을 1.5배로 늘렸습니다. line-height 속성의 값으로는 px, em, rem 등 다양한 단위 요소가 들어갈 수 있고, 이런 단위를 제외하고 현재 폰트 크기의 배수로 지정할 수도 있습니다. 이렇게 배수로 지정하게 되면, 폰트의 크기를 반응형 웹에서 바꾸게 될지라도 행간이 자연스럽게 조정되어 유지보수성에 좋아집니다.

noto_sans 클래스가 있는 요소에 대해서는 font-family 속성을 사용해서 HTML에 로드된 폰트를 적용하도록 합니다. 하나의 폰트만 지정하는 경우도 있지만, 해당 폰트에서 지원되지 않은 문자열이나 특수 문자가 있을 때는 실제 폰트를 네트워크에서 받을 수 없는 환경에 대비해 여러 폴백 폰트를 작성하게 됩니다. 이렇게 하는 과정을 **폰트 스택(font stack)**이라고 하는데, "Noto Sans KR" 폰트가 로드되지 않거나 지원하지 않는 문자가 있다면 그 다음으로 선언된 sans-serif 폰트가 자동으로 적용됩니다.

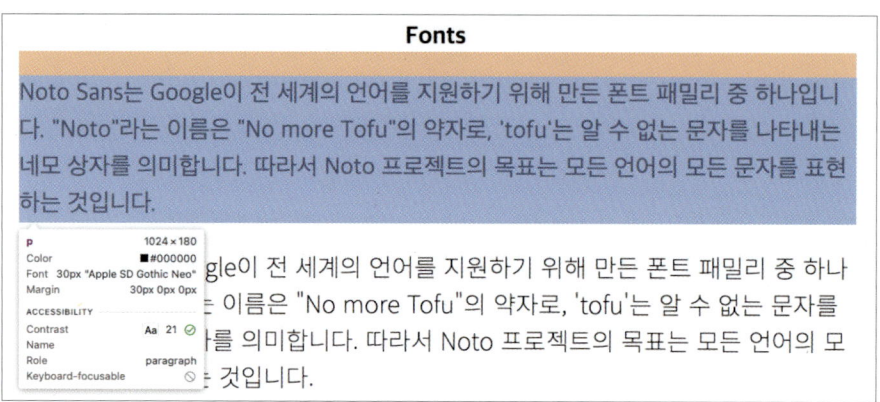

[그림 3-37] noto_sans 폰트가 적용되지 않았을 때는 Mac OS 기준으로 Apple SD Gothic Neo 폰트가 적용

개발자 도구 가장 왼쪽 위의 "검사할 페이지 요소 선택" 버튼을 클릭해서 요소를 클릭하고 검사해 보면 .noto_sans 클래스가 있는 폰트는 Noto Sans KR 폰트가 적용되었고, 그렇지 않은 기본 폰트는 Mac OS 기준 기본 폰트인 Apple SD Gothic Neo 폰트가 적용된 것을 확인할 수 있습니다.

 sans-serif 폰트?

> 대부분의 시스템상에 기본적으로 적용되어 있는 폰트로 프랑스어로 "sans"는 "없는"을, "serif"는 글자의 꾸밈 요소나 장식같은 것을 뜻합니다. 그래서 sans-serif라고 하면 꾸밈 요소가 없는 폰트라는 뜻을 가지고 있습니다. 명조체는 글자의 끝 획에 꾸밈 요소가 있는 serif 계열이고, sans-serif의 경우에는 꾸밈 요소가 없는 고딕 계열의 폰트라고 생각하면 됩니다.

noto_sans 클래스를 가진 요소들의 font-weight(폰트 굵기)를 지정하기 위해서 thin, regular, medium 클래스를 각각 작성해서 font-weight 속성의 값으로 100, 400, 500으로 지정을 하고 클래스를 부여합니다. 브라우저에서 기본적으로 font-weight 속성을 400으로 설정하며, 더 얇거나 굵은 폰트를 로드할 수 있다면 해당 font-weight 속성에 따라서 표현됩니다. 폰트의 굵기는 100~900 사이의 값에서 지원 여부에 따라서 다음과 같은 단계로 구분됩니다.

- 100 : 가장 얇은 굵기(thin)
- 200 : 매우 얇은 굵기(extra light 또는 ultra light)
- 300 : 얇은 굵기(light)
- 400 : 일반적인 굵기(normal 또는 regular)
- 500 : 중간 굵기(medium)
- 600 : 중간 이상의 굵기(semi bold 또는 demi bold)
- 700 : 굵은 굵기(bold)
- 800 : 매우 굵은 굵기(extra bold 또는 ultra bold)
- 900 : 가장 굵은 굵기(heavy 또는 black)

괄호 안의 값은 폰트 제조사와 폰트를 만든 제작자에 의해서 조금씩 다를 수는 있습니다.

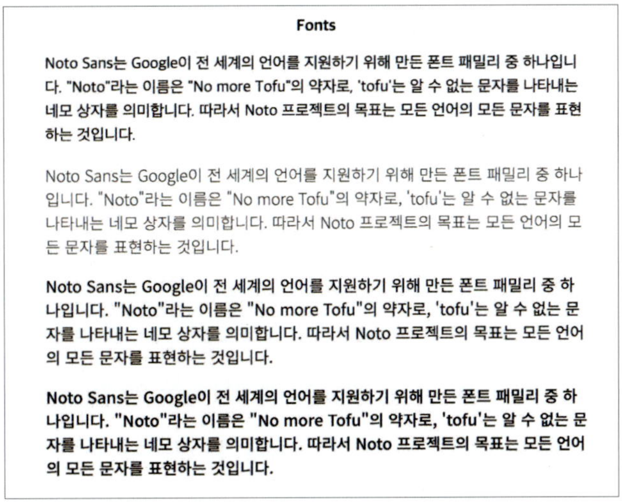

Fonts

Noto Sans는 Google이 전 세계의 언어를 지원하기 위해 만든 폰트 패밀리 중 하나입니다. "Noto"라는 이름은 "No more Tofu"의 약자로, 'tofu'는 알 수 없는 문자를 나타내는 네모 상자를 의미합니다. 따라서 Noto 프로젝트의 목표는 모든 언어의 모든 문자를 표현하는 것입니다.

Noto Sans는 Google이 전 세계의 언어를 지원하기 위해 만든 폰트 패밀리 중 하나입니다. "Noto"라는 이름은 "No more Tofu"의 약자로, 'tofu'는 알 수 없는 문자를 나타내는 네모 상자를 의미합니다. 따라서 Noto 프로젝트의 목표는 모든 언어의 모든 문자를 표현하는 것입니다.

Noto Sans는 Google이 전 세계의 언어를 지원하기 위해 만든 폰트 패밀리 중 하나입니다. "Noto"라는 이름은 "No more Tofu"의 약자로, 'tofu'는 알 수 없는 문자를 나타내는 네모 상자를 의미합니다. 따라서 Noto 프로젝트의 목표는 모든 언어의 모든 문자를 표현하는 것입니다.

Noto Sans는 Google이 전 세계의 언어를 지원하기 위해 만든 폰트 패밀리 중 하나입니다. "Noto"라는 이름은 "No more Tofu"의 약자로, 'tofu'는 알 수 없는 문자를 나타내는 네모 상자를 의미합니다. 따라서 Noto 프로젝트의 목표는 모든 언어의 모든 문자를 표현하는 것입니다.

[그림 3-38] 폰트가 적용된 결과 화면

가장 위쪽 브라우저의 기본 폰트가 적용된 p 요소를 제외하면 모두 "Noto Sans KR" 폰트입니다. "Noto Sans KR" 폰트의 가장 위쪽부터 thin(100) 굵기를 가진 폰트, regular(400) 굵기를 가진 폰트, medium(500) 굵기를 가진 폰트 순으로 표시되고 있습니다.

font-family를 사용할 때 반드시 따옴표를 붙여야 할까?

[코드] font-family 선언 시 띄어쓰기 사용하는 따옴표

```css
.noto_sans {
  font-family: "Noto Sans KR", sans-serif;
}
```

font-family 속성의 값으로 띄어쓰기가 있는 폰트명이 있고, 띄어쓰기가 없는 폰트명이 있을 수 있습니다. 만약, 폰트 이름에 공백이나 특수 문자가 포함된다면, 반드시 따옴표가 필요합니다. 공백 없는 arial, helvetica 등 sans-serif와 같이 특수 문자가 포함된 경우에는 따옴표 없이도 작성 가능하지만, 가독성을 위해 모든 폰트에 따옴표를 붙이는 것도 좋은 방법입니다.

SVG 사용

다양한 웹 리소스 중 SVG(Scalable Vector Graphics)는 XML 기반의 벡터 이미지 형식이고, 확대와 축소에 상관없이 이미지의 선명도를 유지하면서 리소스를 사용할 수 있습니다. CSS를 통해 SVG의 크기를 자유롭게 변경하며 SVG에 대해 배워보도록 하겠습니다.

JPG와 PNG와 같은 **비트맵 형식**과 SVG와 같은 **벡터 형식**은 차이가 있습니다. JPG와 PNG는 이미지가 픽셀의 그리드 단위로 구성되어 있고 픽셀 단위 하나당 고유의 색상이 있습니다. 비트맵은 이미지가 커지면 픽셀이 보이기 시작하면서 이미지가 흐려지는 현상이 생길 수 있습니다. 또한, 비트맵 이미지 형식은 이미지의 복잡성에 따라서 벡터 형식인 SVG보다 용량이 클 수 있습니다. 그리고 비트맵 이미지는 주로 사진과 같은 복잡한 이미지에 대해서 압축률의 이점이 있어 많이 사용됩니다.

반면, SVG와 같은 벡터 형식은 이미지를 수학적인 선, 도형, 곡선과 같은 공식으로 구성을 하기 때문에 화면을 축소하거나 확대해도 해당 곡선 및 도형은 재계산되어 유지되므로 선명한 상태로 유지됩니다. 또한, 복잡하지 않은 SVG 파일의 경우에는 비트맵 이미지보다 훨씬 작은 용량으로 표시할 수 있고, 주로 로고, 인포그래픽, 아이콘 등과 같은 색상이 적은 그래픽 요소에 사용하는 것이 선호됩니다. 각각의 수학적 선과 도형으로 이루어져 있기에 JavaScript로 해당 선들에 접근해서 변형을 자유자재로 할 수도 있고, 선을 그리는 애니메이션 등 다양한 인터랙티브한 속성들을 사용할 수 있어 활용도가 높습니다.

[코드 3-59] chapter_3 / 3-4_resources / 03_svg.html

```html
<body>
  (...)
  <article>
    <h2>벡터와 비트맵 이미지의 차이</h2>
    <div class="container">
      <img src="../../public/img/unsplash/item_05.jpg" alt="창문이 있는 방 사진" />
      <img src="../../public/img/freesvg/bear.svg" alt="곰 이미지" />
    </div>
  </article>
  (...)
</body>
```

벡터 이미지와 비트맵 이미지의 차이를 보기 위해서 jpg 이미지와 svg 이미지를 로드하고 CSS로 크기를 키워서 확인해보도록 하겠습니다. 우선 비트맵 이미지의 원본 너비는 600px이고 SVG의 너비는 461px입니다.

SVG 파일은 코드이기 때문에 VS Code에서 직접 코드로 확인할 수 있습니다.

[코드 3-60] public / img / freesvg / bear.svg

```html
<body>
  (...)
  <svg version="1.1" width="461" height="267" viewBox="0 0 922 534" xmlns="http://www.w3.org/2000/svg" xmlns:svg="http://www.w3.org/2000/svg">
    <path class="path black" style="fill: #000000; stroke-width: 1.33333" d="M 252.76421 33.596137 ..." />
    <path class="path white" style="fill: #ffffff; stroke-width: 1.33333" d="m 582.47381,555.13635 ..." />
    <path class="path white" style="fill: #ffffff; stroke-width: 1.33333" d="m 701.34964,553.49374 ..." />
    <path class="path white" style="fill: #ffffff; stroke-width: 1.33333" d="m 267.91909,49.418763 ..." />
    <path class="path black" style="fill: #000000; stroke-width: 1.33333" d="m 179.39653,92.349374 ..." />
    <path class="path black" style="fill: #000000; stroke-width: 1.33333" d="m 295.426,117.59504 ..." />
  </svg>
  (...)
</body>
```

SVG 코드의 path 요소의 d 속성의 값으로 수많은 코드들이 포함되어 있는데 이 좌표 공식으로 벡터 이미지가 그려지게 되는 것입니다. 이 d 속성은 복잡한 벡터 그래픽을 그릴 수 있도록 해주고, 이러한 특성 덕분에 확대하거나 축소할 때 선명도를 유지할 수 있습니다.

[코드 3-61] chapter_3 / 3-4_resources / 03_svg.css

```css
@charset "utf-8";

main {
  width: 1400px;
  margin: 30px auto;
  font-size: 30px;
}

h2 {
  margin: 30px auto 60px;
  text-align: center;
}

.container {
  background-color: seashell;
}

.container img {
  display: block;
  width: 100%;
}

svg {
  display: block;
  margin: 0 auto;
}
```

main 요소의 크기를 1400px까지 늘려서 기존 JPG 원본 크기와 SVG의 원본 크기보다 크게 나타나도록 확대합니다. 그리고 main 요소 내부에 있는 이미지들은 main 요소가 차지하는 너비만큼 100%로 커지도록 작성합니다.

[그림 3-39] 비트맵 이미지와 벡터 이미지를 확대했을 때의 비교

비트맵 이미지인 JPG는 화질이 흐려진 것이 확인되는데 벡터 이미지인 SVG는 선이 선명하게 유지되고 있습니다. 조금 더 확대해보면 더 확실히 알 수 있습니다.

[그림 3-40] 비트맵 이미지와 벡터 이미지를 더욱 더 확대해서 본 결과

그림 3-40에서 탁자 이미지는 거의 확인하기 힘들 정도로 흐려진 것을 확인할 수 있지만 곰의 얼굴 부분은 여전히 선명한 선으로 나타나고 있습니다.

SVG를 적용하는 방법들은 다양하게 있는데 지금처럼 SVG를 〈img〉 태그로 로드하는 방식은 일반 이미지처럼 다뤄지므로 CSS나 JavaScript를 통한 외부 조작이 불가능합니다. 〈object〉 태그,

⟨embed⟩ 태그, ⟨iframe⟩ 태그 등을 사용하거나 배경 이미지로 사용해도 마찬가지로 외부 조작이 불가능합니다.

[코드 3-62] chapter_3 / 3-4_resources / 03_svg.html

```
<body>
  (...)
  <article>
    <h2>SVG 인라인 코드</h2>
    <svg version="1.1" width="461" height="267" viewBox="0 0 922 534" xmlns="http://www.w3.org/2000/svg" xmlns:svg="http://www.w3.org/2000/svg">
      <path class="path black" style="fill: #000000; stroke-width: 1.33333" d="M 252.76421 33.596137 C 248.29542 ..." />
      <path class="path white" style="fill: #ffffff; stroke-width: 1.33333" d="m 582.47381,555.13635 c 7.32684,-3.26994 ..." />
      (...)
    </svg>
  </article>
  (...)
</body>
```

예제와 같이 ⟨svg⟩ 태그를 직접 바로 사용하면 ⟨path⟩ 태그에 접근해서 CSS로 다양한 애니메이션 효과를 부여할 수 있습니다.

[코드 3-63] chapter_3 / 3-4_resources / 03_svg.css

```
(...)
svg {
  display: block;
  margin: 0 auto;
}
```

svg 요소를 display: block으로 하여 margin 속성이 적용될 수 있는 상태로 만든 다음 margin 속성의 값을 0 auto로 주어 화면 중앙으로 배치되도록 합니다.

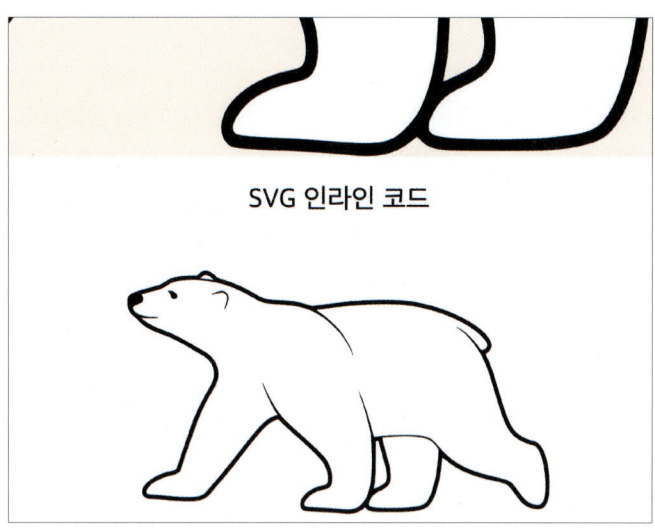

[그림 3-41] 원본 사이즈로 SVG를 HTML에 인라인 로드한 결과

CSS나 JavaScript를 통해서 조작을 하기 위해서 이와 같은 **인라인 SVG 태그 방식**을 사용하는데, 이는 조작할 수 있는 장점이 존재하기는 하지만 HTML 코드로 포함되기 때문에 문서의 코드 자체의 용량이 커질 수 있고, 리소스를 통한 캐싱이 되지 않는 단점이 있습니다. 하지만 이러한 단점에도 불구하고 SVG를 활용한 인터랙티브 웹은 인기가 많고, SVG 애니메이션을 통해서 사용자 경험(User Experience, UX)도 향상시키는 매력적인 요소로 주목받고 있습니다.

 **마무리**

　이 장에서는 CSS 파일 생성과 HTML 문서 연결 방법을 시작으로, 다양한 선택자의 특징과 차이점을 살펴보았습니다. 태그, 클래스, 아이디 선택자부터 가상 클래스와 가상 요소 선택자까지, 각각의 적절한 사용법을 익혔고 nth-child와 nth-of-type 같은 복잡한 선택자의 차이점에 대해서도 이해할 수 있었습니다.

　레이아웃에서는 float, position, flex, grid의 특성을 비교하며, 상황에 따른 최적의 레이아웃 방식을 선택하는 방법을 배웠습니다.

　마지막으로 폰트, 이미지, SVG 등 웹에서 자주 사용되는 리소스를 다루는 기술을 익혔으며, 정적인 웹 페이지 구조를 만드는 기본적인 CSS 기술을 습득했습니다. 다음 장에서는 이를 바탕으로 동적이고 인터랙티브한 웹 페이지를 만들기 위한 고급 CSS 속성들을 다루겠습니다.

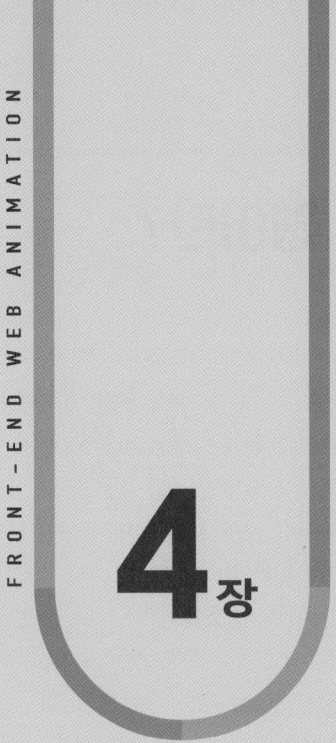

웹에 UI, UX를 첨가하다

인터랙티브 웹은 사용자와 웹 페이지 간의 동적인 상호작용을 가능하게 하여 사용자 경험(UX)과 사용자 인터페이스(UI)를 향상시킵니다. 이번 장에서는 CSS를 활용하여 인터랙티브 웹을 구현하는 다양한 기술을 활용해 동적 콘텐츠와 실시간 변화를 만들어 보겠습니다.

CSS의 다양한 속성들, 특히 animation, transform, transition 등을 활용하여 요소의 움직임을 제어하거나, 전환 효과로 부드러운 상태 변화를 만들어낼 수 있습니다. 또한, 반응형 디자인 기술을 사용하여 다양한 디바이스와 화면 크기에 적응하는 웹 페이지를 만들 수 있습니다. 이 장에서는 레이아웃의 점진적 노출, 카드 목록에서의 애니메이션 효과, SVG 활용, 그리고 반응형 웹 디자인 등 다양한 주제를 다룰 것입니다. 이를 통해 사용자의 관심을 끌고, 정보를 효과적으로 전달하는 동시에, 단순히 시각적 효과를 넘어, 사용자의 참여를 유도하고 웹사이트의 효용성을 극대화하는 기술들을 익히게 됩니다. 결과적으로 인터랙티브한 웹 경험을 창출할 수 있을 것입니다.

- **4-1** 인터랙티브 웹이란?
- **4-2** 레이아웃이 서서히 노출되도록 하기
- **4-3** 카드 목록에서의 애니메이션
- **4-4** SVG 활용하기
- **4-5** 반응형 웹

4-1 인터랙티브 웹이란?

웹의 진화는 단순한 정보 전달에서 사용자와의 풍부한 상호작용으로 발전해 왔습니다. 초기의 웹 페이지가 기본적인 UI와 UX에 중점을 두었다면, 현대의 웹은 사용자와 적극적으로 상호작용하는 "인터랙티브 웹"으로 진화했습니다. 예를 들어, 회원가입 과정에서 사용자가 페이지를 직접 넘기지 않아도 약관 동의나 정보 입력이 자연스럽게 이루어지도록 하는 것도 하나의 인터랙티브 요소입니다. 또한 페이지 전환 시에 전체 섹션이 부드럽게 위로 올라가고 다음 섹션이 스르륵 등장하며 연출 효과도 인터랙티브 요소입니다. 이와 같은 인터랙티브 효과들은 사용자 경험을 크게 향상시키며, 웹사이트의 효율성과 만족도를 높이는 데 중요한 역할을 합니다. 이제 CSS를 활용하여 인터랙티브 요소들을 구현하는 방법을 살펴보고 더욱 역동적이고 사용자 친화적인 웹 경험을 만들어내는 기술을 학습해 보겠습니다.

인터랙티브 웹을 위한 CSS

인터랙티브 웹을 위한 CSS에는 다양한 기술이 있습니다. CSS 애니메이션은 **animation** 속성과 **@keyframes** 규칙을 사용하여 구현할 수 있습니다. 이를 통해 애니메이션의 반복 여부, 방향, 지속 시간 등을 세밀하게 조절하여 다양한 효과를 화면에 표현할 수 있습니다.

또한, **:hover**나 **:focus** 같은 가상 클래스 선택자를 사용하여 마우스 오버나 포커스 시의 효과를 만들 수 있습니다. 이때 **transform** 속성으로 요소를 변형시키고, **transition** 속성을 함께 사용하면 부드러운 전환 효과를 적용할 수 있습니다.

animation 속성과 transform 속성의 주요 차이점은 그 기능적 목적에 있습니다. transform은 요소의 형태를 변형(회전, 크기 조정, 이동, 기울이기 등)하는 CSS 속성이며, 정적 변형과 동적 변형 모두에 사용될 수 있습니다. 반면 animation은 @keyframes 규칙과 함께 사용되어 시간에 따른 CSS 속성(transform 포함)의 점진적 변화를 정의합니다. 일반적으로 transform은 transition과 함께 사용자 인터랙션에 반응하는 UI 요소에 자주 활용되고, animation은 페이지 로딩이나 상태 변화 시 자동으로 실행되는 복잡한 움직임에 사용되는 경향이 있습니다.

[코드 4-1] chapter_4 / 4-1_interactive / 01_interactive.html

```html
<body>
 (...)
 <main class="main">
   <h1 class="heading_1">Interactive Web</h1>
   <section class="container">
     <article class="image_wrap">
       <div class="texts">
         <strong class="title">Interactive Web</strong>
         <p class="details">
           인터렉티브 웹은 사용자와 웹사이트가 서로 상호 작용하도록 하는 것을 목표로 하며, 이를 위해 동적 콘텐츠 생성, 사용자 행동 분석 및 반영 등 다양한 기술을 사용합니다. <br />
           <br />
           이러한 상호작용은 사용자 경험(UX)을 향상시키는 데 큰 역할을 합니다.
         </p>
       </div>
     </article>
   </section>
 </main>
 (...)
</body>
```

main 클래스를 가진 〈main〉 태그 내부에 container 클래스를 가진 〈section〉 태그를 배치합니다. 이 〈section〉 태그 안에 〈article〉 태그를 생성하여 하나의 독립적인 콘텐츠 단위를 나타냅니다.

〈article〉 내부에는 주요 내용을 텍스트로 작성합니다. 이때, 가장 중요한 정보는 〈strong〉 태그를 사용하여 강조하고, 본문 내용은 〈p〉 태그를 사용하여 문단으로 구성합니다.

[코드 4-2] chapter_4 / 4-1_interactive / 01_interactive.css

```css
@charset "utf-8";

:root {
  --duration: 800ms;
  --delay: 300ms;
  --bezier: cubic-bezier(0.25, 0.1, 0.27, 0.54);
}

main {
  width: 1400px;
```

```
    margin: 30px auto;
  }

  .container {
    margin: 50px auto 0;
    padding: 50px;
    background-color: gray;
  }
```

우선, 이 스타일시트가 UTF-8 문자 인코딩을 사용함을 명시하고, 루트 요소에 CSS 변수를 작성합니다. --duration, --delay, --bezier라는 이름으로 CSS 변수를 작성하는데, 이는 transition이나 animation의 지속 시간(duration), 지연 시간(delay), 시간에 따르는 속도(cubic-bezier)를 일정하게 작성하기 위한 의도가 있습니다.

main의 width를 1400px로 하고 margin 속성을 30px auto로 하여 중앙 정렬합니다. .container에도 마찬가지로 중앙 정렬을 위한 margin 속성과 padding 속성을 활용해서 적당한 여백과 background-color를 사용하여 gray 색상의 배경을 스타일링합니다.

[그림 4-1] 마우스 오버를 통한 애니메이션을 하기 전에 background, transform, opacity를 미리 적용해둔 레이아웃 결과

 :root?

:root는 문서 트리의 루트 요소를 선택합니다. HTML에서는 〈html〉 요소를 가리킵니다.

전역 CSS 변수(사용자 정의 속성)를 선언하는 데 주로 사용되고 html 선택자보다 더 높은 특정성(specificity)을 가집니다.

문서 전체에 적용될 스타일을 정의할 때 사용되어, 정의된 변수를 일관성을 유지하면서도 쉽게 관리할 수 있습니다.

[코드 4-3] chapter_4 / 4-1_interactive / 01_interactive.css

```css
(...)
.image_wrap {
  display: flex;
  flex-direction: column;
  align-items: center;
  justify-content: flex-end;
  position: relative;
  width: 400px;
  height: 500px;
  margin: 0 auto;
  background: url("../../../img/unsplash/kid.jpg") no-repeat 50% bottom / cover;
  border: 2px solid seashell;
  overflow: hidden;
  transition: background-position var(--duration);
}
```

image_wrap 클래스를 가진 〈article〉 태그에 Flexbox 레이아웃을 적용하여 내용을 세로로 배치하고 가로 중앙, 세로 하단에 정렬합니다. position 속성을 relative로 작성해서 내부 요소들이 absolute 속성으로 되었을 때 절대 위치 요소의 기준점 역할을 합니다.

width 400px, height 500px로 지정하고, background 속성을 작성하는데 축약형으로 작성하여 이미지 URL, no-repeat(반복 없음), 위치(가로 중앙, 세로 하단), 크기(cover)를 한 번에 지정합니다. 2px 두께의 seashell 색상 테두리를 추가하고, overflow: hidden으로 넘치는 내용이 있다면 숨깁니다. 이는 마우스 오버 시 나타날 가상 요소의 초기 숨김 상태를 위한 것입니다.

마지막으로, background-position 속성에 대한 transition 효과를 :root에 정의된 --duration 변수를 사용하여 설정합니다.

 background 속성에서 슬래시(/)가 있는 이유?

축약형인 background 속성에 50% bottom, cover 사이에 슬래시(/)가 있는 이유는 배경 이미지의 위치(background-position)와 크기(background-size)를 구분하는 역할을 합니다.

[코드 4-4] chapter_4 / 4-1_interactive / 01_interactive.css

```css
(...)
.image_wrap::before {
  content: "";
  position: absolute;
  left: 0;
  top: 0;
  z-index: 1;
  width: 100%;
  height: 100%;
  background: rgba(0, 0, 0, 0.4);
  transform: translateY(100%);
  transition: transform var(--duration);
  transition-timing-function: var(--bezier);
}
```

image_wrap 클래스의 ::before 가상 요소를 사용해 내부에 콘텐츠를 추가합니다. 가상 요소를 생성하려면 content 속성은 필수이며, 값은 빈 값이어도 됩니다. position: absolute로 설정해 image_wrap 클래스 위에 레이어가 존재하도록 합니다. background로 rgba(0, 0, 0, 0.4)를 적용해 배경을 어둡게 처리하여 상위 텍스트가 잘 보이도록 합니다.

위치를 이동시키는 transform 속성의 translate 기능을 통해 transform: translateY(100%)로 초기 위치를 화면 밖으로 설정하고 전환 효과를 발생시키는 transition 속성에 CSS 변수를 사용해 0.8초 동안 변화가 일어나도록 설정합니다. 또한, transition-timing-function으로 cubic-bezier 곡선을 적용해 애니메이션의 속도와 흐름을 제어합니다. transition-timing-function은 애니메이션의 시간에 따른 속도를 지정하는데 --bezier 변수를 가져와서 적용합니다. transition-timing-function은 linear, ease, ease-in 등의 일반적인 값 외에도, cubic-bezier(n, n, n, n)를 사용해 더 세밀한 제어가 가능합니다. n은 0과 1 사이의 값으로, 애니메이션의 중간 과정을 정밀하게 조절할 수 있어 독특하고 창의적인 효과를 만들 수 있습니다.

 CSS 작성 순서?

CSS 작성 시 일관된 속성 순서를 따르는 것이 중요합니다. 필자는 주로 content 속성부터 시작하여 display, position 속성을 작성한 후, 박스 모델 관련 속성들(width, height, margin, padding)을 배치합니다. 그 다음으로 background, border 등의 디자인 속성, color와 font-size 같은 텍스트 속성을 작성하고, 마지막으로 animation, transition, transform 등 UX 관련 속성들을 배치합니다. 이러한 순서는 개인이나 회사의 컨벤션에 따라 달라질 수 있지만, 중요한 것은 나름의 규칙을 정하고 일관되게 적용하는 것입니다. 이렇게 함으로써 긴 CSS 코드에서도 쉽게 원하는 속성을 찾아 수정할 수 있어 작업 효율을 높일 수 있습니다.

[코드 4-5] chapter_4 / 4-1_interactive / 01_interactive.css

```css
.image_wrap .texts {
  position: relative;
  z-index: 2;
  padding: 50px 20px 50px 50px;
  text-align: right;
}

.image_wrap .title {
  display: block;
  font-size: 30px;
  color: aliceblue;
  text-transform: uppercase;
  opacity: 0;
  transition: opacity var(--duration);
}

.image_wrap .details {
  margin-top: 20px;
  font-size: 18px;
  word-break: keep-all;
  line-height: 1.4;
  color: white;
  text-shadow: 2px 2px 1px rgba(0, 0, 0, 0.2);
  text-transform: uppercase;
  opacity: 0;
  transition: opacity var(--duration);
  transition-delay: var(--delay);
}
```

.image_wrap의 자식 요소로 존재하는 .texts, .title, .details에 대한 CSS를 작성합니다.

texts 클래스에 position 속성으로 relative 값을 작성하여 가상 요소 선택자 ::before 레이어 보다 위에 존재해서 텍스트가 가장 위에 배치되도록 z-index 속성의 값을 가상 요소 선택자에 작성한 1보다 높은 2로 설정합니다.

padding 속성을 위쪽, 오른쪽, 아래쪽, 왼쪽 순으로 적절하게 여백을 주어 텍스트가 길어지더라도 자연스럽게 여백 내에서 흐르도록 작성하고, text-align 속성을 right 값으로 작성해서 텍스트가 우측으로 정렬되어 나타나도록 합니다.

이 설정은 텍스트와 이미지가 조화롭게 배치되면서 사용자 경험을 고려한 깔끔한 레이아웃을 제공합니다.

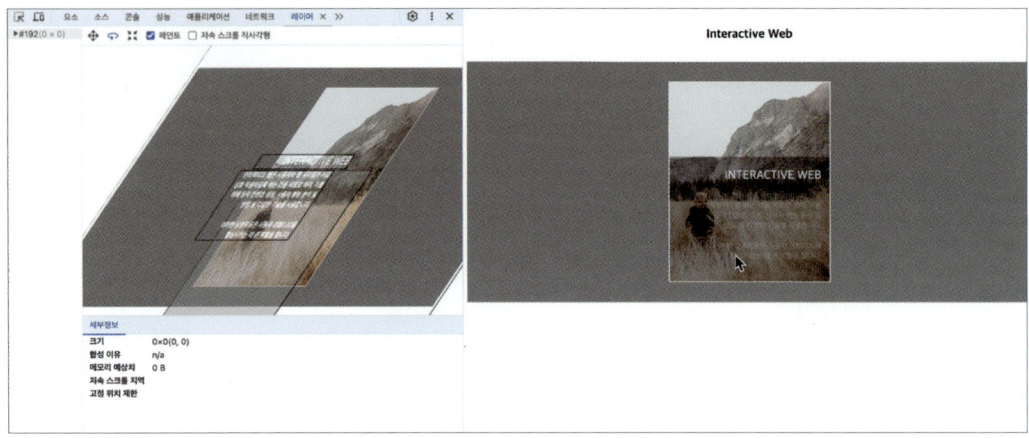

[그림 4-2] 이미지에 마우스를 올려 애니메이션 발생 시 크롬 개발자 도구의 "레이어" 탭에서 확인한 레이어의 순서

.title은 strong 요소로, 기본적으로 인라인 속성을 가집니다. 이를 display: block으로 변경하여 .details의 내용이 새 줄에서 시작되도록 합니다. 이는 HTML과 CSS의 역할 분담을 잘 보여주는 예시입니다. HTML에서는 검색 엔진 최적화를 위해 시맨틱 태그인 strong을 사용하여 문서의 구조와 의미를 전달합니다. 반면 CSS는 이러한 구조적 요소의 표현을 담당하여, 인라인 요소를 블록 요소로 변경하는 작업을 통해 스타일링합니다.

폰트 크기는 font-size: 30px로 설정하여 제목을 강조하고, text-transform: uppercase를 적용하여 모든 텍스트를 대문자로 변환합니다. 초기에는 opacity: 0으로 설정하여 요소를 숨기고 transition 속성을 사용하여 opacity 변화가 --duration 변수에 저장된 800ms(0.8초) 동안 일어나도록 해서 사용자 상호작용에 따라 제목이 부드럽게 나타나는 효과를 부여합니다.

.details에서는 .title과의 간격을 주기 위해 margin-top: 20px을 적용해서 박스 모델의 가장 바깥쪽에서 20px의 상단 여백을 만들어, 제목과 본문 텍스트 사이에 적절한 간격을 제공합니다.

텍스트 줄바꿈 처리를 위해 word-break: keep-all을 사용해서 각 문장이 단어 단위로 개행되도록 하여, 읽기 쉽고 자연스러운 텍스트 흐름을 만듭니다. 또한, line-height: 1.4를 적용하여 폰트 크기의 1.4배에 해당하는 행간을 설정해서 텍스트의 가독성을 높이고 시각적으로 편안한 레이아웃을 만드는 데 도움을 줍니다.

텍스트의 가시성을 높이기 위해 text-shadow 속성을 2px 2px 1px rgba(0, 0, 0, 0.2)로 설정하여, x축과 y축으로 2px 떨어진 위치에 1px의 번짐 효과를 가진 반투명한 검은색 그림자를 적용해서 텍스트를 배경으로부터 분리시켜 더 잘 보이게 만듭니다.

사용자의 주의를 순차적으로 이끌어 내용을 효과적으로 전달하기 위해 .details의 opacity를 초기에 0으로 설정하여 보이지 않게 하고 transition 속성을 .title과 동일하게 설정한 다음,

transition-delay: 0.3s를 적용하여 .title보다 0.3초 늦게 애니메이션이 시작되도록 해서 단계적 애니메이션을 보여주도록 합니다.

[코드 4-6] chapter_4 / 4-1_interactive / 01_interactive.css

```css
/* hover */
.image_wrap:hover {
  background-position: 100% bottom;
}

.image_wrap:hover::before {
  transform: translateY(0);
}

.image_wrap:hover .title,
.image_wrap:hover .details {
  opacity: 1;
}
```

지금까지 작성된 background, transform, opacity와 transition 속성들을 바탕으로 마우스 오버했을 때 해당 내용들을 변경되어 애니메이션이 발생하도록 해보겠습니다.

마우스 오버했을 때 상태를 변경해서 미리 작성된 transition 속성의 duration과 delay 값을 기반으로 애니메이션이 발생하게 됩니다.

.image_wrap에 마우스를 올리면 여러 변화가 동시에 일어나도록 background-position이 50% bottom에서 100% bottom으로 변경되도록 합니다. 이로 인해 배경 이미지가 오른쪽으로 부드럽게 이동하는 효과가 나타납니다. 이 움직임은 이전에 설정한 transition 속성 덕분에 부드러운 애니메이션으로 표현됩니다.

동시에, ::before 가상 요소에 적용된 검은색 반투명 오버레이의 위치가 변경되도록 합니다. transform: translateY(100%)에서 translateY(0)으로 전환되면서, 이 오버레이가 아래에서 위로 부드럽게 올라오는 모습을 볼 수 있습니다. 이 역시 미리 정의된 transition 속성으로 인해 자연스러운 움직임을 갖게 됩니다.

마지막으로, .title과 .details의 opacity가 0에서 1로 변경되도록 합니다. 이로 인해 텍스트 요소들이 서서히 나타나는 효과가 생깁니다. .details에 적용된 transition-delay로 인해 제목보다 약간 늦게 나타나는 계단식 효과도 볼 수 있습니다.

이 모든 변화가 동시에 일어나면서, 배경 이미지가 오른쪽으로 밀리고, 검은색 오버레이가 올라오며, 텍스트가 순차적으로 나타나는 인터랙티브한 애니메이션 효과가 만들어집니다. 각 요소의 transition 속성에 지정된 duration과 delay 값들이 이 애니메이션의 타이밍과 속도를 결정해서 자연스럽게 변화가 일어납니다.

[그림 4-3] 마우스 오버 시에 transition 속성에 따라 transform, background-position, opacity 애니메이션이 적용된 결과

4-2 레이아웃이 서서히 노출되도록 하기

4-1에서는 마우스를 올렸을 때 애니메이션을 적용하는 방법에 대해서 확인해보았습니다. 이번에는 CSS 속성을 활용하여 레이아웃이 서서히 노출되는 애니메이션 효과를 적용해보도록 하겠습니다.

CSS 변수(CSS Variables)

CSS 변수는 웹 개발에서 스타일 관리와 유지보수를 크게 개선하는 강력한 도구입니다. 자주 사용하는 스타일 값을 변수로 저장해 사용함으로써, 코드의 일관성을 유지하고 변경 사항을 쉽게 적용할 수 있습니다. 이는 특히 대규모 프로젝트에서 유용합니다. **CSS 변수**는 '--' 접두사를 사용하여 선언하고, **var(변수명)** 형식으로 사용합니다. 예를 들어, **--main-color: #3498db;**로 선언하고, **color: var(--main-color);**로 사용할 수 있습니다. 이러한 변수들은 주로 :root 선택자 내에서 전역 변수로 선언됩니다. :root는 대개 html 요소를 가리키며, 여기서 선언된 변수는 문서 전체에서 상속을 통해 사용될 수 있습니다. 하지만 필요에 따라 특정 선택자 내에서 지역 변수로 선언할 수도 있습니다.

CSS 변수 사용 시 폴백(fallback) 값을 지정할 수 있어, 변수가 정의되지 않았거나 지원되지 않는 환경에서도 대체 값을 사용할 수 있습니다. 예를 들어, var(--bg-color, red)와 같이 사용하면 --bg-color 변수를 사용할 수 없을 때 red 색상이 적용됩니다. 또한, JavaScript와의 연동을 통해 CSS 변수 값을 동적으로 변경할 수 있어, 애니메이션이나 인터랙티브한 요소를 쉽게 구현할 수 있습니다.

[코드 4-7] chapter_4 / 4-2_fade / 01_variables.html

```html
<body>
  (...)
  <main class="main">
    <h1 class="heading_1">Variables</h1>
    <section class="container">
      <div>DIV 요소</div>
```

```
        <p>P 요소</p>
    </section>
  </main>
  (...)
</body>
```

<p> 태그와 <div> 태그를 포함하고 있는 container 클래스를 부여한 <section> 태그를 작성하고 스타일을 작성해 보겠습니다.

[코드 4-8] chapter_4 / 4-2_fade / 01_variables.css

```
@charset "utf-8";

:root {
  --bg-color: #e8fff4;
  --text-color: #3a31ee;
  --border-color: #2ac0b3;

  --padding-size-10: 10px;
  --padding-size-20: 20px;
  --padding-size-30: 30px;

  --margin-size-10: 10px;
  --margin-size-20: 20px;
  --margin-size-30: 30px;
  --margin-size-40: 40px;
  --margin-size-50: 50px;
}

body {
  background-color: var(--bg-color);
  color: var(--text-color2, black);
}

.container {
  max-width: 1024px;
  margin: var(--margin-size-50) auto;
  padding: var(--padding-size-30);
  border: 3px solid var(--border-color);
  color: var(--text-color);
}
```

```css
.container * {
  margin: var(--padding-size-10);
}

.container p {
  color: var(--text-color2, red);
}
```

color: var(--text-color2, black)과 같이 사용하면, --text-color2 변수가 정의되지 않았을 때 검은색이 적용됩니다. .container의 전체 선택자에 대해서는 정의된 --text-color 변수 값인 #3a31ee가 적용되도록 하고, .container 내부의 p 요소에 대해서는 --text-color2 변수가 정의되지 않았으므로, 폴백 값인 빨간색이 적용됩니다.

 CSS 우선순위

CSS 우선순위는 여러 스타일 규칙이 동일한 요소에 적용될 때 어떤 스타일이 우선적으로 적용될지를 결정하는 중요한 개념입니다. 우선순위는 다음과 같습니다.

우선순위	선택자 유형	예시
1	!important 플래그	color: red !important;
2	인라인 스타일	<div style="color: blue;">
3	ID 선택자	#myId
4	클래스 선택자, 속성 선택자, 가상 클래스 선택자	.my_class, [data-value], :hover, :root
5	태그 선택자와 가상 요소 선택자	p, ::before, html
6	전체 선택자	*

[표 4-1] 선택자 우선 순위

동일한 우선순위를 가진 선택자들 사이에서는 나중에 선언된 스타일이 적용됩니다. 또한, 선택자의 명시도(specificity)도 우선순위에 영향을 미치며, 더 구체적인 선택자가 덜 구체적인 선택자보다 우선됩니다. 규칙을 이해하고 적절히 활용하면 CSS를 더 효과적으로 관리하고 예측 가능한 스타일을 작성할 수 있습니다.
현업에서는 우선순위 충돌을 방지하기 위해 주로 !important 사용을 자제하고 변경이 가능할 것 같은 요소 선택자보다는 클래스 선택자를 많이 사용하고, 서로 충돌이 났을 때는 나중에 선언된 스타일이 더 높은 우선순위를 갖게 되기 때문에 나중에 추가될 클래스를 위해서 명시도를 최소화해서 작성합니다.

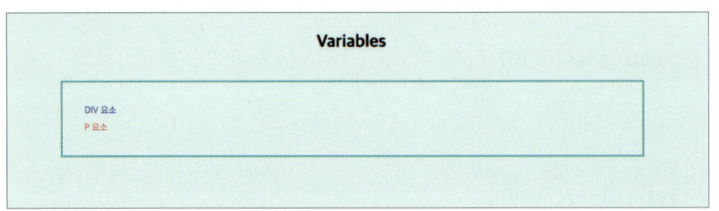

[그림 4-4] CSS 변수를 사용해서 color 값, background-color 값, border 값 등을 지정한 결과

CSS에서 변수를 활용하면 그림 4-4와 같이 반복되는 스타일을 변수로 할당하여 스타일을 한 번에 변경해야 할 때 변수 값만 수정하면 되므로 재사용성과 유지보수성이 크게 향상됩니다. 특히 대규모 프로젝트를 할 때 많은 도움이 될 것입니다.

Opacity, Visibility

CSS에서 요소의 가시성을 제어하는 주요 속성으로 **opacity, visibility, display**가 있습니다. opacity는 요소의 투명도를 0(완전 투명)에서 1(완전 불투명) 사이의 값으로 조절합니다. opacity를 0으로 설정해도 요소는 여전히 문서 흐름에서 공간을 차지하며 클릭이나 터치가 가능합니다. visibility 속성은 visible(보임)과 hidden(숨김) 값을 사용하여 요소의 노출 여부를 결정합니다. visibility: hidden으로 설정된 요소는 보이지 않지만 문서 흐름에서 공간을 유지합니다.

display 속성은 가장 강력한 제어를 제공하며, display: none으로 설정 시 요소는 문서 흐름에서 완전히 제거되어 공간을 차지하지 않고 DOM에서도 사라진 것처럼 처리됩니다. 이 세 속성은 각각 다른 상황에서 유용하게 사용되며, 때로는 함께 활용되어 복잡한 시각적 효과나 동적 레이아웃 변화를 만들어냅니다.

 opacity, visibility, display의 사용 방법?

- opacity: 페이드 인/아웃 효과나 반투명 오버레이 효과를 줄 때 사용
- visibility: 요소의 공간을 유지하면서 일시적으로 숨기고 싶을 때 사용
- display: 요소를 레이아웃에서 완전히 제거하고 싶을 때 사용

opacity와 visibility 속성은 웹 개발에서 요소를 제어하는 중요한 CSS 기법입니다. 이 두 속성을 조합하면 더 세밀한 요소 제어가 가능합니다. 주로 opacity를 이용해 1에서 0으로 변화하는 페이드 아웃 애니메이션을 구현할 때, visibility: hidden을 함께 적용합니다. 이렇게 하면 요소가 시각적으로 사라짐과 동시에 사용자의 상호작용(클릭, 터치 등)을 차단할 수 있습니다.

이 방법은 특히 인터랙티브한 웹 페이지에서 유용하게 활용됩니다. 예를 들어, 모달 창이나 툴팁 같은 요소를 자연스럽게 사라지게 하면서도, 사용자가 실수로 보이지 않는 요소와 불필요한 상호작용을 방지할 수 있습니다. 이는 사용자 경험을 향상시키고 의도치 않은 동작을 예방하는 데 도움이 됩니다.

[코드 4-9] chapter_4 / 4-2_fade / 02_opacity.html

```html
<body>
  (...)
  <main class="main">
    <h1 class="heading_1">Opacity & Visibility</h1>
    <section class="container">
      <div>
        <p>Opacity : 투명도를 결정하고 1이면 완전 불투명, 0이면 완전 투명을 말하는데, 요소가 투명하지만 클릭이나 터치가 가능하고, 문서의 흐름에서도 공간을 차지합니다.</p>
        <p>
          Visibility : 보이는지를 결정하는 속성으로 visible 속성과 hidden 속성으로 요소의 노출 여부를 결정할 수 있는데, 이 때에도 요소는 보이지 않지만 여전히 문서의 흐름에서 차지하는 공간은 유지가 됩니다.
        </p>
      </div>
    </section>
  </main>
  (...)
</body>
```

〈h1〉 헤딩 태그를 사용해서 제목을 작성하고, container 클래스 선택자로 〈section〉 태그를 만들고 그 내부에 〈div〉 태그를 작성한 후 텍스트를 입력합니다.

[코드 4-10] chapter_4 / 4-2_fade / 02_opacity.css

```css
@charset "utf-8";

:root {
  --bg-color: #e8fff4;
  --text-color: #3a31ee;
  --border-color: #2ac0b3;
  --duration: 2s;
}

@property --custom-opacity {
  syntax: '<number>';
  initial-value: 0;
  inherits: false;
}

@property --custom-visibility {
  syntax: 'visible | hidden';
  initial-value: hidden;
  inherits: false;
}

body {
  background-color: var(--bg-color);
}

.container {
  max-width: 1024px;
  margin: 30px auto;
  padding: 50px;
  border: 3px solid var(--border-color);
  color: var(--text-color);
  transition:
    opacity var(--duration),
    visibility var(--duration);
  opacity: var(--custom-opacity);
  visibility: var(--custom-visibility);
}

.heading_1:hover + .container {
  --custom-opacity: 1;
  --custom-visibility: visible;
}
```

```
.container p {
  padding: 15px 0;
  line-height: 1.8;
}
```

4-2_fade / 01.variables.css 내용을 그대로 복사하고 선언했던 margin 및 padding에 관한 변수들은 삭제한 후 --duration 변수를 선언하여 2초로 설정합니다.

animation, transition 등에 사용되는 이 단위는 초(seconds) 단위로 작성할 수도 있고, 700ms와 같이 밀리초(milliseconds)를 기준으로 작성할 수도 있습니다.

CSS의 새로운 기능인 **@property 규칙**은 사용자 정의 CSS 속성(변수)의 특성을 명시적으로 선언할 수 있게 해줍니다. 이를 통해 변수의 타입, 초깃값, 상속 여부 등을 세밀하게 제어할 수 있습니다. --custom-opacity라는 이름의 @property를 〈number〉 타입 속성으로 initial-value(초깃값)을 0으로 작성하고, inherits(상속)은 false(상속하지 않음)으로 작성합니다.

마찬가지로 --custom-visibility라는 이름의 @property 속성으로 visible |(또는) hidden 값이 지정될 수 있도록 하고, initial-value는 hidden 값으로 inherits 값은 false로 작성합니다. 스타일링에 있어서, body 요소에는 :root에 정의된 background-color 값을 적용하고 .container에는 width, margin, padding, color 그리고 border 속성을 작성합니다.

그리고 사용자 경험을 향상시키기 위해 transition 속성을 활용해서 opacity와 visibility에 대한 전환 효과를 추가하고, 전환 시간은 --duration 변수를 통해 일관되게 제어할 수 있도록 작성합니다. .heading_1 요소에 마우스를 올리면 해당 헤딩 요소 바로 다음에 위치한 요소의 --custom-opacity 값이 1로, --custom-visibility 값이 'visible'로 변경되어 요소가 부드럽게 나타나는 효과를 작성합니다.

[코드 4-11] @property를 사용하지 않고 구현한 예제

```
.container {
  ...
  transition: opacity var(--duration), visibility var(--duration);
  opacity: 0;
  visibility: hidden;
}
```

```
.heading_1:hover + .container {
  opacity: 1;
  visibility: visible;
}
```

이러한 기능들은 예제처럼 @property를 사용하지 않고도 구현이 가능하지만, @property를 활용함으로써 속성의 특성을 보다 명확하고 강력하게 정의할 수 있다는 점이 있어 코드의 가독성을 높이고, 예측 가능한 동작을 보장하는 데 도움을 줍니다.

 @property 속성

@property 속성은 chrome 85 버전인 2020년 8월 25일, safari 16.4 버전인 2023년 3월 27일, 안드로이드 브라우저의 경우 2023년 7월 25일, 파이어폭스 브라우저 경우에는 2023년 9월 26일 적용됩니다.
Can I Use 사이트에서 확인을 해보면 현재 81.95%로 높은 점유율을 가지고 있고, @property 속성은 CSS의 형식과 초깃값을 지정하는 데 사용됩니다.
CSS 변수와 함께 사용되어 해당 변수의 변화를 조금 더 편리하게 사용할 수 있도록 정의하고 사용하는 속성입니다.

[코드] @property를 활용한 --text-color 변수 사용 예제와 초깃값 설정

```
@property --text-color {
  syntax: '<color>';
  inherits: false;
  initial: rgba(0, 0, 0, 0.3);
}

body {
  --text-color: blue;
}
```

해당 예제에서 --text-color 변수는 <color> 유형으로 정의되고 초깃값은 rgba(0, 0, 0, 0.3)으로 설정됩니다.

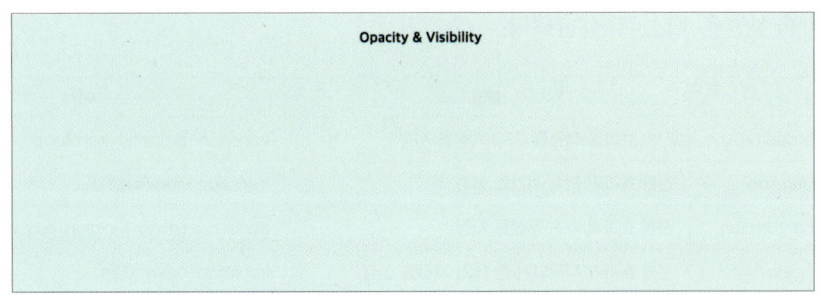

[그림 4-5] @property 속성을 사용한 opacity와 visibility 속성을 변경하는 애니메이션이 적용되기 전 결과

그림 4-5의 헤딩 요소인 Opacity & Visibility에 마우스를 올리면 애니메이션 효과가 나타나는 것을 확인할 수 있습니다.

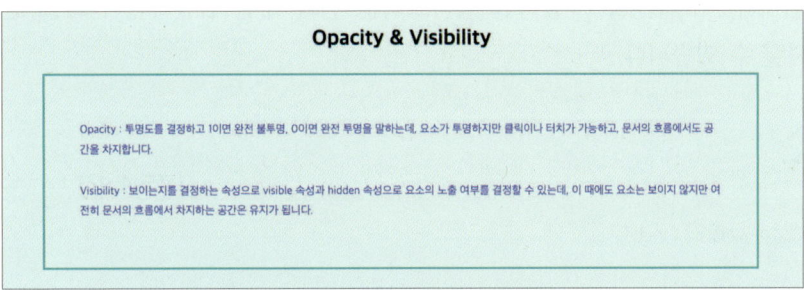

[그림 4-6] 그림 4-5에서 마우스 오버했을 때 애니메이션이 나타나는 결과

Transition

transition 속성은 UI의 한 상태에서 다른 상태로 변화가 일어날 때, 변화를 시각적으로 부드럽게 보여주기 위해서 사용됩니다.

사용자 경험(UX)을 향상시키기 위해 특정 요소를 시각적으로 강조하거나 주목도를 높일 때 자주 사용되는 속성입니다.

transition의 속성들은 다음과 같습니다.

속성	설명	예시
transition-property	전환 효과를 적용할 CSS 속성을 지정	transition-property: transform;
transition-duration	전환 효과의 지속 시간을 설정	transition-duration: 0.8s;
transition-timing-function	전환 효과의 속도 곡선을 지정	transition-timing-function: ease-in-out;
transition-delay	전환 효과가 시작되기 전 대기 시간을 설정	transition-delay: 0.2s;
transition	위의 모든 속성을 한 번에 지정하는 단축 속성	transition: transform 0.8s ease-in-out 0.2s;

[표 4-2] transition 속성

표 4-2와 같이 transition 속성은 CSS에서 요소의 속성 값이 변할 때 부드러운 전환 효과를 제공하는 속성입니다. 이 속성을 사용하면 갑작스러운 변화 대신 점진적인 변화를 만들어 사용자 경험을 향상시킬 수 있습니다.

[코드 4-12] transition 속성 사용 예제

```css
/* transition-property */
.target {
  transition-property: transform, opacity, background-color;
}

/* transition-duration */
.target {
  transition-duration: 0.3s;
}

/* transition-delay */
.target {
  transition-delay: 300ms;
}

/* transition-timing-function */
.target {
  transition-timing-function: ease-in-out;
}

/* transition */
.target {
  transition: transform .3s ease-in-out 3s;
}
```

코드 4-12를 위에서부터 살펴보면, transition-property는 transition 효과를 적용할 CSS 속성을 지정합니다. 특정 속성들을 개별적으로 나열할 수 있고, 모든 속성에 전환 효과를 적용하고 싶을 때는 'all' 키워드를 사용할 수 있습니다.

transition-duration는 전환 효과가 완료되는데 걸리는 시간을 지정합니다. 시간은 초(s) 또는 밀리초(ms) 단위로 설정할 수 있습니다.

transition-delay는 전환 효과가 시작되기 전의 대기 시간을 지정합니다. 이 역시 초(s) 또는 밀리초(ms) 단위로 설정할 수 있습니다.

transition-timing-function는 전환 효과의 속도 변화를 제어합니다. cubic-bezier 곡선을 기반으로 하며, 다양한 미리 정의된 값들을 제공합니다. 대표적인 값으로는 ease(기본값), linear, ease-in, ease-out, ease-in-out 등이 있으며, cubic-bezier() 함수를 사용하여 커스텀 속도 곡선을 정의할 수도 있습니다.

이러한 개별 속성들은 transition이라는 단축 속성을 통해 한 번에 설정할 수 있습니다. 단축 속성을 사용할 때, property, duration, timing-function, delay 순서로 값을 지정합니다.

자, 이제 속성에 대한 내용들을 살펴보았으니 적용되는 예제를 작성해 봅시다.

[코드 4-13] chapter_4 / 4-2_fade / 03_transition.html의 〈head〉 태그 내부

```html
(...)
<head>
  (...)
  <link rel="stylesheet" href="../../public/css/reset.css" />
  <link rel="stylesheet" href="../../public/css/common.css" />
  <link rel="stylesheet" href="../../public/css/chapter_4/4-2_fade/03_transition.css" />
  <script>
    function toggleActive(e) {
      const $currentArticle = e.currentTarget.parentElement.parentElement;
      $currentArticle.classList.toggle('active');
    }
  </script>
</head>
(...)
```

이번 과제에서는 〈script〉 태그를 사용하여 간단한 JavaScript 함수를 미리 정의합니다. 이 함수는 버튼을 클릭했을 때, 해당 버튼의 상위 요소(parentElement)를 거슬러 올라가 두 단계 위의 요소에 'active' 클래스를 토글(추가/제거)하는 기능을 수행합니다.

JavaScript와 DOM API에 대해서는 5장에서 자세히 다룰 예정이므로, 지금은 이러한 기능을 하는 함수가 있다는 점만 이해하고 넘어가도 좋습니다.

[코드 4-14] chapter_4 / 4-2_fade / 03_transition.html

```html
<body>
 (...)
 <section class="container">
   <h2>Transition Examples</h2>
   <article class="opacity">
     <div class="head">
       <h3>opacity</h3>
       <button type="button" onclick="toggleActive(event)">Active</button>
     </div>
     <div class="body">
       <span class="ease" data-transition>ease</span>
       <span class="ease-in" data-transition>ease-in</span>
       <span class="ease-out" data-transition>ease-out</span>
       <span class="cubic" data-transition>bezier</span>
     </div>
   </article>
   <article class="translate">
     <div class="head">
       <h3>transform - translate</h3>
       <button type="button" onclick="toggleActive(event)">Active</button>
     </div>
     <div class="body">
       <span class="ease" data-transition>ease</span>
       <span class="ease-in" data-transition>ease-in</span>
       <span class="ease-out" data-transition>ease-out</span>
       <span class="cubic" data-transition>bezier</span>
     </div>
   </article>
   <article class="rotate">
     <div class="head">
       <h3>transform - rotate</h3>
       <button type="button" onclick="toggleActive(event)">Active</button>
     </div>
     <div class="body">
       <span class="ease" data-transition>ease</span>
       <span class="ease-in" data-transition>ease-in</span>
       <span class="ease-out" data-transition>ease-out</span>
       <span class="cubic" data-transition>bezier</span>
     </div>
```

```html
      </article>
      <article class="scale">
        <div class="head">
          <h3>transform - scale</h3>
          <button type="button"
onclick="toggleActive(event)">Active</button>
        </div>
        <div class="body">
          <span class="ease" data-transition>ease</span>
          <span class="ease-in" data-transition>ease-in</span>
          <span class="ease-out" data-transition>ease-out</span>
          <span class="cubic" data-transition>bezier</span>
        </div>
      </article>
    </section>
    (...)
  </body>
```

미리 선언했던 함수를 각각의 〈button〉 태그에 onclick 속성을 사용해서 적용합니다.

애니메이션 효과를 적용하기 위해서 클래스 선택자 opacity, translate, rotate, scale을 〈article〉 태그에 클래스로 각각 작성합니다. 그리고 body 클래스가 선택자가 적용된 div 요소 내부에 data-transition 속성과 ease, ease-in, ease-out, cubic 클래스를 작성해서 CSS 선택자로 활용할 수 있고 transition-timing-function 속성으로도 사용할 수 있도록 합니다.

[코드 4-15] chapter_4 / 4-2_fade / 03_transition.css

```css
@charset "utf-8";

:root {
  --bg-color: #e8fff4;
  --border-color: #2ac0b3;
  --duration: 1.4s;
  --box-width: 80px;
  --box-height: 40px;
  --box-color: #ffe560;
  --heading2-size: 26px;
  --heading3-size: 22px;
}
```

```css
body {
  background-color: var(--bg-color);
}

.container {
  max-width: 1024px;
  margin: 30px auto;
  padding: 50px;
  border: 3px solid var(--border-color);
}

.container h2 {
  margin-bottom: 10px;
  font-size: var(--heading2-size);
}

.container h3 {
  font-size: var(--heading3-size);
}

.container article {
  margin-bottom: 20px;
  border: 2px solid var(--border-color);
}

.container article span {
  display: flex;
  align-items: center;
  justify-content: center;
  width: var(--box-width);
  height: var(--box-height);
  margin: 20px;
  background-color: var(--box-color);
  border: 1px solid var(--border-color);
}

.container .head {
  display: flex;
  align-items: center;
  justify-content: space-between;
  padding: 10px 20px 0;
}

.container .head button {
  cursor: pointer;
  width: 80px;
```

```css
  height: 30px;
  background-color: sandybrown;
  color: #fff;
  text-align: center;
}

.container .body {
  display: flex;
  align-items: center;
}

.ease {
  transition-timing-function: ease;
}

.ease-in {
  transition-timing-function: ease-in;
}

.ease-out {
  transition-timing-function: ease-out;
}

.cubic {
  transition-timing-function: cubic-bezier(0.91, 0.45, 0.14, 0.69);
}

[data-transition] {
  transition-duration: var(--duration);
  transition-property: all;
}

.opacity [data-transition] {
  opacity: 0;
}

.translate [data-transition] {
  transform: translateX(0);
}

.rotate [data-transition] {
  transform: rotateY(0);
}
```

```css
.scale [data-transition] {
  transform: scale(0.7);
}

.opacity.active [data-transition] {
  opacity: 1;
}

.translate.active [data-transition] {
  transform: translateX(100%);
}

.rotate.active [data-transition] {
  transform: rotateY(180deg);
}

.scale.active [data-transition] {
  transform: scale(1.3);
}
```

03_transition.css 파일을 생성하고 전체 예제를 참고하여 스타일을 하나씩 작성하며 완성해 보겠습니다.

[코드 4-16] chapter_4 / 4-2_fade / 03_transition.css

```css
:root {
  --bg-color: #e8fff4;
  --border-color: #2ac0b3;
  --duration: 1.4s;
  --box-width: 80px;
  --box-height: 40px;
  --box-color: #ffe560;
  --heading2-size: 26px;
  --heading3-size: 22px;
}
```

우선 :root 선택자에 대해서 변수들을 작성합니다. --duration으로 transition-duration에 대해서 적용하게 될 초를 설정, 각 예제들의 box-width, box-height를 설정하고, box-color와 heading 2레벨 요소와 3레벨 요소에 대한 폰트 사이즈를 각각 작성합니다.

[코드 4-17] chapter_4 / 4-2_fade / 03_transition.css

```css
(...)
body {
  background-color: var(--bg-color);
}

.container {
  max-width: 1024px;
  margin: 30px auto;
  padding: 50px;
  border: 3px solid var(--border-color);
}

.container h2 {
  margin-bottom: 10px;
  font-size: var(--heading2-size);
}

.container h3 {
  font-size: var(--heading3-size);
}
```

body 요소에 대해 background-color 속성을 작성하고, .container 요소에 max-width를 1024px로 작성한 후 가운데로 배치하기 위해서 margin 속성을 30px auto로 작성합니다. 콘텐츠 내부에 여백을 부여하기 위해서 padding 속성을 작성하고 border 속성으로 3px 두께의 테두리를 만듭니다.

.container 내부에 있는 h2(헤딩요소 레벨 2), h3(헤딩요소 레벨3)에 대해서 각각 font-size 속성 값을 미리 선언한 변수 값으로 작성합니다.

[코드 4-18] chapter_4 / 4-2_fade / 03_transition.css

```css
(...)
.container article {
  margin-bottom: 20px;
  border: 2px solid var(--border-color);
}

.container article span {
  display: flex;
  align-items: center;
```

```css
    justify-content: center;
    width: var(--box-width);
    height: var(--box-height);
    margin: 20px;
    background-color: var(--box-color);
    border: 1px solid var(--border-color);
  }

  .container .head {
    display: flex;
    align-items: center;
    justify-content: space-between;
    padding: 10px 20px 0;
  }

  .container .head button {
    cursor: pointer;
    width: 80px;
    height: 30px;
    background-color: sandybrown;
    color: #fff;
    text-align: center;
  }

  .container .body {
    display: flex;
    align-items: center;
  }
```

.container 내부에 있는 여러 article 요소에 대해 약간의 여백을 각각 주기 위해서 margin-bottom 속성의 값을 20px로 작성합니다.

border로 테두리 스타일을 작성하고 각 아이템 요소들 내부의 텍스트도 가운데로 배치하기 위해서 flex 속성, align-items, justify-content를 center로 작성합니다.

각 요소의 width, height 속성도 변수를 활용하여 작성하고, 가장 위쪽 .head 내부에 제목과 버튼을 justify-content 속성을 space-between으로 값을 지정해서 양쪽 제일 끝으로 붙어서 나타나도록 스타일을 작성합니다. 그리고 padding으로 상단, 좌우, 하단 여백을 지정합니다.

button 요소에 대해서 cursor 속성을 pointer로 작성해서 손가락 모양으로 나타나게 하고 width와 height를 작성해서 버튼을 누를 수 있는 크기로 만듭니다.

.body 내부에도 display: flex를 작성해서 옆으로 나란히 나타나도록 합니다.

[코드 4-19] chapter_4 / 4-2_fade / 03_transition.css

```css
(...)
.ease {
  transition-timing-function: ease;
}

.ease-in {
  transition-timing-function: ease-in;
}

.ease-out {
  transition-timing-function: ease-out;
}

.cubic {
  transition-timing-function: cubic-bezier(0.91, 0.45, 0.14, 0.69);
}
```

ease, ease-in, ease-out, cubic 클래스 선택자에 대해 각각 transition-timing-function을 적절하게 작성하고 .cubic은 cubic-bezier 곡선 값으로 작성합니다.

 Cubic Bezier 곡선이란?

cubic-bezier 곡선은 CSS animation, transition 효과의 속도 곡선을 정의할 때 사용하는 함수입니다.
이 함수는 네 개의 점을 사용하여 곡선을 생성하고 애니메이션의 시작과 끝 사이의 속도 변화를 제어하는데, 이를 사용해 세밀하게 애니메이션의 가속도를 정의할 수 있습니다.
기본적으로 제공되는 ease, linear, ease-in, ease-out, ease-in-out과 같은 속도 곡선 외의 효과를 커스텀하여 나타낼 수 있고 이는 웹 페이지에 생동감과 사용자 경험을 향상시키는 효과가 있습니다.

cubic-bezier 곡선을 커스텀하기 위해 크롬 개발자 도구에서 곡선을 조절하면 해당 값으로 작성할 수 있습니다. cubic-bezier 곡선의 값을 바꿔가면서 어떤 가속도에 따라서 애니메이션이 나타나게 되는지 확인해 보세요.

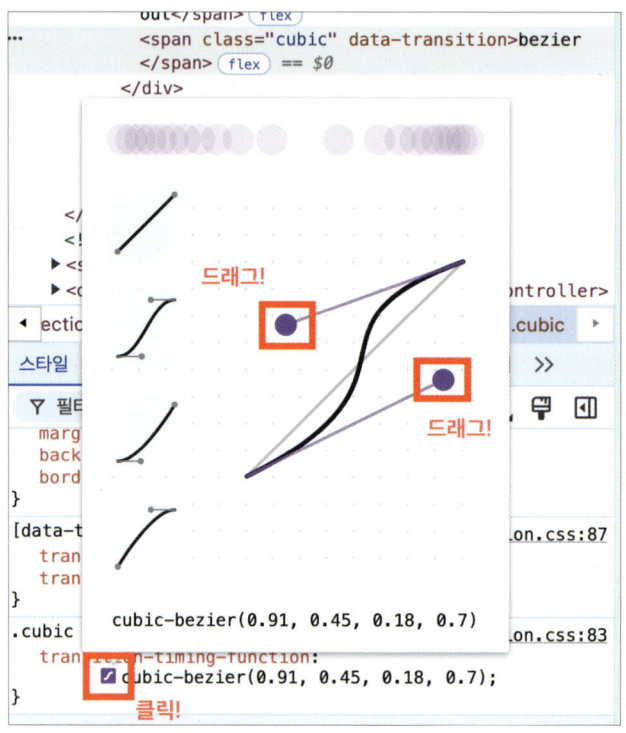

[그림 4-7] 크롬 개발자 도구를 활용해서 cubic-bezier 곡선의 가속도를 조절

[코드 4-20] chapter_4 / 4-2_fade / 03_transition.css

```css
(...)
[data-transition] {
  transition-duration: var(--duration);
  transition-property: all;
}

.opacity [data-transition] {
  opacity: 0;
}

.translate [data-transition] {
  transform: translateX(0);
}

.rotate [data-transition] {
  transform: rotateY(0);
}

.scale [data-transition] {
  transform: scale(0.7);
}

.opacity.active [data-transition] {
  opacity: 1;
}

.translate.active [data-transition] {
  transform: translateX(100%);
}

.rotate.active [data-transition] {
  transform: rotateY(180deg);
}

.scale.active [data-transition] {
  transform: scale(1.3);
}
```

[data-transition] 속성 선택자를 사용해 transition-duration을 --duration 변수의 값으로 작성하고 transition-property에 여러 가지 속성을 동시에 적용할 수 있는 all 값을 작성합니다.

그리고 각각의 클래스 opacity, translate, rotate, scale에 대해서 변화하기 전의 기본값을 작성하고, JavaScript toggleActive 함수가 실행됨에 따라 active 클래스 선택자가 추가되었을 때 변화되는 값에 대해 작성합니다.

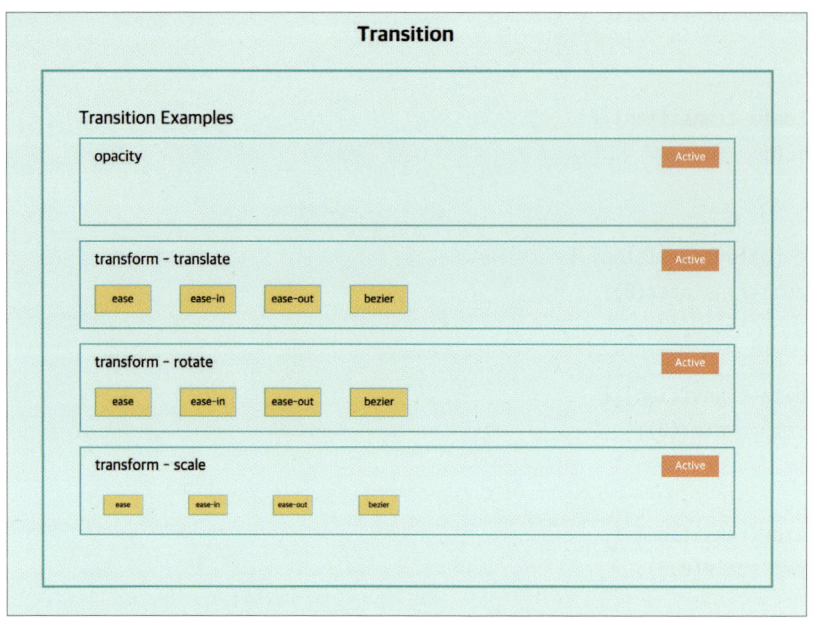

[그림 4-8] 각각의 Active 버튼을 클릭하면 애니메이션 효과가 적용되고 해제됨

각각의 "Active" 버튼을 클릭하면 JavaScript 함수의 이벤트가 발생해서 active 클래스가 추가되거나 제거됩니다. 이에 따라 요소에 정의된 transform, opacity 애니메이션 효과가 transition-timing-function의 가속도에 따라 나타나거나 사라지게 됩니다.

4-3 카드 목록에서의 애니메이션

이번에는 카드 목록 UI를 만들고 마우스를 올렸을 때(:hover), 키보드 탭으로 포커스를 받을 때(:focus), 누르고 있는 동안(:active) 애니메이션 효과가 나타나도록 해보겠습니다.

Hover, Focus, Active

마우스를 UI 요소에 올렸을 때 CSS에서는 **:hover** 가상 클래스 선택자로 스타일링을 할 수 있습니다. 또 a 요소나 button 요소 또는 tabindex 속성을 가진 요소들 간에 키보드 탭(Tab)키를 활용해서 이전, 이후 요소로 이동을 할 수 있습니다.

이는 키보드 만으로 콘텐츠를 이용할 수 있도록 하는 웹 접근성과도 관련이 있는데 이때, **:focus** 가상 클래스 선택자를 활용해서 요소에 포커싱된 시점으로 스타일을 작성할 수 있습니다.

또한, 마우스나 키보드로 특정 요소를 누르고 있는 동안 **:active** 가상 클래스 선택자를 사용해서 효과를 발생시킬 수 있습니다.

:hover, :focus, :active 가상 클래스 선택자를 활용하는 방법들에 대해서 실습하겠습니다.

[코드 4-21] chapter_4 / 4-3_card / 01_hover_focus_active.html

```html
<body>
  (...)
  <main class="main">
    <h1 class="heading_1">Hover, Focus, Active</h1>
    <ol class="container">
      <li data-type="hover"><button type="button">Hover</button></li>
      <li data-type="focus"><button type="button">Focus</button></li>
      <li data-type="active"><button type="button">Active</button></li>
```

```
    </ol>
  </main>
  (...)
</body>
```

〈ol〉(순서가 있는 리스트, ordered list) 태그를 사용해서 〈li〉 태그들을 감싸고 각 〈li〉 태그들에 class가 아닌 data-type 속성을 추가해서 각 효과를 구분해 보겠습니다.

또한, 〈li〉 태그의 자식 태그로 〈button〉 태그를 추가해서 포커스했을 때 각 태그에 포커스 효과를 설정합니다.

[코드 4-22] chapter_4 / 4-3_card / 01_hover_focus_active.css

```css
@charset "utf-8";

:root {
  --bg-color: #e8fff4;
  --text-color: #3a31ee;
  --border-color: #2ac0b3;
  --duration: 700ms;
  --hover-color: white;
  --hover-bg-color: rgb(133, 154, 144);
  --focus-color: rgb(255, 225, 170);
  --focus-bg-color: rgb(14, 115, 255);
  --active-color: rgb(72, 246, 52);
  --active-bg-color: rgb(148, 55, 255);
}

body {
  background-color: var(--bg-color);
}

.container {
  display: flex;
  align-items: center;
  justify-content: space-between;
  max-width: 1024px;
  margin: 50px auto;
  padding: 30px;
  border: 3px solid var(--border-color);
  color: var(--text-color);
}
```

```css
.container li {
  width: 100px;
  height: 100px;
  border: 2px solid var(--border-color);
}

.container li button {
  display: flex;
  align-items: center;
  justify-content: center;
  width: 100%;
  height: 100%;
  background-color: transparent;
  transition: background-color var(--duration), color var(--duration);
}

.container li[data-type="hover"] button:hover {
  color: var(--hover-color);
  background-color: var(--hover-bg-color);
}

.container li[data-type="focus"] button:focus {
  color: var(--focus-color);
  background-color: var(--focus-bg-color);
}

.container li[data-type="active"] button:active {
  color: var(--active-color);
  background-color: var(--active-bg-color);
}
```

01_hover_focus_active.css 파일을 생성해서 전체 코드를 참고해서 하나씩 스타일을 작성해 보겠습니다.

[코드 4-23] chapter_4 / 4-3_card / 01_hover_focus_active.css

```css
:root {
  --bg-color: #e8fff4;
  --text-color: #3a31ee;
  --border-color: #2ac0b3;
  --duration: 700ms;
  --hover-color: white;
```

```css
    --hover-bg-color: rgb(133, 154, 144);
    --focus-color: rgb(255, 225, 170);
    --focus-bg-color: rgb(14, 115, 255);
    --active-color: rgb(72, 246, 52);
    --active-bg-color: rgb(148, 55, 255);
}
```

먼저, :root 가상 클래스 선택자에 변수들을 사용해서 transition-duration과 :hover, :focus, :active 가상 클래스에 사용할 color와 background-color를 추가합니다.

[코드 4-24] chapter_4 / 4-3_card / 01_hover_focus_active.css

```css
(...)
.container li {
    width: 100px;
    height: 100px;
    border: 2px solid var(--border-color);
}

.container li button {
    display: flex;
    align-items: center;
    justify-content: center;
    width: 100%;
    height: 100%;
    background-color: transparent;
    transition: background-color var(--duration), color var(--duration);
}
```

.container에 레이아웃을 가운데로 정렬하기 위한 스타일을 작성하고, 그 자식 태그인 〈li〉 태그를 100px 정사각형의 모양으로 만들고 border 속성으로 테두리를 그립니다.

〈button〉 태그에 대해서 flex 레이아웃으로 텍스트를 상하, 좌우 가운데 위치시키고 100px인 부모 요소를 기준으로 width, height를 100%로 작성합니다. background-color를 transparent(투명) 값으로 초기화하고 transition 속성의 값으로 background-color와 color 속성을 CSS 변수를 사용해서 transition-duration으로 700ms(0.7초)의 전환 효과를 부여합니다.

[코드 4-25] chapter_4 / 4-3_card / 01_hover_focus_active.css

```css
(...)
.container li[data-type="hover"] button:hover {
  color: var(--hover-color);
  background-color: var(--hover-bg-color);
}

.container li[data-type="focus"] button:focus {
  color: var(--focus-color);
  background-color: var(--focus-bg-color);
}

.container li[data-type="active"] button:active {
  color: var(--active-color);
  background-color: var(--active-bg-color);
}
```

마지막으로 data-type 속성으로 각각 :hover, :focus, :active 가상 클래스 선택자를 활용해서 변수로 저장했던 color와 background-color를 할당해서 각 클래스 선택자의 조건에 맞게 전환 효과가 나타나도록 합니다.

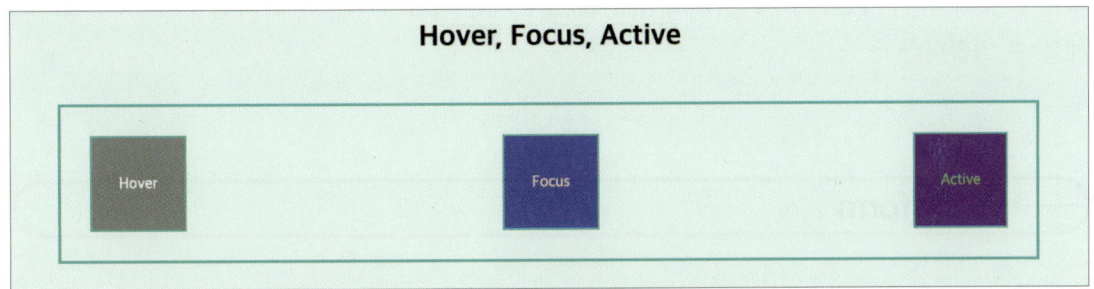

[그림 4-9] :hover, :focus, :active를 활용한 효과를 적용한 결과

Hover라고 적힌 박스 요소에 마우스를 올리게 되면 나타나는 효과, Focus라고 되어있는 박스 요소에 키보드 탭 포커스나 마우스로 포커싱했을 때 발생하는 효과, Active라고 되어있는 박스 요소에 마우스로 요소를 누르고 있을 때 발생하는 효과들이 각각 잘 발생하나요?

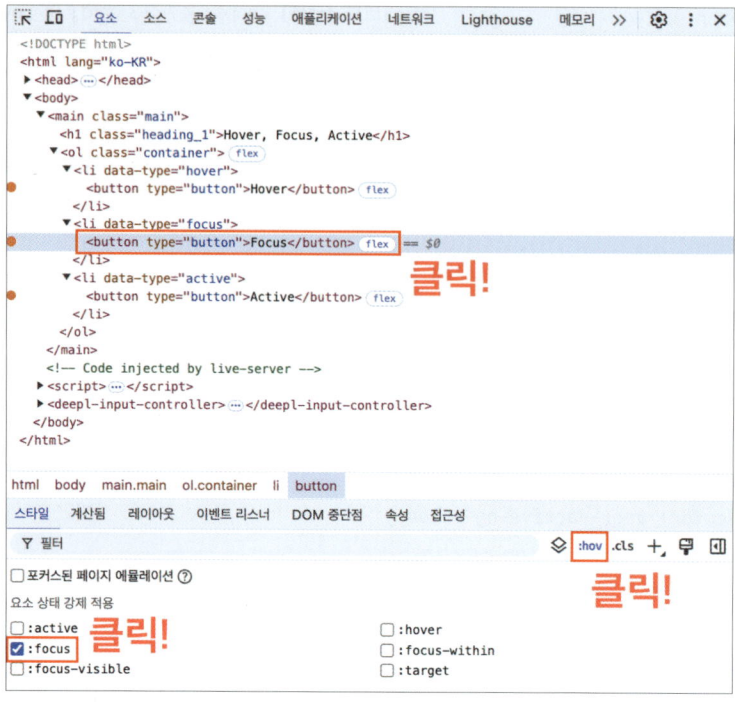

[그림 4-10] :hover, :focus, :active를 가상으로 테스트하는 방법

그림 4-10과 같이 개발자 도구의 :hov 옵션을 활용하면 각각의 요소의 효과를 가상으로 테스트해볼 수 있습니다.

Transform

transform 속성은 영어 단어 뜻과 같이 요소의 시각적 형태를 변형하는 데 사용되는 중요한 속성입니다. 이 속성을 통해 요소를 **이동**(translate), **크기 조절**(scale), **회전**(rotate), **기울이기**(skew) 등 다양한 방식으로 변형할 수 있습니다.

함수	설명	예시
translate(x,y)	요소를 X축과 Y축으로 이동	transform: translate(50px, 100px);
scale(x,y)	요소의 크기를 X축과 Y축으로 조절	transform: scale(1.5, 2);
rotate(angle)	요소를 지정된 각도만큼 회전	transform: rotate(45deg);
skew(x-angle,y-angle)	요소를 X축과 Y축으로 기울임	transform: skew(20deg, 10deg);
matrix()	2D 변환을 위한 6개의 값을 포함하는 변환	transform: matrix(1, -0.2, 0, 1, 0, 0);
perspective(n)	3D 변환된 요소에 대해 원근감을 제공	transform: perspective(100px);

[표 4-3] transform 속성들

표 4-3과 같이 transform 속성은 HTML 요소에 2D 또는 3D 변형을 적용할 수 있게 해주는 CSS 속성입니다. 다음과 같이 여러 속성을 한 번에 사용할 수도 있습니다.

[코드 4-26] transform의 여러 속성들을 함께 사용하는 예제

```css
.example {
  transform: translate(50px, 50px) rotate(45deg) scale(1.5);
}
```

이제, 카드 리스트를 만들고 각각의 카드 위에 마우스를 올리게 되면, 카드가 회전하도록 만들어 보도록 하겠습니다.

[코드 4-27] chapter_4 / 4-3_card / 02_transform.html

```html
<body>
(...)
<ol class="container">
  <li class="card">
    <a href="https://www.google.com" target="_blank" rel="noopener noreferrer" class="card_inner">
      <div class="card_front"></div>
      <div class="card_back">
        <strong class="title text_shadow_neon">Card Flip</strong>
        <p class="desc">
          Lorem ipsum dolor sit amet consectetur adipisicing elit. Aspernatur, vero vitae. Ducimus, quibusdam dicta! Eligendi porro repudiandae adipisci labore laborum ullam, corrupti et sint dolor dignissimos. Suscipit ut architecto tenetur.
        </p>
      </div>
    </a>
  </li>
  <li class="card">
    <a href="https://www.google.com" target="_blank" rel="noopener noreferrer" class="card_inner">
      <div class="card_front"></div>
      <div class="card_back">
        <strong class="title text_shadow_neon">Card Effect</strong>
        <p class="desc">
          Lorem ipsum dolor sit amet consectetur adipisicing elit. Aspernatur, vero vitae. Ducimus, quibusdam dicta! Eligendi porro repudiandae adipisci labore laborum ullam, corrupti et sint dolor dignissimos. Suscipit ut architecto tenetur.
```

```html
                </p>
            </div>
        </a>
    </li>
    <li class="card">
        <a href="https://www.google.com" target="_blank" rel="noopener noreferrer" class="card_inner">
            <div class="card_front"></div>
            <div class="card_back">
                <strong class="title text_shadow_neon">Card Effect</strong>
                <p class="desc">
                    Lorem ipsum dolor sit amet consectetur adipisicing elit. Aspernatur, vero vitae. Ducimus, quibusdam dicta! Eligendi porro repudiandae adipisci labore laborum ullam, corrupti et sint dolor dignissimos. Suscipit ut architecto tenetur.
                </p>
            </div>
        </a>
    </li>
  </ol>
  (...)
</body>
```

우선, ⟨li⟩ 태그에 card 클래스를 부여하고 내부에 각각 card_inner 클래스 선택자를 가진 ⟨a⟩ 태그를 생성합니다. ⟨a⟩ 태그의 링크 속성(href)을 구글 홈페이지로 이동하도록 하고 내부 태그들을 감싸서 카드가 앞면에서 뒷면으로 회전해도 링크 이동이 되도록 합니다. 또한, target 속성을 "_blank"로 하여 새 창으로 페이지가 열리도록 합니다. 이동한 페이지에서 opener 객체나 HTTP Referer 헤더에 접근되지 않도록 하기 위해서 rel 속성을 작성합니다.

그리고 내부에 ⟨div⟩ 태그를 추가하고 card_front와 card_back 클래스를 각각 카드의 앞면과 뒷면 레이아웃으로 나누어 작성합니다. card_front 클래스 선택자에는 배경으로 이미지를 보여주기 위해서 태그 내용은 비워두고, card_back 클래스 선택자에는 ⟨strong⟩ 태그와 ⟨p⟩ 태그를 추가해서 카드의 제목과 설명을 작성합니다.

텍스트에 네온 효과의 스타일을 작성하기 위해 text_shadow_neon 클래스를 별도로 작성해 둡니다.

<a> 태그의 "rel" 속성?

<a> 태그의 rel 속성은 보안 이슈를 해결할 수 있고, 검색 엔진 최적화를 통해서 사용자 경험을 향상시킬 수도 있는 중요한 속성입니다.

rel 속성 값	설명	주요 사용 목적
nofollow	검색 엔진에게 이 링크를 따라가지 않도록 지시	SEO, 신뢰할 수 없는 콘텐츠 링크
noopener	새 탭에서 window.opener 객체 접근 방지	보안, 피싱 공격 방지
noreferrer	noopener 기능 포함, HTTP Referer 정보 전달 방지	보안, 개인정보 보호
sponsored	유료 또는 스폰서 링크임을 검색 엔진에 명시	SEO, 광고 링크 표시
ugc	사용자 생성 콘텐츠 (User Generated Content) 링크 표시	SEO, 콘텐츠 출처 명시

[표 4-4] <a> 태그의 rel 속성들

[코드] <a> 태그의 다양한 rel 속성

```html
<!-- 1. nofollow: 검색 엔진에 링크를 따라가지 말라고 지시 -->
<a href="https://example.com" rel="nofollow">미확인 콘텐츠 링크</a>

<!-- 2. noopener: 새 탭에서 window.opener 접근 방지 -->
<a href="https://example.com" target="_blank" rel="noopener">안전한 새 탭 링크</a>

<!-- 3. noreferrer: HTTP Referer 정보 전달 방지 -->
<a href="https://example.com" rel="noreferrer">Referer 정보 없는 링크</a>

<!-- 4. 복합 사용: 보안과 SEO를 모두 고려한 외부 링크 -->
<a href="https://www.google.com" target="_blank" rel="nofollow noopener noreferrer">구글로 이동</a>
```

[코드 4-28] chapter_4 / 4-3_card / 02_transform.css

```css
@charset "utf-8";

:root {
  --bg-color: #e8fff4;
  --text-color: #3a31ee;
  --duration: 700ms;
  --delay: 300ms;
  --card-back-bg: #333;
  --timing-function: cubic-bezier(0.275, 0.785, 0.34, 1.375);
}
```

```css
body {
  background-color: var(--bg-color);
}

.container {
  display: flex;
  align-items: center;
  gap: 30px;
  max-width: 1024px;
  margin: 50px auto;
  padding: 30px ;
  color: var(--text-color);
}

.card {
  flex: 1 1 150px;
  height: 240px;
  perspective: 1000px;
  cursor: pointer;
}

.card_inner {
  display: block;
  position: relative;
  width: 100%;
  height: 100%;
  transform-style: preserve-3d;
  transition: transform var(--duration) var(--delay);
}

.card:hover .card_inner {
  transform: rotateY(180deg);
}

.card_front,
.card_back {
  display: flex;
  align-items: center;
  justify-content: center;
  position: absolute;
  left: 0;
  top: 0;
  width: 100%;
  height: 100%;
  padding: 25px 30px;
```

```css
  border: 1px solid #ccc;
  backface-visibility: hidden;
}

.card_front {
  background-position: center center;
  background-size: cover;
  filter: sepia(0.8);
}

.card:nth-of-type(1) .card_front {
  background-image: url(../../../img/unsplash/item_05.jpg);
}

.card:nth-of-type(2) .card_front {
  background-image: url(../../../img/unsplash/item_06.jpg);
  filter: grayscale(0.3);
}

.card:nth-of-type(3) .card_front {
  background-image: url(../../../img/unsplash/item_07.jpg);
  filter: blur(1px)
}

.card_back {
  flex-direction: column;
  background-color: var(--card-back-bg);
  transform: rotateY(180deg);
}

.title {
  display: block;
  font-size: 30px;
}

.desc {
  margin-top: 20px;
  font-size: 13px;
  line-height: 1.4;
  color: #fff;
}

.text_shadow_neon {
  color: #fff;
  background-color: var(--card-back-bg);
```

```
    text-shadow: 0 0 5px #fff, 0 0 10px #fff, 0 0 15px #fff, 0 0 20px #49ff18, 0 0 30px
#49ff18, 0 0 40px #49ff18, 0 0 55px #49ff18, 0 0 75px #49ff18;
}
```

02_transform.css 파일을 만들어서 전체 코드를 참고하여 스타일을 작성해 보겠습니다.

[코드 4-29] chapter_4 / 4-3_card / 02_transform.css

```
:root {
  --bg-color: #e8fff4;
  --text-color: #3a31ee;
  --duration: 700ms;
  --delay: 300ms;
  --card-back-bg: #333;
  --timing-function: cubic-bezier(0.275, 0.785, 0.34, 1.375);
}
```

우선 CSS 변수를 선언하기 위해서 :root 가상 클래스 선택자를 활용해서 변수들을 선언하고 transition-timing-function 속성 값으로 사용하게 될 변수를 cubic-bezier 곡선 값으로 작성합니다.

[코드 4-30] chapter_4 / 4-3_card / 02_transform.css

```
(...)
.card {
  flex: 1 1 150px;
  height: 240px;
  perspective: 1000px;
  cursor: pointer;
}

.card_inner {
  display: block;
  position: relative;
  width: 100%;
  height: 100%;
```

```
    transform-style: preserve-3d;
    transition: transform var(--duration) var(--delay);
  }

  .card:hover .card_inner {
    transform: rotateY(180deg);
  }
```

.card에 대해 flex 속성으로 확대 및 축소 비율을 1로 작성하고, flex-basis 속성인 기본 너비는 150px로 작성합니다. 그리고 height 값을 240px로 작성하고, perspective 속성의 값을 1000px로 작성해서 3D 변환 요소의 시점의 거리를 설정합니다. 이 값이 크면 클수록 사용자의 시선에서부터 멀리 떨어진 것으로 설정되며, 값이 작을수록 3D 효과가 극적으로 보입니다.

cursor 속성에 대한 값을 pointer로 작성하여 카드에 마우스를 올리면 손가락 모양으로 변경되도록 하고 perspective로 작성했던 3D 효과가 자식 요소인 .card_inner에도 상속되게 하기 위해서 transform-style: preserve-3d 값을 작성합니다.

마지막으로, 카드에 마우스를 올렸을 때 transform 속성의 rotateY를 사용해서 카드가 Y축을 기준으로 회전하게 되는데 1000px 거리에서 바라보는 것처럼 표현됩니다.

> **TIP CSS에서 선택자를 작성할 때 부모 선택자부터 작성할 필요가 있나요?**
>
> .card와 .card_inner는 부모 자식 관계의 종속 관계 선택자인데 CSS에서 작성할 때 .card .card_inner 선택자를 사용하지 않고 .card_inner만 작성합니다.
>
> CSS에서 선택자를 작성할 때 부모 선택자부터 모두 작성할 필요는 없습니다. 다만, 현업에서는 컨벤션에 따라서 유지보수성을 위한 모듈화를 실현하기 위해서 특정 부모 선택자를 무조건 상위에 두고 모듈 형태의 CSS를 작성하는 방법을 지향해오고 있습니다.
>
> 2023년 4월 크롬 116버전부터는 CSS도 중첩(Nesting) 문법(https://developer.chrome.com/articles/css-nesting/)을 지원하기 때문에 일부 브라우저에서는 중첩 문법을 사용해서 더욱 더 편리하게 유지보수성 높게 CSS 선택자를 관리할 수 있습니다.

[코드 4-31] 2023년 4월 크롬 116버전부터 가능한 CSS의 중첩(Nesting) 문법

```
  .card {
    flex: 1 1 150px;
    height: 240px;
    perspective: 1000px;
    cursor: pointer;

    .card_inner {
      display: block;
```

```css
      position: relative;
      width: 100%;
      height: 100%;
      transform-style: preserve-3d;
      transition: transform var(--duration) var(--delay);
    }
  }
```

> **TIP perspective와 transform: perspective()의 차이?**
>
> perspective와 transform: perspective()의 차이는 적용 대상과 효과 범위입니다.
> - **perspective**: 부모 요소에 적용하여 모든 자식 요소들에게 공통된 원근감을 제공하고 모든 자식 요소들이 같은 시점(vanishing point)을 공유합니다. 시점은 기본적으로 요소의 중앙에 위치하고 자식 요소들은 마치 같은 3D 공간에 있는 것처럼 보입니다.
> - **transform 속성의 perspective()**: 개별 요소에 직접 적용하는 transform 함수이고 각 요소마다 독립적인 원근감을 갖게 됩니다. 요소마다 자체적인 시점을 가지므로, 여러 요소가 각각 다른 3D 공간에 있는 것처럼 보일 수 있고 보통 다른 transform 함수들과 함께 사용됩니다.

코드 4-31처럼 작성하면 코드를 모듈화하여 유지보수성을 높일 수 있습니다. 다만, HTML 학습 과정에서 언급했듯이 실무에서는 새로운 CSS 속성을 사용하기 전에 Can I Use(https://caniuse.com/css-nesting)에서 브라우저 지원 현황을 먼저 확인하고, 서비스 대상 플랫폼의 지원 여부를 충분히 검토한 후 적용하는 것이 좋습니다.

[코드 4-32] chapter_4 / 4-3_card / 02_transform.css

```css
(...)
.card_front,
.card_back {
  display: flex;
  align-items: center;
  justify-content: center;
  position: absolute;
  left: 0;
  top: 0;
  width: 100%;
  height: 100%;
```

```
    padding: 25px 30px;
    border: 1px solid #ccc;
    backface-visibility: hidden;
}
```

.card_front, .card_back을 그룹 선택자를 사용해서 동시에 스타일을 적용합니다. 카드의 콘텐츠들을 중앙을 기준으로 배치하기 위해서 display: flex, align-items: center, justify-content: center를 작성합니다. absolute를 사용해서 .card_inner를 기준으로 앞과 뒤에 배치되어 겹치도록 작성합니다.

또한, backface-visibility: hidden 속성은 3D 변환을 적용한 요소의 뒷면이 보이지 않도록 설정하는 CSS 속성인데 해당 속성을 사용해서 뒤집힌 요소의 뒷면이 보이지 않도록 하고, 겹쳐진 레이어의 앞면과 뒷면이 각각 표현되도록 합니다.

[코드 4-33] chapter_4 / 4-3_card / 02_transform.css

```
(...)
.card_front {
  background-position: center center;
  background-size: cover;
}

.card:nth-of-type(1) .card_front {
  background-image: url(../../../img/unsplash/item_05.jpg);
  filter: sepia(0.8);
}

.card:nth-of-type(2) .card_front {
  background-image: url(../../../img/unsplash/item_06.jpg);
  filter: grayscale(0.3);
}
.card:nth-of-type(3) .card_front {
  background-image: url(../../../img/unsplash/item_07.jpg);
  filter: blur(1px);
}

.card_back {
  flex-direction: column;
  background-color: var(--card-back-bg);
  transform: rotateY(180deg);
}
```

.card_front에 background-position과 background-size를 선언하고 nth-of-type을 사용해서 첫 번째부터 세 번째까지 background-image 속성을 사용해서 배경 이미지를 삽입합니다. 그리고 filter 속성을 사용해서 .card_front에 **sepia, grayscale, blur** 효과를 적용합니다.

[그림 4-11] 좌측부터 sepia, grayscale, blur 효과를 적용한 사진

그림 4-11과 같이 sepia, grayscale, blur 효과를 가진 카드 UI가 잘 완성되었나요?

.card_back에 flex-direction 속성을 column으로 해서 flex의 기본 축이 x인데 y축으로 변경해서 justify-content와 align-items 속성의 기준축을 변경합니다.

카드 뒷면의 기본 색상을 background-color로 지정하고 뒷면에 위치하도록 transform 속성의 rotateY를 사용해서 미리 이미지의 뒷면으로 존재하도록 회전시킵니다.

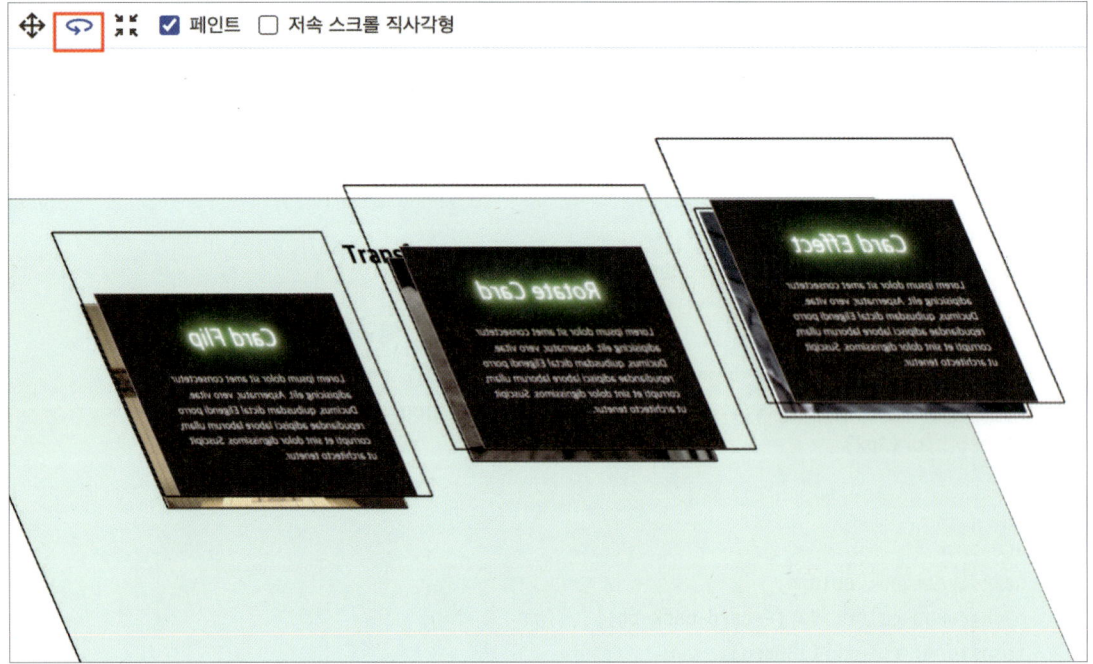

[그림 4-12] 크롬 개발자 도구의 "레이어" 탭에서 카드의 앞면과 뒷면이 겹쳐진 모습을 확인

크롬의 개발자 도구를 열고([Ctrl]+[Shift]+[I] 또는 [Cmd]+[option]+[I]) **레이어** 탭에서 좌측 두 번째 회전 버튼을 눌러 화면을 돌려보면 앞면과 뒷면이 겹쳐진 레이어를 확인할 수 있습니다.

[코드 4-34] chapter_4 / 4-3_card / 02_transform.css

```css
(...)
.title {
  display: block;
  font-size: 30px;
}

.desc {
  margin-top: 20px;
  font-size: 13px;
  line-height: 1.4;
  color: #fff;
}

.text_shadow_neon {
  color: #fff;
  background-color: var(--card-back-bg);
  text-shadow: 0 0 5px #fff, 0 0 10px #fff, 0 0 15px #fff, 0 0 20px #49ff18, 0 0 30px #49ff18, 0 0 40px #49ff18, 0 0 55px #49ff18, 0 0 75px #49ff18;
}
```

뒷면의 .title에 대해서 폰트 크기를 30px로 작성하고, .desc는 margin-top 속성으로 여백과 font-size, line-height, color 속성을 사용해서 텍스트의 설명을 나타내는 스타일을 작성합니다. 마지막으로 .text_shadow_neon에 네온 효과를 나타내기 위한 background-color와 text-shadow를 사용해서 네온 효과처럼 여러 색상을 조합해서 그림자를 만들어 냅니다.

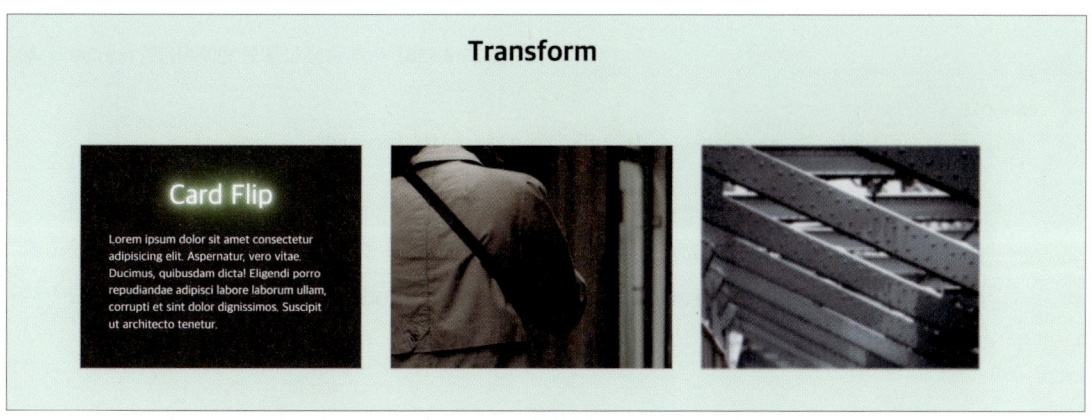

[그림 4-13] 마우스를 카드에 올리면 카드가 3D 효과처럼 회전하면서 뒷면으로 변경되는 결과

카드에 마우스를 올려서 카드의 뒷면을 보려고 하면 transition 속성에 작성한 delay 속성에 의해서 300ms 뒤에 3D 효과로 카드가 돌아가면서 .title, .desc로 작성된 제목과 설명이 나타나는 것을 확인할 수 있습니다.

Animation

transition이 마우스를 올렸을 때와 같이 사용자 인터랙션을 통한 일시적인 전환 효과였다면 animation은 키프레임을 사용하여 정의되며, 더 복잡한 움직임을 만들거나 반복 횟수나 재생 방향 등을 지정해서 더 다양한 효과를 만들 수 있습니다.

속성	설명	예시
animation-name	애니메이션의 이름 (키프레임)	animation-name: slideIn;
animation-duration	애니메이션 완료에 걸리는 시간	animation-duration: 3s;
animation-timing-function	애니메이션의 속도 곡선	animation-timing-function: ease-in-out;
animation-delay	애니메이션 시작 전 대기 시간	animation-delay: 1s;
animation-iteration-count	애니메이션 반복 횟수	animation-iteration-count: 3;
animation-direction	애니메이션 재생 방향	animation-direction: alternate;
animation-fill-mode	애니메이션 전후 스타일	animation-fill-mode: forwards;
animation-play-state	애니메이션 재생/일시정지	animation-play-state: paused;

[표 4-5] animation 속성들

이 속성들을 한 번에 조합해서 다양하고 복잡한 애니메이션 효과를 만들 수 있습니다. 예를 들어, 다음과 같이 모든 속성을 한 번에 지정할 수도 있습니다.

[코드 4-35] 여러 속성 값을 한 번에 사용한 animation 속성

```
.example {
  animation: slideIn 3s ease-in-out 1s infinite alternate forwards;
}
```

표 4-5의 설명에서 animation-direction, animation-fill-mode에 대한 속성에 대해서도 알아보겠습니다.

속성	값	설명
animation-direction	normal	@keyframes의 0% ~ 100%인 순서대로 동작
	reverse	@keyframes의 반대로 동작
	alternate	홀수 번째는 normal, 짝수 번째는 reverse 순서대로 교차하며 동작
	alternate-reverse	홀수 번째는 reverse, 짝수 번째는 normal 순서대로 교차하며 동작
animation-fill-mode	none	애니메이션이 시작되기 전이나 후나 @keyframes에 정의된 스타일이 적용
	forwards	애니메이션이 끝나고 난 후에도 마지막 @keyframes에 정의된 스타일이 유지
	backwards	애니메이션 시작되기 전에 animation-delay 동안 첫 번째 @keyframes의 스타일이 적용, 애니메이션의 시작 상태를 설정
	both	forwards와 backwards의 상태를 모두 적용해서 애니메이션이 시작되기전의 스타일과 애니메이션이 끝나고 난 후의 스타일을 각각 지정하여 자연스럽게 이어지도록 애니메이션의 동작 방식을 지정할 수 있음

[표 4-6] animation-direction과 animation-fill-mode

코드 간결성과 가독성, 유지보수성 측면에서 주로 개별 속성을 각각 작성하는 것보다는 함축형(shorthand)으로 작성하게 됩니다.

[코드 4-36] animation에서 주석에 표시된 여러 속성들을 함축형으로 나타낸 예시

```css
@keyframes fadeEffect{
  from {
    opacity: 0;
  }
  to {
    opacity: 1;
  }
}

.fade_element {
  animation: fadeEffect 1s ease-in 3s 2 alternate both running;
  /* animation-name: fadeEffect;
     animation-duration: 1s;
     animation-timing-function: ease-in;
     animation-delay: 3s;
     animation-iteration-count: 2;
     animation-direction: alternate;
     animation-fill-mode: both;
     animation-play-state: running; */
}
```

이제, 3D 효과가 있는 여러 이미지들이 중심축을 기준으로 계속해서 회전목마(Carousel)처럼 회전하는 이미지 갤러리 애니메이션을 만들어보도록 하겠습니다.

[코드 4-37] chapter_4 / 4-3_card / 03_animation.html

```html
<body>
  (...)
  <section class="container">
    <h2 class="sr-only">3D Image Gallery</h2>
    <div class="carousel_wrap">
      <div class="carousel">
        <div class="item"><img src="../../public//img/unsplash/item_01.jpg" alt="사파이어 색 의자 사진" class="img" /></div>
        <div class="item"><img src="../../public//img/unsplash/item_02.jpg" alt="검정 마스크를 낀 흑인 사진" class="img" /></div>
        <div class="item"><img src="../../public/img/unsplash/item_03.jpg" alt="식물들 사이에서 우측을 바라보고 있는 콧수염이 있는 흑인 사진" class="img" /></div>
        <div class="item"><img src="../../public/img/unsplash/item_04.jpg" alt="여러 LP들이 쌓여있는데 감방 크로몽이 가장 앞에 진열되어 있는 사진" class="img" /></div>
        <div class="item"><img src="../../public/img/unsplash/item_05.jpg" alt="가운데 큰 창에서 비치는 햇빛이 가운데 놓여있는 탁자에 비치는 사진" class="img" /></div>
        <div class="item"><img src="../../public/img/unsplash/item_06.jpg" alt="휴대폰을 받으며 길을 걷고 있는 바바리 코트를 입고 크로스백을 하고 있는 남자의 뒷모습 사진" class="img" /></div>
        <div class="item"><img src="../../public/img/unsplash/item_07.jpg" alt="철제 구조물 사진" class="img" /></div>
        <div class="item"><img src="../../public/img/unsplash/item_08.jpg" alt="붓으로 분홍 꽃을 그리고 있는 화가의 손놀림 사진" class="img" /></div>
        <div class="item"><img src="../../public/img/unsplash/item_09.jpg" alt="방파제를 위에서 찍은 사진" class="img" /></div>
        <div class="item"><img src="../../public/img/unsplash/item_10.jpg" alt="안개들 사이로 여러 빌딩들이 흐리게 보이는 사진" class="img" /></div>
      </div>
    </div>
  </section>
  (...)
</body>
```

carousel_wrap 클래스 가진 〈div〉 태그 내부에 carousel 클래스를 가진 〈div〉 태그에 item 클래스를 가진 〈div〉 태그를 10개 생성하고 하위에 〈img〉 태그를 각각 생성하고 img 클래스를 부여합니다.

 carousel?

carousel은 "회전목마"라는 뜻으로 웹 페이지에서는 회전목마의 움직임과 유사하게 이미지, 텍스트, 비디오 등을 순차적으로 보여주면서 하나의 공간에 효과적으로 모아서 배치하고, 사용자는 이를 하나씩 확인하고 각 항목에 대해 빠른 접근을 할 수 있게 됩니다.

 이미지를 다루는 방법들 img, figure, picture 요소?

img 요소와 figure, 그리고 picture 요소는 각각의 역할에 따라 사용됩니다.

HTML 요소	주요 용도	사용 시기	특징
img 추가 설명이나 특별한 기능이 필요 없을 때 사용	기본적인 이미지 삽입, 추가 설명이나 특별한 기능이 필요 없이 단순히 이미지를 표시할 때	단순히 이미지를 표시할 때	가장 간단한 이미지 삽입 방법
figure 문서 주요 내용과 독립적으로 표시	독립적인 콘텐츠 단위로 이미지 표시, 문서 주요 내용과 독립적으로 표시하는 추가 설명이나 캡션이 필요할 때	이미지에 추가 설명이나 캡션이 필요할 때	figcaption으로 이미지 설명 추가 가능
picture 반응형 디자인에 따른 이미지 제공 가능	반응형 및 최적화된 이미지 제공, 다양한 환경에 최적화된 이미지를 제공하려 할 때	다양한 환경에 최적화된 이미지를 제공하려 할 때	화면 해상도에 따라 다른 이미지 제공 가능

[표 4-7] img, figure, picture 요소

이제 CSS의 **중첩(nesting)** 기능을 사용해서 스타일링을 하겠습니다.

[코드 4-38] chapter_4 / 4-3_card / 03_animation.css

```css
@charset "utf-8";

:root {
  --bg-color: #e8fff4;
  --duration: 10s;
  --carousel-width: 240px;
  --carousel-height: 140px;
  --carousel-translate-z: 400px;
  --carousel-rotate-deg: 40deg;
}

body {
  background-color: var(--bg-color);
}

.container {
  max-width: 1024px;
  margin: 50px auto;
  padding: 30px;
  color: var(--text-color);
  text-align: center;
}

/* CSS Nesting */
.carousel_wrap {
  position: relative;
  width: var(--carousel-width);
  height: var(--carousel-height);
  margin: 0 auto;
  perspective: 1000px;
  .carousel {
    position: absolute;
    left: 0;
    top: 0;
    width: 100%;
    height: 100%;
    animation: carousel var(--duration) infinite linear;
    transform-style: preserve-3d;
    &:hover {
      animation-play-state: paused;
    }
```

```scss
.item {
  position: absolute;
  left: 0;
  top: 0;
  width: 100%;
  height: 100%;
  &:nth-of-type(1) {
    transform: rotateY(0deg) translateZ(var(--carousel-translate-z));
  }
  &:nth-of-type(2) {
    transform: rotateY(var(--carousel-rotate-deg)) translateZ(var(--carousel-translate-z));
  }
  &:nth-of-type(3) {
    transform: rotateY(calc(var(--carousel-rotate-deg) * 2)) translateZ(var(--carousel-translate-z));
  }
  &:nth-of-type(4) {
    transform: rotateY(calc(var(--carousel-rotate-deg) * 3)) translateZ(var(--carousel-translate-z));
  }
  &:nth-of-type(5) {
    transform: rotateY(calc(var(--carousel-rotate-deg) * 4)) translateZ(var(--carousel-translate-z));
  }
  &:nth-of-type(6) {
    transform: rotateY(calc(var(--carousel-rotate-deg) * 5)) translateZ(var(--carousel-translate-z));
  }
  &:nth-of-type(7) {
    transform: rotateY(calc(var(--carousel-rotate-deg) * 6)) translateZ(var(--carousel-translate-z));
  }
  &:nth-of-type(8) {
    transform: rotateY(calc(var(--carousel-rotate-deg) * 7)) translateZ(var(--carousel-translate-z));
  }
  &:nth-of-type(9) {
    transform: rotateY(calc(var(--carousel-rotate-deg) * 8)) translateZ(var(--carousel-translate-z));
  }
  &:nth-of-type(10) {
    transform: rotateY(calc(var(--carousel-rotate-deg) * 9)) translateZ(var(--carousel-translate-z));
  }
```

```
      .img {
        transition: transform 0.3s ease-out;
        &:hover {
          transform: scale(1.5);
        }
      }
    }
  }
}

@keyframes carousel {
  from {
    transform: rotateY(0deg);
  }
  to {
    transform: rotateY(360deg);
  }
}
```

03_animation.css 파일을 만들고 전체 코드를 참고하여 작성해 보겠습니다.

[코드 4-39] chapter_4 / 4-3_card / 03_animation.css

```
:root {
  --bg-color: #e8fff4;
  --duration: 10s;
  --carousel-width: 240px;
  --carousel-height: 140px;
  --carousel-translate-z: 400px;
  --carousel-rotate-deg: 40deg;
}
```

우선, animation-duration 속성을 위한 --duration 변수를, carousel의 width, height 속성을 지정하기 위한 변수를 --carousel-width, --carousel-height로 선언합니다. carousel 내부의 각 요소들이 중심으로부터 떨어질 거리를 변수로 지정하고, 중심을 기준으로 회전하는 각도도 변수로 설정합니다.

```css
(...)
/* CSS Nesting */
.carousel_wrap {
  position: relative;
  width: var(--carousel-width);
  height: var(--carousel-height);
  margin: 0 auto;
  perspective: 1000px;
  .carousel {
    position: absolute;
    left: 0;
    top: 0;
    width: 100%;
    height: 100%;
    animation: carousel var(--duration) infinite linear;
    transform-style: preserve-3d;
    &:hover {
      animation-play-state: paused;
    }
    .item {
      position: absolute;
      left: 0;
      top: 0;
      width: 100%;
      height: 100%;
      &:nth-of-type(1) {
        transform: rotateY(0deg) translateZ(var(--carousel-translate-z));
      }
      &:nth-of-type(2) {
        transform: rotateY(var(--carousel-rotate-deg)) translateZ(var(--carousel-translate-z));
      }
      &:nth-of-type(3) {
        transform: rotateY(calc(var(--carousel-rotate-deg) * 2)) translateZ(var(--carousel-translate-z));
      }
      &:nth-of-type(4) {
        transform: rotateY(calc(var(--carousel-rotate-deg) * 3)) translateZ(var(--carousel-translate-z));
      }
      &:nth-of-type(5) {
        transform: rotateY(calc(var(--carousel-rotate-deg) * 4)) translateZ(var(--carousel-translate-z));
      }
```

```
        &:nth-of-type(6) {
            transform: rotateY(calc(var(--carousel-rotate-deg) * 5)) translateZ(var(--carousel-translate-z));
        }
        &:nth-of-type(7) {
            transform: rotateY(calc(var(--carousel-rotate-deg) * 6)) translateZ(var(--carousel-translate-z));
        }
        &:nth-of-type(8) {
            transform: rotateY(calc(var(--carousel-rotate-deg) * 7)) translateZ(var(--carousel-translate-z));
        }
        &:nth-of-type(9) {
            transform: rotateY(calc(var(--carousel-rotate-deg) * 8)) translateZ(var(--carousel-translate-z));
        }
        &:nth-of-type(10) {
            transform: rotateY(calc(var(--carousel-rotate-deg) * 9)) translateZ(var(--carousel-translate-z));
        }
        .img {
          transition: transform 0.3s ease-out;
          &:hover {
            transform: scale(1.5);
          }
        }
      }
    }
  }

  @keyframes carousel {
    from {
      transform: rotateY(0deg);
    }
    to {
      transform: rotateY(360deg);
    }
  }
```

중첩 문법을 사용해서 .carousel_wrap, .carousel을 중첩해서 작성합니다. .carousel_wrap에 position 속성으로 relative 값을 작성하여 absolute 속성을 가진 자식 요소들의 부모가 되도록 하고, 변수로 선언했던 .carousel의 width, height 속성을 작성합니다.

margin: 0 auto로 화면 정중앙에 배치하도록 하고, 내부 요소들의 3D 효과를 구현하기 위해 perspective 속성을 1000px로 설정하여 원근감을 부여합니다.

.carousel에 position: absolute를 작성하고, @keyframes carousel은 0%(from)에 transform 속성의 값으로 rotateY를 0도에서부터 시작해서 100%(to) 360도로 변경되도록 합니다. 변수 --duration으로 animation-duration을 작성하고, animation-iteration-count를 infinite 값으로 애니메이션 효과가 계속 반복하도록 합니다.

마지막으로 animation-timing-function을 linear로 작성하여 애니메이션이 처음부터 끝까지 일정하게 움직이도록 작성하고 transform-style 속성을 preserve-3d로 하여, 하위 요소로 3D 효과가 상속되도록 작성합니다. carousel 클래스 선택자에 마우스를 올리게 되면 animation-play-state를 paused로 변경하여 애니메이션이 멈추게 합니다.

이제, .carousel의 자식 요소들인 .item은 position: absolute로 하여 부모 요소인 .carousel 기준으로 겹쳐서 배치되도록 합니다. 첫 번째 이미지부터 열 번째 이미지까지 rotateY 속성을 40도를 기준으로 배수로 곱해서 중심축을 기준으로 비스듬히 회전하게 하고 중심축에서 400px 정도 떨어져 있도록 translateZ 속성을 작성합니다.

마우스를 carousel에 올려 animation-play-state가 멈춘 상태일 때 img 클래스 선택자인 img 요소에 scale 속성의 값으로 1.5배 정도 커지도록 transform 속성을 부여하고 자연스럽게 커지도록 transition 속성을 transform .3s ease-out 값으로 작성합니다.

[그림 4-14] animation을 사용해서 3D 효과로 Y축을 기점으로 회전(rotate)하는 carousel UI의 완성된 결과

animation 속성에 따라 부드럽게 회전하는 Carousel UI가 완성되었습니다. 미리 선언한 변수를 활용하여 Carousel UI의 속도와 각도 등을 변경해 볼 수 있습니다.

SVG 활용하기

이번에는 SVG(Scalable Vector Graphics)를 사용해서 다양한 애니메이션 효과를 만들어 보겠습니다.

SVG는 이름에서 확인할 수 있듯이 XML 기반의 벡터 이미지 형식인데 주로 2D 애니메이션 효과를 나타내는데 많이 사용됩니다. SVG의 주요 특징으로는 벡터 기반이기 때문에 확대 및 축소 시에도 이미지가 흐려지지 않는 장점이 있어 아이콘 등에 많이 사용되고, XML 형식이므로 코드를 수정하여 모양을 변경할 수도 있고 애니메이션을 부여할 수도 있습니다.

SVG 기본 도형 연습하기

[코드 4-41] chapter_4 / 4-4_svg / 01_basic.html

```html
<body>
  (...)
  <div class="svg_wrap">
    <!-- circle -->
    <svg width="100" height="100">
      <circle cx="30" cy="30" r="20" stroke="#000000" stroke-width="2" fill="gray" />
    </svg>
    <!-- rect -->
    <svg width="100" height="100">
      <rect width="60" height="60" x="15" y="15" stroke="#323232" stroke-width="3" fill="dodgerblue" />
    </svg>
    <!-- path -->
    <svg width="100" height="100">
      <path d="M20 20 C 40 10, 80 10, 33 40 S 0 0, 40 70" stroke="#7a5fff" stroke-width="3" fill="transparent" stroke-linecap="round" />
    </svg>
    <!-- g -->
    <svg width="100" height="100">
      <g stroke="red" stroke-width="2">
        <circle cx="40" cy="40" r="20" fill="blue" />
```

```
        <rect width="20" height="20" x="10" y="10" fill="#999" />
      </g>
    </svg>
  </div>
  (...)
</body>
```

01_basic.html 파일을 생성해서 〈svg〉 태그를 하나씩 작성하며 VS Code의 **Live Server** 기능을 사용해서 브라우저에서 변경되는 부분을 확인합니다.

[코드 4-42] chapter_4 / 4-4_svg / 01_basic.html

```
<body>
  (...)
  <svg width="100" height="100">
    <circle cx="30" cy="30" r="20" stroke="#000000" stroke-width="2" fill="gray" />
  </svg>
  (...)
</body>
```

원을 먼저 확인해 보겠습니다.

〈svg〉 태그의 width, height로 각각 100으로 작성해서 전체 svg 사이즈를 100px로 나타내고, **〈circle〉** 태그의 위치는 x좌표로 30px, y좌표로 30px 떨어진 위치에서 중심축을 기점으로 20px 반지름의 원을 그리게 됩니다. 외곽선의 색상은 #000000(검정)이고, 외곽선의 두께는 2px, 동그라미의 면의 색상은 gray 색상으로 작성합니다. 이처럼 SVG는 XML 코드로 작성한 내용이 화면에 표시됩니다.

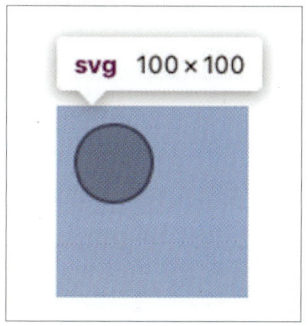

[그림 4-15] 〈circle〉 태그를 사용한 SVG

⟨svg⟩ 태그가 100px 사이즈이기 때문에 30px 떨어진 곳에서 그려진 반지름 20px 원의 왼쪽과 위쪽에 각각 10px 여백이 남은 것을 확인할 수 있습니다.

이번에는 사각형 도형을 그려보겠습니다.

[코드 4-43] chapter_4 / 4-4_svg / 01_basic.html

```
<body>
 (...)
 <svg width="100" height="100">
   <rect width="60" height="60" x="15" y="15" stroke="#323232" stroke-width="3" fill="dodgerblue" />
 </svg>
 (...)
</body>
```

⟨rect⟩ 태그를 작성하는데 x, y 좌표로 각각 15px 떨어진 위치에 dodgerblue 색상의 면을 가진 3px 테두리를 가진 60px 너비 높이의 정사각형을 그립니다.

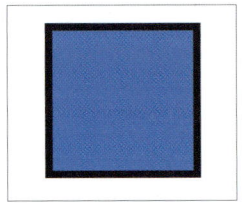

[그림 4-16] SVG rect 이미지

다음으로는 애니메이션에서 가장 활용도가 높고 많이 사용되는 선과 곡선을 활용한 ⟨path⟩ 태그를 사용해보도록 하겠습니다.

[코드 4-44] chapter_4 / 4-4_svg / 01_basic.html

```
<body>
 (...)
 <svg width="100" height="100">
   <path d="M20 20 C 40 10, 80 10, 33 40 S 0 0, 40 70" stroke="#7a5fff" stroke-width="3" fill="transparent" stroke-linecap="round" />
 </svg>
 (...)
</body>
```

<path> 태그는 d 속성을 통해서 도형의 좌표와 명령을 전달받아 직선, 곡선 등 다양한 도형과 경로를 생성할 수 있습니다.

명령어	설명	문법	예시
M	시작점 이동 (Move to)	M x y	M 10 10
L	직선 그리기 (Line to)	L x y	L 50 50
H	수평선 그리기 (Horizontal line to)	H x	H 100
V	수직선 그리기 (Vertical line to)	V y	V 100
C	3차 베지어 곡선 (Cubic Bezier curve)	C x1 y1, x2 y2, x y	C 20 20, 40 20, 50 10
S	매끄러운 3차 베지어 곡선 (Smooth Cubic Bezier curve)	S x2 y2, x y	S 70 20, 100 10
Q	2차 베지어 곡선 (Quadratic Bezier curve)	Q x1 y1, x y	Q 25 25, 50 10
T	매끄러운 2차 베지어 곡선 (Smooth Quadratic Bezier curve)	T x y	T 90 10
A	호 (Arc)	A rx ry x-axis-rotation large-arc-flag sweep-flag x y	A 30 50 0 0 1 100 100
Z	경로 닫기 (Close path)	Z	Z

[표 4-8] <path> 태그의 d 속성들

M을 사용해서 x좌표로 20px, y좌표로 20px로 이동을 한 다음 "C 40 10, 80 10, 33 40"으로 x축 33px, y축 40px까지 큐빅 베지어 곡선(Cubic Bezier Curve)을 그리는데, "40, 10"과 "80, 10"은 각각의 컨트롤 포지션의 x, y축을 나타냅니다. 또한, "S 0 0, 40 70"으로 "33, 40" 포인트에서 "40, 70"까지 매끄러운 3차 베지어 곡선(Smooth Bezier Curve)을 그리게 되는데 여기에서 "0, 0"은 컨트롤 포지션의 x, y축을 의미합니다.

다른 도형들과 마찬가지로 stroke, stroke-width, fill 속성을 작성합니다. stroke-linecap 속성은 주로 <line>, <polygon>, <path> 태그에서 사용되며, 선의 끝 모양을 정의합니다.

butt가 기본값으로 경로의 끝점에서 정확하게 종료되는 선 모양을 나타내며, **round**는 끝점에서 원형으로 확장되는 형태로 나타내며, **square**는 끝점에서 직사각형으로 확장된 형태로 나타냅니다.

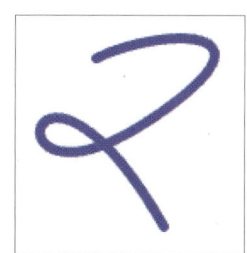

[그림 4-17] SVG path 이미지

그림 4-17과 같이 좌표 이동 속성과 베지어 곡선 속성에 의해서 곡선의 모양이 나타나면서 stroke-linecap 속성에 의해 라인 끝이 둥글게 나타납니다.

이번에는 〈g〉 태그를 사용해 보겠습니다.

[코드 4-45] chapter_4 / 4-4_svg / 01_basic.html

```
<body>
  (...)
  <svg width="100" height="100">
    <g stroke="red" stroke-width="2">
      <circle cx="40" cy="40" r="20" fill="blue" />
      <rect width="20" height="20" x="10" y="10" fill="#999" />
    </g>
  </svg>
  (...)
</body>
```

〈g〉 태그를 사용하면 도형들을 그룹화할 수 있는데, 이를 통해 공통적인 속성들을 상속하여 적용할 수 있습니다. 코드 4-45를 작성하고 여러 속성들 중에 테두리(stroke) 속성을 2px 두께의 빨간색(red)으로 적용하고 화면을 확인해보세요.

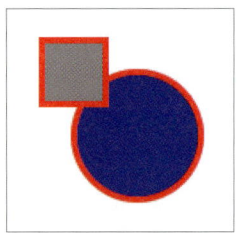

[그림 4-18] SVG 〈g〉 태그를 활용해서 공통 속성을 그룹 내부의 도형들에 적용

지금까지 소개한 〈svg〉 태그들 외에도 〈line〉, 〈polygon〉, 〈ellipse〉, 〈text〉 등 다양한 도형을 사용할 수 있습니다.

웹 페이지에 SVG를 적용하기 위한 방법들은 다양한 방법이 있고, HTML 문서에 〈svg〉 태그를 인라인으로 사용하는 방법이 있습니다. 〈img〉 태그나 〈object〉 태그를 사용해서 로드하는 방법도 있습니다. CSS에서는 background-image를 사용해서 배경으로 삽입할 수도 있습니다.

지금까지 SVG의 기본 도형들의 속성과 역할들에 대해서 알아보았습니다. 이제, SVG 요소에 애니메이션을 적용해 보겠습니다.

SVG 파일 내부에서 애니메이션 다루기

SVG 요소에 애니메이션을 적용하는 방법은 크게 두 가지가 있는데, SVG 요소 내부에서 애니메이션과 관련된 태그를 사용해서 구현하는 방법과 CSS 또는 JavaScript를 활용하는 방법이 있습니다. SVG 요소 내부에서 애니메이션을 작성하는 방법은 〈animate〉, 〈animateTransform〉, 〈animateMotion〉, 〈set〉 등의 태그를 사용하는데, 이를 통해 다양한 애니메이션 효과를 적용할 수 있습니다.

〈animate〉 태그를 사용하는 예제를 살펴보겠습니다.

[코드 4-46] chapter_4 / 4-4_svg / 02_animate.html

```html
<body>
  (...)
  <svg width="100" height="100">
    <circle cx="40" cy="40" r="20" fill="blue">
      <animate attributeName="r" from="10" to="30" dur="2s" repeatCount="indefinite" />
    </circle>
  </svg>
  (...)
</body>
```

이전 예제와 마찬가지로 〈circle〉 태그를 사용해서 20px 반지름을 가진 파란색(blue) 면을 가진 원을 그립니다. 그리고 그 내부에 〈animate〉 태그를 작성합니다. **attributeName** 속성을 활용해서 〈circle〉 태그에서 변경할 속성의 이름을 "r"로 작성하고 CSS @keyframes 속성과 마찬가지로 from 속성으로 10, to 속성으로 30을 작성합니다. dur 속성으로 지속시간을 작성하고, **repeatCount**로 반복 횟수를 설정합니다. 여기에서는 CSS animation 속성과 다르게 "infinite"가 아닌 "indefinite"로 계속 반복하는 설정을 할 수 있습니다.

화면에서는 2초 동안 파란색 원이 점점 커져서 반지름 30px이 되었다가 다시 원상태인 반지름 10px로 작아지는 애니메이션이 반복되는 것을 확인할 수 있습니다.

그렇다면 "from", "to" 속성으로 처음과 끝을 반복하는 대신, 커졌다가 다시 작아질 때도 애니메이션 효과를 부여하고 싶다면 어떻게 해야 할까요?

〈animate〉 태그에서는 CSS 속성의 alternate처럼 교차하며 애니메이션을 부여하고 싶을 때 "values" 속성을 사용하면 됩니다.

[코드 4-47] chapter_4 / 4-4_svg / 02_animate.html

```html
<body>
 (...)
 <svg width="100" height="100">
   <circle cx="40" cy="40" r="20" fill="blue">
     <animate attributeName="r" values="10;30;10" dur="2s" repeatCount="indefinite" />
   </circle>
 </svg>
</body>
```

values 속성을 "10;30;10"으로 작성했기 때문에 10에서 30으로 커졌다가 다시 10으로 줄어드는 것으로 애니메이션을 마무리할 수 있습니다. 이제 반복적으로 커졌다 작아지는 원을 확인할 수 있습니다.

이번에는 〈animateTransform〉 태그를 사용해 보겠습니다.

[코드 4-48] chapter_4 / 4-4_svg / 02_animate.html

```html
<body>
 (...)
 <svg width="100" height="100">
   <rect x="10" y="10" width="30" height="30" fill="red">
     <animateTransform attributeName="transform" type="rotate" begin="0s" dur="2s" from="0 25 25" to="360 35 25" repeatCount="indefinite" fill="freeze" additive="sum" />
   </rect>
 </svg>
 (...)
</body>
```

attributeName 속성에는 transform 속성이라는 것을 명시하고, type으로 rotate, translate 등 CSS에서 사용하는 transform 속성의 값을 넣습니다.

begin 속성은 CSS의 animation-delay, dur은 animation-duration, from은 @keyframes의 from, to는 @keyframes의 to에 해당합니다. fill 속성을 "freeze" 값으로 하면 CSS에서 animation-fill-mode 속성을 "forwards" 값을 사용한 것과 마찬가지로 마지막 프레임의 상태가 유지됩니다. 마지막으로 additive 속성은 추가되는 〈animateTransform〉 태그가 있다면 그 속성과 결합할지 다른 속성으로 대체할지를 결정합니다. sum 속성은 이전 애니메이션과 새로운 애니메이션을 누적해서 합산합니다. 여러 애니메이션 변환이 동시에 적용될 때 모든 변환의 효과가 누적

됩니다. 예를 들어, 회전과 이동 애니메이션을 동시에 적용하고 싶다면 sum을 사용하면 됩니다.

replace 속성은 기본값으로 마지막에 적용한 애니메이션으로 이전 애니메이션을 대체합니다. 새로운 애니메이션 변환이 시작되면 기존 변환은 무시되고 새로운 변환만 적용되게 됩니다.

다음으로 〈animateMotion〉 태그에 대해서 알아보도록 하겠습니다.

[코드 4-49] chapter_4 / 4-4_svg / 02_animate.html

```
<body>
 (...)
  <svg width="200" height="200">
    <path id="motionFollowPath" d="M10 80 Q 95 10 180 80" fill="transparent" stroke="blue" />
    <rect x="0" y="0" width="20" height="20" fill="purple">
      <animateMotion dur="2s" repeatCount="indefinite" rotate="auto" keyPoints="0;1;0" keyTimes="0;0.5;1" calcMode="linear">
        <mpath href="#motionFollowPath" />
      </animateMotion>
    </rect>
  </svg>
  (...)
</body>
```

〈animateMotion〉 태그를 사용해서 〈rect〉 태그가 〈path〉 태그를 따라다니도록 해보겠습니다.

〈mpath〉 태그를 만들고 "href" 속성에 **#motionFollowPath 라는 아이디 참조값**을 작성하고 〈path〉 태그의 id 속성 값으로 작성해서 〈rect〉 태그를 〈path〉 태그와 연결시켜줍니다.

〈rect〉 태그는 2초 동안 영원히 반복하며 〈path〉 태그를 따라 움직이게 되는데 "rotate" 속성의 auto 값에 의해서 선을 따라서 중심축을 바라보며 자동으로 회전하게 됩니다.

반면, rotate 속성의 값으로 0을 작성하거나 비워두면 사각형 도형이 회전을 하지 않습니다.

CSS의 animation-direction을 나타내는 **keyPoints** 속성을 사용해서 "0;1;0;"으로 설정하여 왼쪽 오른쪽을 반복해서 왔다갔다 하도록 구현하고, CSS의 @keyframes을 나타내는 **keyTimes** 속성을 사용해서 전환 시점을 "0;0.5;1" 작성하고 CSS의 animation-timing-function에 해당하는 **calcMode**를 "linear"로 설정하여 선형으로 애니메이션이 진행되도록 합니다.

[코드 4-50] chapter_4 / 4-4_svg / 02_animate.html

```html
<body>
 (...)
 <svg width="200" height="200">
   <path id="motionFollowPath" d="M10 80 Q 95 10 180 80" fill="transparent" stroke="blue" />
   <rect x="0" y="0" width="20" height="20" fill="purple">
     <animateMotion dur="2s" repeatCount="indefinite" rotate="auto" keyPoints="0;1;0" keyTimes="0;0.5;1" calcMode="spline" keySplines="0.4 0 0.6 1;0.4 0 0.6 1">
       <mpath href="#motionFollowPath" />
     </animateMotion>
   </rect>
 </svg>
 (...)
</body>
```

만약, CSS의 cubic-bezier 곡선처럼 애니메이션 사용시 복잡한 타이밍을 사용하고 싶다면 예제와 같이 **calcMode** 속성의 값을 **spline**으로 하고, **keySplines** 속성을 사용하면 됩니다.

〈set〉 태그에 대해서 알아보겠습니다.

[코드 4-51] chapter_4 / 4-4_svg / 02_animate.html

```html
<body>
 (...)
 <svg width="300" height="200">
   <rect x="20" y="20" width="60" height="60" fill="red">
     <set attributeName="fill" to="green" begin="1s" dur="3s" fill="freeze" />
   </rect>
   <circle cx="150" cy="50" r="30" fill="blue">
     <set attributeName="r" to="40" begin="1s" dur="2s" />
   </circle>
 </svg>
 (...)
</body>
```

〈set〉 태그는 주로 시간에 따라 변화하는 애니메이션보다 특정 시점에 변경되어야 하는 애니메이션에 사용합니다.

첫 번째 〈set〉 태그에서 〈rect〉 태그의 색상을 red에서 green으로 1초 후에 변경하는데 3초 동안 유지되도록 하고, fill 속성을 freeze로 해서 CSS의 animation-fill-mode 속성의 forwards 값과 마찬가지로 원래의 색상이 돌아가지 않고 유지가 되도록 합니다.

두 번째 〈set〉 태그에서 〈circle〉 태그의 반지름을 30에서 40으로 1초 후에 변경하고 2초 동안 유지되고 원상태로 돌아가게 합니다.

이처럼 각각의 〈svg〉 에 사용할 수 있는 태그들을 활용한 애니메이션을 작성할 수 있습니다. 그 중에서 가장 많이 사용하는 태그는 〈animate〉 태그입니다. 〈animate〉 태그를 활용해서 filter, gradient, clipping, masking 등의 고급 기능을 활용한 애니메이션을 생성해보도록 하겠습니다.

먼저, 〈filter〉 태그를 사용해서 애니메이션을 만들어보도록 하겠습니다.

[코드 4-52] chapter_4 / 4-4_svg / 02_animate.html

```html
<body>
 (...)
  <svg width="200" height="120">
    <defs>
      <filter id="filterEffect">
        <feGaussianBlur in="SourceGraphic" stdDeviation="0">
          <animate attributeName="stdDeviation" values="0;5;0;" dur="3s" repeatCount="indefinite" />
        </feGaussianBlur>
      </filter>
    </defs>
    <rect width="90" height="90" stroke="green" stroke-width="3" fill="yellow" filter="url(#filterEffect)" />
  </svg>
 (...)
</body>
```

width가 200 height가 120인 〈svg〉 태그를 생성하고 〈defs〉 태그로 다른 요소들이 참조할 수 있는 내용이라는 것을 선언합니다.

〈filter〉 태그에 사용되는 id 속성은 〈rect〉 태그의 filter 속성 url(#filterEffect) 값으로 삽입되어 참조값으로 사용합니다.

〈feGaussianBlur〉 태그를 사용해서 블러 효과가 나타나도록 하고 in 속성을 SourceGraphic (필터링되는 원본 그래픽 요소), stdDeviation(표준편차) 속성을 0으로 하여 초기에는 흐림 효과가 없도록 합니다.

〈animate〉 태그를 중첩해서 속성으로 표준편차를 변경하는데 0에서 5, 그리고 다시 5에서 0으로 3초 동안 반복해서 효과를 발생시키도록 설정하고, repeatCount 속성의 값으로 indefinite 값으로 해서 계속 반복되도록 합니다.

이번에는 〈linearGradient〉 태그를 활용한 애니메이션을 만들어 보겠습니다.

[코드 4-53] chapter_4 / 4-4_svg / 02_animate.html

```
<body>
 (…)
  <svg width="200" height="200">
    <defs>
      <linearGradient id="gradientEffect">
        <stop offset="0%" stop-color="#FFD700">
          <animate attributeName="stop-color" values="#FFD700;#ec1920;#FFD700" dur="3s" repeatCount="indefinite" />
        </stop>
        <stop offset="50%" stop-color="#ec1920">
          <animate attributeName="stop-color" values="#ec1920;#FFD700;#ec1920" dur="3s" repeatCount="indefinite" />
        </stop>
        <stop offset="100%" stop-color="#FFD700">
          <animate attributeName="stop-color" values="#FFD700;#ec1920;#FFD700" dur="3s" repeatCount="indefinite" />
        </stop>
      </linearGradient>
    </defs>
    <polygon points="100,10 40,198 190,78 10,78 160,198" fill="url(#gradientEffect)" />
  </svg>
 (…)
</body>
```

〈defs〉 태그를 사용해서 〈linearGradient〉 태그를 내부에 작성하고 id 속성을 gradientEffect 값으로 합니다.

세 개의 〈stop〉 요소를 구성하고, 각 요소는 서로 다른 위치(offset)에서 stop-color 속성으로 색상을 지정합니다. 각 〈stop〉 태그 내부에는 〈animate〉 태그를 포함하고 stop-color 속성을 대상으로 해서, 3초 동안 금색(#FFD700)에서 빨간색(#EC1920)으로, 다시 금색으로 변화를 반복합니다. 애니메이션이 계속 반복되도록 합니다.

⟨polygon⟩ 태그는 다각형을 그릴 수 있는 각각의 points 속성을 사용해서 해당 x, y축에 점을 찍어 선을 이어줍니다. fill 속성의 값을 url(#gradientEffect)로 작성을 해서 그라디언트 효과를 ploygon 요소에 그라디언트 효과가 나타나도록 합니다.

[코드 4-54] chapter_4 / 4-4_svg / 02_animate.html

```
<body>
  (...)
  <svg width="200" height="200">
    <defs>
      <clipPath id="clip-path">
        <rect x="50" y="50" width="100" height="100">
          <animate attributeName="width" values="100;150;100;" dur="2s" repeatCount="indefinite" />
        </rect>
      </clipPath>
    </defs>
    <circle cx="100" cy="100" r="80" fill="blue" />
    <rect width="200" height="200" fill="orange" clip-path="url(#clip-path)" />
  </svg>
  (...)
</body>
```

SVG 요소의 ⟨clipPath⟩ 태그는 특정 영역만 보이게 하는 마스킹 효과를 생성하는 데 ⟨clipPath⟩와 애니메이션을 결합하여 동적인 시각 효과를 만들어낼 수 있습니다.

먼저 ⟨defs⟩ 태그 내에 ⟨clipPath⟩ 요소를 정의합니다. 이 클리핑 패스는 (50, 50) 좌표에서 시작하는 너비와 높이가 각각 100px인 정사각형으로 설정됩니다. 여기에 width가 100px에서 150px 사이를 2초마다 왕복하는 애니메이션을 적용합니다.

SVG 요소 내부에 두 개의 주요 도형이 있는데 하나는 반지름 80px의 파란색 원으로, 중앙(100, 100)에 위치합니다. 다른 하나는 200px 크기의 주황색 정사각형으로, 전체 SVG 영역을 덮고 있습니다.

주황색 사각형에는 clip-path 속성이 적용되어 있어, 앞서 정의한 클리핑 패스 영역 내에서만 보이게 됩니다. 결과적으로 160px 지름의 파란색 원 위에 클리핑된 주황색 사각형이 나타나며, 클리핑 영역의 너비가 주기적으로 변화함에 따라 주황색 영역이 확장/축소됩니다. clip-path 속성이 적용된 ⟨rect⟩ 태그의 x, y, width, height를 변경하며 clip-path 속성이 어떻게 동작하는지 확인해 보세요.

[코드 4-55] chapter_4 / 4-4_svg / 02_animate.html

```html
<body>
  (...)
  <svg width="200" height="200">
    <defs>
      <mask id="mask">
        <rect width="100%" height="100%" fill="white" />
        <polygon points="100,10 140,180 10,60 190,60 60,180" fill="purple">
          <animate attributeName="points" values="100,10 140,180 10,60 190,60 60,180;100,50 140,180 50,85 150,85 60,180;100,10 140,180 10,60 190,60 60,180" dur="2s" repeatCount="indefinite" />
        </polygon>
      </mask>
    </defs>
    <rect width="200" height="200" fill="blue" mask="url(#mask)" />
  </svg>
  (...)
</body>
```

마지막으로, ⟨mask⟩ 태그를 활용해서 파란색 사각형 도형에 마스크를 씌워보도록 하겠습니다.

마스크 요소 내의 ⟨rect⟩ 태그의 너비와 높이를 각각 100%로 해서 자연스럽게 색 배합이 일어나는 바탕으로 마스킹을 적용합니다. polygon 요소를 사용해서 별 모양을 보라색 색상으로 나타내고, ⟨animate⟩ 태그를 사용해서 2초 동안 반복적으로 특정 포인트로 변경되도록 적용합니다.

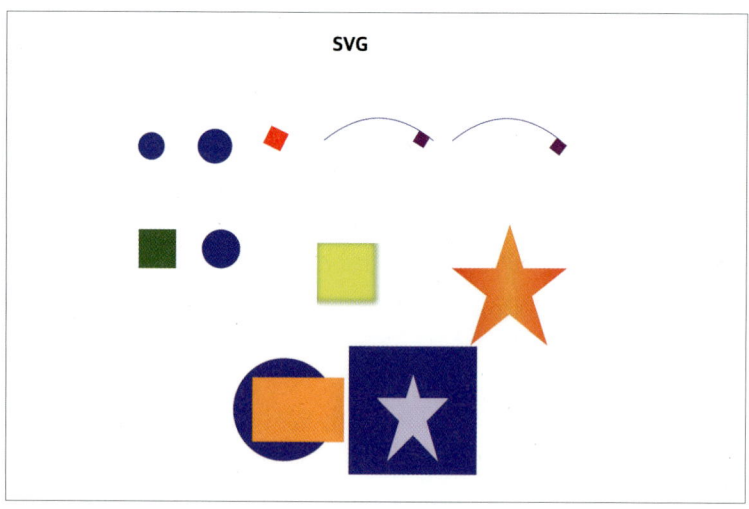

[그림 4-19] animate, animateTransform 요소 등 다양한 애니메이션 효과를 부여한 결과

svg 요소 내부에 각종 애니메이션 효과를 적용해 보았습니다.

SVG 파일 외부에서 애니메이션 다루기

svg 파일 내부에서 애니메이션을 다루는 것과 외부에서 다루는 것의 큰 차이는 무엇일까요? svg 파일 내부에 애니메이션을 사용하게 되면, svg 파일을 어디에 적용하든 똑같은 효과를 사용할 수 있는 장점이 있을 것이고, 수정을 해도 해당 파일을 수정해서 사용하기 때문에 별도의 스타일시트를 관리할 필요가 없어 유지보수 측면에서 장점이 있습니다. svg 파일 외부에서 CSS, JavaScript 등으로 애니메이션을 작성하게 되면, 반복되는 애니메이션을 다양한 도형에 공통적으로 적용할 수 있는 애니메이션 효과의 재사용성 측면에서 장점이 있습니다.

각 방법들의 장단점을 잘 고려해서 필요에 따라서 사용하면 되겠습니다.

[코드 4-56] chapter_4 / 4-4_svg / 03_stylesheet.html

```html
<body>
 (...)
 <div class="svg_wrap">
   <!-- circle -->
   <svg width="100" height="100">
     <circle class="animateCircle" cx="40" cy="40" r="20" fill="blue"></circle>
   </svg>
   <!-- rect -->
   <svg width="100" height="100">
     <rect class="animateRect" x="30" y="30" width="20" height="20" fill="red"></rect>
   </svg>
   <!-- gradient -->
   <svg width="200" height="200">
     <defs>
       <linearGradient id="gradient" x1="0%" y1="0%" x2="100%" y2="100%">
         <stop offset="0%" class="start" />
         <stop offset="100%" class="end" />
       </linearGradient>
     </defs>
     <polygon points="100,10 40,198 190,78 10,78 160,198" fill="url(#gradient)" class="gradient_polygon" />
   </svg>
   <!-- mask -->
   <svg width="200" height="200">
     <defs>
       <mask id="mask">
         <rect width="100%" height="100%" fill="white" />
         <circle cx="100" cy="100" r="20" fill="black"
```

```
          class="animateMask" />
        </mask>
      </defs>
      <rect width="200" height="200" fill="purple" mask="url(#mask)" />
    </svg>
    <!-- path -->
    <svg class="triangle">
      <path d="m2.5,160l90,-157.5l90,157.5l-180,0z" />
    </svg>
  </div>
  (...)
</body>
```

svg 요소 내부에서 〈animate〉 태그를 사용해서 작성했던 내용들을 CSS로 작성하기 위해서 svg 및 기본 도형들만 작성합니다. 각 도형에 클래스 선택자를 작성하고, cx, cy, x, y 등 기본값을 정의합니다.

〈linearGradient〉, 〈mask〉 태그 같은 경우에는 〈stop〉 태그의 시점마다 애니메이션을 적용하기 위해서 클래스 선택자를 추가로 지정하고, 마스킹되는 요소에도 클래스 선택자를 작성합니다.

[코드 4-57] chapter_4 / 4-4_svg / 03_stylesheet.css

```css
@charset "utf-8";

.svg_wrap {
  display: flex;
  justify-content: center;
  align-items: center;
  flex-wrap: wrap;
  max-width: 600px;
  margin: 50px auto;
}

/* circle animation */
@keyframes circleAnimation {
  from {
    r: 10;
    cx: 20;
  }
  to {
```

```css
    r: 30;
    cx: 60;
  }
}

.animateCircle {
  animation: circleAnimation 2s infinite alternate;
}

/* rect animation */
@keyframes rectAnimation {
  from {
    transform: rotate(0deg);
    fill: red;
  }
  to {
    transform: rotate(360deg);
    fill: blue;
  }
}

.animateRect {
  transform-origin: center;
  animation: rectAnimation 2s infinite alternate-reverse ease-in;
}

/* linear gradient */
@keyframes startGradientAnimation {
  0% {
    stop-color: red;
  }
  50% {
    stop-color: yellow;
  }
  100% {
    stop-color: red;
  }
}

@keyframes endGradientAnimation {
  0% {
    stop-color: blue;
  }
  50% {
```

```css
      stop-color: green;
    }
    100% {
      stop-color: blue;
    }
  }

  @keyframes rotate {
    0% {
      transform: rotate(0) scale(0);
    }
    100% {
      transform: rotate(360deg) scale(0.8);
    }
  }

  .start {
    animation: startGradientAnimation 3s infinite;
  }

  .end {
    animation: endGradientAnimation 3s infinite;
  }

  .gradient_polygon {
    transform-origin: center;
    transform-box: fill-box;
    animation: rotate 2s infinite alternate cubic-bezier(0.63, 0.26, 0.21, 0.72);
  }

  /* mask animation */
  @keyframes maskAnimation {
    0% {
      r: 20;
    }
    50% {
      r: 80;
    }
    100% {
      r: 20;
    }
  }

  .animateMask {
    animation: maskAnimation 2s infinite;
```

```css
  }
  /* path animation */
  @keyframes lineAnimation {
    to {
      stroke-dashoffset: 0;
    }
  }

  .triangle {
    width: 185px;
    height: 165px;
  }

  .triangle path {
    stroke-width: 2;
    fill: transparent;
    stroke: black;
    stroke-dasharray: 542;
    stroke-dashoffset: 542;
    animation: lineAnimation 3s cubic-bezier(0.63, 0.26, 0.21, 0.22) forwards infinite alternate;
  }
```

03_stylesheet.css 파일을 생성하고 전체 스타일을 참고하여 하나씩 작성해 보겠습니다.

svg 요소의 애니메이션에 대해 외부 CSS 파일로 작성하는 것의 장점은 여러 가지 애니메이션 요소를 중첩하고 사용하는 것에 있어서 HTML 요소인 animate를 사용할 때보다 훨씬 간편하게 확장 가능한 점과 한 번 작성해 둔 @keyframes을 쉽게 재사용할 수 있다는 점이 있습니다.

[코드 4-58] chapter_4 / 4-4_svg / 03_stylesheet.css

```css
(...)
.svg_wrap {
  display: flex;
  justify-content: center;
  align-items: center;
  flex-wrap: wrap;
  max-width: 600px;
  margin: 50px auto;
}
```

우선, svg 요소들을 전체적으로 감싸고 있는 .svg_wrap에 최대 너비를 600px로 하고 가운데로 정렬한 뒤에 flex-wrap 속성의 값을 wrap으로 하여 최대 너비를 넘치게 되면 아래로 떨어지는 구조로 작성합니다.

[코드 4-59] chapter_4 / 4-4_svg / 03_stylesheet.css

```css
(...)
/* circle animation */
@keyframes circleAnimation {
  from {
    r: 10;
    cx: 20;
  }
  to {
    r: 30;
    cx: 60;
  }
}

.animateCircle {
  animation: circleAnimation 2s infinite alternate;
}
```

circleAnimation이라는 이름의 @keyframes을 작성하고 from과 to 속성에 변경하고 싶은 애니메이션을 동시에 작성합니다. svg 요소에 직접 animate 요소를 사용했을 때는 여러 animate 요소를 사용해서 attributeName을 각각 지정해서 작성해야 했지만 CSS로 작성할 때는 여러 변경 속성들을 한 번에 작성할 수 있습니다.

.animateCircle에 대해 animation 속성으로 해당 @keyframes의 이름과 2초 동안 반복하는데 alternate 속성값을 작성해서 홀수 번째는 normal, 짝수 번째는 reverse 순서대로 교차하며 동작하도록 작성합니다.

cx 속성을 20에서 60으로 변경했기 때문에 r 속성이 확대되며 원이 오른쪽으로 이동했다가 반대로 축소되어 원위치로 돌아갑니다.

[코드 4-60] chapter_4 / 4-4_svg / 03_stylesheet.css

```css
(...)
/* rect animation */
@keyframes rectAnimation {
  from {
    transform: rotate(0deg);
    fill: red;
  }
  to {
    transform: rotate(360deg);
    fill: blue;
  }
}

.animateRect {
  transform-origin: center;
  animation: rectAnimation 2s infinite alternate-reverse ease-in;
}
```

@keyframes로 rectAnimation도 circleAnimation과 마찬가지로 from(0%)부터 to(100%)까지 변경점들을 작성합니다.

이번에는 360도 회전하면서 색상이 빨간색(red)에서 파란색(blue)으로 변경되도록 설정합니다. alternate-reverse 속성값에 의해서 홀수 번째는 reverse, 짝수 번째는 normal로 교차하며 동작하도록 합니다.

transform-origin 속성의 값을 center로 하여 회전하는 도형의 중심점을 중앙으로 오게 해서 360도 회전하도록 합니다. 만약, 도형의 중심으로 회전축을 옮기고 싶다면 transform-origin의 값을 calc(50% - 10px)로 설정해 rect 속성의 너비와 높이의 1/2 만큼을 중심점에서 빼서 위치를 조정할 수 있습니다.

[코드 4-61] chapter_4 / 4-4_svg / 03_stylesheet.css

```css
(...)
/* linear gradient */
@keyframes startGradientAnimation {
  0% {
    stop-color: red;
  }
  50% {
```

```css
      stop-color: yellow;
    }
    100% {
      stop-color: red;
    }
  }

  @keyframes endGradientAnimation {
    0% {
      stop-color: blue;
    }
    50% {
      stop-color: green;
    }
    100% {
      stop-color: blue;
    }
  }

  @keyframes rotate {
    0% {
      transform: rotate(0) scale(0);
    }
    100% {
      transform: rotate(360deg) scale(0.8);
    }
  }

  .start {
    animation: startGradientAnimation 3s infinite;
  }

  .end {
    animation: endGradientAnimation 3s infinite;
  }

  .gradient_polygon {
    transform-origin: center;
    transform-box: fill-box;
    animation: rotate 2s infinite alternate cubic-bezier(0.63, 0.26, 0.21, 0.72);
  }
```

⟨stop⟩ 태그마다 animation을 지정해주기 위해서 **startGradientAnimation**과 **endGradient Animation**을 나눠서 각각 색상을 달리하고 rotate 애니메이션을 통해 scale이 0부터 0.8까지 확대되도록 하는 애니메이션을 적용합니다.

animation-timing-function으로 cubic-bezier 함수를 사용하여 가속도를 적용하고, transform-ori gin 속성의 값을 center로 정의합니다.

[코드 4-62] chapter_4 / 4-4_svg / 03_stylesheet.css

```css
(...)
.gradient_polygon {
  (...)
  transform-box: fill-box;
}
```

transform-box 속성을 사용해서 fill-box 값을 적용하면, transform 계산의 참조 박스를 요소의 fill 영역으로 설정하게 되어 이전 예제처럼 calc(50% - 10px)과 같은 계산식을 쓰지 않고도 쉽게 중심점을 가운데로 옮길 수 있습니다.

[코드 4-63] chapter_4 / 4-4_svg / 03_stylesheet.css

```css
(...)
/* mask animation */
@keyframes maskAnimation {
  0% {
    r: 20;
  }
  50% {
    r: 80;
  }
  100% {
    r: 20;
  }
}

.animateMask {
  animation: maskAnimation 2s infinite;
}
```

maskAnimation도 마찬가지로 반지름을 변경해서 적용해 봅니다.

[코드 4-64] chapter_4 / 4-4_svg / 03_stylesheet.css

```css
(...)
/* path animation */
@keyframes lineAnimation {
  to {
    stroke-dashoffset: 0;
  }
}

.triangle {
  width: 185px;
  height: 165px;
}

.triangle path {
  stroke-width: 2;
  fill: transparent;
  stroke: black;
  stroke-dasharray: 542;
  stroke-dashoffset: 542;
  animation: lineAnimation 3s cubic-bezier(0.63, 0.26, 0.21, 0.22) forwards infinite alternate;
}
```

마지막으로, lineAnimation으로 svg 요소의 path 요소에 대해서 처음부터 끝까지 선을 그려보 겠습니다. svg 요소인 triangle 클래스 선택자의 너비와 높이도 CSS로 작성합니다.

stroke-dasharray와 stroke-dashoffset을 사용하며, 해당 속성들에 대한 정의는 다음과 같습니다.

- stroke-dasharray : 선의 실선 부분과 공백 부분의 길이를 정의합니다. 예를 들어 stroke-dasharray 속성의 값으로 "5 1;"을 지정하게 되면, 길이가 5인 실선과 길이가 1인 공백이 반복되는 선이 만들어집니다.
- stroke-dashoffset : 선의 시작 위치를 옮깁니다. stroke-dashoffset의 값이 stroke-dasharray의 값과 동일하면, 선은 완전히 공백으로 보입니다.

그렇다면 stroke-dasharray와 stroke-dashoffset을 각각 어떤 값으로 하면 선을 그릴 수 있을까요?

전체 선을 기준으로 선의 간격과 공백이 이어져야 하기 때문에 선의 길이만큼 stroke-dasharray 의 값을 설정해야 합니다. 마찬가지로 stroke-dashoffset을 선의 길이만큼 설정한 뒤 0으로 변경하면 자연스러운 애니메이션 효과와 함께 선의 전체 길이를 움직여서 나타나게 됩니다.

이 때, 원본 svg 요소의 선의 길이를 알고 싶다면, JavaScript를 사용해서 알아낼 수 있습니다.

크롬 개발자 도구의 콘솔 탭에서 다음과 같이 JavaScript를 타이핑하면, 현재 .triangle 내부에 있는 path 요소의 전체 길이를 반환합니다. 반올림하여 542라는 값을 얻을 수 있으며, 이를 stroke-dasharray와 stroke-dashoffset 속성에 적용합니다.

[코드 4-65] path 요소의 길이를 가져오는 getTotalLength 메서드

```
document.querySelector('.triangle path').getTotalLength();
```

[그림 4-20] svg 요소의 내부 path 요소의 길이를 반환해주는 JavaScript DOM API를 콘솔 탭에서 사용

stroke-width 속성을 2px로 지정하고, fill 속성을 투명 속성인 transparent로 작성합니다. 그리고 animation을 통해 stroke-dashoffset 속성을 0 값으로 변경해서, stroke의 시작 위치를 옮겨 선이 그려지도록 합니다.

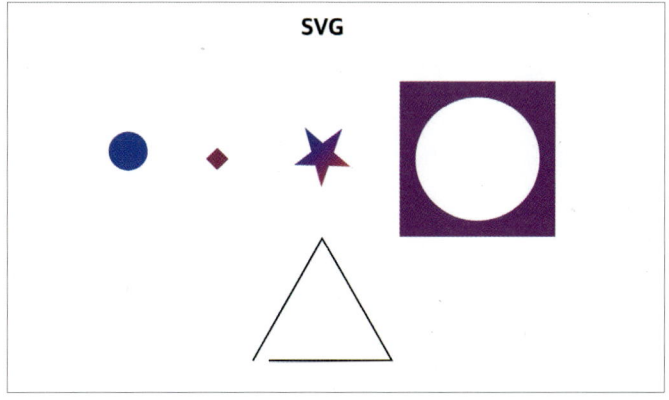

[그림 4-21] svg 요소의 외부의 CSS 파일에서 여러 애니메이션을 작성한 결과

svg 요소의 내부와 외부에서 각각 애니메이션을 구현해보며 장단점에 대해 실습해 보았습니다.

반응형 웹

반응형 웹은 모던 웹사이트에서는 필수적으로 사용해야 하는 기술입니다. 웹 페이지의 콘텐츠가 PC와 모바일이 각각 따로 존재한다면 한 군데를 수정하기 위해서 두 번 작업해야 할 수도 있습니다.

PC와 모바일 기기에서 해상도 차이에 따라 콘텐츠를 어떻게 배치할지 반응형 웹에 대해 이해하고 배워보도록 하겠습니다.

반응형과 적응형

반응형 웹(Responsive Web)과 **적응형 웹**(Adaptive Web)은 다양한 해상도에 최적화된 웹사이트를 제공하는 방식입니다. 이 두 가지 방법의 차이와 장단점에 대해 알아보도록 하겠습니다.

반응형 웹은 하나의 HTML 코드를 사용하고, CSS와 JavaScript를 활용하여 웹 페이지의 여러 해상도에 대한 콘텐츠 노출을 CSS의 미디어 쿼리(Media Query)를 사용하여 대응합니다.

이때의 장점은 하나의 HTML 코드를 사용하므로, 유지보수성이 높고, 기기에 관계없이 일관성 있는 사용자 경험(UX, User Experience)을 제공할 수 있습니다.

단점은 PC에 노출할 콘텐츠와 모바일에 노출할 콘텐츠가 다르다면 유지보수성이 낮아질 수 있습니다. 또한, 하나의 HTML을 사용하고 PC, 모바일에 콘텐츠를 제공하기 위한 별도의 미디어 쿼리를 작성하고 로드해야 하므로 PC 모드와 모바일 모드 모두에서 불필요한 코드를 일부 로드해야 한다는 점이 있습니다.

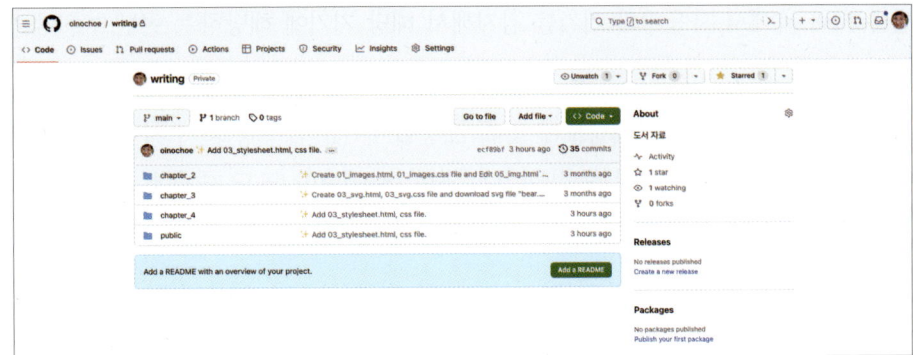

[그림 4-22] 반응형 웹 github의 PC 화면

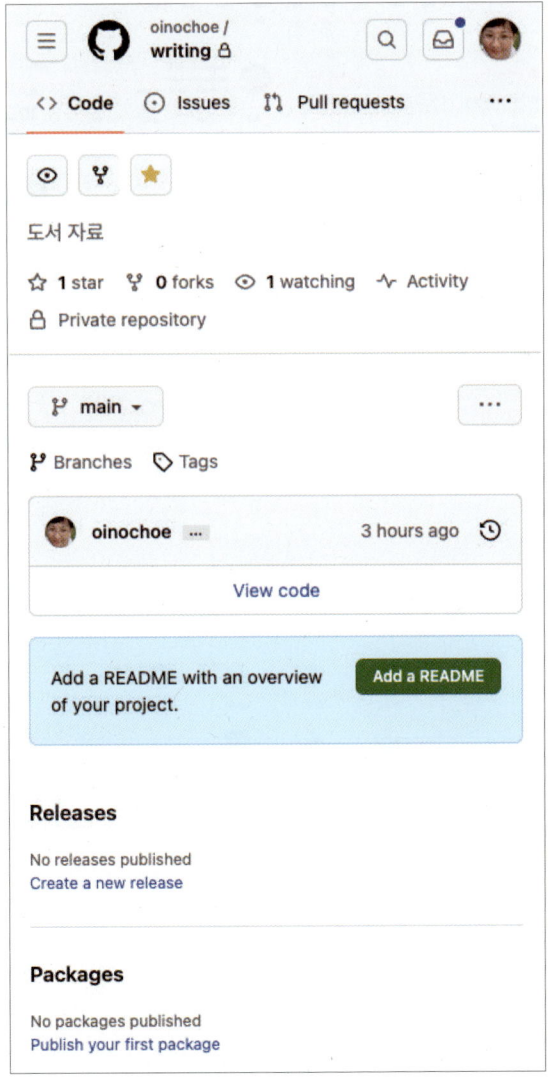

[그림 4-23] 반응형 웹 github의 모바일 화면

4장 웹에 UI, UX를 첨가하다 **263**

적응형 웹은 서버 측에서 사용자의 기기를 감지해서 해당 기기에 해당하는 콘텐츠를 제공하는 방법입니다.

장점으로는 특정 콘텐츠를 특정 해상도에 맞춰 제공할 수 있어 특정 기기 사용자에게 특별한 콘텐츠를 제공할 때 고민이 줄어든다는 점입니다. 또한, 불필요한 코드 대신에 현재 기기에 필요한 HTML, CSS 코드만 로드하므로 성능면에서 이점도 있습니다.

단점은 여러 기기에 맞는 코드를 각각 유지보수해야 하므로 같은 내용의 코드를 관리하기 위한 비용이 클 수 있고, 유지보수 과정이 복잡해질 수 있습니다.

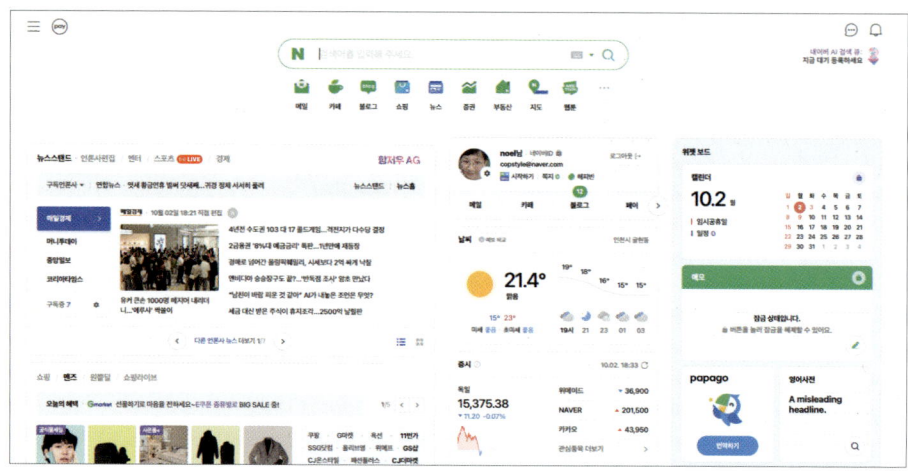

[그림 4-24] 적응형 웹 네이버의 PC 모드

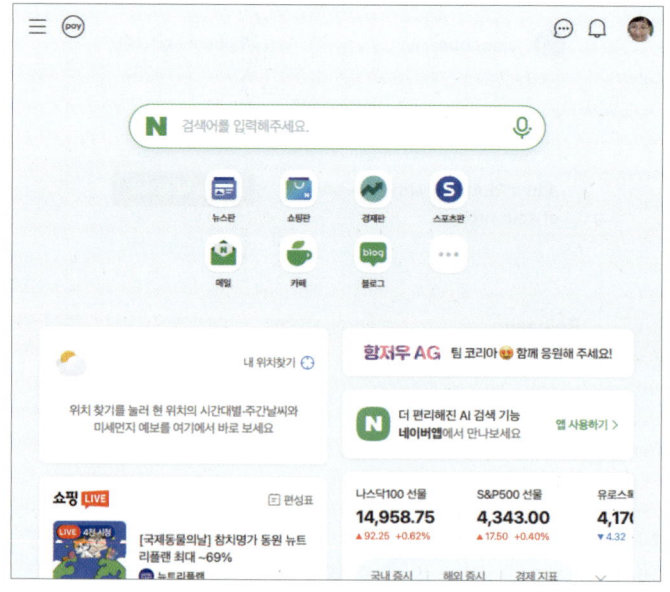

[그림 4-25] 적응형 웹 네이버의 모바일 모드

클라이언트와 서버 측면에서 살펴보면, 반응형 웹은 클라이언트 측면에서 media query, matchMedia 기술 등을 활용해서 렌더링하고, 적응형 웹은 서버 측에서 해당 디바이스에 필요한 코드를 로드해서 렌더링하게 됩니다.

각 방식은 장단점이 있기 때문에 현업에서는 서비스의 콘텐츠의 종류와 타겟층과 같은 마케팅 요소와 기획적 요소, 서버 비용, 개발 유지보수성 측면 등 다양한 요소들이 함께 고려되어 결정하게 됩니다. 최근에는 두 접근 방식을 혼합한 하이브리드 접근법도 많이 사용됩니다. 예를 들어, 기본적인 레이아웃은 반응형으로 구현하되, 특정 콘텐츠나 기능은 기기에 따라 서버에서 다르게 제공하는 방식입니다.

미디어 쿼리(Media Query)

미디어 쿼리(Media Query)는 반응형 웹 디자인의 핵심 기술입니다. 이 기능을 사용하면 뷰포트의 너비, 높이, 해상도 등 다양한 조건에 따라 스타일을 동적으로 적용할 수 있습니다. 이를 통해 다양한 기기와 화면 크기에 최적화된 콘텐츠를 제공할 수 있어, 사용자 경험(UX)을 크게 향상시킬 수 있습니다.

미디어 쿼리는 지속적으로 발전하고 있으며, 현재 Level 5까지 개발되고 있습니다. 각 레벨마다 새로운 기능들이 추가되고 있으며, 이에 대한 자세한 내용은 W3C(World Wide Web Consortium)의 공식 문서(https://www.w3.org/TR/mediaqueries-5)에서 확인할 수 있습니다.

미디어 쿼리의 주요 발전 단계 중 하나는 Level 3(2012년 6월)에서 미디어 쿼리 속성의 값으로 해상도(예: max-width: 1024px, min-width: 1025px)와 방향(orientation: portrait, landscape)을 사용할 수 있게 되었습니다.

이제 실제 미디어 쿼리를 적용하는 예시를 통해 그 사용법을 살펴보도록 하겠습니다.

[코드 4-66] chapter_4 / 4-5_media_query / 01_media_query.html

```html
<body>
 (...)
 <section class="media_query">
  <h2 class="sr-only">Media Query Examples</h2>
  <!-- min-width: 1025px -->
  <article class="media_min_1025">
   <p>Lorem ipsum media_min_1025</p>
  </article>
```

```html
    <!-- max-width: 1024px -->
    <article class="media_max_1024">
      <p>Lorem ipsum media_max_1024</p>
    </article>
    <!-- orientation: landscape -->
    <article class="orientation_landscape">
      <p>Lorem ipsum orientation_landscape</p>
    </article>
    <!-- min-width: 640px and max-width: 1024px -->
    <article class="media_min_640_and_max_1024">
      <p>Lorem ipsum media_min_640_and_max_1024</p>
    </article>
    <!-- width >= 640px and width <= 1024px -->
    <article class="media_min_640_and_max_1024_level4">
      <p>Lorem ipsum media_min_640_and_max_1024_level4</p>
    </article>
    <!-- print -->
    <article class="media_print">
      <p>Lorem ipsum media_print</p>
    </article>
    <!-- prefers-color-scheme: dark -->
    <article class="prefers_scheme_dark">
      <p>Lorem ipsum prefers_scheme_dark</p>
    </article>
    <!-- prefers-reduced-motion: reduce -->
    <article class="prefers_reduced_motion">
      <p>Lorem ipsum prefers_reduced_motion</p>
    </article>
  </section>
  (...)
</body>
```

미디어 쿼리 각각의 조건에 맞게 <article> 태그를 생성하고 클래스 이름을 작성하고 자식 요소인 <p> 태그에는 텍스트를 작성합니다.

[코드 4-67] chapter_4 / 4-5_media_query / 01_media_query.css

```css
@charset "utf-8";

.main {
  max-width: 1024px;
  margin: 0 auto;
}

.media_query {
  margin-top: 30px;
  padding: 30px;
  background-color: rgb(175, 232, 255);
}

.media_query article {
  padding: 20px;
}

/* min-width: 1025px */
.media_min_1025 {
  font-size: 15px;
  color: blue;
}

@media screen and (min-width: 1025px) {
  .media_min_1025 {
    font-size: 30px;
    color: red;
  }
}

/* max-width: 1025px */
.media_max_1024 {
  background-color: red;
  color: #fff;
}

@media screen and (max-width: 1024px) {
  .media_max_1024 {
    background-color: blue;
  }
}

/* orientation_landscape */
```

```css
  .orientation_landscape {
    background-color: purple;
    color: #fff;
  }

  @media screen and (orientation: landscape) {
    .orientation_landscape {
      background-color: salmon;
    }
  }

  /* min-width: 640px and max-width: 1024px */
  .media_min_640_and_max_1024 {
    background-color: slateblue;
    color: #fff;
  }

  @media (min-width: 640px) and (max-width: 1024px) {
    .media_min_640_and_max_1024 {
      background-color: violet;
    }
  }

  /* min-width: 640px and max-width: 1024px */
  .media_min_640_and_max_1024_level4 {
    background-color: slateblue;
    color: #fff;
  }

  @media (640px <= width <= 1024px) {
    .media_min_640_and_max_1024_level4 {
      background-color: violet;
    }
  }

  /* print */
  .media_print {
    color: red;
    font-size: 30px;
  }

  @media print {
    article {
      display: none;
    }
```

```css
  .media_print {
    display: block;
    color: blue;
    font-size: 80px;
  }
}

/* prefers-color-scheme: dark */
.prefers_scheme_dark {
  color: red;
  background: white;
}

@media all and (prefers-color-scheme: dark) {
  .prefers_scheme_dark {
    color: #fff;
    background: black;
  }
}

/* prefers-reduced-motion: reduce */
.prefers_reduced_motion {
  transform: rotate(30deg);
  transform-origin: 0 0;
}

@media (prefers-reduced-motion: reduce) {
  .prefers_reduced_motion {
    transform: none;
  }
}
```

01_media_query.css 파일을 생성해서 전체 CSS를 참고하여 주요 스타일을 알아보겠습니다.

[코드 4-68] chapter_4 / 4-5_media_query / 01_media_query.css

```css
(...)
.main {
  max-width: 1024px;
  margin: 0 auto;
}

.media_query {
  margin-top: 30px;
  padding: 30px;
  background-color: rgb(175, 232, 255);
}

.media_query article {
  padding: 20px;
}
```

우선, main 클래스 선택자를 가진 main 요소를 좌우 중앙 정렬을 하고, media_query 클래스에 margin-top 속성과 padding 속성을 통해 적절히 여백을 주고, background-color를 지정하고, 자식 요소인 article에도 기본적인 여백을 줍니다.

[코드 4-69] chapter_4 / 4-5_media_query / 01_media_query.css

```css
(...)
/* min-width: 1025px */
.media_min_1025 {
  font-size: 15px;
  color: blue;
}

@media screen and (min-width: 1025px) {
  .media_min_1025 {
    font-size: 30px;
    color: red;
  }
}
```

media_min_1025 클래스에 font-size 속성을 15px로 작성하고 color 속성을 blue 값으로 설정합니다. 그리고 최소 해상도가 1025px 이상일 때는 font-size 속성을 30px, color 속성을 red 값으로 변경합니다.

이제, 화면을 줄여보며 화면 해상도의 크기에 따라서 font-size 속성과 color 속성이 변경되는 것을 확인할 수 있습니다.

[코드 4-70] chapter_4 / 4-5_media_query / 01_media_query.css

```css
(...)
/* max-width: 1025px */
.media_max_1024 {
  background-color: red;
  color: #fff;
}

@media screen and (max-width: 1024px) {
  .media_max_1024 {
    background-color: blue;
  }
}

/* orientation_landscape */
.orientation_landscape {
  background-color: purple;
  color: #fff;
}

@media screen and (orientation: landscape) {
  .orientation_landscape {
    background-color: salmon;
  }
}
```

max-width: 1024px 속성도 화면을 줄이고 늘려 쉽게 확인할 수 있습니다.

orientation 속성의 값은 **landscape**와 **portrait**가 있는데, landscape 모드일 때는 보고 있는 브라우저의 해상도에서 너비가 높이보다 클 때 적용되고, portrait는 높이가 너비보다 클 때 적용됩니다. 높이가 너비보다 크도록 화면을 줄이면 미리 선언한 background-color: purple 값에 의해 보라색으로 적용됩니다.

미디어 쿼리의 타입

미디어 쿼리에는 다양한 타입이 있습니다. 예를 들어, "@media screen and (max-width: 1024px)"에서 **screen**은 타입을 나타냅니다.

각각의 타입은 다음과 같은 디바이스의 정의를 나타냅니다.

- **all** : 모든 디바이스 유형에 적용됩니다. 일반적으로 Media 유형을 생략할 수 있는데 생략하는 경우 "all" 값이 적용됩니다.
- **screen** : 주로 컴퓨터, 태블릿, 스마트폰 등의 디바이스를 대상으로 합니다.
- **print** : 인쇄할 페이지를 나타냅니다.

그 외에도 speech(음성 합성 장치), tty(고정된 글자 간격을 가진 미디어), tv(텔레비전), projection(프로젝터) 등 다양한 타입이 있습니다.

[코드 4-71] chapter_4 / 4-5_media_query / 01_media_query.css

```css
(...)
/* min-width: 640px and max-width: 1024px */
.media_min_640_and_max_1024 {
  background-color: slateblue;
  color: #fff;
}

@media (min-width: 640px) and (max-width: 1024px) {
  .media_min_640_and_max_1024 {
    background-color: violet;
  }
}

/* min-width: 640px and max-width: 1024px */
.media_min_640_and_max_1024_level4 {
  background-color: slateblue;
  color: #fff;
}

@media (640px <= width <= 1024px) {
  .media_min_640_and_max_1024_level4 {
    background-color: violet;
  }
}
```

여러 미디어 쿼리를 and 조건으로 조합해서 더 복잡하게 사용할 수도 있습니다. 이는 특정 범위의 화면 크기에 대해 스타일을 적용할 때 특히 유용합니다. 예를 들어, 640px 이상이고 1024px 이하일 때만 background-color를 적용하는 구문도 있습니다.

미디어 쿼리의 문법은 Level 4에서 크게 개선되었습니다. 특히 범위 지정 시, Level 3의 복잡한 구문 대신 '640px ≤ width ≤ 1024px'와 같은 직관적인 수학적 표현이 가능합니다.

[코드 4-72] chapter_4 / 4-5_media_query / 01_media_query.css

```css
(...)
/* print */
.media_print {
  color: red;
  font-size: 30px;
}

@media print {
  article {
    display: none;
  }
  .media_print {
    display: block;
    color: blue;
    font-size: 80px;
  }
}
```

미디어 타입을 **print**로 해서 프린트 용도의 화면을 구성할 수도 있습니다.

기존 article들을 모두 display: none으로 하고, media_print 클래스만 display:block으로 노출하고 font 및 color 속성을 작성합니다.

프린트 실행을 위해서 브라우저 화면에서 단축키(`Cmd`+`P` 또는 `Ctrl`+`P`)를 입력하여 프린트 미리보기 화면을 확인해 보세요.

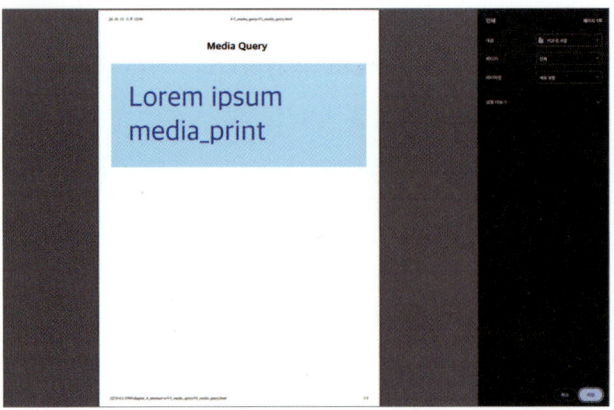

[그림 4-26] 미디어 타입을 print로 적용한 프린트 미리보기 결과

실제로 적용되는 부분을 확인하기 위해서 실제로 프린트물을 출력해보거나 PDF로 저장하는 메뉴를 통해 PDF 파일을 확인할 수 있습니다.

[코드 4-73] chapter_4 / 4-5_media_query / 01_media_query.css

```css
(...)
/* prefers-color-scheme: dark */
.prefers_scheme_dark {
  color: red;
  background: white;
}

@media all and (prefers-color-scheme: dark) {
  .prefers_scheme_dark {
    color: #fff;
    background: black;
  }
}

/* prefers-reduced-motion: reduce */
.prefers_reduced_motion {
  transform: rotate(30deg);
  transform-origin: 0 0;
}

@media (prefers-reduced-motion: reduce) {
  .prefers_reduced_motion {
    transform: none;
  }
}
```

마지막으로 미디어 쿼리 Level 5는 사용자의 환경 및 설정, 기기의 특성을 고려하여 스타일을 적용할 수 있는 기능이 추가되었는데 여기에는 색상 테마, 사용자의 원하는 상태 등이 포함됩니다.

사용자의 운영체제 설정(라이트/다크 모드, 모션 감소)을 감지하여 이에 맞게 웹 콘텐츠를 조정할 수 있습니다. 이를 통해 사용자의 선호도를 반영하여 더 나은 웹 경험을 제공할 수 있습니다.

- Windows – 화면 테마 설정
- 설정 〉 개인 설정 〉 색 메뉴를 선택합니다.

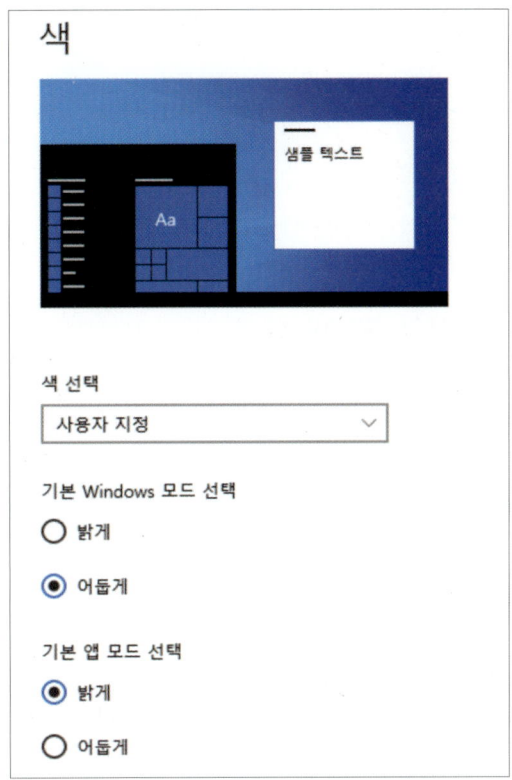

[그림 4-27] Windows에서 화면 설정을 밝게, 어둡게를 선택해서 prefers-color-scheme: dark, prefers-color-scheme: light의 상태를 확인

- Mac – 화면 테마 설정
- 설정 〉 화면 모드를 선택합니다.

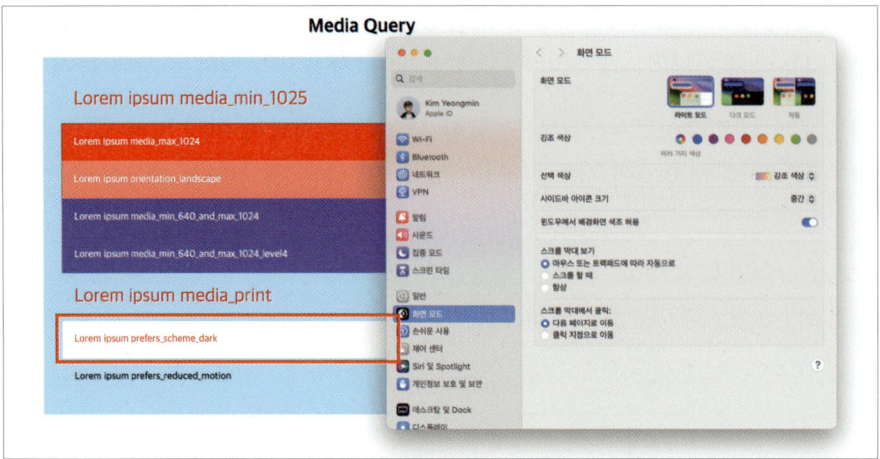

[그림 4-28] Mac에서 화면 설정을 밝게, 어둡게 선택해서 prefers-color-scheme: dark, prefers-color-scheme: light의 상태를 확인 (크롬의 경우 설정 > 모양 > 모드 변경)

- Windows - 모션 사용 줄이기 또는 끔 설정
- 설정 > 접근성 > 디스플레이에서 Windows에서 애니메이션 표시를 끔

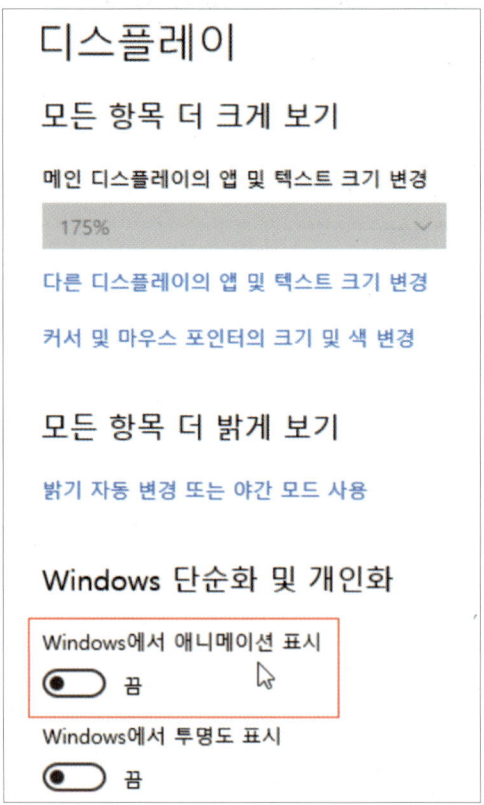

[그림 4-29] Windows에서 디스플레이에서 Windows에서 애니메이션 표시를 끔을 선택해서 prefers-reduced-motion: reduce의 상태를 확인

- Mac – 모션 사용 줄이기 또는 끔 설정
- 설정 〉 손쉬운 사용 〉 디스플레이에서 동작 줄이기를 활성화

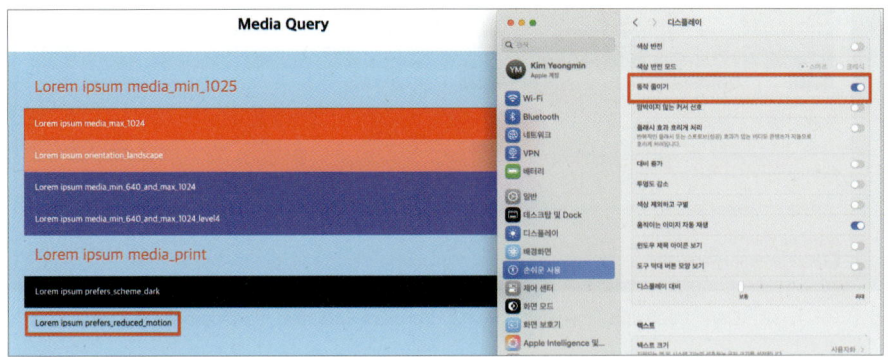

[그림 4-30] Mac에서 디스플레이에서 동작 줄이기를 활성화해서 prefers-reduced-motion: reduce의 상태를 확인

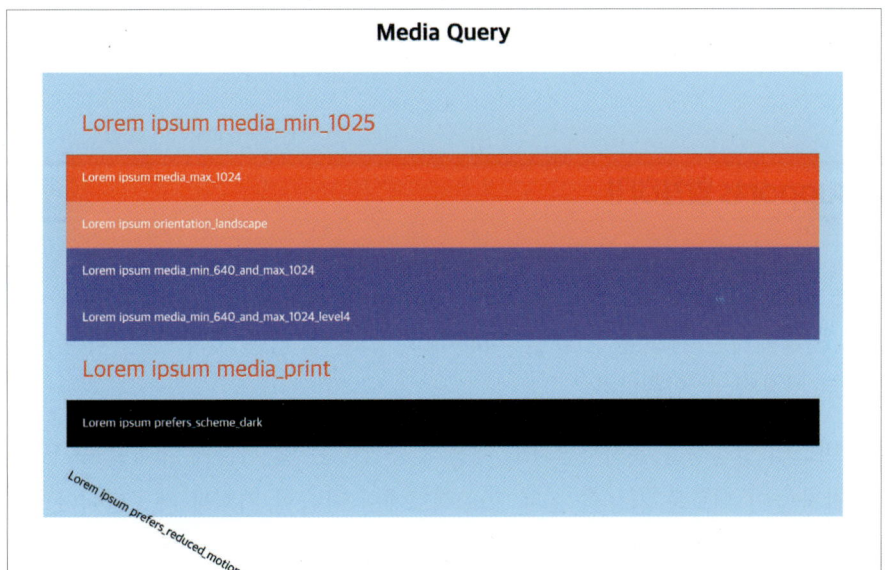

[그림 4-31] prefers-reduced-motion이 설정되지 않은 상태, prefers-color-scheme: dark의 상태

그림 4-27~31과 같이 설정한 것과 미디어 쿼리가 적용된 것의 차이를 확인해봅시다. 미디어 쿼리 Level 5는 사용자 개인화에 초점을 맞춘 기능을 제공합니다.

CSS만으로도 사용자의 환경과 선호도에 따라 콘텐츠를 동적으로 변경할 수 있어, 개인화된 웹 경험을 구현하는 데 매우 유용합니다.

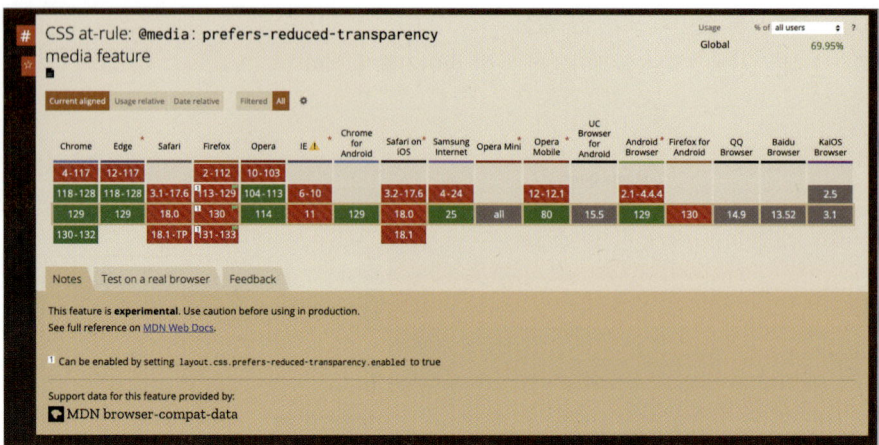

[그림 4-32] Can I Use(https://caniuse.com/)에서 prefers-reduced-transparency를 검색한 결과

하지만, 미디어 쿼리 Level 5의 일부 기능은 아직 브라우저 지원이 제한적입니다.

Can I Use 사이트에서 확인할 수 있듯이, 실제 프로젝트에서는 폴리필(polyfill)을 적용하거나 대체 방안을 사용하는 것이 좋습니다.

@supports 활용하기

@supports는 특정 CSS 속성의 지원 여부를 확인하는 데 사용되는 CSS 규칙입니다. 이를 통해 지원되는 환경에서는 새로운 기술을 적용하고, 그렇지 않은 경우에는 기존 기술을 폴백(fallback)으로 사용할 수 있습니다.

이 방식은 서비스의 안정성을 유지하면서도 새롭게 등장하는 웹 기술에 대비할 수 있도록 해줍니다. 또한, 개발자들이 새로운 기능을 실제 프로젝트에서 학습할 기회를 제공합니다. 이러한 이점들로 인해 @supports는 현업에서 널리 사용되는 중요한 CSS 기술 중 하나로 자리 잡았습니다.

[코드 4-74] chapter_4 / 4-5_media_query / 02_supports.html

```html
<body>
 (...)
 <div class="supports">
    <!-- chrome에서와 microsoft edge에서 지원이 다를 경우 img fallback -->
    <picture>
      <source srcset="../../public/img/sample.avif" type="image/avif" />
      <img src="../../public/img/unsplash/item_01.jpg" alt="사파이어 색상의 의자" />
    </picture>
    <!-- webp 지원 여부에 따른 background fallback -->
    <div class="webp"></div>
    <!-- chrome에서와 firefox 지원이 다를 경우 fallback -->
    <progress value="20" max="100">progress : 20%</progress>
 </div>
 (...)
</body>
```

〈picture〉 태그를 활용해서 CSS에서 @supports를 사용하기 전에 미리 폴백 코드를 HTML에서 사용합니다. 〈picture〉 태그 안에 source는 여러 개가 될 수 있고, **source** 요소가 정의된 순서대로 브라우저가 지원하는 첫 번째 포맷을 로드합니다. 모든 브라우저에서 지원하는 〈img〉 태그를 마지막에 배치하여, 다른 포맷의 이미지가 로드되지 않았을 때 대비할 수 있습니다.

[코드 4-75] chapter_4 / 4-5_media_query / 02_supports.css

```css
@charset "utf-8";

.main {
  max-width: 1024px;
  margin: 0 auto;
}

.supports {
  display: flex;
  flex-direction: column;
  align-items: center;
  justify-content: center;
  padding: 30px;
  margin-top: 30px;
  background-color: rgb(175, 232, 255);
}
```

```css
/* webp */
.webp {
  width: 200px;
  height: 200px;
  margin: 30px;
  background-size: cover;
  background-image: url('../../../img/unsplash/item_05.jpg');
}

@supports (background-image: image-set(url('../../../img/sample.webp') 1x)) {
  .webp {
    background-image: image-set(url('../../../img/sample.webp') 1x);
  }
}

/* progress -webkit-, -moz- */
progress {
  width: 300px;
  height: 10px;
}

@supports (-webkit-appearance: progress-bar) {
  ::-webkit-progress-bar {
    background-color: red;
  }
  ::-webkit-progress-value {
    background-color: blue;
  }
}

@supports (-moz-appearance: progress-bar) {
  progress {
    background-color: black;
  }
}
```

02_supports.css 파일을 생성해서 전체 CSS 코드를 참고하여 주요 스타일을 작성합니다.

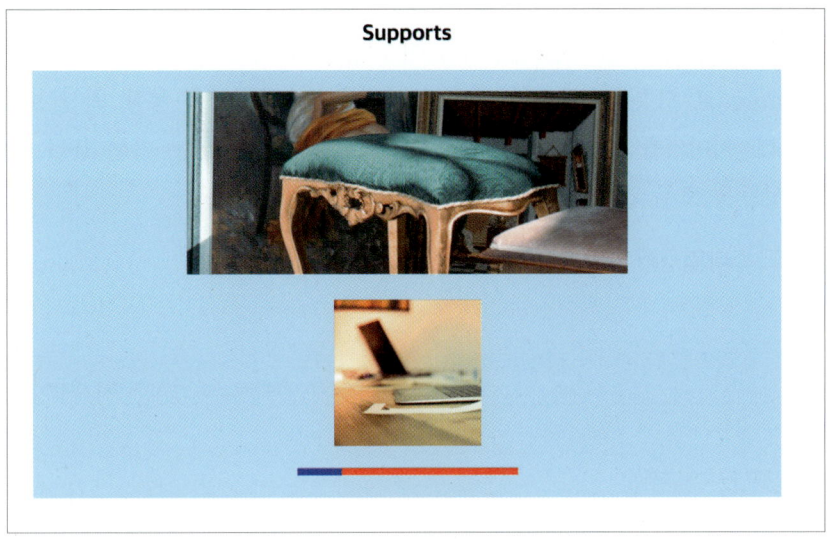

[그림 4-33] avif 포맷을 지원하지 않는 브라우저에서의 이미지 로드

그림 4-33과 같이 avif 포맷을 지원하지 않는 브라우저에서는 폴백 이미지가 로드된 것을 확인할 수 있습니다.

[코드 4-76] chapter_4 / 4-5_media_query / 02_supports.css

```css
(...)
/* webp */
.webp {
  width: 200px;
  height: 200px;
  margin: 30px;
  background-size: cover;
  background-image: url('../../../img/unsplash/item_05.jpg');
}

@supports (background-image: image-set(url('../../../img/sample.webp') 1x)) {
  .webp {
    background-image: image-set(url('../../../img/sample.webp') 1x);
  }
}
```

먼저, 기본적으로 모든 브라우저에서 지원하는 JPG 이미지를 background-image로 설정합니다. 그런 다음, @supports 규칙을 사용하여 브라우저가 WebP 이미지 형식과 image-set() 함수를 지원하는지 확인합니다. 만약 브라우저가 이 기능들을 지원한다면, WebP 형식의 이미지를 background-image로 사용하도록 스타일을 덮어씁니다. 이 방식을 통해 최신 브라우저에서는 더 효율적인 WebP 이미지를 사용하고, 지원하지 않는 브라우저에서는 기본 JPG 이미지를 표시하여 호환성과 성능을 모두 고려할 수 있습니다.

progress 요소도 스타일링해 보겠습니다.

[코드 4-77] chapter_4 / 4-5_media_query / 02_supports.css

```css
(...)
/* progress -webkit-, -moz- */
progress {
  width: 300px;
  height: 10px;
}

@supports (-webkit-appearance: progress-bar) {
  ::-webkit-progress-bar {
    background-color: red;
  }
  ::-webkit-progress-value {
    background-color: blue;
  }
}

@supports (-moz-appearance: progress-bar) {
  progress {
    background-color: black;
  }
}
```

브라우저별 벤더 프리픽스는 중요한 역할을 합니다. -webkit-appearance는 주로 크로미움 계열 브라우저(마이크로소프트 엣지, 크롬, Brave 등)에서 사용되며, -moz-appearance는 파이어폭스 브라우저에서 사용되는 프리픽스입니다. 따라서 마이크로소프트 엣지, 크롬, Brave와 같은 크로미움 계열 브라우저에서는 progress 요소의 배경색은 빨간색, 진행된 부분은 파란색으로 나타나고, 파이어폭스 브라우저에서는 배경색이 검은색, 진행된 부분은 파란색으로 나타나게 됩니다.

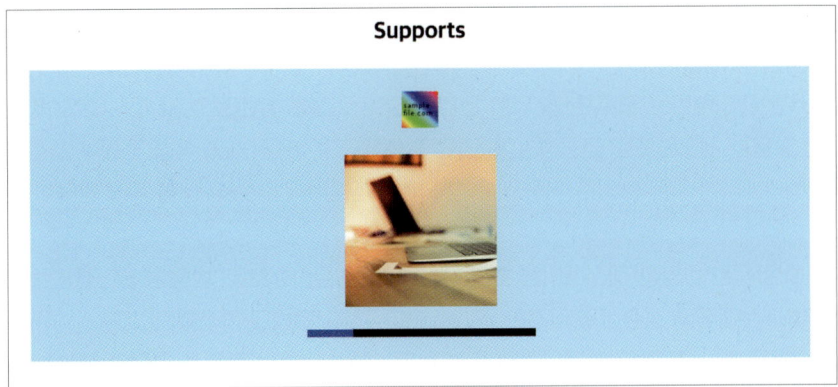

[그림 4-34] avif 포맷을 지원하는 파이어폭스, -moz- vendor prefix를 사용하기 때문에 progress 요소의 색상이 검은색으로 나타남

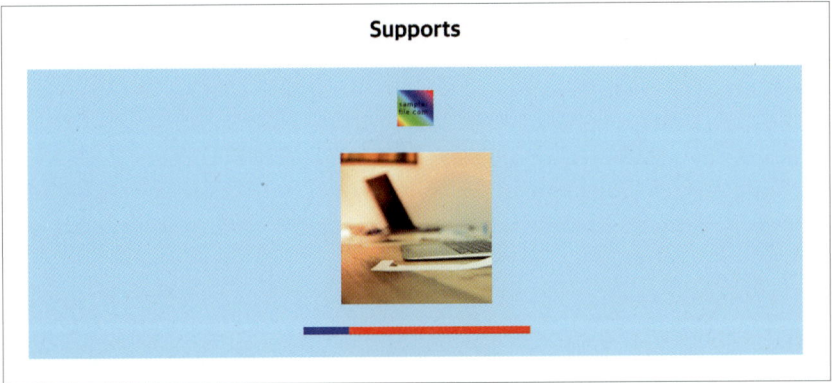

[그림 4-35] avif 포맷을 지원하는 크롬, -webkit- vendor prefix를 사용하기 때문에 progress 요소의 색상이 빨간색으로 나타남

 마무리

　이번 장에서는 인터랙티브 웹 구현을 위한 다양한 CSS 기술을 살펴보았습니다. CSS 변수, opacity, visibility 등을 활용한 레이아웃의 점진적 노출 기법을 배웠으며, Transition 속성의 세부 설정을 통한 3D 카드 뒤집기 애니메이션 구현 방법도 익히고, 가장 많이 사용되는 Carousel UI를 직접 만들어보며 실습했습니다.

　또한, SVG를 활용한 다양한 애니메이션 효과 생성 방법을 실습했으며, 반응형 웹 디자인을 위한 미디어 쿼리 활용법과 브라우저 호환성을 고려한 @supports 규칙 사용법도 학습했습니다.

　이러한 기술들을 통해 정적인 웹 페이지에 동적인 요소를 추가하여 사용자 경험을 향상시키는 방법을 배웠습니다.

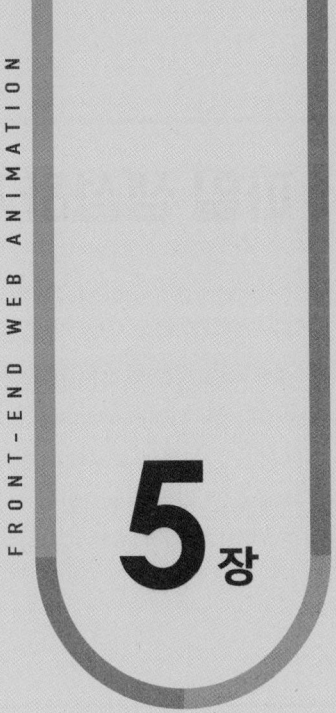

JavaScript 문법을 익히다

인터랙티브 웹을 만들기 위해 필요한 주요 기술 중 JavaScript는 HTML과 CSS와는 다른 역할을 합니다. HTML과 CSS가 주로 시각적인 UI(User Interface)를 구성하는 데 사용된다면, JavaScript는 주로 동적인 효과 및 기능을 구현하고 사용자 경험(UX, User Experience)을 향상시키는 데 중점을 둡니다. CSS의 발전으로 많은 애니메이션 효과를 JavaScript 없이도 구현할 수 있게 되었지만, 복잡한 상호작용이나 자동화된 기능이 필요한 경우에는 여전히 JavaScript가 필수적입니다.

이번 장에서는 DOM API(Document Object Model, Application Programming Interface)를 사용하여 웹 페이지의 구조를 조작하고 동적으로 변경하는 방법을 배워보겠습니다. 이를 통해 인터랙티브한 애니메이션과 기능을 구현하는 방법을 알아보겠습니다.

- **5-1** JavaScript 파일 생성하기
- **5-2** JavaScript를 위한 환경 설정
- **5-3** JavaScript DOM 사용하기
- **5-4** JavaScript 이벤트
- **5-5** JavaScript 함수
- **5-6** 비동기 처리

5-1 JavaScript 파일 생성하기

JavaScript는 HTML과 CSS를 배운 후 처음 접할 때 많은 사람들에게 어려운 과제가 될 수 있습니다. 이는 프로그래밍 개념의 도입, 이벤트 처리와 DOM 조작의 복잡성 때문입니다. 다양한 개념을 동시에 이해하고 적용해야 하기 때문에 어려움을 느끼기 쉽습니다. 따라서 이번 장에서는 이론적인 접근보다는 실용적인 관점에서 JavaScript를 다루고자 합니다. JavaScript를 활용한 웹 애니메이션 만들기를 통해 실전 경험을 쌓으면서 핵심 개념도 함께 배워보겠습니다.

JavaScript를 적용하는 세 가지 방법

JavaScript를 적용하기 위한 방법으로 세 가지가 있습니다. 첫 번째는 **인라인 스크립트(Inline JavaScript)**입니다.

[코드 5-1] chapter_5 / 5-1_javascript / 01_javascript.html

```html
<body>
  (...)
  <article class="contents">
    <h3>Inline JavaScript 사용하기</h3>
    <p>
      Inline JavaScript는 HTML 요소 내에 직접 JavaScript를 작성하는 방법입니다. <br />
      코드 양을 적게 작성할 수는 있는데, HTML과 JavaScript 코드가 혼재하여 가독성과 유지보수에 좋지 않습니다. <br />
      아래 type이 button인 button 요소를 클릭하게 되면 onclick으로 연결된 alert 메서드가 호출되게 되고, 시스템 대화 상자로 "클릭했어요?"라는 문구가 화면에 나타나게 됩니다.
    </p>
    <button type="button" onclick="alert('클릭했어요?')">클릭</button>
  </article>
  (...)
</body>
```

인라인 스크립트는 HTML 요소 내에 JavaScript를 직접 작성하는 방식입니다. 이 방법은 코드를 간단히 작성할 수 있지만, HTML과 JavaScript 코드가 섞여 가독성과 유지보수성이 떨어집니다. 예제 01_javascript.html에서 버튼 요소에 onclick 속성을 사용하여 클릭 이벤트를 처리합니다. 이 버튼을 클릭하면 alert 메서드가 호출되어 "클릭했어요?"라는 메시지가 시스템 대화 상자로 표시됩니다.

두 번째는 **내부 스크립트(Internal JavaScript)**를 사용하는 방법입니다.

[코드 5-2] chapter_5 / 5-1_javascript / 01_javascript.html

```html
<body>
 (...)
 <article class="contents">
   <h3>Internal JavaScript 사용하기</h3>
   <p>
     Internal JavaScript는 HTML 파일 내부에서 script 요소를 사용해서 JavaScript 코드를 작성하는 방법입니다. <br/>
     head 요소 또는 body 요소 내부에 위치할 수 있지만, 주로 HTML DOM Tree가 생성되고 난 후에 적용되게 하기 위해서 body 요소 닫기 직전에 작성하게 됩니다. <br/>
     이 방법도 유지보수와 가독성에 취약하므로 주의가 필요합니다.
   </p>
   <button type="button" class="js-click">클릭</button>
 </article>
 (...)
 <script>
   document.querySelector('.js-click').onclick = function () {
     alert('js-click 클래스 선택자를 사용해서 내부 스크립트를 사용해서 클릭했나요?');
   };
 </script>
 (...)
</body>
```

내부 〈script〉 태그를 사용하는 방식은 HTML 문서 내에 〈script〉 태그를 작성하고 그 내부에 JavaScript 코드를 작성하는 방법으로, 일반적으로 〈head〉 태그 내에서 defer 속성과 함께 사용하거나 〈body〉 태그를 닫기 직전에 배치하는 것이 권장합니다. 이 위치는 DOM 생성이 완료된 후 스크립트가 실행되어 모든 HTML 요소에 안전하게 접근할 수 있고, 페이지 로딩 시 JavaScript 실행으로 인한 HTML 콘텐츠 렌더링 차단을 방지합니다. 사용자가 더 빠르게 페이지 콘텐츠를 볼 수 있어 체감 성능이 향상되는 장점이 있습니다. 이 방식은 간단한 스크립트나 페이지별 고유 코드에 유용하지만, 복잡하거나 재사용이 필요한 코드는 외부 파일로 분리하는 것이 더 효율적입니다.

세 번째 방법은 **외부 스크립트(External JavaScript)**를 로드하는 방법으로 JavaScript 파일을 생성해야 합니다.

[코드 5-3] chapter_5 / 5-1_ javascript / 01_javascript.html

```html
<body>
 (...)
 <article class="contents">
    <h3>External JavaScript 사용하기</h3>
    <p>External JavaScript는 JavaScript 코드를 작성하고 HTML 파일에서 이를 로드해서 사용하는데, 가장 권장되는 방법이며, 코드의 재사용성과 유지보수가 용이합니다.</p>
    <button type="button" class="js-clickOut">클릭</button>
 </article>
 (...)
 <script src="../../public/js/chapter_5/5-1_javascript/01_javascript.js"></script>
 (...)
</body>
```

01_javascript.js 이름의 JavaScript 파일을 생성해서 src 속성값으로 할당합니다.

JavaScript 파일 생성

[코드 5-4] chapter_5 / 5-1_javascript / 01_javascript.js

```javascript
document.querySelector('.js-clickOut').onclick = function () {
  alert('js-clickOut 클래스 선택자를 사용해서 외부 스크립트를 사용해서 클릭했나요?');
};
```

01_javascript.js 파일 내에 document.querySelector 구문을 사용해 js-clickOut 클래스 선택자를 가진 <button> 태그를 DOM으로 선택하고 onclick 이벤트 함수를 사용해 클릭했을 때 alert 함수를 사용해서 시스템 대화 상자를 출력합니다.

외부 스크립트는 다른 파일에서도 로드해서 사용할 수 있어 HTML 요소에 똑같은 클래스를 사용하고 이 파일을 로드해서 JavaScript 코드의 재사용성과 유지보수성을 높입니다.

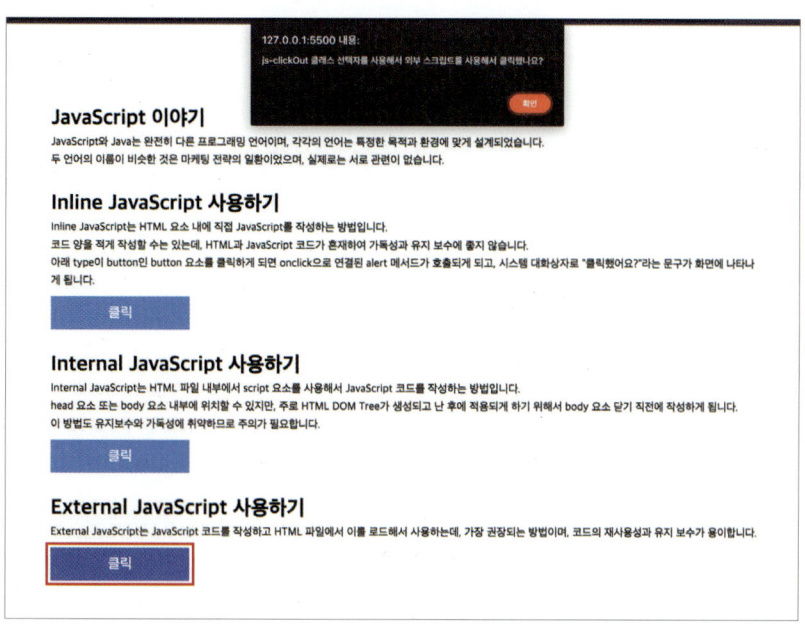

[그림 5-1] JavaScript를 로드하는 세 가지 방법 중 세 번째 방식으로 했을 때의 결과

앞선 세 가지 방법 모두 사용할 수 있지만 사용 방법에 따라 로드하는 시점에서도 차이가 있습니다. 인라인 스크립트는 HTML 요소에 직접적으로 연결되므로, 해당 요소가 로드되고 이벤트가 발생하면 즉시 실행됩니다.

내부 및 외부 스크립트 방식은 HTML 문서 로드 중에 〈head〉 태그에서 〈script〉 태그를 만나면 HTML 문서를 로드하는 중에 JavaScript를 로드해야 하므로 페이지 로딩이 〈head〉 태그 내에서 〈script〉 태그에 defer 속성과 함께 사용하거나 〈body〉 태그 닫기 직전에 태그를 배치합니다.

또한, JavaScript에서는 CSS와 달리 인라인 스크립트가 더 높은 우선순위를 갖지 않습니다. 동일한 이벤트에 대해 여러 스크립트가 정의된 경우, 마지막에 선언된 스크립트만 적용됩니다. 여러 이벤트를 하나의 요소에 연결하려면 addEventListener 메서드를 사용하여 이벤트를 순차적으로 실행할 수 있습니다.

항상 \<body\> 태그 닫기 전에 script 요소를 생성해야 하나요? (defer, async)

HTML 문서에서 JavaScript를 로드하는 위치는 중요하지만, 항상 〈body〉 태그 닫기 전에 위치시킬 필요는 없습니다. 〈script〉 태그의 **defer**와 **async** 속성을 사용하면 스크립트 로딩과 실행 시점을 제어할 수 있습니다. defer 속성을 사용하면 HTML 문서가 완전히 로드된 후 스크립트가 실행됩니다. 이 방식은 스크립트 간의 실행 순서를 보장하며, DOM 렌더링을 방해하지 않습니다.

[코드] 〈script〉 태그에 defer 속성을 사용한 예제

```html
<head>
  <script src="script_defer_1.js" defer></script>
  <script src="script_defer_2.js" defer></script>
</head>
```

〈head〉 태그 내부에 있어도 DOM 렌더링을 중단하지 않고 script_defer_1.js가 먼저 실행된 후 script_defer_2.js가 실행됩니다. 〈body〉 태그 닫기 전에 선언하지 않고도 충분히 순서를 보장할 수 있기 때문에 많이 사용되는 방법입니다. 반면, async 속성은 스크립트를 비동기적으로 로드하고 즉시 실행합니다.

[코드] 〈script〉 태그에 async 속성을 사용한 예제

```html
<head>
  <script src="script_async_1.js" async></script>
  <script src="script_async_2.js" async></script>
</head>
```

async 속성을 선언하면, 문서가 로드되는 중이라도 script_async_1과 script_async_2를 수행하고, 먼저 로드되는 대로 바로 스크립트를 수행합니다. 순서를 보장해주지 않기 때문에 DOM이 로드되지 않은 시점에서 수행되면 DOM에 접근하는 스크립트 구문은 에러를 발생시킬 수 있습니다. 따라서 async 속성은 DOM과 무관하게 독립적으로 수행되는 스크립트를 로드할 때 적절합니다.

5-2 JavaScript를 위한 환경 설정

JavaScript를 위한 환경 설정

JavaScript 개발 환경 설정은 코딩만큼 중요하며, 때로는 더 어려울 수 있습니다. 이번 섹션에서는 1장에서 설치한 **Prettier, ESLint, Error Lens** 등 확장 프로그램을 활용하여 더 효율적인 JavaScript 개발 환경을 구축하는 방법을 배워봅시다. ESLint는 코드 품질 관리와 잠재적 문제 식별에 중점을 두며, Prettier는 코드 포맷팅에 특화되어 있습니다. 이 두 도구를 함께 사용하면 코드 품질과 스타일을 동시에 관리할 수 있습니다. VS Code에서 이들을 설정하여 파일 저장 시 자동으로 코드를 포맷팅하고 검사를 실행하도록 설정하는 방법을 살펴볼 것입니다. 이러한 설정은 코드 작성 중 실수를 줄이고, 코드 리뷰 및 협업에서 효율성을 크게 향상시킵니다.

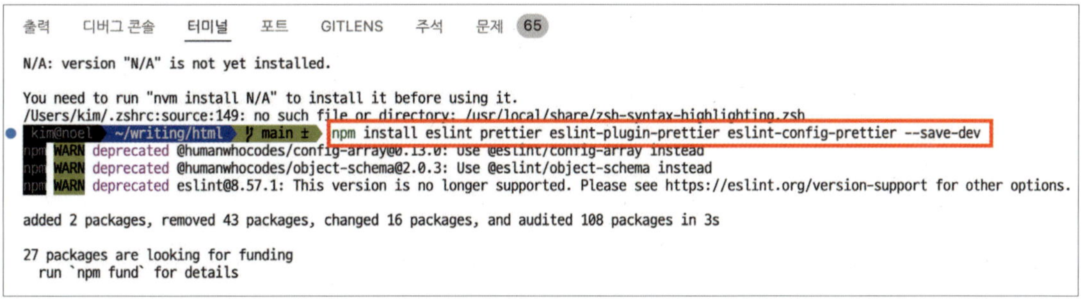

[그림 5-2] 프로젝트 루트 경로에서 ESLint, Prettier 관련 패키지를 개발 버전으로 설치

ESLint와 Prettier 환경 설정을 위해 **프로젝트 루트 경로**를 터미널로 열어 다음과 같이 입력합니다.

```
npm install eslint prettier eslint-plugin-prettier eslint-config-prettier --save-dev
```

커맨드: eslint, prettier 설정하는 패키지를 개발 환경으로 설치하는 예제

설치하게 되면 package-lock.json, package.json, node_modules 폴더가 각각 생성되고, package.json 파일을 열어보면 --save-dev 키워드로 설치를 진행했기 때문에 devDependencies 의 값으로 해당 패키지들이 최신 버전으로 설치되어 있는 것을 확인할 수 있습니다.

 .gitignore는 어떤 파일인가요?

.gitignore 파일은 Git 버전 관리 시스템에서 특정 파일이나 디렉터리를 추적하지 않도록 제외시키기 위한 파일입니다.
이 파일에 지정된 패턴과 일치하는 파일 또는 디렉터리는 Git 버전 관리 시스템에서 무시됩니다.

[코드] .gitignore 파일 예제

```
*.js              # 모든 .js 파일을 무시합니다.
node_modules/     # node_modules 디렉터리를 무시합니다.
*.exe             # 모든 .exe 파일을 무시합니다.
!/include.js      # include.js 파일은 무시하지 않습니다.
```

`Ctrl` + `Shift` + `P` 또는 `Cmd` + `Shift` + `P` 단축키로 명령 팔레트 〉 기본 설정: 사용자 설정 열기 (JSON) 파일을 열어 작업 중에 코드를 수정하고 저장했을 때 ESLint가 자동으로 코드 문법 검사와 잠재적 문제를 식별할 수 있도록 다음과 같이 설정합니다.

[코드 5-5] "source.fixAll.eslint" 설정을 통해 코드 저장 시 ESLint가 자동으로 수정하도록 설정

```
(...)
"editor.codeActionsOnSave": {
  "source.fixAll.eslint": "always"
}
(...)
```

```
{
  "[javascript]": {
    "editor.defaultFormatter": "esbenp.prettier-vscode"
  },
  "[javascriptreact]": {
    "editor.defaultFormatter": "esbenp.prettier-vscode"
  },
  "[typescript]": {
    "editor.defaultFormatter": "esbenp.prettier-vscode"
  },
  "[typescriptreact]": {
    "editor.defaultFormatter": "esbenp.prettier-vscode"
  },
  "[jsonc]": {
    "editor.defaultFormatter": "esbenp.prettier-vscode"
  },
  "[html]": {
    "editor.defaultFormatter": "esbenp.prettier-vscode"
  },
  "[css]": {
    "editor.defaultFormatter": "esbenp.prettier-vscode"
  },
  "editor.formatOnSave": true,
  "workbench.iconTheme": "vscode-icons",
  "cSpell.userWords": ["esbenp", "Menlo"],
  "editor.fontFamily": "D2Coding, Menlo, Monaco, 'Courier New', monospace",
  "workbench.colorTheme": "Default Light+",
  "window.zoomLevel": 2,
  "editor.codeActionsOnSave": {
    "source.fixAll.eslint": "always"
  },
}
```

[그림 5-3] VS Code에서 저장했을 때 자동으로 ESLint에 의해서 코드 문법이 수정되도록 설정

이제 VS Code에서 저장할 때 자동으로 ESLint와 Prettier에 의해 코드 문법 검사 및 코드 정렬 기능이 수행될 것입니다.

이번에는 ESLint 파일과 Prettier 파일을 만들어 보겠습니다. ESLint와 Prettier의 옵션을 다음과 같이 설정한 뒤에 VS Code를 재시작하겠습니다.

[코드 5-6] .eslintrc 파일에 eslint 설정

```
{
  "plugins": ["prettier"],
  "extends": ["eslint:recommended", "plugin:prettier/recommended"],
  "parserOptions": {
    "ecmaVersion": 2022,
    "sourceType": "module"
  },
  "env": {
    "browser": true,
```

```
    "es6": true,
    "node": true
  },
  "rules": {
    "prettier/prettier": "error",
    "prefer-const": "error"
  }
}
```

[코드 5-7] .prettierrc 파일에 prettier 설정

```
{
  "semi": true,
  "trailingComma": "all",
  "singleQuote": true,
  "printWidth": 200,
  "tabWidth": 2,
  "bracketSpacing": true,
  "arrowParens": "always"
}
```

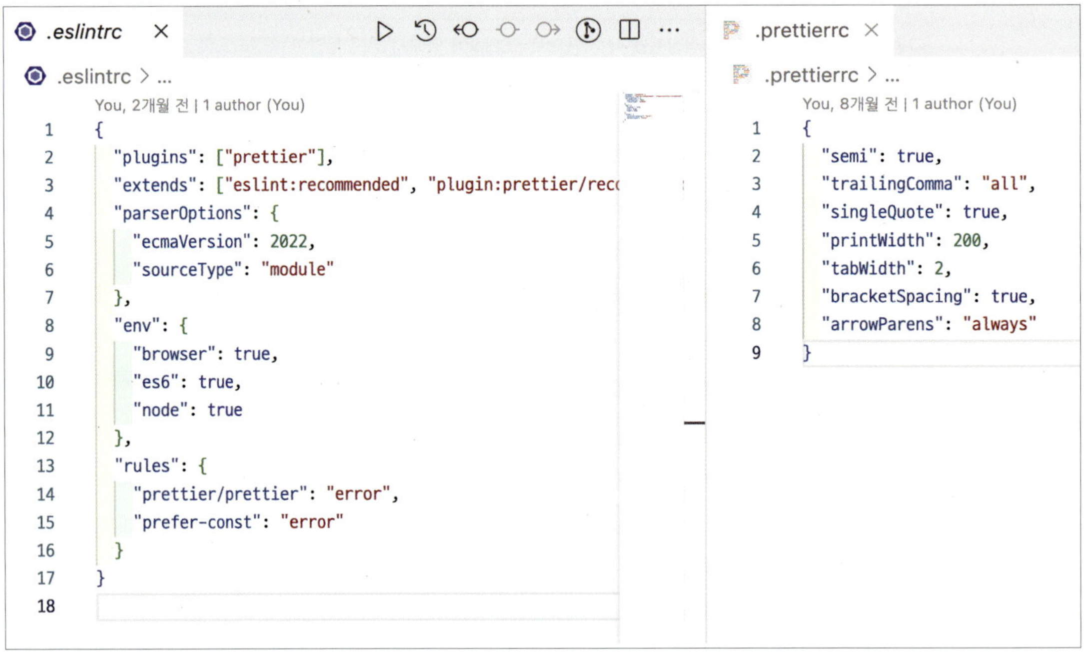

[그림 5-4] VS Code에서 .eslintrc와 .prttierrc를 설정한 결과

앞의 내용과 같이 설정했으니 ESLint, Prettier 파일 내부의 각각 설정한 내용들에 대해서 알아보겠습니다.

현재 설정한 ESLint 속성 내용은 다음과 같습니다.

- plugins : Prettier 플러그인을 ESLint에 적용합니다.
- extends : eslint:recommend와 plugin:prettier/recommended 설정을 상속합니다.
  - eslint:recommend : ESLint가 권장하는 기본 규칙을 적용합니다.
  - plugin:prettier/recommended : Prettier 설정과 충돌하지 않는 ESLint 규칙을 적용합니다.
- ParserOptions : ecmaVersion은 ECMAScript 2022 버전의 문법을 사용할 수 있도록 하고, sourceType은 module 형태로 제공됨을 나타냅니다.
- env : browser 전역 변수, es6 전역 변수, Node.js 전역 변수와 스코프를 사용할 수 있도록 환경 설정을 합니다.
- rules : Prettier 규칙을 위반할 경우 에러로 표시하는 것으로 설정하고, 가능한 경우 let 키워드 대신에 const 키워드를 사용하도록 에러로 표시합니다.

Prettier를 설정한 내용은 다음과 같습니다.

- semi : 세미콜론(;)을 항상 문장의 끝에 삽입할지 여부입니다.
- trailingComma : "all"로 설정하여 객체, 배열, 파라미터 등 항상 마지막 항목 뒤에 쉼표를 삽입합니다.
- singleQuote : 문자열을 표현할 때 작은따옴표(')를 사용합니다.
- printWidth : 에디터에서 한 줄에 최대 몇 자를 옆으로 나열할지를 결정합니다. 해당 글자 수를 초과하면 줄바꿈이 일어나게 됩니다.
- tabWidth : 들여쓰기 단위를 2로 설정합니다.
- bracketSpacing : 객체 안에서 괄호 안에 공백을 삽입하는 것으로 설정합니다.
- arrowParens : "always"로 설정하여 화살표 함수의 매개변수가 하나일 때도 항상 괄호를 삽입합니다.

ESLint, Prettier를 설정할 수 있는 속성?

ESLint로 설정할 수 있는 내용들은 다음과 같습니다.

옵션	설명	예시
root	프로젝트 루트 설정 (상위 디렉터리 설정 상속 방지)	root: true
env	스크립트 실행 환경 설정	env: { browser: true, es2021: true }
extends	기본 규칙 세트 확장	extends: ['eslint:recommended', 'plugin:prettier/recommended']
parserOptions	JavaScript 언어 옵션 설정	parserOptions: { ecmaVersion: 12, sourceType: 'module' }
rules	개별 규칙 설정	rules: { 'no-console': 'warn', 'prefer-const': 'error' }
plugins	추가 플러그인 설정	plugins: ['prettier']
ignorePatterns	린트 검사에서 제외할 파일/디렉터리 패턴	ignorePatterns: ['dist', 'node_modules']
overrides	특정 파일에 대한 규칙 재정의	overrides: [{ files: ['*.test.js'], env: { jest: true } }]

[표 5-1] ESLint 속성

Prettier로 설정할 수 있는 내용은 다음과 같습니다.

옵션	설명	기본값	예시
printWidth	줄 길이	80	printWidth: 100
tabWidth	탭 너비	2	tabWidth: 4
useTabs	탭 사용 여부	false	useTabs: true
semi	세미콜론 사용	true	semi: false
singleQuote	작은따옴표 사용	false	singleQuote: true
quoteProps	객체 속성 따옴표	'as-needed'	quoteProps: 'consistent'
jsxSingleQuote	JSX에서 작은따옴표 사용	false	jsxSingleQuote: true
trailingComma	후행 쉼표	'es5'	trailingComma: 'all'
bracketSpacing	객체 리터럴 중괄호 안 공백	true	bracketSpacing: false
bracketSameLine	여러 줄 요소의 > 위치	false	bracketSameLine: true
arrowParens	화살표 함수 괄호	'always'	arrowParens: 'avoid'
proseWrap	마크다운 텍스트 줄바꿈	'preserve'	proseWrap: 'always'
htmlWhitespaceSensitivity	HTML 공백 감도	'css'	htmlWhitespaceSensitivity: 'strict'
vueIndentScriptAndStyle	Vue 파일 script와 style 태그 들여쓰기	false	vueIndentScriptAndStyle: true
endOfLine	줄 끝 문자	'lf'	endOfLine: 'crlf'
embeddedLanguageFormatting	내장 코드 포매팅	'auto'	embeddedLanguageFormatting: 'off'

[표 5-2] Prettier 속성

ESLint 9버전에서는 어떻게?

ESLint가 9버전이 배포되고 이전 버전들과 비교해 설정 방식이 좀 더 명확해졌으며, 일부 옵션들의 이름이 변경되었습니다.

설정 파일 이름이 .eslintrc.*에서 eslint.config.js로 변경되었고, 설정 구조가 플랫한 객체에서 배열 형태로 변경되었습니다.

또한, env, parserOptions 등이 languageOptions 객체 내부로 이동되는 등 다양한 변화가 있습니다.

[코드] ESLint 9버전 설정

```js
import eslint from '@eslint/js';
import eslintConfigPrettier from 'eslint-config-prettier';
import globals from 'globals';

export default [
  eslint.configs.recommended,
  eslintConfigPrettier,
  {
    files: ['**/*.js', '**/*.mjs'],
    languageOptions: {
      ecmaVersion: 2022,
      sourceType: 'module',
      globals: {
        ...globals.browser,
        ...globals.es2021,
        ...globals.node
      },
    },
    rules: {
      'prettier/prettier': 'error',
      'prefer-const': 'error',
      'no-unused-vars': ['error', { argsIgnorePattern: '^_' }],
      'no-console': ['warn', { allow: ['warn', 'error'] }],
    },
    plugins: ['prettier'],
    ignores: ['dist/**', 'node_modules/**'],
  },
];
```

그렇다면, 실제로 어떻게 수정이 될까요? 작성한 설정에 따라서 JavaScript를 생성하여 함수를 작성해보고 어떻게 자동으로 수정되는지 확인해 봅시다.

[코드 5-8] chapter_5 / 5-2_javascript_env / 01_eslint_prettier.js

```
let test = () => {
  console.log('test');
}

const test2 = () => {
  test();
}
```

예제 01_eslint_prettier.js와 같이 작성하고 저장하게 되면 다음과 같이 자동으로 변경이 됩니다.

[코드 5-9] chapter_5 / 5-2_javascript_env / 01_eslint_prettier.js

```
const test = () => {
  console.log('test');
};

const test2 = () => {
  test();
};
```

코드 5-8과 코드 5-9의 다른 점은 재할당이 안되는 변수에 대해 let이 const로 변경되었고, 각 함수 끝나는 곳에 자동으로 세미콜론이 생성된 것입니다.

```
JS 01_eslint_prettier.js 1, M   ×
public > js > chapter_5 > 5-2_javascript_env > JS 01_eslint_prettier.js > ...
         You, 12개월 전 | 1 author (You)
  1   const test = () => {
  2     console.log('test');
  3   };
  4
  5   const test2 = () => {     'test2' is assigned a value but never used.
  6     test();
  7   };
```

[그림 5-5] VS Code에서 .eslintrc와 .prettierrc 설정에 의해서 포맷팅이 되고 에러를 확인할 수 있는 결과

하지만 여전히 **Error Lens** 확장 프로그램에 의해 'test2' is assigned a value but never used. 라고 오류가 나타나고 있습니다. 이는 test2 함수를 생성해두고 사용을 하지 않아 발생하는 오류입니다. 사용을 하기 위해 test2 함수를 호출합니다.

[코드 5-10] chapter_5 / 5-2_javascript_env / 01_eslint_prettier.js

```javascript
const test = () => {
  console.log('test');
};

const test2 = () => {
  test();
};

test2();
```

오류는 이제 사라졌지만, 여전히 함수 호출 내용을 바로 확인할 수 있다면 조금 더 수월하게 테스트할 수 있을 것 같습니다. 이럴 때 사용할 수 있는 확장 프로그램으로 1장에서 설치했던 Quokka.js가 있습니다.

Cmd + Shift + P 또는 Ctrl + Shift + P를 입력한 후, 다음과 같이 **Quokka.js : new**를 입력해서 **New JavaScript File**을 선택하고 작성한 코드를 복사해서 붙여넣어 보세요.

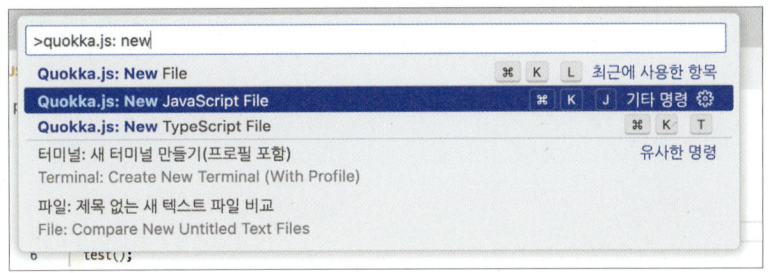

[그림 5-6] 빠른 실행 단축키를 활용해서 Quokka.js 확장 프로그램의 새로운 JavaScript 파일을 생성

그림 5-6과 같이 빠른 실행으로 JavaScript 파일을 생성한 후 다음 코드를 작성해보세요.

[코드 5-11] Quokka.js 작성 코드

```
function multiply(a, b) {
  return a * b;
}

console.log(multiply(1333, 3983939));
```

```
JS 01_eslint_prettier.js        JS function multiply(a, b) { Untitled-1 ●
  1    function multiply(a, b) {
  2      return a * b;
  3    }
  4
  5    console.log(multiply(1333, 3983939));   5310590687
```

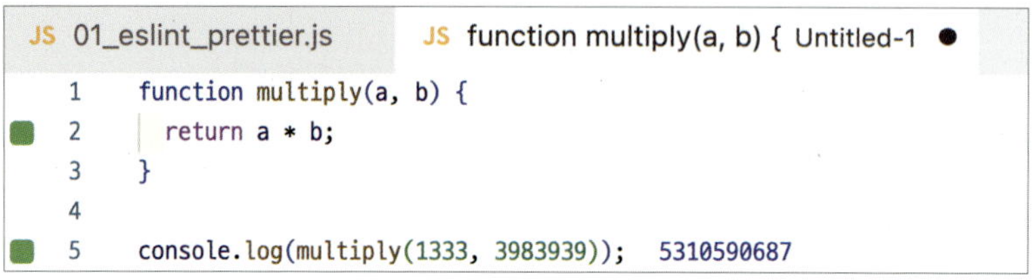

[그림 5-7] Quokka.js 확장 프로그램을 사용한 실시간 multiply 함수 결과 확인

그림 5-7과 같이 다양한 연산의 결과를 즉시 볼 수 있어 편리한 Quokka.js도 디버깅 시 사용해 보세요.

JavaScript DOM 사용하기

JavaScript 작업 환경 설정을 마쳤으니 본격적으로 JavaScript DOM에 대해서 알아보도록 합시다.

DOM API

DOM(Document Object Model) API(Application Programming Interface)는 웹 페이지를 프로그래밍 방식으로 접근해서 추가, 읽기, 수정, 삭제할 수 있는 메서드의 집합을 의미합니다.

문서 자체 또는 브라우저 자체인 document, window에 접근해서 문서를 조작할 수 있으며, div, p, span 등 여러 HTML 요소들에 접근하거나 data-*, class, id와 같은 속성값에 접근할 수도 있습니다.

우선, DOM API 메서드 중 DOM 노드를 조작하기 위해서 DOM을 선택하는 메서드에 대해 알아보도록 합시다.

메서드	설명
document.getElementById(id)	해당 id 속성을 가진 요소를 하나 선택
document.getElementsByClassName(class)	해당 클래스를 가진 모든 요소를 선택
document.getElementsByTagName(tag)	해당 요소를 가진 모든 요소를 선택
document.querySelector(selector)	CSS 선택자와 일치하는 요소를 하나 선택
document.querySelectorAll(selector)	CSS 선택자와 일치하는 모든 요소를 선택

[표 5-3] 노드를 선택하는 메서드

다음으로 DOM 노드를 생성하고 자식 요소에 추가, 제거하고 속성을 추가, 제거하는 메서드를 알아봅시다.

메서드	설명
document.createElement(tagName)	새 요소를 생성
node.appendChild(element)	해당 노드에 자식 요소를 추가
node.removeChild(element)	해당 노드의 자식 요소를 제거
element.setAttribute("data-id", "3")	해당 요소에 속성을 추가
element.removeAttribute("data-id", "3")	해당 요소의 속성을 제거
document.createTextNode('Hello')	텍스트 노드를 생성
element.cloneNode(deep)	요소를 복사. deep이 true면 모든 자손 노드도 복사

[표 5-4] 노드를 생성하고 조작하는 메서드

이번에는 DOM API 중 가까운 요소를 선택하는 메서드에 대해서 알아봅시다.

메서드	설명
element.parentNode	해당 요소의 부모 노드를 선택
element.nextSibling	해당 요소의 다음 노드를 선택
element.previousSibling	해당 요소의 이전 노드를 선택
element.firstChild	해당 요소의 첫 번째 자식 노드를 선택
element.lastChild	해당 요소의 마지막 자식 노드를 선택

[표 5-5] 가까운 요소를 선택하고 관계를 통해서 연결짓는 메서드

텍스트 노드를 조작하는 메서드를 알아보도록 합시다.

메서드	설명
element.innerText	해당 요소의 텍스트 콘텐츠를 설정하거나 선택
element.innerHTML	해당 요소의 HTML 콘텐츠를 설정하거나 선택
element.textContent	해당 요소와 그 자식의 텍스트 콘텐츠를 설정하거나 선택

[표 5-6] 텍스트를 조작하는 메서드

그 외에 요소의 위치와 크기를 가져오는 메서드를 알아봅시다.

메서드	설명
element.offsetParent	특정 요소와 가장 가까운 부모 요소를 반환
element.offsetLeft	왼쪽 끝에서부터 해당 요소의 x좌표 위치 값을 px 단위로 반환
element.offsetTop	위쪽 끝에서부터 해당 요소의 y좌표 위치 값을 px 단위로 반환
element.clientWidth	해당 요소의 padding 값을 포함한 너비를 반환
element.clientHeight	해당 요소의 padding 값을 포함한 높이를 반환
element.offsetWidth	해당 요소의 padding 값, border 값, 스크롤 값을 포함한 너비를 반환
element.offsetHeight	해당 요소의 padding 값, border 값, 스크롤 값을 포함한 높이를 반환

[표 5-7] 요소의 위치와 크기를 가져오는 메서드

이 외에도 다양한 메서드가 있지만, DOM API에 대한 메서드를 모두 외우는 것보다 실습으로 한 가지씩 이해하고 사용하며, 필요한 메서드를 검색해서 사용하는 것을 추천합니다.

이제, 앞에서 언급한 메서드를 한 가지씩 직접 사용해보며 실습해 보겠습니다.

노드를 선택하는 여러 가지 메서드

노드를 선택해서 스타일링을 하고 새로운 속성값을 설정하거나 클래스를 추가할 수 있습니다.

[코드 5-12] chapter_5 / 5-3_dom / 01_dom.html

```html
<body>
 (...)
 <section>
   <h2>getElement</h2>
   <!-- id - 스타일링합니다. -->
   <button type="button" id="example_id">document.getElementById</button>
   <!-- class - 스타일링하고 새로운 속성값을 설정합니다. -->
   <div class="example_class">document.getElementsByClassName</div>
   <span class="example_class">document.getElementsByClassName</span>
   <!-- tagName - 스타일링하고 새로운 속성값을 설정하고 클래스를 추가합니다. -->
   <p>document.getElementsByTagName</p>
   <p>document.getElementsByTagName</p>
 </section>
 (...)
</body>
```

노드를 스타일링하기 위해 태그들을 생성하고 속성값을 작성합니다.

[코드 5-13] chapter_5 / 5-3_dom / 01_dom.css

```css
@charset "utf-8";

section {
  width: 100%;
  max-width: 1024px;
  margin: 50px auto 0;
  padding: 30px;
  background-color: skyblue;
  line-height: 1.5;
}
```

```css
h2 {
  font-size: 24px;
}

/* getElementsByClassName */
[data-id='test_data'] {
  background-color: gold;
}

/* getElementsByTagName */
[data-id='test-color'] {
  color: orange;
}

.test-color {
  background-color: #666;
}
```

기본 section, h2 스타일과 JavaScript로 추가할 data 속성에 대한 스타일을 미리 작성합니다.

[data-id='test_data'] 속성 선택자는 background-color 속성을 gold 값으로 작성하여 getElementsByClassName을 활용해서 p 요소를 선택해서 data-id 속성을 적용하겠습니다.

그리고 [data-id='test-color']는 color 속성을 orange 값으로 작성하여 getElementsByTagName을 활용해서 p 요소를 선택하고 data-id 속성을 적용하고, test-color 클래스 선택자에 background-color 속성의 값을 #666으로 적용합니다.

[코드 5-14] chapter_5 / 5-3_dom / 01_dom.js

```js
// document.getElementById
document.getElementById('example_id').style.color = 'red';
```

JavaScript를 활용해서 document.getElementById로 id를 선택할 때 선택자의 종류를 이미 작성했기 때문에 #과 같은 선택자 기호를 붙이지 않고 해당 id의 이름으로 바로 작성합니다.

선택자에 style 메서드를 사용해서 바로 color 속성의 값으로 빨간색(red)을 부여합니다.

document.querySelector와 document.getElementById의 성능?

결론적으로 document.getElementById가 document.querySelector보다 성능이 좋습니다.

document.getElementById는 유일한 ID를 가진 첫 번째 요소를 선택하는 것이기 때문에 검색 범위가 좁아서 빠르고, document.querySelector는 CSS 선택자를 사용해서 일치하는 요소를 찾기 때문에, 범용적인 장점이 있지만 검색 범위가 넓어 상대적 성능이 느릴 수는 있습니다.

하지만 일반적으로 그 차이는 0.2ms~0.3ms 정도로 매우 미미하여 사용자가 체감하기는 힘듭니다.

브라우저 개발자 도구의 **콘솔** 탭에서도 직접 JavaScript를 수정하면서 화면에 바로 적용해볼 수 있습니다.

[그림 5-8] 크롬 개발자 도구의 "콘솔" 탭에서 document.getElementById로 현재의 속성값을 변경

그림 5-8에서와 같이 콘솔 탭에서는 현재 띄워진 문서에 존재하는 DOM 요소에 직접 접근해서 다양한 JavaScript 구문을 실행할 수 있습니다.

예를 들어, document.getElementById로 현재 문서에 있는 DOM 요소를 선택해서 color 속성의 값을 파란색(blue)으로 변경할 수 있습니다.

DOM API는 브라우저 환경에서만 사용할 수 있는 API이므로 콘솔 도구를 활용해서 바로 DOM에 접근해서 다양한 테스트를 해볼 수 있지만 Node.js 기반의 Quokka.js 확장 프로그램과 같은 브라우저 환경이 아닌 곳에서는 사용이 불가능합니다.

메서드란?

객체지향 프로그래밍에서 메서드는 클래스나 객체에 속한 함수를 뜻합니다.

[코드] 메서드 예제

```js
// 함수 예제
const getCity = function () {
  console.log('여기는 서울입니다.');
};

const setCity = function(city) {
  console.log(`여기는 이제부터 ${city}입니다.`);
};

// 메서드 예제
const country = {
  city: '서울',
  getCity: function() {
    console.log(`여기는 ${this.city}입니다.`);
    return this;
  },
  setCity: function(city) {
    console.log(`여기는 이제부터 ${city}입니다.`);
    this.city = city;
    return this;
  }
};

// 메서드 체이닝
country.setCity('인천').getCity();
```

객체의 속성 또는 객체와 관련된 기능을 수행하는 경우, getCity, setCity는 객체 외부에서 작성되었을 때는 함수이지만, 객체 내부의 속성으로 포함되면 메서드라고 불립니다.

또한, 메서드에서 this는 객체 자신을 가리키고 현재 각 메서드가 return this를 객체를 반환하기 때문에, 여러 메서드를 연속해서 호출하는 **메서드 체이닝**이 가능합니다.

[코드 5-15] chapter_5 / 5-3_dom / 01_dom.js

```javascript
(...)
// document.getElementsByClassName - 색상 변경
document.getElementsByClassName('example_class')[0].style.color = 'blue';
document.getElementsByClassName('example_class')[1].style.color = 'purple';

// document.getElementsByClassName - 속성 추가
document.getElementsByClassName('example_class')[1].setAttribute('data-id', 'test_data');

// document.getElementsByTagName - 스타일, 속성, 클래스 추가
document.getElementsByTagName('p')[0].style.backgroundColor = 'lightgrey';
document.getElementsByTagName('p')[1].setAttribute('data-id', 'test-color');
document.getElementsByTagName('p')[1].classList.add('test-color');
```

이제, **document.getElementsByClassName**을 활용해서 클래스 선택자를 선택합니다.

document.getElements는 마지막에 s가 붙은 것에서 알 수 있듯이, 여러 개(복수)를 클래스 명에 의해(ByClassName) 선택하는 것을 의미합니다. 여러 개 중 몇 번째인지 선택하기 위해 [0] 키워드를 사용하여 첫 번째(0) 요소를 선택하면 됩니다. 여러 개의 example_class 클래스 선택자를 선택해서 0번째인 요소에 color 속성의 값을 파란색(blue)으로 하고, 1번째 요소의 color 속성의 값을 보라색(purple)으로 변경합니다.

 왜 JavaScript의 배열은 첫 번째가 0부터 시작할까요?

JavaScript에서 배열이 0부터 시작하는 이유는 컴퓨터의 메모리 구조와 역사적 배경에서 비롯됩니다. 1970년대 초기 컴퓨터에서는 메모리 효율성이 매우 중요했으며, 배열의 위치를 계산할 때 시작 주소에 오프셋을 더하는 방식을 사용했습니다. 첫 번째 요소는 오프셋이 0이므로 별도의 계산 없이 시작 주소를 그대로 사용할 수 있었죠.

이러한 방식은 C 언어에서 시작되어 이후 개발된 대부분의 프로그래밍 언어들에 영향을 미쳤습니다. JavaScript 역시 이런 전통을 따르게 되었고, 덕분에 다른 언어를 알고 있는 프로그래머들이 JavaScript를 배울 때 자연스럽게 적응할 수 있었습니다. 또한, 반복문을 작성할 때도 0부터 시작해서 배열의 길이보다 작을 때까지 반복하는 방식이 논리적으로 자연스럽습니다.

물론 인간의 직관인 관점에서는 1부터 시작하는 것이 더 자연스러울 수 있습니다. 실제로 MATLAB이나 Fortran 같은 과학 계산용 언어들은 1부터 시작하는 인덱싱을 사용합니다. 그러나 하드웨어 수준의 효율성과 프로그래밍 언어 간의 일관성을 위해, JavaScript를 포함한 대부분의 현대 프로그래밍 언어들은 0부터 시작하는 배열 인덱싱을 채택하고 있습니다.

setAttribute 메서드를 사용해서 1번째 요소에 대해 data-id 속성의 값을 "test_data"로 작성합니다. 코드 5-13에서 CSS를 작성할 때 **data-id='test_data'** 선택자에 대해 background-color 속성을 gold 값으로 작성했기 때문에 해당 색상이 적용됩니다.

마찬가지로, <p>태그를 여러 개 선택한 다음, backgroundColor 속성의 값을 바로 적용되도록 작성합니다. setAttribute 메서드를 사용해 속성을 설정하고 classList 객체의 add 메서드를 사용해서 class 속성을 "test-color" 값으로 추가해서 CSS에서 작성한 background-color 속성 값이 #666 색상으로 적용되도록 합니다.

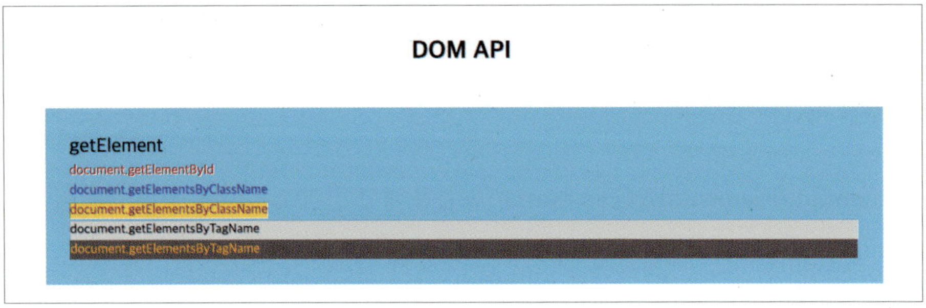

DOM API

getElement
document.getElementById
document.getElementsByClassName
document.getElementsByClassName
document.getElementsByTagName
document.getElementsByTagName

[그림 5-9] 다양한 DOM API를 활용해서 DOM을 조작한 결과

그 외에도 스타일, 속성 등을 변경하며 잘 적용되는지 DOM API를 조작하는 실습을 해보세요.

이번에는 document.querySelector, document.querySelectorAll을 활용해서 다양한 선택자를 선택해 보도록 하겠습니다.

[코드 5-16] chapter_5 / 5-3_dom / 01_dom.html

```html
<body>
  (...)
  <section>
    <h2>querySelector</h2>
    <!-- querySelector - 속성값을 제거합니다. -->
    <button type="button" class="test_class">document.querySelector</button>
    <!-- querySelectorAll - 속성의 값을 가져와서 다른 속성값을 변경 및 추가합니다. -->
    <div data-id="test">document.querySelectorAll</div>
    <span data-id="test">document.querySelectorAll</span>
    <p data-id="test">document.querySelectorAll</p>
  </section>
</body>
```

우선, data-id 속성을 가진 요소에 아이디를 부여하고 CSS의 background-color 값을 적용할 수 있도록 미리 스타일링하겠습니다.

[코드 5-17] chapter_5 / 5-3_dom / 01_dom.css

```css
(...)
/* querySelector */
#data-id {
  background-color: rgba(255, 22, 192, 70%);
}

/* querySelectorAll */
[data-query] {
  color: red;
}
```

data-* 속성을 가진 모든 요소들을 document.querySelectorAll로 선택해서 Color 속성의 값이 빨간색(red)이 되도록 해보겠습니다.

[코드 5-18] chapter_5 / 5-3_dom / 01_dom.js

```js
(...)
// document.querySelector - 속성값 제거
document.querySelector('.test_class').removeAttribute('type');
document.querySelector('.test_class').setAttribute('id', 'data-id');

[...document.querySelectorAll('[data-id="test"]')].map(($element, index) => {
  if (0 === index) {
    $element.removeAttribute('data-id');
    $element.setAttribute('data-query', 'test');
    return $element;
  }
});
document.querySelectorAll('[data-id="test"]')[1].setAttribute('data-query', 'test');
```

document.querySelector를 사용해서 test_class를 선택하고 **removeAttribute** 메서드를 사용해서 type 속성을 제거합니다. 그런 다음, test_class에 대해서 id 속성의 값을 data-id로 작성합니다. 그 결과로 CSS에 선언되어 있는 "background-color: rgba(255, 22, 192, 70%);" 스타일이 적용됩니다.

document.querySelectorAll 메서드를 사용해서 여러 노드를 선택하고 배열 메서드를 사용해 보겠습니다. 우선, 다음과 같이 작성하면 에러가 나는 것을 확인할 수 있습니다.

[코드 5-19] 유사 배열 객체로 배열 메서드를 사용하려고 할 때 에러가 나는 예제

```javascript
document.querySelectorAll('[data-id="test"]').map(($element) => {
  $element.classList.add('test');
});
```

```
> document.querySelectorAll('[data-id="test"]').map(($element) => {
    $element.classList.add('test');
  });
  ▶ Uncaught TypeError: document.querySelectorAll(...).map is not a function
      at <anonymous>:1:47
>
```

[그림 5-10] document.querySelectorAll이 반환하는 Nodelist의 유사 배열 객체가 map을 사용해 오류가 나는 결과

document.querySelectorAll은 여러 개의 노드를 가져오기 때문에 배열이라고 생각하기 쉽습니다. 하지만 실제로 배열 메서드를 사용하려고 하면 제대로 동작하지 않습니다. 예를 들어, 조건에 맞는 새로운 배열을 만들어 내는 **map** 메서드를 사용하려고 할 때 오류가 발생합니다. 이렇게 **NodeList**이지만 배열 메서드를 직접 사용할 수 없는 객체를 **유사 배열 객체**라고 합니다. 유사 배열 객체는 **전개 연산자**(spread operator) 또는 Array.from()을 사용해서 일반 배열로 변환한 후 배열 메서드를 사용할 수 있습니다.

[코드 5-20] chapter_5 / 5-3_dom / 01_dom.js

```javascript
(...)
[...document.querySelectorAll('[data-id="test"]')].map(($element, index) => {
  if (0 === index) {
    $element.removeAttribute('data-id');
    $element.setAttribute('data-query', 'test');
    return $element;
  }
});
(...)
```

map 메서드는 배열의 각 요소에 대해 주어진 함수를 실행하며, 이 함수는 두 개의 매개변수를 받습니다. 첫 번째는 배열의 각 요소이고, 두 번째는 각 요소의 인덱스입니다. 여기서는 전개 연산자(spread operator)를 사용하여 유사 배열 객체를 일반 배열로 변환한 후, querySelectorAll로 선택한 요소들에 대해 map을 실행합니다. 첫 번째 요소(인덱스가 0인 요소)에 대해서만 data-id 속성을 제거하고 data-query 속성을 추가한 뒤, 해당 요소를 반환합니다. 나머지 요소에 대해서 조건문이 false가 되어 아무 작업도 수행하지 않습니다. JavaScript에서는 함수가 명시적으

로 값을 반환하지 않으면 undefined를 반환합니다. 따라서, 이 map 연산의 결과는 [첫 번째 요소, undefined, undefined, ...]와 같은 형태가 됩니다. 만약 선택된 요소가 두 개라면 [첫 번째 요소, undefined]가 될 것입니다.

[코드 5-21] chapter_5 / 5-3_dom / 01_dom.js

```javascript
document.querySelectorAll('[data-id="test"]')[1].setAttribute('data-query', 'test');
```

유사 배열 객체의 또 다른 특징은 배열과 유사하게 대괄호 표기법을 사용하여 인덱스로 요소에 접근할 수 있다는 점입니다. 코드 5-21에서는 이 특징을 활용하고 있습니다.

해당 코드에서는 querySelectorAll로 선택된 요소들 중 두 번째 요소(인덱스 1)에 접근하여 data-query 속성의 값을 'test'로 설정합니다. 이는 CSS에서 미리 정의해 둔 스타일을 적용하기 위한 것으로, 이 경우 해당 요소의 color 속성을 빨간색(red)으로 변경하게 됩니다.

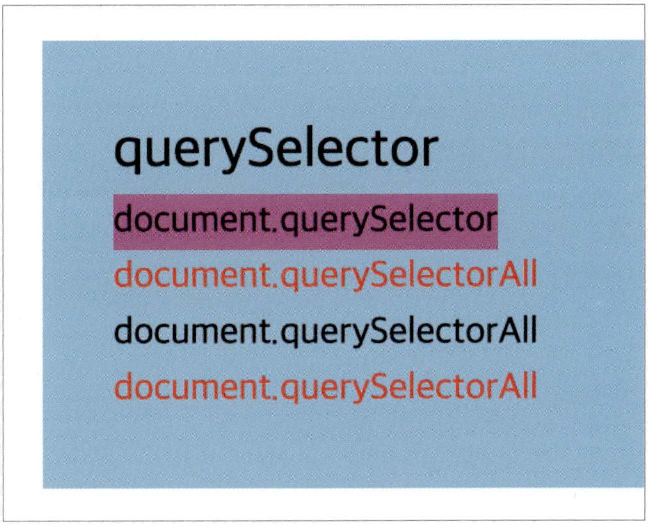

[그림 5-11] document.querySelectorAll을 통해서 각 요소들을 스타일링한 결과

인자(parameter)와 인수(arguments)

인자(parameter)와 인수(argument)는 함수에서 값을 전달하고 받을 때 사용되는 개념입니다:

- **인자(parameter)**: 함수를 정의할 때 함수가 **전달받을 값**을 나타내는 변수입니다.
- **인수(argument)**: 함수를 호출할 때 함수에 **실제로 전달하는 값**입니다.

[코드] 인자 a, b와 인수 3, 5 예제

```javascript
function multiply(a, b) {
    return a * b;
}

multiply(3, 5);
```

- a와 b는 인자(parameters)입니다. 함수 multiply를 정의할 때 전달받아 사용됩니다.
- 3과 5는 인수(arguments)입니다. 함수 multiply를 호출할 때 실제로 전달되는 값입니다.

 유사 배열 객체와 배열 메서드

document.querySelectorAll 메서드는 NodeList라는 유사 배열 객체를 반환합니다.
유사 배열 객체란 배열과 비슷한 형태를 가지고 있지만, 배열의 메서드를 사용할 수 없는 객체를 말합니다.
유사 배열 객체는 인덱스로 접근할 수 있지만 **배열 메서드인 map, filter 등을 직접 사용할 수 없습니다.**
유사 배열 객체를 배열 메서드를 사용할 수 있는 형태로 만들기 위해서 […document.querySelectorAll('[data-id="test"]')]와 같이 **spread**(전개 연산자)를 활용해서 진짜 배열로 변환할 수 있습니다.

노드를 생성하고 조작하는 메서드

이번에는 노드를 생성하고 조작하는 메서드에 대해서 알아보도록 하겠습니다.

[코드 5-22] chapter_5 / 5-3_dom / 01_dom.html

```html
<body>
 (...)
  <section class="node_manipulation">
    <h2>노드 조작</h2>
    <div class="create_element">노드 생성 후 추가</div>
    <div class="appendchild">자식 노드 추가</div>
    <div class="removechild">
      자식 노드 삭제
      <span>자식 노드</span>
    </div>
    <div class="remove_attribute" data-id="3">속성 제거</div>
    <div class="create_textnode">텍스트 노드 생성</div>
    <div class="clone_node">노드 복사해서 추가</div>
  </section>
</body>
```

[코드 5-23] chapter_5 / 5-3_dom / 01_dom.css

```css
(...)
.node_manipulation .create_element {
  color: blue;
}

.node_manipulation .color-purple {
  color: purple;
}
```

먼저 HTML, CSS 코드를 작성하고 선택자 중 클래스 속성을 사용해 노드를 조작해서 추가하거나 자식 노드에 대해 추가하거나 제거해 보겠습니다. 또 노드의 속성을 제거하고 텍스트 노드를 생성하며, 노드를 복사하고 추가해보는 것도 작성해 보겠습니다.

[코드 5-24] chapter_5 / 5-3_dom / 01_dom.js

```
(...)
const $spanTag = document.createElement('span');
$spanTag.classList.add('color-purple');
$spanTag.innerText = '안녕하세요.';
document.querySelector('.node_manipulation .create_element').append($spanTag);
```

document.createElement 메서드를 사용해서 span 요소를 생성하고, const로 선언된 변수 $spanTag에 할당합니다. spanTag 변수명 앞에 $기호를 붙인 것은 DOM 요소를 나타내는 변수임을 나타내는 관례입니다. 그런 다음, class 속성을 부여해서 미리 CSS에 작성했던 color 속성의 값이 purple로 나타나도록 속성을 할당합니다.

그리고, **innerText** 메서드를 사용해서 텍스트 노드를 삽입하고, document.querySelector로 create_element 클래스 선택자를 선택하여 **append** 메서드를 통해 생성한 요소를 삽입합니다.

 변수

변수(variable)는 데이터를 저장하기 위한 메모리 공간의 이름입니다.
변수를 사용하여 데이터를 저장하고, 저장된 데이터로 다양한 연산을 수행할 수 있습니다.
var, let, const 키워드를 사용해서 변수를 선언할 수 있는데, const와 let의 차이는 재할당 가능 여부입니다.
- **const**로 선언한 변수는 **재할당이 불가능**합니다.
- **let**으로 선언한 변수는 **재할당이 가능**합니다.

[코드] let과 const의 변수 재할당에 대한 비교

```
let examNum = 0;
examNum = 5; // 가능

const examNum2 = 99;
examNum2 = 33; // 에러: Assignment to constant variable.
```

변수명 규칙은 다음과 같습니다.
- 알파벳, _(밑줄), $(달러 기호)로 시작할 수 있습니다.
- 숫자로 시작할 수 없습니다.
- $(달러 기호)를 변수명 앞에 붙이는 것은 주로 DOM 요소를 나타내는 관례입니다. 이는 코드 가독성을 높이는 관례일 뿐, 필수 규칙은 아닙니다. 예: const $button = document.querySelector('button');

[코드 5-25] chapter_5 / 5-3_dom / 01_dom.js

```
(...)
// appendChild - div 요소 생성 해서 appendChild
const $divTag = document.createElement('div');
$divTag.innerHTML = '<span class="color-purple">네, 안녕하세요.</span>';
document.querySelector('.appendchild').appendChild($divTag);
```

이번에는, $divTag 변수에 div 요소를 생성해서 할당합니다. $divTag 변수의 inner HTML 메서드(HTML 요소를 삽입) 메서드를 사용해서 color-purple 클래스 속성을 가진 span 요소를 삽입하고, appendchild 클래스 선택자를 querySelector로 선택하여 **appendChild** 메서드를 사용해서 $divTag 노드를 .appendchild 자식 노드로 삽입합니다.

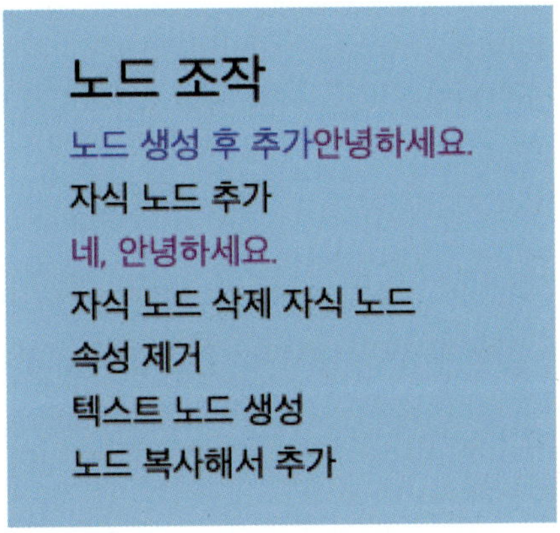

[그림 5-12] document.createElement, appendChild 메서드를 사용해 노드를 생성, 자식 노드를 추가

append와 appendChild의 차이

append와 appendChild는 모두 DOM 요소에 자식 요소를 추가하는 메서드이지만, 다음과 같은 차이점이 있습니다.

append
- DOMString(문자열)과 Node 객체를 모두 추가할 수 있습니다.
- 여러 개의 자식 요소를 동시에 추가할 수 있습니다.
- 문자열을 직접 추가할 수 있습니다.
- 반환 값이 없습니다.

appendChild
- Node 객체만 추가할 수 있습니다.
- 하나의 자식 노드만 추가할 수 있고, 이미 존재하는 노드를 추가하면 그 노드는 현재 위치에서 새로운 위치로 이동됩니다.
- 문자열을 추가하려면 createTextNode 메서드를 사용해야 합니다.
- 추가된 자식 요소를 반환합니다.

[코드] append, appendChild 예제

```
// append
$element.append(child1, child2, ..., childMultiple);
$element.append('Hello', 'World');

// appendChild
$element.textContent = 'Hello World';
$element.appendChild(child);
```

[코드 5-26] chapter_5 / 5-3_dom / 01_dom.js

```
(...)
// removeChild - 자식 노드를 삭제
const $childTag = document.querySelector('.removechild span');
document.querySelector('.removechild').removeChild($childTag);
```

마찬가지로, $childTag라는 변수에 document.querySelector를 사용해서 removechild의 자식 요소인 span 요소를 선택해 할당합니다. 그런 다음, 부모 요소인 .removechild에서 **removeChild** 메서드를 사용해 .removechild의 자식 노드인 span 요소를 해당 자식 노드를 삭제했습니다.

결과적으로, 그림 5-12에서 확인할 수 있었던 "자식 노드"가 사라진 것을 확인할 수 있습니다.

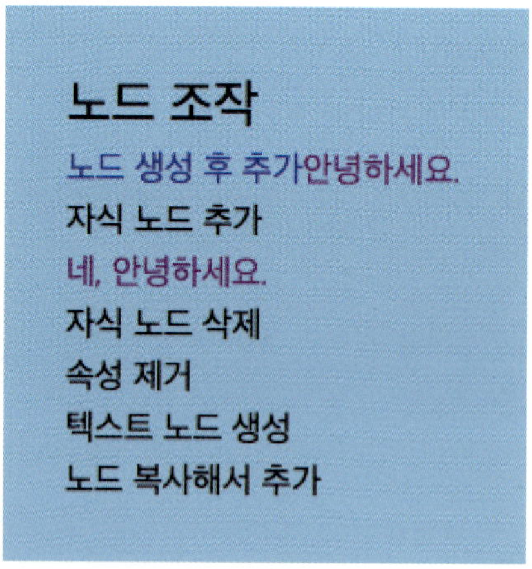

[그림 5-13] 자식 노드를 삭제해서 그림 5-12의 자식 노드가 사라진 것을 확인할 수 있는 결과

노드와 요소의 차이는?

노드(Node)와 요소(Element)는 HTML 문서의 기본 구성 단위이지만, 서로 다른 개념을 가지고 있습니다.
- **노드(Node)**
  - HTML 문서의 모든 구성 요소를 포함하는 더 넓은 개념입니다.
  - 다양한 종류가 있습니다: 요소 노드, 텍스트 노드, 주석 노드 등.
  - 트리 구조를 이루며, 부모 노드와 자식 노드 관계를 가집니다.
- **요소(Element)**
  - 노드의 한 유형으로, HTML 문서 내에서 구조를 정의하는 태그로 이루어집니다.
  - 시작 태그, 종료 태그, 속성, 그리고 콘텐츠를 포함합니다.
  - 예: ⟨div⟩, ⟨p⟩, ⟨a⟩ 등 HTML 태그들.

요약하면, 모든 요소는 노드이지만, 모든 노드가 요소인 것은 아닙니다. 노드는 요소를 포함하는 더 큰 개념으로 이해할 수 있습니다.

[코드 5-27] chapter_5 / 5-3_dom / 01_dom.js

```
(...)
// removeAttribute - 속성 제거
document.getElementsByClassName('remove_attribute')[0].removeAttribute('data-id');
```

이번에는 getElementsByClassName을 사용해서 여러 개의 클래스 선택자 요소 중 하나의 요소에 대해서 data-id 속성을 제거하는 구문을 작성합니다.

[코드 5-28] chapter_5 / 5-3_dom / 01_dom.js

```
(...)
// createTextNode - 텍스트 노드 생성
const textNode = document.createTextNode('안녕하십니까?');
const $fragment = document.createDocumentFragment();
$fragment.appendChild(textNode);
document.querySelector('.create_textnode').appendChild($fragment);
```

textNode 변수에 **document.createTextNode**를 사용해 텍스트 노드를 생성하여 할당합니다.

document.createDocumentFragment를 사용하면 document.createElement와 달리 별도의 요소를 생성하지 않고 임시 요소를 생성할 수 있습니다. 이 임시 요소를 $fragment 변수에 할당합니다. 그런 다음, 임시 생성 요소인 $fragment에 appendChild를 사용해 텍스트 노드를 삽입한 뒤, create_textnode 클래스 선택자를 가진 요소에 appendChild 메서드를 사용해 임시 요소를 자식 노드로 삽입합니다.

[그림 5-14] DocumentFragment를 사용해 부모 태그가 생성되지 않는 결과

 DocumentFragment란?

DocumentFragment는 실제 DOM에 직접적으로 영향을 주지 않는 가상의 DOM 객체입니다. DocumentFragment는 메모리에만 존재하므로 실제로 렌더링되지 않습니다. 이를 통해 한 번에 여러 개의 노드를 사용하는 작업을 효율적으로 수행할 수 있습니다. 실제 DOM에 DocumentFragment를 추가할 때, DocumentFragment 자체는 사라지고 그 안에 포함된 자식 노드들만 DOM에 추가됩니다. 이러한 특성 덕분에 DOM 조작 횟수를 줄일 수 있어 성능적인 이점을 얻을 수 있습니다. 따라서 DocumentFragment는 특히 대량의 DOM 요소를 다룰 때 유용하며, 복잡한 DOM 조작 작업을 보다 효율적으로 수행할 수 있게 해줍니다.

이번에는 **cloneNode**를 사용해 보겠습니다.

[코드 5-29] chapter_5 / 5-3_dom / 01_dom.js

```javascript
(...)
// cloneNode - 노드 복사
const $originNode = document.querySelector('.clone_node');
const $copyTag = $originNode.cloneNode(true);
$originNode.appendChild($copyTag);
```

clone_node 클래스 선택자를 선택해서 $originNode 변수에 할당하고, $copyTag 변수에 기존 $originNode를 복사해서 할당합니다. 이때 인수(arguments) 값으로 자식 노드까지 모두 복사할지 여부를 결정하는 true 또는 false인 boolean 값을 전달합니다. 만약, cloneNode의 인수를 false로 넘기게 되면 텍스트 노드까지 복사되지 않는 것을 확인할 수 있습니다.

마지막으로, $originNode인 기존 요소 노드에 appendChild로 복사해 둔 $copyTag를 삽입합니다.

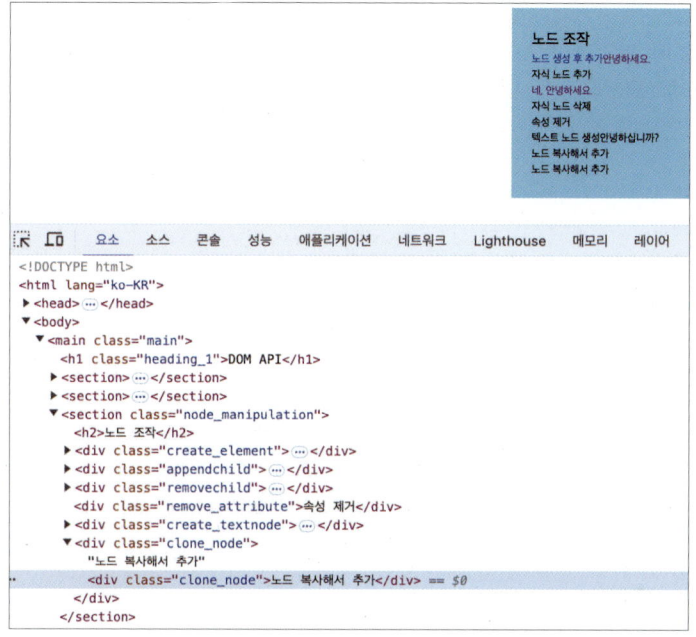

[그림 5-15] 자식 노드까지 복사(clone)해서 clone_node 클래스 선택자를 가진 요소에 삽입

근처 노드에 접근하는 메서드

노드를 선택하고 근처에 있는 노드에 접근할 수 있는 메서드를 사용해 보겠습니다.

[코드 5-30] chapter_5 / 5-3_dom / 01_dom.html

```html
<body>
  (...)
  <section class="node_traversing">
    <h2>다른 노드에 접근하기</h2>
    <!-- 부모 노드 접근하기 -->
    <div class="parent">
      parentNode
      <div class="child">
        childNode
        <div id="child_child">childNode childNode</div>
      </div>
    </div>
    <!-- 이전 노드 또는 다음 노드 선택하기 -->
    <div class="next_prev">
      <div class="prev">previousSibling/previousElementSibling</div>
      <div class="current">current</div>
      <div class="next">nextSibling/nextElementSibling</div>
    </div>
    <!-- 첫번째와 마지막 자식 노드 선택하기 -->
    <div class="first_last">
      <div class="first">firstChild/firstElementChild</div>
      <div class="middle">middle</div>
      <div class="last">lastChild/lastElementChild</div>
    </div>
  </section>
</body>
```

[코드 5-31] chapter_5 / 5-3_dom / 01_dom.css

```css
(...)
/* 근처 노드 접근 */
.node_traversing > div {
  position: relative;
  padding: 20px;
}

.node_traversing > div ~ div::before {
```

```css
    content: '';
    display: block;
    position: absolute;
    top: 0;
    left: 0;
    width: 100%;
    height: 1px;
    background-color: black;
}

.node_traversing .parent[data-traversing] {
    background-color: #ecefef;
}

.node_traversing .child[data-traversing] {
    color: red;
}

.node_traversing #child_child {
    color: blue;
}

.node_traversing .prev[data-traversing],
.node_traversing .next[data-traversing] {
    color: purple;
}

.node_traversing .first[data-traversing],
.node_traversing .last[data-traversing] {
    color: blue;
}
```

근처 노드에 접근하는 스타일을 작성하기에 앞서, 기능별로 박스 모델에 여백을 주고 선으로 구분을 해보겠습니다. 자식 선택자를 사용해서 각각의 기능별로 나눠진 div 요소의 바로 자식 요소에게 padding 속성을 20px 값으로 작성하여 박스 모델 상에서 안쪽으로 여백을 작성합니다. 그리고 형제 선택자(~)를 활용해 가상 요소 선택자에 접근하여 높이 1px이고 너비가 100%인 black 배경의 선을 그릴 수 있도록 작성합니다. border로 그려주어도 되겠지만, 이렇게도 선을 그릴 수 있습니다. 그리고 parent, prev, next, first, last 클래스 선택자에게 노드로 접근하여 data-traversing이라는 속성값을 부여할 것인데, 이때 스타일이 적용되도록 background-color와 color 값을 미리 정의합니다.

[코드 5-32] chapter_5 / 5-3_dom / 01_dom.js

```js
(...)
const $childChildElement = document.getElementById('child_child');
const $parentElement = $childChildElement.parentElement;
const $parentParentElement = $childChildElement.parentNode.parentNode;
$parentElement.setAttribute('data-traversing', 'true');
$parentParentElement.setAttribute('data-traversing', 'true');
```

document.getElementById로 child_child 아이디 선택자를 선택합니다. 이 선택된 노드에서 시작하여 **parentNode**를 연속으로 체이닝을 통해 부모의 부모 노드까지 거슬러 올라갑니다. 그리고 이 최종 선택된 노드에 data-traversing 속성의 값을 true로 설정합니다.

[그림 5-16] parentNode 메서드 체이닝을 통해 부모의 부모 노드에 data-traversing 속성을 부여한 결과

미리 CSS에 정의한대로 background-color 값이 적용되었나요?

이번에는 이전 노드 요소와 다음 노드 요소를 선택해 보겠습니다.

[코드 5-33] chapter_5 / 5-3_dom / 01_dom.js

```js
(...)
// previousSibling/nextSibling, previousElementSibling/nextElementSibling
// 이전 노드 또는 다음 노드 선택하기
const $current = document.querySelector('.current');
console.warn(`previousSibling : `, $current.previousSibling);
console.warn(`previousElementSibling : `, $current.previousElementSibling);

$current.previousElementSibling.setAttribute('data-traversing', true);
$current.nextElementSibling.setAttribute('data-traversing', true);
```

console.warn 메서드를 사용해서 warning 로그의 인수로 **previousSibling, previousElementSibling, nextSibling, nextElementSibling**을 각각 할당해서 어떤 요소를 가리키고 있는지 개발자 도구의 콘솔에서 확인해 보겠습니다.

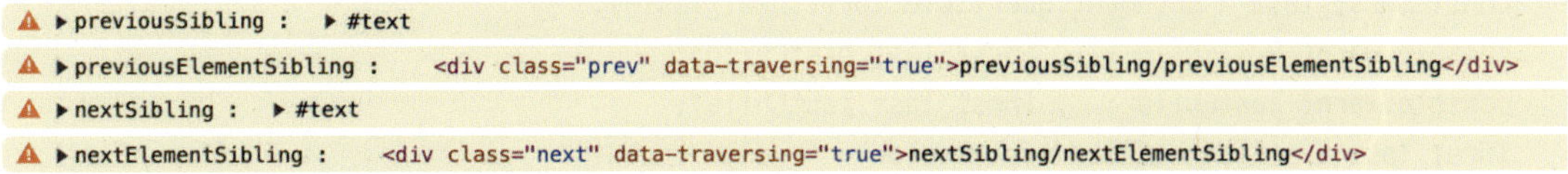

```
⚠ ▶previousSibling :        ▶#text
⚠ ▶previousElementSibling :  <div class="prev" data-traversing="true">previousSibling/previousElementSibling</div>
⚠ ▶nextSibling :             ▶#text
⚠ ▶nextElementSibling :     <div class="next" data-traversing="true">nextSibling/nextElementSibling</div>
```

[그림 5-17] previousSibling, previousElementSibling과 nextSibling, nextElementSibling의 접근법 차이를 볼 수 있는 개발자 도구의 콘솔 탭 결과

previousSibling은 앞의 노드라면 어떤 것이든 접근하므로, 텍스트 노드인 빈 텍스트 노드가 선택됩니다.

실제로, 태그들 사이에 빈 요소가 없이 붙어있다면 previousElementSibling과 같은 결과가 나타납니다.

[코드 5-34] chapter_5 / 5-3_dom / 01_dom.html

```
<body>
 (...)
 <div class="next_prev">
   <div class="prev">previousSibling/previousElementSibling</div><div class="current">current</div><div class="next">nextSibling/nextElementSibling</div>
 </div>
 (...)
</body>
```

```
⚠ ▶previousSibling :        ▶div.prev
⚠ ▶previousElementSibling : ▶div.prev
⚠ ▶nextSibling :            ▶div.next
⚠ ▶nextElementSibling :     ▶div.next
```

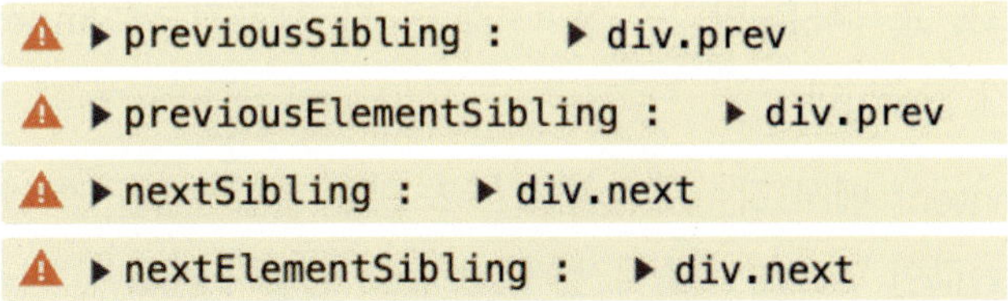

[그림 5-18] previousSibling, previousElementSibling과 nextSibling, nextElementSibling가 모두 같은 요소를 가리키는 개발자 도구의 콘솔 탭 결과

노드를 접근하는 것과 요소를 찾아서 접근하는 것의 차이를 볼 수 있습니다.

이번에는 첫 번째와 마지막 자식 노드를 선택하겠습니다.

[코드 5-35] chapter_5 / 5-3_dom / 01_dom.js

```
(...)
// firstChild/lastChild, firstElementChild/lastElementChild
// 첫번째 노드와 마지막 노드 선택하기
const $first_last = document.querySelector('.first_last');
console.warn('firstChild : ', $first_last.firstChild);
console.warn('lastChild : ', $first_last.lastChild);
$first_last.firstElementChild.style.color = 'red';
$first_last.lastElementChild.style.color = 'blue';
```

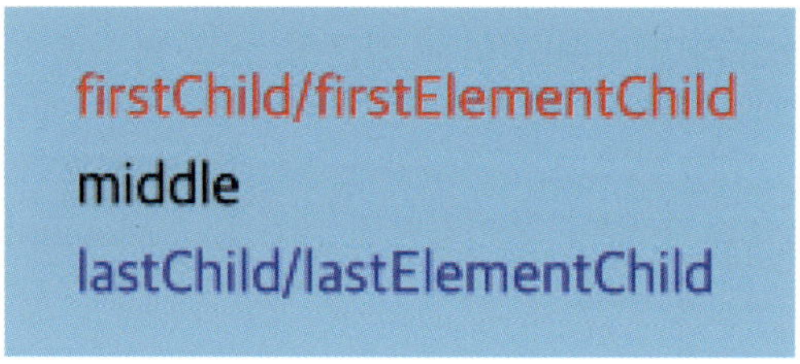

[그림 5-19] firstElementChild, lastElementChild로 red와 blue 색상으로 적용

마찬가지로, firstChild와 lastChild는 공백과 줄바꿈 노드를 취급해서 빈 노드를 가리키는 것을 콘솔에서 결과로 볼 수 있고, firstElementChild와 lastElementChild에는 각각 color 값을 red, blue로 각각 지정한 결과로 나타나게 됩니다.

텍스트 노드를 조작하는 메서드

이번에는 텍스트 노드를 조작하는 방법을 살펴보겠습니다. 대표적으로 innerText, innerHTML, textContent 메서드가 있습니다.

innerText와 textContent 메서드는 모두 텍스트 노드를 삽입하지만, 약간의 차이가 있습니다. innerText는 display 값이 "none"인 숨겨진 텍스트를 포함하지 않으며, 시각적으로 보이는 구조에 따라 개행 등을 텍스트 노드 내에서 임의로 표시합니다. 반면 textContent는 CSS 속성과 무관하게 텍스트 노드의 줄바꿈, 공백 등을 그대로 유지합니다.

innerHTML은 다른 요소에 접근하여 HTML을 가져올 때 텍스트 뿐만 아니라 HTML 노드도 함께 반환합니다. outerHTML도 HTML 노드를 반환하지만, 선택한 요소 자체도 함께 반환하는 것이 특징입니다. outerHTML로 내용을 삽입할 때는 **요소 자체와 그 내부 콘텐츠가 모두 변경**됩니다.

[코드 5-36] chapter_5 / 5-3_dom / 01_dom.html

```html
<body>
 (...)
 <section class="node_text">
   <h2>텍스트 노드를 조작</h2>
   <!-- innerText -->
   <div class="inner_text">
     <div>
       <span>innerText란 무엇인가?</span>
     </div>
   </div>
   <!-- innerHTML -->
   <div class="inner_html">
     <div>
       <span>innerHTML란 무엇인가?</span>
     </div>
   </div>
   <!-- textContent -->
   <div class="text_content">
     <div>
       <span>textContent란 무엇인가?</span>
     </div>
   </div>
 </section>
</body>
```

[코드 5-37] chapter_5 / 5-3_dom / 01_dom.js

```javascript
(...)
/**
 * 텍스트 노드를 조작하는 메서드
 */
const contentsText = `<div>
                       <span style="display: none; color: red;">innerText</span>
                     </div>`;
const contentsHTML = `<div>
                       <span style="color: blue;">innerHTML</span>
                     </div>
                     `;
const contentsTextContent = `<div>
                              <span style="color: purple;">textContent</span>
                            </div>`;
document.querySelector('.inner_text div').innerText = contentsText;
document.querySelector('.inner_html div').innerHTML = contentsHTML;
document.querySelector('.text_content div').textContent = contentsTextContent;
```

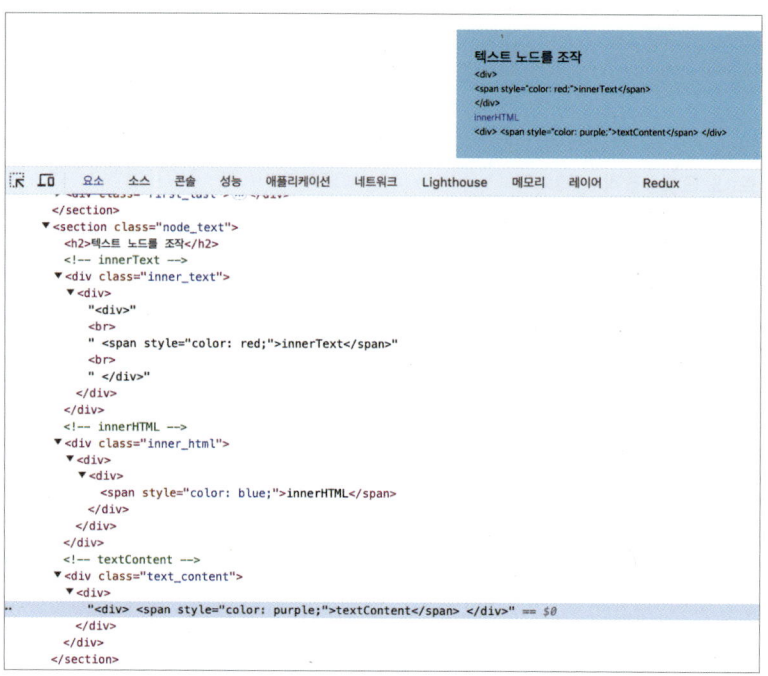

[그림 5-20] innerText, innerHTML, textContent의 결과

이제, 노드와 관련된 메서드를 사용해 텍스트를 삽입하고, 서버에서 받아온 데이터를 HTML을 통해서 동적으로 삽입하여 다양한 콘텐츠를 화면에 표시할 수 있습니다.

요소의 위치와 크기를 구하는 메서드

요소의 위치와 크기를 구하는 데 사용할 수 있는 여러 JavaScript 메서드가 있습니다. 요소의 상대적, 절대적 위치와 크기 등 다양한 정보들을 제공합니다.

메서드	설명
getBoundingClientRect	요소의 크기와 뷰포트에 대한 상대적 위치를 DOMRect 객체로 반환. width, height, top, right, bottom, left 등의 속성 포함
offsetLeft, offsetTop	상위 요소에 대한 상대적 위치를 제공
offsetWidth, offsetHeight	요소의 전체 크기를 반환. 박스 모델 상에서 padding, border 등의 영역을 포함
clientLeft, clientTop	요소의 border의 width를 나타냄
clientWidth, clientHeight	요소의 내부 너비와 높이를 나타냄

[표 5-8] 요소의 위치와 크기를 구하는 메서드

[코드 5-38] chapter_5 / 5-3_dom / 01_dom.html

```html
<body>
 (...)
 <section class="position_width">
   <h2 class="sr-only">요소의 위치와 크기를 구하는 메서드</h2>
   <!-- 요소의 위치 -->
   <div class="position js-position">이 요소의 위치는?</div>
   <!-- 요소의 크기 -->
   <div class="size js-size">이 요소의 크기는?</div>
 </section>
</body>
```

[코드 5-39] chapter_5 / 5-3_dom / 01_dom.css

```css
(...)
/* 요소의 위치와 크기 */
.position_width {
  position: relative;
  width: 500px;
  margin-bottom: 300px;
  padding: 150px;
  border: 5px solid dodgerblue;
}

.position_width .position {
  position: absolute;
  right: 10px;
  left: 15px;
  top: 10px;
  padding: 10px;
  border: 3px solid dodgerblue;
  border-left-width: 5px;
  background-color: white;
}

.position_width .size {
  position: absolute;
  left: 10px;
  right: 35px;
  bottom: 10px;
  padding: 15px;
  border: 1px solid gray;
  border-left-width: 10px;
  background-color: white;
}
```

우선, position, size에 대한 클래스 선택자에 각각 absolute 속성을 작성하기 위해 그 부모 요소인 position_width 클래스 선택자에 position 속성의 값을 relative로 작성하여, 부모 요소로 설정합니다. width, padding 등의 속성을 할당하고, 그 자식 요소들인 position, size 클래스 선택자에 absolute의 위치로 위, 아래 끝에서 10px씩 떨어지도록 하고, border 속성을 통해서 테두리 색상과 너비를 각각 3px, 1px로 작성합니다.

JavaScript를 사용해 각각 위치와 테두리(border)의 너비를 계산했을 때의 차이를 확인하기 위해 position 클래스 선택자의 left 값을 15px로, border-left-width(왼쪽 테두리 너비)를 5px로 작성합니다.

[코드 5-40] chapter_5 / 5-3_dom / 01_dom.js

```
(...)
/**
 * 요소의 위치와 크기를 알아내는 메서드
 */
// getBoundingClientRect
const $positionWidth = document.querySelector('.position_width');
const positionWidth = $positionWidth.getBoundingClientRect();
console.warn(positionWidth);
```

```
▼ DOMRect
    bottom: 2040
    height: 310
    left: 1030
    right: 1530
    top: 1730
    width: 500
    x: 1030
    y: 1730
  ▶ [[Prototype]]: DOMRect
```

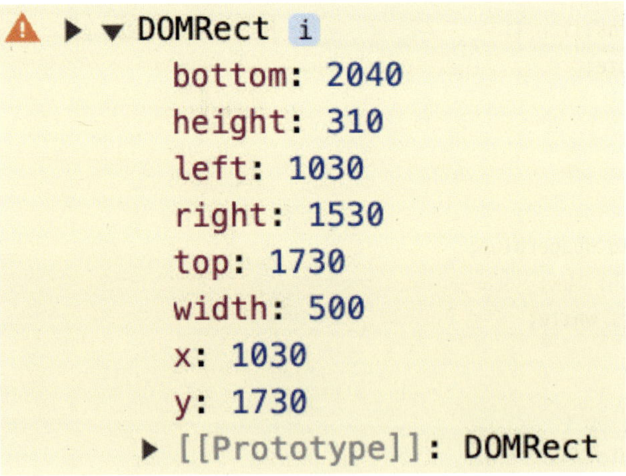

[그림 5-21] element.getBoundingClientRect() 메서드의 결과

getBoundingClientRect의 결괏값은 개발자 도구의 콘솔 탭에서도 작성 및 확인할 수 있습니다. DOMRect가 반환되며 각 값들의 의미는 뷰포트의 상대적 위치와 크기 값입니다.

[코드 5-41] chapter_5 / 5-3_dom / 01_dom.js

```js
(...)
// offsetLeft, offsetTop, clientLeft, clientTop
const $jsPosition = $positionWidth.querySelector('.js-position');
const $temp = document.createElement('div');
$temp.innerHTML = `<div>
                    ${'$jsPosition.offsetLeft: ${$jsPosition.offsetLeft},
                    $jsPosition.offsetTop: ${$jsPosition.offsetTop}`}
                </div>
                <div>
                    ${`$jsPosition.clientLeft: ${$jsPosition.clientLeft},
                    $jsPosition.clientTop: ${$jsPosition.clientTop}`}
                </div>`;
$jsPosition.appendChild($temp);
```

offsetLeft, offsetTop 메서드를 통해 js-position의 부모 요소인 position_width 선택자 요소를 기준으로 상대적 위치를 알 수 있고, clientLeft, clientTop 메서드를 통해서 테두리 영역(border)의 너비를 알 수 있습니다.

[코드 5-42] chapter_5 / 5-3_dom / 01_dom.js

```js
(...)
// offsetWidth, offsetHeight, clientWidth, clientHeight
const $jsSize = $positionWidth.querySelector('.js-size');
const $temp2 = document.createElement('div');
$temp2.innerHTML = `<div>
                    ${`$jsSize.offsetWidth: ${$jsSize.offsetWidth},
                    $jsSize.offsetHeight: ${$jsSize.offsetHeight}`}
                </div>
                <div>
                    ${`$jsSize.clientWidth: ${$jsSize.clientWidth},
                    $jsSize.clientHeight: ${$jsSize.clientHeight}`}
                </div>`;
$jsSize.appendChild($temp2);
```

이번에는 js-size 클래스 선택자로 createElement로 div 요소를 생성하여 innerHTML 메서드로 요소의 크기를 구하기 위한 메서드인 **offsetWidth, offsetHeight, clientWidth, clientHeight**를 삽입하여 박스 모델 전체의 너비와 높이, 내부 콘텐츠의 너비와 높이에 대해서 계산 결과를 화면에 출력하겠습니다.

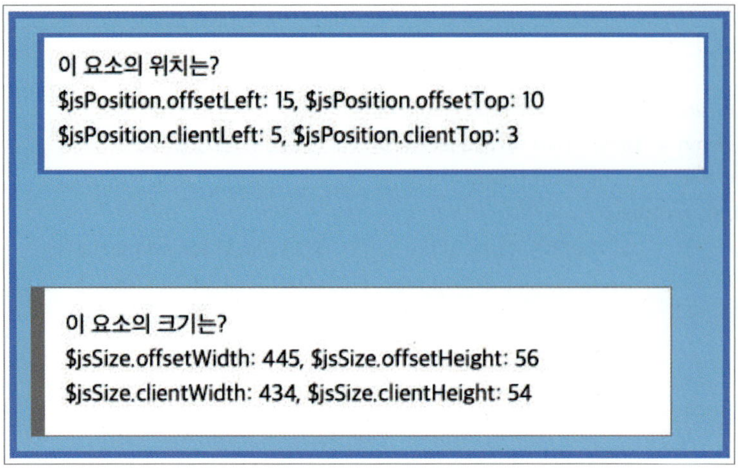

이 요소의 위치는?
$jsPosition.offsetLeft: 15, $jsPosition.offsetTop: 10
$jsPosition.clientLeft: 5, $jsPosition.clientTop: 3

이 요소의 크기는?
$jsSize.offsetWidth: 445, $jsSize.offsetHeight: 56
$jsSize.clientWidth: 434, $jsSize.clientHeight: 54

[그림 5-22] 요소들의 위치와 크기의 값을 출력한 결과

그림 5-22에서처럼, **offsetLeft**와 **offsetTop** 메서드는 각각 CSS에서 15px로 설정된 absolute 요소의 left 값과 top 값을 나타냅니다. **clientLeft**와 **clientTop**은 각각 CSS에서 정의된 좌측 테두리 너비 5px과 상단 테두리 너비 3px을 보여줍니다. 이어서 아래쪽 요소의 크기를 살펴보면, **offsetWidth** 메서드는 전체 너비인 445px을 반환합니다. 이 값에서 좌우 테두리 너비(좌측 10px, 우측 1px)를 제외하면 434px이 되는데, 이는 **clientWidth**와 일치합니다. 이를 통해 clientWidth가 내부 콘텐츠의 너비를 의미한다는 것을 알 수 있습니다. **offsetHeight**와 **clientHeight**도 각각 테두리(border)를 포함한 높이와 콘텐츠와 내부 여백(padding)을 포함한 높이를 나타냅니다. 전체 높이에서 상하 테두리 1px씩을 제외하면 각각 56px과 54px로 정확히 계산됩니다. 이처럼 다양한 DOM API를 활용하면 HTML과 CSS에 접근하여 조작, 수정, 삭제 등의 작업을 수행할 수 있습니다.

JavaScript 이벤트

JavaScript DOM(Document Object Model) API를 사용하여 다양한 메서드로 노드를 다루는 방법에 대해 알아보았으니 이번에는 웹 페이지와 사용자 간의 상호작용을 가능하게 하는 또 다른 중요한 개념인 이벤트에 대해 알아보겠습니다.

이벤트는 웹 애플리케이션에서 동적인 상호작용을 구현하는 데 핵심적인 역할을 합니다. 이벤트의 다양한 속성들에 대해 하나씩 자세히 살펴보겠습니다.

용어	설명
이벤트 리스너	특정 이벤트가 발생하게 되면 실행될 함수를 등록하는 방법
이벤트 타입	mouseover, mouseout, click, keydown 등 다양한 사용자 인터랙션 타입
이벤트 객체	이벤트에 대한 정보를 담고 있는 객체, 키보드 타이핑이 된 객체 정보나 마우스로 클릭된 이벤트 키의 정보 등을 담고 있음
이벤트 전파	이벤트 버블링과 캡처링
이벤트 위임	이벤트 버블링과 캡처링을 활용해서 하나의 부모에서 다른 자식 요소들의 이벤트들을 처리하는 방법

[표 5-9] 이벤트 관련 용어와 설명

[코드 5-43] addEventListener 예제

```javascript
document.getElementById('example').addEventListener('click', (event) => {
  if('DIV' === event.target.tagName) {
    return;
  }
  alert('example이 클릭되었습니다.');
}, false);
```

이벤트 리스너는 코드 5-43과 같이 특정 DOM 요소에 **addEventListener**를 사용하여 등록합니다. 이때 **이벤트 타입**과 이벤트 발생 시 실행할 **콜백 함수**를 정의합니다.

이벤트 객체는 이벤트 발생 시 콜백 함수의 매개변수로 전달되며, 이벤트의 상세 정보를 담고 있습니다. 예제에서는 event 객체의 target 속성을 사용하여 클릭된 요소의 정보를 대화 상자(alert)로 나타냅니다.

이벤트 전파에는 **버블링**과 **캡처링**이 있습니다. 버블링은 이벤트가 발생한 요소에서 상위 요소로 전파되는 것이고, 캡처링은 상위 요소에서 하위 요소로 이벤트가 전파되는 것을 의미합니다. addEventListener의 세 번째 매개변수로 false(버블링) 또는 true(캡처링)를 지정하여 전파 방식을 결정하는데, 기본값이 false로 생략이 가능합니다.

이벤트 위임은 버블링을 활용하여 상위 요소에서 여러 자식 요소의 이벤트를 한 번에 제어하는 기법입니다. 이를 통해 각 자식 요소에 개별적으로 이벤트 리스너를 추가할 필요 없이 효율적인 이벤트 처리가 가능합니다.

마우스 이벤트, 키보드 이벤트, 스크롤 이벤트에 대해 이해하며 이벤트 전파와 위임에 대해 조금 더 자세히 알아보겠습니다.

마우스 이벤트

마우스 이벤트는 사용자들이 키보드와 함께 가장 많이 사용하는 이벤트입니다.

마우스 이벤트는 마우스를 클릭하는 click과 mousedown, mouseup과 같은 세분화된 타입까지 다양한 이벤트 타입이 있습니다.

이벤트 타입	설명
click	요소 클릭 시 발생. event.button으로 클릭한 버튼 구분 가능 (0: 왼쪽, 1: 휠, 2: 오른쪽)
dblclick	더블 클릭 시 발생. click 이벤트와 함께 발생하므로 주의 필요
mousedown	마우스 버튼을 누를 때 발생. 클릭 완료 전에 발생
mouseup	마우스 버튼을 놓을 때 발생. 클릭 완료 후 발생
mousemove	마우스 움직일 때마다 발생. 마우스 포인터 추적에 사용
mouseover	마우스가 요소에 진입 시 발생. 버블링 발생
mouseenter	마우스가 요소에 진입 시 발생. 버블링 없음
mouseout	마우스가 요소를 벗어날 때 발생. 버블링 발생
mouseleave	마우스가 요소를 벗어날 때 발생. 버블링 없음
contextmenu	마우스 오른쪽 버튼 클릭 시 발생. 사용자 정의 컨텍스트 메뉴 생성에 사용

[표 5-10] 마우스 이벤트의 타입

버블링, 캡처링, 이벤트 위임?

버블링(Bubbling)과 **캡처링(Capturing)** 그리고 **이벤트 위임(Event Delegation)**이란 무엇일까요? 버블링(Bubbling)은 이벤트가 발생한 요소에서 시작하여 부모 요소들을 거쳐 계속해서 상위로 이벤트가 전파되는 과정을 말합니다. 예를 들어, 버튼을 클릭하면 그 이벤트는 버튼에서 시작하여 상위의 컨테이너, 그리고 최종적으로 웹 페이지 전체까지 전달됩니다. 캡처링(Capturing)은 버블링의 반대 과정입니다. 이벤트가 웹 페이지의 최상위 요소에서 시작하여 점차 하위 요소로 전달되어 최종적으로 이벤트가 발생한 요소에 도달하는 과정을 말합니다. 이벤트 위임(Event Delegation)은 다수의 자식 요소에 개별적으로 이벤트 핸들러를 할당하는 대신, 부모 요소에 하나의 핸들러만 작성하여 내부의 모든 이벤트를 관리하는 기법입니다. 이 방법은 버블링을 활용하며, event.target을 검사하여 실제 이벤트가 발생한 요소를 식별하고 처리합니다. 이 기법을 사용하면 많은 요소에 개별적으로 이벤트 핸들러를 할당할 때보다 메모리 사용을 줄이고 성능을 개선할 수 있습니다.

마우스 이벤트로 만들어 볼 수 있는 것 중 canvas 요소 위에 그림을 그릴 수 있는 "그림판"을 구현해 보겠습니다.

[코드 5-44] chapter_5 / 5-4_event / 01_mouse.html

```html
<!doctype html>
<html lang="ko-KR">
  <head>
    <meta charset="UTF-8" />
    <meta http-equiv="X-UA-Compatible" content="IE=edge" />
    <meta name="viewport" content="width=device-width, initial-scale=1.0" />
    <title>5-4_event-01_mouse.html</title>
    <link rel="stylesheet" href="../../public/css/reset.css" />
    <link rel="stylesheet" href="../../public/css/common.css" />
    <link rel="stylesheet" href="../../public/css/chapter_5/5-4_event/01_mouse.css" />
    <script src="../../public/js/chapter_5/5-4_event/01_mouse.js" defer></script>
  </head>

  <body>
    <main class="main">
      <h1>Mouse Event</h1>
      <div class="options">
        <label class="js-colorPicker color_picker">
          <input type="color" />
          <span class="current_color_picker"></span>
        </label>
        <label class="js-pencilRange pencil_range">
          <input type="range" min="1" max="50" />
          <span class="current_pencil_range"></span>
```

```html
            </label>
        </div>
        <canvas class="js-painter paint" width="600" height="400"></canvas>
        <button type="button" class="js-eraseAll btn">모두 지우기</button>
        <p>* 우측 마우스를 눌러서 초기화를 할 수 있습니다.</p>
    </main>
</body>
</html>
```

먼저 reset.css와 common.css를 불러오고, 01_mouse.css 파일을 생성한 후, 스타일을 작성합니다.

01_mouse.js 스크립트에는 defer 속성을 부여하여 DOM 트리가 완전히 렌더링된 후 JavaScript가 실행되도록 합니다.

HTML 구조는 〈body〉 태그 내에 〈main〉 태그를 만들고 그 안에 〈h1〉 헤딩 태그를 배치합니다. options 클래스를 가진 〈div〉 태그를 생성하여 캔버스 위에 다양한 옵션을 위한 공간을 마련합니다.

옵션 영역에는 label로 감싼 input[type='color']와 input[type='range']를 각각 생성합니다. 이를 통해 〈canvas〉 태그에 그릴 선의 색상을 선택하고 굵기를 조절할 수 있습니다. range의 최소값은 1, 최대값은 50으로 설정합니다. 각 〈input〉 태그 옆에는 〈span〉 태그를 배치하여 선택된 값을 표시할 준비를 합니다. 〈canvas〉 태그를 생성하여 JavaScript로 다양한 마우스 이벤트를 처리할 수 있도록 합니다. 〈button〉 태그도 추가하여 캔버스의 내용을 지우기 위한 버튼을 만듭니다. 마지막으로 〈p〉 태그 내에 우클릭(contextmenu 이벤트)으로 그림을 모두 지우는 초기화를 실행할 수 있다는 안내 메시지를 작성합니다.

 캔버스?

HTML5에 도입된 캔버스는 2D 그래픽을 그리는 데 사용되고 〈Canvas〉 태그를 사용합니다. JavaScript와 함께 사용하여 다양한 그래픽 작업, 디자인 편집, 이미지 처리 등을 수행할 수 있어 활용도가 매우 높습니다. 캔버스의 핵심은 context라는 2D 객체입니다. 이 객체를 통해 beginPath, moveTo, lineTo, stroke 등 다양한 메서드를 활용하여 그림을 그릴 수 있습니다. 캔버스의 주요 특징 중 하나는 단일 DOM 요소로 구성된다는 점입니다. 즉, 캔버스 내부에 그려진 요소들은 개별적인 DOM 요소가 아니므로, CSS나 HTML의 용도로 직접 접근하거나 조작할 수 없습니다. 이는 캔버스의 성능과 유연성을 높여줍니다.

이제 CSS를 통해서 브라우저에서 기본적으로 제공하는 input[type='color']와 input[type='range']를 커스텀하고, 스타일링하겠습니다.

[코드 5-45] chapter_5 / 5-4_event / 01_mouse.css

```css
@charset "utf-8";

:root {
  --range-track-color: #494a55b5;
  --range-thumb-color: #000000b3;
  --canvas-border-color: #3a3a3a;
  --canvas-bg-color: #fafafa;
}

main {
  width: 100%;
  max-width: 1024px;
  margin: 50px auto 0;
}

/* custom input[type="color"] */
input[type='color'] {
  width: 100%;
  height: 100%;
  border: 0;
  padding: 0;
  background: none;
  cursor: pointer;
  appearance: none;
  -moz-appearance: none;
  -webkit-appearance: none;
}

input[type='color']::-webkit-color-swatch-wrapper {
  padding: 0;
}

input[type='color']::-webkit-color-swatch {
  border: 0;
  border-radius: 0;
}

input[type='color']::-moz-color-swatch,
input[type='color']::-moz-focus-inner {
  border: 0;
}
```

```css
input[type='color']::-moz-focus-inner {
  padding: 0;
}

/* custom input[type="range"] */
input[type='range'] {
  width: 100%;
  height: 100%;
  overflow: hidden;
  appearance: none;
  -moz-appearance: none;
  -webkit-appearance: none;
}

input[type='range']::-webkit-slider-runnable-track {
  width: 100%;
  height: 100%;
  cursor: pointer;
  border: 1px solid var(--range-track-color);
}

input[type='range']::-webkit-slider-thumb {
  -webkit-appearance: none;
  width: 20%;
  min-width: 30px;
  height: 100%;
  background: var(--range-thumb-color);
  cursor: pointer;
  box-shadow: -100vw 0 0 100vw var(--range-track-color);
}

/* styles */
.options {
  display: flex;
  gap: 20px;
  width: 100%;
  margin-top: 10px;
}

.options > label {
  display: flex;
  align-items: center;
  height: 30px;
}
```

```css
.options input {
  flex-shrink: 0;
  margin-right: 10px;
}

.options .color_picker input {
  width: 40px;
}

.options .pencil_range input {
  width: 150px;
}

.paint {
  margin: 40px 0 10px;
  border: 3px solid var(--canvas-border-color);
  background-color: var(--canvas-bg-color);
}

.btn {
  display: block;
  width: 100px;
  height: 50px;
  background-color: #3a3a3a;
  color: #fafafa;
  text-align: center;
  cursor: pointer;
}

.btn:hover {
  background-color: #1a1a1a;
}

p {
  margin-top: 10px;
}
```

01_mouse.css를 생성해 전체 코드를 참고해서 한 줄씩 작성해 보겠습니다.

[코드 5-46] chapter_5 / 5-4_event / 01_mouse.css

```css
:root {
  --range-track-color: #494a55b5;
  --range-thumb-color: #000000b3;
  --canvas-border-color: #3a3a3a;
  --canvas-bg-color: #fafafa;
}

main {
  width: 100%;
  max-width: 1024px;
  margin: 50px auto 0;
}
```

CSS 변수를 사용해서 input 요소의 커스텀 요소인 컬러와 canvas 요소의 배경과 선의 색을 각각 선언합니다.

main 요소에 대해서 width 속성을 100%, max-width 속성의 값을 1024px로 하고 margin 속성의 값을 상하 50px 0과 좌우 auto를 작성해서 화면의 가운데 위치하도록 합니다.

[코드 5-47] chapter_5 / 5-4_event / 01_mouse.css

```css
(...)
/* custom input[type="color"] */
input[type='color'] {
  width: 100%;
  height: 100%;
  border: 0;
  padding: 0;
  background: none;
  cursor: pointer;
  appearance: none;
}

input[type='color']::-webkit-color-swatch-wrapper {
  padding: 0;
}

input[type='color']::-webkit-color-swatch {
  border: 0;
  border-radius: 0;
}
```

```css
input[type='color']::-moz-color-swatch,
input[type='color']::-moz-focus-inner {
  border: 0;
}

input[type='color']::-moz-focus-inner {
  padding: 0;
}
```

input[type='color']의 기존 CSS를 커스텀하기 위해서 appearance 속성의 값을 none으로 작성합니다.

그 외에 크롬과 파이어폭스 등 다양한 브라우저에서 기본적으로 색상을 선택하는 요소(Color Picker)에 부여하고 있는 CSS 속성인 border 속성과 border-radius 속성을 초기화해 주는 코드를 작성합니다.

[코드 5-48] chapter_5 / 5-4_event / 01_mouse.css

```css
(...)
/* custom input[type="range"] */
input[type='range'] {
  width: 100%;
  height: 100%;
  overflow: hidden;
  appearance: none;
  -moz-appearance: none;
  -webkit-appearance: none;
}

input[type='range']::-webkit-slider-runnable-track {
  width: 100%;
  height: 100%;
  cursor: pointer;
  border: 1px solid var(--range-track-color);
}

input[type='range']::-webkit-slider-thumb {
  -webkit-appearance: none;
  width: 20%;
  min-width: 30px;
  height: 100%;
  background: var(--range-thumb-color);
  cursor: pointer;
```

```css
        box-shadow: -100vw 0 0 100vw var(--range-track-color);
}
```

input[type='range']에 기본 브라우저에서 제공하고 있는 가상 요소에 대한 색상들을 변경하고 너비와 높이를 수정합니다.

[코드 5-49] chapter_5 / 5-4_event / 01_mouse.css

```css
(...)
/* styles */
.options {
  display: flex;
  gap: 20px;
  width: 100%;
  margin-top: 10px;
}

.options > label {
  display: flex;
  align-items: center;
  height: 30px;
}

.options input {
  flex-shrink: 0;
  margin-right: 10px;
}

.options .color_picker input {
  width: 40px;
}

.options .pencil_range input {
  width: 150px;
}

.paint {
  margin: 40px 0 10px;
  border: 3px solid var(--canvas-border-color);
  background-color: var(--canvas-bg-color);
}
```

```css
.btn {
  display: block;
  width: 100px;
  height: 50px;
  background-color: #3a3a3a;
  color: #fafafa;
  text-align: center;
  cursor: pointer;
}

.btn:hover {
  background-color: #1a1a1a;
}

p {
  margin-top: 10px;
}
```

options 클래스 선택자에 display: flex를 적용하여 color와 range 입력 요소를 나란히 배치합니다. 요소 간 간격은 gap 속성을 20px로 설정하여 적절히 띄웁니다.

내부 label들을 기준으로 각 요소를 정렬하고, height를 30px로 고정합니다. 각 input에는 flex-shrink를 0으로 설정하여 크기가 줄어들지 않도록 하고, 개별적으로 너비를 지정합니다.

paint 클래스를 가진 canvas 요소에는 선과 배경색을 지정하고, margin 속성으로 여백을 설정합니다. btn 클래스를 가진 button 요소에 대해 스타일을 적용하고, p 요소에도 적절한 여백을 부여합니다.

이제 JavaScript를 활용하여 다양한 마우스 이벤트를 활용해 보겠습니다.

[코드 5-50] chapter_5 / 5-4_event / 01_mouse.js

```javascript
'use strict';

const $canvas = document.querySelector('.js-painter');
const $context = $canvas.getContext('2d');
const $colorPicker = document.querySelector('.js-colorPicker input');
const $pencilRange = document.querySelector('.js-pencilRange input');
const $eraseAll = document.querySelector('.js-eraseAll');
const mouse = {
  isDown: false,
  x: 0,
  y: 0,
};
const initialValue = {
  color: '#3c3c3c',
  width: 10,
  lineCap: 'round',
};

/**
 * DOMContentLoaded - HTML DOM 트리가 렌더링이 완료된 다음, 추가적인 스크립트가 다운로드
 되고 실행될 때 발생합니다.
 * @see
 * https://developer.mozilla.org/ko/docs/Web/API/Document/DOMContentLoaded_event
 */
document.addEventListener('DOMContentLoaded', () => {
  const { lineCap, color, width } = initialValue;
  $context.lineCap = lineCap;
  $context.strokeStyle = color;
  $context.lineWidth = width;
  $colorPicker.value = color;
  $pencilRange.value = width;
  $eraseAll.dispatchEvent(new Event('click'));
  $colorPicker.dispatchEvent(new Event('change'));
  $pencilRange.dispatchEvent(new Event('input'));
});

$colorPicker.addEventListener('change', (event) => {
  const color = event.target.value;
  event.target.parentElement.querySelector('.current_color_picker').innerHTML = color;
  $context.strokeStyle = color;
});

$pencilRange.addEventListener('input', (event) => {
```

```javascript
    event.target.parentElement.querySelector('.current_pencil_range').innerHTML = width +
'px';
    $context.lineWidth = width;
});

$canvas.addEventListener('mousedown', (event) => {
    mouse.isDown = true;
    [mouse.x, mouse.y] = [event.offsetX, event.offsetY];
});

$canvas.addEventListener('mouseup', () => {
    mouse.isDown = false;
});

$canvas.addEventListener('mouseout', () => {
    mouse.isDown = false;
});

$canvas.addEventListener('mousemove', (event) => {
    if (false === mouse.isDown) {
        return;
    }
    const [drawX, drawY] = [event.offsetX, event.offsetY];
    $context.beginPath();
    $context.moveTo(mouse.x, mouse.y);
    $context.lineTo(drawX, drawY);
    $context.stroke();
    mouse.x = drawX;
    mouse.y = drawY;
});

$eraseAll.addEventListener('click', () => {
    $context.clearRect(0, 0, $canvas.width, $canvas.height);
});

document.addEventListener('contextmenu', (event) => {
    event.preventDefault();
    mouse.isDown = false;
    if (false === confirm('초기화하시겠습니까?')) {
        return;
    }
    const { lineCap, color, width } = initialValue;
    $context.lineCap = lineCap;
    $context.strokeStyle = color;
    $context.lineWidth = width;
```

```
    $colorPicker.value = color;
    $pencilRange.value = width;
    $eraseAll.dispatchEvent(new Event('click'));
    $colorPicker.dispatchEvent(new Event('change'));
    $pencilRange.dispatchEvent(new Event('input'));
});
```

01_mouse.js 파일을 생성하고 전체 스크립트 코드를 참고하여 한 줄씩 작성해 보겠습니다.

 "use strict"는 왜 쓰는가?

JavaScript 파일의 최상단에 "use strict"를 선언하는 이유는 다양합니다. 우선, JavaScript에서는 "use strict" 선언이 없으면 var, let, const와 같은 변수 선언 키워드 없이도 변수를 선언할 수 있습니다. "use strict"를 사용하면 이런 문법은 오류로 처리되어 더 엄격한 코드 작성을 강제합니다. 또한, "use strict"는 this의 기본 바인딩을 글로벌 객체로 설정하는 것을 방지합니다. 더불어 중복된 속성 이름이나 매개변수 이름을 금지하는 등 여러 가지 엄격한 규칙을 적용합니다. 이러한 엄격한 규칙들을 통해 개발자가 실수를 더 쉽게 발견하고 수정할 수 있게 도와줍니다. 결과적으로 "use strict"는 더 안전하고 예측 가능한 코드를 작성하는 데 도움을 줍니다.

[코드 5-51] chapter_5 / 5-4_event / 01_mouse.js

```
'use strict';

const $canvas = document.querySelector('.js-painter');
const $context = $canvas.getContext('2d');
const $colorPicker = document.querySelector('.js-colorPicker input');
const $pencilRange = document.querySelector('.js-pencilRange input');
const $eraseAll = document.querySelector('.js-eraseAll');
const mouse = {
  isDown: false,
  x: 0,
  y: 0,
};
const initialValue = {
  color: '#3c3c3c',
  width: 10,
  lineCap: 'round',
};
```

const를 사용하여 필요한 노드들을 할당합니다. 캔버스를 담당하는 js-painter 클래스 선택자를 querySelector로 선택하고, context 객체를 선언합니다. input[type='color']와 input[type='range']를 각각 $colorPicker, $pencilRange로, DOM 요소 변수임을 나타내기 위해 변수명 앞에 $(달러 기호)를 붙입니다.

mouse 객체를 생성하여 마우스를 누르고 있는지 여부를 판단하기 위한 isDown 속성의 값을 false로 초기화합니다. 또한, 현재 움직이고 있는 마우스 좌표의 x와 y 위치를 저장하는 속성을 추가합니다.

initialValue 변수를 선언하여 canvas 요소에 그려질 선의 색상, 너비, 선의 끝 처리(lineCap)등을 초기화합니다.

[코드 5-52] chapter_5 / 5-4_event / 01_mouse.js

```javascript
(...)
/**
 * DOMContentLoaded - HTML DOM 트리가 렌더링이 완료된 다음, 추가적인 스크립트가 다운로드
 되고 실행될 때 발생합니다.
 * @see
 * https://developer.mozilla.org/ko/docs/Web/API/Document/DOMContentLoaded_event
 */
document.addEventListener('DOMContentLoaded', () => {
  const { lineCap, color, width } = initialValue;
  $context.lineCap = lineCap;
  $context.strokeStyle = color;
  $context.lineWidth = width;
  $colorPicker.value = color;
  $pencilRange.value = width;
  $eraseAll.dispatchEvent(new Event('click'));
  $colorPicker.dispatchEvent(new Event('change'));
  $pencilRange.dispatchEvent(new Event('input'));
});
```

DOMContentLoaded 이벤트는 스타일시트, 이미지 등의 로딩 완료를 제외한 HTML 문서가 완전히 로드되고 파싱되었을 때 발생합니다. 그러므로 이 이벤트의 콜백 함수 내에서는 DOM에 직접 접근하고 조작하는 코드를 안전하게 작성할 수 있습니다.

이 콜백 함수 내에서, 우리는 앞서 선언한 initialValue를 구조 분해 할당(destructuring assignment)을 사용해 개별 변수로 추출합니다. 그리고 이 값들을 $context 객체의 각 속성에 할당합니다.

또한, 각 input 요소에 기본값을 할당합니다. 이는 사용자 인터페이스의 초기 상태를 설정하는 데 도움이 됩니다.

마지막으로, Event 객체를 각각 생성하고, 이를 해당 요소에 디스패치합니다. 이렇게 하면 각 요소에 이벤트가 바인딩되어 있을 경우, 해당 이벤트 핸들러가 실행됩니다.

구조 분해 할당(destructuring assignment)

구조 분해 할당은 객체나 배열의 속성을 변수로 쉽게 추출할 수 있는 방법입니다.

- 객체 구조 분해 할당

[코드] 객체 구조 분해 할당 예시

```
const city = {
  name: 'incheon',
  people: 292
}

const { name, people } = city;

console.log(name); // incheon
console.log(people); // 292
```

- 배열 구조 분해 할당

[코드] 배열 구조 분해 할당 예시

```
const regions = ['창원', '부산', '인천', '서울'];
const [region1, region2] = regions;

console.log(region1); // 창원
console.log(region2); // 부산
```

- 함수 매개변수 구조 분해 할당(기본값 지정, Rest 문법)

[코드] 함수 매개변수 구조 분해 할당 예시

```
const city = {
  name: 'incheon',
  people: 292
}

function getRegion ({ age = 30, ...city }) {
  console.log(`City is ${city.name}, Age is ${age}, People is ${city.people}`);
  // City is incheon, Age is 30, People is 292
```

```
    }

    getRegion(city);
```

이 예시 코드에서는 함수 매개변수의 구조 분해 할당을 보여줍니다. age = 30은 객체에 age 속성이 없을 경우 사용될 기본값을 설정합니다. ...city는 나머지 연산자(rest 문법)로, 명시적으로 추출되지 않은 객체의 나머지 속성들을 모두 가져옵니다.

따라서 함수 내에서 city 객체의 name과 people 속성에 각각 접근하여 사용할 수 있습니다. 이 방식은 함수에 전달된 객체에서 특정 속성을 추출하고 나머지는 별도로 처리하고자 할 때 유용합니다.

[코드 5-53] chapter_5 / 5-4_event / 01_mouse.js

```javascript
(...)
$colorPicker.addEventListener('change', (event) => {
  const color = event.target.value;
  event.target.parentElement.querySelector('.current_color_picker').innerHTML = color;
  $context.strokeStyle = color;
});

$pencilRange.addEventListener('input', (event) => {
  const width = event.target.value;
  event.target.parentElement.querySelector('.current_pencil_range').innerHTML = width + 'px';
  $context.lineWidth = width;
});
```

코드 5-53과 같이 색상 선택과 선 굵기를 조절할 수 있는 $colorPicker, $pencilRange 요소에 이벤트 리스너를 추가합니다.

$colorPicker에는 **change** 이벤트를 바인딩합니다. 사용자가 색상을 선택하면 다음 작업이 수행됩니다.

1. 선택된 색상 값을 가져옵니다.
2. **current_color_picker** 클래스를 가진 요소의 텍스트를 선택된 색상 값으로 업데이트합니다.
3. canvas의 context 객체의 strokeStyle(선 색상)을 선택된 색상으로 변경합니다.

$pencilRange에는 **input** 이벤트를 바인딩합니다. 사용자가 범위를 조절하면 다음 작업이 수행됩니다.

1. 선택된 범위 값을 가져옵니다.
2. **current_pencil_range** 클래스를 가진 요소의 텍스트를 선택된 값에 'px'를 붙여 업데이트합니다.
3. canvas의 context 객체의 lineWidth(선 굵기)를 선택된 값으로 변경합니다.

이와 같이, 이벤트를 등록함에 따라 사용자가 색상을 선택하고 선의 너비를 자유롭게 조절할 수 있습니다.

[코드 5-54] chapter_5 / 5-4_event / 01_mouse.js

```js
(...)
$canvas.addEventListener('mousedown', (event) => {
  mouse.isDown = true;
  [mouse.x, mouse.y] = [event.offsetX, event.offsetY];
});

$canvas.addEventListener('mouseup', () => {
  mouse.isDown = false;
});

$canvas.addEventListener('mouseout', () => {
  mouse.isDown = false;
});

$canvas.addEventListener('mousemove', (event) => {
  if (false === mouse.isDown) {
    return;
  }
  const [drawX, drawY] = [event.offsetX, event.offsetY];
  $context.beginPath();
  $context.moveTo(mouse.x, mouse.y);
  $context.lineTo(drawX, drawY);
  $context.stroke();
  mouse.x = drawX;
  mouse.y = drawY;
});
```

마우스 이벤트를 추가하여 캔버스에 그리기 기능을 구현합니다. isDown 옵션을 사용해 마우스 버튼의 눌려있는 상태 여부를 설정합니다. 캔버스를 벗어나거나 마우스 버튼을 떼면 isDown 값을 false로 설정해 그리기를 중지시킵니다.

mousemove 이벤트에서는 Early Return 패턴을 사용합니다. 이는 isDown이 false일 때 즉시 함수를 종료하여 불필요한 작업을 방지합니다.

mousedown 이벤트에서는 현재 마우스 위치를 mouse 객체에 저장합니다. 마우스 버튼을 누른 상태에서 이동하면 새 경로를 시작하고 이전 위치에서 현재 위치까지 선을 그립니다.

그리기 과정은 beginPath()로 시작하여, moveTo()로 시작점을 지정하고, lineTo()로 끝점을 정한 뒤, stroke()로 실제 선을 그립니다. 마지막으로 마우스의 현재 위치를 업데이트해 다음 그리기를 준비합니다. 이 과정을 반복해 사용자의 마우스 동작에 따라 연속적인 선을 그릴 수 있도록 합니다.

 Early Return의 장점?

Early Return은 함수나 메서드에서 조건을 빠르게 확인하고 **리턴**하는 기법입니다. 이 방식은 코드의 가독성과 유지보수성을 높이는 데 큰 도움이 됩니다. 조건이 충족되지 않을 때 빠르게 함수를 종료함으로써, 나머지 코드는 조건이 충족된 경우에만 실행됩니다.

이로 인해 코드의 흐름이 더 명확해지고, 불필요한 중첩 구조를 줄일 수 있습니다. 또한, 조건 로직이 함수의 상단에 명확하게 위치하므로 코드의 수정이나 확장이 용이해집니다. 다만, Early Return을 과도하게 사용하면 오히려 코드의 복잡성이 증가할 수 있으므로, 적절한 균형을 유지하는 것이 중요합니다. 전반적으로 Early Return은 코드의 효율성과 명확성을 높이는 유용한 기법이지만, 상황에 맞게 적절히 사용해야 합니다.

[코드 5-55] chapter_5 / 5-4_event / 01_mouse.js

```
(...)
$eraseAll.addEventListener('click', () => {
  $context.clearRect(0, 0, $canvas.width, $canvas.height);
});

document.addEventListener('contextmenu', (event) => {
  event.preventDefault();
  mouse.isDown = false;
  if (false === confirm('초기화 하시겠습니까?')) {
    return;
  }
  const { lineCap, color, width } = initialValue;
  $context.lineCap = lineCap;
  $context.strokeStyle = color;
  $context.lineWidth = width;
  $colorPicker.value = color;
  $pencilRange.value = width;
  $eraseAll.dispatchEvent(new Event('click'));
  $colorPicker.dispatchEvent(new Event('change'));
  $pencilRange.dispatchEvent(new Event('input'));
});
```

마지막으로, $eraseAll 요소인 모두 지우기 버튼 클릭 시 캔버스를 깨끗하게 비우는 clearRect 메서드를 실행합니다. 이 메서드는 캔버스의 좌상단(0, 0)부터 캔버스의 너비와 높이까지의 전체 영역(canvas.width, $canvas.height)을 지웁니다. contextmenu 이벤트는 마우스 우클릭을 감지합니다. event.preventDefault()로 브라우저의 기본 우클릭 메뉴를 차단하고, isDown을 false로 설정하여 mousemove 이벤트가 그리기 상태로 인식되지 않게 합니다. 시스템 알림을 표시하고, 취소 버튼 클릭 시 바로 return하여 추가 코드 실행을 하지 않도록 합니다. 확인 버튼 클릭 시 initialValue의 속성값들을 $context 객체, $colorPicker, $pencilRange 객체에 재할당하여 초기화합니다. 마지막으로, $eraseAll 요소의 click 이벤트와 $colorPicker의 change 이벤트의 디스패치를 통해 초기화 작업을 수행합니다.

event.preventDefault(), event.stopPropagation()

event.preventDefault(), event.stopPropagation()과 같은 event 객체의 메서드를 활용해 기존 기능을 무효화시키거나 버블링을 방지할 수 있습니다.

event.preventDefault() 메서드의 경우, 링크 요소인 a 요소에 대해 클릭을 했을 때, 기본 기능은 href 속성에 제공되는 링크로 이동하는 기능이지만 이를 막고 다른 동작을 수행할 수 있습니다.

[코드] event.preventDefault() 예제

```
document.querySelector('a').addEventListener('click', function(event) {
  event.preventDefault();
  // 기존 동작 취소 후 다른 동작
  console.log('링크로 이동되거나 폼이 제출되지 않습니다.');
});
```

event.stopPropagation() 메서드는 **하위 요소에서 상위 요소로 전달되는 이벤트의 전파(버블링)**를 방지할 수 있고, **상위 요소에서 하위 요소로 전달되는 이벤트의 전파(캡처링)**도 방지할 수 있습니다.

[코드] event.stopPropagation() 예제

```
/**
 * <div class="parent">
 *   <div class="child">
 *     클릭
 *   </div>
 * </div>
**/
document.querySelector('.child').addEventListener('click', function(event) {
  event.stopPropagation();
```

```
            // 상위 요소인 parent 클래스 선택자로 이벤트가 전파되지 않습니다
            console.log('이벤트 버블링이 방지되었습니다.');
        });
```

 이벤트 디스패치(Event Dispatch)

이벤트 디스패치는 웹 개발에서 중요한 개념으로, 프로그래밍 방식으로 특정 이벤트를 발생시키는 과정을 의미합니다. 이 기능은 클릭이나 키보드 입력과 같은 사용자의 직접적인 상호작용 없이도 특정 이벤트를 발생시킬 수 있게 해줍니다. 생성된 이벤트 객체는 디스패치 이벤트 메서드(element.dispatchEvent(이벤트 객체))를 통해 특정 DOM 요소에 전달되어 이벤트를 발생시킵니다. 이벤트 디스패치의 주요 장점은 시스템의 다른 부분과의 결합도를 낮추면서도 필요한 작업을 효과적으로 수행할 수 있다는 점입니다. 이를 통해 코드의 유연성과 재사용성을 높일 수 있으며, 복잡한 상호작용을 보다 체계적으로 관리할 수 있습니다.

[그림 5-23] 캔버스에 다양한 색상과 글자 굵기로 글을 쓴 결과

위와 같이 캔버스에 그림을 그릴 수 있는 기본적인 프로그램이 완성되었습니다. 이 프로그램은 마우스로 그림 그리기, 색상 변경, 선 굵기 조절, 전체 지우기 등의 기능을 포함하고 있습니다. 프로그래밍 학습과 개발에 있어 가장 쉬운 접근 방식은 작은 프로그램부터 만들어보며 시작하는

것입니다. 먼저 간단한 프로그램을 만들어 충분히 실습해 보고, 그 후에 하나씩 기능을 추가하며 프로그램을 발전시켜 나가는 것을 추천합니다. 이러한 방식으로 더 나은 프로그램을 만드는 방향과 계획을 세우는 습관을 기르는 것이 중요합니다. 이 접근법은 기본 개념의 이해를 돕고, 복잡성을 단계별로 관리할 수 있게 해주며, 지속적인 성취감과 학습 동기를 부여합니다. 또한, 실제 프로젝트 관리 기술을 향상시키는 데도 도움이 됩니다.

키보드 이벤트

키보드 이벤트는 사용자가 키보드를 조작할 때 발생하며, 이를 통해 다양한 기능을 구현할 수 있습니다. 주요 키보드 이벤트로는 **keydown**, **keyup**, **keypress(비표준)**가 있습니다. 이 이벤트들의 동작 방식을 하나씩 살펴보겠습니다.

keydown 이벤트는 사용자가 키를 누를 때 발생하며, 키를 계속 누르고 있으면 이벤트가 반복적으로 발생할 수 있습니다.

keyup 이벤트는 사용자가 키를 놓을 때 발생하며, 키보드 명령어의 종료를 의미합니다. 이는 마우스 이벤트의 mouseup과 유사한 역할을 하여 다양한 키 이벤트의 종료 처리에 사용됩니다.

keypress 이벤트는 키가 눌려 문자가 입력될 때 발생합니다. 하지만 현재 여러 기기에서 동일하게 동작하지 않는 등의 문제로 비표준으로 간주되어 추천하지 않습니다.

 표준과 비표준?

표준과 비표준 W3C(World Wide Web Consortium)는 웹 기술의 주요 표준을 정의하는 국제 단체입니다. 이 단체에서 표준이 제정되면, 대부분의 웹 브라우저에서 지원되고 사용될 수 있게 됩니다. 다만, 브라우저 제조사마다 새로운 표준을 구현하고 적용하는 데 시간 차이가 있을 수 있습니다. 표준으로 제정된 기능 중 일부는 시기적으로 제한적으로 지원될 수 있습니다. 이러한 경우, 웹 개발자들은 브라우저 간의 호환성 문제를 해결하기 위해 폴리필(polyfill)이나 다른 대체 방법을 사용합니다. 이를 통해 다양한 브라우저 환경에서도 일관된 사용자 경험을 제공할 수 있습니다.

keydown, keyup, keypress 키보드 이벤트에 따라 동작하는 예제를 만들어보도록 하겠습니다.

[코드 5-56] chapter_5 / 5-4_event / 02_keyboard.html

```html
<body>
  (...)
  <main class="main">
    <h1>Keyboard Event</h1>
    <p class="info js-info">-</p>
    <article class="keyboard" data-type="keydown">
      <h2>KeyDown</h2>
      <div class="key_container">
        <!-- <button type="button" data-key="q">Q</button>
             <button type="button" data-key="w">W</button>
             <button type="button" data-key="e">E</button>
             <button type="button" data-key="r">R</button> -->
      </div>
      <!-- button 요소 동적 추가 -->
    </article>
    <article class="keyboard" data-type="keypress">
      <h2>KeyPress</h2>
      <div class="key_container">
        <!-- button 요소 동적 추가 -->
      </div>
    </article>
    <article class="keyboard" data-type="keyup">
      <h2>KeyUp</h2>
      <div class="key_container">
        <!-- button 요소 동적 추가 -->
      </div>
    </article>
    <button type="button" class="btn_refresh js-refresh">새로고침</button>
  </main>
  (...)
</body>
```

〈body〉 태그 내부에 〈main〉 태그와 그 내부에 다양한 요소들을 배치하여 작성하도록 합니다.

info 클래스 선택자 내부에는 js-info 클래스 선택자를 활용해서 JavaScript를 활용하여 동적으로 키보드의 타입과 실제 키보드의 key 속성을 표시하겠습니다.

각각의 〈article〉 태그에는 data-type 속성의 값으로 keydown, keyup, keypress를 할당하여 해당하는 키보드 이벤트에 대해서만 반응하도록 예외 처리할 것입니다.

앞의 내용에서 배운 **createElement, appendChild** 등 DOM API 메서드를 활용해서 요소를 생성하고, key_container 클래스 선택자 내부의 요소들은 동적으로 삽입하겠습니다.

마지막으로 btn_refresh 클래스 선택자인 button 요소에 js-refresh 클래스 선택자를 사용하여 key_container 클래스 선택자 내부의 〈button〉 태그들의 클래스를 제거하는 이벤트를 등록하겠습니다.

[코드 5-57] chapter_5 / 5-4_event / 02_keyboard.css

```css
@charset "utf-8";

:root {
  --border-color: #333;
}

main {
  width: 100%;
  max-width: 1024px;
  margin: 50px auto 0;
}

.info {
  font-size: 3rem;
  text-align: center;
}

.keyboard {
  margin-top: 30px;
  padding: 20px;
  border: 3px solid var(--border-color);
}

.keyboard h2 {
  display: block;
  width: 100%;
  font-size: 1.2rem;
  margin-bottom: 20px;
  padding-bottom: 20px;
  border-bottom: 3px solid var(--border-color);
}

.keyboard button {
  position: relative;
  height: 40px;
  margin: 5px;
  padding: 10px;
  background: #fff;
  box-shadow: 0px 1px 1px black;
```

```css
    border-bottom: 2px solid var(--border-color);
    border-radius: 3px;
    font-size: 1.1rem;
}

.keyboard button.pressed {
    box-shadow: inset 0px 1px 5px black;
    border-bottom-color: transparent;
}

.btn_refresh {
    margin-top: 30px;
    padding: 10px 20px;
    background-color: #fff;
    border: 3px solid var(--border-color);
    cursor: pointer;
}

.btn_refresh:hover {
    background-color: #333;
    color: #fff;
}
```

--border-color에 대해서만 CSS 변수를 활용해 각각 적용하고, 부분적으로 스타일링하여 키보드의 버튼 모양처럼 보이도록 하고, pressed라는 클래스 선택자가 추가되면 버튼이 눌린 상태로 보이도록 스타일링합니다.

[코드 5-58] chapter_5 / 5-4_event / 02_keyboard.js

```javascript
'use strict';

/**
 * DOMContentLoaded - HTML DOM 트리가 렌더링이 완료 된 다음, 추가적인 스크립트가 다운로드
 되고 실행될 때 발생합니다.
 * @see
 * https://developer.mozilla.org/ko/docs/Web/API/Document/DOMContentLoaded_event
 */
document.addEventListener('DOMContentLoaded', () => {
    (...)
});
```

먼저, DOMContentLoaded 이벤트를 작성하여 DOM 트리가 렌더링된 이후에 스크립트를 실행하겠습니다.

[코드 5-59] chapter_5 / 5-4_event / 02_keyboard.js

```javascript
(...)
const $keyContainers = document.querySelectorAll('.key_container');
const $info = document.querySelector('.js-info');
const $refresh = document.querySelector('.js-refresh');
const keys = ['Q', 'W', 'E', 'R', 'A', 'S', 'D', 'F', 'Z', 'X', 'C', 'V'];
const KEY_COUNT = 4;

$keyContainers.forEach((container, containerIndex) => {
  for (let i = 0; i < KEY_COUNT; i++) {
    const keyIndex = containerIndex * KEY_COUNT + i;
    if (keyIndex < keys.length) {
      const key = keys[keyIndex];
      const $button = document.createElement('button');
      $button.textContent = key;
      $button.setAttribute('type', 'button');
      $button.dataset.key = key.toLowerCase();
      container.appendChild($button);
    }
  }
});
(...)
```

$keyContainers 변수를 선언하고 **document.querySelectorAll** 메서드를 사용해 key_container 선택자들을 선택해 이 변수에 할당합니다.

$info와 $refresh 변수에는 각각 js-info와 js-refresh 클래스 선택자를 이용해 해당 요소들을 선택하여 할당합니다.

keys 변수를 선언하여 키보드의 알파벳 배열을 만듭니다. 이후 forEach 메서드를 사용해 이 알파벳들을 4개씩 그룹화하여 키 이벤트 타입에 따라 삽입합니다.

key_container 클래스 선택자 요소 내부에서 for 루프를 사용해 4개씩 키보드 모양의 button 요소를 생성합니다.

각 버튼 요소에 필요한 속성과 값을 할당한 후, appendChild 메서드를 사용하여 이를 key_container 클래스 선택자 요소에 동적으로 삽입합니다.

[코드 5-60] chapter_5 / 5-4_event / 02_keyboard.js

```js
(...)
document.addEventListener('keydown', (event) => {
  const allowKeys = [...document.querySelectorAll('[data-type="keydown"] button')].map((key) => key.dataset.key);
  $info.textContent = `type = ${event.type}, key = ${event.key}`;
  console.log('KeyDown:', event.key);
  if (!allowKeys.includes(event.key)) {
    return;
  }
  const $target = document.querySelector(`[data-key="${event.key}"]`);
  $target.classList.add('pressed');
});

document.addEventListener('keypress', (event) => {
  const allowKeys = [...document.querySelectorAll('[data-type="keypress"] button')].map((key) => key.dataset.key);
  $info.textContent = `type = ${event.type}, key = ${event.key}`;
  console.log('KeyPress:', event.key);
  if (!allowKeys.includes(event.key)) {
    return;
  }
  const $target = document.querySelector(`[data-key="${event.key}"]`);
  $target.classList.toggle('pressed');
});

document.addEventListener('keyup', (event) => {
  const allowKeys = [...document.querySelectorAll('[data-type="keyup"] button')].map((key) => key.dataset.key);
  $info.textContent = `type = ${event.type}, key = ${event.key}`;
  console.log('KeyUp:', event.key);
  if (!allowKeys.includes(event.key)) {
    return;
  }
  const $target = document.querySelector(`[data-key="${event.key}"]`);
  $target.classList.add('pressed');
});
```

키보드 이벤트인 keydown, keypress, keyup 이벤트를 등록하고 사용해 보겠습니다. 키보드 이벤트는 특정 DOM 요소가 아닌, 키보드로부터 전달되는 전역 이벤트이므로, document 객체에 addEventListener 메서드를 사용해 이벤트 리스너를 등록합니다.

미리 선언해둔 data-type 내부의 button 요소들을 유사 배열 객체로 가져온 후, 나머지 (spread) 연산자를 사용해 배열 메서드를 사용할 수 있도록 배열로 변경합니다. 그다음 map 메서드를 사용해 각 button 요소의 data-key 속성만 추출한 배열을 allowKeys 변수에 할당합니다. 각 이벤트 타입과 키에 대한 정보를 info 클래스 선택자 요소에 표시하고, console.log 메서드를 사용해 개발자 도구의 콘솔 탭에 로그가 출력되도록 합니다. allowKeys 변수를 활용하여 keydown, keypress, keyup 이벤트 발생 시, 미리 정의된 키가 아닌 경우 early return을 통해 추가 코드 실행을 방지합니다. if문을 통과한 경우, 해당 button 요소에 pressed 클래스를 추가합니다. 이와 같이, keydown, keypress, keyup에 대해 거의 동일한 구조로 이벤트 리스너를 등록합니다. 추후 함수에 대해서 학습한 후 리팩터링 과정을 통해 더 개선된 코드로 발전시킬 수 있습니다.

 리팩터링(Refactoring)이란?

리팩터링(Refactoring)은 프로그램의 외부 동작을 변경하지 않으면서 내부 구조를 개선하는 과정입니다. 주요 목적은 코드 중복 제거, 복잡성 감소, 가독성 향상, 유지보수성 개선, 그리고 성능 최적화입니다. 리팩터링 방법으로는 반복되는 코드를 함수나 메서드로 추출하고, 복잡한 함수를 더 작은 단위로 분리하며, 변수명이나 함수명을 명확하게 개선하는 것 등이 있습니다. 이 과정에서 SOLID 원칙 중 "단일 책임 원칙"을 적용하여 각 함수가 하나의 기능만을 담당하도록 합니다. 리팩터링은 개발 과정 중 주기적으로 수행되며, 이는 코드 품질 향상과 유연한 개발 환경 조성에 기여하여 장기적으로 프로젝트의 성공과 팀의 생산성 향상에 도움을 줍니다.

[코드 5-61] chapter_5 / 5-4_event / 02_keyboard.js

```javascript
(...)
$refresh.addEventListener('click', () => {
  [...document.querySelectorAll('[data-key]')].forEach((key) => {
    key.classList.remove('pressed');
  });
  $info.textContent = '-';
});
```

pressed 클래스에 의해서 한 번 사용된 키들은 눌린 상태로 유지되고 있습니다.

마지막으로, 키들이 다시 눌리기 전 상태로 돌아갈 수 있도록 "새로고침" 버튼을 클릭하면, 전체 data-key 속성을 가진 버튼들을 탐색하여 pressed 클래스를 삭제하도록 합니다.

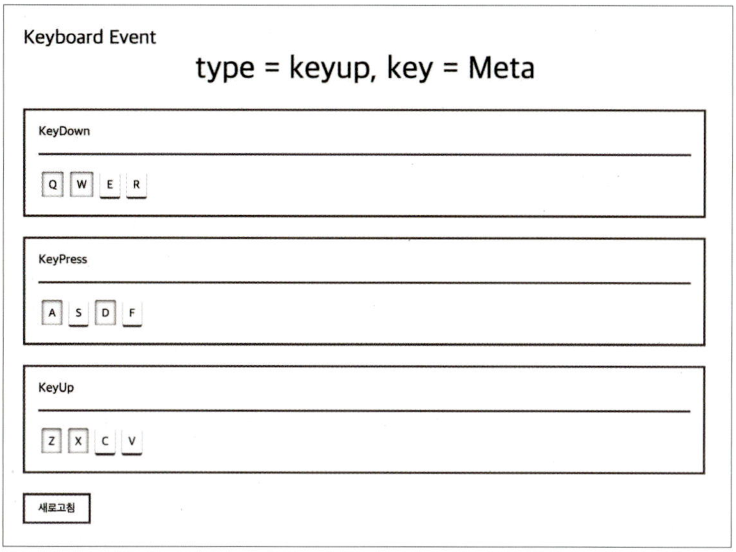

[그림 5-24] 입력되는 키보드에 따라서 UI를 변경하고 정보를 나타내는 프로그램 결과

[코드 5-62] chapter_5 / 5-4_event / 02_keyboard.js

```
(...)
// document.addEventListener('keypress', (event) => {
//   const allowKeys = [...document.querySelectorAll('[data-type="keypress"] button')].map((key) => key.dataset.key);
//   $info.textContent = `type = ${event.type}, key = ${event.key}`;
//   console.log('KeyPress:', event.key);
//   if (!allowKeys.includes(event.key)) {
//     return;
//   }
//   const $target = document.querySelector(`[data-key="${event.key}"]`);
//   $target.classList.toggle('pressed');
// });
(...)
```

마지막으로, 비표준 이벤트인 keypress를 주석 처리합니다. 코드 선택 후 키보드의 Cmd + / 또는 Ctrl + / 를 사용하여 처리할 수 있습니다. 주석 처리 후 결과를 확인하면, 키를 누를 때는 keydown 이벤트가, 키보드에서 손가락을 뗄 때는 keyup 이벤트가 발생하는 것을 확인할 수 있습니다. 이와 같이, 키보드 이벤트에 대한 이해와 사용법을 응용해 키보드 입력 상태에 따른 다양한 기능을 구현할 수 있습니다.

스크롤 이벤트와 IntersectionObserver

인터랙티브 웹 페이지 개발에 널리 사용되는 스크롤 이벤트는 다양한 UI/UX를 구현할 수 있어 사용자에게 좋은 경험을 제공합니다. 무한 스크롤, 스크롤에 따라 고정되는 UI, 특정 지점에서 아이템이 나타나는 효과 등을 만들 수 있습니다. 하지만 스크롤 이벤트는 빈번한 호출로 인해 성능 문제를 일으킬 수 있습니다. 이를 해결하기 위해 debounce(디바운스)나 throttle(쓰로틀) 기법을 사용하여 이벤트 발생을 제어할 수 있습니다. 최근에는 IntersectionObserver API가 주목받고 있습니다. 이 API는 특정 요소가 뷰포트에 진입하거나 벗어날 때를 감지하여 이벤트를 실행합니다. 무한 스크롤, 스티키 UI, 스크롤 기반 애니메이션 등을 구현할 때 효율적이고 성능이 우수한 방법을 제공합니다.

디바운스(Debounce)와 쓰로틀(Throttle)

디바운스와 쓰로틀은 이벤트 핸들러의 과도한 실행을 제어하기 위한 기술입니다. 이들은 많은 연산을 수행하는 이벤트에 대해 시간이나 횟수의 제약을 두어 이벤트 발생을 최적화합니다. **디바운스**는 연속된 이벤트를 그룹화하여 마지막 이벤트 발생 후 **일정 시간이 지나면 단 한 번만 실행**되도록 합니다. 이는 이벤트 발생 횟수를 보장하지는 않지만, 사용자 입력 처리, 검색 자동 완성, 윈도우 리사이징 등에 유용하게 사용됩니다. **쓰로틀**은 이벤트를 일정한 주기로 발생시키는 기술입니다. 디바운스와 달리 **정해진 주기마다 이벤트를 호출**하므로 이벤트 발생 횟수를 보장합니다. 이는 마우스 이동 추적이나 스크롤 이벤트와 같이 이벤트 횟수 자체를 제어해야 하는 상황에서 많이 활용됩니다. 이 두 기술은 웹 애플리케이션의 성능을 최적화하고 사용자 경험을 향상시키는 데 중요한 역할을 합니다.

IntersectionObserver API?

IntersectionObserver API는 요소가 화면 내에 들어오거나 다른 요소와 교차하는지를 비동기로 관찰하는 데 사용됩니다.

요소의 가시성을 효율적으로 관찰할 수 있는 방법을 제공해 무한 스크롤, 레이지 로딩, 요소가 화면에 나타날 때 애니메이션을 적용하는 등 다양한 기능을 구현할 수 있습니다.

- **root**: 교차를 하는 것을 관찰할 컨테이너
- **rootMargin**: 컨테이너의 바깥쪽 여백을 지정
- **threshold**: 교차 비율이 이 값에 도달할 때 콜백이 실행 ,0.0에서 1.0 사이의 값을 지정

스크롤 이벤트와 IntersectionObserver API를 활용해서 스크롤을 통해서 특정 지점에 도달했을 때 요소가 애니메이션 효과와 함께 나타나도록 해보겠습니다.

[코드 5-63] chapter_5 / 5-4_event / 03_scroll.html

```html
(...)
<body>
  <main class="main">
    <h1>Scroll Event Example</h1>
    <div class="big_vertical"></div>
    <div class="scroll_item">Scroll Item</div>
    <div class="scroll_item">Scroll Item</div>
    <div class="scroll_item">Scroll Item</div>
    <div class="big_vertical"></div>

    <hr />

    <h1>IntersectionObserver API Example</h1>
    <div class="big_vertical"></div>
    <div class="intersection_item">Intersection Item</div>
    <div class="intersection_item">Intersection Item</div>
    <div class="intersection_item">Intersection Item</div>
    <div class="big_vertical"></div>
  </main>
</body>
(...)
```

스크롤 이벤트와 IntersectionObserver API 메서드를 비교하기 위해 각 요소들을 한 페이지에 작성하고 스크롤 이벤트를 구현해 보겠습니다.

스크롤 이벤트를 통해서 구현할 요소 3개와 IntersectionObserver를 통해서 구현할 요소 3개씩을 각각 배치하겠습니다.

[코드 5-64] chapter_5 / 5-4_event / 03_scroll.css

```css
@charset "utf-8";

main {
  width: 100%;
  max-width: 1024px;
  margin: 50px auto 0;
}

h1 {
  margin-top: 30px;
  color: dodgerblue;
}
```

```css
hr {
  border-top: 3px dashed dodgerblue;
}

.big_vertical {
  height: 100vh;
}

.scroll_item,
.intersection_item {
  padding: 20px 0;
  opacity: 0;
  font-size: 3vw;
  color: #000;
  transition:
    opacity 1s,
    font-size 1s 0.5s,
    color 1s 0.8s;
}

.scroll_item.animated,
.intersection_item.animated {
  opacity: 1;
  font-size: 5vw;
}

.blue {
  color: rgba(22, 22, 222);
}

.purple {
  color: rgba(113, 33, 144);
}

.pink {
  color: rgba(223, 33, 144);
}
```

여러 요소를 포함하는 main 요소를 중앙에 배치하고, margin 속성으로 상단을 50px 띄우며 좌우는 auto로 설정합니다. h1 요소에 대해 색상을 지정하고 margin-top을 30px로 설정합니다. 첫 번째 h1 요소는 마진 병합 현상으로 인해 main 요소에 지정된 50px만큼 띄워집니다. big_vertical 클래스 선택자의 높이를 viewport 높이와 동일하게 설정합니다. scroll_item 과 intersection_item 클래스 선택자를 그룹 선택자로 동시에 선택하여 스타일을 부여합니다.

animated 클래스가 추가될 때의 속성 변화를 정의하고, transition 속성을 부여하여 변화가 서서히 애니메이션을 발생시키며 적용되도록 합니다. blue, purple, pink 클래스 선택자는 세 개의 요소에 각각 다르게 부여하여, 색상의 transition이 서로 다르게 나타나도록 작성합니다.

 마진 병합 현상이란?

마진 병합 현상은 인접한 요소들의 마진이 하나로 합쳐지는 CSS의 특성입니다. 이는 주로 다음과 같은 상황에서 발생합니다.
1. 두 개의 인접한 블록 레벨 요소의 상단과 하단 마진이 만날 때
2. 부모 요소에 상단 마진이 없고, 자식 요소에 상단 마진이 있을 경우 (자식의 마진이 부모의 상단으로 전달됨)

병합되는 마진의 크기는 두 마진 중 더 큰 값으로 결정됩니다. 예를 들어, 위 아래가 맞닿은 한 요소의 하단 마진이 20px이고 다른 요소의 상단 마진이 30px이라면, 최종 마진은 30px이 됩니다.

마진 병합을 방지하는 방법은 다음과 같습니다.
1. 부모 요소에 border나 padding을 추가하여 자식 요소의 마진이 부모로 전달되는 것을 막음
2. 부모 요소의 overflow 속성값을 hidden으로 설정하여 마진 병합 현상을 제거

[코드 5-65] chapter_5 / 5-4_event / 03_scroll.js

```javascript
'use strict';

const COLORS = ['blue', 'purple', 'pink'];

/**
 * Scroll Event
 */
window.addEventListener('scroll', function () {
  const $elements = document.querySelectorAll('.scroll_item');
  $elements.forEach(($element, index) => {
    const elementPos = $element.getBoundingClientRect();
    console.log('elementPos.top', elementPos.top);
    console.log('elementPos.bottom', elementPos.bottom);
    console.log('window.innerHeight', window.innerHeight);

    if (elementPos.top < window.innerHeight && elementPos.bottom >= 0) {
      $element.classList.add('animated');
      $elements[index].classList.add(COLORS[index]);
    }
```

```js
    });
  });

  /**
   * IntersectionObserver API
   */
  const observer = new IntersectionObserver(
    (entries) => {
      entries.forEach((entry) => {
        console.log('intersectionObserver API', entry);
        if (entry.isIntersecting) {
          entry.target.classList.add('animated');
          entry.target.classList.add(entry.target.dataset.color);
        }
      });
    },
    { threshold: 0.8 },
  );

  document.querySelectorAll('.intersection_item').forEach(($element, index) => {
    $element.dataset.color = COLORS[index];
    observer.observe($element);
  });
```

스크롤 이벤트와 IntersectionObser API를 사용해서 각각 작성하고 스크롤 이벤트와 IntersectionObserver의 성능 차이를 확인하기 위해 내부 호출 시점에 각각 이벤트의 횟수를 확인할 수 있는 console.log를 작성합니다.

[코드 5-66] chapter_5 / 5-4_event / 03_scroll.js

```js
const COLORS = ['blue', 'purple', 'pink'];

/**
 * Scroll Event
 */
window.addEventListener('scroll', function () {
  const $elements = document.querySelectorAll('.scroll_item');
  $elements.forEach(($element, index) => {
    const elementPos = $element.getBoundingClientRect();
    console.log('elementPos.top', elementPos.top);
    console.log('elementPos.bottom', elementPos.bottom);
    console.log('window.innerHeight', window.innerHeight);
```

```
    if (elementPos.top < window.innerHeight && elementPos.bottom >= 0) {
      $element.classList.add('animated');
      $elements[index].classList.add(COLORS[index]);
    }
  });
});
```

먼저, COLORS 배열을 전역 변수로 선언하여 각 요소에 적용할 색상 클래스를 정의합니다.

window 객체에 scroll 이벤트 리스너를 추가합니다. 이 리스너 내에서 scroll_item 클래스를 가진 모든 요소를 선택하고, 각 요소에 대해 다음 작업을 수행합니다.

1. getBoundingClientRect() 메서드를 사용하여 요소의 위치 정보를 가져옵니다.
2. 조건문을 통해 요소가 뷰포트 내에 있는지 확인합니다.
   - elementPos.top < window.innerHeight: 요소의 상단이 뷰포트 내에 있는지 확인
   - elementPos.bottom >= 0: 요소의 하단이 뷰포트 상단 이하에 있는지 확인

요소가 뷰포트 내에 있다고 판단되면, animated 클래스와 해당 인덱스에 맞는 색상 클래스를 요소에 추가합니다.

[그림 5-25] 스크롤 이벤트에서 getBoundingClientRect() 메서드의 값과 window.innerHeight의 값을 비교해서 뷰포트에 위치하는지 확인

[코드 5-67] chapter_5 / 5-4_event / 03_scroll.js

```js
/**
 * IntersectionObserver API
 */
const observer = new IntersectionObserver(
  (entries) => {
    entries.forEach((entry) => {
      console.log('intersectionObserver API', entry);
      if (entry.isIntersecting) {
        entry.target.classList.add('animated');
        entry.target.classList.add(entry.target.dataset.color);
      }
    });
  },
  { threshold: 0.8 },
);

document.querySelectorAll('.intersection_item').forEach(($element, index) => {
  $element.dataset.color = COLORS[index];
  observer.observe($element);
});
```

IntersectionObserver를 사용하면 스크롤 이벤트보다 훨씬 적은 이벤트를 발생시키며 효율적으로 요소의 가시성을 감지할 수 있습니다. 이 API를 통해 특정 요소들이 사용자의 화면에 진입하는 순간을 감지하고 그에 따른 동작을 수행할 수 있습니다. IntersectionObserver 인스턴스를 생성하여 observer 변수에 할당합니다. 첫 번째 인자로 전달되는 콜백 함수는 요소들이 각각 노출될 때마다 호출됩니다. 이 함수 내에서 animated 클래스와 각 요소에 해당하는 색상 클래스를 할당합니다. 두 번째 인자로는 옵션 객체를 전달하며, { threshold: 0.8 }로 설정하여 요소의 80%가 뷰포트에 보일 때 콜백 함수가 호출되도록 합니다. 관찰 대상을 설정하기 위해 intersection_item 클래스를 가진 요소들을 forEach로 순회하며 각 요소에 observe 메서드를 적용합니다. 이때 각 요소에 필요한 data 속성도 미리 할당해 둡니다.

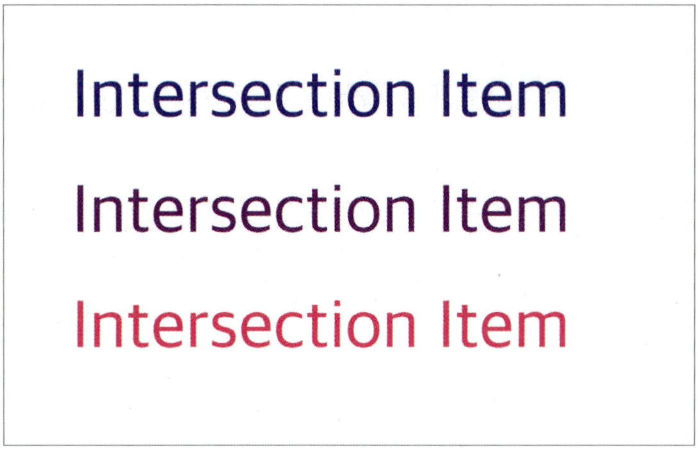

Intersection Item

Intersection Item

Intersection Item

[그림 5-26] IntersectionObserver 객체와 observe 메서드를 통해서 각각의 요소를 관찰해 색상이 변경된 결과

스크롤 이벤트와 비교해 IntersectionObserver는 각 요소가 뷰포트에 진입하거나 벗어날 때만 이벤트를 발생시키므로, 연속적인 스크롤 동안 불필요한 이벤트 호출을 크게 줄입니다. 이는 개발자 도구의 콘솔 탭에서 로그의 빈도를 확인함으로써 증명할 수 있습니다.

5-5 JavaScript 함수

JavaScript에서 **함수**는 특정 작업을 수행하는 재사용 가능한 코드 블록입니다. 지금까지는 DOM API 조작, 클래스 속성의 추가/삭제, DOM 객체 조작 등의 복잡한 작업들을 개별적으로 작성해왔습니다. 함수의 주요 장점은 코드의 재사용성을 높이고 복잡한 작업을 논리적 단위로 분리하여 관리할 수 있다는 점입니다. 특히 반복되는 코드나 복잡한 로직을 함수로 만들면 코드의 가독성과 유지보수성이 크게 향상됩니다.

이번 섹션에서는 함수를 사용하는 이유를 살펴보고, 함수 선언식과 표현식의 차이점을 알아보겠습니다. 또한, 이전에 구현했던 기능들 중 반복되는 부분을 함수로 리팩터링하여 재사용성을 높이고, 함수를 이벤트에 연결하는 방법을 학습하겠습니다. 이를 통해 더 효율적이고 체계적인 코드 작성 방법을 익히게 될 것입니다.

함수를 사용하는 이유

함수를 사용하는 주된 이유는 코드의 효율성과 유지보수성을 높이기 위해서입니다. 예를 들어, 클릭 기능을 구현한 후 동일한 동작을 마우스 오버 이벤트에도 적용하려 한다면, 단순히 코드를 복사하여 붙여넣는 방식은 비효율적일 수 있습니다. 소프트웨어 개발에서는 **DRY(Don't Repeat Yourself) 원칙**을 중요하게 여깁니다. 이 원칙은 코드의 중복을 줄이고 재사용성을 높이며, 유지보수를 용이하게 합니다. 또한 버그 발생을 줄이고, 개발 시간을 단축하며, 코드의 가독성을 향상을 목적으로 합니다. 함수를 사용하면 이러한 DRY 원칙을 효과적으로 적용할 수 있습니다. 중복을 최소화하고 다양한 기능을 구현하며, 함수를 활용하는 연습은 더 나은 코드 작성 능력을 기르는 데 도움이 됩니다.

[코드 5-68] chapter_5 / 5-5_function / 01_function.html

```html
<body>
  (...)
  <main class="main">
    <h1>Function</h1>
    <article class="reusable">
      <h2>함수의 재사용성 - form 유효성 검사(form validation)</h2>
      <form action="/chapter_5/5-5_function/01_function.html" method="post" id="login">
        <label for="valid_email" class="form_email">
          <input type="email" id="valid_email" name="validEmail" required placeholder="name@naver.com" />
        </label>
        <label for="valid_password" class="form_password">
          <input type="password" id="valid_password" name="validPassword" required placeholder="비밀번호를 입력해 주세요." />
        </label>
        <button>로그인</button>
      </form>
    </article>
  </main>
  (...)
</body>
```

로그인 시 폼 검증 절차에 대해 **함수의 재사용성**을 적용해 보겠습니다. ⟨form⟩ 태그의 **method** 속성을 생략하면 기본값은 **GET**입니다. action 속성은 데이터를 전송할 URL을 지정하며, 생략 시 현재 문서의 URL로 전송됩니다.

⟨form⟩ 태그 내부에서는 ⟨label⟩ 태그로 ⟨input⟩ 태그를 감싸거나(암시적 연결) for 속성으로 ⟨input⟩ 태그의 id 속성과 연결(명시적 연결)을 통해 label과 input의 연결을 명시합니다. 그리고 name 속성을 validEmail로 작성하고, required 속성을 사용해 필수 입력 필드를 나타냅니다. 그리고 placeholder 속성으로 입력하기 전의 가이드를 보여줄 수 있도록 합니다.

⟨button⟩ 태그는 type 속성을 지정하지 않으면 기본값이 submit이므로, 클릭 시 폼 데이터가 action 속성의 URL로 **POST** 방식으로 전송됩니다.

폼 요소의 method 속성

폼 요소의 method 속성은 폼 데이터를 서버로 전송하는 방식을 의미합니다. 주로 GET과 POST 메서드가 사용됩니다.

GET 메서드
- 주로 검색어나 페이지 번호 등 보안상 중요하지 않은 데이터 전송에 사용
- 데이터가 URL에 포함되어 길이 제한 있음
- 데이터가 사용자에게 노출되므로 민감한 정보 전송에 부적합
- 데이터는 URL의 쿼리 스트링으로 '?key=value' 형태로 전송

POST 메서드
- 주로 사용자 입력 정보를 서버에 제출할 때 사용
- 전송 데이터 양에 제한 없음
- 민감한 정보 전송에 더 안전한 방법
- 데이터가 HTTP 메시지 본문에 포함되어 URL에 노출되지 않음

HTML Form에서는 기본적으로 지원하지 않지만, PUT, PATCH, DELETE 등의 다른 HTTP 메서드도 존재합니다.

[코드 5-69] chapter_5 / 5-5_function / 01_function.css

```css
@charset "utf-8";

main {
  width: 100%;
  max-width: 1024px;
  margin: 50px auto 200px;
}

article {
  padding: 30px 0;
  border-bottom: 2px solid #cecece;
}

article:first-of-type {
  margin-top: 30px;
  border-top: 2px solid #cecece;
}

h2 {
  display: block;
  margin-bottom: 20px;
  font-size: 1.3rem;
  font-weight: bold;
}
```

```css
p {
  font-size: 0.9rem;
  line-height: 1.4;
}

input {
  padding: 10px;
  border: 1px solid #cecece;
}

button {
  padding: 10px 20px;
  border: 2px dashed #cecece;
  font-weight: bold;
  cursor: pointer;
  transition:
    background-color 0.3s,
    color 0.3s,
    border 0.3s;
}

button:hover,
button:focus {
  background-color: #333333;
  border-color: transparent;
  color: #ffffff;
}
```

스타일은 가장 큰 요소인 main 요소를 가운데 배치하고, 각 요소에 스타일을 작성합니다.

transition으로 background-color, color, border를 각각 지정하여, all로 사용하는 것보다는 선택적으로 필요한 부분만 선택적으로 적용합니다. hover나 focus 상태를 그룹 선택자로 묶어 동시에 스타일링을 해주고 자연스럽게 background-color, border-color, color가 자연스럽게 변경되도록 합니다.

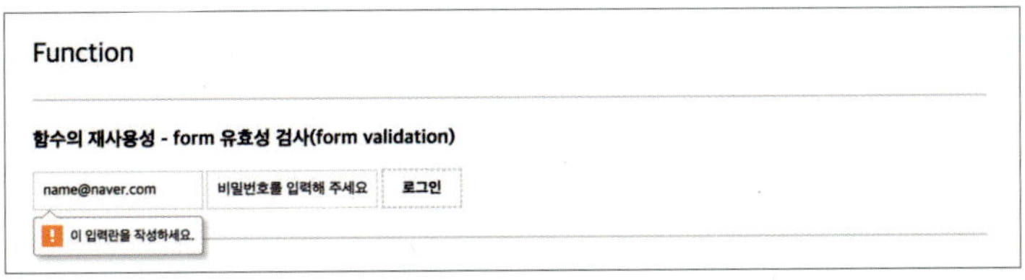

[그림 5-27] form 요소를 스타일링하고 form 요소에 필수 값을 입력하지 않았을 때 required 속성에 의해 HTML에서 유효성 검증

이제, 폼을 검증하는 JavaScript를 작성해 보겠습니다.

[코드 5-70] chapter_5 / 5-5_function / 01_function.js

```javascript
'use strict';

/**
 * DOMContentLoaded - HTML DOM 트리가 렌더링이 완료 된 다음, 추가적인 스크립트가 다운로드
 되고 실행될 때 발생합니다.
 * @see
 * https://developer.mozilla.org/ko/docs/Web/API/Document/DOMContentLoaded_event
 */
document.addEventListener('DOMContentLoaded', () => {
  document.getElementById('login').addEventListener('submit', checkForm);
});

/**
 * 함수의 재사용성 - form 유효성 검사(form validation)
 */
function isValidEmail(email) {
  const regex = /\S+@\S+\.com$/;
  return regex.test(email);
}

function isValidPassword(password) {
  return 10 <= password.length;
}

function checkForm(event) {
  // 폼의 기본 제출 동작 방지
  event.preventDefault();

  const $form = event.target;
  const $email = $form.querySelector('.form_email input');
  const $password = $form.querySelector('.form_password input');

  if (false === isValidEmail($email.value)) {
    $email.focus();
    alert('이메일을 확인해주세요.');
    return;
  } else if (false === isValidPassword($password.value)) {
    $password.focus();
    alert('비밀번호를 확인해주세요.');
    return;
  }
  alert('로그인에 성공했습니다.');
```

```
    $form.reset();
    $email.focus();
}
```

DOMContentLoaded 이벤트를 사용해 DOM이 완전히 로드된 후 이벤트가 실행되도록 합니다. DOM 로드 완료 시, getElementById를 사용해 'login' id를 가진 요소를 선택하고, 이 요소의 submit 이벤트에 checkForm 함수를 연결합니다. checkForm 함수는 event 객체를 매개변수로 받습니다. checkForm 함수 내에서 event.preventDefault()를 실행하여 기본 submit 동작을 막습니다. 그 후, $form 변수에 event.target 객체를 할당하고, $email과 $password 변수에 각각 $form에서 querySelector로 선택한 input 요소들을 넣습니다.

이후 조건문에서 isValidEmail 함수를 사용하여 $email 입력값을 검증합니다. 이 함수는 정규식 /\S+@\S+\.com$/ 을 사용해 이메일 형식을 확인합니다. @ 뒤에 문자열이 오고 .com으로 끝나는지를 검사하여 true 또는 false를 반환합니다.

검증 결과가 false라면 $email에 focus()를 적용하고 경고창을 표시합니다. true면 다음 조건으로 넘어갑니다.

isValidPassword 함수는 비밀번호가 10자 이상인지 확인하여 true 또는 false를 반환합니다. 이 검증도 실패하면 $password에 focus()를 적용하고 경고창을 표시합니다.

모든 검증을 통과하면 로그인 성공 알림을 표시하고 form을 reset() 메서드로 초기화합니다. 각 검증 단계에서 실패 시 return문으로 함수 실행을 종료하므로, 성공 알림은 모든 검증 통과 시에만 표시됩니다.

이와 같이, 이메일과 비밀번호 검증을 별도의 함수로 분리함으로써 여러 이점을 얻을 수 있습니다. 먼저, checkForm 함수의 복잡성이 크게 줄어듭니다. 각 검증 로직이 독립적인 함수로 분리되어 있어, 전체 폼 검증 과정이 더 명확하고 이해하기 쉬워집니다. 또한, 이렇게 분리된 함수들은 재사용성이 높아집니다. 예를 들어, isValidEmail 함수는 로그인 폼뿐만 아니라 회원가입이나 비밀번호 재설정 등 이메일 입력이 필요한 다른 폼에서도 쉽게 사용할 수 있습니다. 이러한 접근 방식은 코드의 유지보수성과 확장성을 크게 향상시키며, 전체적인 코드 품질을 개선하는 데 도움이 됩니다.

다음으로, **함수의 가독성**을 고려하여 날짜와 시간을 표시하는 함수를 만들어보겠습니다.

[코드 5-71] chapter_5 / 5-5_function / 01_function.html

```html
<body>
 (...)
 <article class="readable">
   <h2>함수의 가독성 - 날짜와 시간 표시</h2>
   <div class="result"></div>
   <button type="button" class="js-dateTime">날짜와 시간</button>
 </article>
 (...)
</body>
```

⟨article⟩ 태그에 readable 클래스를 작성하고, ⟨button⟩ 태그를 클릭하여 결과를 나타내게 할 수 있도록 result 클래스 선택자를 가진 ⟨div⟩ 태그를 작성합니다.

⟨button⟩ 태그는 type 속성을 "button"으로 설정하여 자동으로 submit되지 않도록 하고, js-* 접두사를 통해 JavaScript로 조작하는 클래스 선택자임을 선택자 이름으로 약속합니다.

[코드 5-72] chapter_5 / 5-5_function / 01_function.css

```css
(...)
.result {
  background-color: #ececec;
  width: 100%;
  margin: 30px 0;
  padding: 30px;
}
```

result 클래스 선택자에 대한 스타일을 추가합니다.

```js
(...)
document.addEventListener('DOMContentLoaded', () => {
  document.getElementById('login').addEventListener('submit', checkForm);
  document.querySelector('.readable .js-dateTime').addEventListener('click', (event) =>
renderDateTime(event));
});

(...)

/**
 * 함수의 가독성 - 날짜와 시간 표시
 */
function formatDate(date) {
  const options = { year: 'numeric', month: 'long', day: 'numeric', weekday: 'long' };
  return date.toLocaleDateString('ko-KR', options);
}

function formatTime(date) {
  const options = { hour: '2-digit', minute: '2-digit' };
  return date.toLocaleTimeString('ko-KR', options);
}

function renderDateTime(event) {
  const $readable = event.target.closest('.readable');
  const $result = $readable.querySelector('.result');

  if ($result.innerText) {
    return;
  }

  const now = new Date();
  const $fragment = document.createDocumentFragment();
  const $date = document.createElement('p');
  const $time = document.createElement('p');
  $date.innerHTML = formatDate(now);
  $time.innerText = formatTime(now);
  $fragment.appendChild($date);
  $fragment.appendChild($time);
  $result.appendChild($fragment);
}
```

js-dateTime 클래스 선택자 요소에 addEventListener 메서드를 통해 클릭 이벤트를 바인딩하는데 renderDateTime 콜백 함수를 전달합니다.

renderDateTime 함수 내부에는 event 객체를 인자로 받아서 target의 가장 가까운 closest 메서드를 통해 readable 클래스 선택자 요소를 선택합니다.

> **이벤트 객체를 인수(argument)로 전달하는 것과 전달하지 않는 것의 차이?**
>
> JavaScript에서 이벤트 리스너를 추가할 때, 이벤트 핸들러 함수에는 자동으로 첫 번째 인수로 이벤트 객체가 전달되므로, 함수를 바로 호출하는 checkForm 함수 호출부와 콜백 함수로 전달하는 renderDateTime 함수 호출부는 동일하게 event 객체를 인수로 전달하게 됩니다.
> 만약, 콜백 함수로 다른 값을 인수로 넘겨준다면 함수 선언부의 인자(parameter)에서는 event 객체가 아닌 전달한 인수를 받을 수 있습니다.
> 코드 5–73은 해당 용법의 차이를 나타내기 위해 renderDateTime 함수를 화살표 함수로 감싸서 event 객체를 명시적으로 전달합니다.

if문에서 결괏값을 보여주기 위한 result 클래스 선택자 요소에 값이 있다면 early return 구문을 통해 조건절 이하가 호출되지 않도록 합니다.

만약 값이 없다면 현재 날짜 및 시간을 new Date() 생성자를 통해 now 변수에 선언하고, document.createDocumentFragment()로 필요한 요소들을 DOM에 삽입할 때 자신의 자식들만 삽입할 수 있는 요소를 생성합니다.

$date, $time 변수를 선언하여 p요소를 각각 createElement를 통해 생성하고 해당 요소에 **innerHTML**과 **innerText**를 통해 노드를 함수를 통해 각각 삽입합니다. DocumentFragment에 각각 appendChild 메서드를 통해 담고, 최종적으로 $result 요소에 결괏값으로 appendChild 메서드를 통해 삽입해서 표시되도록 합니다.

> **innerHTML, innerText**
>
> innerHTML은 마크업을 포함한 콘텐츠를 다룰 때 사용하고, innerText는 순수 텍스트 콘텐츠를 다룰 때 사용하는데, 지금 예제에서는 순수 텍스트 노드를 다루는 것이므로 innerText가 더 적합합니다.
> 보안성에 있어서도 innerHTML은 마크업을 포함시킬 수 있기 때문에 XSS(Cross-Site Scripting) 공격에 노출될 위험이 있기 때문에, 보안적으로 중요한 데이터의 경우 삽입 전에 적절히 특수 문자 변환(이스케이프) 처리를 하는 것이 중요합니다.
> 이에 반해, innerText는 순수 텍스트 노드로 처리되므로 script 요소와 같은 HTML 요소가 삽입될 수 있는 innerHTML에 비해서 상대적으로 안전합니다.

현재 날짜와 시간을 담은 now 변수의 값을 각각의 함수의 인수로 전달해 함수 호출을 했으니 함수 선언부를 작성해 보겠습니다.

[코드 5-74] chapter_5 / 5-5_function / 01_function.js

```js
/**
 * 함수의 가독성 - 날짜와 시간 표시
 */
function formatDate(date) {
  const options = { year: 'numeric', month: 'long', day: 'numeric', weekday: 'long' };
  return date.toLocaleDateString('ko-KR', options);
}

function formatTime(date) {
  const options = { hour: '2-digit', minute: '2-digit' };
  return date.toLocaleTimeString('ko-KR', options);
}
(...)
```

formatDate 함수는 현재 날짜와 시간을 인자로 전달받아, options 변수에서 설정한 toLocaleDateString 메서드의 첫 번째 인수로 날짜를 렌더링할 형식을 언어 코드와 국가 코드를 조합하여 문자열로 넘겨주고, 두 번째 인수로 표시할 형식을 지정합니다.

여기에서는 연도, 월, 일, 요일을 포함한 날짜 문자열로 변환해서 나타내게 되는데, 연도를 네 자리 숫자, 월은 긴 이름, 일은 숫자, 마지막으로 요일을 긴 이름으로 표시하게 됩니다.

formatTime 함수도 마찬가지인데, 2-digit으로 두 자리 숫자로 표시가 됩니다.

언어 코드와 국가 코드

HTML에서 언어 코드와 국가 코드를 조합해 사용하는 속성은, HTML 문서의 가장 첫 번째 DOCTYPE 선언 다음에 〈html〉 태그의 lang 속성으로 사용합니다.

[코드] 언어 코드, 국가 코드 예시

```html
<!DOCTYPE html>
<html lang="ko-KR">
<head>
  <meta charset="UTF-8">
  <title>제목</title>
</head>
<body>
  <p>이 문서는 한국어로 작성되었습니다.</p>
</body>
</html>
```

이때 lang 속성을 작성하는 것은 웹 페이지의 내용이 어떤 언어로 작성되었는지를 브라우저의 검색 엔진에게 알려주고, 다국어 지원이나 접근성 등의 역할을 하게 됩니다.

언어 코드와 국가 코드의 조합은 다음과 같이 다양하게 이루어져 있습니다.

- 영어(미국) : en-US
- 영어(영국) : en-GB
- 프랑스어(프랑스) : fr-FR
- 스페인어(스페인) : es-ES
- 스페인어(멕시코) : es-MX
- 스페인어(아르헨티나) : es-AR

이 외에도 다양한 언어 코드와 국가 코드를 조합할 수 있습니다.

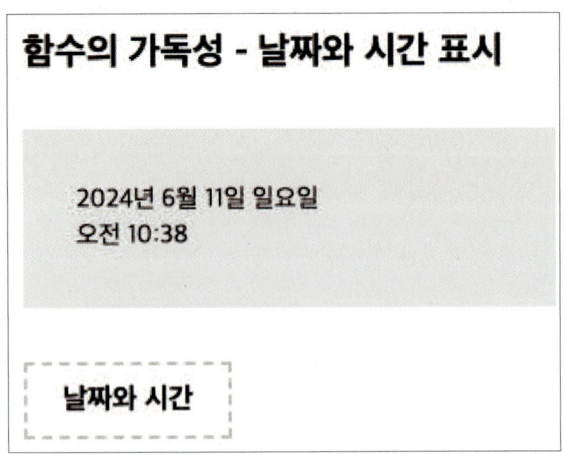

[그림 5-28] 날짜와 시간 표시에서 "날짜와 시간" 버튼을 클릭했을 때의 결과

"날짜와 시간" 버튼을 클릭했을 때 날짜와 시간이 정해진 포맷대로 잘 나타나고 있나요? 함수를 통해 가독성을 높여 작성했고, date 객체의 toLocaleDateString 메서드의 옵션을 인수로 전달해 미리 약속된 포맷을 지정할 수 있도록 했습니다.

이번에는 **함수의 모듈성**을 보여주는 "세금이 반영된 상품을 계산하는 함수"를 작성해 보겠습니다.

[코드 5-75] chapter_5 / 5-5_function / 01_function.html

```html
<body>
 (...)
 <article class="modulable">
    <h2>함수의 모듈성 - 세금 반영된 상품 계산</h2>
    <p>10개 이상 구매시 할인율 20%</p>
    <p>세금 8%</p>
    <p>각 1,200원</p>
    <div class="result"></div>
    <button type="button" class="js-calculator">계산</button>
 </article>
 (...)
</body>
```

각 1,200원의 상품을 구매 상품 수량을 prompt로 입력받아서 10개 이상 구매시에 할인율을 20% 적용하는 함수인데, 세금을 8%를 적용해서 계산 결과를 result 클래스 선택자 요소에 출력해 보겠습니다.

 alert, confirm, prompt?

alert, confirm, prompt는 모두 브라우저에서 제공하는 대화 상자 함수들로 사용자와 상호작용하는 방법을 제공합니다.

alert은 사용자에게 메시지를 보여주고 사용자가 '확인' 버튼을 클릭하기 전까지 다른 작업을 수행할 수 없고 반환 값은 없습니다.

confirm의 경우에는 사용자에게 질문을 던지고, '확인', '취소' 버튼을 선택해 각각 true, false를 반환하는 구조를 가지고 있습니다.

마지막으로, prompt는 사용자에게 메시지를 보여주고 입력 값을 문자열로 받아 해당 문자열을 반환해주거나 입력 값을 받지 않았을 때는 null을 반환하게 됩니다.

[코드 5-76] chapter_5 / 5-5_function / 01_function.js

```js
(...)
document.addEventListener('DOMContentLoaded', () => {
  document.getElementById('login').addEventListener('submit', checkForm);
  document.querySelector('.readable .js-dateTime').addEventListener('click', (event) => renderDateTime(event));
  document.querySelector('.modulable .js-calculator').addEventListener('click', renderCalcResult);
});

(...)

/**
 * 함수의 모듈성 - 세금 반영된 상품 계산
 * 10개 이상 구매시 할인율 20%
 * 세금 8%
 * 각 1,200원
 */
function formatCurrency(number) {
  return `${number.toLocaleString()}원`;
}

function calcResult(price, discount, tax) {
  const quantity = parseInt(prompt('구매할 상품의 수량을 입력하세요:'), 10);

  if (isNaN(quantity) || quantity <= 0) {
    return '올바른 수량을 입력하세요.';
  }

  let totalPrice = price * quantity;

  if (10 <= quantity) {
    totalPrice *= 1 - discount;
  }

  totalPrice *= 1 + tax;

  return formatCurrency(Math.round(totalPrice));
}

function renderCalcResult(event) {
  const $modulable = event.target.closest('.modulable');
  const $result = $modulable.querySelector('.result');
  const price = 1200;
  const discount = 0.2; // 20%;
```

```
    const tax = 0.08; // 8%

    $result.textContent = calcResult(price, discount, tax);
  }
```

함수 호출부에서 renderCalcResult 함수가 실행되면 바로 위의 콜백 형태로 실행된 renderDateTime 함수와 마찬가지로 event 객체를 인자로 받을 수 있습니다. 함수 선언부에서 해당 event 객체를 사용해서 가장 가까운 요소를 **closest** 메서드로 선택하고, 결과를 보여주는 result 클래스 선택자 요소를 선택합니다. 가격, 할인율, 세금에 대해 각각 고정값을 할당하고 있는데 이 부분을 유동적으로 변경하려면 다음과 같이 renderCalcResult 함수의 두 번째 인수로 options 객체를 전달할 수 있습니다.

[코드 5-77] chapter_5 / 5-5_function / 01_function.js

```
const options = {
  price: 1200,
  discount: 0.2,
  tax: 0.08
}

// 사용
document.querySelector('.modulable .js-calculator').addEventListener('click', (event) =>
renderCalcResult(event, options));

function renderCalcResult(event, options) {
  const $modulable = event.target.closest('.modulable');
  const $result = $modulable.querySelector('.result');
  const { price = 1200, discount = 0.2, tax = 0.08 } = options;
  $result.textContent = calcResult(price, discount, tax);
}
```

각 객체를 구조 분해 할당(Destructuring Assignment)을 하고 해당 값들에 대해 기본값을 할당할 수 있습니다. result 변수 요소에 textContent 속성을 사용해 calcResult 함수로 인수를 price, discount, tax로 전달하고 반환 받은 결괏값을 화면에 출력합니다.

calcResult 함수는 실행이 되면, prompt로 입력 값을 문자열로 받아서 숫자로 변경하기 위해서 **parseInt** 메서드를 사용하는데, 이 메서드는 문자열을 정수로 변환하며 두 번째 인수로 진수를 지정할 수 있습니다.

이와 달리 Number 메서드는 문자열을 실수로 변환하며 소수점까지 처리할 수 있지만 진수 지정은 불가능합니다. 지금은 10진수를 사용하기 때문에 10을 인수로 전달하고, 해당 값은 수량을 입력하지 않으면 바로 아래의 if문에서 isNaN 메서드로 숫자 타입이 아닌지 검증하고 0 이하라면 반환값으로 "올바른 수량을 입력하세요"라고 화면에 출력합니다.

만약, 해당 조건절을 통과한다면, 금액×양을 적용해 양이 10개 이상이라면 할인율을 적용하고 세금을 더해서 결괏값을 나타내기 위해 반환을 하게 되는데 Math.round() 메서드를 통해 최종값을 반올림하고 toLocaleString() 메서드를 통해 숫자 3자리 마다 쉼표를 보여주는 통화 단위로 변경하고 '원'이라는 문자열을 마지막에 붙여 표시해줍니다.

[그림 5-29] 세금 반영된 상품 계산 계산 버튼을 눌렀을 때 결과

그림 5-29와 같이, 10개를 입력하면 20% 할인을 받은 가격으로 제대로 표시되고 있나요?

원을 표시해주는 formatCurrency 함수는 이번 결과물이 아닌 다른 프로그램에서도 언제든지 사용할 수 있고, 가격, 할인율, 세금을 입력하면 언제든지 결괏값을 반환해주는 calcResult 함수도 마찬가지의 성질을 가지고 있기 때문에 모듈성을 지니고 있다고 할 수 있습니다.

마지막으로, **함수의 유지보수성**을 보여주는 사용자 정보를 업데이트하는 함수를 작성해 보겠습니다.

[코드 5-78] chapter_5 / 5-5_function / 01_function.html

```html
<body>
  (...)
  <article class="maintainable">
    <h2>함수의 유지보수성 - 사용자 정보 업데이트</h2>
    <div class="result"></div>
    <button type="button" class="js-update">업데이트</button>
  </article>
  (...)
</body>
```

HTML은 마찬가지로 js-update라는 클래스를 정의한 버튼을 두고 클릭했을 때 사용자 정보가 업데이트되어 result 클래스 선택자 요소에 출력되도록 작성합니다.

[코드 5-79] chapter_5 / 5-5_function / 01_function.js

```js
(...)
document.addEventListener('DOMContentLoaded', () => {
  (...)
  const userInfo = {
    name: 'yeongminKim',
    email: 'yeongmin@yeongmin.com',
    age: 38,
  };
  renderUserInfo(userInfo); // 초기 사용자 정보 렌더링
  document.querySelector('.maintainable .js-update').addEventListener('click', (e) =>
handleUpdateClick(e, userInfo));
});

(...)
/**
 * 함수의 유지보수성 - 사용자 정보 업데이트
 */
function updateUserInfo(currentInfo, updateInfo) {
  const updatedUserInfo = { ...currentInfo };
  Object.entries(updateInfo).forEach(([key, newValue]) => {
    // 키가 존재하지 않거나, 타입이 일치하지 않거나, 값이 동일한 경우, 업데이트를 하지 않습니다.
    if (!(key in updatedUserInfo) || typeof newValue !== typeof updatedUserInfo[key] ||
updatedUserInfo[key] === newValue) {
      return;
    }
    // 모든 검사를 통과한 경우, 업데이트를 수행합니다.
    updatedUserInfo[key] = newValue;
```

```js
    });
    return updatedUserInfo;
}

function handleUpdateClick(event, currentInfo) {
    const updateName = prompt('업데이트 할 이름을 입력하세요.');
    const updatedInfo = updateUserInfo(currentInfo, { name: updateName });
    renderUserInfo(updatedInfo);
}

function renderUserInfo(userInfo) {
    const $maintainable = document.querySelector('.maintainable');
    const $result = $maintainable.querySelector('.result');
    const { name, email, age } = userInfo;
    $result.innerHTML = `<p>name : ${name}</p>
<p>email: ${email}</p>
<p>age: ${age}</p>`;
}
```

우선, 기존 데이터를 노출하기 위해 userInfo 변수로 초깃값에 해당하는 객체를 만들어 render-UserInfo 함수를 호출하는데, 인수로 전달합니다.

renderUserInfo 함수는 현재 업데이트하게 되는 userInfo 정보 값을 넘겨 해당 내용을 화면에 출력합니다.

handleUpdateClick 함수는 현재 js-update 클래스 선택자 버튼 요소를 클릭했을 때 발생하는 함수로 event 객체를 첫 번째 인수로 전달하고, 두 번째 인수로 userInfo를 전달하는데 updateName 변수에 prompt로 받은 이름을 입력받고 toString() 메서드를 통해서 문자열로 변경한 후, 기존 객체를 업데이트하기 위해서 updateUserInfo 함수를 호출합니다. 이후 현재 정보와 변경된 정보 객체를 함께 인수로 넘겨 renderUserInfo 함수를 사용해 화면에 출력합니다.

updateUserInfo 함수 내부에는 객체 전체를 순회하는 Object.entries 메서드를 통해 배열로 된 객체들의 key, value 값을 forEach로 순회하면서 키가 존재하지 않거나 타입이 일치하지 않거나 값이 기존값과 동일한 경우에는 early return 구문으로 빠르게 반환 처리를 합니다.

모든 검사를 통과한 경우에는 새로운 값으로 업데이트를 수행하고 handleUpdateClick 함수의 updatedInfo 변수의 값으로 반환을 해줍니다.

[그림 5-30] 사용자 정보 업데이트에서 업데이트 버튼을 클릭했을 때 결과

이처럼 다른 객체의 속성을 추가하고 싶다면 객체에 키와 값을 추가하기만 하면 되는 유지보수성이 높은 함수를 구현할 수 있습니다.

함수 선언식과 표현식

JavaScript가 인터프리터 언어임에도 불구하고 함수 선언부가 호출부보다 아래에 있어도 정상적으로 호출될 수 있는 이유에 대해 알아보겠습니다.

그 이유는 JavaScript의 특징 중 하나인 **실행 컨텍스트(Execution Context)**와 **호이스팅(Hoisting)** 메커니즘 때문입니다. JavaScript 엔진은 코드를 한 줄씩 순차적으로 해석하면서도, 특정 상황에서는 코드의 실제 작성된 순서와 다르게 실행할 수 있습니다.

JavaScript 엔진은 스크립트를 실행하기 전에 전역 실행 컨텍스트를 생성하고, 이후 함수 호출 시 각 함수별로 새로운 실행 컨텍스트를 생성하는데, 이때 변수 객체, this 등의 정보가 초기화됩니다.

호이스팅의 경우에는 함수 선언 호이스팅과 변수 선언 호이스팅이 있습니다. 함수를 선언식으로 작성하게 되면 전체 함수가 코드 최상위로 끌어올려져 실행됩니다.

또한, var로 선언된 변수는 호이스팅되어 최상위로 선언부가 올라가지만 할당은 원래 위치에서 이루어지고, const와 let은 호이스팅되지만 선언 전까지는 접근할 수 없습니다.

이러한 특성을 이해하고 **함수 선언식과 표현식**에 대해 알아보고 기존에 작성했던 함수들을 표현식으로 재작성해 보겠습니다.

함수 선언식의 경우에는 다음과 같이 선언부가 아래에 있어도 호출할 수 있습니다.

[코드 5-80] 선언전에 호출 가능한 함수 선언식 예제

```javascript
Hello();

function Hello() {
  console.log("안녕");
}
```

반면, **함수 표현식**은 함수를 변수에 할당하는 방식으로 정의합니다.

함수 표현식은 변수 호이스팅은 되지만 함수 할당은 호이스팅되지 않기 때문에 함수 표현식은 선언 전에 호출할 수 없습니다.

[코드 5-81] 선언전에 호출이 불가능한 함수 표현식 예제

```javascript
const Hello = function() {
  console.log("안녕");
};

Hello();
```

앞서 작성했던 HTML과 CSS 내용은 동일하게 사용하고 JavaScript 함수를 표현식으로 작성해 보겠습니다.

[코드 5-82] chapter_5 / 5-5_function / 02_expression.js

```javascript
'use strict';

const isValidEmail = function (email) {
  const regex = /\S+@\S+\.com$/;
  return regex.test(email);
};

const isValidPassword = function (password) {
  return 10 <= password.length;
};

const checkForm = function (event) {
  event.preventDefault();
```

```javascript
  const $form = event.target;
  const $email = $form.querySelector('.form_email input');
  const $password = $form.querySelector('.form_password input');

  if (!isValidEmail($email.value)) {
    $email.focus();
    alert('이메일을 확인해주세요.');
    return;
  } else if (!isValidPassword($password.value)) {
    $password.focus();
    alert('비밀번호를 확인해주세요.');
    return;
  }
  alert('로그인에 성공했습니다.');
  $form.reset();
  $email.focus();
};

const formatDate = function (date) {
  const options = { year: 'numeric', month: 'long', day: 'numeric', weekday: 'long' };
  return date.toLocaleDateString('ko-KR', options);
};

const formatTime = function (date) {
  const options = { hour: '2-digit', minute: '2-digit' };
  return date.toLocaleTimeString('ko-KR', options);
};

const renderDateTime = function (event) {
  const $readable = event.target.closest('.readable');
  const $result = $readable.querySelector('.result');

  if ($result.innerText) {
    return;
  }

  const now = new Date();
  const $fragment = document.createDocumentFragment();
  const $date = document.createElement('p');
  const $time = document.createElement('p');
  $date.innerHTML = formatDate(now);
  $time.innerText = formatTime(now);
  $fragment.appendChild($date);
  $fragment.appendChild($time);
  $result.appendChild($fragment);
};
```

```javascript
const formatCurrency = function (number) {
  return `${number.toLocaleString()}원`;
};

const calcResult = function (price, discount, tax) {
  const quantity = parseInt(prompt('구매할 상품의 수량을 입력하세요:'), 10);

  if (isNaN(quantity) || quantity <= 0) {
    return '올바른 수량을 입력하세요.';
  }

  let totalPrice = price * quantity;

  if (10 <= quantity) {
    totalPrice *= 1 - discount;
  }

  totalPrice *= 1 + tax;

  return formatCurrency(Math.round(totalPrice));
};

const renderCalcResult = function (event) {
  const $modulable = event.target.closest('.modulable');
  const $result = $modulable.querySelector('.result');
  const price = 1200;
  const discount = 0.2; // 20%;
  const tax = 0.08; // 8%

  $result.textContent = calcResult(price, discount, tax);
};

const updateUserInfo = function (currentInfo, updateInfo) {
  const updatedUserInfo = { ...currentInfo };
  Object.entries(updateInfo).forEach(([key, newValue]) => {
    if (!(key in updatedUserInfo) || typeof newValue !== typeof updatedUserInfo[key] ||
updatedUserInfo[key] === newValue) {
      return;
    }
    updatedUserInfo[key] = newValue;
  });
  return updatedUserInfo;
};
```

```javascript
const handleUpdateClick = function (event, currentInfo) {
  const updateName = prompt('업데이트 할 이름을 입력하세요.');
  const updatedInfo = updateUserInfo(currentInfo, { name: updateName });
  renderUserInfo(updatedInfo);
};

const renderUserInfo = function (userInfo) {
  const $maintainable = document.querySelector('.maintainable');
  const $result = $maintainable.querySelector('.result');
  const { name, email, age } = userInfo;
  $result.innerHTML = `<p>name : ${name}</p>
  <p>email: ${email}</p>
  <p>age: ${age}</p>`;
};

document.addEventListener('DOMContentLoaded', () => {
  document.getElementById('login').addEventListener('submit', checkForm);
  document.querySelector('.readable .js-dateTime').addEventListener('click', renderDateTime);
  document.querySelector('.modulable .js-calculator').addEventListener('click', renderCalcResult);

  const userInfo = {
    name: 'yeongminKim',
    email: 'yeongmin@yeongmin.com',
    age: 38,
  };
  renderUserInfo(userInfo);
  document.querySelector('.maintainable .js-update').addEventListener('click', (e) => handleUpdateClick(e, userInfo));
});
```

함수 표현식의 경우에 코드의 실행 순서와 정의 순서가 일치하므로 선언부가 모두 선언되고 호출부가 존재하는 작성 흐름에 있어 실행에 대한 예측 가능성이 있습니다.

반면, 함수 선언식은 코드가 한 줄씩 순차적으로 실행되는 것처럼 보이지만, 실행 컨텍스트 생성 과정에서의 호이스팅으로 인해 함수 선언부가 호출부보다 아래에 있어도 함수를 정상적으로 호출할 수 있기 때문에 유연성을 높여주는 장점이 있습니다. 그러나 코드의 구조를 혼란스럽게 할 수 있으므로 주의해서 사용하는 것이 좋습니다.

비동기 처리

인터랙션이 있는 페이지를 만들기 위해 비동기가 반드시 필요한 것은 아니지만, 비동기 처리에 대한 이해와 활용 능력은 구현 능력과 사용자 경험(UX)을 크게 향상시킬 수 있습니다.

따라서 비동기 처리를 통해 받아온 데이터를 정적인 페이지에 동적인 데이터로 추가해 보면서 실습하겠습니다.

동기와 비동기의 차이

동기(Synchronous)와 **비동기**(Asynchronous)는 프로그래밍에서 중요한 개념인데, 이 두 가지 방식의 차이를 이해하는 것은 애플리케이션의 사용자 경험을 크게 향상시킬 수 있는 방법입니다. **동기**는 말 그대로 작업을 순차적으로 실행하는 방식입니다. 한 작업이 완료된 후에 다음 작업이 시작되는 방식인데, 이는 현재 실행 중인 작업이 완료될 때까지 다음 줄의 코드가 실행되지 않는 것을 의미합니다.

반면, **비동기**는 여러 작업을 동시에 처리할 수 있는 방식입니다. 현재 진행 중인 작업이 끝나지 않아도 다음 작업을 시작할 수 있어 효율적입니다.

서버에서 데이터를 가져오거나, 큰 파일을 업로드하거나, 복잡한 계산을 수행할 때 비동기 처리가 효과적입니다. 이를 통해 사용자는 오래 걸리는 작업이 진행되는 동안에도 다른 기능을 이용할 수 있어 더 나은 사용자 경험을 누릴 수 있습니다.

[코드 5-83] chapter_5 / 5-6_async / 01_sync_async.html

```html
<body>
  <main class="main">
    <h1>Sync &amp; Async</h1>
    <div class="result"></div>
    <button type="button" class="js-sync">동기 작업</button>
    <button type="button" class="js-async">비동기 작업</button>
  </main>
</body>
```

[코드 5-84] chapter_5 / 5-6_async / 01_sync_async.css

```css
@charset "utf-8";

main {
  width: 100%;
  max-width: 1024px;
  margin: 50px auto 200px;
}

button {
  padding: 10px 20px;
  border: 2px dashed #cecece;
  font-weight: bold;
  cursor: pointer;
  transition:
    background-color 0.3s,
    color 0.3s,
    border 0.3s;
}

button:hover,
button:focus {
  background-color: #333333;
  border-color: transparent;
  color: #ffffff;
}

.result {
  background-color: #ececec;
  width: 100%;
  margin: 30px 0;
  padding: 30px;
}
```

CSS는 이전 작업에서 불필요한 부분들만 삭제합니다.

[코드 5-85] chapter_5 / 5-6_async / 01_sync_async.js

```javascript
'use strict';

const syncFunction = ($result) => {
  const startTime = new Date().getTime();
  while (new Date().getTime() < startTime + 1000);
  $result.innerHTML += '<br/> 동기 끝';
};

document.addEventListener('DOMContentLoaded', () => {
  const $result = document.querySelector('.result');
  document.querySelector('.js-sync').addEventListener('click', () => {
    $result.innerText = '동기 시작';
    setTimeout(() => syncFunction($result), 1000);
  });
});
```

DOMContentLoaded로 DOM이 로드되었을 때 result 클래스 선택자 요소를 선택해 결괏값을 보여줄 요소를 변수에 담아 두고 동기, 비동기 함수의 인수로 각각 전달합니다.

js-sync 클래스 선택자를 가지고 있는 button 요소를 클릭하면 두 번째 인수로 콜백 함수가 실행되도록 하는데, 이때 innerText를 사용해 "동기 시작"이라는 문자열을 화면에 출력합니다.

동기 작업을 화면에 보여주기 위해 화면 렌더링 작업이 동기 작업에 의해서 막힐 수 있기 때문에 setTimeout을 사용해서 syncFunction을 1초 뒤에 호출합니다.

syncFunction 함수 내부에는 인자로 $result 요소에 innerHTML로 "동기 끝"을 출력하기 전에 startTime이라는 변수에 현재 시간을 담아두고 while 반복문을 통해 시간이 1초가 지난 후에 실행되도록 innerHTML 메서드의 실행 동작을 1초 동안 막습니다.

이처럼, 동기는 하나의 작업이 끝나고 난 후에 다음 작업이 처리되므로, 함수에 여러 구문이 있을 때 오래 걸리는 연산 작업이나 복잡한 작업들은 비동기로 처리할 필요가 있습니다.

비동기 작업은 Promise, async/await, setTimeout, 웹 워커 등을 사용하여 구현할 수 있는데, 이러한 비동기 패턴을 사용하면 오래 걸리는 작업을 백그라운드에서 처리할 수 있어 다른 작업과 동시에 수행을 할 수 있습니다.

Promise, async/await, 웹 워커

Promise
Promise는 JavaScript에서 비동기 연산의 성공(resolve), 실패(reject) 및 그 결괏값을 나타내는데 서버에서 데이터를 가져오는 작업 등의 비동기 작업에서 쉽게 사용할 수 있습니다.
- Pending(대기) : 아직 결과가 없는 상태로 비동기 처리가 완료되지 않은 상태를 말합니다.
- Fulfilled(이행) : 비동기 처리가 성공적으로 완료되어 성공 결괏값을 반환한 상태입니다.
- Rejected(거부) : 비동기 처리가 실패하거나 오류가 발생한 상태를 말합니다.

async/await
async/await는 Promise를 더 쉽게 사용할 수 있도록 ES2017(ES8)에서 도입된 문법이고 async 함수는 항상 Promise를 반환하며, 함수 내부에서 await를 사용하여 Promise의 결과가 나올 때까지 기다릴 수 있습니다. 비동기 콜백이 계속적으로 반복되면 Promise도 계속 중첩되어 가독성이 매우 좋지 않은 상태가 되기 때문에(주로, 콜백 지옥이라고 부르는 상태) async/await를 사용하면 코드의 가독성이 좋아진다고 할 수 있습니다.

웹 워커(Web Workers)
웹 워커는 백그라운드에서 스크립트를 실행할 수 있게 해주는 HTML5 API입니다.
웹 워커를 사용하면 별도의 백그라운드에서 긴 작업을 수행할 수 있어, 복잡한 계산이나 데이터 처리 등을 수행하면서도 UI의 반응성을 유지할 수 있고, 독립성을 가지고 있기 때문에 DOM을 직접 조작할 수는 없지만 메인 스레드와 메시지를 주고받을 수 있으므로 백그라운드 스레드에서의 결과를 메인 스레드에 전달할 수 있습니다.

[코드 5-86] chapter_5 / 5-6_async / 01_sync_async.js

```javascript
(...)
const asyncFunction = ($result, isTrue) => {
  $result.innerHTML = '비동기 시작';

  new Promise((resolve, reject) => {
    setTimeout(() => {
      if (isTrue) {
        resolve('비동기 성공');
      } else {
        reject('비동기 실패');
      }
    }, 2000);
  })
    .then((msg) => {
      $result.innerHTML += `<br/> msg : ${msg}`;
    })
    .catch((err) => {
      $result.innerHTML += `<br/> err : ${err}`;
```

```
    });

    // 비동기 작업이 진행되는 동안 다른 작업도 실행이 된다.
    setTimeout(() => {
      $result.innerHTML += '<br/> 다른 작업도 실행이 됩니다.';
    }, 1000);
};

document.addEventListener('DOMContentLoaded', () => {
  (...)
  document.querySelector('.js-async').addEventListener('click', () => asyncFunction($result, true));
});
```

비동기 처리에 대해 asyncFunction 함수를 호출하는데 인수로 결과를 보여줄 $result 요소와 두 번째 인수로 true 값을 boolean형으로 전달합니다.

이에 따라, 함수 선언부에서 new Promise로 Promise 객체를 생성하고 그 첫 번째 인자의 콜백에서 resolve와 reject 메서드를 받게 되는데 이를 성공으로 판단할지 실패로 판단할지 결정할 수 있게 됩니다.

setTimeout으로 해당 작업은 2초간 지연을 시켰으며, 그 외에 함수 내부 제일 아래쪽에서 setTimeout 1초 지연 후에 "다른 작업도 실행이 됩니다."라는 문구를 결과 화면에 출력합니다.

이와 같이, new Promise 내부의 비동기 함수와 별개로 다른 작업도 동시에 실행되고, 해당 비동기 작업이 완료되고 나면 then 메서드나 catch 메서드와 같이 비동기 함수의 성공(resolve) 또는 실패(reject) 여부에 따라 인자로 받은 콜백 함수의 내용을 innerHTML 메서드로 출력합니다.

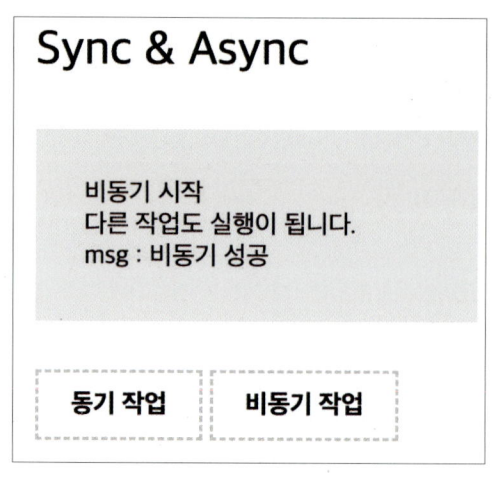

[그림 5-31] 비동기 작업 버튼을 클릭했을 때의 결과

결론적으로, 동기 작업은 코드가 순차적으로 실행되며, 한 작업이 완료되어야 다음 작업이 시작될 수 있는 반면, 비동기 작업은 특정 작업의 완료를 기다리지 않고 다음 코드로 넘어갈 수 있으며, 특정 작업이 완료되면 콜백 함수를 사용하거나 then, catch, finally와 같은 메서드를 활용해 사용자 경험을 개선할 수 있습니다.

fetch, Axios

fetch와 axios는 JavaScript에서 HTTP 요청을 보내기 위해서 사용되는 통신 관련 메서드 및 라이브러리입니다.

주요 차이점은 fetch는 브라우저에서 기본적으로 지원하고, axios는 라이브러리를 설치해 사용해야 합니다.

또한, fetch는 응답을 받고 JSON 형태로 변환하기 위해 json() 메서드를 호출해야 하지만 axios는 자동으로 변환된 상태로 반환이 되고, fetch는 네트워크 오류가 발생했을 때만 Promise가 reject되는 반면, axios는 HTTP의 상태 코드가 2xx를 벗어나서 404, 500에러와 같은 경우도 Promise가 reject 됩니다.

fetch의 경우에는 기본적으로 브라우저에서 지원하므로 대부분의 에러 처리나 추가 기능들을 직접 구현해야 하는 부분이 존재하고 axios는 인터셉터(interceptor, 요청과 응답을 가로채는 기능)와 같은 추가 기능들이 이미 존재하기 때문에 다양한 기능들을 사용할 수 있는 장점이 있다고 할 수 있습니다.

 HTTP 상태 코드

HTTP 통신에 있어 다양한 상태 코드들이 존재하고, 이는 어떻게 웹 서버가 클라이언트의 요청을 처리하는지를 나타내는 중요한 지표로 활용됩니다. 예를 들어, 404와 같이 요청한 페이지가 노출되지 않을 때 에러 페이지를 제공하거나 관련 페이지로 리다이렉트 하는 등의 처리를 할 수 있습니다.

2xx (성공)

상태 코드	설명
200 OK	요청이 성공적으로 처리되었습니다.
201 Created	요청이 성공되어 새로운 리소스가 생성되었습니다.
204 No Content	요청이 성공적이지만, 전달할 콘텐츠가 없습니다.

[표 5-11] 2xx 성공 상태 코드에 대한 설명

3xx (리다이렉션)

상태 코드	설명
301 Moved Permanently	요청한 리소스가 새 위치로 영구적으로 이동되었습니다.
302 Found	요청한 리소스가 일시적으로 다른 URI로 변경되었습니다.
304 Not Modified	이전에 방문했던 페이지의 내용이 변경되지 않았을 때, 캐싱된 데이터를 재사용합니다.

[표 5-12] 3xx 리다이렉션 상태 코드에 대한 설명

4xx (클라이언트 오류)

상태 코드	설명
400 Bad Request	서버가 요청을 이해할 수 없는 상태입니다.
401 Unauthorized	인증이 필요한 페이지를 요청했습니다.
403 Forbidden	서버가 요청을 거부하고 있습니다.
404 Not Found	서버가 요청한 페이지를 찾을 수 없습니다.
405 Method Not Allowed	요청된 메소드가 서버에서 허용되지 않습니다.

[표 5-13] 4xx 클라이언트 오류 상태 코드에 대한 설명

5xx (서버 오류)

상태 코드	설명
500 Internal Server Error	서버 내부 오류로 요청을 처리할 수 없습니다.
501 Not Implemented	서버가 요청을 이해하지만, 기능을 지원하지 않습니다.
502 Bad Gateway	서버가 게이트웨이나 프록시 역할을 하며, 상위 서버로부터 유효하지 않은 응답을 받았습니다.
503 Service Unavailable	서버가 일시적으로 요청을 처리할 준비가 되어 있지 않습니다. 보통 유지보수나 과부하 때문에 발생합니다.
504 Gateway Timeout	게이트웨이/프록시 서버가 상위 서버로부터 시간 내에 응답을 받지 못했습니다.

[표 5-14] 5xx 서버 오류 상태 코드에 대한 설명

fetch, axios를 사용해 각각 예제들을 작성하고 화면에 노출해보며 HTTP 비동기 통신에 대해 이해해보도록 합시다.

[코드 5-87] chapter_5 / 5-6_async / 02_fetch_axios.html

```html
<!doctype html>
<html lang="ko-KR">
  <head>
    <meta charset="UTF-8" />
    <meta http-equiv="X-UA-Compatible" content="IE=edge" />
    <meta name="viewport" content="width=device-width, initial-scale=1.0" />
    <title>5-6_async-02_fetch_axios.html</title>
    <link rel="stylesheet" href="../../public/css/reset.css" />
    <link rel="stylesheet" href="../../public/css/common.css" />
    <link rel="stylesheet" href="../../public/css/chapter_5/5-6_async/02_fetch_axios.css" />
    <script src="https://cdn.jsdelivr.net/npm/axios/dist/axios.min.js" defer></script>
    <script src="../../public/js/chapter_5/5-6_async/02_fetch_axios.js" defer></script>
  </head>

  <body>
    <main class="main">
      <h1>Fetch &amp; Axios</h1>
      <div class="result">
        <div class="spinner"></div>
      </div>
      <button type="button" class="js-fetch">fetch</button>
      <button type="button" class="js-axios">axios</button>
    </main>
  </body>
</html>
```

〈link〉 태그를 작성해 각각 href 속성으로 로드하고, JavaScript는 defer 속성을 사용해 DOM이 모두 렌더링되고 난 후에 JavaScript가 실행되도록 합니다. 〈script〉 태그 작성 시 주의할 점은 axios를 CDN 형식으로 불러와서 사용하는데, 직접 작성하게 될 〈script〉 태그의 파일보다는 먼저 로드해야 한다는 것입니다.

이는 의존성 때문인데 사용자가 작성하는 〈script〉 태그의 파일은 외부 라이브러리인 axios 객체를 사용해 구현하기 때문에 axios 객체가 먼저 로드되지 않으면 해당 객체를 접근하려고 할 때 undefined 오류가 발생할 수 있습니다.

CDN?

CDN(Content Delivery Network)은 전 세계에 분산된 서버 네트워크를 통해 HTML, CSS, JS, 이미지, 폰트 파일 등을 빠르게 제공하는 시스템으로 사용자에게 가장 가까운 서버에서 콘텐츠를 제공하기 때문에 웹 페이지의 성능 및 사용자 경험을 향상시킵니다.

body 요소 내부에는 main 요소와 js-fetch와 js-axios 클래스 선택자를 가진 button 요소를 각각 클릭했을 때 결과를 보여주기 위한 result 클래스를 가진 div 요소를 작성합니다.

result 클래스 선택자 요소 내부에는 spinner 클래스 선택자 요소를 삽입하고 스타일링해 보겠습니다.

[코드 5-88] chapter_5 / 5-6_async / 02_fetch_axios.css

```css
@charset "utf-8";

main {
  width: 100%;
  max-width: 1024px;
  margin: 50px auto 200px;
}

button {
  padding: 10px 20px;
  border: 2px dashed #cecece;
  font-weight: bold;
  cursor: pointer;
  transition:
    background-color 0.3s,
    color 0.3s,
    border 0.3s;
}

button:hover,
button:focus {
  background-color: #333333;
  border-color: transparent;
  color: #ffffff;
}

.result {
  position: relative;
```

```css
    width: 100%;
    min-height: 150px;
    margin: 30px 0;
    padding: 30px;
    background-color: #ececec;
}

.spinner {
    position: absolute;
    left: 0;
    top: 0;
    width: 100%;
    height: 100%;
    background-color: rgba(255, 255, 255, 0.4);
}

.spinner::before {
    content: '';
    display: block;
    position: absolute;
    left: 50%;
    top: 50%;
    width: 50px;
    height: 50px;
    margin-left: -25px;
    margin-top: -25px;
    border: 3px solid rgba(0, 0, 0, 0.2);
    border-radius: 50%;
    border-left-color: rgba(255, 109, 109, 0.6);
    animation: spin 0.8s ease-in infinite;
}

@keyframes spin {
    0% {
        transform: rotate(0deg);
    }
    100% {
        transform: rotate(360deg);
    }
}
```

CSS 내용 중 result 클래스 선택자 관련 내용은 모두 01_sync_async.css 파일과 같고, result 클래스 선택자에서 position 속성을 relative로 값을 작성하여 비동기 데이터가 불러오지 못한 상태에 대해 position 속성을 absolute로 된 spinner(로더) UI를 작성하여 JavaScript를 사용해 통신 상태에 따라 삽입 및 제거를 하겠습니다.

spinner 클래스 선택자를 정의하고 absolute를 활용하여 레이어를 띄운 후에 width와 height 속성의 값을 100%로 하여 relative 속성이 적용된 result 클래스 선택자 요소 위에 가득 채워지게 됩니다.

그런 다음, 배경색을 투명도와 함께 작성하여 result 클래스 선택자 요소를 덮는 방식으로 스타일링합니다.

before 가상 요소 선택자를 활용해 absolute로 레이어를 띄워 중앙에 배치하기 위해 left, top 속성의 값을 각각 50%로 하고, margin-left와 margin-top 속성을 -25px 음수 값으로 하여 해당 요소의 너비와 높이인 50px의 반을 빼서 정중앙에 위치하도록 합니다.

border-radius를 50%로 하여 원을 만들고 border-left-color 속성의 값을 사용하여 원 왼쪽 면의 색상을 붉은 계열 색상으로 변경합니다.

마지막으로, animation 속성을 활용해 spin keyframes를 정의한 내용을 0.8초 동안 반복해서 애니메이션을 하도록 infinite 속성을 부여하고, 가속도(easing)는 ease-in으로 천천히 시작하여 점점 빨라지도록 적용했습니다.

애니메이션을 하기 위해 keyframes을 0%(from)에서 부터 100%(to)까지 진행하는데, 왼쪽 라인의 컬러가 다른 상태에서 원을 중심축을 기반으로 회전하도록 해서, 마치 붉은 선이 전체 선을 따라서 움직이는 듯한 효과를 부여합니다.

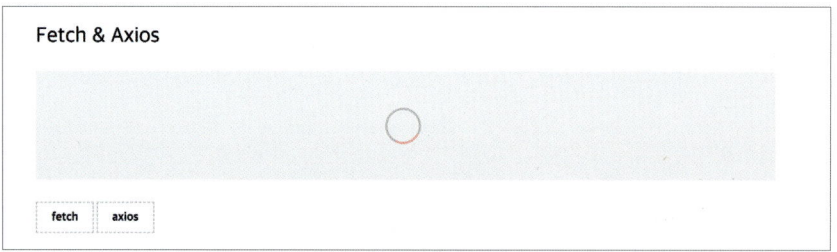

[그림 5-32] spinner 클래스 선택자 요소가 반복되는 애니메이션 실행 결과

 spinner UI?

spinner UI는 사용자에게 페이지나 데이터가 로딩 중인 상태라는 것을 시각적으로 표시하는 UI입니다. 이는 불확실성을 줄이고 시스템 자체가 멈추지 않았다는 것을 알려주는 등 사용자에게 적절한 피드백을 주어 사용자 경험(UX)을 향상시키는 데 중요한 역할을 합니다.

spinner UI가 반복해서 회전하고 있지만, 데이터가 정상적으로 로드되면 사라져야 하기 때문에 spinner UI 요소는 JavaScript를 사용해서 동적으로 삽입, 삭제를 합니다.

[코드 5-89] chapter_5 / 5-6_async / 02_fetch_axios.html

```html
<body>
 (...)
<h1>Fetch &amp; Axios</h1>
<div class="result">
  <!-- <div class="spinner"></div> -->
</div>
<button type="button" class="js-fetch">fetch</button>
<button type="button" class="js-axios">axios</button>
 (...)
</body>
```

동적 삽입을 위해서 HTML 문서 내의 spinner 클래스 선택자 요소를 주석 처리합니다.

[코드 5-90] chapter_5 / 5-6_async / 02_fetch_axios.js

```js
'use strict';

const axios = window.axios;

const setLoader = (isShow) => {
  const $spinner = document.createElement('div');
  $spinner.classList.add('spinner');
  if (isShow && null === document.querySelector('.spinner')) {
    document.querySelector('.result').appendChild($spinner);
  } else {
    document.querySelector('.spinner')?.remove();
  }
};

const renderHTML = (data) => {
  const $result = document.querySelector('.result');
  $result.innerHTML = data;
};
```

우선, axios 변수에 window.axios 외부 라이브러리 객체를 할당합니다.

axios를 CDN을 통해서 로드했을 때 window 객체의 속성으로 자동으로 추가되지만, 해당 파일에서 명시적으로 window 객체에 있는 axios를 다시 한 번 변수에 할당해서 외부 전역에 할당되어있는 라이브러리를 사용 중이라는 표현을 명시적으로 합니다.

setLoader라는 함수를 표현식으로 정의하고, 인자로 "isShow"를 전달받아 요소의 노출 여부 및 이미 spinner 요소가 있는지 여부에 따라서 spinner 요소를 result 클래스 선택자 요소에 appendChild 메서드를 통해 삽입할지, spinner 요소가 있는지 ?(Optional Chaining) 연산자로 확인한 뒤에 remove 메서드를 호출해 요소를 삭제합니다.

 ?(Optional Chaining) 연산자

JavaScript에서 객체의 속성을 읽을 때 해당 객체나 속성이 **null** 또는 **undefined**인 경우에 브라우저에서 런타임 오류를 발생시키지 않고, **undefined**를 반환합니다.
이는, 객체의 속성에 접근해야 하거나, 해당 객체의 메서드를 호출해야 하는 상황에서 객체가 존재하지 않을 때 자주 사용됩니다.

[코드] ?(Optional Chaining) 연산자 예시

```
document.querySelector('.spinner')?.remove();
```

이 코드는 spinner 클래스를 가진 요소가 문서에 존재하면 해당 요소를 삭제하게 되는데 해당 요소가 없다면 querySelector 메서드의 결과는 undefined가 되고 remove 메서드는 호출되지 않고 종료가 되므로 해당 요소가 없을 때의 런타임 에러를 방지할 수 있습니다.
하지만, ?연산자를 남용하면 코드의 가독성이 떨어질 수 있으므로, 사용에 있어서 주의가 필요합니다.

추가적으로, renderHTML 함수를 정의해서 data라는 인자를 innerHTML 메서드로 result 클래스 선택자 요소에 삽입하여 화면에 출력합니다.

[코드 5-91] chapter_5 / 5-6_async / 02_fetch_axios.js

```javascript
(...)
const fetchAPI = () => {
  setLoader(true);
  fetch('https://jsonplaceholder.typicode.com/posts/1')
    .then((response) => response.json())
    .then((json) => {
      setLoader(false);
      renderHTML(json.body);
    })
    .catch((error) => console.error('Fetch Error:', error));
};

const axiosAPI = () => {
  setLoader(true);
  axios
    .get('https://jsonplaceholder.typicode.com/posts/2')
    .then((response) => {
      setLoader(false);
      renderHTML(response.data.body);
    })
    .catch((error) => console.error('Axios Error:', error));
};

document.addEventListener('DOMContentLoaded', () => {
  document.querySelector('.js-fetch').addEventListener('click', fetchAPI);
  document.querySelector('.js-axios').addEventListener('click', axiosAPI);
});
```

이제, setLoader 함수로 spinner UI를 보여줄 수 있고, 결괏값을 renderHTML 함수로 보여주는 역할을 분리했으니, 본격적으로 fetch, axios를 사용해서 비동기 통신을 통하여 데이터를 가져오고 해당 데이터를 화면에 노출시켜 보도록 하겠습니다.

비동기 통신을 실습하기 위해서 **공공 API** 중 하나인 JSON Placeholder(https://jsonplaceholder.typicode.com)를 활용해 보겠습니다.

공공 API(Public API)

공공 API(Public API)는 특정 데이터를 웹이나 애플리케이션에서 사용할 수 있도록 공개적으로 제공하는 API(Application Programming Interface)를 말합니다.

공공 API를 통해 개발자는 외부 서비스의 다양한 데이터를 쉽게 가져올 수 있고, 외부 서비스의 기능을 자신의 서비스 내에서 직접 사용할 수 있습니다.

공공 API는 무료로 제공되기도 하고, 제한된 사용량을 초과하게 되면 추가 기능에 따라서 트래픽당 요금을 부과하기도 하는데, 이를 위해서 인증 절차를 통해서 인증키와 함께 호출해야 하는 부분이 있기도 합니다.

따라서, JSON Placeholder는 인터넷을 통해 누구나 접근 가능하고 무료로 사용할 수 있으므로 공공 API라고 할 수 있습니다.

국내에서는 공공데이터포털(https://www.data.go.kr/) 사이트에서 다양한 공공 API를 편리하게 검색하고 사용할 수 있도록 정부에서 제공하고 있습니다.

JSON Placeholder는 개발자들이 HTTP 요청을 보내고 JSON 형식의 응답을 받을 수 있도록 가짜 데이터를 제공하는, 인증 절차없이 누구나 사용할 수 있는 완전 무료 **REST API**입니다.

 REST API

REST API(Representational State Transfer API)는 웹 표준을 기반으로 서버와 클라이언트 사이의 통신 방식을 정의를 하고, 자원에 대한 주소를 지정하는 방법을 제공하여, 클라이언트와 서버 간의 상호 작용을 용이하게 합니다.

REST API를 사용하면 HTTP 통신 규약을 통해 자원의 상태를 주고받을 수 있습니다.

REST의 기본적인 원칙은 클라이언트와 서버가 분리되어있는 것을 말하며, 각각의 역할을 완전히 분리하여 봅니다.

또한, 자원에 대한 명확한 표현을 통해서 일관된 인터페이스를 통해 시스템 간의 상호작용을 단순화해야 합니다.

예를 들어, "/users"는 사용자 정보에 대한 자원을 나타낼 수 있고, 메서드는 **GET(조회), POST(생성), PUT(전체 업데이트), PATCH(부분 업데이트), DELETE(삭제)**를 통해서 행동을 정의해야 합니다.

사이트를 확인했을 때 가장 기본 예시 데이터인 posts(https://jsonplaceholder.typicode.com/posts) 데이터를 사용하겠습니다.

"https://jsonplaceholder.typicode.com/users/1/posts"를 인터넷 URL 창에 입력을 해보면 실제 호출에 대한 반환 데이터가 화면에 출력되는 것도 확인할 수 있습니다.

```
{
  "userId": 1,
  "id": 1,
  "title": "sunt aut facere repellat provident occaecati excepturi optio reprehenderit",
  "body": "quia et suscipit\nsuscipit recusandae consequuntur expedita et cum\nreprehenderit molestiae
},
{
  "userId": 1,
  "id": 2,
  "title": "qui est esse",
  "body": "est rerum tempore vitae\nsequi sint nihil reprehenderit dolor beatae ea dolores neque\nfugi
},
{
  "userId": 1,
  "id": 3,
  "title": "ea molestias quasi exercitationem repellat qui ipsa sit aut",
  "body": "et iusto sed quo iure\nvoluptatem occaecati omnis eligendi aut ad\nvoluptatem doloribus vel
},
{
```

[그림 5-33] https://jsonplaceholder.typicode.com/users/1/posts을 주소창에 입력했을 때의 결과

여러 개의 데이터를 한 번에 받아올 수도 있겠지만, "/users/1/posts"가 아니라 "/posts/1"로 호출하게 되면 하나의 객체 데이터만 받아올 수 있습니다.

이를 활용하여, 결괏값을 화면에 출력해 보겠습니다. 각각 js-fetch, js-axios 버튼 요소를 클릭했을 때 fetchAPI, axiosAPI 함수를 호출합니다.

함수가 호출되고 난 직후에 setLoader(true)로 함수를 호출하여 spinner UI가 화면에 노출되도록 한 다음 fetch 또는 axios를 각각 호출하는데, 주소를 "/posts/1", "/posts/2"로 서로 다른 데이터를 호출합니다.

fetch의 경우에는 then 메서드로 처음에 response되는 데이터가 json 형태가 아니므로 json 메서드를 호출하고, 메서드 체이닝을 통해 다시 then 메서드를 통해서 json으로 변경된 데이터를 받았을 때 setLoader(false) 함수를 호출해서 spinner UI를 제거하고 데이터를 화면에 노출시키기 위해서 renderHTML 함수를 호출합니다.

axios의 경우에는 따로 json 형태로 변경할 필요가 없기 때문에 바로 데이터를 받아서 호출하는 차이점을 가지고 있습니다.

또한, fetch, axios 모두 API 통신에서 에러가 났을 경우에 catch 메서드를 통해서 에러나는 부분에 대한 내용을 console.error 메서드를 통해서 개발자 도구의 콘솔 탭에 남기도록 합니다.

메서드 체이닝(Method Chaining)

메서드 체이닝(Method Chaining)은 객체의 메서드를 연속적으로 호출하는 프로그래밍 패턴을 말하는데, 각 메서드 호출 후에 객체 자신(this)을 반환해서 다음 메서드 호출이 가능하도록 합니다.
메서드 체이닝을 사용하면 코드의 가독성을 높일 수 있어 많이 사용되는 패턴입니다.

[코드] 메서드 체이닝 예시

```javascript
class Calculator {
  constructor(value = 0) {
    this.value = value;
  }

  add(number) {
    this.value += number;
    return this;
  }

  multiply(number) {
    this.value *= number;
    return this;
  }

  end() {
    return this.value;
  }
}

const result = new Calculator()
  .add(3)
  .multiply(10)
  .end();

console.log(result);
// 30
```

[그림 5-34] fetch, axios 버튼을 클릭해 비동기 통신 과정을 통해 fetch, axios의 차이를 알 수 있는 결과

그림 5-34 결과와 같이 fetch와 axios의 차이를 확인할 수 있습니다.

네트워크 탭에서 조금 더 자세히 보기 위해서 호출했을 때의 이름을 클릭하면, 다음과 같이 요청한 헤더, 응답 헤더, 그리고 응답에 대한 결과 상태 코드 등이 노출되게 됩니다.

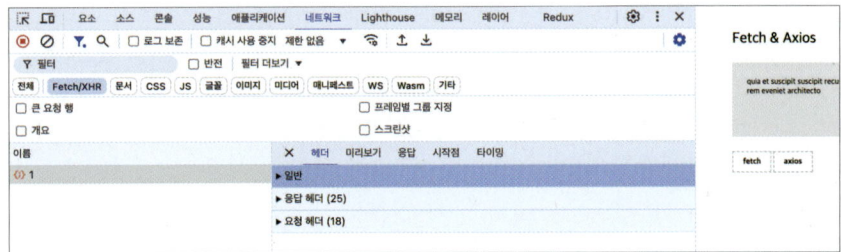

[그림 5-35] fetch 통신의 이름을 클릭해서 요청 헤더, 응답 헤더, 응답 결과 등을 볼 수 있는 개발자 도구의 네트워크 탭

[그림 5-36] fetch, axios 버튼을 클릭했을 때 비동기 통신이 실패했을 때 결과 화면

5장 JavaScript 문법을 익히다   **407**

또한, 그림 5-36 결과와 같이 실패 상황을 가정하여 spinner UI가 계속 노출된 상태로 통신이 제대로 이루어지지 않고 있음을 표현할 수 있습니다.

> **마무리**
>
> 이번 장에서는 JavaScript를 활용한 인터랙티브 웹 구현의 기초를 다루었습니다. DOM 조작, 이벤트 처리, 비동기 프로그래밍 등 핵심 개념들을 실습을 통해 학습했습니다. JavaScript 환경 설정부터 시작하여 DOM API를 통한 요소 선택, 생성, 수정 방법을 익혔고, 다양한 이벤트 처리 기법도 배웠습니다. 특히 마우스, 키보드, 스크롤 이벤트를 활용한 실용적인 예제들을 통해 실전 감각을 키웠습니다. 함수의 개념과 활용법을 통해 코드의 재사용성과 가독성을 높이는 방법도 학습했으며, 비동기 프로그래밍의 개념과 fetch, axios를 이용한 HTTP 통신 방법도 익혔습니다. 이러한 기술들을 바탕으로 정적인 웹 페이지에 동적인 요소를 추가하여 사용자 경험을 크게 향상시킬 수 있게 되었습니다.
>
> 다음 장에서는 이렇게 배운 기술들을 활용해 다양한 예제들을 만들어보며 실습을 진행해 보겠습니다.

FRONT-END WEB ANIMATION

결과물 보기

6장

반응형 카드 레이아웃 로딩 UI 만들기

HTML, CSS, JavaScript의 기본기를 바탕으로 실무에서 자주 사용되는 실용적인 예제들을 실습하며 실력을 한 단계 더 상승시켜 보겠습니다.

이번 장에서는 사용자 경험(UX)을 크게 향상시킬 수 있는 다양한 로딩 UI 기법들을 다뤄볼 것입니다. 특히 반응형 카드 레이아웃을 기반으로 세 가지 주요 로딩 UI인 Spinner UI, SVG 로딩 UI, 그리고 스켈레톤 UI를 직접 구현해볼 예정입니다.

이러한 로딩 UI들은 단순히 기다리는 시간을 위한 장치가 아닙니다. 사용자에게 현재 진행 상황을 시각적으로 전달하고, 곧 내용이 나타날 것이라는 기대감을 줍니다. 특히 스켈레톤 UI의 경우, 콘텐츠의 구조를 미리 보여 줌으로써 사용자의 인지 부하를 줄이고 더 나은 사용자 경험을 제공합니다.

- 6-1 반응형 카드 레이아웃과 Spinner UI
- 6-2 SVG 로딩 UI
- 6-3 스켈레톤 UI

반응형 카드 레이아웃과 Spinner UI

Spinner UI는 사용자에게 시스템이 여전히 작동 중이며 곧 결과를 제공할 것이라고 알려주며, 사용자 경험(UX)을 개선하는 데 중요한 역할을 합니다. 가장 간단하고 명확한 방식으로 사용할 수 있고, Spinner의 색상, 애니메이션 속도 등은 프로젝트의 디자인 가이드에 따라 달라질 수 있습니다.

카드 리스트 UI를 만들고 카드의 정보들이 담긴 데이터를 받아오기 전까지의 상황을 setTimeout 함수를 사용해 임의로 만들어 Spinner UI를 노출시켜주도록 하겠습니다.

[그림 6-1] 카드 UI를 보여주기 전까지 Spinner UI를 노출시켜서 로딩 중을 시각적으로 나타낸 결과

[코드 6-1] chapter_6_loader / 01_spinner_ui.html

```html
<!DOCTYPE html>
<html lang="ko-KR">

<head>
  <meta charset="UTF-8">
  <meta http-equiv="X-UA-Compatible" content="IE=edge">
  <meta name="viewport" content="width=device-width, initial-scale=1.0">
  <title>01_spinner_ui.html</title>
```

```html
    <link rel="stylesheet" href="../public/css/reset.css">
    <link rel="stylesheet" href="../public/css/chapter_6/01_spinner_ui.css">
    <script src="../public/js/chapter_6/01_spinner_ui.js"></script>
</head>
<body>
    <!-- 내용을 입력해 주세요. -->
</body>

</html>
```

HTML을 생성한 후, ⟨meta⟩, ⟨title⟩, ⟨link⟩, ⟨script⟩ 태그를 연결하고, 제대로 연결되었는지 VS Code에서 링크를 `Cmd` + 클릭 또는 `Ctrl` + 클릭해서 확인합니다.

화면에 보여지는 모든 요소는 HTML의 body 요소 내부에 작성해야 합니다.

[코드 6-2] chapter_6_loader / 01_spinner_ui.html

```html
<body>
  <ul class="card_list">
    <li class="card hidden">
      <a href="../public/img/dalle/dalle_painter.webp" target="_blank" rel="noreferrer noopener">
        <picture>
          <source srcset="../public/img/dalle/dalle_painter.webp" type="image/webp" />
          <source srcset="../public/img/dalle/dalle_painter.jpg" type="image/jpeg" />
          <img src="../public/img/dalle/dalle_painter.jpg" alt="사람이 붓을 들고 그림을 구상하고 있는 AI 달리가 생성한 이미지" />
        </picture>
        <p class="card_desc">
          <strong>Creative Solitude</strong>
          <span>An artist immersed in the tranquil ambiance of a sunlit studio, crafting a human figure. </span>
        </p>
      </a>
    </li>
    <li class="card hidden">
      <a href="../public/img/dalle/dalle_women_smile.webp" target="_blank" rel="noreferrer noopener">
        <picture>
          <source srcset="../public/img/dalle/dalle_women_smile.webp" type="image/webp" />
          <source srcset="../public/img/dalle/dalle_women_smile.jpg" type="image/jpeg" />
```

```html
          <img src="../public/img/dalle/dalle_women_smile.webp" alt="옅은 미소를 짓고 웃고 있는 AI 달리가 생성한 이미지" />
        </picture>
        <p class="card_desc">
          <strong>Quiet Elegance</strong>
          <span>A portrait of a woman with a subtle smile, her features softly illuminated.</span>
        </p>
      </a>
    </li>
    <li class="card hidden">
      <a href="../public/img/dalle/dalle_joyful.webp" target="_blank" rel="noreferrer noopener">
        <picture>
          <source srcset="../public/img/dalle/dalle_joyful.webp" type="image/webp" />
          <source srcset="../public/img/dalle/dalle_joyful.jpg" type="image/jpeg" />
          <img src="../public/img/dalle/dalle_joyful.webp" alt="즐거운 사람들이 거리에서 비를 맞으며 춤을 추고 노래를 하고 있는 AI 달리가 생성한 이미지" />
        </picture>
        <p class="card_desc">
          <strong>Joyous Performance</strong>
          <span>Two individuals exuberantly engage in a theatrical display on rain-soaked streets.</span>
        </p>
      </a>
    </li>
    <li class="card hidden">
      <a href="../public/img/dalle/dalle_paint.webp" target="_blank" rel="noreferrer noopener">
        <picture>
          <source srcset="../public/img/dalle/dalle_paint.webp" type="image/webp" />
          <source srcset="../public/img/dalle/dalle_paint.jpg" type="image/jpeg" />
          <img src="../public/img/dalle/dalle_paint.webp" alt="사람이 창밖을 보고 있는 그림을 그리는 붓이 보이는 AI 달리가 생성한 이미지" />
        </picture>
        <p class="card_desc">
          <strong>Reflective Escape</strong>
          <span>A serene workspace opens to an idyllic landscape, inviting contemplation.</span>
        </p>
      </a>
    </li>
  </ul>
</body>
```

card_list 클래스 선택자가 있는 <ul> 태그를 만들고 반복되는 <li> 태그에 <a> 태그를 만들고 링크를 이미지로 제공합니다. 해당 <a> 태그를 클릭하게 되면 링크로 동작하게 되어 target="_blank" 속성에 의해 새창으로 열리게 됩니다. **rel 속성**의 **noopener, noreferrer**에 따라서 opener, referrer를 새 창으로 켜진 브라우저에서 접근할 수 없도록 막습니다.

<img> 태그를 삽입하고 alt 속성을 통해 이미지에 대한 대체 텍스트(alternative text)를 제공합니다. <p> 태그는 설명을 하기 위한 텍스트 영역을 의미하며, 제목과 내용을 제공하여 이미지에 대한 설명을 작성합니다.

card 클래스 선택자를 가진 <li> 태그에 미리 hidden 클래스를 작성해서, 화면에서 노출시키지 않습니다.

 <picture> 태그

[코드] <picture> 태그 예시

```
<li class="card hidden">
  <picture>
    <source srcset="../public/img/dalle/dalle_painter.webp" type="image/webp">
    <source srcset="../public/img/dalle/dalle_painter.jpg" type="image/jpeg">
    <img src="../public/img/dalle/dalle_painter.jpg" alt="사람이 붓을 들고 그림을 구상하고 있는 AI 달리가 생성한 이미지">
  </picture>
</li>
```

picture 요소를 사용하면, WebP 리소스를 지원하지 않는 브라우저를 위해 source 요소를 사용해 지원하지 않는 브라우저를 위한 jpg, png 포맷 등을 사용할 수 있습니다.
대부분의 주요 브라우저와 모바일 브라우저는 WebP 포맷을 지원하지만, 사용자가 구버전 브라우저를 사용하거나 특정 기업 환경에서는 업데이트가 이루어지지 않을 수도 있기 때문에 호환성을 고려해야 할 경우 유용하게 사용될 수 있습니다.
또한, 브라우저의 해상도마다 다른 이미지를 보여주고 싶을 때도, media 속성을 사용해 이미지가 사용될 범위를 지정하여 사용할 수도 있습니다.

본격적으로, CSS 파일을 작성해 보겠습니다.

[코드 6-3] chapter_6_loader / 01_spinner_ui.css

```css
@charset "utf-8";

/* 루트 요소 글꼴 크기 설정 */
html {
  font-size: 16px;
}
```

가장 첫 번째 줄에는 다양한 언어와 특수 문자를 정확하게 표시하기 위해 @charset "utf-8"을 선언하고 rem 단위를 사용하기 위해 브라우저 html 요소의 기본 font-size 속성을 16px로 작성합니다.

rem 단위를 사용하면 사용자가 브라우저 설정의 기본 글꼴 크기를 변경하게 되면, 웹사이트의 요소들이 이에 맞춰 조정될 수 있고, html 요소에 정해진 font-size 속성에 따라 반응형에서도 디자인 일관성을 유지할 수 있습니다.

[코드 6-4] chapter_6_loader / 01_spinner_ui.css

```css
(...)
.card_list {
  display: flex;
  align-items: center;
  justify-content: center;
  width: 100%;
  height: 100vh;
  padding: 0 1rem;
}

.card {
  flex: 1 1 auto;
  width: 100%;
  max-width: 22rem;
  margin: 1rem;
  transition: transform var(--duration) ease-out;
}
```

card_list 클래스 선택자 요소인 ul 요소의 display 속성값을 flex로 하여 row 기준으로 수평 배치를 합니다. align-items 속성을 center 값으로 설정하여 상하 정렬을 가운데로 맞추고, justify-content 속성도 center 값으로 설정하여 좌우 정렬을 가운데로 맞춥니다.

flex와 grid의 차이

CSS **Flexbox**와 **Grid**는 웹 페이지의 레이아웃을 다루기 위한 CSS 용법으로 Flexbox는 주로 1차원 레이아웃을 위해, Grid는 2차원 레이아웃을 위해 사용됩니다.

Flexbox는 한 번에 하나의 방향(수평 또는 수직)으로 요소들을 정렬하는 데 사용되고, Grid는 행과 열을 모두 다루며, 복잡한 레이아웃을 구성하기에 적합합니다.

Flexbox는 아이템 리스트와 같은 단일 방향 레이아웃에 적합하고, Grid는 웹사이트의 전체 레이아웃이나 복잡한 레이아웃을 표현하는 데에 많이 사용됩니다.

height 속성을 100vh로 하여 화면 전체(viewport)의 높이만큼 설정하고, padding 속성의 값을 0 1rem으로 작성해 화면의 크기가 줄어들었을 때 좌우 일정한 여백이 유지되도록 합니다.

card 클래스 선택자 요소에 flex 속성의 값으로 1 1 auto를 추가해서 flex-grow, flex-shrink를 각각 1로 하여 컨테이너 내에서 동일한 비율로 공간을 차지하거나 줄어들도록 하고, flex-basis를 auto로 하여 flex 아이템의 시작의 크기 값을 콘텐츠의 크기에 의해서 결정되도록 합니다.

max-width 속성값을 22rem으로 하여 일정 크기 이상은 커지지 않도록 하고, margin 속성을 1rem으로 요소들 사이의 간격을 설정합니다.

transition 속성을 사용해 마우스를 가져다 대면, 트랜스폼 효과가 발생될 때 자연스럽게 애니메이션 효과가 보이게 됩니다.

[코드 6-5] chapter_6_loader / 01_spinner_ui.css

```css
@charset "utf-8";

:root {
  --duration: 0.3s;
}
(...)
```

transition 속성의 duration 값이 자주 사용할 수 있으므로 변수로 0.3초를 선언해 두고 사용하겠습니다.

[코드 6-6] chapter_6_loader / 01_spinner_ui.css

```css
(...)
.card a {
  display: block;
}

.card picture {
  display: block;
  aspect-ratio: 1 / 1;
}

.card picture img {
  width: 100%;
  height: 100%;
  object-fit: cover;
}
```

card 클래스 선택자 요소의 자손 요소인 a는 기본적으로 인라인 요소로 분류되어 있기 때문에 display 속성의 값을 block으로 하여 너비나 높이 등 박스 모델의 모든 속성들을 사용할 수 있도록 합니다.

자식 요소인 picture 요소도 display 속성을 block으로 하여 너비, 높이, 여백 등의 박스 모델 속성을 사용할 수 있도록 하고, **aspect-ratio** 속성값을 "1/1"로 하여 섬네일 영역의 너비와 높이 비율을 1:1로 유지합니다. img 요소는 너비와 높이를 100%로 하여 요소의 전체 크기를 채우도록 하고, **object-fit** 속성값을 **cover**로 하여 이미지의 너비와 높이의 비율을 유지합니다.

 HTML5 이후의 a 요소

HTML5 도입 이후, a 요소는 인라인 요소로 분류되지만 p, div 등의 블록 요소를 포함할 수 있게 되었습니다. 이 변경은 a 요소가 단순히 텍스트 링크를 넘어서 카드 형태의 레이아웃에서 다양한 요소들을 포함하는 링크로 활용될 수 있게 함으로써, 웹 개발자들에게 더 큰 유연성을 제공하고 사용자들에게는 더 큰 편의성을 제공하게 되었습니다.

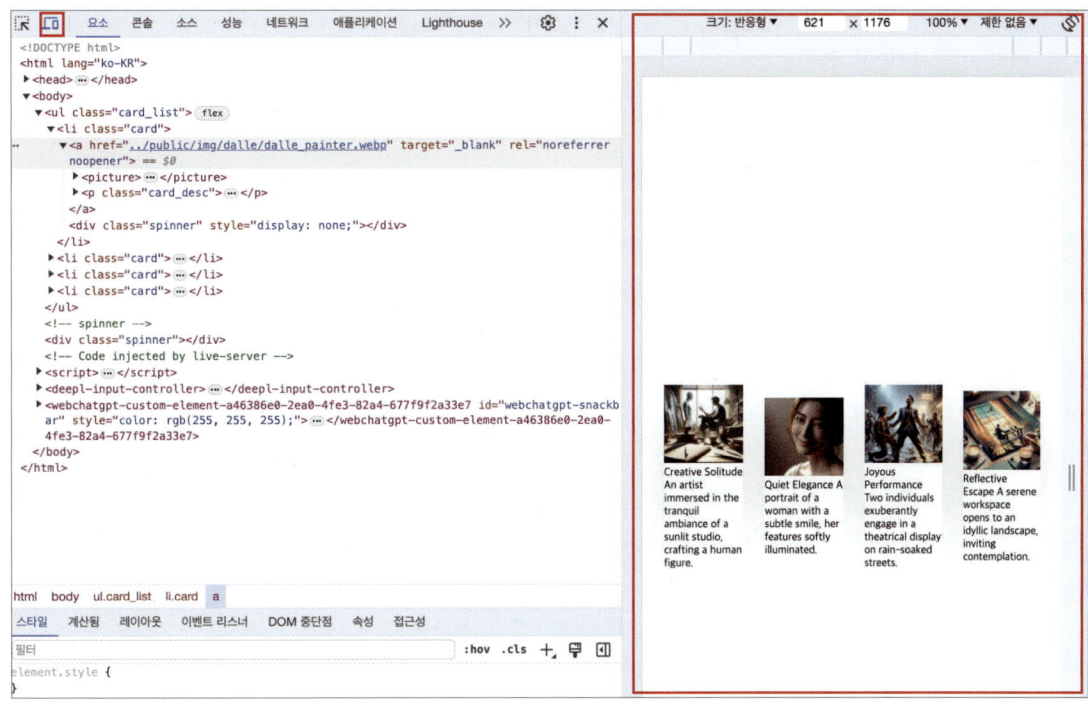

[그림 6-2] 카드 UI의 높이가 텍스트 길이에 의해 달라지는 결과

개발자 도구(F12)의 왼쪽 위의 기기 툴바 아이콘을 누르면 다양한 화면을 테스트할 수 있는 모드로 변경됩니다. Responsive(반응형) 모드로 변경해서 작은 화면의 오른쪽 끝을 잡고 화면을 줄여보면, 텍스트에 의해서 각 카드의 높이가 변경되는 것을 확인할 수 있습니다. 각기 높이가 다른 UI가 깔끔하지 않으므로 텍스트를 두 줄로 처리해서 각 카드의 텍스트 영역의 높이를 일정하게 만들어 보겠습니다.

[코드 6-7] chapter_6_loader / 01_spinner_ui.css

```css
(...)
.card_desc {
  min-height: 7.75rem;
  padding: 1.875rem 1.25rem;
  color: #333;
}

.card_desc strong {
  display: block;
  font-size: 1.25rem;
}
```

6장 반응형 카드 레이아웃 로딩 UI 만들기 **417**

```
.card_desc span {
  display: -webkit-box;
  -webkit-box-orient: vertical;
  -webkit-line-clamp: 2;
  overflow: hidden;
  font-size: 0.875rem;
  line-height: 1.4;
}
```

텍스트에 대해 min-height 속성으로 최소 높이를 설정하고 padding 속성으로 여백을 줍니다.

span 요소에는 display 속성을 -webkit-box 값으로 하고 -webkit-box-orient 속성을 수직(vertical)으로 하여, 두 줄 이상의 말줄임 처리가 되도록 합니다. -webkit-line-clamp 속성으로 몇 줄 이상일 때 말 줄임 처리를 할지 결정하고, overflow 속성을 hidden 값으로 넘치는 영역을 보이지 않도록 합니다.

line-height 속성을 사용해 기본 글꼴의 1.4배 정도의 행간을 갖도록 하여 텍스트가 더 읽기 쉽고, 시각적으로 편안하게 보이도록 합니다.

line-height(행간)

line-height 속성은 단위 없이 숫자로 지정할 수 있습니다. px, em, %와 같이 단위를 지정할 수 있기도 하지만, 상대값을 사용하여 유연하게 대처할 수 있도록 사용하는 것을 추천합니다.

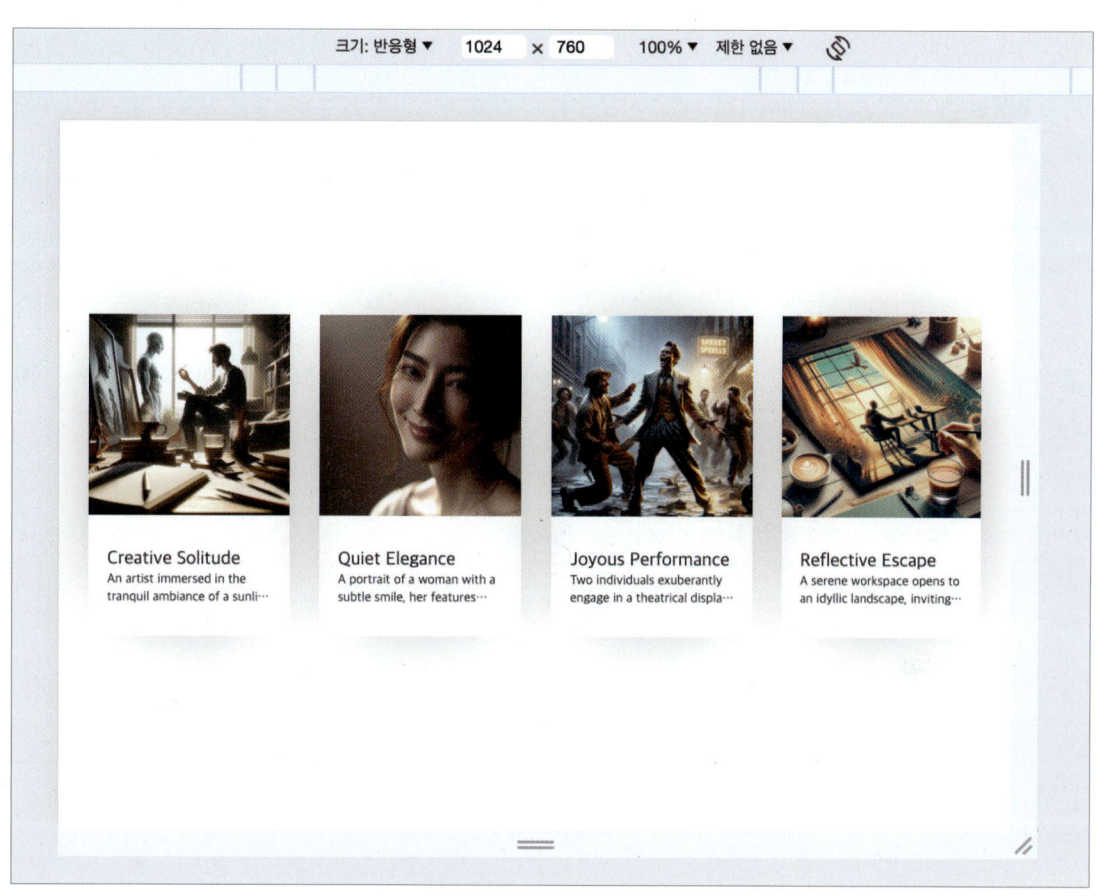

[그림 6-3] 카드 UI가 텍스트에 의해 달라지는 결과 화면

두 줄로 말줄임 처리가 되어 비교적 큰 화면 너비에서는 카드 UI가 적절하게 보이는 것 같지만, 화면의 너비가 더 줄어들면, 제목의 길이로 인해 같은 문제가 반복됩니다.

이에 **반응형 레이아웃**(Responsive Layout)을 적용하여 각 화면에 따라, 카드 UI 레이아웃을 재배치함으로써 사용자 경험(UX)을 향상시키도록 하겠습니다.

반응형 레이아웃(Responsive Layout)

반응형 레이아웃(Responsive Layout)은 사용자에게 다양한 해상도의 장치에서 좋은 경험을 제공하기 위해 웹 페이지의 화면을 해상도에 따라 동적으로 변화시키는 방법입니다.

이 방법을 통해 컴퓨터, 노트북, 태블릿, 스마트폰 등 어떤 장치를 사용해도 웹사이트의 내용을 잘 노출시켜 주고 사용하기 쉽게 해줍니다.

주로, **미디어 쿼리**(Media Query)를 사용해 화면의 크기나 장치의 특성에 따라 스타일 규칙을 지정합니다. 미디어 쿼리는 화면 특성에 따라 정의할 수도 있고, 프린트와 같은 장치 특성에 따라 정의할 수도 있습니다.

[코드] 화면 너비에 대한 반응형 미디어 쿼리와 인쇄를 위한 프린트 미디어 쿼리 예제

```css
/* 화면 너비에 따라서 스타일 정의 */
@media (max-width: 768px) {
  body {
    background-color: lightblue;
  }
}

/* 인쇄할 때의 스타일 정의 */
@media print {
  body {
    background-color: red;
  }
}
```

[코드 6-8] chapter_6_loader / 01_spinner_ui.css

```css
(...)
.card {
  (...)
  transform: translateY(0) scale(1);
  transition: transform var(--duration) ease-out;
}

.card a {
  display: block;
  box-shadow: 0 0 6.25rem -3.125rem rgba(0, 0, 0, 0.6);
}

(...)
@media (hover: hover) {
```

```css
.card:hover {
  transform: translateY(-0.625rem) scale(1.05);
}
.card:hover a {
  box-shadow: 0 0.8rem 2rem -1rem rgba(0, 0, 0, 0.6);
}
```

마우스 오버가 가능한 기기를 감지하기 위해 미디어 쿼리 속성 중 hover 규칙을 적용합니다. 그리고 가상 클래스 선택자인 :hover를 사용해 transform 속성을 통해 y축의 값을 음수로 하여 위쪽으로 이동시키고, scale 속성을 사용해서 1.05배 커지도록 합니다.

a 요소의 box-shadow 값을 변경하여 그림자를 아래쪽에 위치시키고, 흐림 효과와 퍼짐 정도를 조절하여 입체감을 줍니다.

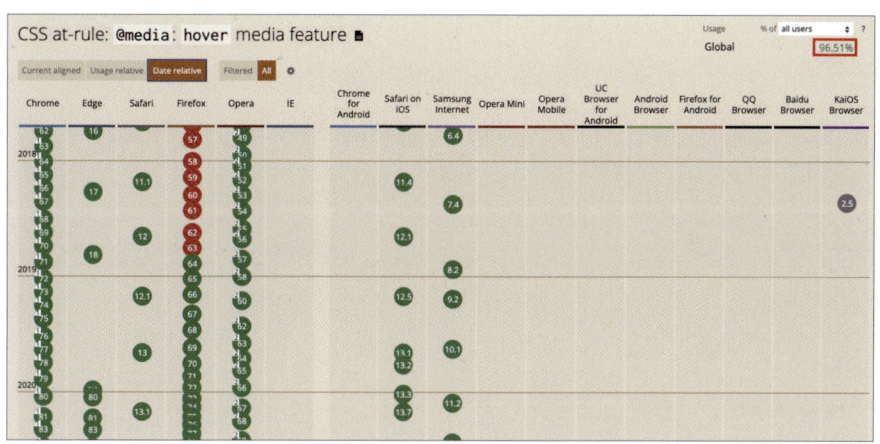

[그림 6-4] 2019년 파이어폭스 브라우저에서 적용되면서 96.51%의 브라우저 지원율을 보여주는 결과

Can I Use(https://caniuse.com/mdn-css_at-rules_media_hover) 사이트를 방문하여, 해당 미디어 쿼리가 다양한 기기에서도 동일하게 적용되는지 확인합니다.

파이어폭스에서 2019년도에 마지막으로 적용된 후 대부분의 기기에서 적용되기 때문에 96.51% 정도의 기기에서 호환성을 가지고 있다고 할 수 있습니다.

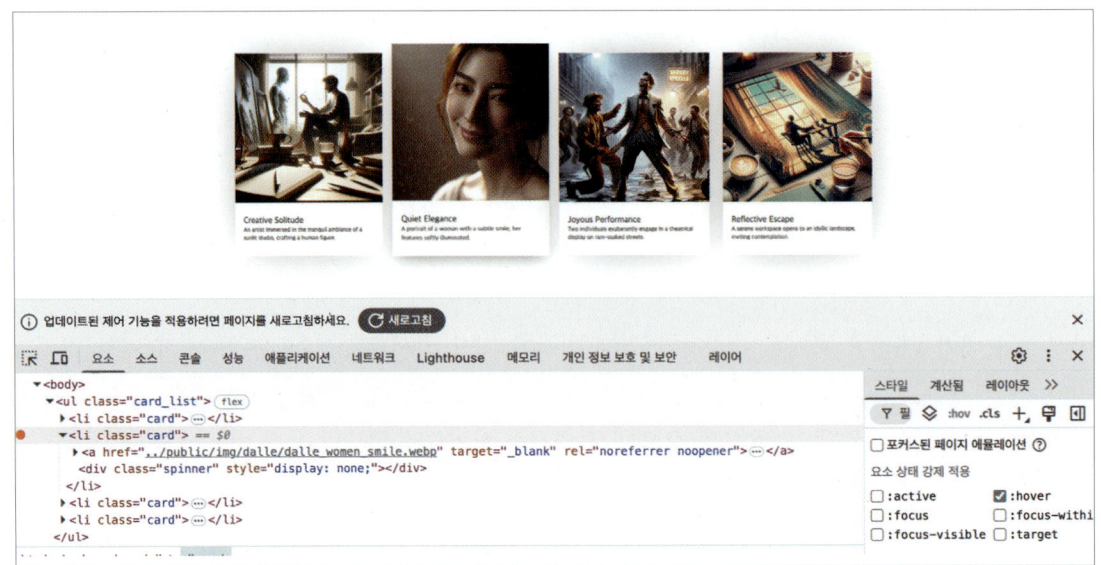

[그림 6-5] 마우스 오버 했을 때 카드 UI가 확대되며 위쪽으로 이동하고 아래에는 그림자가 적용되는 결과

결과 화면을 보기 위해서 카드에 직접 마우스를 올려서 확인할 수도 있지만, hover 효과가 적용된 li 요소를 선택한 후 스타일 탭의 필터에서 **:hover 체크박스 메뉴**를 사용해 확인할 수 있습니다.

[코드 6-9] chapter_6_loader / 01_spinner_ui.css

```
(...)
@media (max-width: 1024px) {
  .card_list {
    flex-wrap: wrap;
    height: auto;
  }

  .card {
    flex-basis: 22rem;
  }
}
```

미디어 쿼리를 사용해 화면이 1024px 이하일 때, card_list 클래스 선택자 요소에 flex-wrap 속성의 값을 wrap으로 작성하여, 카드 UI의 리스트에서 카드가 자연스럽게 줄바꿈되도록 변경합니다.

또한, 높이를 100vh에서 auto로 변경하여 카드들이 줄바꿈되었을 때 화면의 정중앙에 배치되는 것보다는 위쪽을 기준으로 정렬되도록 변경합니다.

card 클래스 선택자의 li 요소에 대해 flex-basis를 22rem으로 변경해 화면 너비의 비율에 따라 카드 UI가 확대, 축소되도록 합니다.

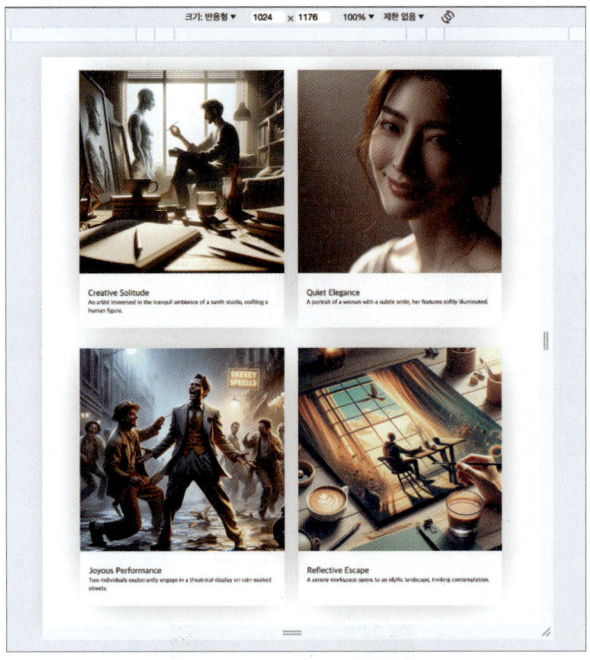

[그림 6-6] 화면 너비가 1024px 이하로 줄었을 때 카드 UI를 가로 2개씩 배치하여 사용자 경험을 향상시킨 결과

화면 너비를 1024px 이하로 줄였을 때 카드 UI를 가로 2개씩 배치해 사용자가 한 화면에서 더 많은 콘텐츠를 볼 수 있도록 사용자 경험을 개선할 수 있습니다.

[코드 6-10] chapter_6_loader / 01_spinner_ui.css

```css
@media (max-width: 768px) {
  html {
    font-size: 12px;
  }

  .card_list {
    flex-direction: column;
    margin: 5rem auto;
  }

  .card {
    flex-basis: auto;
  }
```

```
    .card ~ .card {
      margin-top: 2rem;
    }
  }
```

화면 너비가 768px 이하일 때 html 요소의 font-size를 더 작게 설정하면, rem과 em 단위를 사용한 모든 요소의 크기가 자동으로 축소되어 전체 레이아웃이 화면에 맞게 조정됩니다.

card_list 클래스 선택자 요소에 flex 레이아웃의 방향(direction)을 기존 행(row)에서 열(column)로 변경하여 기본 축을 세로축으로 변경합니다.

card 클래스 선택자 요소들에 flex-basis 속성을 auto 값으로 설정하여 세로(column)축 기준으로 높이가 자동으로 잡히도록 하고, 형제 선택자를 통해 margin-top 속성을 2rem으로 작성하여 상단 여백을 줍니다.

[그림 6-7] 화면 너비가 768px 이하로 줄었을 때 카드 UI를 1개씩 배치하여 모바일 환경에서의 사용자 경험을 향상시킨 결과

콘텐츠의 수에 따라 다르겠지만, 모바일 환경 중에서도 더 작은 화면에서는 가로 두 개씩 배치했을 때 폰트 크기나 사진의 크기가 너무 작아 보일 수 있습니다. 이럴 때는 콘텐츠의 가독성을 향상시키기 위해 가로 한 개씩 배치해서 UX를 개선하는 것이 좋습니다.

미디어 쿼리를 적용해서 카드 UI가 반응형 레이아웃에 따라 자연스럽게 배치되고 카드 UI에 마우스를 올리면 자연스럽게 애니메이션 효과가 일어나게 되었습니다.

이제, JavaScript를 활용해 Spinner 요소를 복사해 카드 요소들에 미리 삽입하고, setTimeout을 사용해 비동기 처리가 완료되면 Spinner UI가 화면에 노출되지 않도록 해보겠습니다.

[코드 6-11] chapter_6_loader / 01_spinner_ui.css

```css
@charset "utf-8";

:root {
  --duration: 0.3s;
  --showing-duration: 1s;
  --spinner: 3em;
  --spinner-line-width: 0.3em;
}
(...)
```

duration 변수 외에 showing-duration 변수를 선언해 setTimeout에 의해 card 클래스 선택자에 작성되어 있는 hidden 클래스를 제거해 화면에 나타낼 때의 애니메이션 속도를 선언합니다.

spinner 변수는 Spinner UI의 전체 너비를 선언하고, spinner-line-width 변수로 라인의 너비를 선언합니다.

[코드 6-12] chapter_6_loader / 01_spinner_ui.css

```css
.card a {
  display: block;
  box-shadow: 0 0 6.25rem -3.125rem rgba(0, 0, 0, 0.6);
  opacity: 1;
  transition:
    transform var(--showing-duration) ease-out,
    opacity var(--showing-duration),
    box-shadow var(--showing-duration);
}
```

```css
.card.hidden a {
  opacity: 0;
  transform: translateY(-0.625rem) scale(1.05);
  box-shadow: 0 0 3rem 3rem rgba(0, 0, 0, 0.4);
}
(...)
```

.card a 요소에 투명도(opacity) 속성의 값을 1로 적용해서 불투명하게 보이도록 하고 hidden 클래스가 추가되었을 때 투명도 속성의 값을 0으로 해서 보이지 않도록 합니다. 이후 JavaScript를 사용해서 hidden 클래스가 삭제되면 투명도가 다시 1로 적용되어 노출되도록 합니다.

transition 속성을 사용해 transform, opacity, box-shadow 효과에 대해 transition 속도를 일정하게 적용하여 hidden 클래스가 제거되었을 때 애니메이션 효과가 적용되도록 합니다.

box-shadow 속성을 사용해 x축, y축의 offset은 각각 0으로 지정하고 그림자가 퍼지는 반경(blur radius) 속성의 값을 3rem에서 기존값인 6.25rem으로 변경하고, 그림자의 크기(spread radius)는 양수값인 3rem에서 기존 -3.125rem 음수값으로 하여 중앙으로 모이는 애니메이션 효과를 부여합니다.

HTML 마지막에 spinner 클래스를 가진 div 요소를 작성하고 JavaScript를 사용하여 복제(cloneNode)해서 각각의 이미지 영역에 삽입하고 이미지가 노출될 때 사라지도록 하겠습니다.

[코드 6-13] chapter_6_loader / 01_spinner_ui.html

```html
(...)
    <!-- spinner -->
    <div class="spinner"></div>
  </body>
</html>
```

spinner 클래스 요소에 대해 스타일과 keyframes를 작성해 애니메이션을 부여하겠습니다.

[코드 6-14] chapter_6_loader / 01_spinner_ui.css

```css
(...)
/* spinner */
.spinner {
  position: absolute;
  left: 50%;
  top: 50%;
  width: var(--spinner);
  height: var(--spinner);
  margin-left: calc(var(--spinner) / 2 * -1);
  margin-top: calc(var(--spinner) / 2 * -1);
  border: var(--spinner-line-width) solid #f3f3f3;
  border-left: var(--spinner-line-width) solid dodgerblue;
  border-radius: 50%;
  animation: spinner var(--showing-duration) infinite cubic-bezier(0.37, 0.65, 0.19, 0.1);
}

@keyframes spinner {
  0% {
    transform: rotate(0deg);
  }

  100% {
    transform: rotate(360deg);
  }
}
```

spinner 클래스 요소는 absolute 속성을 사용해 너비와 높이를 작성하고 그 너비와 높이를 2로 나누어서 -1을 곱하게 되면 너비의 반만큼 여백을 이동시켜 정중앙에 배치할 수 있습니다.

transform 속성을 사용할 수도 있지만, animation keyframes에서도 사용하므로 margin 속성을 사용합니다.

border 속성으로 .spinner 요소의 전체 라인의 너비와 색상을 지정하고, border-left로 왼쪽 면의 라인과 색상 값을 설정합니다.

border-radius 속성을 50%로 하여 원을 만들고 animation 속성을 작성합니다.

spinner라는 이름으로 keyframes를 작성하는데 0%(from)는 rotate 속성을 0deg로 하고 100%(to)는 360deg로 한 바퀴 돌도록 합니다. infinite 속성값을 통해 계속 반복하도록 합니다.

animation 속성은 animation-name, animation-duration, animation-iteration-count(애니메이션 반복 횟수), animation-timing-function(애니메이션 속도 곡선)을 각각 지정했고, 애니메이션 속도 곡선은 cubic-bezier 곡선을 활용해서 작성합니다.

[그림 6-8] 화면 중앙에 Spinner UI가 나타난 결과

화면 중앙에 동그라미 원이 나타나는 것을 확인한 뒤, 인라인 스타일을 사용해서 display 스타일 속성값을 none으로 하여 화면에 나타나지 않게 설정합니다.

[코드 6-15] chapter_6_loader / 01_spinner_ui.html

```html
(...)
    <!-- spinner -->
    <div class="spinner" style="display: none"></div>
  </body>
</html>
```

본격적으로, JavaScript를 사용해서 Spinner UI를 활용한 데이터 로딩 효과를 구현해 보겠습니다.

[코드 6-16] chapter_6_loader / 01_spinner_ui.js

```javascript
'use strict';

// 요소를 보여주도록 하는 함수
const show = ($elem) => ();
// 요소를 보여주지 않도록 하는 함수
const hide = ($elem) => ();
// 카드 UI 아이템들을 DELAY에 따라서 순차적으로 보여주는 함수
const showItems = ($elem, $loader, idx) => ();

const initSpinner = ($elem, idx) => {
  const $spinner = document.querySelector('.spinner').cloneNode();
  // spinner를 복제해서 display를 block으로 해서 삽입해서 보여준다.
  // 카드 UI 아이템들을 보여주는 동시에 spinner를 화면에서 숨긴다.
};
```

```
document.addEventListener('DOMContentLoaded', () => {
  [...document.querySelectorAll('.card_list .card')].forEach(($element, index) =>
initSpinner($element, index));
});
```

먼저, 어떤 기능이 필요할지 함수 명을 작성하고, document.addEventListener를 활용하여 DOMContentLoaded 시점인 DOM이 모두 로드되었을 때, document.querySelectorAll을 사용해 .card_list 클래스를 가진 요소 내의 모든 .card 요소들을 선택하고 spread 연산자를 사용하여 NodeList를 배열로 변환합니다. forEach 메서드를 활용해 각 요소를 반복하면서 첫 번째 인자(parameter)인 각 요소와 두 번째 인자인 index(0에서 부터 시작하는 순번)를 인수로 initSpinner 함수를 호출합니다.

[코드 6-17] chapter_6_loader / 01_spinner_ui.js

```
'use strict';

const DELAY = 1000 * 1;
(...)
```

우선, DELAY 상수를 1000 * 1로 선언하고 setTimeout을 사용할 때 지연 시간으로 사용하도록 하겠습니다.

 3초의 시간을 나타낼 때 왜 1000 * 3으로 표현을 할까?

3초의 시간을 1000 * 3로 표현하는 이유는 프로그래밍에서는 밀리초(ms) 단위로 시간을 지정하기 때문입니다.
선언할 때 기본 밀리초에 실제 초를 곱해서 나타냄으로써, 코드의 가독성을 높일 수 있습니다.

[코드 6-18] chapter_6_loader / 01_spinner_ui.js

```javascript
(...)
// 요소를 보여주도록 하는 함수
const show = ($elem) => ($elem.style.display = 'block');
// 요소를 보여주지 않도록 하는 함수
const hide = ($elem) => ($elem.style.display = 'none');
// 카드 UI 아이템들을 DELAY에 따라서 순차적으로 보여주는 함수
const showItems = ($elem, $loader, idx) => {
  setTimeout(
    () => {
      hide($loader);
      $elem.classList.remove('hidden');
    },
    DELAY * (idx + 1),
  );
};

const initSpinner = ($elem, idx) => {
  const $spinner = document.querySelector('.spinner').cloneNode();
  show($spinner);
  $elem.appendChild($spinner);
  showItems($elem, $spinner, idx);
};
```

요소를 보여주고 숨기도록 하는 함수를 만들어 카드 UI 아이템들을 지연시켜 순차적으로 보여주겠습니다.

show 함수의 경우 요소 노드를 인자로 받아 display 속성값을 block으로 설정하고, **hide** 함수의 경우 none으로 설정합니다.

.card 요소의 개수만큼 실행되는 initSpinner 함수 구현부에서 spinner 클래스 요소를 먼저 화면에 노출하고 해당 함수의 인자값으로 .card 요소와 반복되는 요소의 0부터 시작하는 순번 값이 넘어오게 되는데, 이를 활용해 showItems 함수를 호출합니다.

showItems 함수를 통해 복제된 .spinner 요소와 함께 호출해 .card 요소의 hidden 클래스를 제거해 화면에 카드 UI를 나타나게 하고 setTimeout 함수를 통해 값(1초 * 각 요소의 순번 + 1)을 곱한 값으로 1초, 2초, 3초, 4초 순으로 지연되며 화면에 노출되는데 .spinner 요소가 hide 함수에 의해서 사라지게 됩니다.

[그림 6-9] Spinner UI 사용 예제 결과

그림 6-9와 같이, Spinner UI는 비동기로 데이터를 받아오는 중 곧 로딩이 완료되어 콘텐츠가 나타날 것임을 알려주어 사용자 경험을 향상시키는 역할을 합니다.

SVG 로딩 UI

SVG를 활용한 로딩 UI를 만들어 보도록 하겠습니다.

SVG는 벡터 이미지로 점과 선 등 다양한 도형을 코드로 표현할 수 있기 때문에 이를 활용하여 다양한 애니메이션 효과도 만들 수 있습니다. 또한, SVG 파일 내부에 〈animate〉 태그를 활용한 애니메이션 효과를 만들 수도 있습니다.

[코드 6-19] chapter_6_loader / 02_svg_ui.html

```html
(...)
    <!-- svg path loading UI -->
    <div class="svg_loader" style="display: none;">
      <svg viewBox="0 0 50 50">
        <circle cx="25" cy="25" r="20" />
      </svg>
    </div>
  </body>

</html>
```

기존 예제에서 spinner 클래스 선택자 요소가 있던 부분을 삭제하고 svg_loader 클래스를 부여한 〈div〉 태그 내부에 〈svg〉 태그를 만들고 viewBox 속성으로 0 0 50 50 값을 할당하고 자식 태그로 〈circle〉 태그를 작성합니다. viewBox는 min-x, min-y, width, height 순으로 정의하는데 이 경우에는 (0, 0) 좌표에서 시작해서 가로, 세로의 크기가 각각 50인 뷰포트를 만듭니다. 〈circle〉 태그의 속성으로 cx는 원의 중심 x축, cy는 원의 중심 y축 그리고 r은 원의 반지름을 뜻하는데, 반지름이 20인 원을 뷰포트의 정중앙 위치에 그리게 됩니다.

[코드 6-20] chapter_6_loader / 02_svg_ui.css

```css
(...)
/* svg path loading UI */
.svg_loader {
  position: absolute;
  left: 50%;
  top: 50%;
  width: 3rem;
  height: 3rem;
  transform: translate3d(-50%, -50%, 0);
}

.svg_loader svg {
  width: 100%;
  height: 100%;
  animation: rotate 1.8s linear infinite;
}

.svg_loader circle {
  fill: none;
  stroke: #60a2e9;
  stroke-width: 6;
  stroke-linecap: round;
  stroke-dasharray: 300;
  stroke-dashoffset: 0;
  animation: dash 1.56s ease-in-out infinite;
}

@keyframes rotate {
  100% {
    transform: rotate(360deg);
  }
}

@keyframes dash {
  0% {
    stroke-dashoffset: 300;
  }

  100% {
    stroke-dashoffset: 0;
  }
}
```

.svg_loader 요소를 스타일링하겠습니다.

〈svg〉 태그를 감싸고 있는 〈div〉 태그의 사이즈를 조절해서 svg 요소의 크기를 적절히 적용합니다.

.svg_loader 요소는 position 속성을 absolute로 하고 transform 속성의 translate 값을 통해 요소의 너비와 높이의 반만큼 x, y축을 -50%로 이동시켜 각 카드의 정중앙에 배치합니다. 너비와 높이를 3rem으로 설정하고 자식 태그인 〈svg〉 태그에 대해 너비와 높이를 100%로 하여 부모의 요소의 너비와 높이를 따르도록 합니다.

애니메이션으로 rotate를 사용해서 360도씩 회전하도록 하는데 1.8초 동안 일정한 속도(linear)로 무한히(infinite) 반복합니다.

.svg_loader circle 요소에 fill 속성을 none으로 하여 어떤 색상도 채우지 않고 stroke 속성의 색상을 #60a2e9로 적용하고 stroke-width를 6, 그리고 stroke-linecap 속성을 round로 하여 선의 끝이 둥글게 보이도록 합니다.

stroke-dasharray는 stroke를 점선으로 만들 때 사용하는데 300 값을 주어 선이 300 길이 만큼 점선 패턴을 가지게 됩니다. stroke-dashoffset은 선의 시작 위치를 정의하는데 0으로 설정했기 때문에 stroke-dasharray에 의해 정의된 선이 시작 지점부터 그려지게 됩니다.

dash 애니메이션을 사용해서 stroke-dashoffset이 300에서 0으로 애니메이션을 통해서 stroke를 그리게 됩니다. 이 애니메이션은 1.56초 동안 ease-in-out의 속도로 무한히 반복됩니다.

요약하면, rotate 애니메이션을 통해 1.8초 동안 회전하고, dash 애니메이션을 통해서 1.56초 동안 선이 그려지면서 애니메이션이 반복됩니다.

[코드 6-21] chapter_6_loader / 02_svg_ui.js

```javascript
'use strict';

const DELAY = 1000 * 1.5;

(...)

const initSVGLoader = ($elem, idx) => {
  const $svgLoader = document.querySelector('.svg_loader').cloneNode(true);
  show($svgLoader);
  $elem.appendChild($svgLoader);
  showItems($elem, $svgLoader, idx);
};
```

```
document.addEventListener('DOMContentLoaded', () => {
  [...document.querySelectorAll('.card_list .card')].forEach(($element, index) =>
    initSVGLoader($element, index));
});
```

이전 예제의 나머지 내용들은 그대로 재사용하고, DELAY 상수의 값만 1.5초로 변경하고 .svg_loader를 사용하는 것으로만 수정한 뒤, 함수 명은 initSVGLoader로 변경해줍니다. 추가적으로, ⟨div⟩ 태그를 사용할 때는 cloneNode 시 자식 태그들까지 복사할 필요가 없었지만, ⟨svg⟩ 태그 내부의 자식 태그들도 복사할 수 있도록 cloneNode 메서드의 인수로 **true** 값을 할당합니다. 구현된 내용을 보면 Spinner UI 구현과 동작이 같은데, 로딩 UI를 우선 보여주고, showItems 함수에 의해서 DELAY로 정한 시간마다 카드 UI들이 나타나며 로딩 UI가 사라지게 됩니다.

[그림 6-10] SVG를 활용한 Spinner 로딩 애니메이션 결과

💡 메서드와 함수의 차이

객체 지향 프로그래밍(Object Oriented Programming, OOP)에서 메서드와 함수는 명확한 차이가 있습니다.
함수는 독립적으로 존재할 수 있으며, 특정 객체에 속하지 않아도 되는데, 함수는 인자(매개변수)를 받아서 처리하고 결과를 반환하는 역할을 할 수 있습니다.
메서드는 객체 내에 정의된 함수를 말하는데 객체의 속성이나 상태에 접근하고 수정할 수 있고 객체의 행동을 정의하는 것에도 사용될 수 있으며 객체의 상태에 따라서 다르게 동작할 수도 있습니다.
cloneNode 메서드는 DOM API의 일부로, querySelector로 선택한 요소 객체에 속한 메서드로, DOM의 노드 객체의 컨텍스트(Context) 내에서 실행됩니다.

CSS를 사용해 SVG를 다뤄봤는데, 이번에는 <svg> 태그 내부에 <animate> 태그를 활용해서 애니메이션을 부여하고, 각 카드 요소에 노출되도록 하겠습니다.

svg 요소를 인라인 코드로 삽입하기 위해 예제 파일 public/img/freesvg/loading_svg.svg에서 복사합니다.

[코드 6-22] chapter_6_loader / 02_svg_ui.html

```html
(...)
    <!-- svg animate loading UI -->
    <div class="svg_loader2" style="display: none;">
      <svg width="100%" height="100%" viewBox="0 0 160 40">
        <circle cx="20" cy="20" r="15" fill="#3478f6">
          <animate attributeName="cx" from="20" to="80" dur="0.5s" calcMode="spline" keySplines="0.45 0.7 0.80 1" keyTimes="0;1" repeatCount="indefinite" />
        </circle>
        <circle cx="20" cy="20" r="0" fill="#34f6a4">
          <animate attributeName="r" from="0" to="15" dur="0.5s" calcMode="spline" keySplines="0.45 0.7 0.80 1" keyTimes="0;1" repeatCount="indefinite" />
        </circle>
        <circle cx="80" cy="20" r="15" fill="#f63478">
          <animate attributeName="cx" from="80" to="140" dur="0.5s" calcMode="spline" keySplines="0.45 0.7 0.80 1" keyTimes="0;1" repeatCount="indefinite" />
        </circle>
        <circle cx="140" cy="20" r="15" fill="#f6a434">
          <animate attributeName="r" from="15" to="0" dur="0.5s" calcMode="spline" keySplines="0.45 0.7 0.80 1" keyTimes="0;1" repeatCount="indefinite" />
        </circle>
      </svg>
    </div>
  </body>

</html>
```

.svg_loader2는 이전 예제와 마찬가지로 display 속성을 none으로 설정하여 화면에 노출되지 않도록 합니다.

<svg> 태그에 기본적으로 width와 height를 100%로 하여, .svg_loader2의 상대적 크기를 따라가도록 했고, viewBox 속성은 0 0 160 40으로 너비 160 높이 40의 뷰포트를 가지도록 설정합니다.

〈circle〉 태그를 총 4개를 만드는데 y좌표는 20으로 통일하고, x좌표 20, 80, 140 위치에 반지름 15인 원을 각각 만들고 원 하나는 반지름을 0으로 초깃값으로 설정합니다.

〈animate〉 태그로 어떤 애니메이션을 적용할지 작성하게 되는데, **attributeName** 속성을 사용해 어떤 속성을 애니메이션으로 변경할지 정의합니다.

첫 번째 원에 적용된 〈animate〉 태그의 속성을 보면, cx 속성을 from 속성으로 20부터 to 속성으로 80까지 변경하는데, dur 속성을 사용해서 0.5초 동안 가속도(easing)는 **calcMode** 속성을 **spline**으로 CSS에서 cubic-bezier 곡선을 사용하는 것과 동일하게 설정할 수 있습니다. **keyTimes** 속성으로 CSS의 keyframes 속성의 from, to를 나타내며, **repeatCount**를 통해서 몇 번 반복할지를 정의합니다. 주의할 점은 CSS와 달리 infinite가 아니라 indefinite라는 것입니다.

나머지 원들에 적용될 애니메이션도 〈circle〉 태그의 자식 태그로 삽입해서 적용합니다. 원의 반지름을 변경시키는 것과 원이 x축으로 움직이도록 하는 효과를 결합하여 마치 원이 반복적으로 돌아가는 듯한 애니메이션 효과를 만들어 낼 수 있습니다.

[코드 6-23] chapter_6_loader / 02_svg_ui.css

```css
(...)
/* svg animate loading UI */
.svg_loader2 {
  position: absolute;
  left: 50%;
  top: 50%;
  width: 5rem;
  height: 5rem;
  transform: translate3d(-50%, -50%, 0);
}
```

.svg_loader와 마찬가지로 position 속성을 absolute로 하고, 너비 높이를 5rem으로 작성합니다.

[코드 6-24] chapter_6_loader / 02_svg_ui.js

```
(...)
  //const $svgLoader = document.querySelector('.svg_loader').cloneNode(true);
  const $svgLoader = document.querySelector('.svg_loader2').cloneNode(true);
(...)
```

이제, 선택자만 .svg_loader2로 변경하고 확인해 보겠습니다.

[그림 6-11] SVG의 〈animate〉 태그를 활용한 로딩 애니메이션 결과

그림 6-11과 같이 카드 UI가 노출되면서 로딩 애니메이션이 잘 발생하고 있나요? 애니메이션 효과를 자세히 보면, 2개의 원이 옆으로 움직이면서 작아지고 커지는 효과를 반복하고 있습니다.

지금까지 SVG 요소를 활용해 로딩 애니메이션을 하는 2가지 방법을 살펴보았습니다.

스켈레톤 UI

스켈레톤 UI도 Spinner UI 등 다른 로딩 UI와 마찬가지로 데이터를 가져오기 위해 API 호출이나 매우 복잡한 작업 등으로 비동기적인 상황이 발생했을 때 사용자가 빈 화면을 바라보는 시간을 줄여주고, 로딩 중임을 시각적으로 표현해 사용자 경험(UX)을 향상시키는 역할을 합니다.

좀 더 나아가, 스켈레톤 UI는 사용자에게 로딩 중인 콘텐츠의 예상 모습을 나타낼 수 있으므로 복잡하거나 정보가 많은 페이지에서 사용자의 관심을 유지하고 인내심을 갖도록 하는 데 특히 효과적입니다.

스켈레톤 UI를 만들고 적용시켜, 사용자가 콘텐츠를 예상할 수 있도록 해봅시다.

[코드 6-25] chapter_6_loader / 03_skeleton_ui.html

```html
(...)
    <!-- Skeleton UI -->
    <div class="card skeleton" style="display: none;">
      <div class="image"></div>
      <div class="card_desc">
        <strong class="title"></strong>
        <span class="description"></span>
      </div>
    </div>
  </body>
</html>
```

HTML은 이전에 만들어 둔 카드 UI를 그대로 사용하겠습니다.

스켈레톤 UI를 만들기 위해 기존 .card 레이아웃을 그대로 가져오고, skeleton 클래스 선택자를 사용해 커스텀하게 사용될 스타일 속성을 정의하겠습니다.

[코드 6-26] chapter_6_loader / 03_skeleton_ui.css

```css
(...)
.card a {
  display: block;
  box-shadow: 0 0 6.25rem -3.125rem rgba(0, 0, 0, 0.6);
  opacity: 1;
  /* transition:
     transform var(--showing-duration) ease-out,
     opacity var(--showing-duration),
     box-shadow var(--showing-duration); */
}

.card.hidden a {
  opacity: 0;
  /* transform: translateY(-0.625rem);
  box-shadow: 0 0 3rem 3rem rgba(0, 0, 0, 0.4); */
}
(...)
```

스타일도 기존 UI를 재사용합니다.

[코드 6-27] chapter_6_loader / 03_skeleton_ui.css

```css
(...)
/* Skeleton UI */
.skeleton {
  position: absolute;
  left: 0;
  top: 0;
  margin: 0;
}

.skeleton .image {
  aspect-ratio: 1 / 1;
}

.skeleton .title {
  width: 60%;
  height: 1.8rem;
}

.skeleton .description {
  width: 100%;
  height: 2.2rem;
```

```css
    margin-top: 0.5rem;
}

.skeleton .image,
.skeleton .title,
.skeleton .description {
  position: relative;
  overflow: hidden;
  background-color: #e3e3e3;
}

.skeleton .image::before,
.skeleton .title::before,
.skeleton .description::before {
  content: '';
  display: block;
  position: absolute;
  top: 0;
  left: 0%;
  width: 100%;
  height: 100%;
  background-image: linear-gradient(to right, transparent 0%, #f0f0f0 50%, transparent 100%);
  animation: skeleton 1s infinite;
}

@keyframes skeleton {
  0% {
    transform: translateX(-100%);
  }
  100% {
    transform: translateX(100%);
  }
}
```

.skeleton은 .card 요소의 스타일을 그대로 사용하기 때문에 margin 속성이 포함되어 있어 초기화가 필요합니다.

skeleton .image에 〈picture〉 태그에 작성했던 aspect-ratio 속성을 그대로 작성하고, .title, .description에 알맞게 너비와 높이를 작성합니다. .title과 .description의 여백을 띄워주기 위해 margin-top 속성을 활용합니다.

.image, .title, .description에 각각 스켈레톤 UI를 적용할 것이기 때문에 position: relative 속성을 사용해 가상 요소 선택자를 absolute로 띄웁니다. 그리고 linear-gradient 속성을 사용해 그라데이션을 부여한 요소를 translate로 이동시켜 보여주도록 합니다. overflow: hidden 속성을 사용해 각각의 요소를 벗어난 상태에서는 화면에 노출되지 않도록 합니다.

::before 가상 요소 선택자에 대해서 각각 background-image 속성을 사용해 linear-gradient를 설정합니다. 방향은 to right로 0%와 100%는 투명색(transparent)을 지정하고 50%인 중앙 값에 연한 회색(#f0f0f0) 색상을 지정합니다.

마지막으로, animation 속성을 사용해서 1초 동안 애니메이션이 무한히 반복되도록 설정합니다.

[코드 6-28] chapter_6_loader / 03_skeleton_ui.js

```js
(...)
const initSkeleton = ($elem, idx) => {
  const $skeleton = document.querySelector('.skeleton').cloneNode(true);
  show($skeleton);
  $elem.appendChild($skeleton);
  showItems($elem, $skeleton, idx);
};

document.addEventListener('DOMContentLoaded', () => {
  [...document.querySelectorAll('.card_list .card')].forEach(($element, index) =>
  initSkeleton($element, index));
});
```

$skeleton 변수로 cloneNode(true)를 사용해서 가장 외부의 태그뿐만 아니라 내부 태그들도 모두 복사하도록 하고, 나머지는 동일하게 작성을 합니다.

[그림 6-12] 스켈레톤 UI를 활용한 로딩 애니메이션 결과

그림 6-12와 같이 스켈레톤 UI에서 그라데이션 애니메이션 효과가 왼쪽에서 오른쪽으로 진행하며 데이터가 나타날 것으로 예상되는 화면에서 데이터가 로드되면 스켈레톤 UI가 사라지고 카드 UI가 노출되는 것을 확인할 수 있습니다.

 마무리

　이번 장에서는 실무에서 자주 사용되는 다양한 로딩 UI 기법을 실습했습니다. 반응형 카드 레이아웃을 기반으로 Spinner UI, SVG 로딩 UI, 그리고 스켈레톤 UI를 직접 구현하면서 각 기법의 특징과 장단점을 살펴보았습니다. 이러한 로딩 UI들은 비동기 데이터 로딩 시 사용자 경험을 크게 향상시킵니다. 특히 스켈레톤 UI는 로딩 중인 콘텐츠의 구조를 미리 보여줌으로써 사용자의 기대감을 형성하고 인내심을 유지하는 데 효과적입니다. 그리고 SVG 애니메이션과 CSS 키프레임 애니메이션 기법을 활용해 더욱 동적이고 매력적인 UI를 만드는 방법을 배웠습니다. 이러한 기법들을 적절히 활용하면 웹사이트의 사용성과 시각적 매력을 크게 높일 수 있습니다. 앞으로 실제 프로젝트에 이러한 기법들을 적용하여 사용자 중심의 웹 경험을 만들어봅시다.

결과물 보기

FRONT-END WEB ANIMATION

7장

눈길을 사로잡는 인터랙티브 로그인

이번 장에서는 사용자의 시선을 사로잡고 흥미를 유발하는 인터랙티브 로그인 폼을 만들어보며, 웹 개발에 필요한 기술들을 실습해 보겠습니다.

인터랙티브 로그인 폼은 단순한 기능 구현을 넘어, 사용자에게 즐거운 경험을 제공하는 것을 목표로 합니다. 움직이는 눈동자를 통해 사용자의 입력에 반응하는 캐릭터를 만들어봄으로써, 단순한 로그인 과정을 재미있고 기억에 남는 경험으로 변화시킬 것입니다.

이 과정에서 우리는 HTML로 기본 구조를 잡고, CSS로 스타일링을 한 뒤, JavaScript를 통해 동적인 상호작용을 구현하는 전체 웹 개발 과정을 경험하게 될 것입니다.

로그인 폼은 사용자 입장에서 웹 페이지와 처음 상호작용하는 지점으로 애니메이션 등의 인터랙티브 효과를 통해 사이트의 브랜딩을 강조하고 사용자에게 긍정적인 첫인상을 줄 수 있습니다.

7-1 로그인 폼 레이아웃
7-2 입력 필드를 따라다니는 눈을 구현하기

7-1 로그인 폼 레이아웃

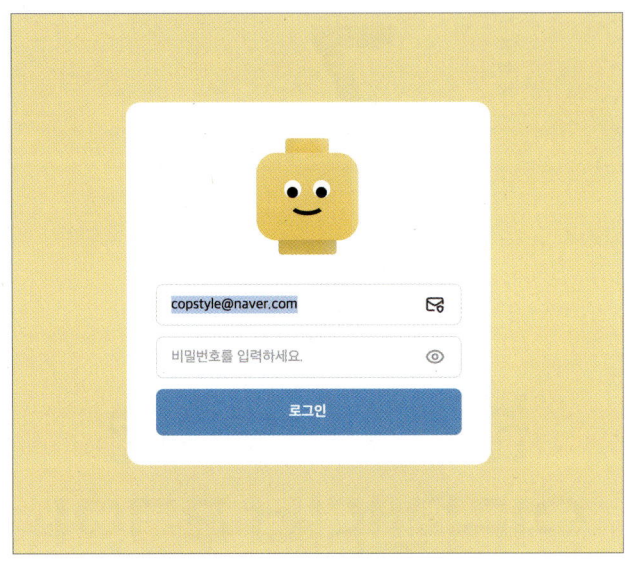

[그림 7-1] 인터랙티브 로그인 폼 결과

HTML과 CSS를 활용해 로그인 폼의 기본 구조와 시각적 디자인을 구축한 후, JavaScript의 동적 기능을 통해 사용자 상호작용에 반응하는 눈동자 애니메이션을 구현하겠습니다. 눈동자는 사용자의 마우스 움직임이나 입력 필드의 포커스에 따라 움직이며, 마치 캐릭터가 사용자의 행동을 지켜보는 듯한 재미있는 효과를 연출할 것입니다. 이러한 효과는 단순한 시각적 재미를 넘어 보안의 중요성을 은유적으로 표현하면서도 사용자 경험을 한층 풍부하게 만들어줄 것입니다. 이러한 접근을 통해, 기능적 요구사항을 충족시키면서도 사용자의 감정적 연결을 유도하는 균형 잡힌 웹 인터페이스를 만들어볼 것입니다.

우선, HTML을 사용해 마크업을 작성하고 스타일링을 적용해 보겠습니다.

마크업(MarkUp)이란?

웹 개발에서 마크업은 주로 웹 페이지의 구조를 정의하는 데 사용되며, HTML(HyperText Markup Language)이 가장 널리 사용되는 마크업 언어입니다.

- HTML: 웹 페이지의 구조를 정의하는 데 사용되는데 링크, 텍스트, 이미지 등을 웹 페이지에 표시하기 위해 미리 정의된 태그를 작성합니다.
- XML: 데이터의 저장과 전송을 목적으로 하는 마크업 언어이고, 사용자가 태그를 정의할 수 있습니다.
- Markdown: 텍스트 기반의 마크업 언어로, 간단한 문법을 사용하여 웹 콘텐츠의 서식을 지정합니다.

[코드 7-1] chapter_7_form / 01_login.html

```html
<!doctype html>
<html lang="ko-KR">
  <head>
    <meta charset="UTF-8" />
    <meta http-equiv="X-UA-Compatible" content="IE=edge" />
    <meta name="viewport" content="width=device-width, initial-scale=1.0" />
    <title>01_login.html</title>
    <link rel="stylesheet" href="../public/css/reset.css" />
    <link rel="stylesheet" href="../public/css/chapter_7/01_login.css" />
    <script src="../public/js/chapter_7/01_login.js" defer></script>
  </head>

  <body>
    <div class="login">
      <div class="character">
        <div class="sunglasses">
          <div class="sunglass"></div>
          <div class="sunglass"></div>
        </div>
        <div class="eye right">
          <i class="pupil"></i>
        </div>
        <div class="eye left">
          <i class="pupil"></i>
        </div>
        <div class="mouth"></div>
      </div>
      <form action="./01_login.html">
        <label for="email">
```

```html
                <input type="email" id="email"
placeholder="copstyle@naver.com" autofocus required maxlength="40" />
                <i class="icn icn_mail"></i>
            </label>

            <label for="password">
                <input type="password" id="password" placeholder="비밀번호를 입력하세요." required
maxlength="40" />
                <i class="icn icn_eye js-eye"></i>
            </label>
            <button type="submit">로그인</button>
        </form>
    </div>
  </body>
</html>
```

DOCTYPE을 사용해 문서가 HTML5 문서임을 선언하고, 〈html〉 태그의 속성을 사용해 기본 언어가 한국어임을 설정합니다. 〈head〉 태그 내에는 문자 인코딩을 UTF-8로 설정하고, 호환성 보기를 사용하지 않으며 최신 IE 버전으로 페이지를 렌더링하도록 설정합니다. 페이지의 뷰포트를 디바이스의 너비에 맞추고, 초기 확대 비율을 1로 설정한 뒤, 〈title〉, 〈link〉, 〈script〉 태그를 각각 작성합니다. 〈script〉 태그에는 defer 속성을 추가해 HTML 파싱이 완료된 후 스크립트가 실행되도록 설정합니다.

〈body〉 태그 내부 내용을 작성하는데, .login을 사용해 가장 큰 레이아웃을 만들고, 내부에 .character 요소와 〈form〉 태그를 활용해 캐릭터와 로그인 입력 폼을 마크업합니다. 〈label〉 태그는 폼 필드의 설명을 제공하고, for 속성을 사용해 입력 필드의 ID를 참조해서 레이블을 클릭하면 해당 입력 필드에 포커스가 맞춰지도록 합니다. 각각의 〈input〉 태그에 type 속성을 사용해 어떤 타입의 입력 요소인지를 나타냅니다.

<input> 태그의 타입?

타입	설명
text	기본적인 입력 필드
password	비밀번호 입력 필드
number	숫자 입력 필드, 일부 브라우저에서는 증감 화살표 표시
tel	전화번호 입력 필드, 숫자와 특정 기호만 입력 가능
date	날짜 입력 필드, 대부분의 모던 브라우저에서 달력 UI 제공
time	시간 입력 필드, 시간 선택 UI 제공
checkbox	체크박스, 다중 선택 가능
radio	라디오버튼, 동일 name 속성 중 하나만 선택 가능
file	파일 선택 필드
submit	폼 제출 버튼
reset	폼 리셋 버튼
hidden	사용자에게 보이지 않는 입력 필드
color	색상 선택 필드
range	슬라이더를 통한 범위 선택 필드

[표 7-1] input 요소의 다양한 타입

input 요소의 다양한 속성을 활용해 사용자 경험을 향상시킬 수 있습니다. **placeholder** 속성으로 입력 필드에 예시를 표시하고, **autofocus** 속성으로 페이지 로드 시 자동으로 포커스될 필드를 지정합니다. **required** 속성은 필수 입력 항목을 나타내며, **maxlength** 속성은 최대 입력 길이를 제한합니다. 아이콘 스타일링에는 ⟨i⟩ 태그를 사용하며, 비밀번호 필드의 .js-eye 클래스를 통해 비밀번호 표시/숨김 상태에 따라 아이콘을 동적으로 변경할 수 있습니다.

 ⟨i⟩ 태그의 용도

원래 ⟨i⟩ 태그는 HTML에서 이탤릭체를 나타내기 위해 도입되었는데, 시간이 지나면서 웹 개발의 관행에서 아이콘 폰트의 등장과 함께 ⟨i⟩ 태그의 용도가 변경 및 확장되었습니다.

마지막으로, ⟨button⟩ 태그의 type 속성을 submit으로 해서 로그인을 클릭하면 폼이 제출되도록 하겠습니다.

```
copstyle@naver.com
비밀번호를 입력하세요.    로그인
```

[그림 7-2] form 마크업 결과

reset.css에서 브라우저의 기본 스타일을 제거하고 있기 때문에 각 브라우저마다 보여지는 ⟨input⟩, ⟨button⟩ 태그의 사용자 에이전트 스타일이 적용되지 않습니다.

이제 form 요소 중 입력 필드에 사용될 아이콘들을 위한 스타일을 별도의 CSS 파일에 정의하겠습니다.

[코드 7-2] public / css / icons.css

```css
@charset "utf-8";

.icn {
  display: block;
  width: 1.4em;
  height: 1.4em;
  background-size: cover;
  background-position: 0 0;
}

.icn_mail {
  background-image: url('../img/freesvg/icn_mail.svg');
}

.icn_eye {
  background-image: url('../img/freesvg/icn_eye_open.svg');
}

.icn_eye_close {
  background-image: url('../img/freesvg/icn_eye_close.svg');
}
```

icons.css 파일을 따로 생성해 입력 필드에 필요한 메일 아이콘과 눈 아이콘을 표현하는 스타일을 작성하도록 합니다.

우선, icn 클래스를 선언해 공통적인 스타일을 작성합니다. <i> 태그가 인라인 요소이므로, display: block으로 작성하여 블록 요소로 변경해 크기 조절 및 여백 설정이 가능하도록 합니다. 아이콘의 크기는 1.4em으로 작성하면 em 단위이기 때문에 부모 요소의 폰트 크기에 비례하여 조절됩니다.

background-size: cover를 사용하여 아이콘 이미지가 지정된 영역의 비율을 유지하며 꽉 채우도록 합니다. 각 아이콘 클래스(.icn_mail, .icn_eye, .icn_eye_close)는 SVG 이미지를 배경으로 설정합니다.

[코드 7-3] public / css / chapter_7 / 01_login.css

```css
@charset "utf-8";
@import '../icons.css';

:root {
  --primary-color: #20a8e1;
  --hover-color: #198ebf;
  --background-color: #ffec99;
  --text-color: #fff;
}

html {
  width: 100%;
  height: 100%;
}

body {
  display: flex;
  justify-content: center;
  align-items: center;
  width: 100%;
  height: 100%;
  padding: 0.5em;
  background-color: var(--background-color);
}

.login {
  position: relative;
  width: 25em;
  max-width: 100%;
```

```
    padding: 2em;
    background: white;
    border-radius: 1em;
  }

  form label {
    display: block;
    position: relative;
  }
```

CSS 파일에서 색상 변수를 :root에 정의하고, body에 flex 레이아웃을 적용하여 콘텐츠를 화면 중앙에 배치합니다. 기본 padding 값으로 0.5em을 부여하고 .login 요소는 25em의 너비로 작성하고 반응형 디자인을 위해 max-width를 100%로 설정합니다.

로그인 폼의 모서리를 둥글게 만들기 위해 border-radius 속성의 값을 1em으로 작성하고, label 태그에는 position: relative를 작성하여 내부 아이콘 요소에 absolute 속성을 사용할 때의 기준점을 제공합니다.

[코드 7-4] public / css / chapter_7 / 01_login.css

```
  (...)
  form label .icn {
    position: absolute;
    right: 1em;
    top: 50%;
    transform: translate3d(0, -50%, 0);
    opacity: 0.4;
    transition: opacity 0.3s;
  }

  form label .icn_eye {
    cursor: pointer;
  }

  input {
    display: block;
    width: 100%;
    margin: 0.75em 0;
    padding: 0.75em 3em 0.75em 1em;
    border: 1px solid #dedede;
    border-radius: 0.5em;
  }
```

```css
input:focus + .icn {
  opacity: 0.8;
}

input::placeholder {
  color: #aaa;
}

button {
  width: 100%;
  padding: 1em;
  border-radius: 0.5em;
  background-color: var(--primary-color);
  color: var(--text-color);
  font-weight: bold;
  text-align: center;
  cursor: pointer;
  transition: background-color 0.3s;
}

@media (hover: hover) {
  button:hover {
    background-color: var(--hover-color);
  }
}
```

form label .icn 요소를 absolute 속성으로 작성하여 input 요소의 오른쪽 상하 중앙에 배치를 하기 위해 top: 50%와 transform: translate3d(0, -50%, 0)을 작성합니다. opacity의 기본값을 0.4로 설정해서 투명하게 만들고 transition을 사용해서 부드럽게 opacity 속성이 전환되도록 합니다.

.icn_eye 요소에 cursor: pointer를 작성해 마우스 커서를 손가락 모양으로 적용합니다. input 요소에 대해 너비 100%와 padding 값을 작성해 내부 여백을 만들고, 가상 클래스 선택자 :focus를 사용해 input 요소에 포커스되었을 때 불투명도 값을 0.8로 변경해 활성화된 상태로 보여줍니다.

가상 요소 선택자 ::placeholder를 사용해 입력 필드의 예시를 나타내는 텍스트의 컬러를 변경하고, button 요소에 둥근 버튼의 스타일을 지정합니다. transition: background-color 0.3s 속성을 사용해서 버튼의 배경색이 자연스럽게 변화하도록 합니다. @media (hover: hover)를 사용해 호버 가능 여부를 감지하고 이에 따라 :hover 가상 클래스 선택자를 활용해 background-color를 변경합니다.

@media (hover: hover)

사용자의 호버 가능 여부를 감지하고 이에 따라 스타일을 적용할 수 있는데, 마우스로 호버 가능한 장치와 달리 터치스크린과 같이 호버 상태가 없는 장치는 적용되지 않도록 스타일을 작성할 수 있습니다.

[코드] 호버가 적용되는 환경에서만 적용되는 미디어 쿼리

```css
/* 호버가 가능한 장치 */
@media (hover: hover) {
  button:hover {
    background-color: red;
  }
}

/* 호버가 불가능한 장치 */
@media (hover: none) {
  button {
    background-color: black;
  }
}
```

[그림 7-3] 로그인 폼을 스타일링한 결과

이제, 일반적인 로그인 폼에 캐릭터 UI를 추가하여 인터랙티브 효과를 적용하겠습니다.

[코드 7-5] public / css / chapter_7 / 01_login.css

```css
(...)
/* character */
.character {
  position: relative;
  width: 7em;
  height: 6em;
  margin: 1.5em auto 3em;
  background-color: currentColor;
  background-image: linear-gradient(rgba(255, 255, 255, 0.3), rgba(255, 255, 255, 0)),
linear-gradient(to right, rgba(255, 255, 255, 0) 90%, rgba(255, 255, 255, 0.3));
  border-radius: 1.4em;
  color: rgba(255, 217, 26, 1);
}

.character::before,
.character::after {
  content: '';
  position: absolute;
  left: 50%;
  transform: translateX(-50%);
  background-color: currentColor;
}

.character::before {
  top: -1em;
  width: 3em;
  height: 1em;
  background-image: linear-gradient(rgba(255, 255, 255, 0.2), rgba(255, 255, 255, 0)),
linear-gradient(to right, rgba(255, 255, 255, 0) 70%, rgba(255, 255, 255, 0.3));
  border-radius: 0.25em 0.25em 0 0;
}

.character::after {
  bottom: -0.975em;
  width: 4em;
  height: 1em;
  background-image: linear-gradient(rgba(0, 0, 0, 0.1), rgba(0, 0, 0, 0.05)), linear-gradient(to right, rgba(255, 255, 255, 0) 70%, rgba(255, 255, 255, 0.3));
  border-radius: 0 0 0.25em 0.25em;
}
```

캐릭터 얼굴을 그리기 위해 .character 요소에 눈과 입 요소를 레이어로 겹치기 위해 position: relative를 작성합니다. background-color: currentColor를 사용해서 요소에 적용된 현재 color 속성을 적용합니다. 입체감을 주기 위해 background-image로 linear-gradient를 사용합니다.

:before, :after 가상 요소 선택자를 활용해서 머리와 목을 생성하겠습니다.

position: absolute 속성으로 레이어를 겹치고 좌우 중앙에 배치하고, 상하 위치 조절을 한 뒤, linear-gradient로 입체감을 부여합니다.

currentColor란?

currentColor는 CSS에서 제공하는 특별한 키워드로, 요소의 현재 color 속성값을 동적으로 참조합니다. 이 키워드를 사용하면 요소의 텍스트 색상과 동일한 색상을 다른 속성에도 쉽게 적용할 수 있습니다.

[코드] currentColor 속성 예제

```css
button {
  color: red;
  border: 1px solid currentColor; /* red */
  box-shadow: 0 0 10px currentColor; /* red */
}
```

이 코드에서 border와 box-shadow는 button의 color 값인 빨간색을 자동으로 상속받습니다.

currentColor의 주요 장점으로는 일관성이 있어 요소의 여러 부분에 동일한 색상을 쉽게 적용할 수 있고, color 값만 변경하면 연관된 모든 스타일이 자동으로 업데이트되어 유지보수성에 좋습니다.

다양한 컴포넌트에서 일관된 색상 스키마를 쉽게 구현할 수 있어 재사용성이 좋고 JavaScript로 color를 변경하면 currentColor를 사용하는 모든 속성이 자동으로 반영되기 때문에 동적 스타일링도 가능합니다.

이러한 특성으로 인해 currentColor는 테마 설정, 다크 모드 구현, 또는 동적 색상 변경이 필요한 상황에서 특히 유용하게 사용됩니다.

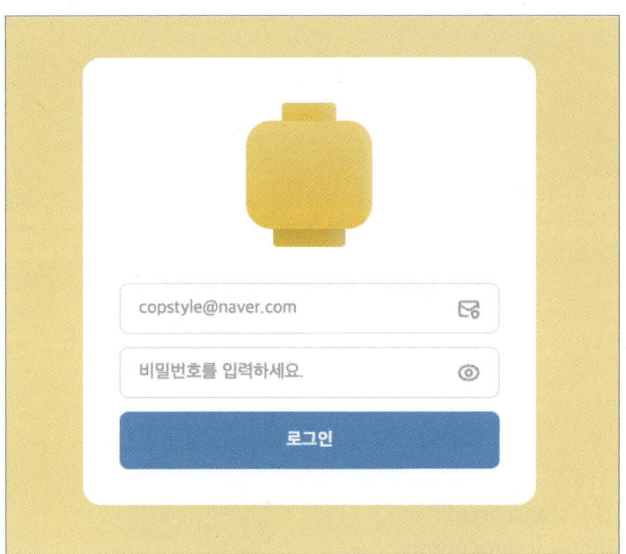

[그림 7-4] 입체감 있는 얼굴을 스타일링한 결과

그림 7-4 캐릭터 얼굴에 눈과 입을 그려주겠습니다.

[코드 7-6] public / css / chapter_7 / 01_login.css

```css
(...)
.eye {
  display: flex;
  align-items: center;
  justify-content: center;
  position: absolute;
  top: 1.9em;
  width: 1.2em;
  height: 1.2em;
  background-color: currentColor;
  border-radius: 50%;
  color: var(--text-color);
}

.eye.right {
  left: 1.9em;
}

.eye.left {
  right: 1.9em;
}
```

```css
.eye .pupil {
  display: block;
  width: 0.75em;
  height: 0.75em;
  border-radius: 50%;
  background-color: #000;
}

.mouth {
  position: absolute;
  top: 2.7em;
  left: 50%;
  width: 2.6em;
  height: 1.6em;
  border: 0.3em solid transparent;
  border-bottom-color: currentColor;
  border-radius: 50%;
  color: #000;
  transform: translateX(-50%);
  transition: border-radius 0.3s;
}
```

눈 전체를 흰색 배경으로 만들고, 그 내부에 검은색 눈동자를 그려줍니다. 입은 border와 border-radius를 활용해 웃음 짓는 표정으로 표현합니다.

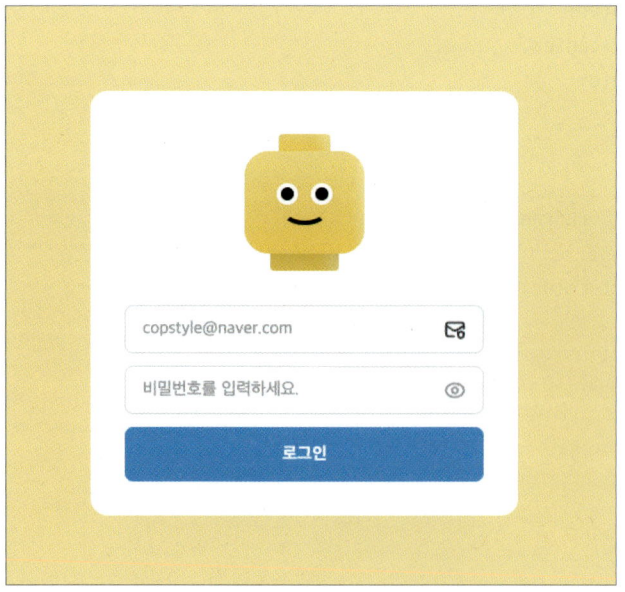

[그림 7-5] 얼굴에 눈과 입을 스타일링한 결과

비밀번호를 타이핑할 때, 비밀번호를 눈으로 보지 않는다는 의미를 담아 선글라스로 눈을 가린 캐릭터를 스타일링하겠습니다.

[코드 7-7] public / css / chapter_7 / 01_login.css

```css
(...)
.sunglasses {
  display: flex;
  align-items: center;
  justify-content: center;
  position: relative;
  top: 2em;
  z-index: 1;
  transition:
    transform 0.3s,
    opacity 0.3s;
}

.sunglass {
  position: relative;
  width: 2.2em;
  height: 1.3em;
  border-radius: 0 0 1em 1em;
  background: rgba(0, 0, 0, 1);
}

.sunglass::before {
  content: '';
  display: block;
  position: absolute;
  top: -0.2em;
  left: 0;
  width: 100%;
  height: 0.2em;
  background: rgba(0, 0, 0, 1);
}
```

눈과 입을 absolute로 배치했기 때문에 선글라스 UI는 이미 겹쳐진 UI에서 flex로 레이아웃을 만들어서 위치를 지정합니다. z-index 속성을 사용해 눈동자 요소들보다 상위 레이어로 겹쳐 위치하도록 설정하고, border-radius를 사용해 선글라스 렌즈를 둥글게 디자인합니다.

마지막으로 선글라스의 위쪽에 검은색 테를 추가하기 위해 가상 요소 선택자 ::before를 활용해서 스타일링합니다.

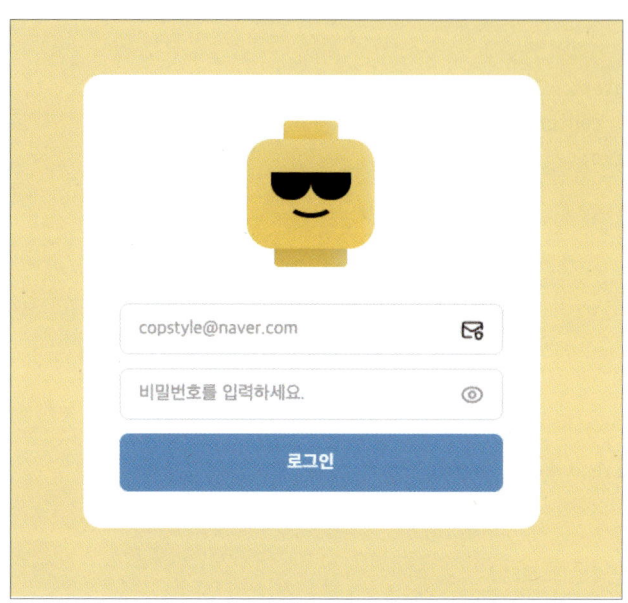

[그림 7-6] 선글라스를 스타일링한 결과

[코드 7-8] public / css / chapter_7 / 01_login.css

```css
(...)
.sunglasses {
  opacity: 0;
  transform: translateX(-0.5em);
  (...)
}
```

선글라스는 처음에는 보이지 않고 왼쪽에 위치하다가 비밀번호 입력 필드와 상호작용하면 애니메이션을 통해 선글라스가 오른쪽으로 이동하며 나타납니다. 이를 위해 opacity: 0과 transform: translateX(-0.5em)를 사용합니다.

이번에는 비밀번호 입력 시, 필드 안에 눈 아이콘을 클릭하면 비밀번호가 표시되고 선글라스가 일반 안경으로 변경되도록 해서 캐릭터가 비밀번호를 자세히 확인하는 듯한 경험을 제공해 보겠습니다.

[코드 7-9] chapter_7_form / 01_login.html

```html
(...)
<div class="character close_half">
(...)
```

개발 과정에서 close_half 클래스를 .character 요소에 임시로 추가하여 스타일링을 작성하고, 완성 후 이를 제거합니다.

[코드 7-10] public / css / chapter_7 / 01_login.css

```css
(...)
.close .sunglasses,
.close_half .sunglasses {
  opacity: 1;
  transform: translateX(0);
}

.close .mouth {
  border-radius: 20%;
}

.close_half .sunglasses .sunglass {
  margin: 0.1em;
  background: transparent;
  border: 2px solid #000;
  border-radius: 0 0 0.5em 0.5em;
}
```

close_half 및 close 클래스에 대한 스타일을 미리 정의합니다. close_half 클래스가 적용될 때, 선글라스의 불투명도를 1로 설정하고 X축 이동을 0으로 하여 완전히 보이게 합니다.

안경알은 투명 배경에 테두리를 추가하고, 하단 모서리를 둥글게 처리하여 일반 안경처럼 보이도록 스타일링합니다. close 클래스를 적용했을 때 입의 모양을 다르게 적용해 봅니다.

이러한 스타일 정의를 통해 비밀번호 필드와의 상호작용 시 캐릭터의 모습이 동적으로 변화하며, 직관적인 인터페이스와 정보를 제공함과 동시에 사용자에게 매력적인 시각적 피드백을 제공합니다.

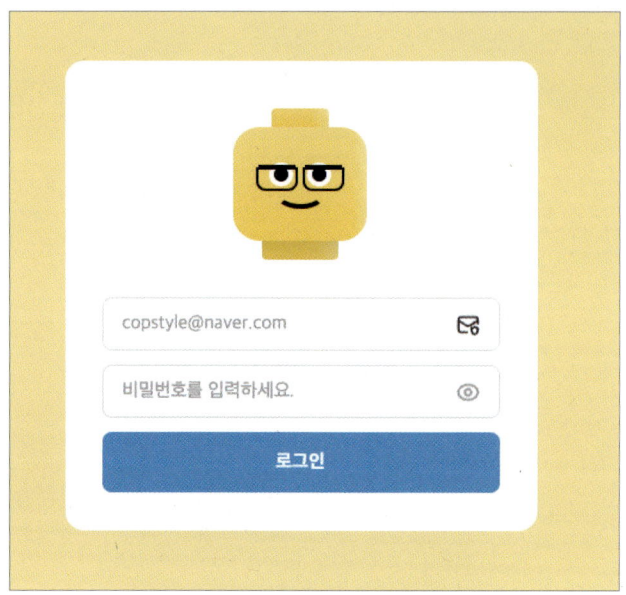

[그림 7-7] 일반 안경으로 스타일링한 결과

7-2 입력 필드를 따라다니는 눈을 구현하기

JavaScript를 활용해 입력 필드와 상호작용하는 동적인 눈 애니메이션을 구현합니다. 사용자가 텍스트나 비밀번호를 입력할 때, 상황에 맞게 클래스를 부여하고 눈동자가 입력 필드를 따라다니는 효과를 만들어 사용자에게 인터랙티브한 웹 경험을 전달합니다.

이를 위해 전역 options 객체를 생성하여 마우스와 키보드 상호작용 여부의 초깃값과 눈동자 움직임의 범위를 제어하는 **scaleFactor**를 관리합니다.

[코드 7-11] public / js / chapter_7 / 01_login.js

```javascript
'use strict';

const options = {
  mouse: false,
  keyboard: true,
  scaleFactor: 4,
};
```

mouse와 keyboard 속성은 각각의 입력 방식 사용 여부를 boolean 값으로 저장하여 조건문에서 활용합니다.

scaleFactor는 눈동자의 이동 범위를 결정하는 정수 값으로, 이 값을 조절함으로써 눈동자의 움직임을 더 넓게 또는 더 좁게 제한할 수 있도록 합니다.

JavaScript에서도 CSS와 유사하게 전역 변수를 객체 형태로 사용하여 여러 키-값 쌍을 저장하고 관리할 수 있습니다. 이는 코드의 구조화와 유지보수성을 향상시키는 데 도움이 됩니다.

이러한 전역 객체의 속성들은 필요에 따라 변경할 수 있으며, 조건문에서 활용하여 프로그램의 동작을 동적으로 제어할 수 있습니다.

 const는 변할 수 없는 값이라고 알고 있는데, 어떻게 변경을 할 수 있나요?

const 키워드를 사용해 선언한 변수는 재할당이 불가능하지만, 객체 내부의 속성값은 변경할 수 있습니다. 이는 const가 변수에 할당된 메모리 주소를 고정하지만, 해당 메모리 주소가 가리키는 객체의 내용은 변경할 수 있기 때문입니다.

[코드] 객체 내의 속성값은 변경 가능한 const 변수

```javascript
const exampleObject = { key: 'value' };

// 이것은 오류를 발생시킵니다
exampleObject = { otherKey: 'otherValue' };

// 객체 내부의 속성 변경은 가능합니다
exampleObject.key = 'newValue';
```

[코드 7-12] public / js / chapter_7 / 01_login.js

```javascript
(...)
const updatePupilPosition = (x, y, $pupil) => {
  $pupil.style.transform = `translate(${x}px, ${y}px)`;
};

const calculateDistance = (x1, y1, x2, y2) => Math.sqrt((x2 - x1) ** 2 + (y2 - y1) ** 2);
```

updatePupilPosition 함수를 만들어 눈동자의 위치를 transform 속성의 translate 값으로 x, y 좌표를 인자로 전달받아 업데이트하겠습니다.

calculateDistance 함수는 두 점의 x, y 좌표를 각각 인자로 전달받아 **유클리드 거리 공식**을 사용하여 이 두 점 사이의 거리를 반환하는 함수입니다.

유클리드 거리 공식?

유클리드 거리 공식은 두 점 사이의 직선 거리를 계산하는 수학적 공식으로, 피타고라스의 정리를 기반으로 합니다. 이렇게 계산된 두 점 사이의 직선 거리를 **유클리드 거리**라고 합니다.

[코드] 유클리드 거리 공식 예제

```
const calculateDistance = (x1, y1, x2, y2) => Math.sqrt((x2 - x1) ** 2 + (y2 - y1) 
** 2);
```

수학적 공식이라고 해서 너무 어렵게만 보일 수 있지만, 다음 순서에 따라 논리적으로 생각해보세요.

1. **x 좌표의 차이 계산:** 두 점의 x 좌표 차이를 구합니다. (x2 − x1)
2. **y 좌표의 차이 계산:** 두 점의 y 좌표 차이를 구합니다. (y2 − y1)
3. **차이 제곱:** x 좌표와 y 좌표 차이를 각각 제곱해서 음수가 되는 것을 방지할 수 있으며, 거리를 양의 값으로 계산합니다. ((x2 − x1) ** 2와 (y2 − y1) ** 2)
4. **제곱한 값 더하기:** 이 두 제곱값을 더합니다.
5. **제곱근 구하기:** Math.sqrt 메서드를 사용해서 더한 값의 제곱근을 구합니다.

[코드 7-13] public / js / chapter_7 / 01_login.js

```
(...)
const updatePupilPositionByMouse = (mouseEvent, $eye) => {
  const { clientX: mouseX, clientY: mouseY } = mouseEvent;
  const { left, top, width, height } = $eye.getBoundingClientRect();
  const eyeCenterX = left + width / 2;
  const eyeCenterY = top + height / 2;
  const angle = Math.atan2(mouseY - eyeCenterY, mouseX - eyeCenterX);
  const distance = Math.min($eye.offsetWidth / options.scaleFactor, calculateDistance
(mouseX, mouseY, eyeCenterX, eyeCenterY));

  updatePupilPosition(distance * Math.cos(angle), distance * Math.sin(angle), $eye.
querySelector('.pupil'));
};
```

updatePupilPositionByMouse 함수는 mouseEvent 및 $eye를 인자로 전달받아 현재 mouseEvent의 이벤트 객체를 넘겨 mouseX와 mouseY에 대해 clientX, clientY라는 이름으로 구조 분해 할당(destructuring)을 합니다.

$eye 요소를 getBoundingClientRect 메서드를 활용해 left, top, width, height 값을 각각 받아옵니다.

눈동자의 중앙값을 구하기 위해 eyeCenterX, eyeCenterY를 계산하고, 각도(angle) 값을 삼각함수의 아크탄젠트 값을 사용해 라디안 값을 구합니다.

 라디안? 아크탄젠트?

- **라디안**
  라디안은 각도를 측정하는 단위 중 하나로, 원의 중심각의 크기를 나타냅니다.
  원의 반지름 길이의 호가 원의 중심에서 이루는 각을 '1라디안'으로 정의하는데, 원 전체의 둘레는 반지름의 약 6.28배인 2π(파이) 값 이므로 360도는 곧 2π 라디안입니다.
- **아크탄젠트**
  탄젠트는 삼각함수 중 하나로, 주어진 각에 대해 반대변의 길이를 인접변의 길이로 나눈 값입니다.
  여기에서는 atan2로 탄젠트 역함수인 아크탄젠트라고 불립니다.
  예를 들어, x가 음수이고 y가 양수인 경우, Math.atan2는 자동으로 해당 점이 2사분면에 있음을 인식하고 180도보다 작고 90도보다 큰 각도 즉, 라디안을 반환합니다.
  결국, Math.atan2는 두 점 간의 모든 방향의 상대적인 각도를 라디안 단위로 정확하게 계산하는 데 사용됩니다.

눈동자가 이동할 수 있는 최대 거리를 옵션의 값과 눈동자의 크기를 기준으로 계산하고, 유클리드 공식으로 계산된 값과 실제 거리와 비교하여 Math.min 메서드를 활용해 더 작은 값으로 distance 변수에 할당합니다.

이렇게 함으로써 눈동자의 이동 범위를 제한하면서도 자연스럽게 움직이도록 할 수 있습니다.

마지막으로, **updatePupilPosition** 함수를 호출해 눈동자의 위치를 업데이트합니다. 해당 함수의 인수로 Math.sin(angle)과 Math.cos(angle)를 사용해 주어진 각도의 사인과 코사인을 구하게 되는데 이는 -1과 1사이의 범위를 가지고 사인은 y축을 결정하고 코사인은 x축의 값을 계산합니다. 해당 값에 distance 값을 곱해서 x축과 y축의 위치를 구해서 transform 속성의 translate 값을 활용해서 눈동자의 x, y좌표를 이동시킵니다.

[코드 7-14] public / js / chapter_7 / 01_login.js

```js
(...)
const updatePupilPositionByKeyboard = ({ target }) => {
  const inputLength = target.value.length;
  const maxInputLength = target.maxLength;
  const angle = ((inputLength / maxInputLength) * Math.PI) / 2 - Math.PI / 4;

  document.querySelectorAll('.eye .pupil').forEach(($pupil) => {
    const distance = options.scaleFactor;
    updatePupilPosition(distance * Math.sin(angle), distance * Math.cos(angle), $pupil);
  });
};
```

이번에는 키보드를 타이핑하는 동안 눈동자가 키보드 커서를 따라 움직이도록 하겠습니다. 마우스와 달리 event 객체의 target을 받아 해당 input의 값의 길이에 따라 maxLength 속성을 활용합니다. 현재 타이핑하고 있는 inputLength 값을 나눠서 텍스트의 길이 비율을 0과 1 사이 값으로 계산합니다. 이 비율을 Math.PI / 2와 곱하면, 입력 길이에 비례하는 라디안 단위의 각도를 얻을 수 있습니다.

360도인 원은 2π(파이)를 뜻한다고 했으니 180도는 1π라디안이 됩니다. 1π라디안을 2로 나누면 90도가 되겠고, 이를 0과 1사이의 비율 값으로 곱하게 되면 0에서 90도 사이의 각도를 라디안 값으로 얻어 낼 수 있습니다. 이 각도에서 Math.PI / 4를 빼면, 눈동자의 이동 방향을 결정하는 최종 각도로 -45도에서 45도 사이의 값을 얻게 됩니다. 이는 눈동자가 중앙을 기점으로 좌에서 우로 움직일 수 있도록 해줍니다.

.eye .pupil은 각각의 눈동자를 뜻하게 되는데, 전체를 forEach 메서드로 순회하면서 updatePupilPosition을 호출합니다.

[코드 7-15] public / js / chapter_7 / 01_login.js

```js
(...)
document.addEventListener('DOMContentLoaded', () => {
  const isPasswordType = (e) => 'password' === e.target.type;
  const $character = document.querySelector('.character');
  const toggleCloseClass = (condition) => $character.classList.toggle('close', condition);
  document.querySelectorAll('input').forEach(($input) => {
    $input.addEventListener('focus', (e) => {
      options.mouse = false;
      toggleCloseClass(isPasswordType(e));
    });

    $input.addEventListener('focusout', () => {
      options.mouse = true;
      $character.classList.remove('close');
    });

    $input.addEventListener('input', (e) => {
      if (!options.keyboard) return;
      isPasswordType(e) ? $character.classList.add('close') : updatePupilPositionByKeyboard(e);
    });
  });
});
```

필요한 함수들을 다 작성했으니, DOM API를 사용해 이벤트를 등록합니다.

먼저, DOMContentLoaded 이벤트를 사용해 input 요소에 대해 focus, focusout, input 이벤트를 각각 등록합니다. isPasswordType 변수에 함수를 할당하고, event 객체를 받아 event 객체의 target 속성의 type 속성이 password인지 여부를 검증합니다.

toggleCloseClass 함수를 사용해 .character 요소에 close 클래스를 삽입할지 여부를 isPasswordType 함수의 결과에 따라 결정합니다.

모든 input 요소를 선택하기 위해 document.querySelectorAll로 DOM 요소들을 선택하고 forEach로 순회하며 각각의 input 요소에 대해 focus, focusout, input 이벤트를 등록합니다.

focus 이벤트가 일어나면 options 객체의 mouse 속성을 false로 재할당하고, input의 type이 password인지 여부에 따라서 close 클래스를 추가합니다.

focusout 이벤트에는 options 객체의 mouse 속성을 true로 해서 mousemove 이벤트가 동작하도록 하고 $character 요소의 close 클래스를 제거합니다.

마지막으로 input 이벤트 발생 시 options 객체의 keyboard 속성의 값이 false라면, early return으로 더 이상 이벤트를 진행하지 않고 종료합니다.

만약 keyboard 속성이 true라면, input type이 password인지 여부에 따라서 close 클래스를 부여해서 캐릭터에게 선글라스를 씌우는 애니메이션을 발생시키거나 updatePupilPositionBy keyboard 함수를 통해 눈동자가 따라서 움직이도록 합니다.

 input vs change 이벤트

input 이벤트와 **change** 이벤트는 모두 사용자의 데이터 입력이나 수정을 감지하지만, 그 발생 시점과 용도에 차이가 있습니다. **input** 이벤트는 사용자가 키보드 입력, 음성 입력, 복사, 붙여넣기 등을 통해 데이터를 변경할 때마다 실시간으로 발생합니다. 이 특성으로 인해 글자 수 실시간 카운팅이나 즉각적인 입력값 검증에 적합합니다. 반면, **change** 이벤트는 요소의 값이 변경되고 해당 요소가 포커스를 잃을 때 발생합니다. 이는 사용자가 입력을 완료하고 다른 요소로 이동했을 때의 최종 값을 처리하거나 검증하는 데 유용합니다. 따라서, 실시간 반응이 필요한 경우에는 input 이벤트를, 최종 입력값에 대한 처리나 검증이 필요한 경우에는 change 이벤트를 사용하는 것이 적절합니다. 이러한 특성을 고려하여 사용자 경험과 애플리케이션의 요구사항에 맞게 적절한 이벤트를 선택하여 사용하면 됩니다.

[코드 7-16] public / js / chapter_7 / 01_login.js

```javascript
(...)
const toggleEyeIcon = (e) => {
  const $eyeIcon = e.target;
  const $character = document.querySelector('.character');
  const $input = $eyeIcon.parentElement.querySelector('input');
  const isPassword = 'password' === $input.type;

  if (isPassword) {
    $input.type = 'text';
    $eyeIcon.classList.add('icn_eye_close');
    $character.classList.add('close_half');
  } else {
    $input.type = 'password';
    $eyeIcon.classList.remove('icn_eye_close');
    $character.classList.remove('close_half');
  }
};

(...)
document.addEventListener('DOMContentLoaded', () => {
  (...)
  document.querySelector('.js-eye').addEventListener('click', toggleEyeIcon);
});
```

이제 input 요소 옆의 눈 아이콘을 클릭하면 input 요소의 type을 password 타입에서 text로 변경했다가 다시 한 번 누르면 password 타입으로 돌아오도록 toggleEyeIcon 함수를 작성합니다.

미리 선언해둔 CSS에 따라 icn_eye_close, close_half 클래스가 추가되고 제거되었을 때의 스타일을 확인하고, click 이벤트에 등록합니다.

[코드 7-17] public / js / chapter_7 / 01_login.js

```
(...)
document.addEventListener('mousemove', (e) => {
  if (!options.mouse) return;
  document.querySelectorAll('.eye').forEach(($eye) => updatePupilPositionByMouse(e,
$eye));
});
```

마지막으로, mousemove 이벤트를 등록해서 options 객체의 mouse 속성이 false라면 함수를 더 이상 진행하지 않도록 early return 처리를 합니다. 만약 true라면 .eye 요소들을 모두 선택해 forEach 메서드를 통해 updatePupilPositionByMouse 함수가 실행되도록 합니다.

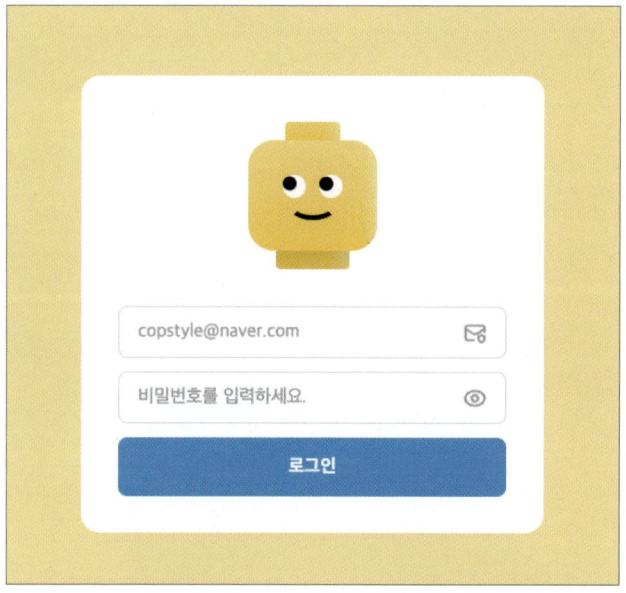

[그림 7-8] 전체 완성 후에 mouse 및 키보드 이벤트가 잘 작동하는 결과

📚 마무리

　이번 장에서는 인터랙티브한 로그인 폼을 구현하며 웹 개발의 핵심 기술들을 실습했습니다. HTML로 기본 구조를 설계하고, CSS로 시각적 디자인을 구현한 뒤, JavaScript를 활용하여 동적인 상호작용을 추가하는 과정을 경험했습니다. 특히 눈동자가 입력 필드를 따라 움직이는 효과를 구현하면서 마우스와 키보드 이벤트 처리, 그리고 수학적 계산을 활용한 애니메이션 구현 방법을 배웠습니다. 이러한 인터랙티브 요소들은 단순한 시각적 즐거움을 넘어 사용자 경험(UX)을 크게 향상시키며, 웹사이트나 애플리케이션에 대한 긍정적인 첫인상을 형성하는 데 중요한 역할을 합니다. 이번 실습을 통해 배운 기술과 접근 방식을 실제 프로젝트에 적용하여 더욱 흥미롭고 사용자 친화적인 웹 인터페이스를 만들어 보세요!

결과물 보기

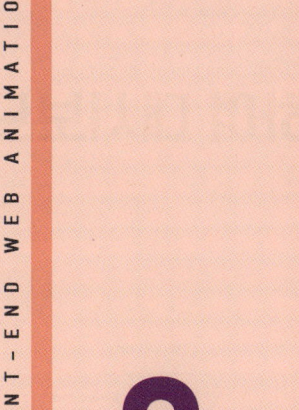

FRONT-END WEB ANIMATION

8장

그리드 레이아웃과
동적 UI를 활용한 반응형 대시보드

대시보드는 현대 웹 애플리케이션의 핵심 요소로, 복잡한 데이터를 직관적으로 표현하고 사용자의 의사결정을 돕는 중요한 인터페이스입니다.

사용자 경험(UX)을 고려한 반응형 디자인과 전역 상태 관리, 그리고 개인화된 설정을 유지하는 방법 등 실제 서비스 개발에 필요한 핵심적인 기능들을 구현해보며 실무 역량을 키워보도록 하겠습니다.

- **8-1** Grid를 사용하여 대시보드 만들기
- **8-2** 하나의 HTML로 카드 UI와 리스트 UI 만들기
- **8-3** 모바일 메뉴 만들기(position fixed)
- **8-4** 다크 모드와 라이트 모드
- **8-5** 좋아요 기능 구현하기
- **8-6** 웹 페이지를 떠날 때 상태 저장하기
- **8-7** 검색 기능 만들기

8-1 Grid를 사용하여 대시보드 만들기

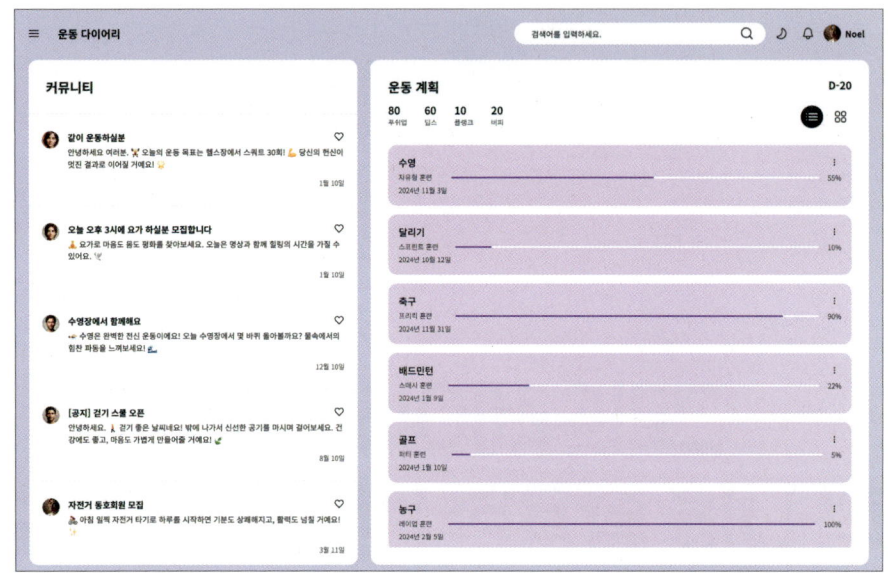

[그림 8-1] 그리드 레이아웃과 동적 UI를 활용한 반응형 대시보드 완성 결과

먼저, 그리드 시스템을 활용해 견고하고 유연한 레이아웃을 구성한 뒤, CSS 변수를 통해 일관된 디자인 시스템을 구축하고, 사용자 선호도를 고려한 다크 모드/라이트 모드 전환 기능을 추가합니다.

하나의 HTML 구조를 활용하여 카드형/리스트형 UI를 자유롭게 전환할 수 있는 유연한 레이아웃 시스템을 구현하며, 모바일 환경에서는 제한된 화면 공간을 효율적으로 활용한 모바일 최적화 메뉴를 구현합니다.

사용자 경험 향상을 위해 localStorage와 beforeunload 이벤트를 활용하여 페이지 새로고침 후에도 사용자의 설정이 유지되도록 하고, 실시간 필터링이 가능한 검색 기능을 통해 데이터 탐색의 편의성을 높여보겠습니다.

그리드의 기능 중 하나인 **grid-template-columns** 속성을 사용하여 유연한 레이아웃을 만들 텐데, 특히 최소(min) 크기 제한과 fr 단위를 통한 가변적인 최대 크기를 설정함으로써, 반응형 카드 UI를 만들어보겠습니다.

그리드는 Flex와는 달리 2차원 레이아웃을 자유롭게 다룰 수 있어, 복잡한 대시보드 구성에 매우 적합합니다. 카드의 최소 크기를 지정해 레이아웃이 깨지는 것을 방지하고, fr 단위로 남은 공간을 비율에 맞게 배분하여 화면 크기에 따라 자연스럽게 적응하는 레이아웃을 구현하겠습니다.

[코드 8-1] chapter_8_dashboard / 01_dashboard.html

```html
<!doctype html>
<html lang="ko-KR" class="light">
  <head>
    <meta charset="UTF-8" />
    <meta http-equiv="X-UA-Compatible" content="IE=edge" />
    <meta name="viewport" content="width=device-width, initial-scale=1.0" />
    <title>01_dashboard.html</title>
    <link rel="preconnect" href="https://fonts.googleapis.com" />
    <link rel="preconnect" href="https://fonts.gstatic.com" crossorigin />
    <link href="https://fonts.googleapis.com/css2?family=Noto+Sans+KR:wght@100..900&display=swap" rel="stylesheet" />
    <link rel="stylesheet" href="../public/css/reset.css" />
    <link rel="stylesheet" href="../public/css/common.css" />
    <link rel="stylesheet" href="../public/css/chapter_8/01_dashboard.css" />
    <script type="module" src="../public/js/chapter_8/01_dashboard.js" defer></script>
  </head>

  <body></body>
</html>
```

먼저 HTML 문서는 한국어 설정과 함께 라이트 모드를 기본값으로 지정하고, UTF-8 문자 인코딩과 반응형 웹을 위한 뷰포트 설정 등 기본적인 웹 표준관련 설정들을 작성합니다.

구글 폰트는 **preconnect**를 사용하여 DNS 조회, TCP 핸드셰이크 등을 미리 수행하며 실제 폰트 로딩 시간을 절약할 수 있습니다. Noto Sans KR 폰트의 다양한 굵기(100~900)를 지원하여 풍부한 타이포그래피 표현이 가능하도록 합니다.

CSS 파일은 reset.css로 브라우저의 기본 스타일을 초기화하고, common.css로 공통 스타일을 관리하며, 컴포넌트별 각각의 스타일을 분리하여 체계적인 스타일 관리가 가능하도록 구성합니다.

preconnect의 장점

preconnect는 웹 성능 최적화를 위한 기법 중 하나입니다. 브라우저가 웹 페이지를 로드하기 전에 필요한 외부 도메인에 대한 DNS 조회를 미리 수행함으로써, 실제 리소스를 요청할 때 발생하는 지연 시간을 줄일 수 있습니다. 이는 특히 구글 폰트와 같은 외부 리소스를 사용할 때 효과적입니다.

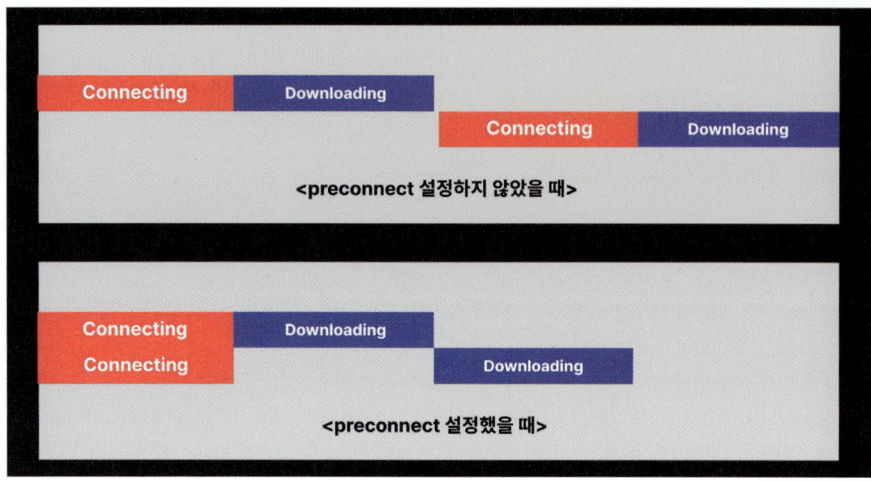

[그림 8-2] preconnect 속성을 설정했을 때와 설정하지 않았을 때의 시간 비교

[코드 8-2] chapter_8_dashboard / 01_dashboard.html

```
(...)
<body>
 <main>
   <!-- header -->
   <header>
     <div class="top_left">
       <button type="button" class="svg_icon svg_hamburger hover js-notWorking">
         <!-- public/img/freesvg/icn_hamburger.svg -->
         <svg viewBox="0 0 24 24" fill="none">
           <title>모바일 메뉴</title>
           <path d="M4 17H20M4 12H20M4 7H20" stroke="#000000" stroke-width="1.5" stroke-linecap="round" stroke-linejoin="round" />
         </svg>
       </button>
       <h1>운동 다이어리</h1>
     </div>
     <div class="top_right">
     </div>
   </header>
   <!-- container -->
```

```html
    <section class="container">

    </section>
  </main>
</body>

</html>
```

우선, ⟨main⟩ 태그를 만들어 내부에 ⟨header⟩ 태그와 ⟨section⟩ 태그를 만들어 가장 큰 레이아웃을 구역별로 나눕니다.

그리고 ⟨header⟩ 태그 내부에 ⟨div⟩ 태그를 사용하여 .top_left, .top_right 클래스로 나눈 뒤에 .top_left 요소에 모바일 메뉴와 ⟨h1⟩ 태그를 사용해서 현재 웹 페이지의 제목을 추가합니다.

[코드 8-3] chapter_8_dashboard / 01_dashboard.html

```html
<body>
 (...)
 <div class="top_right">
   <form action="./01_dashboard.html" method="get" class="search">
     <label for="search">
       <input type="search" id="search" name="searchWords" placeholder="검색어를 입력하세요." autocomplete="off" autofocus />
     </label>
     <button class="svg_icon svg_zoom">
       <!-- public/img/freesvg/icn_zoom.svg -->
       <svg viewBox="0 0 24 24" fill="none">
         <title>찾기</title>
         <path
           d="M20 20L15.8033 15.8033M18 10.5C18 6.35786 14.6421 3 10.5 3C6.35786 3 3 6.35786 3 10.5C3 14.6421 6.35786 18 10.5 18C14.6421 18 18 14.6421 18 10.5Z"
           stroke="#000000"
           stroke-width="1.5"
           stroke-linecap="round"
           stroke-linejoin="round"
         />
       </svg>
     </button>
   </form>
 </div>
 (...)
</body>
```

.top_right 요소에는 〈form〉 태그를 추가해서 〈input type="search"〉 요소로 검색을 사용하고 엔터를 누르면 폼이 get 방식으로 전송되어 검색 기능이 동작하도록 설정합니다.

〈input type="search"〉 태그에 placeholder 속성을 적용해 값이 없을 때 표시될 텍스트를 입력하고, autocomplete 속성은 off로 하여, 브라우저의 기본 자동완성 기능을 끕니다. 또한, autofocus 속성을 통해 웹 페이지가 로드되면 현재 〈input〉 태그에 자동으로 포커싱되도록 설정합니다.

〈button〉 태그 내부에는 svg 아이콘을 삽입하고, svg_icon 클래스를 통해 전체 아이콘에 공통 스타일을 적용합니다.

 SVG 분석하기

[코드] 〈svg〉 태그 분석 예제

```
<!-- public/img/freesvg/icn_zoom.svg -->
<svg viewBox="0 0 24 24" fill="none">
  <title>찾기</title>
  <path d="M20 20L15.8033 15.8033M18 10.5C18 6.35786 14.6421 3 10.5 3C6.35786 3 3 6.35786 3 10.5C3 14.6421 6.35786 18 10.5 18C14.6421 18 18 14.6421 18 10.5Z" stroke="#000000" stroke-width="1.5" stroke-linecap="round" stroke-linejoin= "round" />
</svg>
```

1. **viewBox 속성:** "0 0 24 24"로 설정되어 있으며, 이는 svg 요소의 그리기 영역이 24 × 24 단위의 사각형임을 나타냅니다. viewBox 속성으로 svg 요소 내의 좌표와 크기가 이 영역에 상대적으로 배치됩니다.
2. **fill 속성:** "none"으로 설정되어 있어, 이 svg 요소 내의 요소들은 면의 색상이 채워지지 않고 윤곽선(stroke)만 표시됩니다.
3. **title 요소:** svg 요소에는 〈title〉찾기〈/title〉가 포함되어 있어, 이 아이콘의 목적이 "찾기" 또는 검색을 나타내는 것임을 설명해서 접근성을 향상시킬 수 있습니다.
4. **path 요소:** 이 요소는 아이콘의 시각적 형태를 정의합니다. 여기에는 두 가지 주요 부분이 있습니다.
   - **원:** "M18 10.5C18 6.35786 14.6421 3 10.5 3C6.35786 3 3 6.35786 3 10.5C3 14.6421 6.35786 18 10.5 18C14.6421 18 18 14.6421 18 10.5Z" 경로는 원으로 표현됩니다.
   - **대각선:** "M20 20L15.8033 15.8033" 경로는 오른쪽 하단에서 시작하여 왼쪽 상단 방향으로 대각선으로 이어지는 선을 나타내고, 이는 돋보기의 손잡이 부분을 나타냅니다.
5. **속성**
   - stroke: "#000000"는 선의 색상을 검정으로 설정합니다.
   - stroke-width: "1.5"는 선의 두께를 1.5 단위로 설정합니다.
   - stroke-linecap: "round"는 선의 끝을 둥글게 처리합니다.
   - stroke-linejoin: "round"는 선이 만나는 각을 둥글게 처리하여 부드러운 연결을 나타냅니다.

[코드 8-4] chapter_8_dashboard / 01_dashboard.html

```html
<body>
 (...)
 <div class="top_right">
   (...)
   <button type="button" class="svg_icon hover svg_theme">
     <!-- public/img/freesvg/icn_moon.svg -->
     <svg viewBox="0 0 24 24" fill="none" class="svg_sun">
       <title>라이트 테마로 변경</title>
       <path
          d="M4.67199 18.7967C3.97348 18.2328 4.55832 17.2239 5.45256 17.1452C11.2419 16.6357 15.0596 10.0755 12.4592 5.00063C12.0486 4.19926 12.5832 3.13003 13.4466 3.38559C17.2438 4.50955 20 7.94173 20 12C20 16.9715 16.1189 21 11 21C8.65964 21 6.38082 20.1762 4.67199 18.7967Z"
          stroke="#000000"
          stroke-width="1.5"
          stroke-linecap="round"
          stroke-linejoin="round"
       />
     </svg>
     <!-- public/img/freesvg/icn_sun.svg -->
     <svg viewBox="0 0 24 24" fill="none" class="svg_moon">
       <title>다크 테마로 변경</title>
        <path d=" M3 12H5M5.00006 19L7.00006 17M12 19V21M17 17L19 19M5 5L7 7M19 12H2 1M16.9999 7L18.9999 5M12 3V5M15 12C15 13.6569 13.6569 15 12 15C10.3431 15 9 13.6569 9 12C9 10.3431 10.3431 9 12 9C13.6569 9 15 10.3431 15 12Z"
          stroke="#000000"
          stroke-width="1.5"
          stroke-linecap="round"
          stroke-linejoin="round"
       />
     </svg>
   </button>
   <button type="button" class="svg_icon hover svg_alarm">
     <!-- public/img/freesvg/icn_alarm.svg -->
     <svg viewBox="0 0 24 24" fill="none">
       <title>알람 리스트 보기</title>
        <path d="M9 17V18C9 18.394 9.0776 18.7841 9.22836 19.1481C9.37913 19.512 9.6001 19.8427 9.87868 20.1213C10.1573 20.3999 10.488 20.6209 10.8519 20.7716C11.2159 20.9224 11.606 21 12 21C12.394 21 12.7841 20.9224 13.1481 20.7716C13.512 20.6209 13.8427 20.3999 14.1213 20.1213C14.3999 19.8427 14.6209 19.512 14.7716 19.1481C14.9224 18.7841 15 18.394 15 18V17M18 9C18 12 20 17 20 17H4C4 17 6 13 6 9C6 5.732 8.732 3 12 3C15.268 3 18 5.732 18 9Z"
          stroke="#000000"
          stroke-width="1.5"
```

```
            stroke-linecap="round"
            stroke-linejoin="round"
          />
        </svg>
      </button>
      <button type="button" class="profile">
        <img src="../public/img/dalle/dalle_women_smile.webp" alt="" />
        <span class="name">Noel</span>
      </button>
    </div>
    (...)
  </body>
```

\<form\> 태그 옆으로 \<button\> 태그들을 나열해 다크 테마로 변경, 알람 리스트를 보기, 프로필 아이콘과 이름을 작성합니다.

클래스 속성값으로 .svg_icon을 할당하고 hover 클래스를 추가해 hover가 가능한 요소에서 CSS를 통해 hover 효과를 추가하겠습니다.

테마를 변경하는 아이콘은 하나의 \<button\> 태그 내부에 해와 달 아이콘을 삽입하고, 각각의 아이콘에 data-theme 속성을 추가하여 JavaScript를 통해 기능을 구현하겠습니다.

.svg_alarm, .profile 요소도 추가하고 .profile 요소 내부에는 webp 이미지로 프로필 이미지를 로드하고, \<span\> 태그를 사용해 이름을 표시합니다.

HTML을 모두 작성했으니 CSS 파일을 생성해 스타일링해 보겠습니다.

[코드 8-5] public / css / chapter_8 / 01_dashboard.css

```css
@charset "utf-8";

:root {
  --bg-color: #d3d2e7;
  --main-color: #1f2f2f;
  --second-color: #444444;
  --section-color: #ffffff;
  --card-color: #e3d8f6;
  --progress-color: #8e6ccc;
  --border-color: rgba(0, 0, 0, 0.1);
  --icon-color: #000000;
  --active-bg: #1f2f2f;

  --box-border: 1rem;
}

html,
body {
  width: 100%;
  height: 100vh;
}

body {
  background: var(--bg-color);
  font-family: 'Noto Sans KR', sans-serif;
  color: var(--main-color);
}

button {
  cursor: pointer;
}
```

다크 모드를 구현하기 위해 변경하기 위한 색상 값들을 변수로 미리 정의합니다.

html, body에 대해 width: 100%, height: 100vh를 적용해 너비는 전체 콘텐츠를 차지하도록 하고, 높이는 창의 높이에 따라 항상 스크롤이 없는 상태가 유지되도록 합니다.

body 요소에 --bg-color를 background 속성의 값으로 작성하고, HTML에서 선언한 'Noto Sans KR' 폰트를 선언합니다.

그리고 전체 폰트 컬러는 기본 컬러로 --main-color를 사용해 #1f2f2f 컬러 해시 값으로 적용합니다.

[코드 8-6] public / css / chapter_8 / 01_dashboard.css

```css
(...)
/* svg_icon */
.svg_icon {
  display: flex;
  align-items: center;
  justify-content: center;
  flex-shrink: 0;
  width: 1.6rem;
  height: 1.6rem;
}

.svg_icon svg {
  width: 100%;
  height: 100%;
}

.svg_icon svg path {
  stroke: var(--icon-color);
}

.svg_icon.hover {
  border-radius: 50%;
  padding: 0.5rem;
  box-sizing: content-box;
  transition: background-color 0.5s;
}

.svg_icon.active {
  background-color: var(--main-color);
}

.svg_icon.active path {
  stroke: var(--section-color);
}

@media (hover: hover) {
  .svg_icon.hover:hover {
    background-color: var(--main-color);
  }

  .svg_icon.hover:hover path {
    stroke: var(--section-color);
  }
}
```

전체 아이콘에 대한 공통 CSS 속성을 적용한 svg_icon 클래스를 〈svg〉 태그를 둘러싸고 있는 부모 태그에 할당합니다. 감싸고 있는 태그가 어떤 태그인지 상관없이 높이와 너비를 1.6rem으로 적용하여 가운데에 위치하도록 하고, 주변의 너비에 따라 아이콘이 축소되지 않도록 flex-shrink: 0을 작성합니다.

.svg_icon svg path 요소에 기본 stroke 컬러를 지정합니다. 만약 hover 기능이 존재한다면 padding 속성을 부여합니다. box-sizing을 content-box로 작성해 padding 속성과 border 속성이 요소의 크기에 추가되도록 하고 border-radius 속성을 50% 값으로 둥글게 원을 추가합니다. active 클래스의 존재 여부와 마우스 오버가 가능한 기기인지를 @media(hover: hover) 속성으로 확인해 background-color 속성을 적용하고 〈path〉 태그의 stroke 속성의 색상을 변경합니다.

 왜 인라인 태그로 〈svg〉 태그를 삽입할까요?

HTML에서 svg 요소를 로드하기 위해 〈img〉 태그를 사용할 수 있지만 인라인 태그로 삽입한 이유는 HTML 문서의 일부이기 때문에 CSS를 통해 직접 스타일을 적용할 수 있게 되므로, fill, transform, stroke와 같은 CSS 속성을 클래스나 인라인 스타일을 통해 쉽게 조작할 수 있기 때문입니다.

[코드 8-7] public / css / chapter_8 / 01_dashboard.css

```css
(...)
/* profile */
.profile {
  display: flex;
  align-items: center;
  flex-shrink: 0;
}

.profile img {
  width: 2rem;
  height: 2rem;
  object-fit: cover;
  border-radius: 50%;
}

/* main */
main {
  display: grid;
  grid-template-rows: auto 1fr;
```

```css
    width: 100%;
    height: 100%;
    max-width: 100rem;
    margin: 0 auto;
}

/* header */
header {
    display: flex;
    justify-content: space-between;
    align-items: center;
    position: relative;
    width: 100%;
    padding: 1.75rem 2rem 1.75rem 0.8rem;
}

.top_left,
.top_right {
    display: flex;
    align-items: center;
}
```

우측 .profile 요소에 display: flex와 align-items: center를 적용하여 중앙 정렬을 하고, flex-shrink: 0을 설정하여 영역이 부족해도 크기가 줄어들지 않도록 합니다.

.profile img 요소에는 너비와 높이를 지정하고 object-fit: cover 속성을 사용하여, 이미지가 확대 및 축소가 되더라도 이미지의 원본 비율이 유지되도록 합니다.

〈main〉 태그에는 display: grid를 적용하고, grid-template-rows로 레이아웃을 구성합니다. 〈header〉 태그와 〈section〉 태그로 이루어진 레이아웃이 100vh 뷰포트 안에 포함되도록 header 영역은 auto로, main 영역은 1fr로 설정하여 나머지 공간을 모두 차지하도록 합니다.

또한 main 요소의 최대 너비를 max-width: 100rem으로 제한하고, margin: 0 auto를 적용하여 좌우 중앙에 위치하도록 스타일링합니다.

```css
(...)
/* top_left */
h1 {
  margin-left: 1.5rem;
  font-size: 1.25rem;
  font-weight: bold;
  word-break: keep-all;
}

.search {
  display: flex;
  justify-content: space-between;
  align-items: center;
  width: 100%;
  height: 2.5rem;
  max-width: 28.75rem;
  margin-left: 2rem;
  padding-right: 1.25rem;
  border-radius: 1.25rem;
  background-color: var(--section-color);
}

.search label {
  width: 100%;
}

.search input {
  width: 100%;
  padding-left: 2rem;
  font-size: 0.9rem;
  color: var(--main-color);
}

.search .svg_icon {
  width: 1.75rem;
  height: 1.75rem;
}

/* top_right */
.top_right {
  flex-grow: 1;
  justify-content: flex-end;
  gap: 0.5rem;
}
```

```css
.profile .name {
  display: block;
  margin-left: 0.5rem;
  font-weight: bold;
}
```

h1 제목 요소에는 word-break: keep-all을 적용하여 반응형 환경에서도 어절 단위로 자연스럽게 줄바꿈이 되도록 설정합니다.

.search 요소의 자식 요소인 input 요소와 .svg_icon 요소는 justify-content: space-between을 사용해 양 끝에 배치하고, max-width로 28.75rem의 최대 너비를 설정합니다.

.top_right 요소에는 flex-grow: 1을 적용하여 .search 요소의 남은 영역을 모두 차지하게 하고, justify-content: flex-end로 요소들을 오른쪽으로 정렬합니다.

gap 속성을 활용하여 프로필 사진과 이름 영역 사이에 적절한 여백을 두어 시각적으로 잘 구분되도록 스타일링합니다.

[그림 8-3] header 영역 스타일링 결과

[코드 8-9] chapter_8_dashboard / 01_dashboard.html

```html
<body>
 (...)
 <!-- container -->
 <section class="container">
   <h2 class="sr-only">주요 내용</h2>
   <div class="main_content">
     <!-- community -->
     <article class="article community"></article>
     <!-- exercises -->
     <article class="article exercises js-viewType" data-type="thumbnail"></article>
   </div>
 </section>
 (...)
</body>
```

⟨header⟩ 태그의 작업을 완료했으니, 이제 ⟨section class="container"⟩ 태그 내부를 스타일링하겠습니다.

.main_content 요소에 grid 레이아웃을 적용할 기본 구조를 만들고, 그 안에 ⟨article⟩ 태그를 사용하여 좌우 영역을 적절히 분할합니다.

좌측에는 커뮤니티 영역을 위한 .community 클래스를, 우측에는 운동 계획을 위한 .exercises 클래스를 추가하여 내부 콘텐츠를 채워넣도록 하겠습니다.

[코드 8-10] chapter_8_dashboard / 01_dashboard.html

```html
<body>
  (...)
  <!-- community -->
  <article class="article community">
    <h3>커뮤니티</h3>
    <ul class="board">
      <li class="list">
        <span class="profile">
          <img src="../public/img/dalle/dalle_women_smile_2.webp" alt="" />
        </span>
        <div class="preview">
          <div class="title">
            <p class="name">같이 운동하실분</p>
            <button type="button" class="svg_icon svg_favorite">
              <!-- public/img/freesvg/icn_heart.svg -->
              <svg viewBox="0 0 24 24" fill="none">
                <title>좋아요</title>
                <path
                  d="M4.3314 12.0474L12 20L19.6686 12.0474C20.5211 11.1633 21 9.96429 21 8.71405C21 6.11055 18.9648 4 16.4543 4C15.2487 4 14.0925 4.49666 13.24 5.38071L12 6.66667L10.76 5.38071C9.90749 4.49666 8.75128 4 7.54569 4C5.03517 4 3 6.11055 3 8.71405C3 9.96429 3.47892 11.1633 4.3314 12.0474Z"
                  stroke="#000000"
                  stroke-width="1.5"
                  stroke-linecap="round"
                  stroke-linejoin="round"
                />
              </svg>
            </button>
          </div>
          <span class="text"> 안녕하세요 여러분. 🏋️📷 오늘의 운동 목표는 헬스장에서 스쿼트 30회! 💪 당신의 헌신이 멋진 결과로 이어질 거예요! ☀️ </span>
          <p class="date">1월 10일</p>
```

```
            </div>
        </li>
        (...반복...)
    </ul>
  </article>
  (...)
</body>
```

.community 요소의 내부를 채워보도록 하겠습니다.

〈h3〉 태그로 "커뮤니티"라는 제목을 작성하고, 〈ul〉 태그를 사용해 .profile 요소 및 .preview 요소 내부에 내용을 추가합니다.

[코드 8-11] public / css / chapter_8 / 01_dashboard.css

```css
(...)
/* container */
.container {
  width: 100%;
  height: 100%;
  overflow: hidden;
}

.main_content {
  display: grid;
  grid-template-columns: 2fr 3fr;
  gap: 1.5rem;
  height: 100%;
  padding: 0 1.5rem 1.5rem;
}

/* article */
.article {
  display: flex;
  flex-direction: column;
  height: 100%;
  border-radius: var(--box-border);
  background-color: var(--section-color);
  color: var(--main-color);
  overflow: hidden;
}
```

```
.article h3 {
  font-size: 1.5rem;
  font-weight: 700;
}
```

.container 요소 영역은 너비와 높이를 100% 값으로 설정하고, overflow: hidden을 적용하여 영역을 벗어나는 콘텐츠가 보이지 않도록 처리합니다.

.main_content 요소는 〈h2〉 태그를 제외한 grid 레이아웃을 위한 래퍼(wrapper) 역할을 합니다. display: grid와 grid-template-columns: 2fr 3fr을 적용하여 커뮤니티와 운동 계획 영역을 2:3 비율로 분할하고, gap: 1.5rem으로 섹션 간 여백을 생성합니다.

공통으로 사용되는 .article 선택자에는 display: flex와 flex-direction: column을 적용하여 수직 구조를 만들고, border-radius 속성으로 모서리를 둥글게 처리하며, overflow: hidden으로 내부 콘텐츠가 영역을 벗어나지 않도록 스타일링합니다.

[코드 8-12] public / css / chapter_8 / 01_dashboard.css

```
(...)
/* community */
.community h3 {
  padding: 2rem;
}

.community .board {
  display: flex;
  flex-direction: column;
  overflow-y: auto;
}

.board .list {
  display: flex;
  align-items: flex-start;
  padding: 2rem 1.5rem;
  border-top: 1px solid var(--border-color);
}

.board .preview {
  margin-left: 1rem;
  width: 100%;
}
```

```css
.board .title {
  display: flex;
  justify-content: space-between;
}

.board .name {
  font-weight: 700;
}

.board .svg_favorite {
  width: 1.3rem;
  height: 1.3rem;
}

.board .text {
  display: block;
  margin-top: 0.3rem;
  font-size: 0.9rem;
  color: var(--second-color);
}

.board .date {
  display: block;
  margin-top: 0.8rem;
  text-align: right;
  font-size: 0.8rem;
  color: var(--second-color);
  font-weight: 300;
}
```

.community 요소 영역의 h3 요소에는 padding: 2rem을 적용하여 내부 여백을 생성합니다.

.board 요소는 display: flex와 flex-direction: column을 사용해 수직 구조를 만들고, overflow-y: auto를 적용하여 내용이 넘칠 경우 자동으로 스크롤이 생기도록 처리합니다.

게시물이 표시되는 .board .list 요소는 align-items: flex-start로 프로필 이미지를 상단에 정렬하고, .title에는 justify-content: space-between을 적용하여 제목과 부가 정보를 좌우 양 끝에 배치합니다. 이를 통해 게시물의 구조를 체계적으로 정리하고 가독성을 향상시킵니다.

[그림 8-4] .community 영역 스타일링 결과

[코드 8-13] chapter_8_dashboard / 01_dashboard.html

```html
<body>
(...)
<!-- exercises -->
<article class="article exercises js-viewType" data-type="thumbnail">
  <div class="title">
    <h3>운동 계획</h3>
    <div class="date">D-20</div>
  </div>
  <div class="util">
    <ol class="progress">
      <li class="list">
        <em class="count">80</em>
        <span class="text">푸쉬업</span>
      </li>
      <li class="list">
        <em class="count">60</em>
        <span class="text">딥스</span>
      </li>
```

```html
        <li class="list">
          <em class="count">10</em>
          <span class="text">플랭크</span>
        </li>
        <li class="list">
          <em class="count">20</em>
          <span class="text">버피</span>
        </li>
      </ol>
      <div class="view_change js-viewChange">
        <button type="button" class="svg_icon hover svg_list" data-type="list">
          <!-- public/img/freesvg/icn_list.svg -->
          <svg viewBox="0 0 24 24" fill="none">
            <title>리스트형으로 보기</title>
            <path d="M8 8H19M8 12H19M8 16H19M5 8V8.00999M5 12V12.01M5 16V16.01" stroke="#000000" stroke-width="1.5" stroke-linecap="round" stroke-linejoin="round" />
          </svg>
        </button>
        <button type="button" class="svg_icon hover svg_thumbnail" data-type="thumbnail">
          <!-- public/img/freesvg/icn_thumbnail.svg -->
          <svg viewBox="0 0 24 24" fill="none">
            <title>섬네일형으로 보기</title>
            <path
              d="M6.75 3C3.88235 3 3 3.88235 3 6.75C3 9.61765 3.88235 10.5 6.75 10.5C9.61765 10.5 10.5 9.61765 10.5 6.75C10.5 3.88235 9.61765 3 6.75 3Z"
              stroke="#000000"
              stroke-width="1.5"
              stroke-linecap="round"
              stroke-linejoin="round"
            />
            <path
              d="M6.75 13.5C3.88235 13.5 3 14.3824 3 17.25C3 20.1176 3.88235 21 6.75 21C9.61765 21 10.5 20.1176 10.5 17.25C10.5 14.3824 9.61765 13.5 6.75 13.5Z"
              stroke="#000000"
              stroke-width="1.5"
              stroke-linecap="round"
              stroke-linejoin="round"
            />
            <path
              d="M17.25 13.5C14.3824 13.5 13.5 14.3824 13.5 17.25C13.5 20.1176 14.3824 21 17.25 21C20.1176 21 21 20.1176 21 17.25C21 14.3824 20.1176 13.5 17.25 13.5Z"
              stroke="#000000"
              stroke-width="1.5"
              stroke-linecap="round"
              stroke-linejoin="round"
```

```
            />
            <path
              d="M17.25 3C14.3824 3 13.5 3.88235 13.5 6.75C13.5 9.61765 14.3824 10.5 17.25
10.5C20.1176 10.5 21 9.61765 21 6.75C21 3.88235 20.1176 3 17.25 3Z"
              stroke="#000000"
              stroke-width="1.5"
              stroke-linecap="round"
              stroke-linejoin="round"
            />
          </svg>
        </button>
      </div>
    </div>
  </article>
  (...)
</body>
```

.exercises 요소에는 초깃값으로 data-type="thumbnail"을 설정합니다. 이는 .js-viewType 버튼 요소 클릭에 따라 동적으로 변경하겠습니다.

.js-viewChange 요소 내부에는 보기 방식을 전환하기 위한 버튼들을 배치합니다. 각 버튼에는 **data-type="thumbnail"**과 **data-type="list"** 속성을 부여하여, 클릭 시 해당 값으로 뷰 타입이 변경되도록 합니다.

[코드 8-14] public / css / chapter_8 / 01_dashboard.css

```
(...)
/* exercise */
.exercises {
  padding: 2rem;
}

.exercises .title {
  display: flex;
  justify-content: space-between;
}

.exercises .date {
  font-size: 1.2rem;
  font-weight: 700;
}
```

```css
.exercises .util {
  display: flex;
  justify-content: space-between;
  align-items: center;
  margin-top: 1rem;
}

/* progress */
.progress {
  display: flex;
}

.progress .list {
  margin-right: 2rem;
}

.progress .count {
  display: block;
  font-size: 1.2rem;
  font-weight: 600;
  line-height: 1;
}

.progress .text {
  font-size: 0.8rem;
  font-weight: 300;
}

/* view_change */
.view_change {
  display: flex;
}

.view_change .svg_icon {
  margin-left: 0.7rem;
}

.view_change .svg_list svg {
  transform: scale(1.3);
}
```

.title 요소와 .util 요소는 display: flex와 justify-content: space-between을 적용하여 요소들을 좌우 양끝에 배치합니다.

.progress .list 요소의 .count 요소와 .text 요소에는 1.2rem, 0.8rem으로 font-size를 적용합니다. rem 단위를 사용함으로써, 반응형 구현 시 html의 폰트 사이즈만 변경해도 전체 레이아웃이 비율에 맞게 변경됩니다.

.view_change .svg_list 요소 내부의 svg 요소는 원본 크기가 다소 작으므로, scale 속성을 사용하여 1.3배 크기로 확대합니다.

[그림 8-5] .exercises 상단 영역 스타일링 결과

[코드 8-15] chapter_8_dashboard / 01_dashboard.html

```html
<body>
<!-- exercises -->
<article class="article exercises js-viewType" data-type="thumbnail">
  (...)
  <!-- data-type 의해서 다른 뷰를 보여줌 -->
  <ul class="view_container js-viewContainer">
    <li class="list">
      <div class="info">
        <div class="top">
          <span class="date">2024년 11월 3일</span>
          <button type="button" class="svg_icon svg_more">
            <!-- public/img/freesvg/icn_more_vertical.svg -->
            <svg viewBox="0 0 24 24" fill="none">
              <title>더 보기</title>
              <path
                d="M13 5C13 4.44772 12.5523 4 12 4C11.4477 4 11 4.44772 11 5C11 5.55228 11.4477 6 12 6C12.5523 6 13 5.55228 13 5Z"
                stroke="#000000"
                stroke-width="2"
                stroke-linecap="round"
                stroke-linejoin="round"
              />
              <path
                d="M13 12C13 11.4477 12.5523 11 12 11C11.4477 11 11 11.4477 11 12C11 12.5523 11.4477 13 12 13C12.5523 13 13 12.5523 13 12Z"
                stroke="#000000"
```

```html
                        stroke-width="2"
                        stroke-linecap="round"
                        stroke-linejoin="round"
                    />
                    <path
                        d="M13 19C13 18.4477 12.5523 18 12 18C11.4477 18 11 18.4477 11 19C11 19.5523 11.4477 20 12 20C12.5523 20 13 19.5523 13 19Z"
                        stroke="#000000"
                        stroke-width="2"
                        stroke-linecap="round"
                        stroke-linejoin="round"
                    />
                </svg>
            </button>
        </div>
        <em class="title">수영</em>
        <span class="sub_title">자유형 훈련</span>
    </div>
    <div class="graph">
        <progress value="55" max="100"></progress>
        <span class="percent">55%</span>
    </div>
  </li>
  (...반복...)
 </ul>
</article>
(...)
</body>
```

이어서 .view_change 요소의 형제 요소로 〈ul〉 태그를 작성해 js-viewContainer 클래스를 부여하고, data-type 속성의 변화에 따라 다른 viewType(list 또는 thumbnail)으로 스타일링하겠습니다.

〈li〉 태그는 .date, .title, .sub_title, .graph 요소 내부 progress 요소의 value 속성과 percent 요소 내부의 텍스트를 편집해 반복 작성합니다.

[코드 8-16] public / css / chapter_8 / 01_dashboard.css

```css
(...)
/* view_container */
.view_container {
  display: grid;
  grid-template-columns: repeat(auto-fit, minmax(15rem, 1fr));
  gap: 1rem;
  margin-top: 2rem;
  color: #1f2f2f;
  overflow-y: auto;
}
```

.view_container 요소의 〈li〉 태그들을 가변적으로 설계하는 것이 중요합니다.

display: grid를 작성하고 grid-template-columns: repeat(auto-fit, minmax(15rem, 1fr))을 작성해 반복적인 리스트의 영역을 개수에 따라 자동으로 채워지도록 auto-fit 속성을 사용하고, minmax 속성을 사용해 하나의 리스트가 15rem 이하가 되면 하나의 행(Row)에 표현되는 개수를 줄이고 1fr 단위의 영역을 갖도록 합니다.

gap: 1rem으로 리스트의 사이 여백을 지정하고, 넘치는 영역은 스크롤이 자동으로 생성되도록 overflow-y: auto를 작성합니다.

[코드 8-17] public / css / chapter_8 / 01_dashboard.css

```css
(...)
.view_container .list {
  padding: 1.2rem;
  border-radius: var(--box-border);
  background: var(--card-color);
  color: var(--main-color);
}

.view_container .top {
  display: flex;
  justify-content: space-between;
  align-items: center;
}

.view_container .date {
  font-size: 0.8rem;
  font-weight: 300;
}
```

```css
.view_container .svg_more {
  width: 1.3rem;
  height: 1.3rem;
}

.view_container .title {
  display: block;
  text-align: center;
  margin-top: 1rem;
  font-size: 1.1rem;
  font-weight: 500;
}

.view_container .sub_title {
  display: block;
  margin-top: 0.2rem;
  text-align: center;
  font-size: 0.8rem;
  font-weight: 300;
}

.graph {
  display: flex;
  justify-content: space-between;
  align-items: center;
  gap: 1rem;
  width: 100%;
  margin-bottom: 0.5rem;
}

.graph progress {
  width: 100%;
  height: 0.2rem;
}

.graph progress::-webkit-progress-bar {
  background-color: #fff;
  border-radius: 0.5rem;
}

.graph progress::-webkit-progress-value {
  border-radius: 0.5rem;
  background-color: var(--progress-color);
}
```

```css
.graph .percent {
  font-size: 0.8rem;
  font-weight: 300;
}
```

카드 내부의 각 요소들에 대해 스타일링하고 text-align: center로 텍스트를 카드 영역의 중앙으로 배치합니다.

.graph 요소의 〈progress〉 태그는 기본 스타일을 덮어쓰기 위해 -webkit- 벤더 프리픽스를 가상 요소 선택자로 선택해 스타일링합니다.

::-webkit-progress-bar 속성으로 프로그레스 바의 배경 색상을 지정하고, ::-webkit-progress-value 속성으로 실제 value 값의 배경색을 지정합니다.

 〈progress〉 요소를 스타일링할 때 ::-webkit- 속성은 무엇인가요?

〈progress〉 태그의 경우, 각 브라우저마다 스타일이 다를 수 있으므로 같은 스타일을 적용하기 위해 ::-webkit-과 같은 **벤더 프리픽스**가 필요할 수 있습니다.

[코드] 〈progress〉 태그 스타일링을 위한 벤더 프리픽스 예제

```css
.graph progress::-webkit-progress-bar {
  background-color: #fff;
  border-radius: 0.5rem;
}

/* Firefox에서의 벤더 프리픽스 -moz- */
.graph progress::-moz-progress-bar {
  background-color: #fff;
  border-radius: 0.5rem;
}

.graph progress::-webkit-progress-value {
  border-radius: 0.5rem;
  background-color: var(--progress-color);
}
```

[그림 8-6] .exercises 영역 스타일링 결과

grid와 flex를 활용해 전체적인 레이아웃을 완성했습니다. 이제, 사이즈를 조금 줄여보면 콘텐츠 영역이 부족해 보여 반응형 코드를 추가하겠습니다.

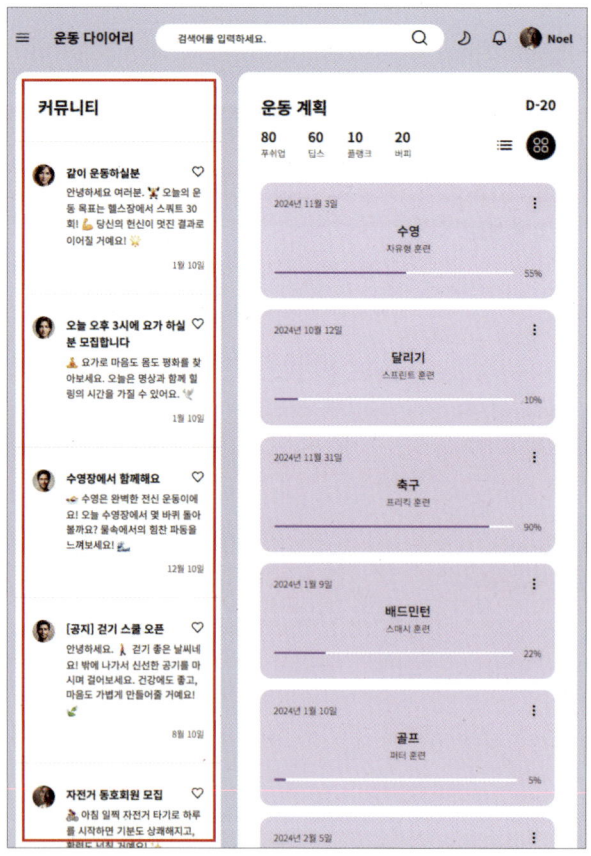

[그림 8-7] 반응형 화면에서 영역이 점점 부족한 부분이 보여지는 결과

:root의 font-size로 조절이 가능한 rem 단위를 활용해 반응형을 구현하겠습니다.

[코드 8-18] public / css / chapter_8 / 01_dashboard.css

```
(...)
@media (max-width: 1023px) {
  .main_content {
    grid-template-columns: 1fr;
  }
}
```

반응형을 적용하기 위해 미디어 쿼리를 사용하겠습니다.

.main_content 요소에 대해 1023px 이하의 화면에서는 grid-template-columns: 1fr을 사용해 화면이 좌우 배치가 아닌 상하로 배치하겠습니다.

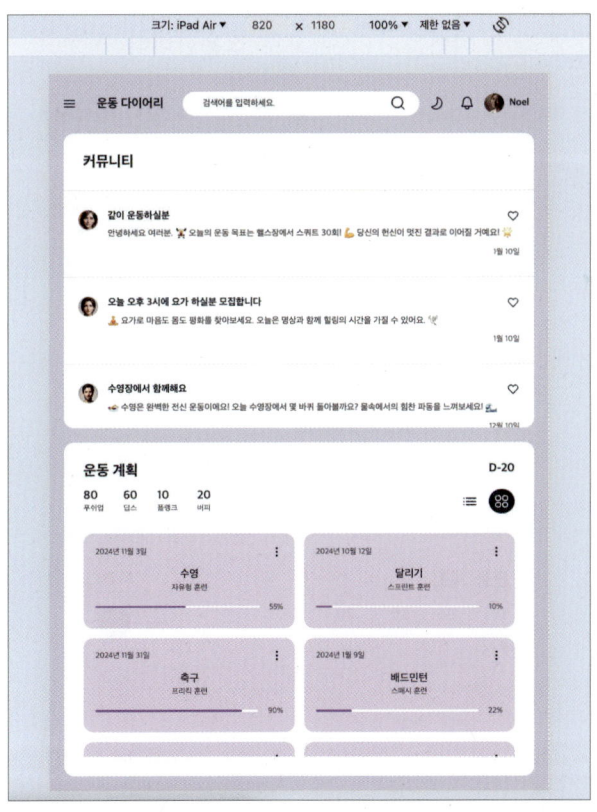

[그림 8-8] 태블릿 기기에서 좌우가 아닌 상하 레이아웃으로 정렬한 결과

[코드 8-19] public / css / chapter_8 / 01_dashboard.css

```css
(...)
@media (max-width: 767px) {
  h1 {
    display: none;
  }

  .search {
    margin-left: 0.8rem;
  }

  .profile .name {
    display: none;
  }
}
```

767px 이하의 화면에서 h1, .profile .name 요소를 display: none으로 화면에서 나오지 않도록 하고 .search 요소에 대해 좌측 여백을 0.8rem으로 적용합니다.

[그림 8-9] 조금 더 작은 태블릿 기기에서 상단 제목과 이름을 화면에 노출하지 않고 검색바의 여백을 조절한 결과

[코드 8-20] public / css / chapter_8 / 01_dashboard.css

```css
(...)
@media (max-width: 639px) {
  html {
    font-size: 14px;
  }
}

@media (max-width: 480px) {
  html {
    font-size: 12px;
  }
}
```

639px 이하와 480px 이하일 때, html 요소의 font-size를 각각 줄여 rem 단위로 설정해 두었던 레이아웃의 크기를 축소되어 보이도록 합니다.

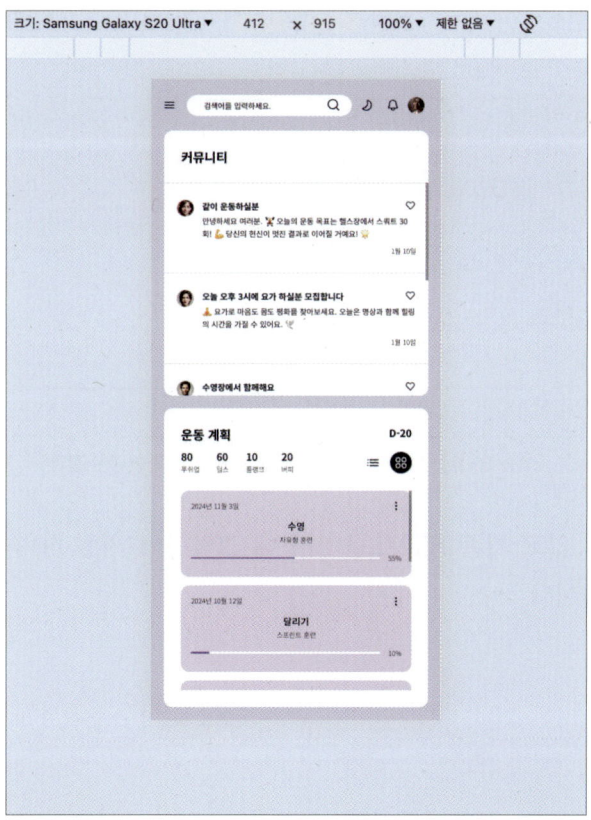

[그림 8-10] 모바일 화면 사이즈에서 html 요소의 font-size를 조절해서 전체 rem 단위의 크기를 줄인 결과

8-2 하나의 HTML로 카드 UI와 리스트 UI 만들기

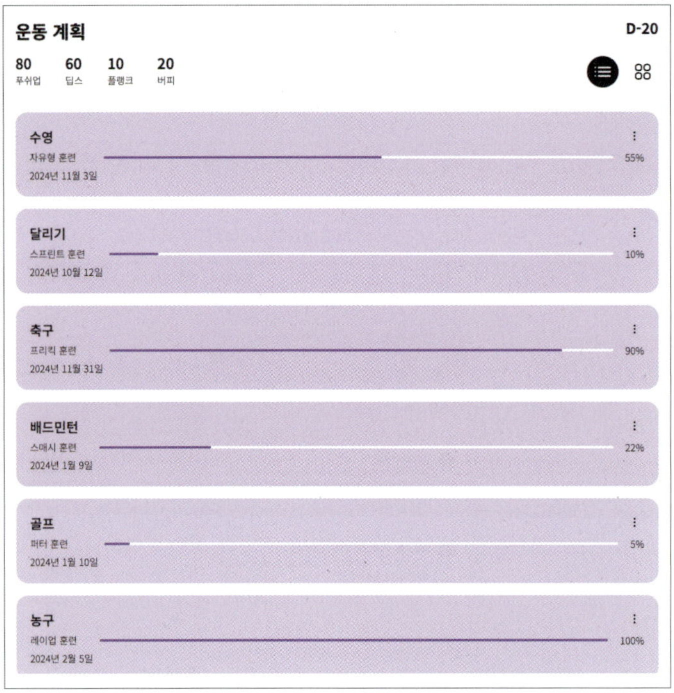

[그림 8-11] 섬네일 형태가 아닌 리스트 형태로 변경한 결과

HTML을 더 추가하지 않고 기존 HTML을 사용해 그림 8-11처럼 하나의 HTML으로 리스트 형태를 스타일링하겠습니다.

[코드 8-21] chapter_8_dashboard / 01_dashboard.html

```
(...)
<!-- exercises -->
<article class="article exercises js-viewType" data-type="list">
(...)
```

.exercises 요소의 data-type 속성을 thumbnail에서 list로 변경합니다.

[코드 8-22] public / css / chapter_8 / 01_dashboard.css

```css
(...)
[data-type='list'] .view_container {
  grid-template-columns: 1fr;
}

@media (max-width: 1023px) {
(...)
```

미디어 쿼리 밖의 PC 화면 마지막 부분에 작성합니다.

[data-type="list"] 선택자를 사용해 기존 .view_container 내부에 있는 각 요소들의 스타일을 적용하면 CSS 우선순위 명시도에 의해 해당 스타일이 적용됩니다.

기존 카드 형태의 UI와 다르게 리스트 UI는 각 리스트가 한 행(row)을 모두 차지해야 하므로 grid-template-columns: 1fr을 작성합니다.

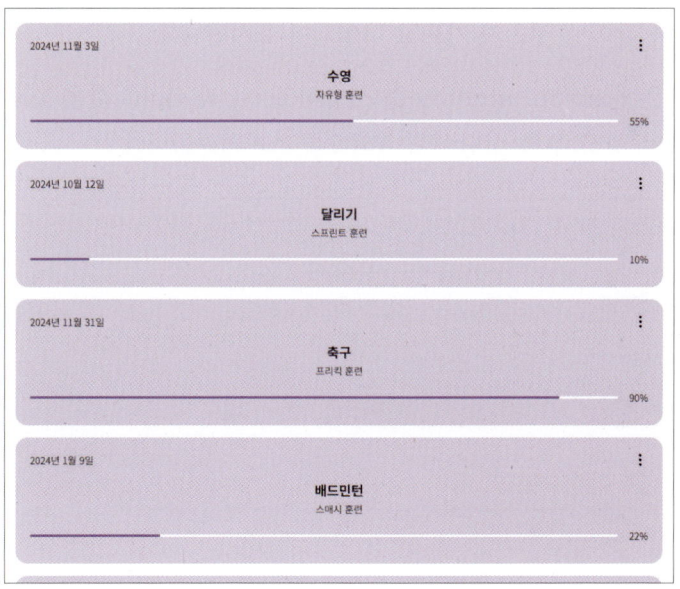

[그림 8-12] grid-template-columns: 1fr 속성값으로 변경된 레이아웃

[코드 8-23] public / css / chapter_8 / 01_dashboard.css

```css
(...)
[data-type='list'] .view_container .list {
  display: flex;
  position: relative;
  width: 100%;
  border-radius: 1rem;
}

[data-type='list'] .view_container .svg_more {
  position: absolute;
  right: 1.5rem;
  top: 1.5rem;
  width: 1rem;
  height: 1rem ;
}

@media (max-width: 1023px) {
(...)
```

.list 영역은 display: flex를 적용하여 기존 카드형의 수직 배치에서 수평 배치로 변경합니다. 이를 통해 그림 8-13과 같이 콘텐츠가 가로로 나열되어 표시됩니다.

.svg_more 아이콘은 position: absolute를 사용하고 top과 right 값을 1.5rem으로 설정하여, 부모 요소를 기준으로 항상 우측 상단에 고정되도록 스타일링합니다.

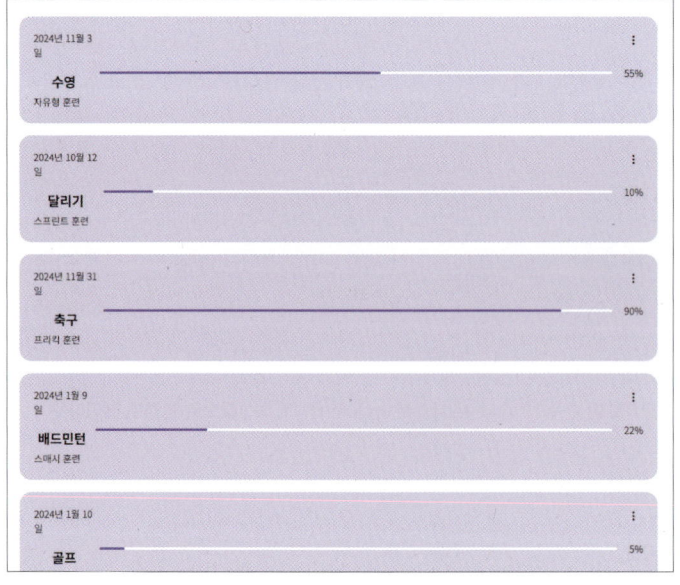

[그림 8-13] .list의 레이아웃을 flex로 변경한 결과

[코드 8-24] public / css / chapter_8 / 01_dashboard.css

```css
(...)

[data-type='list'] .view_container .info {
  display: flex;
  flex-direction: column;
  flex-shrink: 0;
  margin-right: 0.5rem;
}

[data-type='list'] .view_container .top {
  order: 1;
  margin-top: 0.3rem;
}

[data-type='list'] .view_container .title {
  text-align: left;
  margin-top: 0;
}

[data-type='list'] .view_container .sub_title {
  text-align: left;
  margin-top: 0.3rem;
}

@media (max-width: 1023px) {
(...)
```

마지막으로 .info 요소의 flex-direction 속성을 column 값으로 지정하고, 각 행(row)이 줄어들지 않게 flex-shrink: 0을 작성합니다.

가장 위쪽에 있던 .top 요소를 레이아웃에서 가장 아래쪽으로 배치하기 위해 order: 1 값을 할당하여 날짜 요소가 가장 아래에 위치하도록 하고, text-align: left를 활용해 텍스트를 모두 좌측으로 정렬합니다.

이제, JavaScript 파일을 만들어서 data-type="list"였다가 data-type="thumbnail"이 될 수 있도록 각각의 버튼에 클릭 이벤트를 등록해 보겠습니다.

[코드 8-25] public / js / utils.js

```js
const get$ = (selector) => document.querySelector(selector);
const getAll$ = (selector) => document.querySelectorAll(selector);

export { get$, getAll$ };
```

DOM 조작을 효율적으로 하기 위해 utils.js 파일을 생성하고 유틸리티 함수들을 정의합니다.

document.querySelector와 document.querySelectorAll을 각각 get$와 getAll$ 함수로 간단하게 정의하며, 코드의 가독성을 높이고 반복적인 작성을 줄입니다. 이렇게 만든 함수들은 내보내기(export)하여 다른 파일에서 쉽게 가져오기(import)하여 사용할 수 있도록 합니다.

 모듈 파일에서는 왜 use strict를 작성하지 않나요?

strict mode는 JavaScript 코드의 실수를 방지하고 효율적인 실행을 도와주는 기능입니다. 하지만 **모듈 시스템(import/export를 사용하는 파일)**에서는 기본적으로 strict mode가 적용되어 실행됩니다.
이는 JavaScript 엔진이 모듈을 불러올 때 자동으로 strict mode 환경에서 실행하도록 설계되었기 때문입니다. 따라서 모듈 파일의 최상단에 "use strict"를 명시적으로 선언할 필요가 없습니다.

[코드 8-26] public / js / chapter_8 / 01_dashboard.js

```js
import { get$, getAll$ } from '../utils.js';

document.addEventListener('DOMContentLoaded', () => {
  get$('.js-viewChange').addEventListener('click', viewChangeHandler);
});
```

DOMContentLoaded 이벤트를 사용해 DOM이 완전히 로드된 후 .js-viewChange 요소에 클릭 이벤트를 등록하고, 클릭 시 viewChangeHandler 함수가 실행되도록 합니다.

viewChangeHandler 함수는 클릭 이벤트에 의해 호출될 때 자동으로 이벤트 객체를 전달받게 됩니다. 이 이벤트 객체를 통해 클릭된 요소의 속성들에 접근할 수 있습니다.

[코드 8-27] chapter_8_dashboard / 01_dashboard.html

```html
<body>
 <div class="view_change js-viewChange">
   <button type="button" class="svg_icon hover svg_list" data-type="list">(...)</button>
   <button type="button" class="svg_icon hover svg_thumbnail" data-type="thumbnail">(... )
 </button>
  </div>
 </body>
```

코드에서 이벤트 위임(Event Delegation)을 활용하는데 해당 요소의 부모 요소인 〈div class="view_change js-viewChange"〉요소에 이벤트 리스너를 등록해 자식 요소 〈button〉 태그 두 개에 이벤트를 각각 등록할 필요 없도록 합니다.

이와 같은 방식은 이벤트 버블링의 특성을 활용한 것으로, 각 버튼마다 개별적으로 이벤트 리스너를 추가하는 대신 부모 요소 하나에만 리스너를 등록함으로써 메모리 사용을 줄일 수 있습니다. 또한 동적으로 요소가 추가되거나 변경될 때도 유연하게 대응할 수 있으며, 전체적인 코드도 더 간결해지는 장점이 있습니다.

[코드 8-28] public / js / chapter_8 / 01_dashboard.js

```js
(...)
const viewChangeHandler = (event) => {
  const $target = event.target.closest('button');
  if (!$target || $target.classList.contains('active')) {
    return;
  }
  setViewType($target.dataset.type);
};
(...)
```

event 객체를 인자로 넘겨 받아 event.target.closest('button')을 사용해 event target의 가장 가까운 〈button〉 태그를 찾습니다. 조건문을 통해서 가장 가까운 〈button〉 태그가 없거나 태그가 이미 active 클래스를 가지고 있다면 반환해서 함수를 종료하고, 그 반대의 경우라면 해당 〈button〉 태그의 속성으로 data-type에, 접근하기 위해 dataset.type으로 접근하여 그 값을 setViewType 함수의 인수로 전달합니다.

[코드 8-29] public / js / chapter_8 / 01_dashboard.js

```javascript
(...)
const setViewType = (viewType = 'thumbnail') => {
  get$('.js-viewChange .active')?.classList.remove('active');
  get$(`.js-viewChange [data-type="${viewType}"]`).classList.add('active');
  get$('.js-viewType').dataset.type = viewType;
};
(...)
```

thumbnail 또는 list가 인자로 넘어오게 되는데, 여기서 **기본값 인자(Default Parameter)**를 사용해 인자가 전달되지 않았을 때 thumbnail을 기본값으로 하여 함수 내부 오류를 줄이고 유연성을 높일 수 있습니다.

viewChangeHandler 함수에서 이미 active 클래스가 있는 타겟에 대해 반환하므로 현재 active 클래스가 있는 〈button〉 태그가 있다면 active 클래스를 제거합니다.

그런 다음 data-type="${viewType}"으로 선택한 target의 〈button〉 태그에 active 클래스를 부여하고, 해당 타입을 상위 〈article〉 태그의 viewType의 값으로 할당하여 CSS가 적용되도록 합니다.

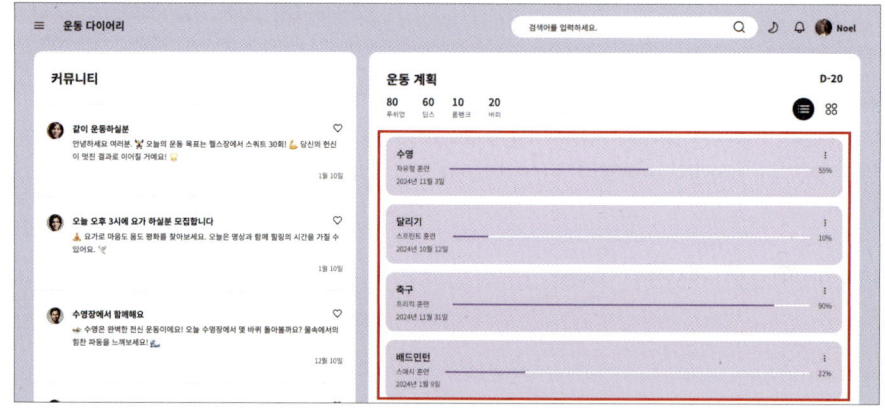

[그림 8-14] 타입에 따른 카드 UI와 리스트 UI 결과

이처럼 flex 레이아웃의 order 속성을 활용해 HTML 구조를 변경하지 않고도 레이아웃의 순서를 자유롭게 변경할 수 있습니다. CSS로 각 뷰 타입에 대한 스타일을 미리 정의해두고, JavaScript로 타입만 전환하는 방식을 사용하면 간단하게 다양한 뷰를 구현할 수 있습니다. 이는 코드의 유지보수성을 높이고 효율적인 UI 개발을 가능하게 합니다.

8-3 모바일 메뉴 만들기(position fixed)

[그림 8-15] 모바일 화면에서의 현재 모습

지금까지 개발한 모바일 화면에서는 한 번에 볼 수 있는 콘텐츠가 제한적이어서 사용자 경험이 다소 부족합니다. 단순히 UI 요소의 크기와 여백을 줄이는 것보다, 전체 화면을 활용한 레이어 방식의 인터페이스가 더 효과적일 수 있습니다. 레이어 방식을 사용하면 화면 공간을 효율적으로 활용할 수 있고, 사용자가 필요할 때만 콘텐츠를 확인할 수 있어 주의력이 분산되는 것을 막을 수 있습니다. 이러한 방식으로 커뮤니티 메뉴를 구현하여, 특정 버튼 클릭 시 전체 화면으로 확장되는 형태로 개선해 보도록 하겠습니다.

[코드 8-30] chapter_8_dashboard / 01_dashboard.html

```html
<body>
 <header>
   <div>
     (...)
     <button type="button" class="svg_icon svg_bubble hover active js-openCommunity">
       <!-- public/img/freesvg/icn_chat.svg -->
       <svg viewBox="0 0 24 24" fill="none">
         <title>커뮤니티 창 열기</title>
         <path
           d="M8 9.5H15M8 13.5H13M15.3 19.1L21 21L19.1 15.3C19.1 15.3 20 14 20 11.5C20 6.80558 16.1944 3 11.5 3C6.80558 3 3 6.80558 3 11.5C3 16.1944 6.80558 20 11.5 20C14.0847 20 15.3 19.1 15.3 19.1Z"
           stroke="#000000"
           stroke-width="1.5"
           stroke-linecap="round"
           stroke-linejoin="round"
         />
       </svg>
     </button>
   </div>
 </header>
</body>
```

우선 커뮤니티 창 열기 아이콘을 public / img / freesvg / icn_chat.svg 파일을 열어 확인하고 인라인 방식으로 복사해 삽입합니다.

[코드 8-31] chapter_8_dashboard / 01_dashboard.html

```html
<body>
 (...)
 <!-- community -->
 <article class="article community js-community">
   <h3>커뮤니티</h3>
   <button type="button" class="svg_icon svg_close js-closeCommunity">
     <!-- public/img/freesvg/icn_close.svg -->
     <svg viewBox="0 0 24 24" fill="none">
```

```
                <title>커뮤니티 창 닫기</title>
                <path
                    d="M16 8L8 16M8.00001 8L16 16M21 12C21 16.9706 16.9706 21 12 21C7.02944 21 3
16.9706 3 12C3 7.02944 7.02944 3 12 3C16.9706 3 21 7.02944 21 12Z"
                    stroke="#000000"
                    stroke-width="1.5"
                    stroke-linecap="round"
                    stroke-linejoin="round"
                />
            </svg>
        </button>
        (...)
    </article>
    (...)
</body>
```

커뮤니티 창을 닫기 위한 아이콘도 마찬가지로 public / img / freesvg / icn_close.svg 에서 복사하여 인라인 SVG로 삽입하고 〈title〉 태그를 사용해 "커뮤니티 창 닫기"라고 작성합니다.

기존 community 클래스 선택자에 js-community라는 클래스를 추가로 작성하고 작은 화면에서 해당 클래스를 통해 커뮤니티 콘텐츠가 우측에서 나오거나 닫히도록 클래스를 부여해 CSS로 제어해 보겠습니다.

[코드 8-32] public / css / chapter_8 / 01_dashboard.css

```css
(...)
.svg_bubble {
  position: fixed;
  z-index: 10;
  bottom: 2.6rem;
  right: 2.6rem;
  width: 2rem;
  height: 2rem;
}

/* container */

(...)
/* community */
.community h3 {
  padding: 2rem;
}
```

```
.community .svg_close {
  position: absolute;
  right: 2rem;
  top: 2.2rem;
  width: 2rem;
  height: 2rem;
}
(...)
```

.svg_bubble 요소는 너비와 높이를 지정하고 position: fixed를 적용하여 화면의 우측 하단에 항상 고정되도록 스타일링합니다.

.svg_close 요소는 너비와 높이를 설정하고 position: absolute를 사용하여 부모 요소를 기준으로 우측 상단에 위치하도록 스타일링합니다.

[코드 8-33] public / css / chapter_8 / 01_dashboard.css

```
(...)
.svg_bubble {
  display: none;
  (...)
}

.community .svg_close {
  display: none;
  (...)
}

@media (max-width: 1023px) {
  .svg_bubble {
    display: block;
  }
  (...)
  .community .svg_close {
    display: block;
  }
}
```

.svg_bubble 요소와 .svg_close 요소는 기본값으로 display: none을 사용하여 요소를 숨겨두고, 미디어 쿼리를 사용하여 뷰포트 너비가 1023px 이하인 모바일 환경에서만 display: block으

로 전환해 표시합니다. 이를 통해 데스크톱 화면에서는 숨겨두고 모바일 환경에서만 필요한 UI 요소가 나타나도록 스타일링할 수 있습니다.

[그림 8-16] 뷰포트 1023px 이하의 화면에서 우측 상단과 중간에 생긴 아이콘 결과

[코드 8-34] public / css / chapter_8 / 01_dashboard.css

```css
@media (max-width: 1023px) {
  (...)
  /* community */
  .community {
    position: fixed;
    top: 0;
    right: -100%;
    z-index: 1;
    width: 100%;
    margin-right: 0;
    border-radius: 0;
    transition: transform 0.5s ease-in-out;
  }
```

```
    (...)
    .community.active {
      transform: translate3d(-100%, 0, 0);
    }
  }
```

.community 요소에 position: fixed와 top: 0, right: -100%를 적용하여 초기에는 화면 밖에 위치하여 노출되지 않도록 합니다.

z-index: 1로 다른 요소들의 레이어보다 위에 표시되도록 하고 여백과 둥근 모서리 스타일을 제거합니다. transition 속성으로 transform을 0.5초 동안 ease-in-out 효과와 함께 부드럽게 움직이도록 합니다.

.community 요소에 active 클래스가 있을 때 transform: translate3d(-100%, 0, 0)를 적용하여, 요소가 우측에서 좌측으로 자연스럽게 슬라이딩되며 화면에 나타나도록 구현합니다.

[코드 8-35] public / js / chapter_8 / 01_dashboard.js

```javascript
(...)
const openCommunity = () => {
  get$('.js-community').classList.add('active');
};

const closeCommunity = () => {
  get$('.js-community').classList.remove('active');
};

document.addEventListener('DOMContentLoaded', () => {
  (...)
  get$('.js-openCommunity').addEventListener('click', openCommunity);
  get$('.js-closeCommunity').addEventListener('click', closeCommunity);
});
```

JavaScript를 사용하여 커뮤니티 영역의 모바일 화면을 구현합니다.

openCommunity 함수와 closeCommunity 함수를 생성하여 각각 .js-community 요소에 active 클래스를 추가하거나 제거하는 역할을 수행하도록 합니다.

DOMContentLoaded 이벤트 발생 후, .js-openCommunity 요소를 클릭하면 active 클래스가 추가되어 슬라이딩 애니메이션과 함께 커뮤니티 영역이 나타나고, .js-closeCommunity 요소를 클릭하면 active 클래스가 제거되어 원래 위치로 돌아가도록 이벤트를 등록합니다.

[그림 8-17] 우측 아래 .js-openCommunity 요소를 클릭해 커뮤니티 창을 열기한 결과

우측 하단의 .js-openCommunity 요소를 클릭해 그림 8-17과 같이 커뮤니티 영역이 잘 노출되고 있나요?

우측 상단의 "x"모양의 아이콘을 클릭해 영역을 닫아보세요.

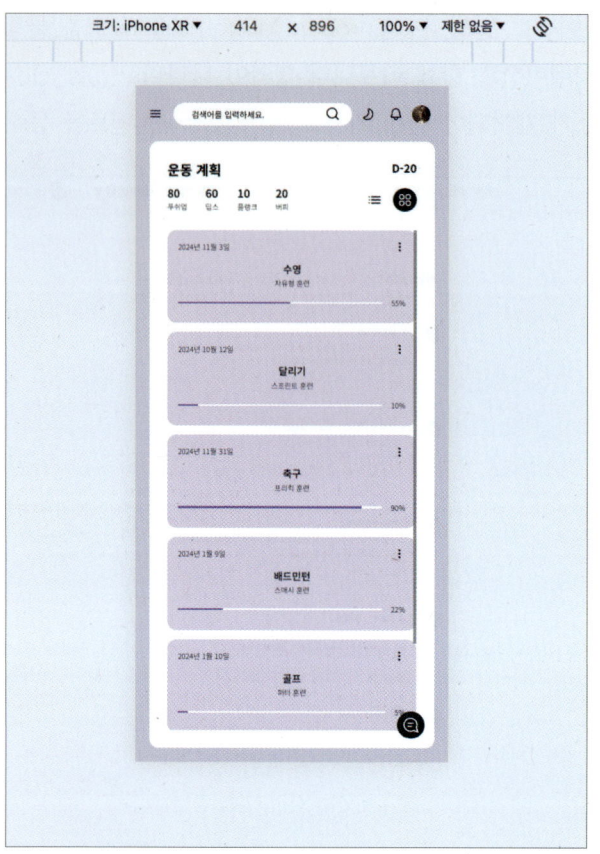

[그림 8-18] 우측 상단의 "x"모양의 아이콘을 클릭 해 커뮤니티 영역을 닫은 결과

메뉴가 부드럽게 닫히면서 그림 8-18과 같이 운동 계획 기존보다 콘텐츠를 더 확인할 수 있도록 개선되었나요?

8-4 다크 모드와 라이트 모드

이번에는 다크 모드와 라이트 모드를 구현해 보겠습니다.

[코드 8-36] chapter_8_dashboard / 01_dashboard.html

```
<body>
  (...)
  <button type="button" class="svg_icon hover svg_theme js-theme">
    <!-- public/img/freesvg/icn_moon.svg -->
    <svg viewBox="0 0 24 24" fill="none" class="svg_sun" data-theme="dark">(...)</svg>
    <!-- public/img/freesvg/icn_sun.svg -->
    <svg viewBox="0 0 24 24" fill="none" class="svg_moon" data-theme="light">(...)</svg>
  </button>
  (...)
</body>
```

이전에 작성한 .svg_theme 요소인 〈button〉 태그에 js-theme 클래스를 추가하고, 해당 요소를 JavaScript로 제어하도록 하겠습니다.

각 〈svg〉 태그에는 data-theme 속성을 작성합니다.

해 아이콘은 다크 모드 전환 시 사용할 아이콘이므로 data-theme="dark" 속성을 부여하고, 달 아이콘은 라이트 모드 전환을 위한 아이콘이므로 data-theme="light" 속성을 부여합니다.

[코드 8-37] public / css / chapter_8 / 01_dashboard.css

```
(...)
.dark:root {
  --bg-color: #0b181d;
  --main-color: #ffffff;
  --second-color: rgba(255, 255, 255, 0.7);
  --section-color: #162f35;
  --card-color: #4d6165;
```

```css
    --progress-color: #172f35;
    --border-color: rgba(255, 255, 255, 0.1);
    --icon-color: #ffffff;
    --active-bg: #1f2f2f;
}

(…)
.svg_moon {
    display: none;
}

.svg_sun {
    display: block;
}

.dark .svg_moon {
    display: block;
}

.dark .svg_sun {
    display: none;
}
(…)
```

HTML 문서에서는 〈html〉 태그에 dark라는 클래스를 추가하여 다크 모드를 구현합니다. 이후, CSS 파일에서 :root 요소에 정의해 두었던 색상 변수를 다크 모드에 맞게 재지정합니다.

또한, .svg_moon 요소와 .svg_sun 요소를 각각 클릭하면 하나의 아이콘만 노출하기 위해 최초에는 .svg_moon 요소에 display: none 속성을 적용해 보이지 않도록 합니다. 다크 모드가 활성화되면 .dark .svg_moon 요소의 display 속성을 block으로 변경하여 아이콘이 노출되도록 하고, .dark .svg_sun 요소는 display: none 속성으로 노출하지 않도록 합니다.

[코드 8-38] public / js / chapter_8 / 01_dashboard.js

```js
import { get$, getAll$ } from '../utils.js';

const setTheme = (theme = 'light') => {
    document.documentElement.setAttribute('class', theme);
};

const themeChangeHandler = (event) => {
    const theme = document.documentElement.classList.contains('dark') ? 'light' : 'dark';
```

```
    const $theme = event.target.closest('button').querySelector(`[data-theme="${theme}"]`);
    if ($theme) {
      setTheme($theme.dataset.theme);
    }
  };
  (...)

  document.addEventListener('DOMContentLoaded', () => {
    get$('.js-theme').addEventListener('click', themeChangeHandler);
    (...)
  });
```

DOMContentLoaded 이벤트를 사용해 DOM이 모두 로드되었을 때 .js-theme 요소에 클릭 이벤트를 등록하여 themeChangeHandler 함수를 실행하도록 합니다.

이 함수는 document.documentElement 요소의 class 속성에 dark라는 클래스가 포함되어 있는지 확인한 뒤, 다크 모드가 활성화된 상태라면 클래스를 light로 전환하고, 그렇지 않다면 dark로 클래스를 전환합니다. 여기서 클릭 이벤트가 발생한 타겟에서 가장 가까운 〈button〉 태그의 data-theme 속성값을 setTheme 함수의 인수로 전달합니다.

setTheme 함수는 theme를 문자열 인자로 받고, 기본값은 light로 설정합니다. 함수 내부에서는 document.documentElement의 setAttribute 메서드를 사용하여 〈html〉 태그의 class 속성에 인자로 전달받은 theme 값을 설정합니다.

 document.documentElement?

document.documentElement는 웹 문서에서 최상위(root) 요소를 참조하는 프로퍼티입니다.
HTML 문서에서는 〈html〉 태그를 가리키며, XHTML이나 XML 문서에서는 해당 문서의 루트 요소를 나타냅니다.

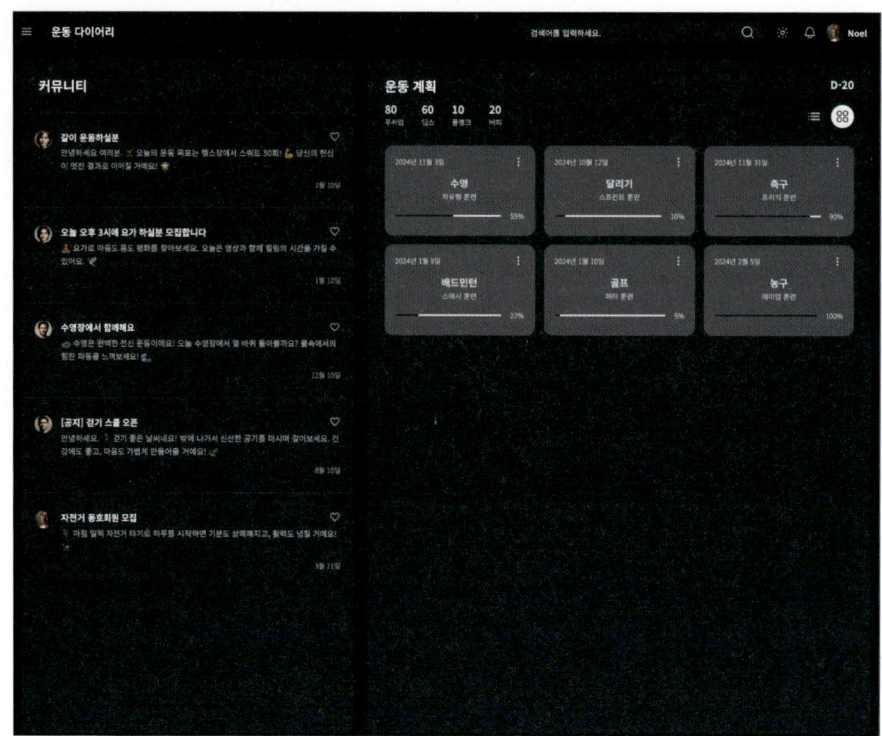

[그림 8-19] 상단 달 아이콘을 클릭해 다크 모드로 변경한 결과

이제 달 아이콘을 클릭하면 라이트 모드에서 다크 모드로 전환되는 것을 확인할 수 있습니다.

좋아요 기능 구현하기

이번에는, 커뮤니티 게시물 각각의 하트 아이콘으로 표시되어 있는 "좋아요" 기능을 구현해 보겠습니다.

[코드 8-39] chapter_8_dashboard / 01_dashboard.html

```html
(...)
<ul class="board js-favorite">
  (...)
</ul>
(...)
```

커뮤니티 요소 내부의 board 클래스에 추가적으로 js-favorite 클래스를 작성합니다.

[코드 8-40] public / css / chapter_8 / 01_dashboard.css

```css
(...)
.board .list {
}

.board .list.active .svg_favorite path {
  fill: var(--main-color);
}

.board .preview {
}
(...)
```

.board .list 요소가 active 클래스가 있다면 그 내부의 .svg_favorite path 요소에 fill 속성의 값으로 var(--main-color) 변수를 사용하여 색상을 채웁니다.

[코드 8-41] public / js / chapter_8 / 01_dashboard.js

```js
const toggleFavorite = (event) => {
  if (!event.target.closest('button')) {
    return;
  }
  event.target.closest('.list').classList.toggle('active');
};

document.addEventListener('DOMContentLoaded', () => {
  (...)
  get$('.js-favorite').addEventListener('click', toggleFavorite);
});
```

.js-favorite 요소에 클릭 이벤트를 등록하고 위임 기능을 활용해 클릭한 요소가 button 요소가 아니라면 반환합니다.

만약 event.target이 button 요소라면 해당 button 요소의 가장 가까운 상위 부모인 .list 요소에 active 클래스를 붙였다가 떼었다가 할 수 있도록 toggle 메서드를 작성합니다.

> **기존 클래스를 사용하지 않고 js-* 와 같이 클래스를 추가로 지정하는 이유?**
>
> JavaScript와 스타일링 역할 분리를 위한 **'js-' 접두사 클래스 사용**은 코드 가독성을 높이고, CSS 클래스 변경 시 JavaScript 선택자와의 충돌을 방지합니다.
>
> 이러한 명명 규칙은 팀 작업 시 명확한 책임 경계를 설정하며, 다른 작업에 영향을 미치지 않도록 보호합니다.
>
> 또한 'js-' 접두사가 붙은 클래스를 다른 요소에 추가하면 동일한 JavaScript 기능을 쉽게 적용할 수 있어 코드 재사용성이 향상됩니다.
>
> 이는 프로젝트 확장 시 코드 중복을 줄이고 일관된 동작을 보장하는 데 도움이 됩니다.
>
> 더불어 이러한 구분은 코드 디버깅 과정에서도 문제의 원인을 빠르게 파악하는 데 유용하며, JavaScript 관련 선택자를 한눈에 식별할 수 있게 해줍니다.

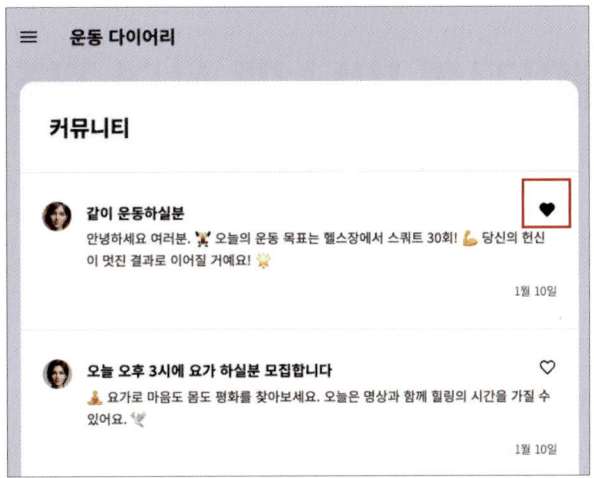

[그림 8-20] 하트 아이콘을 클릭해 색상이 채워진 결과

하트 모양의 아이콘 클릭 시 'active' 클래스가 토글되어, 클릭하면 검정색으로 채워진 하트로 변하고 다시 클릭하면 테두리만 있는 원래 상태로 돌아가는 기능이 정상적으로 작동하고 있습니다.

8-6 웹 페이지를 떠날 때 상태 저장하기

웹 서비스들은 다크 모드와 같은 사용자 선호 설정을 기억하여 페이지 새로고침이나 재방문 시에도 이전 설정을 유지합니다.

사용자가 다크 테마로 전환한 후 페이지를 새로고침해도 다크 모드 설정이 그대로 유지되는 것이 일반적인 사용자 경험입니다.

마찬가지로, 사용자 인터페이스를 섬네일 뷰에서 리스트 뷰로 변경한 경우에도 이 변경 사항이 새로고침 후에도 유지되는 것이 일반적입니다. 웹 페이지를 개발할 때 이러한 세부 사항에 주의를 기울이면 사용자 경험을 크게 향상시킬 수 있습니다. 이는 사용자가 웹 페이지와 상호 작용하는 방식을 더욱 직관적이고 편리하게 만들어, 사용자 친화적인 웹 페이지를 완성하는 데 기여합니다.

이를 구현하기 위해 웹 브라우저에는 사용할 수 있는 여러 가지 데이터 저장 방식이 있는데 대표적으로 localStorage, sessionStorage, cookie가 있습니다.

이번에는 영구적으로 데이터를 저장하고 사용자 선호도 저장에 많이 사용되는 localStorage를 활용하여 정보를 저장하고 불러와 화면을 렌더링하는 작업을 해보겠습니다.

 localStorage, sessionStorage, cookie

웹 페이지 데이터 저장의 세 가지 주요 방식(localStorage, sessionStorage, cookie)은 각각 고유한 특성을 가집니다.

지속성 측면에서 localStorage는 영구적으로 데이터를 보존하고, sessionStorage는 브라우저 세션 동안만 유지되며, cookie는 설정된 만료일에 따라 데이터 보존 기간이 결정됩니다.

용량 면에서는 localStorage와 sessionStorage가 각각 약 5MB를 제공하는 반면, cookie는 4KB로 상대적으로 제한적입니다.

접근성 측면에서 sessionStorage는 단일 브라우저 탭에서만 사용 가능하고, localStorage는 동일 도메인 내에서 공유되며, cookie는 도메인과 경로 설정에 따라 접근이 제한됩니다.

우선, viewType 상태를 리스트 또는 섬네일로 지정할 수 있는데, 이 설정이 새로고침 후에도 유지되도록 해보겠습니다.

먼저, 현재 상태를 저장해야 하는데, 언제 어떻게 저장을 할지 고민을 해보세요.

새로고침 시에 유지되도록 하려면, localStorage의 상태가 변경될 때마다 업데이트하는 방법을 사용할 수 있습니다.

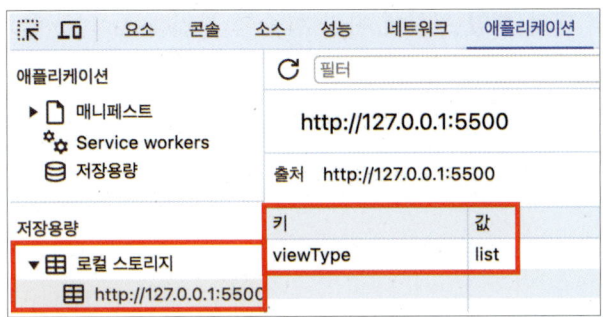

[그림 8-21] viewType 상태를 전환할 때마다 개발자 도구의 애플리케이션 > 로컬 스토리지에 지정한 키 이름으로 저장되는 값의 결과

[코드 8-42] public / js / chapter_8 / 01_dashboard.js

```
const viewChangeHandler = (event) => {
  (...)
  localStorage.setItem('viewType', $target.dataset.type);
};
```

localStorage 객체의 메서드로는 **setItem**과 **getItem**이 있습니다. setItem 메서드의 첫 번째 인수는 키 이름으로, 여기서는 "viewType"을 지정하고, 두 번째 인수는 해당 키에 저장될 값을 문자열로 지정합니다. getItem 메서드를 사용할 때는 키 값만 인수로 전달하면, 해당 키에 저장된 값을 문자열로 가져올 수 있습니다.

이제 클릭할 때마다 값이 저장되는 것을 확인했으니, 새로고침 후에도 저장된 값을 가져와 이전 상태로 복원되도록 설정해 봅시다.

[코드 8-43] public / js / chapter_8 / 01_dashboard.js

```
(...)
document.addEventListener('DOMContentLoaded', () => {
  setViewType(localStorage.getItem('viewType'));
  (...)
});
```

객체지향 프로그래밍의 **단일 책임 원칙**에 따라 함수를 분리해 둔 덕분에, setViewType 함수는 오직 상태 변경에만 집중할 수 있습니다.

저장된 viewType 값을 함수의 인수로 전달하면, setViewType 함수가 해당 값을 인자로 받아 사용자 인터페이스에 적절한 상태를 표시합니다.

새로고침 시에도 저장된 값이 잘 반영되고 있나요?

여기서 한 가지 더 고려할 점은, 새로고침 전까지 여러 번 클릭이 발생할 경우 setViewType 함수가 빈번하게 호출된다면 미세하지만 성능에 부담을 줄 수 있다는 것입니다.

이 문제를 최소화하기 위해 **beforeunload** 이벤트를 활용할 수 있습니다. beforeunload는 사용자가 페이지를 벗어나기 직전에 발생하므로, 이 시점에 최종 설정을 저장하면 불필요한 함수 호출을 줄이면서도 사용자의 마지막 설정을 효과적으로 기록할 수 있습니다.

[코드 8-44] public / js / chapter_8 / 01_dashboard.js

```
(...)
window.addEventListener('beforeunload', () => {
  localStorage.setItem('viewType', get$('.js-viewType').dataset.type);
});
```

기존 viewChangeHandler 함수에서 localStorage의 setItem을 처리하던 부분을 삭제하고 beforeunload 이벤트로 재작성합니다. 이때 .js-viewType 요소의 data-type 속성값을 가져와 localStorage의 키 값인 viewType의 값으로 할당합니다. 새로고침 후에도 viewType 상태가 유지된다면, 설정이 성공적으로 적용된 것입니다.

한 가지 추가로 고려할 점은, 현재 viewType 상태의 기본값이 섬네일로 설정되어 있어, DOMContentLoaded 이벤트에서 DOM이 완전히 로드된 후 setViewType 함수가 호출되면서 화면이 변화하는 과정이 보일 수 있다는 점입니다. 이를 개선하기 위해, DOM이 완전히 로드된 직후 화면을 표시하는 대신, 모든 상태 값이 변경된 후에 body의 visibility 속성을 hidden에서 visible로 변경하여 화면을 보여주겠습니다.

[코드 8-45] public / css / chapter_8 / 01_dashboard.css

```css
(...)
body {
  (...)
  visibility: hidden;
}
(...)
```

[코드 8-46] public / js / chapter_8 / 01_dashboard.js

```js
(...)
document.addEventListener('DOMContentLoaded', () => {
  (...)
  get$('body').style.visibility = 'visible';
});
(...)
```

페이지가 로드되었을 때는 CSS에서 body의 visibility를 hidden으로 설정하여 사용자에게 보이지 않도록 합니다.

페이지의 모든 설정이 완료된 후에 visibility를 visible로 변경하여 깔끔하게 전환될 수 있도록 하는 전략입니다. 이렇게 하면 사용자가 브라우저를 새로고침하거나 페이지에 다시 접속했을 때 이전의 뷰 타입을 정확하게 유지할 수 있고, 초기 로드 시 발생할 수 있는 불필요한 렌더링 깜빡임을 방지할 수 있기 때문에 사용자 경험을 개선하는 데 크게 기여할 수 있습니다.

다크 모드도 동일하게 적용해보도록 하겠습니다.

[코드 8-47] public / js / chapter_8 / 01_dashboard.js

```
document.addEventListener('DOMContentLoaded', () => {
  (...)
  setTheme(localStorage.getItem('theme'));
  (...)
});

window.addEventListener('beforeunload', () => {
  (...)
  localStorage.setItem('theme', document.documentElement.getAttribute('class'));
});
```

이제 다크 모드를 선택한 후 새로고침해도 다크 모드의 상태가 잘 유지되는 것을 확인할 수 있습니다.

마지막으로, 커뮤니티 리스트의 "좋아요" 상태는 일반적으로 데이터베이스에 저장하고, 리스트를 불러올 때 함께 각 항목의 속성으로 사용하지만 현재는 localStorage에 상태를 저장하고 새로고침 후 해당 상태를 불러와 UI에 체크를 적용해 보도록 하겠습니다.

[코드 8-48] public / js / chapter_8 / 01_dashboard.js

```
(...)
document.addEventListener('DOMContentLoaded', () => {
  (...)
  setActiveFavorite(JSON.parse(localStorage.getItem('favorites')));
  (...)
});

window.addEventListener('beforeunload', () => {
  (...)
  localStorage.setItem('favorites', getActiveFavorite([...getAll$('.js-favorite.list')])
  );
});
```

우선, 커뮤니티 리스트의 "좋아요" 아이콘 상태를 저장하기 위해 여러 개의 값을 저장해야 합니다.

이를 위해 여러 정보를 담을 수 있는 배열 형태의 변수가 필요합니다. 하지만 localStorage의 키 값은 문자열 형태로만 입력할 수 있습니다.

따라서, 배열 형태로 관리하더라도 **JSON.stringify**를 사용해 문자열로 변환하여 저장하고, 저장된 값을 다시 사용할 때는 **JSON.parse**를 통해 문자열을 다시 배열로 변환해 사용하도록 하겠습니다.

 JSON.parse와 JSON.stringify?

JSON.parse와 JSON.stringify는 JavaScript에서 JSON(JavaScript Object Notation) 데이터를 다루기 위한 두 가지 중요한 메서드입니다. 이 두 메서드는 JavaScript 객체나 배열과 JSON 문자열 간의 변환을 가능하게 합니다.

JSON.parse 메서드는 JSON 문자열을 JavaScript 객체나 배열로 변환합니다. 웹 서버에서 데이터를 받을 때 주로 JSON 형식의 문자열로 데이터가 전송되므로, 이를 JavaScript에서 사용하기 위해 객체 형태로 변환해야 합니다. 이 메서드는 문자열이 유효한 JSON 형식일 때만 정상적으로 작동하며, 그렇지 않으면 오류가 발생합니다.

JSON.stringify 메서드는 JavaScript 객체나 배열을 JSON 문자열로 변환합니다. 이 메서드는 객체를 JSON 포맷의 문자열로 만들어 서버로 데이터를 전송하거나 localStorage에 저장할 때 사용됩니다. 변환 과정에서 함수와 undefined 값은 무시되거나 변경될 수 있으며, 순환 참조가 있는 객체는 변환할 수 없습니다.

JSON.stringify 메서드를 사용하여 객체나 배열을 JSON 형식의 문자열로 변환하는 것을 **직렬화**라고 하며, 반대로 JSON.parse 메서드를 사용해 문자열을 객체나 배열로 변환하는 것을 **역직렬화**라고 합니다.

[코드 8-49] public / js / chapter_8 / 01_dashboard.js

```javascript
(...)
const getActiveFavorite = ([...$favorites]) => {
  const result = $favorites.map(($element) => $element.classList.contains('active'));
  return JSON.stringify(result);
};

const setActiveFavorite = ([...favorites]) => {
  [...getAll$('.js-favorite .list')].forEach((list, index) => {
    list.classList.toggle('active', favorites[index]);
  });
};
(...)
```

localStorage에 페이지를 떠나기 전 마지막 상태를 저장하기 위해 setItem 메서드를 사용하여 "favorites" 키의 값으로 getActiveFavorite 함수를 호출하면서 인수로 현재 전체 "좋아요" 요소들을 찾기 위해 active 클래스가 부여된 .list 선택자들을 전달합니다.

getActiveFavorite 함수에서는 map 메서드를 사용해 해당 요소들을 각각 확인하며, 현재 active 클래스가 붙어 있는지 여부를 판단하여 true 또는 false 값을 가진 새로운 배열을 생성해 반환합니다. 이 배열은 JSON.stringify 메서드를 사용해 직렬화되어 beforeunload 이벤트에서 저장됩니다.

그리고 DOMContentLoaded 이벤트가 발생할 때 setActiveFavorite 함수에 인수로 localStorage에서 가져온 값을 JSON.parse 메서드를 사용해 전달합니다. 이때 setActiveFavorite 함수는 JSON.parse로 역직렬화된 배열을 인수로 받아 .list 요소들을 forEach 메서드로 반복하면서 classList 객체의 toggle 메서드를 사용해 각 요소에 active 클래스를 부여할지를 결정합니다.

앞서 배운 내용처럼 toggle 메서드의 두 번째 인수는 true 또는 false를 사용하여 클래스를 강제로 부여할지를 결정할 수 있습니다. 여기에 인자로 전달받은 true 또는 false 값 중 하나를 인수로 할당하여 이전에 저장된 "좋아요" 표시가 새로고침 후에도 유지되도록 합니다.

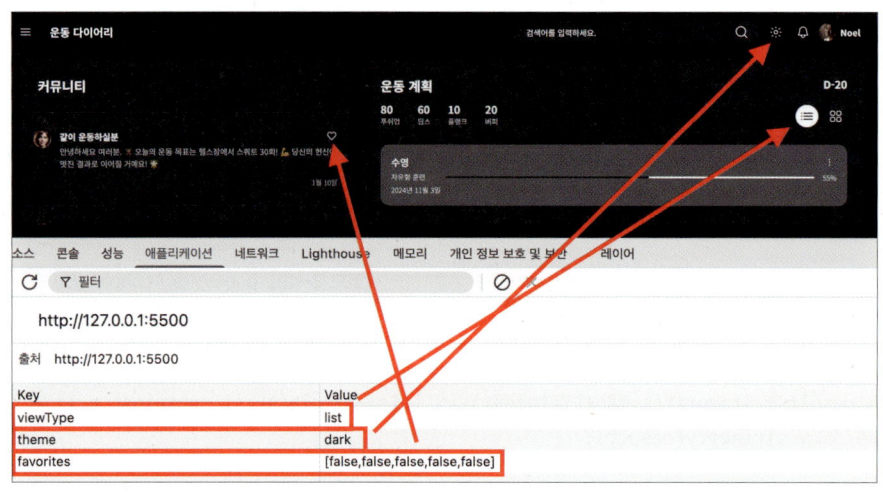

[그림 8-22] 개발자 도구의 애플리케이션 〉 로컬 스토리지에 저장된 값들을 기반으로 새로고침 후에도 저장된 데이터가 잘 나타나는 결과

지금까지 사용자 개개인의 옵션을 만들어 할당함으로써, 사용자 편의성을 크게 향상시킬 수 있었습니다.

이러한 사용자 경험에 대해 지속적으로 고민하고 제안할 수 있다면, 성공적인 애플리케이션을 완성하는 데 한층 더 가까워졌다고 할 수 있습니다.

forEach와 map의 차이점

JavaScript에서 배열을 처리하는 방법 중 forEach와 map 메서드는 비슷해 보일 수 있지만, 각각의 목적과 사용 방법에서 명확한 차이가 있습니다.

forEach 메서드는 배열의 각 요소에 대해 주어진 함수를 한 번씩 실행합니다. 이 메서드는 배열을 순회하면서 각 요소에 대해 지정된 작업을 수행하지만, 반환값이 없습니다.

[코드] forEach 배열 메서드 예제

```
const array = ['가', '나', '다'];
array.forEach(item => console.log(item));
// 출력
'가'
'나'
'다'
```

반면, **map 메서드**는 배열의 각 요소에 대해 주어진 함수를 호출하고, 그 결과로 새로운 배열을 생성하여 반환합니다. 따라서 map은 변형된 새로운 배열을 만들고자 할 때 사용됩니다.

[코드] map 배열 메서드 예제

```
const array = ['서울', '도쿄', '뉴욕'];
const newArray = array.map(item => item + ' : 도시');
console.log(newArray);
console.log(array);
// 출력
'서울 : 도시'
'도쿄 : 도시'
'뉴욕 : 도시'

// 출력
'서울'
'도쿄'
'뉴욕'
```

이처럼 forEach는 부수 효과를 위해 사용되며, map은 변환된 데이터를 생성할 때 유용합니다.

8-7 검색 기능 만들기

마지막으로, 검색 기능을 만들어보도록 하겠습니다.

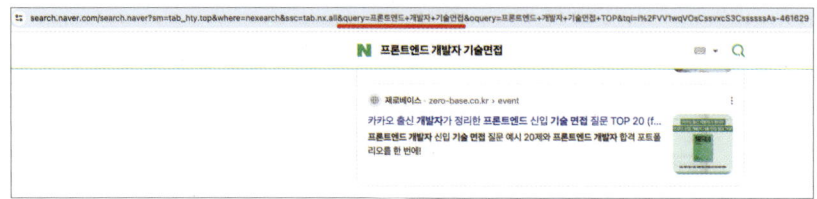

[그림 8-23] 검색 포탈에서 "프론트엔드 개발자 기술면접"이라는 검색어로 검색을 했을 때의 결과

검색 포탈에서 "프론트엔드 개발자 기술면접"이라는 검색을 하면 주소 값에 &query=프론트엔드+개발자+기술면접과 같이 나타나며, 해당 주소 값에 맞는 콘텐츠가 새로고침 후에도 유지됩니다.

실제로는 주소창의 이 쿼리 스트링 값을 바탕으로 데이터베이스에서 탐색을 수행하고, 관련 키워드에 포함되거나 해당하는 게시물을 찾아 클라이언트로 다시 전달하는 방식으로 작동합니다.

운동 계획에서 운동 타이틀을 검색하면, 검색 결과로 리스트가 필터링되어 나타나고, 새로고침 시에도 유지되도록 해보겠습니다.

[코드 8-50] chapter_8_dashboard / 01_dashboard.html

```html
(...)
<form action="./01_dashboard.html" method="get" class="search">
  <input type="search" id="search" name="searchWords" placeholder="검색어를 입력하세요."
autocomplete="off" autofocus>
  (...)
</form>
(...)
```

작성했던 〈form〉 태그를 살펴보면, action 속성이 현재 페이지를 상대 경로로 호출하고 있으며, method 속성이 get으로 설정되어 있기 때문에 주소 값에 **쿼리 스트링** 값이 노출됩니다.

〈input〉 태그의 name 속성값이 searchWords이므로, searchWords라는 이름의 쿼리 스트링이 주소 표시줄의 URL에 나타나게 됩니다.

[그림 8-24] "수영"이라는 검색어를 검색어로 입력하고 엔터를 입력하여 폼을 전송했을 때 주소 표시줄의 값이 나타나는 결과

그림 8-24처럼 "수영"이라는 키워드로 검색을 하고 엔터를 입력해 폼이 전송되면 주소 표시줄 URL 마지막에 ?로 시작해서 "searchWords=입력한 값"이 쿼리 스트링으로 나타납니다.

 쿼리 스트링(Query String)

쿼리 스트링(Query String)은 웹 페이지의 URL에 포함되는, 서버에 전송될 수 있는 데이터를 포함하는 문자열 일부입니다.
주로 웹 양식의 내용을 서버로 제출할 때나 페이지의 특정 콘텐츠를 필터링할 때 유용하게 사용될 수 있습니다.
쿼리 스트링은 URL의 도메인 주소와 경로 끝 부분에서 ? 기호로 시작하고, 이후에 하나 이상의 파라미터가 키=값 형태로 연결하며 각 파라미터는 & 기호로 구분됩니다.

[코드 8-51] public / js / chapter_8 / 01_dashboard.js

```js
(...)
const setSearch = (search) => {
  const searchKeyword = new URLSearchParams(search).get('searchWords');
  if (!searchKeyword) return;
  get$('#search').value = searchKeyword;
  [...getAll$('.js-viewContainer .list')].forEach(($element) => {
    if ($element.querySelector('.title').textContent.includes(searchKeyword)) {
      $element.style.display = 'block';
    } else {
      $element.style.display = 'none';
    }
  });
};

(...)
document.addEventListener('DOMContentLoaded', () => {
  (...)
  setSearch(window.location.search);
  (...)
});
(...)
```

쿼리 스트링으로 검색 결과를 필터링하는 함수를 구현하면, localStorage와 같은 웹 애플리케이션 저장소를 사용하지 않아도 페이지를 새로고침한 후에 상태를 유지할 수 있습니다. DOM이 완전히 로드되면 DOMContentLoaded 이벤트가 발생하는데, 이때 window 객체의 location 객체 내부에 있는 search 키를 setSearch 함수의 인수로 전달합니다. window.location.search 객체의 프로퍼티는 **URLSearchParams** 생성자를 통해 searchWords 쿼리 스트링 값을 가져옵니다. 쿼리 스트링 키가 존재하지 않으면 반환하여 이후 코드의 실행을 중단하고, 만약 쿼리 스트링 값을 가져온 경우에는 이를 searchKeyword 변수에 저장한 뒤 #search input 요소의 value 속성값으로 설정합니다. 그다음 .list 요소들을 순회하면서 각 요소의 .title에 있는 텍스트가 searchKeyword를 포함하는 경우 display: block으로 설정하여 화면에 표시하고, 포함하지 않는 경우에는 display: none으로 설정하여 화면에서 숨깁니다.

URLSearchParams?

URLSearchParams는 웹 API 중 하나로, URL의 쿼리 스트링을 가져오고 조작 및 추가 삭제 등을 손쉽게 할 수 있는 생성자 객체입니다.

메서드	설명
get(name)	지정된 이름의 첫 번째 파라미터 값을 반환
getAll(name)	지정된 이름의 모든 파라미터 값을 배열로 반환
set(name, value)	지정된 파라미터 값을 설정하고 이미 해당 값이 존재하면 덮어 씀
append(name, value)	새 파라미터를 추가
delete(name)	지정된 이름의 파라미터를 삭제
has(name)	지정된 이름의 파라미터가 존재하는지 확인
toString()	객체를 쿼리 스트링 형태의 문자열로 반환

[표 8-1] URLSearchParams의 메서드

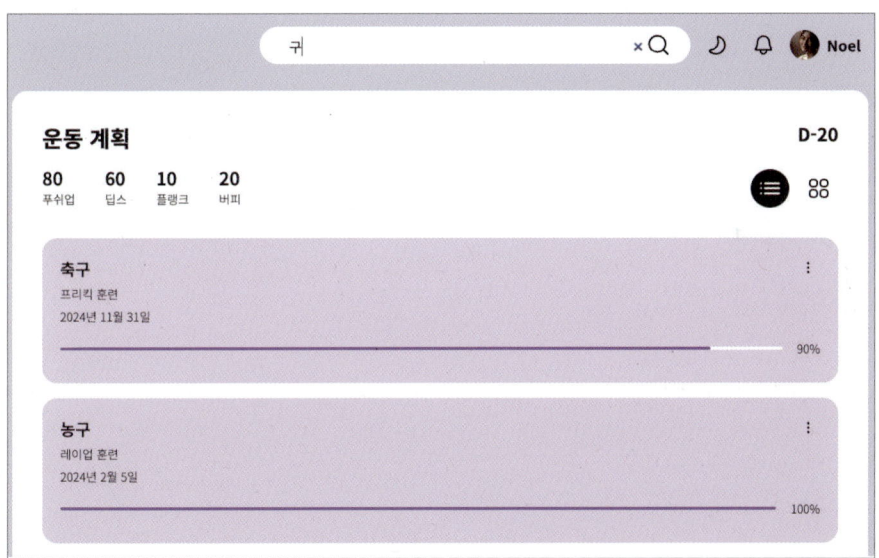

[그림 8-25] "구"라고 검색했을 때 운동 계획에서 "구"라는 단어가 포함된 데이터만 필터링된 결과

"구"라는 단어로 검색하면 운동 계획 데이터 중 해당 단어가 .title에 포함된 항목만 필터링되어 화면에 표시됩니다. 페이지를 새로고침하더라도 "구"가 포함된 운동 계획 데이터들이 그대로 유지되며, 검색창(⟨input⟩ 태그)에도 "구"라는 검색어가 그대로 표시되어 있다면 정상적으로 구현된 것입니다.

 **마무리**

이번 장에서는 현대적인 대시보드 구현을 통해 웹 개발의 핵심 기술들을 학습했습니다. 그리드와 Flex를 활용한 레이아웃 구성, 다크 모드 구현, 동적 UI 전환, 그리고 로컬 데이터 관리까지 실무에서 자주 사용되는 다양한 기술들을 다뤘습니다.

특히 그리드를 활용하여 2차원 레이아웃을 자유롭게 구성하고, 하나의 HTML 구조로 카드형/리스트형 UI를 유연하게 전환하는 방법을 익혔습니다. 또한 localStorage를 활용한 사용자 설정 저장, 쿼리 스트링을 사용해 검색 기능을 구현하며 실제 서비스에서 필수적인 기능들을 경험했습니다. 그리고 position fixed를 활용한 모바일 메뉴, CSS 변수를 활용한 다크 모드 구현, 그리고 beforeunload 이벤트를 활용한 상태 관리 등 사용자 경험을 고려한 다양한 기술적 해결 방법도 살펴보았습니다. 이러한 요소들은 단순한 기능 구현을 넘어 실제 사용자들에게 더 나은 서비스를 제공하기 위한 필수 고려사항들입니다.

이번 실습을 통해 사용자 중심의 인터페이스 설계와 최신 웹 개발 트렌드를 반영한 실용적인 구현 방법을 익혔으며, 실제로 대시보드의 필수적인 요소들을 구현하고, 웹 페이지의 사용성을 개선하는 경험을 바탕으로 사용자 친화적인 웹 페이지를 개발할 수 있는 기반을 마련할 수 있었습니다.

결과물 보기

FRONT-END WEB ANIMATION

9장

페이지가 전환되는 랜딩 페이지 만들기

랜딩 페이지는 웹 서비스의 첫 인상을 결정짓고 사용자 전환율을 높이는 핵심 요소입니다. 특히 마케팅 캠페인이나 브랜드 소개를 위한 웹사이트로 활용될 때, 효과적인 랜딩 페이지 구현은 프론트엔드 개발자의 중요한 역량이 되었습니다.

이번 장에서는 SEO를 고려한 마크업부터 시작하여, 스크롤 기반 애니메이션, 반응형 디자인, 그리고 최신 웹 API를 활용한 상태 관리까지 실무에서 필요한 다양한 기술들을 종합적으로 다뤄보겠습니다.

특히, 사용자 경험을 고려한 인터랙티브한 효과들과 크로스 브라우징 등 실무 역량에 초점을 맞춰 공부해 보겠습니다.

- **9-1** SEO를 고려한 마크업
- **9-2** scroll-snap-type, animation-timeline을 활용한 fullPage 애니메이션
- **9-3** 반응형 환경을 위한 미디어 쿼리 작업을 최소화하기
- **9-4** 지원하지 않는 브라우저를 위해 @support 키워드 활용
- **9-5** JavaScript에서 setProperty를 활용한 테마 관리
- **9-6** proxy와 observer를 사용한 상태 관리
- **9-7** 뒤로 가기 기능, 렌더링 최적화 및 콘텐츠 부드럽게 노출하기

9-1 SEO를 고려한 마크업

[그림 9-1] 페이지가 전환되는 랜딩 페이지 만들기 결과

이번 장에서는 스크롤에 따라 화면이 전환되는 5개의 섹션으로 구성된 랜딩 페이지를 구현해 보겠습니다. **검색 엔진 최적화(SEO)** 를 위한 의미론적(Semantic) 마크업을 기반으로 하되, CSS의 @layer 키워드를 활용하여 스타일시트의 우선순위를 체계적으로 관리하는 방법을 살펴보겠습니다.

특히 scroll-snap 속성을 통해 부드러운 섹션 전환을 구현하고, 스크롤의 위치에 따른 애니메이션 효과로 시각적 완성도를 높여보겠습니다. 또한 최신 웹 기술을 지원하지 않는 브라우저를 위해 CSS의 @supports 키워드를 활용한 대체 방안도 함께 구현할 것입니다.

JavaScript에서는 CSS 변수를 활용한 동적 테마 관리 시스템을 구축하고, **Proxy**와 **IntersectionObserver** 객체를 활용한 디자인 패턴을 적용하여 효율적인 상태 관리가 가능한 랜딩 페이지를 완성해보도록 하겠습니다.

랜딩 페이지는 특정 마케팅 목표를 달성하기 위해 세심하게 설계된 웹 페이지입니다. 이러한 랜딩 페이지의 성공을 위해서는 검색 엔진 최적화가 핵심적인 역할을 하며, 이를 통해 자연스러운 방문자 유입과 높은 전환율을 달성할 수 있습니다.

효과적인 검색 엔진 최적화 전략을 위해서는 콘텐츠에 적절한 키워드를 배치하고, 메타 태그와 본문 텍스트, 제목, 헤딩 태그 등을 체계적으로 구성해야 합니다. 또한 페이지 로딩 속도가 검색 엔진 순위에 직접적인 영향을 미치므로, 최적화된 성능으로 콘텐츠를 신속하게 전달하는 것이 중요합니다.

[코드 9-1] chapter_9_landing / 01_landing.html

```html
<!doctype html>
<html lang="ko-KR" class="light">
 <head>
   <meta charset="UTF-8" />
   <meta http-equiv="X-UA-Compatible" content="IE=edge" />
   <meta name="viewport" content="width=device-width, initial-scale=1.0" />
   <title>Landing Page - Nature and Art Discovery</title>
   <meta name="description"
         content="Explore our landing page to discover the beauty of nature and art. Enjoy thematic sections like flowers, bluebirds, hearts, and more, each providing a unique visual and textual journey." />
   <link rel="preconnect" href="https://fonts.googleapis.com" />
   <link rel="preconnect" href="https://fonts.gstatic.com" crossorigin />
 </head>

 <body>
 </body>
</html>
```

이전 예제들과 비슷하지만, 〈title〉 태그를 웹사이트가 책이라고 생각하고 명확하고 간결하게 제목처럼 작성하는 것이 중요합니다.

또한, 〈meta〉 태그의 name 속성으로 **description**을 작성할 때에는 검색 결과의 제목 표시 아래의 사이트에 대한 설명을 나타낸다는 것을 염두에 두고 작성합니다.

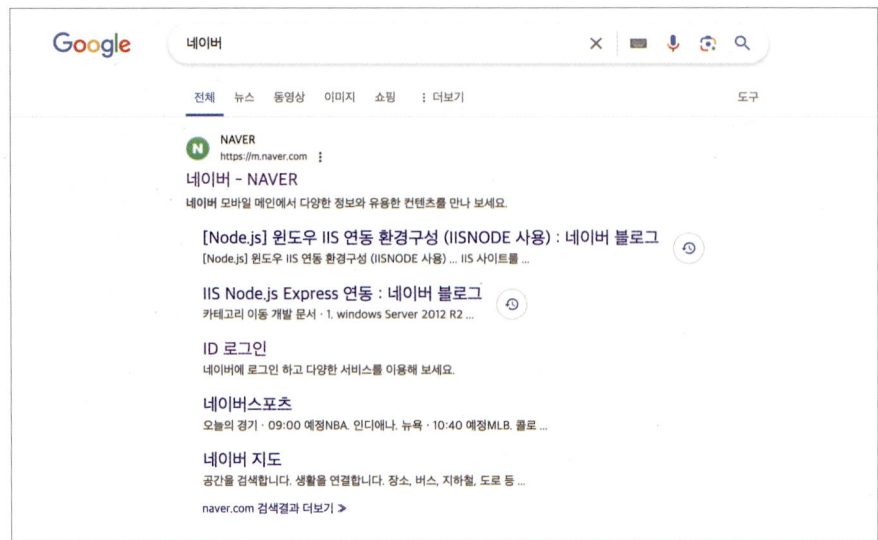

[그림 9-2] "네이버"로 검색했을 때의 구글 검색 결과에서 제목 아래의 description의 결과

⟨meta⟩ 태그의 description은 사용자가 검색 결과에서 페이지의 내용을 빠르게 파악하고 클릭 여부를 결정하는 데 중요한 역할을 합니다. 이 설명은 핵심 키워드를 포함하면서도 자연스럽고 설득력 있게 작성되어야 하며, 페이지의 내용을 정확하게 반영해야 합니다. 일반적으로 검색 엔진에서 가장 효과적으로 표시되는 길이는 150~160자 정도입니다.

웹 페이지의 성능 또한 검색 엔진 최적화에서 매우 중요한 요소로 작용합니다. 특히 폰트 로딩 최적화는 페이지 속도에 큰 영향을 미치는데, 이를 위해 ⟨link⟩ 태그의 **preconnect** 속성을 활용하여 외부 리소스와의 연결을 미리 설정할 수 있습니다. 이번 예제에서는 구글 폰트에서 제공하는 'Dancing'과 'Noto Sans' 폰트를 preconnect를 활용하여 최적화된 방식으로 불러오겠습니다.

 preconnect는 어느 단계에 이루어지는가?

preconnect는 일반적으로 웹사이트가 DNS Lookup이라는 URL의 도메인 이름을 IP 주소로 변환하는 과정을 거칠 때에 이 preconnect 속성을 가진 도메인에 대해서도 DNS 조회를 미리 수행해서 자원 요청 시 시간을 절약할 수 있도록 돕는 속성입니다. 또, TCP Handshake라는 인터넷에 데이터를 전송하기 위해서 TCP 연결을 하게 되는데 이 때 3단계의 핸드셰이크 과정을 거칠 때 이 부분 또한 preconnect 속성의 도메인에 대해서도 완료를 해두어서 자원을 실제 요청할 때 설정에 드는 시간과 TCP 연결 이후에 TLS Negotiation이라는 보안 계층에 대한 협상도 사전에 수행해서 보안 연결 설정에 대한 시간도 줄여주게 됩니다.

하지만, preconnect를 사용할 때는 너무 많은 도메인에 대해 사전 연결을 설정하면 오히려 성능 저하를 초래할 수 있으므로, 적절히 사용하는 것이 중요합니다.

구글 폰트 사이트(https://fonts.google.com/)에 접속해 웹사이트에 사용하게 될 폰트를 검색합니다.

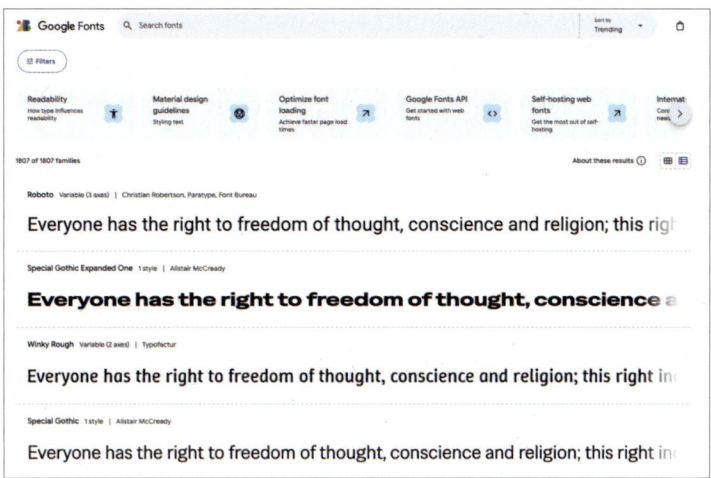

[그림 9-3] 구글 폰트 사이트를 접속한 화면

Dancing 폰트를 검색하고 결과를 클릭합니다.

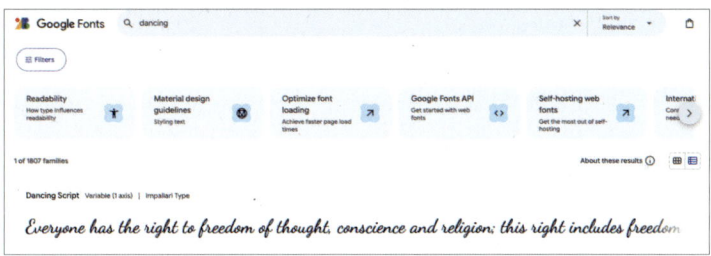

[그림 9-4] 구글 폰트 사이트에서 Dancing 폰트 검색한 결과

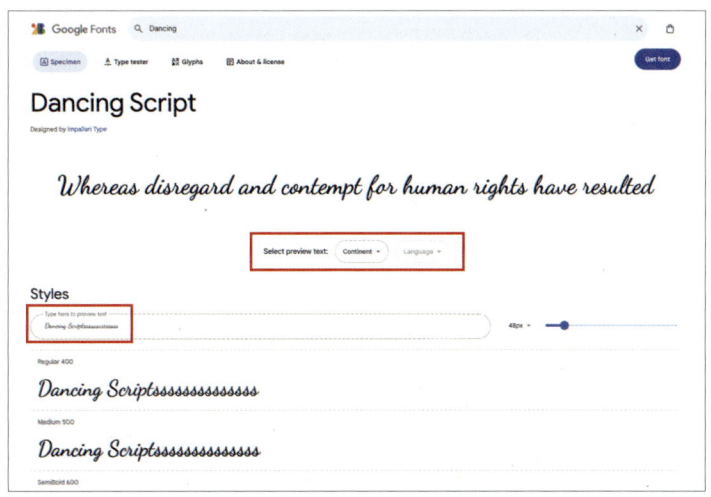

[그림 9-5] 폰트 검색 후에 미리보기 글자로 테스트 및 지원 범위 확인

구글 폰트에서는 **Select Preview Text** 메뉴를 통해 각 폰트가 지원하는 언어 범위를 확인할 수 있으며, **Glyphs** 탭에서는 해당 폰트가 제공하는 모든 문자를 세부적으로 살펴볼 수 있습니다. 또한 미리보기 입력창에 직접 텍스트를 입력해보고 폰트 크기를 조절하면서 실제 웹사이트에서 어떻게 표현될지 미리 확인할 수 있습니다. 원하는 폰트를 찾았다면 **Get Font** 버튼을 클릭하여 Dancing 폰트를 선택하고, 같은 방식으로 Noto Sans 폰트도 추가한 후 우측 상단의 쇼핑백 아이콘을 클릭하여 다음 단계로 진행합니다.

[그림 9-6] 구글 폰트에서 2가지의 폰트가 담겨있는 화면

실제로 폰트를 다운로드하여 웹 폰트로 최적화해 서버에 올려서 사용하는 방법도 있지만 구글 폰트는 자동으로 브라우저와 호환되는 폰트 형식을 제공하고, 전 세계적으로 분산된 서버를 통해 폰트를 제공하기 때문에 단축된 로딩 시간으로 폰트를 제공할 수 있으므로 해당 방식을 통해 간편하고 효율적으로 폰트를 사용해 보겠습니다.

Get embed code를 클릭해 다음 화면으로 진입합니다.

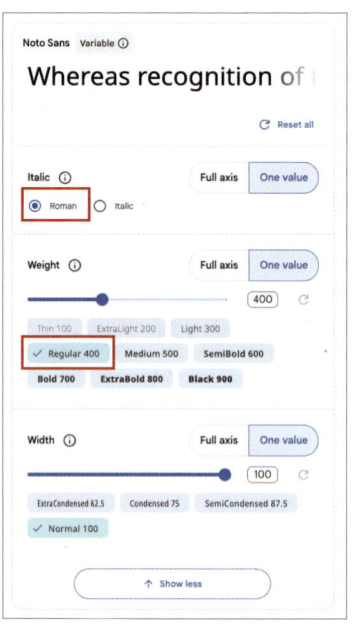

[그림 9-7] 임베드하기 위해서 필요한 폰트만 가져올 수 있도록 설정하는 화면

구글 폰트는 폰트를 웹사이트에 임베드하기 위해 여러 가지 설정들을 제공합니다. 사용될 폰트의 굵기 및 이탤릭 여부를 선택해서 리소스의 크기를 더욱 줄여보도록 하겠습니다. 만들게 될 랜딩 페이지에서는 기울임(Italic)은 제공하지 않으므로 Roman으로 선택하고, 굵기는 400만 필요하기 때문에 Noto sans와 Dancing Script 각각 굵기를 400으로만 가져올 수 있도록 설정합니다.

설정이 완료되면, 우측에 있는 web 탭에서 최상단에 있는 〈link〉 형식으로 되어 있는 코드를 **Copy code** 버튼을 클릭해 복사한 후에 HTML 파일의 〈head〉 태그 내부 영역에 삽입하면 폰트가 임베드되고, 스타일시트에서 CSS를 선언하여 사용할 수 있게 됩니다.

[코드 9-2] chapter_9_landing / 01_landing.html

```
(...)
<head>
  (...)
  <link href="https://fonts.googleapis.com/css2?family=Dancing+Script&family=Noto+Sans&display=swap" rel="stylesheet">
</head>
(...)
```

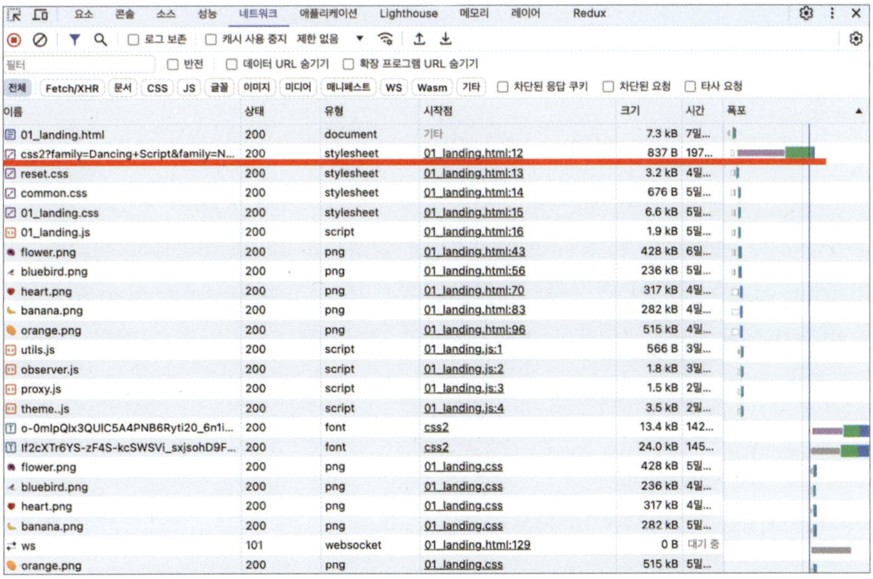

[그림 9-8] HTML 파일 로드 직후 가장 빠르게 폰트를 불러오고 있는 네트워크 탭 결과

그림 9-8과 같이 preconnect 속성 설정에 따라 네트워크 탭에서 폰트를 가장 빠르게 불러오고 있습니다.

이제, CSS 변수를 선언하고 필요한 곳에서 사용해 보겠습니다.

[코드 9-3] public / css / chapter_9 / 01_landing.css

```css
@charset "utf-8";

@layer base, components;
@layer base {
  :root {
    /* Font Families */
    --font-family-Noto: 'Noto Sans';
    --font-family-Dancing: 'Dancing Script';

    /* Font Sizes */
    --font-size: 1rem;
    --font-size-big: 1.5rem;
    --font-size-title: 2rem;
  }
}

body {
  text-rendering: optimizeLegibility;
  font-family: var(--font-family-Noto, sans-serif);
  font-size: var(--font-size, 1rem);
}
```

text-rendering: optimizeLegibility; 속성을 사용해 브라우저가 텍스트를 렌더링할 때 가독성을 높일 수 있도록 하고, font-family, font-size 속성을 사용해 기본 고딕 계열 폰트인 Noto Sans를 렌더링하고, 적용되지 않았을 때를 대비해 폴백으로 sans-serif로 시스템 기본 폰트를 선언합니다. font-size는 3가지 변수를 선언하고, 폰트 사이즈를 --font-size 변수를 적용하고, 마찬가지로 변수가 없을 때를 대비해 폴백으로 폰트 사이즈를 1rem으로 지정합니다.

 text-rendering?

text-rendering CSS 속성은 텍스트 렌더링 시 성능과 시각적 최적화 간의 우선 순위를 어떻게 정할지를 브라우저에게 알릴 수 있습니다.

이 속성은 주로 〈svg〉 태그에서도 많이 사용되는데 각각 텍스트 렌더링 방식을 자동으로 선택할지, 속도 및 가독성을 우선할지 결정할 수 있습니다.

- **auto**: 브라우저가 자체적으로 최적의 텍스트 렌더링 방식을 선택하도록 함
- **optimizeSpeed**: 렌더링 속도에 최적화함. 주로 저사양 기기를 대응하기 위해 사용

- **optimizeLegibility**: 글자 간격 조정, 특정 글자 조합을 위한 특수기호 등을 활용하여 가독성을 최대화함. 긴 텍스트나 가독성이 필요할 경우에 사용
- **geometricPrecision**: "뷁"과 같은 텍스트의 복잡한 레이아웃에서 섬세한 조정을 가능하게 함. 텍스트의 품질과 성능 간의 균형을 조절할 수 있으며, 다양한 환경에서 일관된 텍스트 표현을 유지하는 데 사용

[코드 9-4] chapter_9_landing / 01_landing.html

```html
(...)
<head>
  (...)
  <link rel="stylesheet" href="../public/css/reset.css">
  <link rel="stylesheet" href="../public/css/common.css">
  <link rel="stylesheet" href="../public/css/chapter_9/01_landing.css">
</head>
(...)
```

reset.css, common.css, 01_landing.css를 각각 〈link〉 태그를 사용해 로드하고, reset.css와 common.css는 파일을 열어 @키워드를 사용해 레이어에 대한 우선순위를 base로 지정합니다.

[코드 9-5] public / css / common.css

```css
@charset "utf-8";

@layer base {
  .sr-only {
    position: absolute;
    overflow: hidden;
    width: 1px;
    height: 1px;
    padding: 0;
    margin: -1px;
    border: 0;
    clip: rect(0, 0, 0, 0);
  }

  h1 {
    font-size: 30px;
  }
```

```css
  .heading_1 {
    margin-top: 50px;
    text-align: center;
    font-weight: bold;
  }
}
```

코드 9-5와 같이 @layer base를 활용해 CSS의 우선순위를 @layer를 사용해 지정하겠습니다.

이 @layer 키워드를 사용하면 스타일 시트의 복잡성이 관리할 수 있으며 CSS 규칙들의 우선순위를 명확히 하여 유지보수를 돕고, CSS의 규칙과 상속을 더 효과적으로 제어할 수 있습니다.

[코드 9-6] public / css / reset.css

```css
@charset "utf-8";
@layer base {
  /***
    The new CSS reset - version 1.11.2 (last updated 15.11.2023)
    GitHub page: https://github.com/elad2412/the-new-css-reset
  ***/

  (...)

  /* Remove details summary webkit styles */
  ::-webkit-details-marker {
    display: none;
  }
}
```

reset.css도 마찬가지로 전체 콘텐츠를 @layer base로 감쌉니다. 이렇게 레이어 키워드를 사용하면 대규모 프로젝트나 여러 소스에서 CSS를 관리할 때 유용하며, 스타일 규칙의 우선순위를 더 명확하고 유연하게 관리할 수 있게 되고, 기존 방식인 스타일시트를 불러오는 순서에 의해 결정되는 것보다 더 세밀하게 스타일을 조정할 수 있게 됩니다.

[코드 9-7] chapter_9_landing / 01_landing.html

```
(...)
<head>
  (...)
  <script type="module" src="../public/js/chapter_9/01_landing.js"></script>
</head>
(...)
```

〈script〉 태그를 불러오는데 type 속성으로 module 값을 지정하고, defer 속성이 있다면 제거합니다. type 속성의 값을 module로 지정하면 JavaScript 내에서 Import, export 구문을 사용해서 각 파일 간의 가져오기와 내보내기 기능을 사용해서 유지보수성 및 가독성을 높일 수 있고, 기본적으로 defer 속성이 적용된 것처럼 지연 로딩되기 때문에 defer 속성은 제거해도 됩니다.

 type module 속성의 특징?

type="module"이 설정된 스크립트는 defer 속성이 기본 설정으로 있는 것처럼 지연 실행(deferred)되어, 문서가 파싱된 후에 실행되고, DOMContentLoaded 이벤트 전에 실행됩니다. 또한, HTML 파서를 차단하지 않고, strict mode에서 자동으로 실행되므로 "use strict"라는 지시자 없이도 사용이 가능하며, 최상위 레벨의 this가 일반 〈script〉 태그에서는 window 객체이지만, module 내부에서는 undefined가 됩니다. 이는 모듈이 격리된 스코프를 갖게 된다는 것을 의미하게 됩니다. 이러한 특징들을 가지고 있는 모듈을 잘 사용하면 import와 export 구문을 사용해 각 파일을 나눠서 작성할 수도 있어 가독성을 높일 수 있습니다.

〈head〉 태그의 작성을 마쳤으니, 본격적으로 〈body〉 태그 내부 콘텐츠를 작성하겠습니다.

[코드 9-8] chapter_9_landing / 01_landing.html

```
<html lang="ko-KR">
 <head>
   (...)
 </head>
 <body>
   <!-- header -->
   <header>
     <div class="header_contents">
       <h1 class="logo"><a href="#flower">Landing Page</a></h1>
```

```
        </div>
    </header>
    <main>
        (...)
    </main>
</body>
</html>
```

HTML 마크업 시 〈header〉, 〈section〉, 〈article〉, 〈aside〉 등의 시맨틱 태그를 활용하면 검색 포털의 크롤러가 웹 페이지를 더 효과적으로 수집하고 이해할 수 있어 검색 엔진 최적화에 도움이 됩니다. 〈header〉 태그에는 웹사이트의 제목과 주요 메뉴를 배치하고, 〈div〉 태그로는 전체 영역과 콘텐츠 영역을 구분하여 CSS를 통해 중앙 정렬된 레이아웃을 구현할 수 있습니다.

레이아웃 설계 시에는 HTML 태그를 작성하며 머릿속으로 구조를 그려보는 것이 중요합니다. 이러한 시각화가 어렵다면 노트에 직접 레이아웃을 스케치하며 작업하는 것도 도움이 됩니다. 이를 통해 콘텐츠의 배치를 미리 계획하고 구조화된 마크업을 작성할 수 있습니다.

마지막으로 〈h1〉 태그로 웹 페이지의 주 제목을 명시하고, 〈a〉 태그의 href 속성에는 해시 태그를 사용하여 클릭 시 해당 위치로 즉시 이동할 수 있도록 구현합니다.

 해시 태그?

> 해시 태그는 사용자에게 페이지 내 특정 위치로 빠르게 이동할 수 있는 기능을 제공하여 탐색을 쉽게 만들고 검색 엔진이 페이지의 다양한 섹션을 인덱싱할 수 있게 하여, 사용자가 검색할 때 더 관련성 높은 정보를 제공할 수 있고 해당 위치를 실제 URL 링크로 제공해 접근 편의성도 향상시킬 수 있습니다.
>
> 1. 링크를 생성하여 href 속성에 # 뒤에 ID를 지정합니다. 이 링크를 클릭하면 해당 ID가 있는 요소로 이동합니다.

[코드] HTML 파일 내에 해시 태그 적용 예시

```
<a href="#section1">1번 섹션으로 이동</a>
<a href="#section2">2번 섹션으로 이동</a>
```

2. 이동할 목표를 지정하기 위해 도착 요소에 ID 속성을 추가합니다.

[코드] HTML 파일 내에서 해시 태그로 이동하게 될 섹션을 ID로 표시

```html
<div id="section1">
    <h2>1번 섹션</h2>
    <p>이건 1번 섹션이야</p>
</div>
<div id="section2">
    <h2>2번 섹션</h2>
    <p>이건 2번 섹션이야</p>
</div>
```

[코드 9-9] chapter_9_landing / 01_landing.html

```html
<body>
 <header>
    (...)
    <nav class="navigation">
      <ul>
        <li><a href="#flower" title="Navigate to the flower section">flower</a></li>
        <li><a href="#bluebird" title="Navigate to the bluebird section">bluebird</a></li>
        <li><a href="#heart" title="Navigate to the heart section">heart</a></li>
        <li><a href="#banana" title="Navigate to the banana section">banana</a></li>
        <li><a href="#orange" title="Navigate to the orange section">orange</a></li>
      </ul>
    </nav>
 </header>
</body>
```

〈nav〉 태그를 사용해 웹 페이지의 주요 메뉴가 어떻게 구성되는지 명시하고 순서 없는 목록인 〈ul〉 태그를 활용해 메뉴 리스트를 작성합니다.

〈a〉 태그의 href 속성에는 해시 태그를 사용해 해당 섹션으로 이동하기 쉽게 만들고, title 속성을 사용해 각 메뉴의 링크를 클릭하게 되면 이동하게 될 위치나 페이지에 대해 미리 설명합니다.

[코드 9-10] chapter_9_landing / 01_landing.html

```html
<!doctype html>
<html lang="ko-KR">
 <head>
   (...)
 </head>
 <body>
   <header>(...)</header>
   <main>
     <h2 class="sr-only">Main Contents</h2>
     <div class="container">
       <section id="flower" class="section"></section>
       <section id="bluebird" class="section"></section>
       <section id="heart" class="section"></section>
       <section id="banana" class="section"></section>
       <section id="orange" class="section"></section>
     </div>
   </main>
 </body>
</html>
```

⟨main⟩ 태그는 웹 페이지의 주요 콘텐츠를 감싸게 되는데, 내부에 ⟨h2⟩ 태그로 전체 메인 콘텐츠임을 나타내면서도 sr-only(screen-reader-only) 클래스를 사용해 CSS로 보이지 않도록 작성합니다. ⟨div⟩ 태그로 감싸 전체 영역을 중앙에 배치하도록 할 수 있도록 영역을 나누고 ⟨nav⟩ 태그로 작성한 메뉴에서 클릭했을 때 각각 이동할 수 있도록 각 해시 링크에 해당하는 id를 가진 ⟨section⟩ 태그를 작성합니다.

[코드 9-11] chapter_9_landing / 01_landing.html

```html
<body>
 (...)
 <!-- flower -->
 <section id="flower" class="section">
   <div class="content">
     <h3 class="title">In the quiet garden,<br />a flower unfurls in grace</h3>
     <div class="text_wrap">
       <img src="../public/img/pixabay/flower.png" alt="A blooming purple flower" />
       <p class="text">
         Petals like velvet, a purple embrace. <br />
         Gently it sways, a dance with the dawn,<br />
         A symbol of peace as the night moves on.
```

```html
            </p>
        </div>
    </div>
</section>
<!-- bluebird -->
<section id="bluebird" class="section">
    <div class="content">
        <h3 class="title">A flash of blue on the breeze,<br />the bluebird flies</h3>
        <div class="text_wrap">
            <img src="../public/img/pixabay/bluebird.png" alt="A vibrant bluebird" />
            <p class="text">
                Wings slicing the crisp air under morning skies.<br />
                Each flutter a stroke of color, vibrant and free,<br />
                Painting the world with freedom, for all to see.
            </p>
        </div>
    </div>
</section>
<!-- heart -->
<section id="heart" class="section">
    <div class="content">
        <h3 class="title">Carved of deepest crimson,<br />a heart bold and bright</h3>
        <div class="text_wrap">
            <img src="../public/img/pixabay/heart.png" alt="A crimson heart sculpture reflecting passion and strength" />
            <p class="text">
                Reflects the strength of love, glowing with light.<br />
                Within its facets, the essence of passion forever resides,<br />
                A beacon of enduring love that time abides.
            </p>
        </div>
    </div>
</section>
<!-- banana -->
<section id="banana" class="section">
    <div class="content">
        <h3 class="title">Beneath a canopy of green,<br />bananas bask in soft glow</h3>
        <div class="text_wrap">
            <img src="../public/img/pixabay/banana.png" alt="" />
            <p class="text">
                Curves rich with sunshine's kiss, a tropical show.<br />
                They hang in arcs of gold,<br />
                Ripening under the whisper of leaves, in the tranquil grove.
            </p>
        </div>
    </div>
```

```html
      </section>
      <!-- orange -->
      <section id="orange" class="section">
        <div class="content">
          <h3 class="title">Vibrant as the summer sun,<br />an orange slice so bright</h3>
          <div class="text_wrap">
            <img src="../public/img/pixabay/orange.png" alt="" />
            <p class="text">
              Juicy zest fills the air, bursting with light.<br />
              A segment of sunshine in your hand, tart and sweet,<br />
              Refreshing moments captured, a citrus treat.
            </p>
          </div>
        </div>
      </section>
      (...)
    </body>
```

〈section〉 태그 내부에 〈div〉 태그로 콘텐츠 영역을 나누어 content 클래스를 부여하고 그 내부에 〈h3〉 태그로 주요 내용을 작성합니다. 텍스트 영역만 한 번 더 〈div〉 태그로 나누어 text_wrap 클래스를 부여하고 〈img〉 태그와 〈p〉 태그를 사용해 콘텐츠 설명을 작성합니다.

9-2 scroll-snap-type, animation-timeline을 활용한 fullPage 애니메이션

마크업을 완성했으니, 이제 본격적으로 CSS를 작성합니다.

[코드 9-12] public / css / chapter_9 / 01_landing.css

```css
@charset "utf-8";

@layer base, components;
@layer base {
  :root {
    /* Font Families */
    --font-family-Noto: 'Noto Sans';
    --font-family-Dancing: 'Dancing Script';

    /* Font Sizes */
    --font-size: 1rem;
    --font-size-big: 1.5rem;
    --font-size-title: 2rem;

    /* Line Heights */
    --line-height: 1.4;

    /* Color Palette */
    --color-link: blue;
    --color-link-hover: dodgerblue;
    --color-black: #000000;
  }
}
```

@layer base를 사용해 base를 우선순위 레이어에서 기본 스타일 레이어로 작성합니다. 추가로 작성하는 @layer 키워드에서는 기본 스타일을 덮어쓸 수 있는데 이렇게 우선순위를 명확하게 지

정할 수 있고 다양한 스타일 규칙을 쉽게 관리할 수 있습니다. line-height 속성을 사용하기 위한 변수도 미리 1.4로 지정하고, 자주 사용되는 색상(color)들에 대해서도 변수로 지정합니다.

[코드 9-13] public / css / chapter_9 / 01_landing.css

```css
(...)
@layer components {
  a {
    color: var(--color-link, blue);
    transition: 0.3s ease-in-out;
    &:focus {
      color: var(--color-link-hover, var(--color-link, blue));
    }
    @media (hover: hover) {
      &:hover {
        color: var(--color-link-hover, var(--color-link, blue));
      }
    }
  }
}
```

components라는 @layer를 추가해 a 링크에 대한 기본 스타일, 포커스되었을 때, 마우스 오버했을 때의 스타일을 작성합니다. 이렇게 하면, @layer의 순서에 따라 @layer base에 있는 스타일보다 우선하게 됩니다.

 @layer를 사용했을 때의 장점?

@layer를 사용하면 스타일을 모듈화하여 관리할 수 있고, 특정 기능이나 역할에 맞는 스타일을 포함할 수 있어 구조적으로 스타일을 유지관리할 수 있습니다. 각 @layer를 독립적으로 관리할 수 있으며 CSS에서 여러 규칙이 충돌하는 경우, @layer를 사용하여 스타일의 우선순위를 지정하여 예측 가능한 방식으로 스타일을 적용할 수 있습니다. 또, 여러 개발자가 협업할 때, @layer를 사용하면 각 개발자가 서로의 스타일을 덮어쓰지 않고 작업할 수 있습니다. 예를 들어, 한 개발자가 base 레이어를 관리하고 다른 개발자가 components 레이어를 관리할 수 있습니다. 테마를 적용할 때도 유용하게 사용되는데, @layer를 사용해서 다크 모드와 라이트 모드 스타일을 별도로 관리할 수 있습니다.

[코드] @layer 사용 예시

```css
@layer dark-mode {
  body {
    background-color: #222;
```

```
      color: #fff;
    }
  }

  @layer light-mode {
    body {
      background-color: #fff;
      color: #000;
    }
  }
```

[코드 9-14] public / css / chapter_9 / 01_landing.css

```
(...)
html {
  scroll-behavior: smooth;
  scroll-snap-type: y mandatory;
  overflow-x: hidden;
}
```

html 요소에 scroll-behavior 속성값을 smooth로 작성해 스크롤할 때 부드럽게 움직이도록 설정합니다. scroll-snap-type을 y mandatory 값으로 지정해 Y축 방향으로 스냅 포인트를 강제로 적용합니다. 그리고 overflow-x 속성값을 hidden으로 해서 가로 스크롤이 되지 않도록 작성합니다.

 scroll-snap-type?

scroll-snap-type 속성은 스크롤되는 영역 내에서 스크롤 위치가 특정 지점(스냅 포인트)에 정렬되도록 설정하는 속성입니다. 이 속성을 사용하면 스크롤할 때 콘텐츠가 지정된 포인트에 정확하게 정렬됩니다. **scroll-snap-type: y mandatory**에서 y는 스크롤 스냅이 y축에만 적용되어야 함을 나타내고 mandatory는 스냅 포인트에 도달했을 때 스크롤을 멈춰도 가장 가까운 스냅 포인트로 자동으로 조정되는 것을 뜻합니다. 이 속성을 사용해 스크롤 동작을 통제하고, 보다 일관된 스크롤 경험을 제공하여 사용자가 웹 페이지를 더욱 쉽고 효과적으로 탐색할 수 있게 도울 수 있습니다.

[코드 9-15] public / css / chapter_9 / 01_landing.css

```css
(...)
body {
  text-rendering: optimizeLegibility;
  font-family: var(--font-family-Noto, sans-serif);
  font-size: var(--font-size, 1rem);
  line-height: var(--line-height, 1.4);
}
```

이제 body 요소에 작성되어 있던 text-rendering, font-family, font-size 속성에 추가로 line-height 값도 작성해 행간을 적용합니다.

[코드 9-16] public / css / chapter_9 / 01_landing.css

```css
(...)
/* 헤더 고정 및 스타일 설정 */
header {
  position: fixed;
  top: 0;
  left: 0;
  z-index: 10;
  width: 100%;
  padding: 0 3%;

  & .header_contents {
    display: flex;
    justify-content: space-between;
    align-items: center;
    width: 100%;
    max-width: 1280px;
    margin: 0 auto;
    padding: 1rem 0;
  }

  & .logo a {
    font-family: var(--font-family-Dancing);
    font-size: var(--font-size-big);
    color: var(--color-black);
  }

  & .navigation ul {
    display: flex;
```

```
      & li a {
        padding: 0 1rem;
        color: var(--color-black);
      }
    }
  }
```

header 요소의 스타일은 다음과 같이 구성합니다.

우선 position: fixed를 적용하여 스크롤과 관계없이 화면 상단에 고정되도록 하고, z-index: 10을 설정하여 다른 요소들보다 레이어 상에서 상위에 표시되도록 합니다. 반응형을 고려해 좌우 여백은 padding: 0 3%로 설정함으로써 화면이 작아졌을 때도 기본 여백이 있도록 합니다.

.header_contents 요소는 display: flex와 함께 align-items: center, justify-content: space-between 속성을 적용하여 내부 요소들을 세로 중앙 정렬하고 좌우 양끝에 배치합니다. 전체 너비는 max-width: 1280px으로 제한하고 margin: 0 auto로 중앙 정렬하며, padding: 1rem 0으로 상하 여백을 설정합니다.

로고 영역의 경우 font-family에 dancing 폰트 변수를 적용하고, 폰트 사이즈와 색도 미리 정의된 변수를 사용합니다. 네비게이션 메뉴는 display: flex로 가로 배치하고, 각 메뉴 항목에 padding: 0 1rem을 적용하여 충분한 클릭 영역을 확보합니다. 메뉴 텍스트의 색상은 검정색 변수를 사용하여 일관성을 유지합니다.

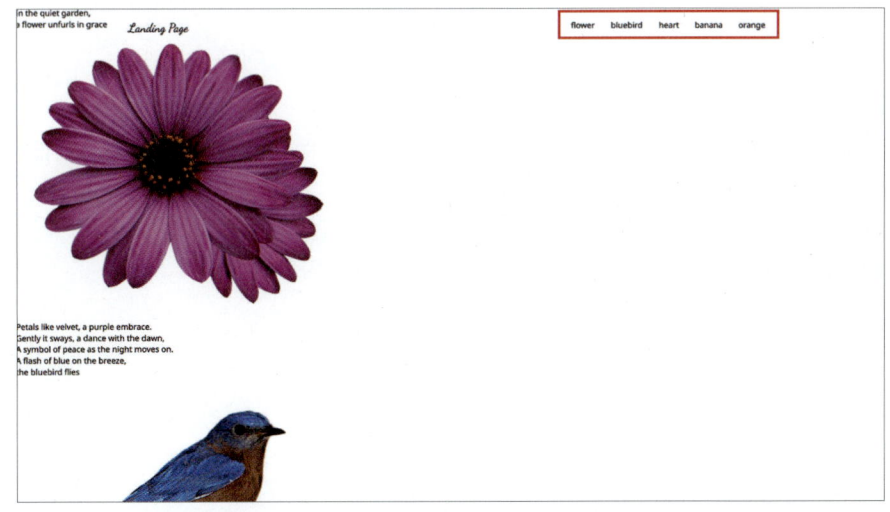

[그림 9-9] header 요소 내부의 로고와 nav 요소를 스타일링한 결과

[코드 9-17] public / css / chapter_9 / 01_landing.css

```css
(...)
main .section {
  margin: 0 auto;
  height: 100dvh;
  scroll-snap-align: start;
  scroll-snap-stop: always;
}
```

main .section 요소를 가운데 위치하도록 하기 위해 margin: 0 auto; 로 하고 높이(height)값을 **dvh(Dynamic Viewport Height)**로 지정합니다.

vh(Viewport Height) 단위는 현재 뷰포트의 높이의 1%를 나타내며, vh와 dvh의 가장 큰 차이점은 모바일 기기에서 주소창 및 툴바를 표시하거나 숨겼을 때 vh는 크기 변화가 없지만 dvh는 크기 변화를 반영한다는 것입니다.

scroll-snap-align을 start, scroll-snap-stop을 always 속성으로 각각 작성합니다.

 scroll-snap-align, scroll-snap-stop

> **scroll-snap-align** 속성은 스크롤 컨테이너 내의 자식 요소에 적용이 되는데 컨테이너의 스크롤 스냅 위치를 요소의 어떤 위치에 적용할지 결정하는 속성입니다.
> - **start:** 요소의 시작 부분
> - **end:** 요소의 끝 부분
> - **center:** 요소의 중앙 부분
> - **none:** 스냅 포인트 설정이 되지 않음
>
> **scroll-snap-stop** 속성은 스크롤 컨테이너 내의 자식 요소에 적용이 되어 스냅이 어떤 방식으로 동작할지를 결정합니다.
> - **normal:** 사용자가 스크롤할 때 스냅 지점에서 자연스럽게 멈춤
> - **always:** 사용자가 스크롤을 빠르게 할 때도 해당 요소에서 멈춤

[코드 9-18] public / css / chapter_9 / 01_landing.css

```css
(...)
.content {
  display: flex;
  align-items: center;
  justify-content: space-between;
  position: fixed;
  inset: 0;
  width: 100%;
  max-width: 1280px;
  height: 100%;
  margin: 0 auto;
  overflow: hidden;
  animation: zoom-effect ease-in-out both;
}
```

.content 요소는 display: flex를 기반으로 하여, align-items와 justify-content 속성을 통해 요소들을 상하 중앙, 좌우 양끝에 배치합니다. position: fixed와 inset: 0 속성을 적용하여 전체 화면을 고정된 영역으로 설정하고, max-width: 80rem과 height: 100%로 콘텐츠가 화면 중앙에 위치하도록 합니다. overflow: hidden을 통해 영역을 벗어나는 콘텐츠는 숨깁니다. 애니메이션은 zoom-effect라는 이름으로 정의하고, ease-in-out 타이밍 함수를 사용하여 부드러운 가속도를 구현합니다. 애니메이션의 방향을 both로 설정하여 forward와 backward 모두에서 애니메이션의 상태가 유지되도록 합니다. ease-in-out 효과로 인해 애니메이션은 시작과 끝에서는 천천히, 중간에는 빠르게 진행되어 자연스럽게 전환합니다.

 inset 속성

inset 속성은 주로 position 속성을 사용한 후 top: 0, right: 0, bottom: 0, left: 0으로 작성하는 것을 대신해 inset 속성의 값을 0으로 하면 요소의 상단, 오른쪽, 하단, 왼쪽 가장자리가 동일한 위치에 맞춰지도록 합니다. inset 속성을 사용하면 위치 지정을 더 간결하게 작성할 수 있어 코드의 가독성과 유지보수성이 향상됩니다.

[코드] inset 속성 예제

```css
/* 가장자리 끝을 맞추고 싶을 때 */
p {
  position: fixed;
  inset: 0;
}
```

```css
/* 가장자리에서 띄우고 싶을 때 */
p {
  position: fixed;
  inset: 3px 10px;
}
```

[코드 9-19] public / css / chapter_9 / 01_landing.css

```css
(...)
.content {
  (...)
  & .title {
    flex-shrink: 0;
    padding: 0 1rem;
    font-size: 1.6rem;
    font-family: var(--font-family-Dancing);
  }
}
```

.title 요소는 flex-shrink: 0 으로 다른 flex 아이템들의 크기 변화에 따라 줄어들지 않도록 고정하며, padding: 0 1rem으로 좌우 여백을 주고, font-size는 1.6rem으로 작성합니다.

폰트는 font-family 속성을 활용해서 로고와 마찬가지로 dancing 폰트로 작성합니다.

[코드 9-20] public / css / chapter_9 / 01_landing.css

```css
(...)
main .section {
  (...)
  view-timeline: --content;
}

.content {
  (...)
  animation-timeline: --content;
}
```

```css
/* 줌 효과 애니메이션 정의 */
@keyframes zoom-effect {
  0% {
    visibility: hidden;
    filter: blur(2rem);
    transform: scale(0);
    opacity: 0;
  }

  50% {
    visibility: visible;
    filter: blur(0);
    transform: none;
    opacity: 1;
  }

  100% {
    visibility: hidden;
    filter: blur(1rem);
    transform: scale(2);
    opacity: 0;
  }
}
```

zoom-effect 애니메이션은 **animation-timeline** 속성을 --content로 지정하고, .section 요소의 **view-timeline**: --content와 연동하여 스크롤 기반의 애니메이션을 구현합니다. view-timeline은 요소의 스크롤 상태를 기준으로 타임라인을 정의하고, animation-timeline은 이 타임라인에 따라 애니메이션을 진행합니다.

애니메이션의 각 단계는 다음과 같이 구성됩니다.

- 0%(초기 상태): visibility: hidden, filter: blur(2rem), transform: scale(0)으로 요소를 숨기고 흐릿하게 처리
- 50%(중간 상태): visibility: visible, filter: blur(0), transform: none으로 요소가 선명하게 나타나며 정상 크기로 표시
- 100%(최종 상태): visibility: hidden, filter: blur(1rem), transform: scale(2)로 요소가 확대되며 흐려지면서 사라짐

이 방식은 일반적인 키프레임 애니메이션과 달리, 스크롤 위치에 따라 자연스럽게 전환됩니다. 요소가 화면 영역에 들어올 때는 확대되며 선명해지고, 화면 영역에서 벗어날 때는 더 큰 크기로 흐려지며 사라집니다.

view-timeline과 animation-timeline 더 자세히 알아보기

view-timeline 속성은 특정 요소가 화면 또는 스크롤 컨테이너 내에서의 위치에 따라 타임라인을 설정합니다. 요소가 화면 영역에 진입하거나 나갈 때 애니메이션이 진행됩니다.

view-timeline: ⟨name⟩ ⟨axis⟩ ⟨start⟩ ⟨end⟩

- **name:** 타임라인의 이름을 지정
- **axis:** 뷰포트 축을 의미, block, inline, vertical, horizontal 중 하나를 선택
- **start:** 뷰 타임라인의 시작 지점을 지정
- **end:** 뷰 타임라인의 끝 지점을 지정

animation-timeline 속성은 애니메이션이 특정 타임라인을 기준으로 동작하도록 지정하는데, 이 타임라인은 view-timeline을 통해 정의됩니다.

animation-timeline: ⟨name⟩

- **name:** 사용할 타임라인의 이름을 지정

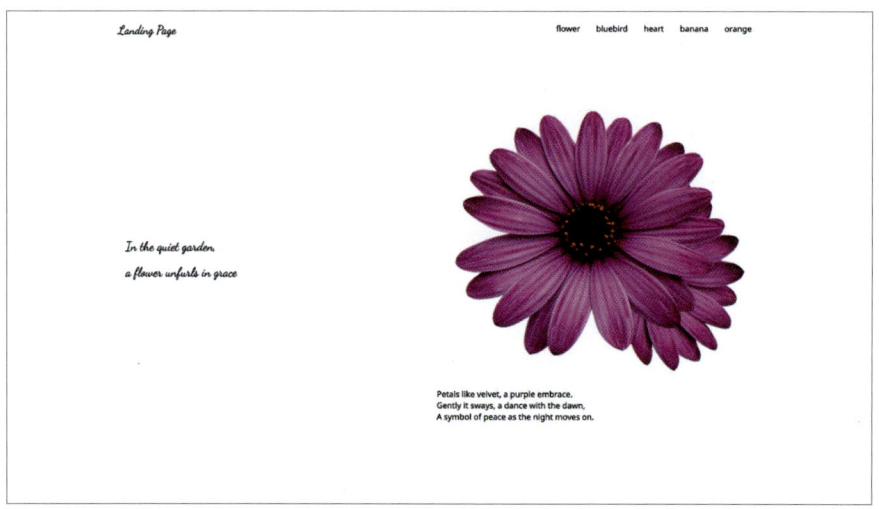

[그림 9-10] section, .content 요소에 대한 스타일을 일부 구현하고 스크롤에 따른 애니메이션을 적용한 결과

스크롤에 따른 애니메이션이 의도한 대로 잘 작동하는지 확인해 보겠습니다. 각 섹션이 전환될 때 현재 요소가 확대되며 사라지고, 다음 요소가 블러 효과와 함께 서서히 나타나는 자연스러운 전환이 이루어져야 합니다. 그런데 텍스트가 이미지 아래쪽에 배치되어 있어 시각적 흐름이 자연스럽지 않아 이를 개선하기 위해 텍스트와 이미지가 나란히 배치하여 스타일을 적용해 보겠습니다.

[코드 9-21] public / css / chapter_9 / 01_landing.css

```css
(...)
/* 콘텐츠 스타일 및 애니메이션 효과 적용 */
.content {
  (...)
  & .text_wrap {
    width: 100%;
    word-break: keep-all;
    & img {
      display: block;
      float: inline-start;
      position: relative;
      shape-margin: 0.2rem;
      padding: 0 3%;
      #flower & {
        shape-outside: url(../../img/pixabay/flower.png);
      }
      #bluebird & {
        shape-outside: url(../../img/pixabay/bluebird.png);
      }
      #heart & {
        shape-outside: url(../../img/pixabay/heart.png);
      }
      #banana & {
        shape-outside: url(../../img/pixabay/banana.png);
      }
      #orange & {
        max-width: 480px;
        shape-outside: url(../../img/pixabay/orange.png);
      }
    }
    & .text {
      margin-top: 7rem;
      font-size: var(--font-size-big);
      color: var(--color-highlight);
    }
  }
}
```

word-break: keep-all을 설정하여 텍스트가 단어 단위로 줄바꿈되도록 합니다. 이미지 주변의 텍스트 배치를 위해 img 요소에 **float: inline-start**를 적용하여 텍스트가 이미지 주위를 자연스럽게 감싸도록 합니다. **shape-margin: 0.2rem**을 사용하여 이미지와 텍스트 사이에 적절한 여백을 확보합니다. 각 섹션별로 **shape-outside** 속성을 활용해 해당 이미지의 형태를 따라 텍스트가 자연스럽게 흐르도록 설정합니다. 이를 통해 각 이미지의 윤곽에 따라 텍스트가 유기적으로 배치되어 시각적으로 더욱 세련된 레이아웃을 구현할 수 있습니다.

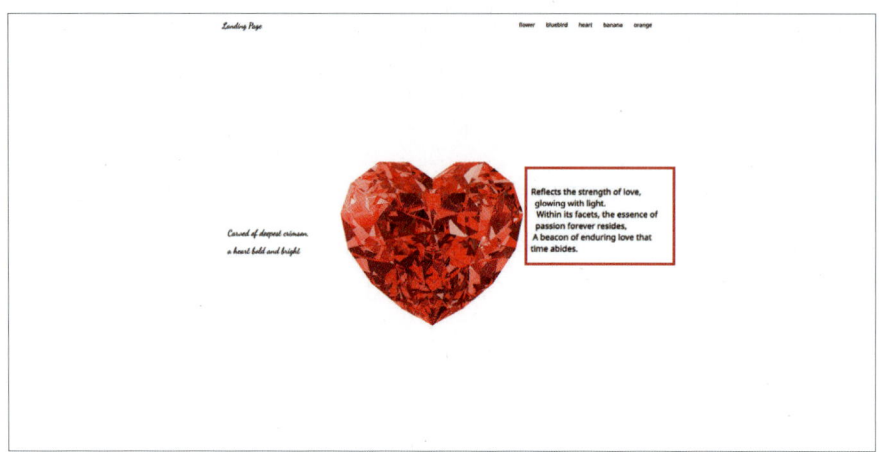

[그림 9-11] 텍스트가 이미지를 따라 흐르도록 구현한 결과

텍스트가 이미지를 따라 자연스럽게 정렬되고 스크롤했을 때 zoom-effect 애니메이션 효과가 발생한다면 이어서 반응형 작업을 해보겠습니다.

9-3 반응형 환경을 위한 미디어 쿼리 작업을 최소화하기

반응형 웹 디자인에서 rem 단위의 활용은 효율적인 레이아웃 관리를 가능하게 합니다. rem은 root em의 약자로, HTML 루트 요소의 폰트 크기를 기준으로 상대적인 크기를 설정하는 단위입니다. 이는 반응형 디자인에서 특히 유용한데, 미디어 쿼리에서 html 요소의 font-size만 조정하면 rem 단위로 작성된 모든 요소들의 크기가 비례해 조정되기 때문입니다. 실제 개발 시에는 px 단위로 작업한 후, VS Code의 **px-to-rem**과 같은 확장 프로그램을 활용하여 손쉽게 rem 단위로 변환할 수 있습니다. rem 단위의 사용은 유지보수성을 높일 뿐만 아니라, 사용자가 브라우저의 기본 폰트 크기를 변경했을 때도 레이아웃이 그에 맞게 조정되어 웹 접근성 향상에도 기여합니다.

[코드 9-22] public / css / chapter_9 / 01_landing.css

```css
(...)
@media (max-width: 1280px) {
  .content {
    flex-direction: column;
    justify-content: center;
    padding: 0 3%;

    & .title {
      padding: 0;
      padding-bottom: 2rem;
      text-align: center;
    }

    & .text_wrap {
      display: flex;
      flex-direction: column;
      align-items: center;
      & img {
```

```
          float: none;
          max-width: 50dvw;
          max-height: calc(100dvh - 24rem);
          #orange & {
            max-width: 50dvw;
          }
        }
        & .text {
          text-align: center;
          margin-top: 2rem;
          .banana & {
            margin-top: 2rem;
          }
        }
      }
    }
```

.header_contents 요소와 .content 요소의 max-width를 1280px으로 설정한 것처럼, 반응형 대응을 위해 미디어 쿼리를 활용합니다. 뷰포트 너비가 1280px 이하일 때는 .content 요소의 flex-direction 속성의 값을 row에서 column으로 변경하여 콘텐츠를 수직으로 배치합니다. .text_wrap 요소도 수직 배치로 전환하고, 이미지의 크기는 dvw(Dynamic Viewport Width) 단위를 사용하여 화면 너비의 50%를 넘지 않도록 제한합니다. 또한 낮은 화면 높이를 가진 기기에서도 콘텐츠가 잘 보이도록 max-height를 calc(100dvh - 24rem)으로 설정하여 적절한 여백을 확보합니다.

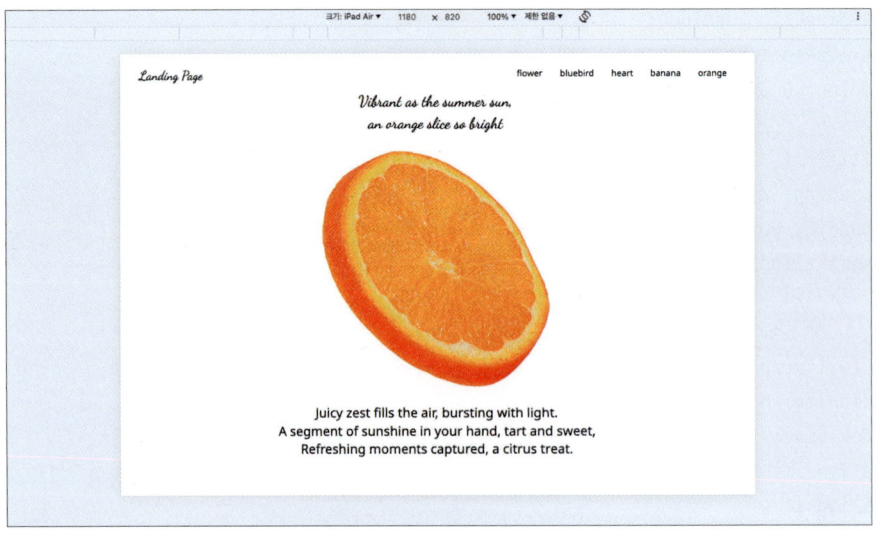

[그림 9-12] 반응형 태블릿 화면에서 가장 아래의 orange 섹션의 결과

개발자 도구의 왼쪽 상단 기기 아이콘을 클릭해 IPad Air 태블릿 사이즈에서도 결과가 나타난 것을 확인할 수 있습니다.

[코드 9-23] public / css / chapter_9 / 01_landing.css

```css
(...)
@media (max-width: 1024px) {
  html {
    font-size: 12px;
  }
  .content {
    & .text_wrap {
      & .text {
        max-width: 60dvw;
        font-size: 1.2rem;
        & br {
          display: none;
        }
      }
    }
  }
}

@media (max-width: 640px) {
  header {
    & .header_contents {
      justify-content: center;
    }
    & .logo {
      display: none;
    }
  }
}
```

태블릿 사이즈보다 더 작은 화면에서의 반응형 작업은 rem 단위의 장점을 활용하여 구현합니다. html 요소의 font-size를 12px로 설정하면 rem 단위로 작성된 모든 요소들이 비례하여 축소되어 표시됩니다.

텍스트 영역은 max-width: 60dvw로 제한하여 중앙에서 잘 읽힐 수 있도록 가독성을 유지하고, 기존에
 태그로 강제 개행하던 부분은 display: none으로 처리하여 자연스러운 줄바꿈이 되도록 합니다.

가장 작은 화면에서는 header 요소의 로고를 숨기고, 메뉴 항목들을 justify-content: center 로 설정하여 화면 중앙에 정렬함으로써 제한된 공간을 효율적으로 활용합니다.

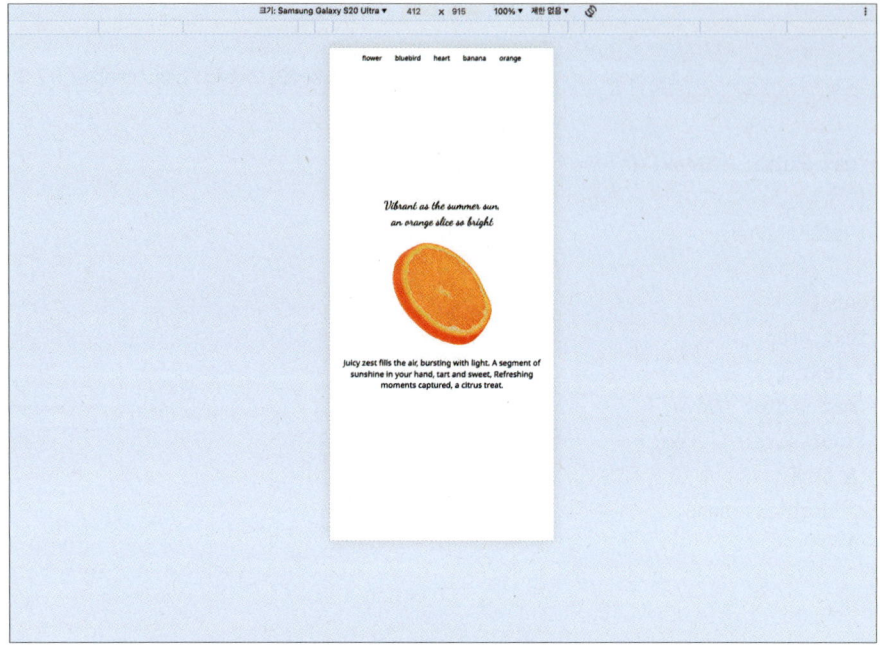

[그림 9-13] 반응형 모바일 화면에서 가장 하단의 orange 섹션의 결과

이와 같이 반응형에서 rem 단위를 사용하면 전체 레이아웃과 텍스트 크기를 html 요소의 font-size로 제어할 수 있어, 다양한 화면 크기에서 일관된 사용자 경험을 제공할 수 있습니다.

9-4 지원하지 않는 브라우저를 위해 @supports 키워드 활용

CSS의 @supports 규칙은 브라우저의 CSS 속성이나 값이 지원하는지 확인하고 그에 따라 조건부로 스타일을 적용할 수 있게 해줍니다. 이를 통해 JavaScript 없이도 CSS만으로 브라우저 호환성 문제를 일부 해결할 수 있으며, 지원하지 않는 기능에 대한 대체 스타일을 효과적으로 제공할 수 있습니다.

@supports의 기본 문법은 다음과 같습니다.

[코드 9-24] @supports의 기본 문법 예제

```
@supports (property: value) {
  /* 이 속성값을 지원하는 경우 */
}

@supports (property: value) and (property: value) {
  /* 두 속성 모두 지원하는 브라우저에서만 적용 */
}

@supports (property: value) or (property: value) {
  /* 하나라도 지원하는 브라우저에서 적용 */
}

@supports not (property: value) {
  /* 해당 속성을 지원하지 않는 브라우저에서 적용 */
}
```

뿐만 아니라, 여러 논리 연산자를 사용해 선언할 수도 있으므로 매우 유용합니다.

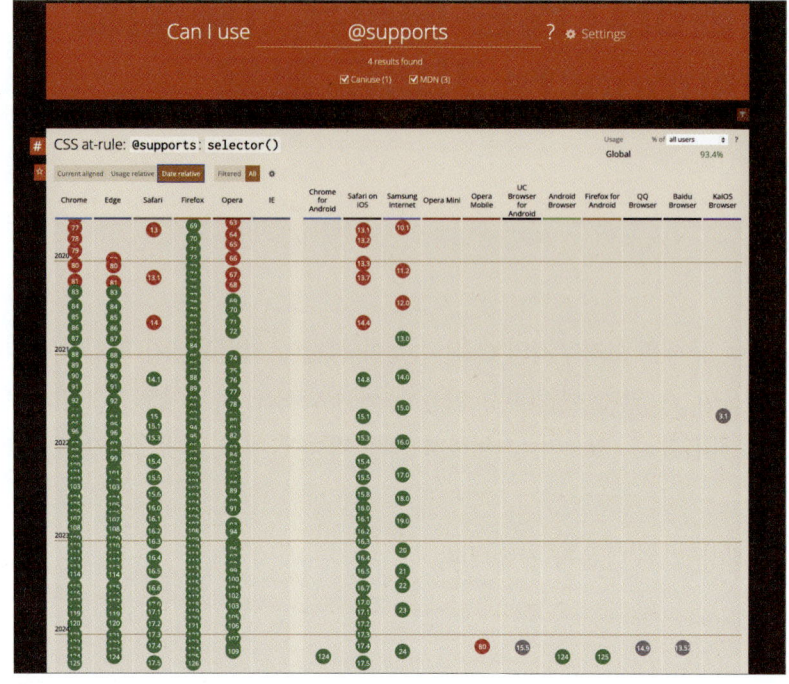

[그림 9-14] can i use 사이트에서 @supports 기능을 검색한 후 Date relative 메뉴를 클릭한 결과

Can I Use 사이트(https://caniuse.com)의 통계에 따르면, @supports 규칙은 2020년 이후 출시된 대부분의 브라우저에서 안정적으로 지원되고 있습니다.

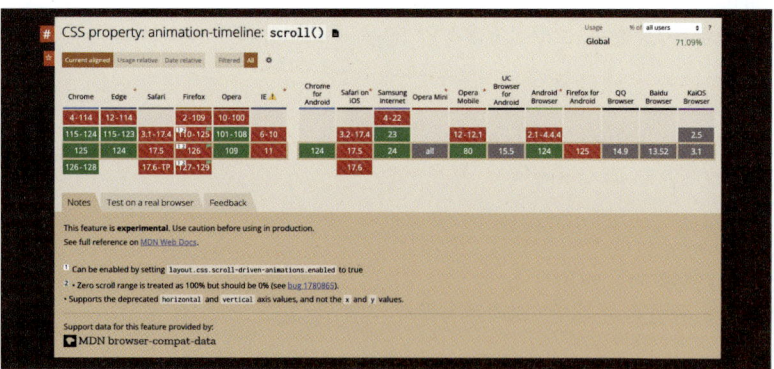

[그림 9-15] can i use 사이트에서 animation-timeline:scroll() 기능을 검색한 결과

animation-timeline 기능은 크롬 브라우저에서는 광범위하게 지원되지만, 사파리와 파이어폭스에서는 아직 지원이 제한적입니다. 따라서 모든 브라우저에서 일관된 사용자 경험을 제공하기 위해서는 적절한 크로스 브라우징 대응이 필요합니다.

크로스 브라우징(Cross-Browsing)?

크로스 브라우징은 웹 페이지나 웹 애플리케이션을 다양한 웹 브라우저에서 일관되게 동작하고 표시되도록 보장하는 과정입니다. 이는 웹 개발에서 중요한 작업 중 하나로, 사용자가 어떤 브라우저를 사용하든 동일한 경험을 제공하기 위함입니다. 크로스 브라우징을 통해 일관된 사용자 경험 향상과 접근성 향상, 브랜드 이미지 유지가 가능하며, SEO에도 긍정적인 영향을 미칩니다. 대응 전략으로는 웹 표준을 기본적으로 준수하고, reset.css 또는 normalize.css를 사용하여 브라우저의 기본 CSS 차이를 최소화합니다. 추가로 폴리필(Polyfill)과 같은 JavaScript 코드 조각을 사용하여 지원되지 않는 기능에 대한 폴백 코드를 구현하는 등의 대응 작업을 수행합니다.

[코드 9-25] public / css / chapter_9 / 01_landing.css

```css
(...)
/* scroll() 기능을 지원하지 않는 브라우저에 대한 대체 스타일 */
@supports not (animation-timeline: scroll()) {
  .navigation {
    display: none; /* 네비게이션 숨기기 */
  }
  .content {
    position: relative;
  }
}
```

@supports 규칙을 활용하여 animation-timeline:scroll() 기능이 지원되지 않는 브라우저를 위한 대체 스타일을 구현합니다. 이러한 경우 navigation 영역을 display: none으로 숨기고, .content 요소의 position 속성값을 fixed에서 relative로 변경합니다. 이를 통해 화면 스크롤 시 콘텐츠가 자연스럽게 아래로 흐르도록 처리합니다.

9-5 JavaScript에서 setProperty를 활용한 테마 관리

메뉴 클릭과 스크롤에 따른 섹션 전환, 애니메이션은 잘 작동하고 있습니다. 하지만 사용자 경험을 더욱 향상시키기 위해 두 가지 개선이 필요합니다.

첫째, 현재 활성화된 메뉴를 시각적으로 구분하고, 둘째, 각 테마별로 독특한 색상을 적용하는 것입니다. 이를 위해 JavaScript의 setProperty 메서드를 활용하여 root에 컬러 변수들을 동적으로 할당하겠습니다. 이를 통해 body의 배경색과 텍스트 색상을 테마에 맞게 변경하고, active 클래스를 활용하여 텍스트가 부드럽게 나타나는 효과를 구현하겠습니다.

[코드 9-26] public / css / chapter_9 / 01_landing.css

```css
(...)
body {
  (...)
  background-color: var(--color-background, white);
}
(...)
header {
  (...)
  & .navigation ul {
    (...)
    & li a {
      (...)
      color: var(--color-highlight);
    }
  }
}
(...)

.content {
  (...)
  & .title {
    (...)
```

```
    color: var(--color-highlight);
  }

  & .text_wrap {
    (...)
    & .text {
      (...)
      color: var(--color-highlight);
    }
  }
}
```

CSS 파일에서 body 요소에 배경색을 설정할 때, --color-background 변수를 기본값으로 사용하고, white를 대체(fallback) 값으로 지정합니다.

비록 이 변수가 @layer base에 미리 정의되어 있지는 않지만, 나중에 JavaScript를 통해 동적으로 할당하도록 하겠습니다.

이렇게 하면 변수 값이 없더라도 항상 적절한 배경색이 표시됩니다.

또한, --color-highlight 변수를 정의하여 메뉴 링크의 색상과 이미지 좌우 텍스트의 color 값으로 활용합니다. 이를 통해 테마 변경 시 일관된 색상을 유지할 수 있습니다.

[코드 9-27] public / js / chapter_9 / 01_landing.js

```
const themes = {
  flower:  { background: '#ffc8f9', highlight: '#a84b99' },
  bluebird: { background: '#e6e6fa', highlight: '#2e6cb6' },
  heart:   { background: '#ffd1dc', highlight: '#e64333' },
  banana:  { background: '#fff2d4', highlight: '#fcc000' },
  orange:  { background: '#ffeade', highlight: '#ff9861' },
};

window.addEventListener('hashchange', () => {
  const theme = window.location.hash.replace('#', '');
  if (!themes[theme]) return;
  const { background, highlight } = themes[theme];
  document.documentElement.style.setProperty('--color-background', background);
  document.documentElement.style.setProperty('--color-highlight', highlight);
});
```

themes 객체를 변수로 선언하여 각 섹션의 이름을 작성하고 그 내부의 background 속성과 highlight 속성의 값으로 색상 값을 각각 작성합니다.

window 객체의 hashchange 이벤트가 발생하면, 현재 URL의 해시 값을 기반으로 themes 객체에서 해당하는 테마 색상을 찾습니다.

그런 다음 document.documentElement(HTML 태그)에 style.setProperty 메서드를 사용하여 --color-background와 --color-highlight CSS 변수에 찾은 색상 값을 적용합니다.

이렇게 하면 페이지 내 섹션 변경 시 자동으로 테마 색상이 업데이트됩니다.

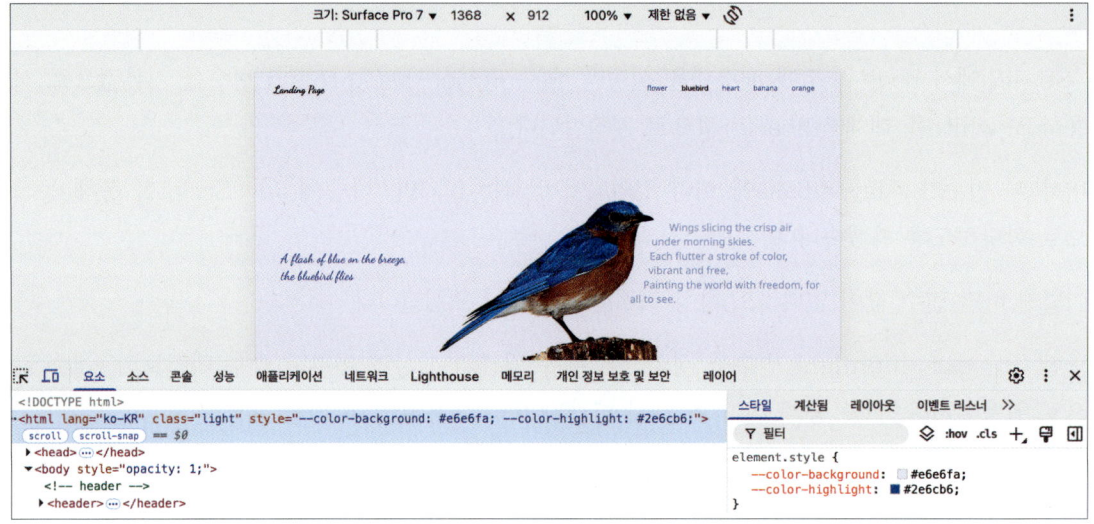

[그림 9-16] 각 메뉴를 클릭했을 때 〈html〉 태그에 변수가 할당되고 섹션의 색상이 변경되는 결과

각 메뉴를 클릭하면 해당 변수 값들이 root에 할당되어 배경 색상, 메뉴 링크 및 텍스트 색상이 잘 바뀌고 있나요?

9-6 proxy와 observer를 사용한 상태 관리

각각의 링크를 클릭했을 때 화면이 전환되고 색상이 바뀌지만, 스크롤할 때는 해시 값이 변경되지 않아 색상이 그대로입니다.

스크롤되었을 때를 감지하여 자동으로 해시 값을 업데이트하고 싶다면 어떻게 하면 될까요?

스크롤을 감지하기 위해 각각의 섹션들이 화면과 교차하는 것을 IntersectionObserver API를 사용해 비동기 감지를 하고 화면이 교차될 때 해시 값을 업데이트하겠습니다.

[코드 9-28] public / js / chapter_9 / observer.js

```javascript
const observerOptions = {
  root: null, // 뷰포트를 기준으로 설정
  rootMargin: '0px', // 루트 마진은 0px
  threshold: 0.5, // 요소가 50% 화면에 보이면 콜백 함수 실행
};

const observer = new IntersectionObserver((entries) => {
  entries.forEach((entry) => {
    // 요소가 화면에 교차하는 경우
    if (entry.isIntersecting) {
      const newHash = `#${entry.target.id}`; // 교차하는 요소의 ID를 해시로 사용
      // 현재 URL의 해시와 새로운 해시가 다르다면 URL 업데이트
      if (newHash !== window.location.hash) {
        history.pushState(null, null, newHash); // 브라우저 히스토리에 새로운 상태를 추가
      }
    }
  });
}, observerOptions);

export { observer };
```

observer.js 파일을 생성해 observerOptions로 객체를 작성하여 옵션을 설정합니다. observer 변수로 IntersectionObserver 객체를 new로 할당합니다. 교차되는 것을 **entries** 속성으로 순회하며 **isIntersecting** 속성으로 교차하는지 여부를 true 또는 false로 전달받아 교차하고 있다면 현재 섹션의 ID 값을 새로운 해시 값으로 설정합니다. 현재 URL의 해시 값과 같지 않다면 **history.pushState** 메서드를 활용해 새로운 해시 값을 URL에 업데이트합니다.

history.pushState()?

history.pushState() 메서드는 브라우저의 세션 기록에 상태, 제목, URL을 추가합니다.

[코드] 브라우저 history 객체에 새로운 상태를 저장하는 예제

```
history.pushState(state, title, url);
```

이 메서드를 사용하면 페이지를 다시 로드하지 않고도 URL 주소를 업데이트할 수 있는데 URL이 변경되는 것을 인지하고 브라우저의 뒤로 가기 및 앞으로 가기 버튼을 통해 이전 상태로 쉽게 이동할 수 있습니다.

[코드 9-29] public / js / utils.js

```
const get$ = (selector) => document.querySelector(selector);
const getAll$ = (selector) => document.querySelectorAll(selector);

export { get$, getAll$ };
```

공통으로 사용하기 위한 get$, getAll$ 함수를 미리 정의하고, **ESM** 모듈 방식의 export를 사용해 document.querySelector, document.querySelectorAll 메서드를 재사용해 보겠습니다.

 ECMAScript Modules(ESM)?

ESM은 ECMAScript 표준에서 정의한 모듈 시스템으로, JavaScript(ES6) 이후부터 사용할 수 있으며 import 와 export 키워드를 사용하여 모듈을 불러오고 내보낼 수 있습니다.

[코드] ESM import 예제

```js
import { multiply } from './math.js';
console.log(multiply(2, 3)); // 6
```

[코드] ESM export 예제

```js
export function multiply(a, b) {
  return a * b;
}
```

[코드 9-30] public / js / chapter_9 / 01_landing.js

```js
import { getAll$ } from '../utils.js';
import { observer } from './observer.js';
(...)
window.addEventListener('DOMContentLoaded', () => {
  getAll$('.section').forEach(($section) => observer.observe($section));
});
```

getAll$ 함수를 사용해 전체 .section 요소를 선택하고 배열 메서드 forEach를 활용해 앞서 생성한 observer 객체의 observe 메서드를 사용해 인수로 현재 관찰할 대상(Subject)을 할당합니다.

이제 스크롤에 따라 IntersectionObserver API에 의해 화면이 전환되는 섹션의 ID가 해시 값으로 잘 할당되지만 여전히 hashchange 이벤트가 발생하고 있지 않기 때문에, 색상 전환이 되지 않습니다.

따라서 Proxy와 IntersectionObserver를 결합하여 상태 변화와 요소의 가시성을 감지하고, 이를 기반으로 색상 테마를 변경하는 것으로 리팩터링하겠습니다.

리팩터링(Refactoring)?

리팩터링(Refactoring)은 코드의 외부 동작을 변경하지 않으면서 내부 구조를 개선하는 과정을 말하며 유지 보수성, 코드의 가독성을 향상시키고, 버그 발생 가능성을 줄일 수 있습니다. 리팩터링은 소프트웨어 개발의 중요한 부분으로 코드의 품질을 높이는 것에 목적이 있습니다.

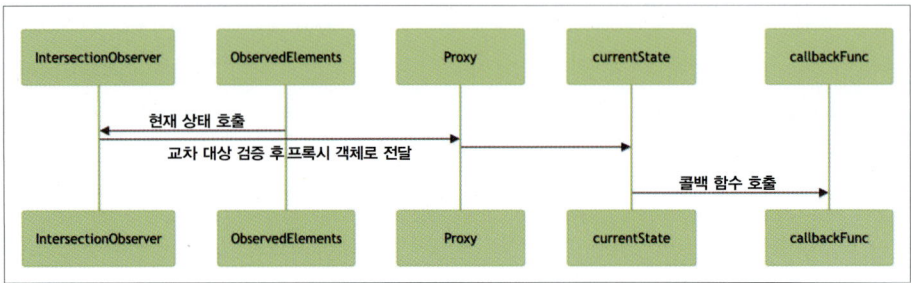

[그림 9-17] 옵저버(IntersectionObserver)와 프록시(Proxy)를 활용한 패턴 적용 예시

IntersectionObserver API를 사용해 현재 어떤 요소가 화면에 교차하며 나타나면 현재 상태에 대한 내용을 Proxy 객체로 업데이트하고 Proxy 객체는 현재 상태가 변했다는 것을 currentState로 할당하고 이 변화를 통해서 callbackFunc라는 콜백 함수를 실행하도록 합니다.

우선, 앞서 설정한 것처럼 각각의 .section 요소가 관찰 대상(ObservedElements)으로 관찰되고 스크롤에 따라 화면에 노출이 되면 현재 상태가 변경된 것을 Proxy 객체에 알릴 것이기 때문에 Proxy 객체를 미리 만들어두고 준비하겠습니다.

[코드 9-31] public / js / chapter_9 / proxy.js

```js
const state = {
  currentState: null, // 현재 상태 (URL의 해시)
  callbackFunc: null, // 상태 변경 시 호출될 콜백 함수
};

const stateProxy = new Proxy(state, {
  set(target, property, value) {
    console.log(`Property ${property} 변경: from ${target[property]} to ${value}`);
    target[property] = value;

    if ('currentState' === property && typeof target.callbackFunc === 'function') {
      target.callbackFunc(value);
    }
```

```
      return true;
    },
  });

  export { state, stateProxy };
```

현재 상태와 상태 변경 시 호출될 콜백 함수를 담고 있는 전역 상태를 state 변수로 초기화합니다. stateProxy 변수에 **new Proxy**를 통해 Proxy 객체의 첫 번째 인수인 target으로 state를 할당하고 두 번째 인수인 handler를 set으로 정의합니다. set 핸들러 내부에서 target은 state이고, property는 state 내부의 각각의 currentState, callbackFunc를 가리킵니다. value는 새로 들어온 값으로 기존 target[property]에서 value로 변경됨을 알려 줍니다.

 Proxy 객체

Proxy 객체는 JavaScript에서 객체의 기본 동작을 가로채고, 재정의할 수 있게 해줍니다. 이를 통해 객체의 속성 접근, 할당, 함수 호출 등 다양한 작업에 대해 사용자가 원하는 방식으로 동작을 커스터마이징할 수 있습니다.

[코드] Proxy 객체 예제

```
const target = {
  seoul: "seoul",
  incheon: "incheon"
};

const handler = {
  get(target, prop, receiver) {
    if (prop === 'seoul') {
      return 'capital';
    }
    return Reflect.get(...arguments);
  }
};

const proxy = new Proxy(target, handler);

// console.log(proxy.seoul); // captial
// console.log(proxy.incheon); // incheon
```

- **target**: 프록시할 대상 객체
- **handler**: 객체의 다양한 작업에 대해 트랩(trap)을 정의하는 객체

[코드 9-32] public / js / chapter_9 / 01_landing.js

```js
import { getAll$ } from '../utils.js';
import { stateProxy } from './proxy.js';
(...)

window.addEventListener('hashchange', () => {
  stateProxy.currentState = window.location.hash;
});
(...)
```

이제 hashchange 이벤트가 발생하면 stateProxy로 전역 proxy 객체의 currentState 값을 현재 URL 기준의 해시 값으로 변경하는 것에만 집중해 관심사의 분리를 달성할 수 있습니다.

 관심사의 분리?

소프트웨어 디자인의 중요한 원칙으로 코드의 각 부분이 서로 다른 관심사를 담당하도록 분리하는 것을 의미하고, 이는 코드의 가독성과 재사용성을 크게 향상시킬 수 있는 방법입니다.

[코드 9-33] public / js / chapter_9 / theme.js

```js
const ThemeManager = () => {
  const themes = {
    flower: { background: '#ffc8f9', highlight: '#a84b99' },
    bluebird: { background: '#e6e6fa', highlight: '#2e6cb6' },
    heart: { background: '#ffd1dc', highlight: '#e64333' },
    banana: { background: '#fff2d4', highlight: '#fcc000' },
    orange: { background: '#ffeade', highlight: '#ff9861' },
  };

  const applyTheme = (theme) => {
    if (!themes[theme]) return;
    const { background, highlight } = themes[theme];
    document.documentElement.style.setProperty('--color-background', background);
    document.documentElement.style.setProperty('--color-highlight', highlight);
  };

  return { applyTheme };
};

export default ThemeManager;
```

ThemeManager 파일을 생성하여 기존 01_landing.js에 있던 테마 관련 로직을 분리하겠습니다. ThemeManager는 background 속성과 highlight 속성을 포함하는 theme 객체를 관리하며, applyTheme 메서드를 통해 테마를 적용할 수 있습니다. 이 applyTheme 메서드는 ThemeManager 초기화 함수의 반환 객체에 포함되어, 외부에서 쉽게 접근하고 사용할 수 있도록 구현합니다.

[코드 9-34] public / js / chapter_9 / 01_landing.js

```javascript
(...)
import ThemeManager from './theme.js';

const themeManager = ThemeManager();

const handleHashChange = (hash) => {
  const theme = hash.replace('#', '');
  themeManager.applyTheme(theme);
};

stateProxy.callbackFunc = handleHashChange;

(...)

window.addEventListener('DOMContentLoaded', () => {
  handleHashChange(window.location.hash);
});
```

ThemeManager 생성자 함수를 가져와 themeManager 변수에 할당하고 applyTheme 메서드를 사용해 DOMContentLoaded 이벤트가 발생했을 때 테마를 적용하고, 콜백 함수(stateProxy.callbackFunc)로 handleHashChange 함수를 담아둡니다. 이렇게 하면 proxy 객체에서 state가 변경됨을 감지해도 콜백 함수로 작동할 수 있고, 해당 웹사이트를 새로고침하거나 해시가 포함된 URL로 방문했을 때 해시 값에 맞춰 테마가 변경됩니다.

[코드 9-35] public / js / chapter_9 / observer.js

```js
(...)
const observer = new IntersectionObserver((entries) => {
  entries.forEach((entry) => {
    if (entry.isIntersecting) {
      const newHash = `#${entry.target.id}`;
      if (newHash !== window.location.hash) {
        history.pushState(null, null, newHash);
        stateProxy.currentState = newHash;
      }
    }
  });
}, observerOptions);

export { observer };
```

이제 observer.js 파일에서 스크롤 위치에 따라 stateProxy 객체의 currentState 속성의 값을 새로운 값으로 할당하여 스크롤할 때 애니메이션 효과가 자연스럽게 적용됩니다.

9-7 뒤로 가기 기능, 렌더링 최적화 및 콘텐츠 부드럽게 노출하기

뒤로 가기 했을 때 이전 해시 값에 해당하는 테마로 전환되도록 하겠습니다. 또한, 이미지 주변의 텍스트가 애니메이션 효과를 함께 노출되도록 해보겠습니다. 그리고 화면 노출 시 렌더링 화면이 깜빡이는 문제가 발생한다면 트러블슈팅을 진행해보겠습니다.

 트러블슈팅?

트러블슈팅은 애플리케이션 및 소프트웨어, 하드웨어 등에서 발생하는 문제를 진단하고 해결하는 과정입니다. 이는 문제의 원인을 식별하고 해결책을 적용하여 시스템을 정상 상태로 되돌리는 체계적인 접근 방식을 의미합니다. 트러블 슈팅은 문제 인식부터 시작하여 문제 정의, 정보 수집, 원인 분석, 해결책 개발 및 테스트, 해결책 적용, 그리고 사후 검토까지 단계적으로 진행됩니다. 현업에서는 이러한 문제 해결을 위해 디버거 사용, 로그 파일 분석, 모니터링 시스템 구축 등의 방법을 활용하며, 추후 유사한 문제의 재발을 방지하기 위해 해결 과정을 문서화합니다.

[코드 9-36] public / js / chapter_9 / theme.js

```js
const ThemeManager = () => {
  (...)
  const scrollToSection = (hashName) => {
    const $targetSection = document.getElementById(hashName);
    if ($targetSection) {
      setTimeout(() => {
        $targetSection.scrollIntoView({ behavior: 'smooth', block: 'start' });
      }, 1000 * 0.5);
    }
  };
  (...)
```

```
    return { applyTheme, scrollToSection };
};

export default ThemeManager;
```

뒤로 가기 했을 때 어느 스크롤 위치가 어디에 있어야 할지가 결정되면 해당 위치로 이동하기 위해서 scrollIntoView 메서드를 사용해 해당 위치로 이동시킵니다.

hashName을 인자로 받아 이동하게 될 section 요소를 id 속성값으로 찾아 만약 해당 DOM에 접근이 되었다면 setTimeout 메서드를 사용해 0.5초 뒤에 해당 섹션의 위치로 스크롤 이동하도록 합니다. 이때 behavior: 'smooth' 옵션에 따라 부드럽게 이동되고 block: 'start' 옵션에 따라 화면상 가장 위쪽을 기준으로 맞춰지게 됩니다.

scrollToSection 메서드를 다른 파일에서도 사용할 수 있도록 return 객체 내부에 applyTheme 메서드와 함께 할당합니다.

 scrollIntoView?

scrollIntoView 메서드는 웹 페이지의 요소를 브라우저의 화면 내로 스크롤해 보이게 할 수 있는데, 여러 옵션을 통해 어떤 위치에 어떻게 보일지 등을 결정할 수 있습니다.

[코드] scrollIntoView 메서드 예제

```
const isAlignTop = true;
const scrollViewOptions = {
  behavior: 'smooth',
  block: 'start',
  inline: 'start'
}

element.scrollIntoView(isAlignTop); // boolean 값을 할당할 수 있음
element.scrollIntoView(scrollViewOptions); // 옵션 객체를 할당할 수도 있음
```

속성	값	설명
behavior	auto	(기본값) 즉시 스크롤
	smooth	부드럽게 스크롤
block	start	(기본값) 요소가 화면 내에서 위쪽으로 맞춰짐
	center	요소가 화면 내에서 중앙으로 맞춰짐
	end	요소가 화면 내에서 아래쪽으로 맞춰짐
	nearest	요소가 화면 내에서 가장 가까운 위치로 맞춰짐
inline	start	요소가 화면 내에서 가장 왼쪽에 맞춰짐
	center	요소가 화면 내에서 가운데에 맞춰짐
	end	요소가 화면 내에서 가장 오른쪽으로 맞춰짐
	nearest	(기본값) 요소가 화면 내에서 가장 가까운 위치로 맞춰짐

[표 9-1] scrollIntoView 메서드의 속성과 값

[코드 9-37] public / js / chapter_9 / 01_landing.js

```
(...)
window.addEventListener('popstate', () => {
  themeManager.scrollToSection(window.location.hash.replace('#', ''));
});
(...)
```

01_landing.js 파일에서 뒤로 가기 했을 때 발생하는 **popstate**를 활용해 scrollToSection 메서드의 인수로 현재 해시 값에서 #를 제외한 나머지 문자열을 넘겨 해당 테마로 전환되도록 선언합니다.

popstate 이벤트

popstate 이벤트는 브라우저의 세션 히스토리 내에 변화가 있으면 발생합니다. 주로 사용자가 브라우저의 뒤로 가기 또는 앞으로 가기 버튼을 클릭했을 때 발생하고 이 이벤트는 HTML5의 history API를 사용해 페이지를 관리하는 작업을 할 때 사용됩니다.

이제 새로고침과 뒤로 가기 시의 테마 전환은 잘 작동하고 있지만, 새로고침 시 화면이 순간적으로 깨져 보이는 현상이 발생합니다. 이 문제를 해결하기 위해 초기 렌더링을 최적화하겠습니다. CSS에서 body 요소의 opacity를 0으로 초기화하고, DOMContentLoaded 이벤트 발생 시점에 opacity를 1로 변경하여 모든 요소가 완전히 로드된 후에 화면이 표시되도록 구현하겠습니다. 이를 통해 초기 렌더링 시의 깜빡임 현상을 방지할 수 있습니다.

[코드 9-38] public / css / chapter_9 / 01_landing.css

```css
(...)
body {
  opacity: 0;
  transition: opacity 0.5s;
  (...)
}
(...)
```

[코드 9-39] public / js / chapter_9 / 01_landing.js

```js
(...)
window.addEventListener('DOMContentLoaded', () => {
  (...)
  document.body.style.opacity = 1;
});
```

이제 DOM이 로드된 후 opacity가 0.5초 동안 투명한 상태에서 불투명하게 변화하면서 화면이 노출되고 있나요?

이를 통해 페이지 로딩 시 깜빡임을 방지하고, 사용자에게 부드러운 전환 효과를 제공해 웹사이트의 첫 인상을 좋게 만들 수 있습니다.

[코드 9-40] public / css / chapter_9 / 01_landing.css

```css
(...)
header {
(...)
 & .navigation ul {
   (...)
   & li a {
     (...)
     &.active {
       color: var(--color-black);
     }
   }
 }
}

.content {
   (...)
   & .title {
     (...)
     visibility: hidden;
     opacity: 0;
     transform: translate3d(-1rem, 0, 0);
     transition: 0.5s opacity 0.5s, 0.5s transform 0.5s;
     .active & {
       visibility: visible;
       opacity: 1;
       transform: translate3d(0, 0, 0);
     }
   }

   & .text_wrap {
       (...)
       & .text {
         (...)
         opacity: 0;
         visibility: hidden;
         transition: opacity 1s 0.5s;
         .active & {
           opacity: 0.5;
           visibility: visible;
         }
       }
   }
}
```

```
@media (max-width: 1280px) {
  .content {
    (...)
    & .title {
      (...)
      transform: translate3d(0, -1rem, 0);
    }
  }
  (...)
}
```

현재 메뉴의 활성화 상태를 시각적으로 표시하기 위해 몇 가지 개선을 진행하겠습니다. 먼저 .navigation 메뉴에서는 현재 섹션에 해당하는 메뉴 항목에 .active 클래스를 추가하고 color: black을 적용하여 활성화된 메뉴를 구분합니다. 콘텐츠의 애니메이션 효과를 위해 .content 요소의 .title 요소와 .text 요소는 초기에 opacity: 0, visibility: hidden으로 숨겨둡니다. .active 클래스가 추가되면 0.5초 동안 부드럽게 나타나도록 설정합니다. 특히 .title 요소는 transform: translate3d(-1rem, 0, 0)으로 초기 위치를 왼쪽으로 이동시키고, .active 클래스가 추가되면 원래 위치로 이동하는 슬라이딩 효과를 구현합니다. 반응형 화면에서는 이 효과를 수직 방향으로 변경하여 위에서 아래로 떨어지는 모션으로 조정합니다.

 왜 translateX와 translateY 속성을 쓰지 않고 translate3d 속성을 사용할까?

translate3d 속성은 3D 변환을 지원하며, 3D 하드웨어 가속을 통해 GPU 가속을 활용하여 애니메이션을 더욱 부드럽게 만들 수 있습니다. translateX와 translateY도 3D 가속을 사용할 수 있지만, 명시적으로 translate3d를 사용하면 3D 애니메이션으로 간주되어 성능적 이점이 있습니다.

또한, 확장성 측면에서도 translate3d를 사용하는 것이 X나 Y로 고정하는 것보다 유지보수성이 더 뛰어나다고 할 수 있습니다.

[코드 9-41] public / js / chapter_9 / theme.js

```javascript
(...)
const setActiveNavLink = (theme) => {
  getAll$('.navigation .active').forEach(($section) => $section.classList.remove('active'));
  get$(`.navigation [href="#${theme}"]`)?.classList.add('active');
};

const activateSection = (hashName) => {
  const $targetSection = document.getElementById(hashName);
  getAll$('.section.active').forEach(($section) => $section.classList.remove('active'));
  $targetSection?.classList.add('active');
};
(...)
const applyTheme = (theme) => {
  (...)
  setActiveNavLink(theme);
  activateSection(theme);
};
```

setActiveNavLink 및 activeSection 함수를 작성해 테마 변경 시 감지하고, applyTheme가 호출될 때 실행되도록 합니다.

[그림 9-18] 최종 구현 결과

뒤로 가기 했을 때 0.5초 뒤에 자연스럽게 해당 섹션으로 이동하고, 테마 전환 효과도 잘 발생하고 있나요?

또한, 테마가 변경될 때마다 해당 섹션의 위치에서 텍스트가 애니메이션 효과를 내며 노출된다면, 완성입니다.

 **마무리**

이번 장에서는 SEO를 고려한 마크업을 통해 사용자의 방문율을 높이고, 스크롤에 따라 화면이 전환되는 랜딩 페이지를 구현했습니다.

구글 폰트를 사용하는 방법을 학습했으며, view-timeline과 animation-timeline을 활용하여 스크롤 애니메이션을 구현했습니다.

반응형 환경에서의 코드 작성량을 줄이기 위해 rem 단위를 사용하고, 지원하지 않는 속성에 대응하기 위해 @supports 속성을 활용했습니다.

JavaScript를 사용하여 html 요소에 변수 값을 할당하고, Proxy 객체와 IntersectionObserver API를 활용하여 상태를 관리했습니다. 뒤로 가기 또는 앞으로 가기 했을 때 history API에서 값을 가져와 사용할 수 있도록 popstate 이벤트를 활용했으며, 이에 따라 scrollIntoView를 사용하여 요소를 화면에 표시했습니다.

이 과정에서 배운 다양한 기술과 방법들은 실제 프로젝트에서 매우 유용하게 활용될 수 있습니다. 지속적인 실습과 응용을 통해 각 개념을 더욱 깊이 이해하고, 다양한 상황에서 적용해 보세요.

결과물 보기

FRONT-END WEB ANIMATION

10장

외부 API를 활용한 날씨 애플리케이션

우리가 매일 보는 포털 사이트의 날씨 애플리케이션은 정보를 어디에서 가져올까요? 대부분의 포털 사이트는 신뢰할 수 있는 OpenWeatherMap, 기상청 등의 다양한 기상 데이터 제공 업체들의 API를 통해 최신 날씨 정보를 가져옵니다. 이렇게 제공되는 공공 API를 통해 우리는 웹 애플리케이션을 만들어 사람들에게 유용한 서비스를 제공할 수 있습니다. 날씨 웹 애플리케이션을 만들어보며, 여러 가지 API 통신 규약에 대해서 학습하고 실무적인 관점에서 API를 어떻게 사용할지 배워보도록 하겠습니다.

- 10-1 REST API란?
- 10-2 API KEY 발급하기
- 10-3 날씨 애플리케이션 마크업
- 10-4 날씨 애플리케이션 스타일링
- 10-5 JavaScript 클래스 문법 알아보기
- 10-6 날씨 정보 가져와서 표시하기
- 10-7 날씨 단위 변경하기
- 10-8 날씨에 따른 비디오 전환 효과 만들기
- 10-9 날씨 검색 기능 만들기

10-1 REST API란?

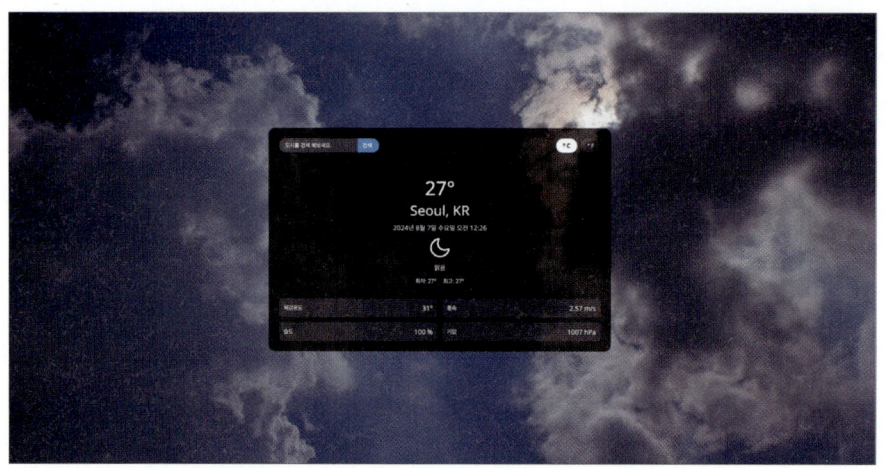

[그림 10-1] 날씨 웹 애플리케이션 결과

이번 장에서는 OpenWeatherMap(https://openweathermap.org/)에서 제공하는 외부 API를 사용하여 날씨 애플리케이션을 만드는 방법을 학습합니다.

OpenWeatherMap은 전 세계의 날씨 데이터를 제공하는 인기 있는 서비스로 다양한 기상 정보를 쉽게 얻을 수 있도록 API를 제공합니다. 특정 지역이나 현재 위치를 기반으로 현재 날씨, 기온, 습도, 풍속 등의 다양한 날씨 정보를 가져와 화면에 표시할 수 있습니다. 이러한 과정을 통해 실무에서 사용하는 API 활용에 대한 이해도를 높이고, 실제 애플리케이션 개발에 필요한 API 호출, 데이터 파싱 등을 진행하며 실습해보도록 하겠습니다.

우선, 시작하기에 앞서 REST API에 대한 이해가 필요합니다. **REST API**는 Representational State Transfer(REST) 아키텍처 스타일을 따르는 Application Programming Interface(API)를 의미합니다.

REST API는 웹 애플리케이션을 구축하고 상호작용하는 데 사용되는 규칙으로, HTTP 요청을 통해 리소스의 생성(Create), 조회(Read), 업데이트(Update), 삭제(Delete) 작업을 수행할 때 사용됩니다.

REST API는 표준 HTTP 메서드를 사용하여 리소스와 상호작용합니다.

메서드	설명
GET	서버에서 데이터를 조회
POST	서버에 데이터를 전송하여 새로운 리소스를 생성
PUT	서버에 있는 기존 리소스를 업데이트
DELETE	서버에서 리소스를 삭제

[표 10-1] REST API 메서드 설명

REST API는 클라이언트-서버 아키텍처에서 동작하고, 클라이언트가 서버로 요청을 보내면, 서버는 요청을 처리하고 나서 응답값을 반환합니다.

우선, GET 요청을 통해서 OpenWeatherMap API 호출을 통해서 날씨 정보를 가져오기 위해 **API Key를 발급**받고, 엔드포인트(endpoint)를 호출해 요청에 대한 응답을 받아보도록 하겠습니다.

엔드포인트(endpoint)?

엔드포인트는 REST API에서 특정 리소스나 서비스에 접근하기 위한 URL 주소를 의미합니다. 엔드포인트는 클라이언트와 서버 간의 통신에서 중요한 역할을 하며, 각 엔드포인트는 특정한 기능을 수행하는 하나의 리소스를 나타냅니다. 엔드포인트의 구성 요소는 기본 URL, 리소스 경로, 쿼리 파라미터로 구성되는데, http://api.openweathermap.org/data/2.5/weather에서 http://api.openweathermap.org/data/2.5는 기본 URL이고, weather는 엔드포인트의 리소스 경로를 의미합니다. 결국 클라이언트가 서버의 리소스에 접근하고 상호 작용할 수 있는 명확한 경로를 의미합니다.

API Key 발급하기

이제, 본격적으로 OpenWeatherMap 사이트에 접속해 API Key를 발급받아 보겠습니다. 한 가지 주의할 점은, 발급받아 사용하는 API Key는 학습 목적이어야 하며, 개인적으로 API를 사용하는 경우에만 무료라는 것입니다.

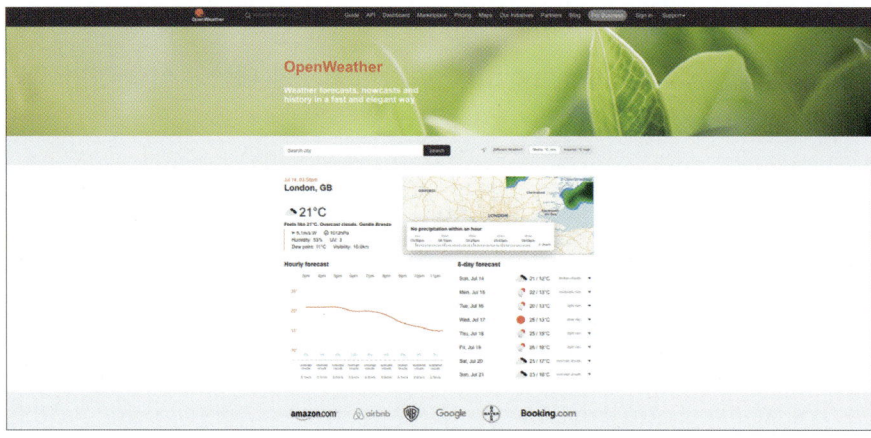

[그림 10-2] openweathermap.org 접속한 화면

https://openweathermap.org/ 웹사이트에 접속해 현재, 시간별, 8일간의 실시간 날씨 정보가 런던 기준으로 노출되고 있는 것을 확인할 수 있습니다.

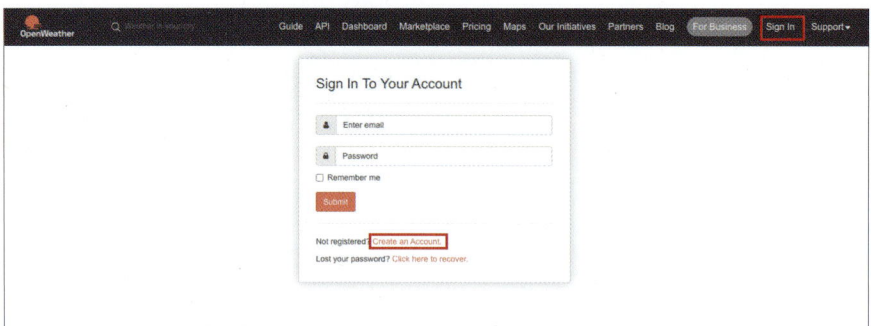

[그림 10-3] openweathermap.org에서 Sign In을 클릭한 결과

Sign In, Create an Account를 클릭해 계정을 생성합니다.

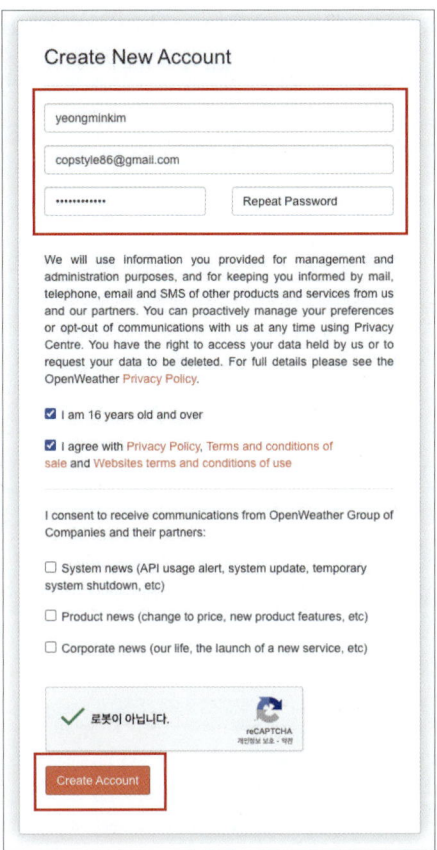

[그림 10-4] openweathermap.org에서 Create an Account를 클릭해 계정 가입

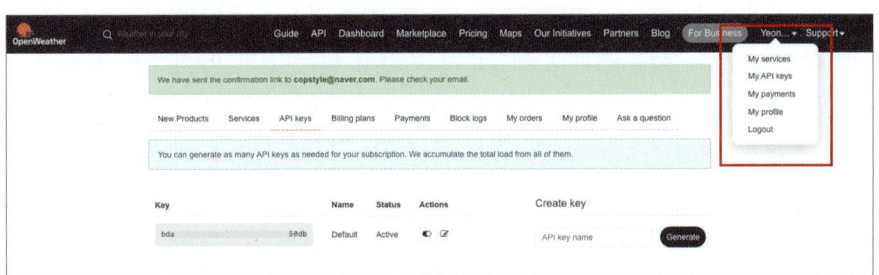

[그림 10-5] openweathermap.org에서 로그인 후 My API Keys 메뉴를 클릭

계정을 생성한 후 로그인하여, 우측 상단에 표시된 이름을 클릭하고 **My API keys** 메뉴를 클릭하면 발급된 **API Key**를 확인할 수 있습니다.

API Key가 활성화되는 데에는 보통 10분에서 1시간 정도가 걸립니다. 이 키는 하루에 최대 허용량이 정해져 있으므로, 테스트 시 과도한 호출을 하지 않도록 주의하세요.

먼저, API Key가 올바르게 작동하는지 확인하기 위해 브라우저 주소창에 다음과 같이 입력해 보세요.

10장 외부 API를 활용한 날씨 애플리케이션

https://api.openweathermap.org/data/2.5/weather?q=seoul&appid=본인의 API Key&lang=kr URL에서 appid= 뒤에 본인의 API Key를 그대로 붙여 넣으면 됩니다.

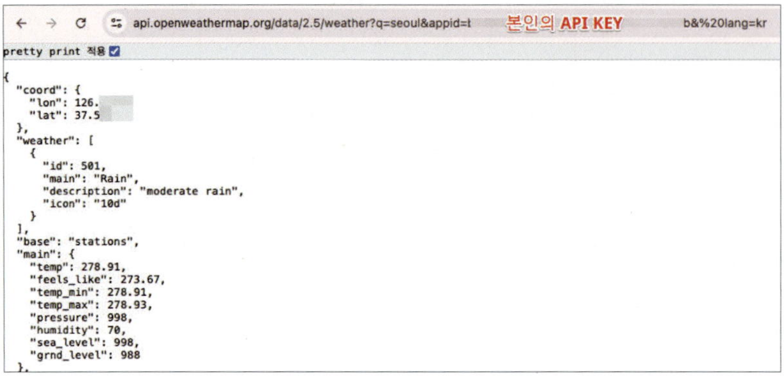

[그림 10-6] 주소창에 API 호출을 시도하여 받은 응답 결과

OpenWeatherMap API가 GET 메서드를 사용하기 때문에 URL을 웹 브라우저의 주소창에 입력하면 바로 확인할 수도 있습니다.

[그림 10-7] API Key의 인증 오류로 인한 에러 결과

그림 10-7과 같이 오류로 인해 결과가 제대로 노출되지 않는다면, 아직 API Key가 활성화되지 않았을 가능성도 있지만, 일정 시간이 지났음에도 호출이 되지 않으면, 개발자 도구의 네트워크 탭에서 실제로 호출이 제대로 되지 않고 있는지 확인할 수 있습니다. 네트워크 탭의 미리보기나 응답 탭의 안내 결과에 따라 더 많은 정보를 제공하는 FAQ 링크에 접속해서 추가적인 정보를 확인합니다.

API Key가 제대로 응답되는 것을 확인했다면, 본격적으로 날씨 웹 애플리케이션을 만들어 보겠습니다.

10-3 날씨 애플리케이션 마크업

마크업을 위해 HTML 파일을 생성합니다.

다음의 전체 코드를 참고하여 한 부분씩 작성하겠습니다.

[코드 10-1] chapter_10_weather / 01_weather.html

```html
<!doctype html>
<html lang="ko-KR">
 <head>
   <meta charset="UTF-8" />
   <meta http-equiv="X-UA-Compatible" content="IE=edge" />
   <meta name="viewport" content="width=device-width, initial-scale=1.0" />
   <title>Weather - 날씨 애플리케이션 만들기</title>
   <meta name="description" content="날씨 애플리케이션 만들기 예제입니다." />
   <link rel="preconnect" href="https://fonts.googleapis.com" />
   <link rel="preconnect" href="https://fonts.gstatic.com" crossorigin />
   <link href="https://fonts.googleapis.com/css2?family=Noto+Sans&display=swap" rel="stylesheet" />
   <link rel="stylesheet" href="../public/css/reset.css" />
   <link rel="stylesheet" href="../public/css/common.css" />
   <link rel="stylesheet" href="../public/css/chapter_10/01_weather.css" />
   <script type="module" src="../public/js/chapter_10/01_weather.js"></script>
 </head>

 <body>
   <main>
     <h1 class="sr-only">날씨</h1>
     <div class="video_background">
       <video muted="muted" preload="none" loop="loop" autoplay>
         <source type="video/mp4" data-weather="video" src="../public/video/weather.mp4" />
       </video>
     </div>
     <article class="contents">
       <h2 class="sr-only">날씨 정보</h2>
```

```html
<div class="contents_head">
    <div class="form">
        <form class="form_search">
            <input type="text" class="input_search" name="city" placeholder="도시를 검색해보세요." autocomplete="off" />
            <button class="btn_search">검색</button>
        </form>
        <ul class="city_list"></ul>
        <div class="msg_error">...</div>
        <div class="msg_loading">...</div>
    </div>
    <ul class="type_temperature">
        <li class="active" data-type="metric">° C</li>
        <li data-type="imperial">° F</li>
    </ul>
</div>
<div class="contents_body">
    <p class="temperature"><span data-weather="temperature">0</span><i>°</i></p>
    <strong data-weather="city">도시 이름</strong>
    <p data-weather="time">시간</p>
    <i data-weather="icon"></i>
    <p data-weather="type">날씨</p>
    <div class="min_max">
        <p>최저: <span data-weather="min">0</span>°</p>
        <p>최고: <span data-weather="max">0</span>°</p>
    </div>
</div>
<ul class="contents_footer">
    <li class="list">
        <span>체감온도</span>
        <span data-weather="feel">0°</span>
    </li>
    <li class="list">
        <span>풍속</span>
        <span data-weather="wind">0 m/s</span>
    </li>
    <li class="list">
        <span>습도</span>
        <span data-weather="humidity">0%</span>
    </li>
    <li class="list">
        <span>기압</span>
        <span data-weather="pressure">0 hPa</span>
    </li>
</ul>
</article>
```

```
        </main>
    </body>
</html>
```

먼저, <head> 태그 내부 내용을 작성합니다.

viewport, font, reset.css, common.css를 각각 선언하고 weather.css를 <link> 태그를 사용해서 생성하고 불러옵니다.

폰트는 Noto Sans만 사용하도록 설정하고, <script> 태그에 type 속성의 값으로 module을 작성하고 weather.js 파일을 생성 및 불러옵니다.

[코드 10-2] chapter_10_weather / 01_weather.html

```html
<body>
    <main>
        <h1 class="sr-only">날씨</h1>
        <div class="video_background"></div>
        <article class="contents">
            <h2 class="sr-only">날씨 정보</h2>
            <div class="contents_head"></div>
            <div class="contents_body"></div>
            <ul class="contents_footer"></ul>
        </article>
    </main>
</body>
```

<main> 태그 내부에 실제 애플리케이션의 콘텐츠를 작성하기 위해 <h1> 태그에 **sr-only** 클래스를 부여해 화면에서 보이지 않지만 검색 엔진에 노출될 수 있도록 "날씨"라는 제목을 작성합니다.

video_background 클래스를 사용해 <div> 태그에 영상을 동적으로 렌더링해 배경으로 사용하겠습니다. 그리고 contents 클래스를 부여한 <article> 태그에 <h2> 태그로 날씨 정보라는 제목을 작성합니다.

내부에는 .contents_head, .contents_body, .contents_footer 요소를 각각 클래스 속성으로 분할하고 .contents_head 요소에는 도시 검색과 섭씨와 화씨로 온도 타입을 변경하는 내용을 포함시키고, contents_body 요소에는 해당 도시의 온도, 도시 이름, 현재 날씨에 대한 아이콘, 최저, 최고 기온을 표시합니다. contents_footer 요소에는 부가적인 날씨 정보로 체감온도, 풍속, 습도, 기압을 각각 표시해 보겠습니다.

[코드 10-3] chapter_10_weather / 01_weather.html

```html
<body>
 (...)
 <div class="video_background">
   <video muted loop autoplay playsinline>
     <source type="video/mp4" src="../public/video/weather.mp4" />
   </video>
 </div>
 (...)
</body>
```

우선, 배경으로 사용할 영상을 〈video〉 태그를 사용해 삽입합니다. HTML5에서는 true, false 와 같은 불리언(Boolean) 속성은 값 없이 muted, loop, autoplay, playsinline과 같은 속성명만 작성해도 적용됩니다.

autoplay, loop, muted 속성을 통해 비디오가 자동으로 반복 재생되며 소리가 나지 않도록 설정 할 수 있습니다. 또한, **playsinline** 속성을 추가하여 모바일 기기에서 자동 재생 시 전체 화면으 로 전환되지 않고 화면 내에 재생되도록 합니다.

〈source〉 태그의 type 속성을 "video/mp4"로 설정하여 비디오 파일의 형식을 지정하고 src 속 성을 통해 기본 영상을 불러옵니다.

[코드 10-4] chapter_10_weather / 01_weather.html

```html
<body>
 (...)
 <article class="contents">
   <h2 class="sr-only">날씨 정보</h2>
   <div class="contents_head">
     <div class="form">
       <form class="form_search">
         <input type="text" class="input_search" name="city" placeholder="도시를 검색 해 보세요." autocomplete="off" />
```

```html
            <button class="btn_search">검색</button>
          </form>
          <ul class="city_list"></ul>
          <div class="msg_error">...</div>
          <div class="msg_loading">...</div>
        </div>
        <ul class="type_temperature">
          <li class="active" data-type="metric">° C</li>
          <li data-type="imperial">° F</li>
        </ul>
      </div>
      <div class="contents_body"></div>
      <ul class="contents_footer"></ul>
    </article>
    (...)
  </body>
```

.contents_head 요소 내에 필요한 요소들을 마크업하겠습니다.

⟨form⟩ 태그를 사용해 Enter 를 입력하거나 제출 버튼을 클릭했을 때 자동으로 submit 이벤트가 발생하도록 하고, 접근성을 향상시킵니다.

그리고 내부 검색을 위한 ⟨input⟩ 태그를 작성합니다. placeholder 속성을 사용해 사용자에게 무엇을 입력해야 하는지 힌트를 주고, **autocomplete** 속성을 off 값으로 하여 자동완성 기능을 비활성화합니다.

.city_list 요소는 검색 가능하도록 도시 리스트가 노출되도록 작성합니다. .msg_error, .msg_loading에는 각각 에러 메시지와 로딩 중일 경우에 나타나게 될 메시지를 표시할 수 있도록 마크업합니다. .type_temperature 요소를 ⟨ul⟩ 태그로 작성해 섭씨와 화씨를 변경할 수 있는 버튼을 만들고, ⟨li⟩ 태그를 작성할 때 섭씨가 기본값이 되도록 active 클래스를 부여합니다.

data-type 속성으로 OpenWeatherMap API에서 제공하는 metric(섭씨), imperial(화씨)를 작성합니다.

[코드 10-5] chapter_10_weather / 01_weather.html

```html
<body>
  (...)
  <div class="contents_body">
    <p class="temperature"><span data-weather="temperature">0</span><i>°</i></p>
    <strong data-weather="city">도시 이름</strong>
    <p data-weather="time">시간</p>
    <i data-weather="icon"></i>
    <p data-weather="type">날씨</p>
    <div class="min_max">
      <p>최저: <span data-weather="min">0</span>°</p>
      <p>최고: <span data-weather="max">0</span>°</p>
    </div>
  </div>
  <ul class="contents_footer">
    <li class="list">
      <span>체감온도</span>
      <span data-weather="feel">0°</span>
    </li>
    <li class="list">
      <span>풍속</span>
      <span data-weather="wind">0 m/s</span>
    </li>
    <li class="list">
      <span>습도</span>
      <span data-weather="humidity">0%</span>
    </li>
    <li class="list">
      <span>기압</span>
      <span data-weather="pressure">0 hPa</span>
    </li>
  </ul>
  (...)
</body>
```

.contents_body, .contents_footer 요소의 내용도 채워보도록 하겠습니다.

.contents_body 요소에는 API 통신을 통해 받아온 데이터를 렌더링합니다. 도시 이름, 시간, 날짜 등을 마크업하고 최저 기온 최고 기온도 렌더링할 수 있도록 마크업하고 .contents_footer 요소에도 체감온도, 풍속, 습도, 기압 데이터를 렌더링할 수 있도록 마크업합니다.

[그림 10-8] HTML 마크업 완료 후 결과

10-4 날씨 애플리케이션 스타일링

이제, CSS 파일을 생성하고 스타일링을 해보겠습니다.

[코드 10-6] public / css / chapter_10 / 01_weather.css

```css
@charset "utf-8";

:root {
  --primary-bg-color: #000;
  --secondary-bg-color: rgba(0, 0, 0, 0.7);
  --accent-color: #3498db;
  --accent-color-hover: #2980b9;
  --text-color: white;
  --input-bg-color: rgba(255, 255, 255, 0.2);
  --card-bg-color: rgba(255, 255, 255, 0.1);
  --border-radius: 20px;
  --padding-standard: 30px;
  --font-size-large: 2.5em;
  --font-size-xlarge: 3.5em;
  --font-size-medium: 1.2em;
  --font-size-small: 1em;
  --font-size-xsmall: 0.75em;
  --transition-duration: 0.3s;
}

body {
  font-family: 'Noto Sans';
}

main {
  display: flex;
  justify-content: center;
  align-items: center;
  width: 100%;
  height: 100%;
  min-height: 100vh;
```

```css
    overflow-y: auto;
    background-color: var(--primary-bg-color);
}

.video_background {
    position: fixed;
    top: 0;
    left: 0;
    width: 100%;
    height: 100%;
    z-index: 0;
    overflow: hidden;
    & video {
        position: absolute;
        top: 0;
        left: 0;
        width: 100%;
        height: 100%;
        object-fit: cover;
    }
}

.contents {
    position: relative;
    z-index: 1;
    width: 90%;
    max-width: 1000px;
    background-color: var(--secondary-bg-color);
    border-radius: var(--border-radius);
    padding: var(--padding-standard);
    color: var(--text-color);
}

.contents_head {
    display: flex;
    justify-content: space-between;
    align-items: flex-start;
    & .form {
        position: relative;
    }
    & .form_search {
        display: flex;
        & .input_search {
            width: 100%;
            padding: 10px 18px;
```

```
      border-radius: var(--border-radius) 0 0 var(--border-radius);
      background-color: var(--input-bg-color);
      color: var(--text-color);
    }
    & .btn_search {
      display: flex;
      align-items: center;
      justify-content: center;
      width: 80px;
      padding: 8px 6px 8px 0;
      border-radius: 0 var(--border-radius) var(--border-radius) 0;
      background-color: var(--accent-color);
      color: var(--text-color);
      cursor: pointer;
      transition: background-color var(--transition-duration);
    }
  }
  & .city_list {
    display: none;
    position: absolute;
    z-index: 1;
    left: 0;
    top: 50px;
    width: 100%;
    max-height: 200px;
    overflow-y: auto;
    border-radius: 8px;
    background-color: rgba(255, 255, 255, 0.2);
    backdrop-filter: blur(5px);
    & li {
      padding: 10px 18px;
      cursor: pointer;
      &:hover,
      &.selected {
        background-color: rgba(255, 255, 255, 0.8);
        color: #000;
      }
    }
  }
  & .msg_error,
  & .msg_loading {
    padding: 10px 14px;
    opacity: 0;
  }
  & .msg_error {
    position: absolute;
```

```css
      top: 40px;
      color: var(--accent-color);
    }
    & .type_temperature {
      display: flex;
      & li {
        margin-left: 10px;
        padding: 10px 20px;
        background-color: var(--card-bg-color);
        cursor: pointer;
        border-radius: var(--border-radius);
        transition: background-color var(--transition-duration);
        &.active {
          background-color: var(--text-color);
          color: var(--primary-bg-color);
        }
      }
    }
  }

  .contents_body {
    text-align: center;
    margin-bottom: 30px;
    & strong[data-weather='city'] {
      display: block;
      font-size: var(--font-size-large);
      margin-bottom: 10px;
    }
    & > p[data-weather] {
      margin: 5px 0;
      font-size: var(--font-size-medium);
    }
    & [data-weather='icon'] {
      display: block;
      width: 80px;
      height: 80px;
      margin: 20px auto 0;
      background-size: contain;
      background-position: center center;
    }
    & p.temperature {
      display: inline-block;
      position: relative;
      font-size: var(--font-size-xlarge);
      & i {
        position: absolute;
```

```css
        display: block;
        right: -25px;
        top: -5px;
      }
    }
    & .min_max {
      display: flex;
      justify-content: center;
      & > p {
        margin: 10px;
      }
    }
  }

  .contents_footer {
    display: grid;
    grid-template-columns: repeat(2, 1fr);
    gap: 14px;
    & .list {
      display: flex;
      align-items: center;
      justify-content: space-between;
      padding: 14px;
      background-color: var(--card-bg-color);
      border-radius: calc(var(--border-radius) / 2);
      & span {
        display: block;
        &[data-weather] {
          font-size: var(--font-size-medium);
        }
      }
    }
  }

  @media (hover: hover) {
    .contents_head {
      & .form_search .btn_search:hover {
        background-color: var(--accent-color-hover);
      }
      & .type_temperature li:hover {
        background-color: var(--text-color);
        color: var(--primary-bg-color);
      }
    }
  }
```

```css
@media screen and (max-width: 767px) {
  .contents_head {
    flex-direction: column;
    align-items: stretch;
    & .form_search {
      margin-bottom: 0;
      & .input_search {
        flex-grow: 1;
      }
    }
    & .msg_error,
    & .msg_loading {
      padding: 8px 14px;
    }
    & .type_temperature {
      justify-content: center;
      margin-top: 0;
      margin-bottom: 10px;
    }
  }

  .contents_body {
    margin-bottom: 10px;
    & strong[data-weather='city'] {
      font-size: var(--font-size-medium);
    }
    & > p[data-weather] {
      font-size: var(--font-size-small);
    }
    & [data-weather='icon'] {
      width: 50px;
      height: 50px;
      margin: 10px auto 0;
    }
    & p.temperature {
      font-size: var(--font-size-large);
      & i {
        right: -17px;
        top: -5px;
      }
    }
  }
  .contents_footer {
    font-size: var(--font-size-xsmall);
  }
}
```

우선, 코드 10-6의 전체 코드를 확인하고 큰 기기의 화면부터 작은 모바일 화면까지 반응형을 고려하여 스타일링해 보겠습니다.

[코드 10-7] public / css / chapter_10 / 01_weather.css

```css
@charset "utf-8";

:root {
  --primary-bg-color: #000;
  --secondary-bg-color: rgba(0, 0, 0, 0.7);
  --accent-color: #3498db;
  --accent-color-hover: #2980b9;
  --text-color: white;
  --input-bg-color: rgba(255, 255, 255, 0.2);
  --card-bg-color: rgba(255, 255, 255, 0.1);
  --border-radius: 20px;
  --padding-standard: 30px;
  --font-size-large: 2.5em;
  --font-size-xlarge: 3.5em;
  --font-size-medium: 1.2em;
  --font-size-small: 1em;
  --font-size-xsmall: 0.75em;
  --transition-duration: 0.3s;
}

body {
  font-family: 'Noto Sans';
}

main {
  display: flex;
  justify-content: center;
  align-items: center;
  width: 100%;
  height: 100%;
  min-height: 100vh;
  overflow-y: auto;
  background-color: var(--primary-bg-color);
}
```

```
    .video_background {
      position: fixed;
      top: 0;
      left: 0;
      width: 100%;
      height: 100%;
      z-index: 0;
      overflow: hidden;
      & video {
        position: absolute;
        top: 0;
        left: 0;
        width: 100%;
        height: 100%;
        object-fit: cover;
      }
    }
```

반복적으로 사용되는 속성들은 변수로 미리 선언하여 재사용성을 높이고, body 요소에는 font-family를 Noto Sans로 설정합니다. main 요소는 flex 레이아웃을 적용하고, 콘텐츠의 높이가 화면보다 높아질 경우를 대비해 overflow-y 속성을 auto로 설정합니다.

.video_background 요소는 position 속성을 fixed로 설정하여 화면을 가득 채우고, 넘치는 영역에 대해서는 overflow 속성을 hidden으로 지정해 스크롤이 생기지 않도록 합니다. 또한, 내부 video 요소에는 object-fit 속성을 cover로 설정하여 항상 화면을 가득 채우도록 구성합니다.

[코드 10-8] public / css / chapter_10 / 01_weather.css

```
    (...)
    .contents {
      position: relative;
      z-index: 1;
      width: 90%;
      max-width: 1000px;
      background-color: var(--secondary-bg-color);
      border-radius: var(--border-radius);
      padding: var(--padding-standard);
      color: var(--text-color);
    }
```

.contents 요소의 내부 요소들을 스타일링해 보겠습니다. width 속성을 90%로 하고 max-width 속성의 값으로 1000px을 두어 기본 너비는 90%이지만 1000px 이상으로는 커지지 않도록 레이아웃의 크기를 제한합니다.

[코드 10-9] public / css / chapter_10 / 01_weather.css

```css
(...)
.contents_head {
  display: flex;
  justify-content: space-between;
  align-items: flex-start;
  & .form {
    position: relative;
  }
  & .form_search {
    display: flex;
    & .input_search {
      width: 100%;
      padding: 10px 18px;
      border-radius: var(--border-radius) 0 0 var(--border-radius);
      background-color: var(--input-bg-color);
      color: var(--text-color);
    }
    & .btn_search {
      display: flex;
      align-items: center;
      justify-content: center;
      width: 80px;
      padding: 8px 6px 8px 0;
      border-radius: 0 var(--border-radius) var(--border-radius) 0;
      background-color: var(--accent-color);
      color: var(--text-color);
      cursor: pointer;
      transition: background-color var(--transition-duration);
    }
  }
  & .city_list {
    display: none;
    position: absolute;
    z-index: 1;
    left: 0;
    top: 50px;
    width: 100%;
    max-height: 200px;
```

```
      overflow-y: auto;
      border-radius: 8px;
      background-color: rgba(255, 255, 255, 0.2);
      backdrop-filter: blur(5px);
      & li {
        padding: 10px 18px;
        cursor: pointer;
        &:hover,
        &.selected {
          background-color: rgba(255, 255, 255, 0.8);
          color: #000;
        }
      }
    }
    & .msg_error,
    & .msg_loading {
      padding: 10px 14px;
      opacity: 0;
    }
    & .msg_error {
      position: absolute;
      top: 40px;
      color: var(--accent-color);
    }
    & .type_temperature {
      display: flex;
      & li {
        margin-left: 10px;
        padding: 10px 20px;
        background-color: var(--card-bg-color);
        cursor: pointer;
        border-radius: var(--border-radius);
        transition: background-color var(--transition-duration);
        &.active {
          background-color: var(--text-color);
          color: var(--primary-bg-color);
        }
      }
    }
  }
}
```

.contents_head 요소는 flex 레이아웃의 space-between 속성을 사용하여 자식 요소들 사이에 최대 공간을 두어 양 끝으로 배치하고, 내부 form 요소는 position: relative로 작성합니다.

.form_search 요소에 스타일을 적용해 검색 폼 요소를 완성하고, .city_list 요소는 position: absolute로 지정하여 form 요소를 기준으로 left: 0, top: 50px 위치에 리스트가 노출되도록 합니다.

.city_list 요소는 max-height: 200px로 작성하여 리스트의 높이가 일정 수준을 넘을 경우 스크롤이 생기도록 처리합니다. 각 li 요소는 마우스를 올리거나 selected 클래스가 추가되면 background-color 속성을 변경하여 하이라이트가 되도록 합니다.

.msg_error 요소와 .msg_loading 요소는 스타일링을 적용한 뒤 opacity: 0으로 설정해 박스 모델의 자리를 유지하면서도 보이지 않도록 합니다.

오른쪽 .type_temperature 요소도 flex로 레이아웃을 구성하고, 각 섭씨와 화씨 버튼에 스타일을 적용해 active 클래스가 추가되면 background-color와 color 속성을 변경해 구별할 수 있게 합니다.

[그림 10-9] contents, contents_head 영역 스타일링한 결과

다음 단계로 중앙에 온도, 도시 이름, 시간, 날씨 등을 스타일링하고 하단에 체감온도, 풍속, 습도, 기압을 표시해 보겠습니다.

[코드 10-10] public / css / chapter_10 / 01_weather.css

```css
(...)
.contents_body {
  text-align: center;
  margin-bottom: 30px;
  & strong[data-weather='city'] {
    display: block;
    font-size: var(--font-size-large);
    margin-bottom: 10px;
  }
  & > p[data-weather] {
    margin: 5px 0;
    font-size: var(--font-size-medium);
  }
  & [data-weather='icon'] {
    display: block;
    width: 80px;
    height: 80px;
    margin: 20px auto 0;
```

```
      background-size: contain;
      background-position: center center;
    }
    & p.temperature {
      display: inline-block;
      position: relative;
      font-size: var(--font-size-xlarge);
      & i {
        position: absolute;
        display: block;
        right: -25px;
        top: -5px;
      }
    }
    & .min_max {
      display: flex;
      justify-content: center;
      & > p {
        margin: 10px;
      }
    }
  }
}
```

우선 중간 영역인 .contents_body 요소에 text-align 속성을 center로 하여 자식 요소들도 상속받아 콘텐츠가 중앙에 위치하도록 합니다. data-weather 속성을 선택자로 font-size 속성을 작성하고, 아이콘 요소의 width, height를 작성하고, background-size 속성을 contain 값으로 설정하여 너비 및 높이 80px의 박스 내부에서 이미지가 찌그러지지 않고 contain 속성에 의해 박스 내부의 크기를 넘어가지 않게 배치합니다. background-position 속성을 center 값으로 설정하여 이미지를 가운데 위치하도록 합니다.

.temperature 요소에 온도를 표시하는 아이콘 요소의 경우 〈i〉 태그로 작성해 숫자 텍스트의 기준에서 오른쪽으로 -25px, 위쪽으로 -5px 정도로 떨어져 위치하도록 합니다.

[코드 10-11] public / css / chapter_10 / 01_weather.css

```css
(...)
.contents_footer {
  display: grid;
  grid-template-columns: repeat(2, 1fr);
  gap: 14px;
  & .list {
    display: flex;
    align-items: center;
    justify-content: space-between;
    padding: 14px;
    background-color: var(--card-bg-color);
    border-radius: calc(var(--border-radius) / 2);
    & span {
      display: block;
      & [data-weather] {
        font-size: var(--font-size-medium);
      }
    }
  }
}
```

마지막으로, .contents_footer 요소에 display 속성을 grid 값으로 하여 grid-template-columns 속성을 사용해 좌우로 반을 나누어 1fr(fraction) 단위씩 차지하도록 합니다. 또한, gap 속성을 14px 값으로 각 요소들의 사이의 간격을 적절히 조정합니다. flex, space-between 값을 사용해 각 요소 내부 콘텐츠도 좌우로 정렬합니다.

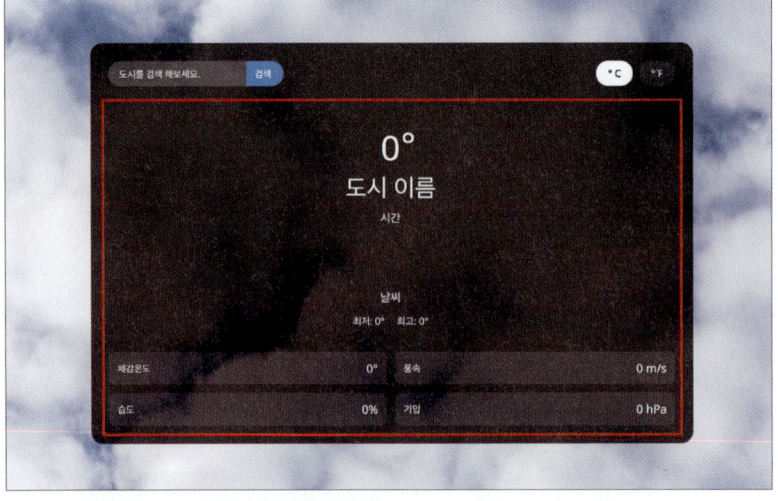

[그림 10-10] contents_body, contents_footer 영역 스타일링한 결과

OpenWeatherMap API와 JavaScript를 사용해 데이터를 렌더링하기 전, 화면 렌더링이 부자연스럽지 않도록 하고, 각 요소에 마우스를 올렸을 때 해당 요소가 상호작용이 가능한 요소라는 것을 알리기 위한 효과를 적용해 보겠습니다.

[코드 10-12] public / css / chapter_10 / 01_weather.css

```css
(...)
@media (hover: hover) {
  .contents_head {
    & .form_search .btn_search:hover {
      background-color: var(--accent-color-hover);
    }
    & .type_temperature li:hover {
      background-color: var(--text-color);
      color: var(--primary-bg-color);
    }
  }
}
```

먼저, media hover 속성을 활용해 마우스 오버가 가능한 기기에서만 hover 가상 클래스 선택자를 활용해서 효과를 적용합니다.

.contents_head 요소에 있는 버튼들에 효과를 적용하고 마우스를 올려서 확인합니다.

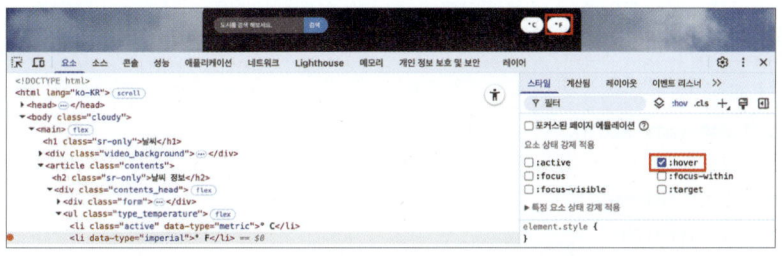

[그림 10-11] media hover 속성에 대해서 효과를 부여한 결과

그림 10-11과 같이 media hover 속성을 개발자 도구의 스타일 탭의 속성 탭에서 :hov를 클릭해 hover 체크박스를 체크하여 강제 적용해서 효과를 확인할 수도 있습니다.

마우스를 올렸을 때 효과가 잘 나타나고 있나요?

[그림 10-12] 개발자 도구로 아이폰 SE와 같이 작은 화면에서 보여지는 화면

그림 10-12와 같이 너비가 작은 화면에서 사용자 경험이 좋아지도록 미디어 쿼리를 활용해 스타일을 재선언하겠습니다.

[코드 10-13] public / css / chapter_10 / 01_weather.css

```css
(...)
@media screen and (max-width: 767px) {
  .contents_head {
    flex-direction: column;
    align-items: stretch;
    & .form_search {
      margin-bottom: 0;
      & .input_search {
        flex-grow: 1;
      }
    }
    & .msg_error,
    & .msg_loading {
      padding: 8px 14px;
    }
```

```
    & .type_temperature {
      justify-content: center;
      margin-top: 0;
      margin-bottom: 10px;
    }
  }

  .contents_body {
    margin-bottom: 10px;
    & strong[data-weather='city'] {
      font-size: var(--font-size-medium);
    }
    & > p[data-weather] {
      font-size: var(--font-size-small);
    }
    & [data-weather='icon'] {
      width: 50px;
      height: 50px;
      margin: 10px auto 0;
    }
    & p.temperature {
      font-size: var(--font-size-large);
      & i {
        right: -17px;
        top: -5px;
      }
    }
  }

  .contents_footer {
    font-size: var(--font-size-xsmall);
  }
}
```

미디어 쿼리를 사용해 화면 너비가 767px 이하인 경우 .contents_head 요소에 작성했던 flex 속성의 방향을 column으로 변경해 세로로 정렬되도록 하고, .input_search 요소가 나머지 빈 여백을 채우기 위해 flex-grow 값을 작성하고 아이콘의 너비, 높이, 폰트 크기 및 여백을 조절하여 모바일에서도 잘 노출될 수 있도록 스타일을 수정합니다.

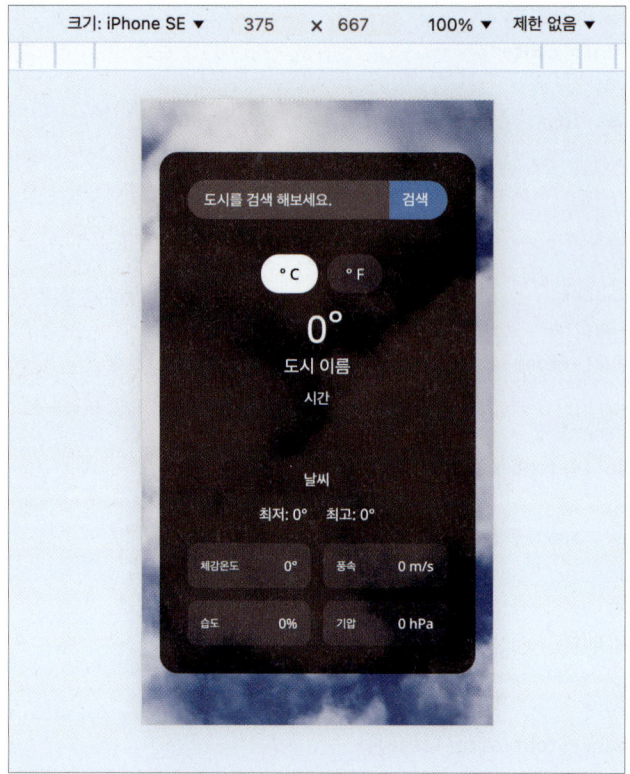

[그림 10-13] 반응형에서 미디어 쿼리를 사용해 일부 스타일을 조정한 결과

10-5 JavaScript 클래스 문법 알아보기

HTML과 CSS 작업을 마쳤으니, JavaScript로 API를 호출하고 데이터를 불러와 화면에 렌더링하겠습니다. 우선, JavaScript에서 사용할 클래스 문법에 대해 알아보겠습니다.

JavaScript에서 클래스 문법은 문법적 설탕(Syntactic Sugar)이라고도 불리며, 기존 프로토타입 기반의 상속 메커니즘을 보다 쉽게 사용할 수 있도록 표현한 것으로, 내부적으로는 프로토타입 체이닝에 의해 인스턴스나 메서드가 동작합니다.

[코드 10-14] prototype 문법 예시

```javascript
function Person(name) {
  this.name = name;
}

Person.prototype.sayHello = function() {
  console.log(`안녕 내 이름은 ${this.name}이야.`);
};
```

[코드 10-15] class 문법 예시

```javascript
class Person {
  constructor(name) {
    this.name = name;
  }

  sayHello() {
    console.log(`안녕 내 이름은 ${this.name}이야.`);
  }
}
```

프로토타입은 해당 객체의 prototype 객체에 직접 추가를 하고 함수 자체가 생성자 역할을 하지만 클래스는 내부에 메서드를 바로 정의해서 사용하고 constructor를 사용해 객체지향적인 접근을 제공합니다.

클래스를 선언할 때는 class 키워드를 사용하고, class Person과 같이 대문자로 시작하는 것이 일반적인 관례입니다. 클래스의 **생성자(constructor) 메서드**는 클래스의 인스턴스가 생성될 때 자동으로 호출되며, 새로운 객체의 초기 상태를 설정합니다. 생성자 내의 this 키워드를 사용하여 인스턴스의 속성을 정의할 수도 있습니다.

클래스 내부에 메서드를 정의할 때는 function 키워드를 사용하지 않고, 단순히 메서드명과 괄호 (), 그리고 중괄호{}를 사용해 작성합니다. 이제, 클래스의 다른 문법들도 알아볼 수 있는 예제를 작성해 보겠습니다.

[코드 10-16] public / js / chapter_10 / class_example.js

```js
class Person {
  constructor(name, age) {
    this.name = name;
    this.age = age;
  }

  sayHello() {
    console.log(`안녕하세요, 제 이름은 ${this.name}이고 ${this.age}살입니다.`);
  }

  get info() {
    return `${this.name} (${this.age}세)`;
  }

  set updateAge(newAge) {
    if (newAge > 0) {
      this.age = newAge;
    }
  }

  static isAdult(person) {
    return person.age >= 20;
  }
}

class Employee extends Person {
  constructor(name, age, position) {
    super(name, age);
    this.position = position;
  }
```

```
    sayHello() {
      super.sayHello();
      console.log(`저는 ${this.position}로 일하고 있습니다.`);
    }
  }

  const person1 = new Person('김영민', 38);
  person1.sayHello();

  console.log(person1.info);
  person1.updateAge = 40;
  console.log(person1.info);

  console.log(Person.isAdult(person1));

  const employee1 = new Employee('윤이랑', 30, '개발자');

  employee1.sayHello();
```

우선, 1장에서 설치했던 Quokka 확장 프로그램 또는 개발자 도구를 사용해 해당 코드를 작성해서 어떤 차이가 있는지 확인해 봅시다.

[코드 10-17] public / js / chapter_10 / class_example.js

```
const person1 = new Person('김영민', 38);
person1.sayHello(); // 안녕하세요 제 이름은 김영민이고 38살입니다.

console.log(person1.info); // 김영민 (38세)
person1.updateAge = 40;
console.log(person1.info); // 김영민 (40세)

console.log(Person.isAdult(person1)); // true
```

클래스 문법 사용 시에 게터(getter)와 세터(setter)를 사용해 클래스의 속성에 접근하거나 수정할 때 사용할 수도 있고, static 키워드를 사용해 인스턴스를 생성하지 않고도 호출할 수 있는 정적 메서드를 정의할 수 있습니다.

[코드 10-18] public / js / chapter_10 / class_example.js

```js
(...)
class Employee extends Person {
  constructor(name, age, position) {
    super(name, age);
    this.position = position;
  }

  sayHello() {
    super.sayHello();
    console.log(`저는 ${this.position}로 일하고 있습니다.`);
  }
}
(...)

const employee1 = new Employee('윤이랑', 30, '개발자');

employee1.sayHello();
// 안녕하세요 제 이름은 윤이랑이고 30살입니다.
// 저는 개발자로 일하고 있습니다.
```

클래스 간의 상속은 **extends** 키워드를 사용하는데, 자식 클래스에서 부모 클래스의 생성자를 호출할 때는 **super** 키워드를 사용합니다. 앞선 예제를 보면, Person 클래스를 확장해 상속받은 Employee 클래스 내부에서 메서드 오버라이딩을 사용해 자식 클래스에서 부모 클래스의 메서드를 재정의를 했지만 super 키워드를 사용해 부모 메서드도 호출할 수 있습니다.

💡 클래스 문법 사용 시 유의점

- 클래스 문법은 호이스팅되지 않는데, 이는 선언적 함수와는 다른 점이기 때문에 클래스를 사용하기 전에 반드시 선언해야 하고, 이는 코드의 논리적 흐름을 더 명확하게 만듭니다.
- Strict Mode가 항상 작동하기 때문에 따로 use strict를 선언할 필요가 없고, 엄격한 코드 규칙에 따라서 잠재적인 오류를 줄일 수 있습니다.

 날씨 정보 가져와서 표시하기

비동기 통신을 통해 날씨 정보를 가져와 표시하고 화면을 렌더링해 보겠습니다.

[코드 10-19] chapter_10_weather / 01_weather.html

```
(...)
<script type="module" src="../public/js/chapter_10/01_weather.js"></script>
(...)
```

type="module"을 사용해 〈script〉를 호출했기 때문에, JavaScript 내부에서 import, export를 사용해 자유롭게 다른 파일의 변수를 가져와 사용하고 내보낼 수 있습니다.

 type="module"의 장점?

- type="module"을 사용하면 전역 스코프를 오염시키지 않고, 자체적인 스코프를 가지기 때문에 관리가 수월해지고, 항상 strict mode에서 실행되므로 더 안전한 코드를 작성할 수 있습니다.
- 모듈은 비동기적으로 로딩되므로 성능 향상에도 도움이 되고, 단일 실행이 되기 때문에 한 번 실행 후에 다른 파일에서 가져와 사용할 때에는 실행 결과를 재사용하게 되므로 성능적 이점이 있습니다.

[코드 10-20] public / js / utils.js

```
const get$ = (selector) => document.querySelector(selector);
const getAll$ = (selector) => document.querySelectorAll(selector);

export { get$, getAll$ };
```

우선, utils.js 파일에서 필요한 함수를 가져다 사용하고, config.js 파일을 생성해서 공통적으로 사용 할 부분들을 작성하겠습니다.

[코드 10-21] public / js / chapter_10 / modules / config.js

```javascript
export const API_CONFIG = {
  BASE_URL: 'http://api.openweathermap.org/data/2.5/weather',
  API_KEY: '본인의 API Key',
  LANG: 'kr',
};

export const TIMEOUT = {
  ERROR_DISPLAY_TIMEOUT: 3000,
  LOCATION_TIMEOUT: 10000,
  LOCATION_AGE_TIMEOUT: 60000,
  VIDEO_PRELOAD_TIMEOUT: 10000,
};

export const UNITS = {
  IMPERIAL: 'imperial',
  METRIC: 'metric',
};

export const WIND_SPEED_UNITS = {
  [UNITS.IMPERIAL]: 'mph',
  [UNITS.METRIC]: 'm/s',
};

export const WEATHER_RANGES = [
  { min: 200, max: 299, class: 'thunderstorm' },
  { min: 300, max: 499, class: 'drizzle' },
  { min: 500, max: 599, class: 'rainy' },
  { min: 600, max: 699, class: 'snow' },
  { min: 700, max: 799, class: 'atmosphere' },
  { min: 800, max: 800, class: 'clear' },
  { min: 801, max: 899, class: 'cloudy' },
];

export const CITIES = [
  // 한국
  { id: 1835848, name: '서울', englishName: 'Seoul' },
  { id: 1838524, name: '부산', englishName: 'Busan' },
```

```
    { id: 1835327, name: '대구', englishName: 'Daegu' },
    { id: 1843564, name: '인천', englishName: 'Incheon' },
    { id: 1841811, name: '광주', englishName: 'Gwangju' },
    { id: 1835235, name: '대전', englishName: 'Daejeon' },
    { id: 1835553, name: '수원', englishName: 'Suwon-si' },
    { id: 1846326, name: '창원', englishName: 'Changwon' },
    { id: 1846266, name: '제주', englishName: 'Jeju City' },
];
```

API_CONFIG라는 객체 상수를 생성해 내부 프로퍼티로 BASE_URL을 작성하는데 API 기본 주소를 선언합니다. API_KEY 프로퍼티에는 발급받은 API_KEY를 작성하고, OpenWeatherMap API의 결과로 한글도 일부 제공하기 때문에 LANG 프로퍼티의 기본값을 kr로 할당합니다.

TIMEOUT은 시간이 지연되는 상황에서 사용할 상수 객체입니다. ERROR_DISPLAY_TIMEOUT은 도시 검색 실패 시 오류 메시지를 표시하는 시간을 제어하는 상수입니다. 이는 밀리초(ms) 단위로 설정되며, 여기서는 3000ms(3초) 동안 메시지를 표시한 후 자동으로 화면에서 제거됩니다.

또, LOCATION_TIMEOUT은 현재 위치 정보를 가져오는 과정에서 응답 시간을 제한하는 상수입니다. 10초 이내에 위치 정보를 받지 못할 경우 실패로 처리함으로써 사용자 경험을 개선하고 네트워크 문제로 인한 무한 대기 상태를 방지합니다.

LOCATION_AGE_TIMEOUT은 위치 정보의 유효 기간을 설정하는 상수로, 60초(1분) 동안 위치 데이터를 캐싱합니다. 이를 통해 사용자가 페이지를 새로고침하더라도 같은 위치 정보를 다시 요청하지 않고 빠르게 불러올 수 있습니다.

 캐싱(Caching)?

캐싱은 이전에 가져온 데이터를 저장해두고 필요할 때 다시 사용하는 기술인데, 성능을 향상시킬 수 있고 리소스 사용을 줄이는 데 도움이 됩니다.
위치 정보를 실시간으로 받아오는 기술은 GPS를 사용하게 되는데, 이때 캐싱을 사용하면 배터리 소모를 줄여줄 수도 있고, 네트워크 연결이 불안정하거나 GPS 신호가 약한 상황에서도 마지막으로 알려진 위치 정보를 제공할 수 있어 사용자 경험을 개선할 수 있습니다.

UNITS는 OpenWeatherMap API에서 제공하는 측정 단위 체계를 나타내며, imperial과 metric 두 가지로 구분됩니다. imperial은 영국식/미국식 단위 체계로, 온도는 화씨(°F), 풍속은 mph(miles per hour)로 표시합니다. metric은 미터법 단위 체계로, 온도는 섭씨(°C), 풍속은 m/s(meters per second)로 표시합니다.

WEATHER_RANGES는 OpenWeatherMap API에서 제공하는 날씨 코드를 일반적인 카테고리로 그룹화한 객체 배열 상수인데 날씨에 따라 배경 영상을 교체하기 위해 정의합니다. CITIES는 도시의 id와 한글 이름, 영문 이름을 포함하는 객체 배열 상수로 미리 도시들을 정의해서 검색할 때 검색 리스트를 제공하고, 한글 검색 기능을 지원하기 위해 미리 정의합니다.

 OpenWeatherMap API에서 제공하는 전체 도시들의 id를 어떻게 알 수 있나요?

https://bulk.openweathermap.org/sample/ 사이트에 접속해서 city.list.json.gz 파일을 다운받으면 전체 도시 리스트를 확인할 수 있습니다.

config.js 파일을 만들어 상수들을 설정해두었으니 weatherCore.js 파일에는 WeatherAPI 클래스를 작성하고 fetchWeatherData, buildUrl을 static 메서드로 만들어서 어디에서든 사용할 수 있도록 하겠습니다.

[코드 10-22] public / js / chapter_10 / modules / weatherCore.js

```js
import { API_CONFIG, TIMEOUT, UNITS } from './config.js';

export class WeatherAPI {
  static async fetchWeatherData(query, unit) {
    const url = this.buildUrl(query, unit);
    try {
      const controller = new AbortController();
      const timeoutId = setTimeout(() => controller.abort(), TIMEOUT.LOCATION_TIMEOUT);

      const response = await fetch(url, { signal: controller.signal });
      clearTimeout(timeoutId);

      if (!response.ok) {
          throw new Error(`날씨 정보를 가져오는데 실패했습니다. (상태 코드: ${response.status})`);
      }
```

```javascript
      return await response.json();
    } catch (error) {
      if (error.name === 'AbortError') {
        throw new Error('요청 시간이 초과되었습니다.');
      }
      console.error('Weather API Error:', error);
      throw new Error('날씨 정보를 가져올 수 없습니다.');
    }
  }

  static buildUrl(query, unit) {
    const { BASE_URL, API_KEY, LANG } = API_CONFIG;
    const baseParams = `units=${unit}&appid=${API_KEY}&lang=${LANG}`;

    if (typeof query === 'string') {
      return `${BASE_URL}?q=${encodeURIComponent(query)}&${baseParams}`;
    }
    if (query.lat && query.lon) {
      return `${BASE_URL}?lat=${query.lat}&lon=${query.lon}&${baseParams}`;
    }
    if (query.id) {
      return `${BASE_URL}?id=${query.id}&${baseParams}`;
    }

    throw new Error('검색 조건을 확인 하세요.');
  }
}
```

config.js에서 내보내기한 상수 변수들을 가져와 weatherCore.js 파일 내에 static 메서드를 작성합니다. 이렇게 하면 클래스 인스턴스를 생성하지 않고도 어디서든 메서드를 편리하게 사용할 수 있습니다.

비동기 메서드로 구현하여 API 호출을 효율적으로 처리하고, try와 catch 문을 통해 에러를 적절히 처리할 수 있도록 throw new Error에 에러 메시지를 추가합니다.

fetch를 활용하여 API 요청을 보낼 때 URL은 buildUrl 메서드를 통해 생성합니다. buildUrl 메서드 내부에서는 config.js에 정의된 API_CONFIG에서 BASE_URL, API_KEY, LANG 값을 구조 분해 할당 방식으로 가져와 baseParams 변수에 할당합니다. 이 baseParams는 API 요청의 기본 URL 파라미터로 사용됩니다.

호출 방식은 도시명, 도시 좌표, 또는 WeatherMapAPI가 제공하는 ID를 기준으로 선택하며, 해당 형식에 포함되지 않으면 잘못된 쿼리 형식에 대한 에러 메시지를 반환합니다.

API 호출이 성공하면 response 객체의 ok 값이 true가 되므로, 이를 체크하여 !response.ok 인 경우 throw new Error로 에러 처리를 추가합니다. 데이터가 정상적으로 반환되면 return await response.json()을 통해 메서드의 응답값으로 JSON 형태를 반환합니다.

또한, 호출 시 AbortController 메서드를 활용하여 반복 요청이나 오래된 요청을 취소함으로써 서버와 클라이언트의 리소스를 절약하고, AbortError로 에러를 처리하여 시간 초과 또는 취소된 요청을 명확하게 구분하여 처리할 수 있습니다.

 import와 export에서 중괄호를 사용하는 것과 사용하지 않는 것의 차이?

import와 export에서 중괄호를 사용하는 것과 사용하지 않는 것의 차이는 ES6 모듈 시스템에서 꼭 알아두어야 하는 부분입니다.

[코드] export의 중괄호가 있을 때와 없을 때의 차이

```
// 중괄호를 사용하지 않는 경우
export default function someFunction() { ... }

import someFunction from './someModule';

// 중괄호를 사용하는 경우
export const someVariable = 10;
export function someFunction() { ... }

import { someVariable, someFunction } from './someModule';
```

코드에서 알 수 있듯이 default export는 모듈당 하나만 가능하고, 어떤 이름으로든 가져올 수 있으며 주로 모듈에서 중요한 기능을 내보내기할 때 사용하게 됩니다.

반대로 중괄호를 사용하는 경우에는 여러 개의 값을 내보내고 그 변수나 함수를 가져와서 사용할 때 정확한 이름을 사용해야 하며, as로 별칭(alias)을 사용할 수도 있습니다. 여러 기능을 하나의 모듈로 내보낼 때 많이 사용하게 됩니다. 언급한 방법들은 default export, named export라고 각각 불리는데 두 방법을 혼합해서 사용할 수도 있습니다.

 encodeURIComponent, decodeURIComponent?

encodeURIComponent는 JavaScript의 내장 함수로, URL에 사용될 문자열을 인코딩하는 데 사용됩니다. URL의 특별한 의미를 가진 문자들을 안전하게 인코딩하여 URL의 일부로 사용할 수 있게 해줍니다.

?, =, &, #와 같은 특수 문자, 한글이나 이모지와 같은 유니코드 등을 인코딩하고 반대의 경우인 decodeURIComponent를 사용해서 디코딩을 해서 원문 그대로도 사용할 수 있습니다.

여기에서는 "new york"과 같은 도시를 검색할 때 공백 문자열을 주소로 사용하려면 %20으로 인코딩하여 안전하게 URL을 사용할 수 있도록 합니다.

[코드 10-23] public / js / chapter_10 / modules / weatherCore.js

```javascript
(...)
export class WeatherStateManager {
  #currentUnit = UNITS.METRIC;
  constructor() {
    this.lastRequestedCity = 'Seoul';
    this.cachedWeatherData = null;
  }

  get unit() {
    return this.#currentUnit;
  }

  set unit(newUnit) {
    if (!Object.values(UNITS).includes(newUnit)) {
      throw new Error('잘못된 단위 형식');
    }
    this.#currentUnit = newUnit;
  }

  updateWeatherState(weather, cacheKey = '') {
    this.cachedWeatherData = weather;
    this.lastRequestedCity = cacheKey || weather.name;
  }

  isCachedDataValid(cacheKey) {
    return cacheKey === this.lastRequestedCity && this.cachedWeatherData;
  }

  getCacheKey(query) {
    if (typeof query === 'string') return query;
    if (query.lat && query.lon) return `${query.lat},${query.lon}`;
    if (query.id) return query.id.toString();
    return '';
  }

  getCachedWeatherData() {
    return this.cachedWeatherData;
  }
}
```

WeatherStateManager 클래스를 만들어 날씨 데이터의 상태를 관리하고 constructor에 #currentUnit(기본 단위), lastRequestedCity(마지막 요청 도시), cachedWeatherData(캐시된 날씨 데이터)를 사용해 상태를 관리하는 코드를 작성해 보겠습니다.

#currentUnit은 클래스 기본 문법에서 익힌 게터, 세터를 사용해 값을 가져오고 할당할 수 있도록 작성하겠습니다.

게터를 작성해 현재 private으로 선언된 #currentUnit을 가져다 사용할 수 있도록 하고, 세터를 사용해 상수에 선언된 UNITS의 값들 중 단위 형식이 같은 부분이 있다면 새로운 값을 할당합니다.

updateWeatherState 메서드를 작성해 API 요청의 결과로 받은 데이터를 캐싱하기 위해 cachedWeatherData 인스턴스에 업데이트를 하고, 마지막으로 요청한 도시에 대해서 다시 검색 했을 때 재요청하지 않도록 lastRequestedCity에 호출한 도시 이름을 값으로 담아 둡니다.

isCachedDataValid 메서드를 작성해 캐시 키를 인자로 받아 현재 캐시 키가 있고, 캐싱된 데이터가 존재하는지 확인해서 boolean(true/false) 값으로 반환합니다. 이 메서드를 활용해서 API를 재호출할지 아니면 캐싱된 데이터를 그대로 애플리케이션에 보여줄지 결정합니다.

getCacheKey 메서드를 작성해 현재 key가 있으면 반환하고 아니면 빈 값을 반환해서 예외 처리 할 수 있도록 하고, getCachedWeatherData를 사용해 실제 캐싱된 데이터를 반환합니다.

[코드 10-24] public / js / chapter_10 / modules / weatherCore.js

```js
(...)
export class LocationManager {
  static getCurrentLocation() {
    return new Promise((resolve, reject) => {
      if (!('geolocation' in navigator)) {
        reject(new Error('Geolocation이 지원되지 않습니다.'));
        return;
      }

      navigator.geolocation.getCurrentPosition(
        (position) => {
          resolve({
            lat: position.coords.latitude,
            lon: position.coords.longitude,
          });
        },
        (error) => {
```

```
          console.error('getCurrentLocation Error:', error);
          reject(new Error('위치 정보를 가져올 수 없습니다.'));
        },
        {
          timeout: TIMEOUT.LOCATION_TIMEOUT,
          maximumAge: TIMEOUT.LOCATION_AGE_TIMEOUT,
        },
      );
    });
  }
}
```

weatherCore의 마지막 메서드로 LocationManager를 작성합니다.

LocationManager는 인스턴스를 생성하지 않아도 바로 호출할 수 있도록 static 메서드를 작성하며 위치 정보를 받아오는 과정에서 성공 콜백과 실패 콜백이 작동할 수 있도록 합니다. 성공적으로 호출되어 받아온 데이터는 캐싱할 수 있도록 작성합니다.

navigator 객체 안에 geolocation 객체가 없다면 해당 브라우저나 기기는 위치 정보를 사용할 수 없는 환경이므로 사용자에게 에러 메시지를 보여줍니다.

Promise 객체를 반환함으로써 위치 정보를 getCurrentPosition 메서드를 사용해 호출하는데, 성공하면 resolve로 위도(latitude), 경도(longitude)를 객체로 반환하고 실패 시에는 에러 메시지를 보여주기 위해 에러 메시지를 포함하는 에러 객체를 reject로 반환하여 처리합니다.

마지막 인자는 옵션 객체인데 timeout 시간을 지정해 호출 후 일정 시간 이후에는 실패로 처리하고, maximumAge 시간을 작성해 한 번 성공적으로 불러온 위치 정보를 일정 시간 동안 캐싱하여 빠르게 응답할 수 있도록 설정합니다.

다음으로 weatherUI.js 파일을 modules 폴더에 만들어서 화면에 렌더링하기 위한 UI 관련 기능들을 이곳에 작성하고 시각적으로 표시하는 작업을 진행해 보겠습니다.

[코드 10-25] public / js / chapter_10 / modules / weatherUI.js

```js
import { WIND_SPEED_UNITS, TIMEOUT } from './config.js';

const ELEMENT_NAMES = {
  ERROR: 'errorElement',
  LOADING: 'loadingElement',
  CONDITION: 'condition',
  TEMP: 'temp',
  CITY: 'city',
  LOCAL_TIME: 'localTime',
  WEATHER_ICON: 'weatherIcon',
  TEMP_MAX: 'tempMax',
  TEMP_MIN: 'tempMin',
  WIND: 'wind',
  HUMIDITY: 'humidity',
  PRESSURE: 'pressure',
};
```

요소에 바인딩되는 이벤트나 업데이트될 요소들에 대한 동작들은 동일하게 반복되므로 한 곳에서 관리하기 위해서 ELEMENT_NAMES라는 상수 객체에 각 요소에 매칭할 이름을 작성합니다.

[코드 10-26] public / js / chapter_10 / modules / weatherUI.js

```js
(...)
export class WeatherUI {
  constructor($elements) {
    this.$elements = $elements;
    this.validateElements();
  }

  validateElements() {
    Object.values(ELEMENT_NAMES).forEach((name) => {
      if (!this.$elements[name]) {
        console.warn(`Element '${name}' not found in WeatherUI`);
      }
    });
  }

  updateWeather(weatherData, unit) {
    const {
      main,
```

```
      name,
      sys,
      weather: [weatherDetails],
      wind,
      dt,
      timezone,
    } = weatherData;
    this.updateTemperatures(main);
    this.updateCityInfo(name, sys.country);
    this.updateLocalTime(dt, timezone);
    this.updateWeatherIcon(weatherDetails.icon);
    this.updateWeatherDetails(weatherDetails, wind, main, unit);
  }
}
```

constructor로 $elements를 인자로 받아서 this.$elements로 할당하고 validateElements 메서드를 작성해서 constructor에서 호출을 합니다. 전체 요소들을 검증해 필요한 요소가 누락되었는지 확인하고 있다면 console.warn을 활용해서 콘솔창에 경고 문구를 띄워 누락된 요소를 조기에 발견할 수 있도록 합니다.

weatherData, unit을 인자로 받는 updateWeather 메서드를 작성하는데 구조 분해 할당을 통해서 각 데이터들을 변수 선언하고, weatherData 객체 안에 있는 weatherDetails 배열은 한 번 더 weather로 구조 분해 할당하여 데이터를 효율적으로 처리해 보겠습니다.

[코드 10-27] public / js / chapter_10 / modules / weatherUI.js

```
export class WeatherUI {
  (...)
  /* Utils */
  formatTime(date) {
    const options = {
      year: 'numeric',
      month: 'long',
      day: 'numeric',
      weekday: 'long',
      hour: '2-digit',
      minute: '2-digit',
      timeZone: 'UTC',
    };
    return date.toLocaleString('ko-KR', options);
  }
```

```javascript
  getElement(elementName) {
    return this.$elements[elementName];
  }

  updateElementContent(elementName, content) {
    const element = this.getElement(elementName);
    if (element) {
      element.textContent = content;
    }
  }

  updateElementWithUnit(elementName, value, unit) {
    this.updateElementContent(elementName, `${value} ${unit}`);
  }

  setElementStyle(elementName, style, value) {
    const element = this.getElement(elementName);
    if (element) {
      element.style[style] = value;
    }
  }

  toggleElementVisibility(elementName, isShow, duration = 0) {
    this.setElementStyle(elementName, 'opacity', isShow ? '1' : '0');
    if (duration > 0) {
      setTimeout(() => this.setElementStyle(elementName, 'opacity', '0'), duration);
    }
  }
}
```

formatTime 메서드는 Date 객체를 지정된 형식의 문자열로 바꿀 때 사용하는데, 옵션을 사용해 년, 월, 일, 요일, 시간, 타임존 등을 어떻게 표시할지 결정하게 되고 toLocaleString 메서드의 첫 번째 인수인 ko-KR에 의해 한국어에 맞는 날짜, 시간 문자열을 반환하게 됩니다.

getElement 메서드를 사용해 인스턴스의 elements 요소들 중에 인자로 받아온 요소를 반환하고, updateElementContent 메서드는 textContent를 호출해 내용을 업데이트 합니다.

updateElementWithUnit 메서드는 updateElementContent를 호출하는데 단위와 함께 적용되도록 하고, 인라인 스타일을 동적으로 삽입하도록 합니다.

toggleElementVisibility 메서드를 통해 요소의 스타일을 바꾸는데 opacity의 값을 두 번째 인자인 isShow에 의해 1 또는 0으로 할당하고, 세 번째 인자로 받는 duration의 기본값은 0이지만 조금 더 늦게 사라지게 하고 싶다면 세 번째 인수로 할당해 해당 시간이 흐른 뒤에 적용되도록 합니다.

[코드 10-28] public / js / chapter_10 / modules / weatherUI.js

```js
export class WeatherUI {
  (...)
  /* UI Update */
  updateTemperatures(main) {
    this.updateElementContent(ELEMENT_NAMES.TEMP, Math.round(main.temp));
    this.updateElementContent(ELEMENT_NAMES.TEMP_MAX, Math.round(main.temp_max));
    this.updateElementContent(ELEMENT_NAMES.TEMP_MIN, Math.round(main.temp_min));
  }

  updateCityInfo(name, country) {
    this.updateElementContent(ELEMENT_NAMES.CITY, `${name}, ${country}`);
  }

  updateLocalTime(date, timezone) {
    const localTime = new Date((date + timezone) * 1000);
    const formattedTime = this.formatTime(localTime);
    this.updateElementContent(ELEMENT_NAMES.LOCAL_TIME, formattedTime);
  }

  updateWeatherIcon(iconCode) {
    this.setElementStyle(ELEMENT_NAMES.WEATHER_ICON, 'backgroundImage', `url(../public/img/freesvg/weather/icn_${iconCode}.svg)`);
  }

  updateWeatherDetails(weather, wind, main, unit) {
    this.updateElementContent(ELEMENT_NAMES.CONDITION, weather.description);
    this.updateElementContent(ELEMENT_NAMES.FEELS_LIKE, `${Math.round(main.feels_like)}°`);
    this.updateElementWithUnit(ELEMENT_NAMES.HUMIDITY, main.humidity, '%');
    this.updateElementWithUnit(ELEMENT_NAMES.WIND, wind.speed, WIND_SPEED_UNITS[unit]);
    this.updateElementWithUnit(ELEMENT_NAMES.PRESSURE, main.pressure, 'hPa');
  }
}
```

실제로 UI를 업데이트하는 여러 메서드를 작성하는데 기존 작성해두었던 updateElementContent 유틸 메서드를 활용해 각각의 정보를 업데이트합니다.

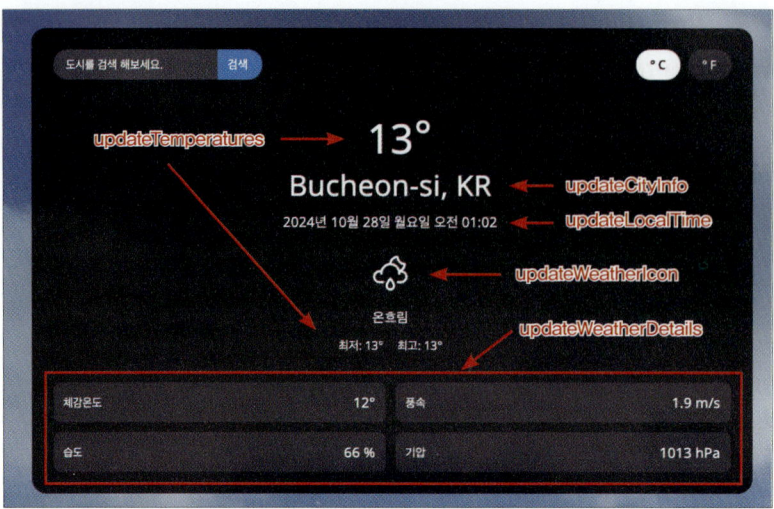

[그림 10-14] updateWeather 메서드 내부의 각 메서드의 호출 결과로 나타나는 UI를 나타내는 결과

그림 10-14와 같이 각 메서드의 호출 결과로 UI가 노출되게 되는데, 아이콘의 경우 OpenWeatherMap API에서 제공해 주는 번호에 따라 미리 아이콘의 이름을 01d부터 50n까지 설정해 둔 상태입니다.

> **TIP** OpenWeatherMap API에서 제공하는 날씨 아이콘 리스트

[코드] 날짜 API OpenWeatherMap API에서 제공하는 날씨 아이콘 코드

```
'01d': '맑음 (낮)',
'01n': '맑음 (밤)',
'02d': '약간 흐림 (낮)',
'02n': '약간 흐림 (밤)',
'03d': '흐림 (낮)',
'03n': '흐림 (밤)',
'04d': '매우 흐림 (낮)',
'04n': '매우 흐림 (밤)',
'09d': '소나기 (낮)',
'09n': '소나기 (밤)',
'10d': '비 (낮)',
'10n': '비 (밤)',
'11d': '천둥번개 (낮)',
'11n': '천둥번개 (밤)',
'13d': '눈 (낮)',
'13n': '눈 (밤)',
'50d': '안개 (낮)',
'50n': '안개 (밤)',
```

[코드 10-29] public / js / chapter_10 / modules / weatherUI.js

```javascript
export class WeatherUI {
  (...)
  displayError(message) {
    this.updateElementContent(ELEMENT_NAMES.ERROR, message);
    this.toggleElementVisibility(ELEMENT_NAMES.ERROR, true, TIMEOUT.ERROR_DISPLAY_TIMEOUT);
  }

  showLoadingMessage(message) {
    this.updateElementContent(ELEMENT_NAMES.LOADING, message);
    this.toggleElementVisibility(ELEMENT_NAMES.LOADING, true);
  }

  hideLoadingMessage() {
    this.toggleElementVisibility(ELEMENT_NAMES.LOADING, false);
  }
}
```

weatherUI 파일에서 마지막으로 작업할 부분은 에러 메시지와 로딩 메시지를 표시하고 필요에 따라 이를 숨기는 기능입니다.

미리 작성해 둔 toggleElementVisibility 메서드를 활용해 노출, 비노출에 대해 처리하고 노출하더라도 타이머를 주어 일정 시간 후에 사라지도록 하겠습니다.

[코드 10-30] public / js / chapter_10 / 01_weather.js

```javascript
import { WeatherAPI, WeatherStateManager, LocationManager } from './modules/weatherCore.js';
import { WeatherUI } from './modules/weatherUI.js';
import { get$ } from '../utils.js';
```

이제, 모듈이 아닌 루트에 app.js 역할을 하는 01_weather.js를 만들어 모듈로 구성된 기능들을 실제로 등록하겠습니다.

우선, 중괄호가 있는 import를 사용해서 각 모듈에 정의된 메서드 및 클래스를 가져오고 01_weather.js 파일과 같은 상위 디렉터리에 위치한 utils.js 파일에서 get$ 함수도 함께 가져옵니다.

[코드 10-31] public / js / chapter_10 / 01_weather.js

```javascript
(...)
class WeatherApp {
  constructor() {
    this.stateManager = new WeatherStateManager();
    this.init();
  }

  init() {
    this.cacheElements();
    this.initializeComponents();
  }

  cacheElements() {
    this.$elements = {
      switchTemp: get$('.type_temperature'),
      errorElement: get$('.msg_error'),
      loadingElement: get$('.msg_loading'),
      searchForm: get$('.form_search'),
      searchInput: get$('.input_search'),
      cityList: get$('.city_list'),
      videoContainer: get$('.video_background'),
      condition: get$('[data-weather="type"]'),
      temp: get$('[data-weather="temperature"]'),
      city: get$('[data-weather="city"]'),
      localTime: get$('[data-weather="time"]'),
      weatherIcon: get$('[data-weather="icon"]'),
      tempMax: get$('[data-weather="max"]'),
      tempMin: get$('[data-weather="min"]'),
      feelsLike: get$('[data-weather="feel"]'),
      wind: get$('[data-weather="wind"]'),
      humidity: get$('[data-weather="humidity"]'),
      pressure: get$('[data-weather="pressure"]'),
    };
  }

  initializeComponents() {
    this.ui = new WeatherUI(this.$elements);
  }

  displayWeather(weather) {
    this.ui.updateWeather(weather, this.stateManager.unit);
    this.ui.updateLocalTime(weather.dt, weather.timezone);
  }
```

```
  updateWeatherState(weather, cacheKey = '') {
    this.stateManager.updateWeatherState(weather, cacheKey);
    this.displayWeather(weather);
    this.$elements.searchInput.value = '';
  }
}

window.addEventListener('load', () => new WeatherApp());
```

weatherCore에서 가져온 WeatherStateManager 클래스를 new 키워드를 붙여 this.stateManager 인스턴스에 담고, WeatherApp 클래스의 다른 메서드에서 stateManager에 접근할 수 있도록 constructor에서 this로 할당합니다. 이후, init 메서드를 실행해 앱 시작 시에 필요한 메서드를 작성합니다. 이는 역할을 단순화하고, 초기화 과정을 더 명확하게 하며 관심사의 분리를 달성할 수 있습니다.

initializeComponents 메서드에는 new WeatherUI(this.$elements)를 생성자로 초기화합니다. constructor가 아닌 initializeComponents 메서드 내에 있는 이유는 의존성 순서 때문입니다. this.$elements는 cacheElements 메서드에 재할당합니다. 따라서 cacheElements 메서드를 먼저 호출하고 initializeComponents 메서드를 호출해 의존성 순서를 보장할 수 있습니다.

this.$elements 객체에는 각 HTML 요소의 data-* 속성 또는 클래스 선택자를 활용해 get$ 유틸 함수로 요소를 선택해 각 속성값에 할당합니다.

displayWeather 메서드는 날씨 데이터를 인자로 받아 this.ui에 할당한 WeatherUI 내의 updateWeather 메서드를 사용해 날씨 정보를 업데이트하고, updateLocalTime 메서드를 활용해 한국 기준 시간을 노출합니다.

updateWeatherState 메서드를 통해 캐싱 처리와 상태 관리를 하고 바로 위의 displayWeather 메서드를 호출한 후에 this.$elements 객체의 searchInput 요소의 value 속성값을 초기화합니다.

마지막으로 WeatherApp 클래스 외부에서 window.addEventListener를 사용해 페이지 로드 시 new WeatherApp 인스턴스를 생성합니다.

왜 initializeComponents 메서드에서 new WeatherUI를 생성하나요?

[코드] public / js / chapter_10 / 01_weather.js

```javascript
(...)
constructor() {
  this.stateManager = new WeatherStateManager();
  this.$elements = {
    switchTemp: get$('.type_temperature'),
    errorElement: get$('.msg_error'),
    loadingElement: get$('.msg_loading'),
    searchForm: get$('.form_search'),
    searchInput: get$('.input_search'),
    cityList: get$('.city_list'),
    videoContainer: get$('.video_background'),
    condition: get$('[data-weather="type"]'),
    temp: get$('[data-weather="temperature"]'),
    city: get$('[data-weather="city"]'),
    localTime: get$('[data-weather="time"]'),
    weatherIcon: get$('[data-weather="icon"]'),
    tempMax: get$('[data-weather="max"]'),
    tempMin: get$('[data-weather="min"]'),
    feelsLike: get$('[data-weather="feel"]'),
    wind: get$('[data-weather="wind"]'),
    humidity: get$('[data-weather="humidity"]'),
    pressure: get$('[data-weather="pressure"]'),
  };
  this.ui = new WeatherUI(this.$elements);
  this.init();
}
(...)
```

코드 예제처럼 WeatherUI를 constructor에서 생성할 수도 있는데 따로 분리해서 생성하는 이유가 궁금할 수 있습니다.

constructor에서 한 번에 선언할 수도 있겠지만 constructor가 복잡해지고 초기화가 한 번에 이루어지면 유연성, 책임 분리 및 재사용성이 감소하기 때문에 따로 분리해 작성합니다.

[코드 10-32] public / js / chapter_10 / 01_weather.js

```javascript
(...)
class WeatherApp {
  (...)
  init () {
    (...)
    this.initializeWeather();
  }
  (...)
  async getWeatherByCoords(lat, lon) {
    try {
      const weather = await WeatherAPI.fetchWeatherData({ lat, lon }, this.stateManager.unit);
      this.updateWeatherState(weather);
    } catch (error) {
      this.ui.displayError(error.message);
    }
  }

  async getWeatherInfo(query) {
    const cacheKey = this.stateManager.getCacheKey(query);

    if (this.stateManager.isCachedDataValid(cacheKey)) {
      this.displayWeather(this.stateManager.getCachedWeatherData());
      return;
    }

    try {
      const weather = await WeatherAPI.fetchWeatherData(query, this.stateManager.unit);
      this.updateWeatherState(weather, cacheKey);
    } catch (error) {
      this.ui.displayError(error.message);
    }
  }

  async initializeWeather() {
    try {
      this.ui.showLoadingMessage('현재 위치를 받아오는 중...');
      const { lat, lon } = await LocationManager.getCurrentLocation();
      await this.getWeatherByCoords(lat, lon);
    } catch (error) {
      console.warn('위치 받아오기 실패 Error:', error);
      await this.getWeatherInfo('Seoul');
    } finally {
      this.ui.hideLoadingMessage();
```

```
      }
    }
  }
}

window.addEventListener('load', () => new WeatherApp());
```

WeatherApp 클래스 내부에 getWeatherByCoords 및 getWeatherInfo 메서드를 작성해 initializeWeather 메서드에서 사용하고, init 메서드 내에서도 호출해 최초 한 번 호출되도록 합니다.

initializeWeather에서 로딩 메시지로 "현재 위치를 받아오는 중"이라는 문구를 보여주고 LocationManager 클래스의 static 메서드인 getCurrentLocation 메서드를 호출해 현재 위치의 위도(lat)와 경도(lon)를 결과로 받아와 getWeatherByCoords 메서드를 호출하는데 WeatherAPI의 fetchWeatherData 메서드를 활용해 OpenWeatherMap API를 호출하고 호출 결과를 updateWeatherState 메서드를 사용해 UI를 업데이트합니다.

만약, 현재 위치를 받아오는 것을 실패하면 getWeatherInfo 메서드를 호출하는데 Seoul을 기본 값으로 포함시켜 쿼리 스트링으로 Seoul을 기준으로 API를 호출하고 똑같이 UI를 업데이트합니다. 캐시 키를 확인해 이미 캐시된 데이터가 있다면, displayWeather 메서드를 호출해서 캐싱된 데이터로 바로 UI를 업데이트합니다.

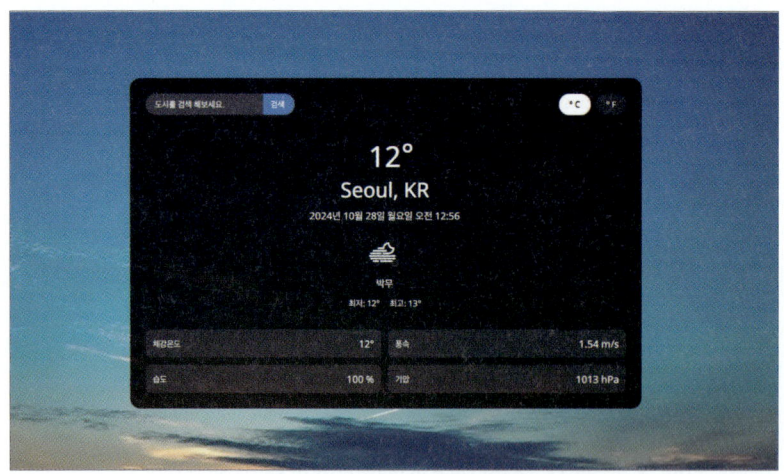

[그림 10-15] 현재 위치를 기준으로 날씨를 받아온 결과

LocationManager 클래스에서 TIMEOUT.LOCATION_TIMEOUT 값에 의해 최대 10초를 기다리므로 10초 이후에는 서울 기준의 날씨라도 노출되어야 합니다.

10-7 날씨 단위 변경하기

API를 호출해서 날씨를 가져오는 부분까지 했으니, 이번에는 우측 상단의 날씨의 측정 단위를 변경하는 기능을 구현해 보겠습니다.

해당 단위로 새롭게 API를 호출해서 가져올 수도 있겠지만, 불필요한 API를 호출하는 대신 직접 계산해서 변경하겠습니다.

[코드 10-33] public / js / chapter_10 / 01_weather.js

```
(...)
import { EventHandler } from './modules/event.js';
(...)
class WeatherApp {
  (...)
  init() {
    (...)
    this.bindEvents();
  }
  (...)
  initializeComponents() {
    this.ui = new WeatherUI(this.$elements);
    this.eventHandler = new EventHandler(this);
  }
  (...)
  bindEvents() {
    this.$elements.switchTemp.addEventListener('click', this.eventHandler.toggleTemperature.bind(this.eventHandler));
  }
}

window.addEventListener('load', () => new WeatherApp());
```

init 메서드에서 bindEvents 메서드를 초기화하고, initializeComponents에서 EventHandler 라는 클래스를 받아와서 this.eventHandler로 인스턴스화합니다.

bindEvents 메서드에서 this.$elements.switchTemp(.type_temperature) 요소에 addEventListener 메서드를 사용해 click 이벤트를 등록하고 콜백 함수로 eventHandler 객체의 toggleTemperature 메서드를 bind 메서드를 사용해 this를 명시적으로 해당 객체의 this로 지정해줍니다.

 bind? apply?

bind는 새로운 함수를 생성하며, 이 함수의 this는 bind의 첫 번째 인자로 고정됩니다. 나머지 추가 인자는 바인딩된 함수의 인자로 전달됩니다.
apply는 함수를 즉시 호출하며, 첫 번째 인자는 this로 사용될 값이고, 두 번째 인자는 함수에 전달될 인자들의 배열입니다.
앞의 예제에서 이벤트 핸들러가 호출될 때, this는 기본적으로 이벤트가 발생한 요소를 가리키는데 bind를 사용함으로써 this를 eventHandler 객체로 고정할 수 있습니다.

[코드 10-34] public / js / chapter_10 / modules / event.js

```javascript
import { Temperature } from './weatherCore.js';

export class EventHandler {
  constructor(app) {
    this.app = app;
  }

  toggleTemperature(event) {
    const $clickedElement = event.target.closest('li');
    if (!$clickedElement) return;

    const newUnit = $clickedElement.dataset.type;
    if (newUnit === this.app.stateManager.unit) return;

    $clickedElement.parentElement.querySelectorAll('li').forEach((li) => {
      li.classList.toggle('active', li.dataset.type === newUnit);
    });

    this.app.ui.updateTemperatures(newUnit);
    this.app.stateManager.unit = newUnit;
```

```
      const cachedData = this.app.stateManager.getCachedWeatherData();
      if (cachedData) {
        const convertedData = Temperature.convertTemperatures(cachedData, newUnit);
        this.app.displayWeather(convertedData);
      } else {
        const city = this.app.$elements.city.textContent.split(',')[0];
        if (city) this.app.getWeatherInfo(city);
      }
    }
  }
}
```

modules 폴더에 event.js라는 새로운 파일을 작성해 날씨 애플리케이션에 사용되는 다양한 이벤트를 작성해 보겠습니다.

EventHandler라는 클래스를 만들고 constructor로 01_weather.js 파일의 initializeComponents 메서드 내의 this.eventHandler = new EventHandler(this); 호출 구문에서 this를 인수로 전달하고 인자로 받아 해당 인스턴스를 다시 this.app으로 할당합니다.

toggleTemperature 메서드를 작성하는데, $clickedElement 변수로 현재 클릭한 <li> 태그에 대해 검증하고, 현재 클릭한 단위가 현재 stateManager에서 관리하고 있는 단위와 같은 단위인지 비교하고 같으면 바로 반환하여 early return 처리합니다.

클릭한 요소의 부모 요소(parentElement)로 접근해서 자식 요소들의 전체 <li> 태그를 순회하며 classList.toggle 메서드를 활용해 현재 선택한 단위에 대해 active 클래스를 부여하고, 다른 단위를 가진 클래스들에 대해서는 active 클래스를 제거합니다.

this.app.ui.updateTemperatures(newUnit)로 새로운 단위를 가지고 기온을 업데이트하고, this.app.stateManager.unit = newUnit로 새로운 단위로 애플리케이션의 상태를 변경합니다.

cachedData 변수로 현재 캐시된 날씨 데이터가 있는지 확인하고 있다면 해당 캐시 데이터를 사용해서 Temperature.convertTemperatures static 메서드를 호출하고, displayWeather 메서드를 호출해 애플리케이션 각각의 단위의 UI를 업데이트해 주고 캐시된 데이터가 없다면 현재 도시를 기준으로 getWeatherInfo 메서드를 호출해 API 호출을 새로운 데이터를 기준으로 UI를 업데이트합니다.

[코드 10-35] public / js / chapter_10 / modules / weatherCore.js

```javascript
(...)
export class Temperature {
  static celsiusToFahrenheit(celsius) {
    return (celsius * 9) / 5 + 32;
  }

  static fahrenheitToCelsius(fahrenheit) {
    return ((fahrenheit - 32) * 5) / 9;
  }

  static msToMph(ms) {
    return ms * 2.23694;
  }

  static mphToMs(mph) {
    return mph / 2.23694;
  }

  static convertTemperatures(weatherData, toUnit) {
    const main = weatherData.main;
    const windSpeed = weatherData.wind.speed;
    const converter = toUnit === UNITS.METRIC ? this.fahrenheitToCelsius : this.celsiusToFahrenheit;
    const temperatureKeys = ['temp', 'feels_like', 'temp_min', 'temp_max'];

    temperatureKeys.forEach((key) => {
      console.log(main[key]);
      main[key] = Number(converter(main[key]).toFixed(1));
    });

    weatherData.wind.speed = toUnit === UNITS.METRIC ? Number(this.mphToMs(windSpeed)).toFixed(2) : Number(this.msToMph(windSpeed)).toFixed(2);

    return weatherData;
  }
}
(...)
```

마지막으로, weatherCore.js 파일에 숫자로 계산 가능한 부분들에 대한 작업을 해보도록 하겠습니다.

Temperature 클래스를 만들고 static 메서드로 celsiusToFahrenheit, fahrenheitToCelsius, msToMph, mphToMs, convertTemperatures를 각각 만들어 인스턴스를 만들지 않고도 호출할 수 있는 메서드를 작성하도록 하겠습니다. 각각의 단위 계산식은 섭씨를 화씨로(celsiusToFahrenheit), 화씨를 섭씨로 변환(fahrenheitToCelsius)하는 공식, 초속(m/s)을 시속(mph)으로 변환(msToMph)하거나 반대의 경우(mphToMs)를 계산하는 공식입니다. convertTemperatures 메서드를 작성하는데 인자로 weatherData를 가져와서 main 객체에 있는 각각의 온도 단위를 변경하고 wind 객체의 speed 속성값을 변경해 weatherData를 다시 반환합니다.

> **메서드 작성 시 static이 적절한지 아닌지 판단하는 기준?**
>
> **static 메서드**는 주로 상태를 가지지 않는 유틸리티 함수로 사용하거나 테스트의 용이성, 확장할 필요가 없고 객체를 생성할 필요가 없는 경우에 사용합니다.
>
> 객체의 상태나 동작을 다루는 경우에는 일반적으로 인스턴스 메서드를 사용하는 것이 더 적절합니다. 여기에서 convertTemperatures 메서드의 경우 추후 확장성을 고려하고 각 인스턴스마다 단위(UNIT)가 고정적으로 다를 수 있다면 static 메서드가 아닌 인스턴스 메서드로 작성하는 것이 더 적절할 수 있습니다.

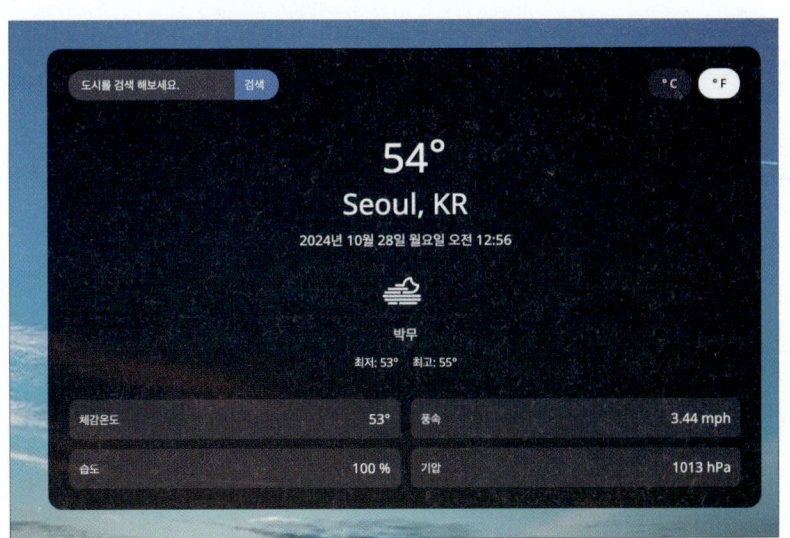

[그림 10-16] 애플리케이션 우측 상단의 날씨 단위를 변경했을 때 변경된 온도 정보들과 풍속 결과

그림 10-16과 같이 우측 상단의 단위 변경 버튼을 누르면 API를 따로 호출하지 않고도 온도, 최저, 최고 온도, 체감온도, 풍속이 변경된 결과를 볼 수 있습니다.

10장 외부 API를 활용한 날씨 애플리케이션 **651**

10-8 날씨에 따른 비디오 전환 효과 만들기

이제, 각각의 날씨에 맞는 영상을 변경해 조금 더 극적인 효과를 주는 인터랙티브한 웹을 만들어 보겠습니다.

먼저, 비디오 영상 리소스의 이름은 미리 정의해뒀던 WEATHER_RANGES와 동일한 형식으로 작성되어야 합니다. (public/video 경로 참고, weather_atmosphere.mp4, weather_clear.mp4, weather_cloud.mp4...)

[코드 10-36] public / js / chapter_10 / 01_weather.js

```javascript
import { WeatherAPI, WeatherStateManager, LocationManager, WeatherClassifier } from './modules/weatherCore.js';
(...)
import { VideoBackground } from './modules/videoBackground.js';
import { WEATHER_RANGES } from './modules/config.js';

class WeatherApp {
  constructor() {
    this.weatherClassifier = new WeatherClassifier(WEATHER_RANGES);
    (...)
  }
  (...)
  initializeComponents() {
    (...)
    this.videoBackground = new VideoBackground(this.$elements.videoContainer);
  }

  displayWeather(weather) {
    (...)
    this.updateBackground(weather.weather[0].id);
  }
  (...)
  updateBackground(weatherId) {
```

```
    const weatherClass = this.weatherClassifier.getWeatherClass(weatherId);
    document.body.className = weatherClass;
    this.videoBackground.changeBackground(weatherClass);
  }
}

window.addEventListener('load', () => new WeatherApp());
```

새로운 modules / videoBackground.js 파일을 만들어 클래스를 파일에 미리 작성했던 config.js의 WEATHER_RANGES를 사용합니다.

OpenWeatherMap API에서 제공하는 날씨의 범위인데, 이 범위를 사용해 날씨를 특정화하고 비디오를 백그라운드로 사용하기 위해 WeatherClassifier 클래스를 인스턴스화하고 this.weatherClassifier로 할당합니다. this.videoBackground 인스턴스에 VideoBackground 클래스를 초기화하고, this.$elements.videoContainer로 비디오를 재생하기 위한 영역을 인수로 넘깁니다. displayWeather 메서드를 호출할 때 updateBackground 메서드를 호출해서 해당 날씨의 영상을 업데이트하는데 OpenWeatherMap API의 weatherId를 활용해서 업데이트합니다. this.weatherClassifier 인스턴스의 getWeatherClass 메서드를 사용해 클래스를 정의하고 changeBackground 메서드를 호출해 영상을 교체합니다.

[코드 10-37] public / js / chapter_10 / modules / weatherCore.js

```
(...)
export class WeatherClassifier {
  constructor(weatherRanges) {
    this.weatherRanges = weatherRanges;
  }

  getWeatherClass(weatherId) {
    const range = this.weatherRanges.find((range) => weatherId >= range.min && weatherId <= range.max);
    return range ? range.class : 'unknown';
  }
}
(...)
```

WeatherClassifier 클래스의 weatherRanges를 인스턴스화하고 해당 범위 내에 있는지 find 메서드를 통해 WEATHER_RANGES 배열에서 min, max 속성의 범위 안에 있는 값을 찾아내고 반환합니다.

[코드 10-38] public / js / chapter_10 / modules / videoBackground.js

```js
import { TIMEOUT } from './config.js';

export class VideoBackground {
  constructor($containerElement) {
    this.$container = $containerElement;
    this.currentVideo = null;
    this.videoSources = new Map();
  }
}
```

videoBackground.js 파일을 생성해 영상을 변경하고 관리하는 기능을 만들어 보겠습니다.

constructor를 만들어 videoContainer 요소를 인자로 받아 $container 인스턴스로 할당하고, currentVideo를 null로 초기화, videoSources를 new Map()으로 초기화합니다.

new Map()?

Map은 JavaScript의 내장 객체로, 키-값 쌍을 저장하는 데 사용되고 new Map()을 사용하여 새로운 Map 객체를 생성하고 사용할 수 있습니다. 객체를 포함한 모든 타입을 키로 사용할 수 있는 장점이 있고 삽입된 순서를 보장해주는 장점도 있습니다.

또, 크기를 확인할 수 있는 속성을 제공하고, 빈번하게 추가되고 제거되어야 하는 작업에서는 일반 객체보다 성능이 더 좋고, new Map()으로 쉽게 얕은 복사를 할 수도 있습니다.

[코드] new Map() 사용 예제

```js
const myMap = new Map();

// 추가
myMap.set('key1', 'value1');

// 가져오기
console.log(myMap.get('key1')); // 'value1'

// 크기 확인
console.log(myMap.size); // 1

// 키 존재 여부 확인
console.log(myMap.has('key1')); // true
```

```js
// 키로 순회
for (let key of myMap.keys()) {
  console.log(key); // key1
}

// 삭제
myMap.delete('key1');

// 전체 삭제
myMap.clear();

// 원본 Map 생성
const newMap = new Map([
  ['name', 'yeongmin'],
  ['age', 38],
]);

// 얕은 복사 수행
const shallowCopy = new Map(newMap);

// 복사본 수정
shallowCopy.set('name', 'irang');

// 결과 비교
console.log('newMap name:', newMap.get('name')); // yeongmin
console.log('shallowCopy name:', shallowCopy.get('name')); // irang
```

[코드 10-39] public / js / chapter_10 / modules / videoBackground.js

```js
(...)
export class VideoBackground {
(...)
 preloadVideo(videoSrc) {
   return new Promise((resolve, reject) => {
     const $video = document.createElement('video');
     $video.preload = 'metadata';

     const onLoadedMetadata = () => {
       this.cleanupVideoListeners($video, timeoutId, resolve);
     };
```

```javascript
    const onError = () => {
      this.cleanupVideoListeners($video, timeoutId, () => reject(new Error(`비디오 preload 실패: ${videoSrc}`)));
    };

    $video.addEventListener('loadedmetadata', onLoadedMetadata);
    $video.addEventListener('error', onError);

    const timeoutId = setTimeout(() => {
      this.cleanupVideoListeners($video, timeoutId, () => reject(new Error(`비디오 preload 시간 초과: ${videoSrc}`)));
    }, TIMEOUT.VIDEO_PRELOAD_TIMEOUT);

    $video.src = videoSrc;
  });
}
cleanupVideoListeners($video, timeoutId, callback) {
  $video.removeEventListener('loadedmetadata', this.cleanupVideoListeners);
  $video.removeEventListener('error', this.cleanupVideoListeners);
  clearTimeout(timeoutId);
  callback();
}
}
```

비디오 로드는 시간이 소요되므로 preloadVideo 메서드를 통해 미리 로드(preload)하는 작업이 필요할 수 있습니다. 이 메서드는 videoSrc 경로를 인자로 받아 video 요소를 생성하고, preload 속성을 "metadata"로 설정하여 메타데이터만 미리 로드하도록 합니다. 이 과정은 Promise 객체로 감싸 반환합니다.

메타데이터만 로드하면 전체 미디어 파일을 모두 불러오지 않고, 비디오의 기본 정보를 로드하므로 초기 페이지 로드 시간을 단축해 사용자 경험을 향상시킬 수 있습니다. 메타데이터가 로드되면 loadedmetadata 이벤트를 활용할 수 있습니다.

오류 발생 시 onLoadedMetadata와 onError 함수를 사용해 이벤트 처리하고, removeEventListener를 통해 기존 이벤트를 제거할 수 있도록 cleanupVideoListeners를 활용합니다.

loadedmetadata가 정상적으로 로드되면 Promise의 resolve로 반환하고, 오류 발생 시에는 reject로 에러 메시지와 함께 반환합니다. 비디오 로드가 지연될 경우를 대비해 timeoutId와 VIDEO_PRELOAD_TIMEOUT(10초)을 설정하여, 해당 시간이 경과해도 로드가 완료되지 않으면 로드 실패 메시지를 담아 reject를 반환합니다.

마지막으로, $video 요소의 src 속성에 videoSrc 경로를 할당해 비디오를 로드합니다.

이벤트 초기화 작업은 cleanVideoListeners 메서드에서 수행하며, 콜백 함수로 resolve 또는 reject를 반환해 비디오 로드 상태를 변환합니다.

[코드 10-40] public / js / chapter_10 / modules / videoBackground.js

```js
(...)
export class VideoBackground {
  (...)
  createVideoElement(src, weatherClass) {
    const $video = document.createElement('video');
    $video.src = src;
    $video.muted = true;
    $video.autoplay = true;
    $video.loop = true;
    $video.playsInline = true;
    $video.dataset.weatherClass = weatherClass;
    return $video;
  }

  buildVideoSrc(weatherClass) {
    return `../public/video/weather_${weatherClass}.mp4`;
  }

  async getVideoSource(weatherClass) {
    if (!this.videoSources.has(weatherClass)) {
      const videoSrc = this.buildVideoSrc(weatherClass);
      await this.preloadVideo(videoSrc);
      this.videoSources.set(weatherClass, videoSrc);
    }
    return this.videoSources.get(weatherClass);
  }
}
```

다음으로, createVideoElement 메서드를 작성해 새로운 영상을 변경할 때 video 요소를 만들어 src 속성을 할당합니다. 이때 muted(음소거) 속성, autoplay(자동 재생) 속성, loop(반복 재생) 속성, playsInline(화면 확대 없이 그대로 재생) 속성 등을 세팅하고 data attribute에 weatherClass를 할당한 뒤 반환합니다.

buildVideoSrc 메서드는 바로 아래의 getVideoSource 메서드에서 가져다 쓸 수 있도록, 실제 파일의 mp4 경로를 반환합니다.

getVideoSource는 비동기로 weatherClass 인자를 받아옵니다. 처음에 인스턴스를 생성할 때 new Map으로 초기화했던 videoSources에 weatherClass가 있는지 확인하고 없다면 해당 비디오 경로를 preloadVideo 메서드를 호출해 미리 로드하고 해당 경로를 videoSources Map 객체에 저장합니다. 이렇게 하면 다시 미리 로드하지 않고 캐싱 처리를 할 수 있습니다.

[코드 10-41] public / js / chapter_10 / modules / videoBackground.js

```
(...)
export class VideoBackground {
 (...)
 async switchToNewVideo(src, weatherClass) {
   const newVideo = this.createVideoElement(src, weatherClass);

   try {
     this.$container.appendChild(newVideo);
     await newVideo.play();

     if (this.currentVideo) {
       this.currentVideo.remove();
     }

     this.currentVideo = newVideo;
   } catch (error) {
     console.error('비디오 전환 실패:', error.message);
     newVideo.remove();
   }
 }

 async changeBackground(weatherClass) {
   if (this.currentVideo?.dataset.weatherClass === weatherClass) return;

   try {
     const videoSrc = await this.getVideoSource(weatherClass);
     await this.switchToNewVideo(videoSrc, weatherClass);
   } catch (error) {
     console.error('비디오 전환 실패:', error.message);
   }
 }
}
```

switchToNewVideo 메서드를 호출하면, video 요소를 만들어 $container에 appendChild로 미리 삽입하고 재생합니다.

만약, currentVideo(현재 재생 중인 비디오)가 있다면 해당 video를 그 때 remove() 메서드로 제거합니다. 그리고 currentVideo에는 재생시킨 newVideo(새로운 비디오)를 할당하는데, 이 부분이 실패하게 되면 newVideo를 remove로 제거합니다. changeBackground 메서드를 작성하는데 현재 비디오와 동일하다면 비디오를 변경하지 않고 기존 비디오를 그대로 재생하고, 변경되어야 한다면 getVideoSource 메서드를 통해 기존 경로가 있다면 해당 경로로 재생하고, 기존 경로가 없으면 새로운 경로를 받아와 재생합니다.

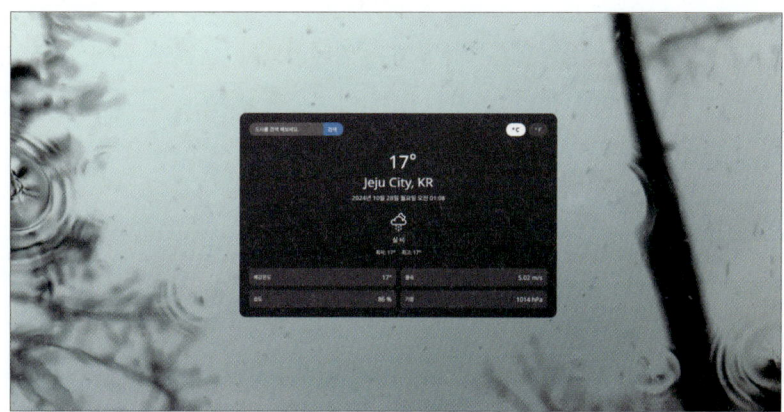

[그림 10-17] 날씨에 따라서 비디오를 다르게 보여주는 기능 결과

현재 위치가 로드되면서 현재 날씨에 따라 비디오가 다양하게 재생되는 것을 확인할 수 있나요?

10-9 날씨 검색 기능 만들기

날씨 정보를 확인할 수 있는 애플리케이션은 완성되었지만, 여기에 다른 기능을 더 추가해 보겠습니다.

각 도시들을 검색을 하면 배경 영상과 날씨 정보를 업데이트하는 날씨 검색 기능을 구현하고 국내 주요 도시들은 검색 리스트로 만들어 한글을 입력 시 자동 완성 검색 기능이 작동하도록 만들어 보겠습니다.

[코드 10-42] public / js / chapter_10 / 01_weather.js

```js
(...)
import { CityList } from './modules/cityList.js';
import { CITIES, WEATHER_RANGES } from './modules/config.js';

class WeatherApp {
 (...)
 initializeComponents() {
   (...)
   this.cityList = new CityList(CITIES, this.$elements.cityList);
   this.cityList.render();
 }
 (...)
 bindEvents() {
   (...)
   this.$elements.searchInput.addEventListener('input', this.eventHandler.handleSearchInput.bind(this.eventHandler));
   this.$elements.searchInput.addEventListener('focus', this.eventHandler.handleSearchInput.bind(this.eventHandler));
   this.$elements.searchInput.addEventListener('keydown', this.eventHandler.handleKeyDown.bind(this.eventHandler));
   document.addEventListener('click', this.eventHandler.handleOutsideClick.bind(this.eventHandler));
   this.$elements.cityList.addEventListener('click', this.eventHandler.handleCitySelect.bind(this.eventHandler));
```

```
      this.$elements.searchForm.addEventListener('submit', this.eventHandler.handleSearch.bind(this.
    eventHandler));
    }
  }
```

CityList 클래스를 만들어 가져오기 해서 WeatherApp의 인스턴스로 초기화하는데 인수로 처음 만들었던 config.js에서의 CITIES를 넘겨주고, 두 번째 인수로는 렌더링될 요소인 cityList를 넘깁니다. 그리고 해당 인스턴스의 메서드인 render 메서드를 통해 바로 초기화하여 검색 리스트를 화면에 그려주도록 합니다. bindEvents 메서드에는 우측 상단의 단위 변경에 대한 기능만 선언되어 있었지만, 이번에는 다양한 기능들을 활용하므로 submit, input, focus, keydown, click 이벤트 등을 활용해서 등록하겠습니다. submit은 form 요소의 submit을 감지하기 위해 이벤트 등록을 하고, searchInput에 대해서는 input, focus, keydown 이벤트, cityList의 각 도시를 클릭했을 때 결과를 위한 click 이벤트를 각각 등록합니다. 마지막으로 document 영역인 cityList 바깥 영역을 클릭했을 때 cityList를 비노출로 만들기 위한 click 이벤트도 등록합니다.

[코드 10-43] public / js / chapter_10 / modules / cityList.js

```
export class CityList {
  constructor(cities, $listElement) {
    this.cities = cities;
    this.$listElement = $listElement;
    this.filteredCities = [];
    this.selectedIndex = -1;
    this.isVisible = false;
  }
}
```

우선, cityList.js 파일을 생성해 CityList 클래스를 만들고 넘겨받은 인자 cities는 CityList 클래스의 인스턴스로 초기화합니다. 이 cities 목록은 지정된 도시 id, 한글 도시 이름, 영문 도시 이름으로 구성되어 있습니다. 이를 활용하여 검색 리스트 및 자동 완성할 때 사용하도록 하겠습니다. 검색할 때 한글과 매칭되는 리스트를 보여주도록 하는 filteredCities 배열을 인스턴스화하고, selectedIndex를 -1로 초기화해서 검색 리스트에서 도시를 키보드로 탐색할 수 있도록 합니다. isVisible 인스턴스는 현재 검색 리스트의 노출, 비노출을 관리하기 위해 선언합니다.

[코드 10-44] public / js / chapter_10 / modules / cityList.js

```js
export class CityList {
  (...)
  show() {
    this.$listElement.style.display = 'block';
    this.isVisible = true;
    return this;
  }

  hide() {
    this.$listElement.style.display = 'none';
    this.isVisible = false;
    this.filteredCities = [];
    this.selectedIndex = -1;
    return this;
  }
}
```

show 메서드는 도시 리스트 요소의 style.display를 block으로 설정하여 화면에 노출되도록 하고, isVisible 인스턴스를 true로 변경한 뒤 this를 반환합니다.

hide 메서드는 display를 none으로 처리하고, isVisible의 상태도 false, 그리고 필터된 리스트가 있다면 초기화, 키보드의 위치도 초기화한 뒤 this를 반환합니다.

 왜 return this를 하는 것인가?

show()와 hide() 메서드에서 this를 반환하는 이유는 메서드 체이닝(Method Chaining)을 사용하기 위함인데, 이는 객체지향에서 자주 사용되는 패턴으로 연속적인 메서드를 호출할 때 사용함으로써 코드의 간결성과 가독성을 향상시킬 수 있습니다.

[코드] 메서드 체이닝 사용 예제

```js
// 예시
cityList.show().filter('New').render();
```

[코드 10-45] public / js / chapter_10 / modules / cityList.js

```js
export class CityList {
  (...)
  render() {
    const citiesToRender = this.filteredCities.length > 0 ? this.filteredCities : this.cities;
    const fragment = document.createDocumentFragment();

    citiesToRender.forEach((city, index) => {
      const $li = document.createElement('li');
      $li.dataset.id = city.id;
      $li.textContent = `${city.name} (${city.englishName})`;
      if (index === this.selectedIndex) $li.classList.add('selected');
      fragment.appendChild($li);
    });

    this.$listElement.innerHTML = '';
    this.$listElement.appendChild(fragment);
    return this;
  }
}
```

render 메서드를 작성해 citiesToRender 변수에 현재 필터링된 도시가 있다면 해당 도시 리스트를 할당하고 필터링된 리스트가 없다면 전체 도시 리스트를 할당합니다.

createDocumentFragment라는 아주 작은 DOM 객체를 사용해 렌더링할 배열을 forEach로 순회하며 각 도시들을 〈li〉 태그로 생성하고 data 속성에 id, 한글 도시 이름과 영어 도시 이름을 둘 다 검색될 수 있도록 textContent 속성에 작성합니다. 현재 선택된 도시에는 selected라는 클래스를 부여하고 CSS의 스타일이 적용해 현재 활성화된 도시를 눈으로 확인할 수 있도록 합니다.

fragment 변수에 모든 렌더링될 리스트를 appendChild 메서드로 삽입하고, 실제로 렌더링될 $listElement에 appendChild를 한 번 더 삽입합니다.

[코드 10-46] public / js / chapter_10 / modules / cityList.js

```js
export class CityList {
  (...)
  updateSelectedIndex(direction) {
    if (!this.isVisible) {
      this.show().render();
    }

    const citiesToUse = this.filteredCities.length > 0 ? this.filteredCities : this.cities;
    const length = citiesToUse.length;
    if (length === 0) return this;
    let newIndex = this.selectedIndex + direction;

    if (newIndex < 0) {
      newIndex = length - 1;
    } else if (newIndex >= length) {
      newIndex = 0;
    }

    this.selectedIndex = newIndex;
    this.render();

    const selectedCity = this.$listElement.querySelector('.selected');
    if (selectedCity) {
      selectedCity.scrollIntoView({ block: 'nearest' });
    }
    return this;
  }
}
```

updateSelectedIndex 메서드는 direction(방향)을 인자로 받아 현재 isVisible 상태가 아니면 this.show().render()로 메서드 체이닝을 사용해 show 메서드로 노출하고, render 메서드를 이어 실행합니다.

citiesToUse 변수에는 현재 보여줄 도시 리스트를 할당하고, 도시 리스트가 없다면 반환하고, 도시 리스트가 있으면 newIndex(새로운 인덱스)를 방향만큼 더해 newIndex가 0보다 작으면 제일 아래쪽인 length −1로 이동시키고, 반대로 전체 도시 길이보다 newIndex가 커지면 다시 제일 위인 0으로 선택되도록 합니다.

만약 선택된 도시가 있다면 그 도시를 키보드로 탐색할 때 가장 가까운 커서로 스크롤하여 이동할 수 있도록 scrollIntoView 메서드를 활용해 block 옵션을 nearest(가장 가까운)으로 선언해 스크롤이 키보드의 움직임을 따라다니도록 합니다.

[코드 10-47] public / js / chapter_10 / modules / cityList.js

```js
export class CityList {
  (...)
  getSelectedCity() {
    const cities = this.$listElement.children;
    return cities[this.selectedIndex] || null;
  }

  findCityByName(name) {
    return this.cities.find((city) => city.name.toLowerCase() === name.toLowerCase() || city.englishName.toLowerCase() === name.toLowerCase()) || null;
  }

  filterCities(searchTerm) {
    this.filteredCities = this.cities.filter((city) => city.name.toLowerCase().includes(searchTerm.toLowerCase()) || city.englishName.toLowerCase().includes(searchTerm.toLowerCase()));
    this.selectedIndex = -1;
    return this.render();
  }
}
```

getSelectedCity 메서드에서는 도시 리스트들 중 현재 선택된 도시 객체를 selectedIndex를 활용해 반환합니다.

findCityByName 메서드는 도시 이름을 인자로 받아 해당 도시 이름을 toLowerCase 메서드를 사용해 소문자로 변환하고, 인자로 받은 한글 도시 이름이나 영문 도시 이름과 같은지 여부를 true/false로 반환합니다. filterCities 메서드는 검색어를 인자로 받았을 때 현재 보여줄 도시 목록을 결정하는데 한글이나 영문 도시 이름과 일치하는 것이 아닌 검색어 중 일부라도 포함되어 있다면 해당 도시 리스트를 반환해 주고 selectedIndex −1로 키보드 위치를 초기화한 다음 this.render()를 반환해서 검색어에 따른 도시 목록을 노출시킵니다.

이제 WeatherApp 클래스의 bindEvents에 선언한 이벤트들이 동작하도록 해보겠습니다.

[코드 10-48] public / js / chapter_10 / modules / event.js

```javascript
import { Temperature } from './weatherCore.js';

export class EventHandler {
  constructor(app) {
    this.app = app;
  }

  handleSearchInput(event) {
    const searchTerm = event.target.value.toLowerCase();
    this.app.cityList.filterCities(searchTerm);
    this.app.cityList.show();
  }

  handleOutsideClick(event) {
     if (!this.app.$elements.searchInput.contains(event.target) && !this.app.$elements.cityList.contains(event.target)) {
        this.app.cityList.hide();
     }
  }

  handleKeyDown(event) {
    switch (event.key) {
      case 'ArrowDown':
        event.preventDefault();
        this.app.cityList.updateSelectedIndex(1);
        break;
      case 'ArrowUp':
        event.preventDefault();
        this.app.cityList.updateSelectedIndex(-1);
        break;
      case 'Enter':
        this.handleEnterKey(event);
        break;
      case 'Escape':
        this.app.cityList.hide();
        break;
    }
  }
  (...)
}
```

먼저, input 이벤트와 focus 이벤트와 연결된 handleSearchInput 메서드를 작성하는데, 검색창에 어떤 글자라도 입력되거나 포커싱되었을 때 검색 결과에 맞는 도시 리스트를 노출할 수 있도록 합니다. handleOutsideClick 메서드는 마우스로 검색창을 제외한 바닥 영역을 클릭했을 때 hide 메서드를 사용해 검색 리스트를 비노출합니다. 그리고 각 키보드 이벤트를 keydown 이벤트로 감지해 위[↑], 아래[↓], 엔터[Enter], 취소[Esc] 각각의 기능을 등록해 사용자 경험을 올릴 수 있도록 작성합니다. 아래쪽 방향키를 눌렀을 때는 updateSelectedIndex 메서드의 인수로 1을 넘겨 selectedIndex를 1씩 증가하도록 하고 위쪽 방향키를 눌렀을 때는 반대로 -1씩 감소시키며, 엔터키는 검색을, 취소키는 도시 리스트를 비노출 처리하도록 합니다.

[코드 10-49] public / js / chapter_10 / modules / event.js

```
(...)
export class EventHandler {
  (...)

  handleEnterKey(event) {
    const selectedCity = this.app.cityList.getSelectedCity();
    if (selectedCity) {
      this.handleCitySelect({ target: selectedCity });
      event.preventDefault();
    }
  }

  handleCitySelect(event) {
    const cityId = event.target.dataset.id;
    this.app.getWeatherInfo({ id: cityId });
    this.app.$elements.searchInput.value = event.target.textContent.split(' (')[0];
    this.app.cityList.hide();
  }

  handleSearch(event) {
    event.preventDefault();
    const searchTerm = this.app.$elements.searchInput.value.trim();
    if (searchTerm) {
      const cityInfo = this.app.cityList.findCityByName(searchTerm);
      if (cityInfo) {
        this.app.getWeatherInfo({ id: cityInfo.id });
      } else {
        this.app.getWeatherInfo(searchTerm);
```

```
        }
      }
      this.app.cityList.hide();
    }
    (...)
  }
```

handleEnterKey 메서드는 엔터키로 검색을 하려고 할 때 현재 완성된 검색창의 도시 이름을 기준으로 handleCitySelect 메서드를 호출합니다. 해당 요소의 data 속성의 id를 기준으로 도시 정보를 가져오고 검색 리스트에서 도시 명을 추출해서 split 메서드로 괄호 "(" 뒤의 영문 이름을 제거하고 검색창에 노출되도록 합니다.

handleSearch 메서드는 검색창에서 도시 리스트에 없는 내용을 검색하고 엔터키나 검색 버튼을 클릭해 form을 submit 시켰을 때 event.preventDefault()를 사용해서 기존 form 동작을 막고, 도시 이름을 우선 검색 리스트에서 찾아보고 검색 리스트에 있다면 해당 도시의 id를 기준으로 getWeatherInfo 메서드를 호출해서 검색을 하고 그렇지 않으면 도시 이름을 넘겨서 쿼리 스트링 검색을 합니다.

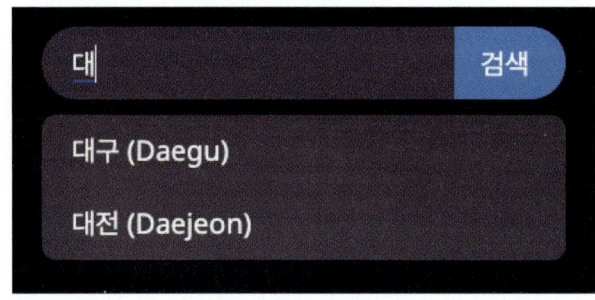

[그림 10-18] 검색 기능을 구현한 결과

키보드의 위아래 방향키를 눌러 리스트에서 특정 도시를 선택하거나 검색어를 입력해 마우스로 검색 버튼을 클릭해 보세요.

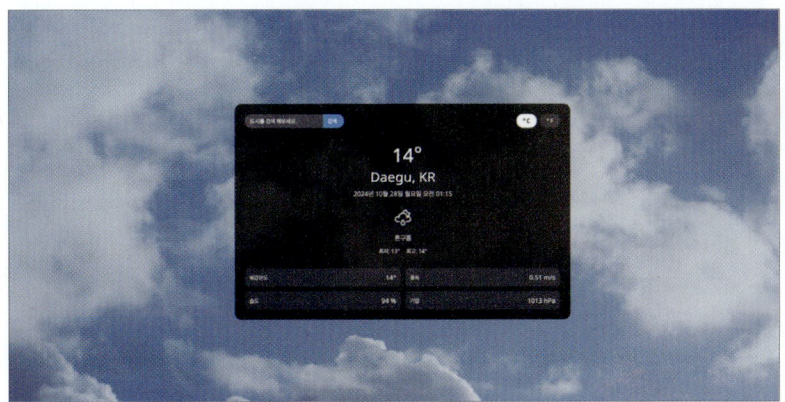

[그림 10-19] 각 도시를 검색해서 영상 및 UI 정보가 업데이트되는 것을 확인할 수 있는 결과

이제, 검색도 되고 날씨에 따라 배경이 변경되는 날씨 애플리케이션이 완성되었나요? OpenWeatherMap API에서 제공하는 다양한 기능을 활용해 더 좋은 애플리케이션으로 만들어 보세요.

 **마무리**

　이번 장에서는 OpenWeatherMap API를 직접 사용하고 데이터를 화면에 표시하는 과정을 학습했습니다.

　REST API의 개념을 이해하고 API 키를 발급받아 사용하는 과정을 통해 외부 서비스와 연동하는 방법을 익혔습니다. 이는 다양한 웹 서비스 개발에 필수적인 기술입니다. 날씨 애플리케이션의 마크업과 스타일링 과정에서는 시맨틱 HTML과 고급 CSS 기능을 활용해 사용자 친화적인 반응형 UI를 구현했습니다.

　JavaScript 클래스 문법을 통해 객체 지향 프로그래밍 원리를 실제 프로젝트에 적용해 코드의 구조화와 재사용성을 높이는 방법을 배웠습니다. 외부 API에서 날씨 정보를 가져와 동적으로 표시하면서 비동기 프로그래밍과 데이터 처리 기술을 실습했습니다. 날씨 단위 변경 및 비디오 전환을 통해 멀티미디어 요소를 캐싱하고 제어하는 방법을 익혔습니다. 또한, 날씨 검색 기능 구현을 통해 사용자 입력 처리, 데이터 필터링, 동적 UI 업데이트 기술을 학습하며 실무적인 스킬을 키웠습니다.

　이 프로젝트에서 배운 내용을 다양한 상황과 프로젝트에 적용해 보세요.

FRONT-END WEB ANIMATION

11장

결과물 보기

스크롤을 따라서 회전하는 도넛(R3F)

웹에 다양한 애니메이션을 적용할 수 있는 기술은 꾸준히 진화해왔습니다. 웹 기술의 발전과 함께, 우리가 매일 접하는 웹사이트들은 단순한 정보 전달을 넘어 풍부한 시각적 경험과 인터랙티브한 요소들을 제공하고 있습니다.

HTML5의 캔버스와 WebGL 기술을 바탕으로 Three.js와 같은 강력한 라이브러리가 등장하여, 웹 브라우저에서 복잡한 3D 그래픽을 구현할 수 있게 되었습니다. Three.js는 웹 개발자들에게 무한한 창의적 가능성을 제공하며 몰입감있는 웹 경험을 만들어줍니다.

이번 장에서는 사용자가 정보를 받아들이는 것을 넘어, 웹사이트와 적극적으로 상호작용하며 몰입감 있는 경험을 할 수 있도록 제공하는 Three.js에 대해 알아보겠습니다.

- **11-1** React와 Three.js
- **11-2** Vite를 사용해 리액트 개발 환경 구성
- **11-3** R3F를 사용해 Three.js 개발 환경 구성
- **11-4** 스크롤에 따라 회전하는 박스 만들기
- **11-5** GSAP 라이브러리 적용
- **11-6** 스크롤에 따라 회전하는 도넛 만들기
- **11-7** 스크롤 도넛 랜딩 페이지 만들기

React와 Three.js

2000년대 초반에는 Adobe Flash가 많이 사용되었습니다. 당시 정적인 웹사이트에 풍부한 애니메이션과 인터랙티브한 요소를 포함할 수 있어 인기가 많았습니다. 하지만 모바일 기기의 발달, 보안 취약점, 검색엔진 최적화(SEO) 문제, 높은 리소스 사용량 등의 단점이 부각되면서 2010년 스티브 잡스가 iOS에서 Flash를 지원하지 않겠다고 선언한 이후, Flash의 쇠퇴가 가속화되었습니다.

이후 HTML5에서 비디오, 오디오, 캔버스 등 멀티미디어 요소를 지원하고, CSS3에서 transform, animation 등의 다양한 속성들을 지원하면서 대부분의 Flash 기능들을 대체할 수 있게 되었습니다.

[그림 11-1] 스크롤을 따라다니는 도넛 프로젝트 결과

이번 장에서는 리액트와 Three.js를 활용하여 스크롤할 때마다 3D 도넛 모델이 화면을 따라 움직이거나 회전하도록 만들어 일반적인 웹 경험을 넘어 인터랙티브한 시각적 효과를 제공해 보겠습니다.

이를 위해 리액트와 Three.js로 미리 생성된 도넛 모델링 파일을 로드하고 GSAP 라이브러리를 사용해 스크롤 이벤트를 감지해 스크롤 위치에 따라 도넛의 위치 및 회전 값으로 움직임을 부여해서 인터랙티브한 웹 페이지를 만들어보겠습니다.

인터랙티브한 3D 창작물을 만들기 전에, 리액트와 Three.js가 무엇이고 어떤 역할을 하는지 알아보도록 합시다. 리액트는 사용자 인터페이스를 구축하기에 효율적인 JavaScript 라이브러리로, 컴포넌트 기반의 구조를 통해 복잡한 UI를 관리하기 쉽게 만들어주며, Three.js는 웹 브라우저에서 3D 그래픽을 생성하고 렌더링하기 위한 JavaScript 라이브러리입니다.

바닐라 JavaScript(Vanilla JS)에서도 충분히 Three.js 라이브러리를 통해 3D 환경을 구성할 수 있지만, R3F(React Three Fiber) 라이브러리를 사용하면, 훨씬 더 간결한 방법으로도 효과적으로 3D 인터랙티브 웹을 만들 수 있습니다.

 바닐라 자바스크립트(Vanilla JavaScript)?

바닐라 JS는 어떤 라이브러리나 프레임워크 없이 순수한 JavaScript를 사용하는 것을 의미합니다. 바닐라 JS는 JavaScript의 핵심을 이해하는 데 중요하지만, 복잡한 애플리케이션을 만들 때는 생산성과 코드 가독성을 고려하여 React와 같은 라이브러리를 사용하는 것이 더 효율적일 수 있습니다.

리액트는 Meta(구 페이스북)에서 개발한 JavaScript 라이브러리로 컴포넌트 기반으로 UI를 재사용 가능한 컴포넌트 조각으로 분리해 관리할 수 있으며, 가상 DOM을 사용해서 효율적인 성능을 가진 기능을 개발할 수 있는 장점을 가지고 있습니다.

컴포넌트 기반 개발은 사용자 인터페이스(User Interface, UI)를 마치 레고 블록을 조립하듯 작은 부품들을 조합하여 복잡한 UI를 만들 수 있는 것을 말합니다. 웹 페이지의 헤더, 내비게이션 바, 푸터 등을 각각의 컴포넌트로 만들어 조합하는 것도 컴포넌트 기반 개발이라고 할 수 있습니다.

또한, 가상 DOM(Virtual DOM)은 실제 브라우저의 DOM을 메모리 상에 복사한 가벼운 JavaScript 객체를 뜻합니다. 리액트는 이 가상 DOM을 사용하여 변경 사항을 먼저 가상 DOM에 적용한 후, 실제 DOM과 비교하여 필요한 부분만 업데이트합니다. 이는 업데이트가 필요한 곳만 효율적으로 처리하므로 성능적으로 매우 효과적인 방법입니다.

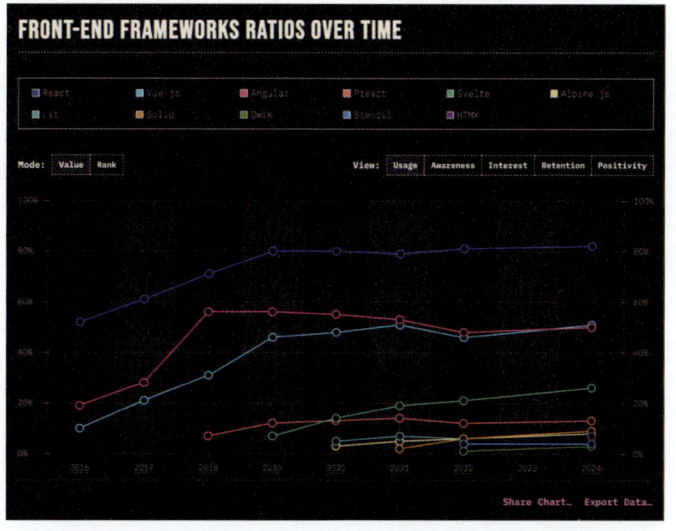

[그림 11-2] 2024 State of JavaScript 프론트엔드 프레임워크 통계

State of JS는 JavaScript 생태계의 트렌드를 파악하는 데 중요한 연간 통계 사이트인데, 그림 11-2에서 볼 수 있듯 리액트는 높은 인지도(99%)와 사용률(78%), 그리고 높은 만족도(83%)를 보여주고 있어 많은 사람들이 사용하고 있고 많은 자료를 손쉽게 찾을 수 있습니다.

생태계가 넓은 것이 왜 중요한가요?

생태계의 넓고 좁음은 해당 기술에 대해 라이브러리를 얼마나 사용할 수 있을지, 커뮤니티의 규모를 의미합니다. 넓은 생태계라면 많은 개발자들이 다양한 도구와 라이브러리를 만들고 공유하는 환경이기 때문에 많은 자료를 쉽고 빠르게 찾아볼 수 있고 이는 생산력의 증대를 가져옵니다. 그런 의미에서 리액트는 매우 넓은 생태계를 가지고 있어서, 필요한 기능을 위한 라이브러리나 도구를 쉽게 찾을 수 있습니다.

Three.js는 복잡한 WebGL 기술을 추상화하여, 개발자들이 직접 저수준 언어를 활용한 그래픽 프로그래밍을 하지 않고도 인상적인 3D 콘텐츠를 만들 수 있게 해줍니다.

WebGL(Web Graphics Library)?

WebGL은 플러그인 없이 웹 브라우저에서 직접 하드웨어 가속 3D 그래픽을 구현할 수 있게 해주는 API입니다. 이를 통해 웹에서 복잡한 3D 그래픽과 2D 그래픽을 빠르게 렌더링할 수 있게 해줍니다. 3D 웹 게임을 개발하고, 데이터 시각화, 가상 현실과 증강 현실 애플리케이션 등 다양한 분야에서 사용되고 있습니다. Three.js는 다소 어려운 WebGL을 더 쉽게 사용할 수 있도록 추상화하여 제공하는 라이브러리입니다.

저수준 언어(Low-level language)?

저수준 언어(Low-level language)는 컴퓨터의 하드웨어와 매우 가깝게 동작하는 프로그래밍 언어를 의미하는데 인간이 이해하고 작성하기에는 상대적으로 복잡한 언어를 의미합니다.
WebGL의 경우, 그래픽 카드를 직접 제어하는 저수준 API이기 때문에 복잡하고 사용하기 어려울 수 있어 Three.js와 같은 라이브러리를 사용해 개발자가 더 쉽게 3D 그래픽을 다룰 수 있게 해줍니다.

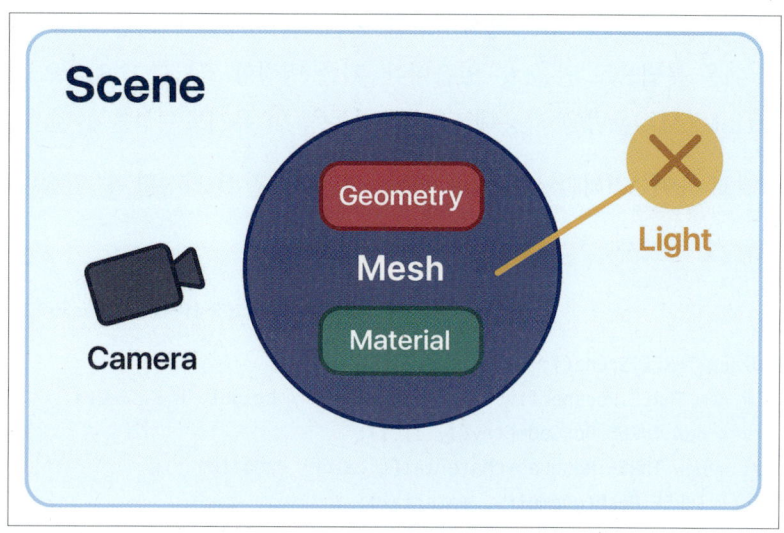

[그림 11-3] Three.js 각 객체들의 구성 요소

그림 11-3과 같이 Three.js는 객체, 조명, 카메라 등을 계층적으로 구조화해 관리할 수 있고, 마치 영화 세트장을 구성하듯 이러한 요소들을 사용해 다양한 3D 장면을 연출할 수 있습니다.

Three.js는 3D 장면을 구성하는 요소들을 트리 구조로 만듭니다. 최상위에는 **Scene** 객체가 있고 **Light, Camera** 객체 등을 사용해 확대, 축소, 조명 세기 등을 조절해 **Mesh** 객체를 비추거나 바라볼 수 있습니다. Mesh 내에는 다양한 **Material**과 **Geometry** 객체를 사용해 질감이나 색상 표현 등을 할 수 있습니다.

 Three.js의 구성 요소?

구성 요소	설명
Scene	3D 공간을 나타내는 전체 컨테이너로 조명, 카메라, 메시 등 모든 객체가 여기에 배치됨
Camera	사용자의 시점을 나타내며, 원근 카메라(PerspectiveCamera), 정사영 카메라(OrthographicCamera) 등이 있음
Light	장면을 밝히는 광원으로, DirectionalLight, SpotLight 등이 있음
Mesh	3D 객체를 나타내며 Geometry(형상)과 Material(재질)로 구성됨
Renderer	Scene과 Camera 정보를 바탕으로 실제 화면에 3D를 렌더링하는 역할
Geometry	기본 도형인 큐브, 원뿔, 구 등을 제공하며, 외부 파일(glTF, OBJ 등)을 불러올 수도 있음
Material	색상, 반사, 텍스처 등을 표현할 수 있으며, MeshStandardMaterial, MeshBasicMaterial 등이 있음

[표 11-1] Three.js의 구성 요소

Three.js 라이브러리로도 충분히 3D 웹사이트를 만들 수 있지만 R3F를 사용하면 Three.js를 리액트 환경에서 쉬운 문법으로 만들 수 있습니다. 기존 명령형 코드를 선언적으로 작성할 수 있고, JSX(JavaScript XML)문법을 사용해 코드의 가독성 및 유지보수성을 높일 수 있습니다.

예를 들어, Three.js 라이브러리만 사용해 구현하면 다음과 같이 작성할 수 있습니다.

[코드 11-1] Three.js 라이브러리만 사용한 예제

```
const scene = new THREE.Scene();
const camera = new THREE.PerspectiveCamera(50, width / height, 0.5, 1000);
const geometry = new THREE.BoxGeometry(1, 1, 1);
const material = new THREE.MeshBasicMaterial({ color: 0x00ff00 });
const cube = new THREE.Mesh(geometry, material);
scene.add(cube);
```

하지만, R3F를 사용해서 리액트의 JSX 문법으로 작성한다면 다음과 같이 더 쉽고 가독성 있게 작성할 수 있습니다.

[코드 11-2] R3F(React Three Fiber)를 사용한 예제

```
function Scene() {
  return (
    <Canvas>
      <perspectiveCamera args={[50, width / height, 0.5, 1000]} />
      <mesh>
        <boxGeometry args={[1, 1, 1]} />
        <meshBasicMaterial color={0x00ff00} />
      </mesh>
    </Canvas>
  );
}
```

명령형 프로그래밍, 선언형 프로그래밍?

명령형 프로그래밍과 **선언형 프로그래밍**은 개발 실무에서 많이 듣게 되는 프로그래밍 방식입니다. **명령형 프로그래밍**은 프로그램의 상태를 변경하는 명령문을 사용하여 프로그램이 어떻게 동작해야 하는지를 설명하는 방식으로 주로 **어떻게(How)** 할 것인지에 초점을 맞추고 있는 반면, **선언형 프로그래밍**은 프로그램이 달성해야 할 목표를 기술하며, 구체적인 단계는 추상화하고 **무엇을(What)** 할 것인지에 초점을 맞춥니다.

[코드] 명령형 프로그래밍 예시

```js
let numbers = [1, 2, 3];
let doubledNumbers = [];
for (let i = 0; i < numbers.length; i++) {
  doubledNumbers.push(numbers[i] * 2);
}
```

[코드] 선언형 프로그래밍 예시

```js
let numbers = [1, 2, 3];
let doubledNumbers = numbers.map(num => num * 2);
```

 JSX(JavaScript XML)?

리액트의 JSX는 JavaScript의 확장 문법입니다. 사용할 때는 가독성이 좋은 HTML과 유사한 마크업을 작성하고 빌드 과정을 거치면 JavaScript 객체로 변환되는 특징이 있습니다.

[코드] JSX 예제

```js
const $element = <h1 className="hello">안녕!</h1>;
```

만약 이와 같은 JSX를 작성했다면, 실제로 빌드 과정을 통해 다음과 같이 변환됩니다.

[코드] JSX로 작성된 문법이 JavaScript로 컴파일된 예제

```js
const $element = React.createElement(
  'h1',
  {className: 'hello'},
  '안녕!'
);
```

11-2 Vite를 사용해 리액트 개발 환경 구성

이 책의 1장에서 구성했던 Node.js 환경에서 리액트를 설치하고 Three.js와 함께 환경을 구성할 수 있는 @react-three/fiber(R3F) 라이브러리를 설치하여 Three.js를 더 편리하게 사용할 수 있도록 개발 환경을 구성해 보겠습니다.

우선, 리액트를 설치하고 빌드하기 위해 빌드 도구가 필요합니다. https://ko.vitejs.dev/에 접속해 빌드 도구 Vite에 대한 개발 문서를 확인해 봅시다.

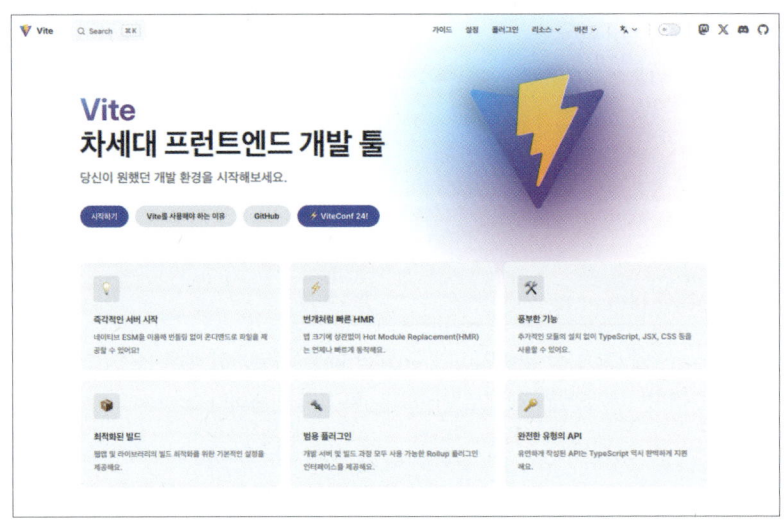

[그림 11-4] 프론트엔드 개발을 위한 빌드 툴 Vite 개발 문서 사이트

개발하다 보면 웹사이트 곳곳 다양한 도구들에 대한 개발 문서가 잘 되어 있는 경우도 있고 아닌 경우도 있습니다.

Vite 공식 사이트처럼 문서화가 잘 되어 있는 경우, 개발 문서를 통해 빠르게 문제에 대한 트러블 슈팅이나 기능 개발을 할 수 있습니다.

[그림 11-5] 가이드 메뉴에 진입해 시작하기 문서 섹션

Vite는 Webpack의 한계를 극복하고자 등장한 프론트엔드 빌드 도구입니다. 기존 Webpack의 복잡한 설정과 느린 빌드 시간 문제를 해결하여 개발자 경험을 크게 개선했습니다. 이는 네이티브 ES 모듈을 활용해 빠른 개발 서버를 제공하며, 대규모 프로젝트에서도 즉각적인 서버 시작과 빠른 핫 모듈 교체(HMR)를 제공합니다. 개발 서버가 시작되면, 브라우저는 필요한 모듈을 개별적으로 요청하고 로드합니다. 전체 애플리케이션을 번들링하는 대신 필요한 부분만 즉시 로드하여 초기 로딩 시간을 크게 단축시키는 기능을 뜻합니다. 또한 프로덕션 빌드에서는 롤업을 사용하여 효율적으로 코드를 번들링하고, 리액트, Vue, Svelte 등 다양한 프레임워크를 지원하고, 간단한 설정으로 프로젝트를 시작할 수 있어 진입 장벽이 낮기 때문에 Vite는 Webpack과 비교하면 성능과 사용 편의성을 대폭 개선하여 프론트엔드 생태계에 적합한 도구로 자리잡고 있습니다.

 프로덕션 빌드란?

웹 애플리케이션을 실제 사용자에게 배포하기 위해 최적화하는 과정을 말합니다.

개발 환경과 달리 프로덕션 환경에서는 성능, 보안, 그리고 효율성이 중요한 요소가 되는데 모든 HTML, CSS, JS 파일 등의 공백을 없애고 긴 변수명 등을 제거해 파일 크기를 줄이고 이를 통해 다운로드 및 파싱 시간을 단축시킵니다. 그리고 사용되지 않는 코드를 제거(트리 쉐이킹)하고 코드를 분할(코드 스플리팅)하여 필요한 부분만 로드할 수 있도록 하는 등 효율적인 애플리케이션으로 배포될 수 있도록 해줍니다.

Vite 설치를 진행하기 위해 커맨드를 살펴보면, npm 외에도 yarn, pnpm, bun 등의 다양한 패키지 관리 도구 옵션이 있지만 1장에서 설치한 npm 커맨드를 사용해 Vite와 리액트를 설치해 보겠습니다.

npm, yarn, pnpm, bun?

npm, pnpm, yarn, bun은 모두 JavaScript 패키지 관리자입니다.
- **npm**: 느린 설치와 비효율적인 디스크 공간을 사용하는 등의 단점이 있지만 Node.js의 기본 패키지 관리자이고 가장 널리 사용되고 있습니다.
- **pnpm**: 효율적인 디스크 공간을 사용하기 위해 심링크를 사용해 중복 패키지 설치를 방지하는 등의 장점과 빠른 설치 속도를 가지고 있습니다.
- **yarn**: Meta(구 페이스북)에서 개발했으며, Yarn v2(Berry)부터는 Plug'n'Play 방식을 도입해 node_modules 폴더 없이 패키지를 관리할 수 있게 되었습니다. 이를 통해 디스크 공간 사용 효율성이 개선되었습니다.
- **bun**: JavaScript 런타임, 번들러, 패키지 관리자를 모두 포함한 올인원 도구입니다. Zig 언어로 작성되어 매우 빠른 성능을 보여주지만, 아직 일부 npm 패키지와의 호환성 문제가 있을 수 있고 생태계가 발전하고 있습니다.

npm create vite@latest basic 명령어를 입력하고 선택사항에 대해 순서대로 선택하며 설치해 보겠습니다.

```
? Select a framework: > - Use arrow-keys. Return to submit.
    Vanilla
    Vue
>   React
    Preact
    Lit
    Svelte
    Solid
    Qwik
    Others
```

[그림 11-6] npm create vite@latest basic를 입력하여 React를 선택

React를 선택해 다음으로 넘어갑니다.

```
> npm create vite@latest basicss
✓ Select a framework: > React
? Select a variant: > - Use arrow-keys. Return to submit.
    TypeScript
    TypeScript + SWC
>   JavaScript
    JavaScript + SWC
    Remix ↗
```

[그림 11-7] 어떤 환경으로 구성할지에 대해 JavaScript를 선택

그림 11-7의 선택지에서 TypeScript + SWC가 가장 널리 사용되지만, 처음 생성하고 배우는 입장이므로 JavaScript를 선택하고 다음으로 넘어가세요.

TypeScript나 SWC와 같은 추가적인 도구 없이 순수 JavaScript 설정으로 시작하면 초기 설정이 더 간단하고, Vite와 Three.js의 기본 기능에 더욱 집중할 수 있어서 좋은 선택이 될 것입니다.

 Typescript + SWC로 선택했을 때 좋은 점?

JavaScript는 동적 및 런타임 환경에서 오류를 나타낼 수 있지만 TypeScript는 정적 타입 검사로 런타임 오류를 줄이고 코드 품질을 향상시킬 수 있습니다.
SWC(Speedy Web Compiler)는 Rust라는 저수준 언어로 작성되어 Babel보다 훨씬 빠르게 TypeScript를 JavaScript로 변환할 수 있습니다.

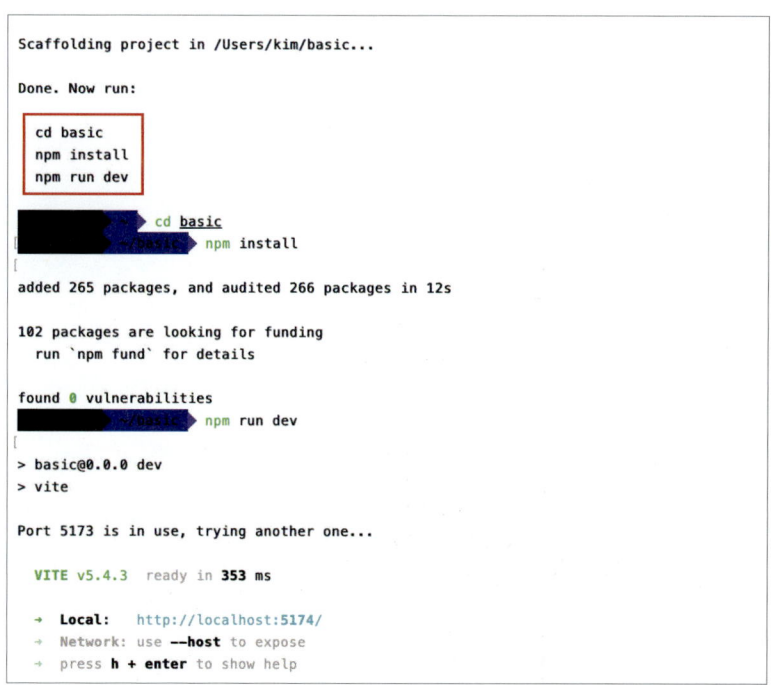

[그림 11-8] 설치가 완료되어 안내에 따라 cd basic npm install 등 프로젝트 폴더 내부에 node module을 설치하고 npm run dev 명령어를 입력해 개발 서버를 구동하는 커맨드 화면

설치가 완료되면 안내에 따라 현재 폴더에서 차례대로 **cd basic**, **npm install**을 입력해 생성된 프로젝트 폴더로 이동하여 node_modules를 설치한 뒤, **npm run dev** 명령어를 통해 개발 서버를 구동합니다.

개발 서버를 띄우게 되면 커맨드에 로컬 서버 주소가 나타나는데 커맨드에 나타나는 주소(예: http://localhost:5174)에 접속하면 다음과 같이 리액트의 기본 화면이 노출됩니다. npm 명령어로 인해 생성된 프로젝트 폴더에 진입해야 한다는 점을 유의하세요.

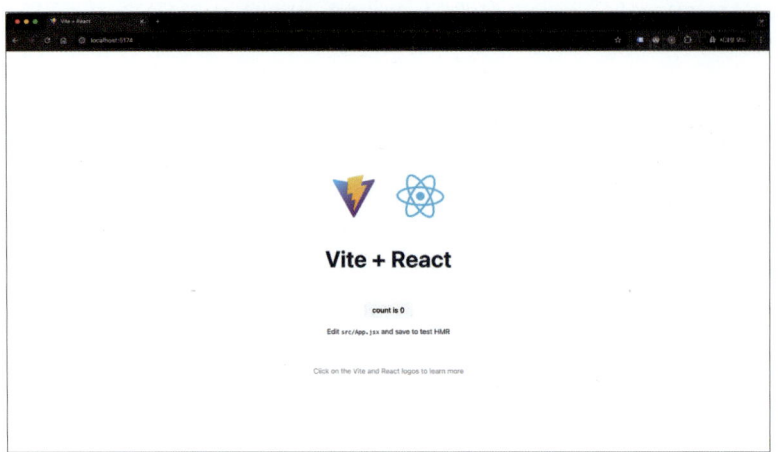

[그림 11-9] http://localhost:5174에 개발 서버로 띄운 화면에 Vite + React 기본 화면이 노출

그림 11-9와 같이 localhost로 된 리액트의 기본 화면을 확인할 수 있습니다.

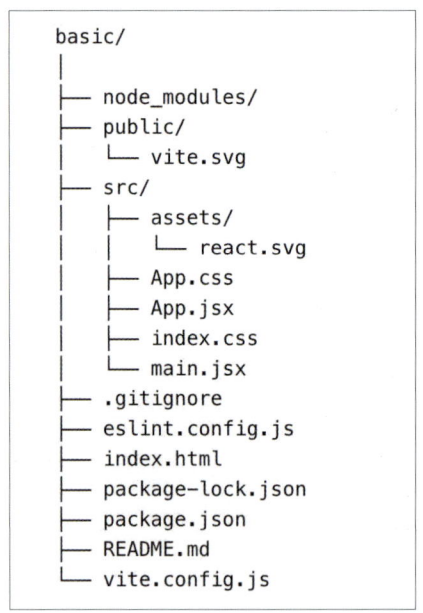

[그림 11-10] Vite + React 프로젝트가 생성되었을 때의 폴더 구조

프로젝트 생성 시 나타나는 폴더 구조를 확인하고, 각 파일의 역할을 알아보도록 합시다.

- **node_modules**: npm이나 yarn을 통해 설치된 모든 외부 라이브러리 및 의존성 패키지가 저장되는 폴더입니다.
- **public**: 정적 파일들을 저장하는 폴더로, 빌드 시에 다른 프로세스 없이 그대로 복사됩니다. vite.svg 라는 기본 로고 svg 파일이 생성되어 있습니다.
- **src**: 애플리케이션 소스 코드들이 위치하는 폴더입니다.
  - **assets**: 이미지, 폰트, 오디오 파일 등 프로젝트에서 사용되는 리소스 파일들을 저장합니다.
  - **App.css**: App 컴포넌트의 스타일을 정의합니다.
  - **App.jsx**: 애플리케이션의 주요 React 컴포넌트입니다.
  - **index.css**: 전역 스타일을 정의하는 CSS 파일입니다.
  - **main.jsx**: 리액트 애플리케이션이 처음 로드되는 컴포넌트 파일로, 리액트를 DOM에 렌더링하는 코드가 여기에 위치합니다.
- **.gitignore**: Git 버전 관리 시스템에서 추적하지 않을 폴더 및 파일을 지정합니다.
- **eslint.config.js**: ESLint의 설정 파일입니다. 1장에서 설치한 ESLint 확장 프로그램과 연동되어 실시간 린팅이나 규칙 위반을 바로 확인할 수 있습니다.
- **index.html**: Vite가 애플리케이션을 구동할 때 이 파일을 시작점으로 사용합니다. 이 파일에서 type module로 main.jsx를 로드하고 있는 것을 확인할 수 있습니다.
- **package-lock.json**: 프로젝트의 의존성 트리에 대한 정확한 버전을 고정하고 있어, 다른 모든 개발자가 동일한 버전의 패키지 의존성을 설치할 수 있도록 돕습니다.
- **package.json**: 프로젝트 의존성 목록, 메타데이터 등을 포함하는 npm 설정 파일로, 다양한 설정들을 할 수 있습니다.
- **README.md**: 프로젝트의 사용법, 설치 방법 등을 기술하는 마크다운 문법의 파일입니다.
- **vite.config.js**: Vite의 설정 파일로 빌드 옵션, 서버 설정, 플러그인 등을 설정해서 사용할 수 있습니다.

 린팅(Linting)?

린팅은 소스 코드를 분석하여 프로그래밍 오류, 버그, 스타일 오류 등의 의심스러운 구조를 찾아내는 자동화된 프로세스입니다. 린팅은 코드 품질 향상, 잠재적 버그 조기 발견, 코딩 스타일의 일관성 유지 등의 역할을 하며 팀 내에서 일관성 있는 코딩 스타일을 유지할 수 있도록 도와줍니다.

세부적으로 파일들을 확인하며 더 알아보고 설정을 변경해 보면서 익숙해지도록 합시다.

src(소스) 폴더 내부의 main.jsx를 살펴봅니다.

[코드 11-3] Vite 프로젝트 생성 시의 src/main.jsx 파일

```
import { StrictMode } from 'react'
import { createRoot } from 'react-dom/client'
import App from './App.jsx'
import './index.css'

createRoot(document.getElementById('root')).render(
  <StrictMode>
    <App />
  </StrictMode>,
)
```

StrictMode는 리액트 애플리케이션에서 잠재적인 문제를 찾아내기 위한 도구입니다. 개발 모드에서만 작동하며, 프로덕션 빌드에서는 영향을 주지 않습니다. 생명주기 메서드의 오류를 식별하고 예상치 못한 부작용을 탐지하는 데 꼭 필요한 컴포넌트에만 〈StrictMode〉를 감싸서 활용하기도 합니다.

react-dom/client 패키지에서 createRoot 함수를 가져와서 createRoot(document.getElementById('root')).render() 구문을 통해 root 아이디를 가진 요소에 리액트의 root를 생성하고 컴포넌트를 렌더링합니다. 렌더링 함수의 인수로 실제 컴포넌트들을 감싸서 포함시키는데, 주의할 점은 최상위에 형제 요소가 여러 개 있다면 무조건 〈Fragment/〉 컴포넌트를 사용해 감싸주어야 합니다.

[코드 11-4] React의 〈Fragment/〉 컴포넌트 사용 예시

```
import { Fragment } from 'react';

// 잘못된 예시
createRoot(document.getElementById('root')).render(
  <Header />
  <MainContent />
  <Footer />
);
```

```
// Fragment로 감싸줘야 함
createRoot(document.getElementById('root')).render(
  <Fragment>
    <Header />
    <MainContent />
    <Footer />
  </Fragment>
);

// 단축 문법 <></>
createRoot(document.getElementById('root')).render(
  <>
    <Header />
    <MainContent />
    <Footer />
  </>
);
```

리액트의 render 메서드는 단일 루트 요소만을 받을 수 있기 때문이며, <div>, <span>, <section> 등 여러 개의 태그를 사용할 수 있지만 반드시 하나의 부모 요소로 감싸야 합니다. 하지만 실제로 사용하지 않는 부모를 감싸줄 필요가 없을 경우 실제 DOM에 요소를 생성하지 않는 <Fragment>를 부모 요소로 사용할 수 있습니다.

App.jsx를 로드해 컴포넌트로 삽입하고, index.css 파일을 import하여 전역적인 스타일이 적용되도록 합니다. CSS 파일에 font-synthesis: none; 속성은 브라우저가 폰트의 굵은 글씨체나 이탤릭체를 인위적으로 생성하는 것을 방지하고, 폰트 파일에 실제로 포함된 스타일만 사용하도록 제한합니다. @media (prefers-color-scheme: light)는 사용자의 시스템 설정 테마를 감지하여 라이트 모드일 때의 특정 스타일 적용을 할 수 있도록 도와주는 CSS 미디어 쿼리입니다.

이제 main.jsx의 render 내부에 연결되어 있는 App.jsx 파일을 확인해 보겠습니다.

[코드 11-5] Vite 프로젝트 생성 시의 src/App.jsx 파일

```jsx
import { useState } from 'react'
import reactLogo from './assets/react.svg'
import viteLogo from '/vite.svg'
import './App.css'

function App() {
  const [count, setCount] = useState(0)

  return (
    <>
      <div>
        <a href="https://vitejs.dev" target="_blank">
          <img src={viteLogo} className="logo" alt="Vite logo" />
        </a>
        <a href="https://react.dev" target="_blank">
          <img src={reactLogo} className="logo react" alt="React logo" />
        </a>
      </div>
      <h1>Vite + React</h1>
      <div className="card">
        <button onClick={() => setCount((count) => count + 1)}>
          count is {count}
        </button>
        <p>
          Edit <code>src/App.jsx</code> and save to test HMR
        </p>
      </div>
      <p className="read-the-docs">
        Click on the Vite and React logos to learn more
      </p>
    </>
  )
}

export default App
```

import { useState } from 'react'를 통해 리액트의 useState 훅을 가져와 함수 컴포넌트에서 상태를 사용할 수 있게 해줍니다. 또한 assets 폴더에서 리액트 로고 이미지를 가져와 컴포넌트에서 사용해 렌더링하고, viteLogo도 public 경로가 루트 경로로 설정되어 있으므로 /vite.svg로 로드해 렌더링합니다. import './App.css'로 컴포넌트에 적용하기 위해 정의한 CSS 파일을 로드하고, App이라는 이름의 함수 컴포넌트를 정의하고 마지막에 export default App으로

default를 붙여서 내보낼 때 중괄호 없이 바로 로드할 수 있도록 합니다. 여기서 const [count, setCount] = useState(0)은 useState 훅을 사용하여 count라는 상태 변수와 이를 업데이트할 수 있는 setCount 함수를 생성하고 초깃값으로 0을 지정합니다. onClick했을 때 이 setCount 함수의 인자로 기존 count를 받아올 수 있어, 1씩 증가하고 setCount 함수가 호출되면 리액트는 해당 컴포넌트의 상태 변경을 감지하고 새로 렌더링되기 때문에 화면에 바로 {count}를 사용해 렌더링할 수 있습니다. 리액트 문법 작성 시 또 한 가지 주의할 점은, XML 문법을 따르기 때문에 싱글 태그(⟨input/⟩, ⟨img/⟩, ⟨br/⟩ 태그 등)의 경우 무조건 닫기를 포함해야 하고, class 속성을 작성할 때는 className, 이벤트 핸들러인 onclick, onmouseover 등은 onClick, onMouseover로 사용하고 ⟨label⟩ 태그의 for 속성도 htmlFor로 작성하는 등 문법적 차이가 일부 존재합니다.

App.css 파일에서는 @media (prefers-reduced-motion: no-preference) 미디어 쿼리를 사용해 애니메이션과 모션 효과에 대해서 특별한 요청이 없는 경우에만 적용되는 스타일을 지정합니다.

no-preference 대신 **reduce**를 작성하면, 모션 효과 감소 요청을 했을 때의 스타일을 작성할 수 있습니다.

다음으로 .gitignore 파일을 확인해 보겠습니다.

[코드 11-6] Vite 프로젝트 생성 시의 .gitignore 파일

```
# Logs
logs
*.log
npm-debug.log*
yarn-debug.log*
yarn-error.log*
pnpm-debug.log*
lerna-debug.log*

node_modules
dist
dist-ssr
*.local

# Editor directories and files
.vscode/*
!.vscode/extensions.json
.idea
.DS_Store
*.suo
```

```
*.ntvs*
*.njsproj
*.sln
*.sw?
```

우선, 마크다운 문법으로 작성하는 .gitignore 파일에서는 #이 주석 표현으로 사용됩니다. .gitignore 파일은 Git 버전 관리 시스템에서 추적하지 않을 파일과 디렉터리를 지정할 때 사용됩니다. 확장자가 *.log인 모든 파일들을 무시하고 각각 npm, pnpm 등 번들러 내부에서 발생하는 log 확장자가 붙는 파일들도 무시하게 됩니다. 비교적 많은 용량을 차지하고 있는 npm 패키지들이 설치되는 node_modules 폴더도 예외 처리되고, .vscode 폴더 내부의 모든 파일들은 무시되지만 부정 연산자(!)를 붙여 .vscode/extensions.json 파일은 예외적으로 허용하도록 합니다.

[코드 11-7] Vite 프로젝트 생성 시의 eslint.config.js 파일

```
import js from '@eslint/js'
import globals from 'globals'
import react from 'eslint-plugin-react'
import reactHooks from 'eslint-plugin-react-hooks'
import reactRefresh from 'eslint-plugin-react-refresh'

export default [
  { ignores: ['dist'] },
  {
    files: ['**/*.{js,jsx}'],
    languageOptions: {
      ecmaVersion: 2020,
      globals: globals.browser,
      parserOptions: {
        ecmaVersion: 'latest',
        ecmaFeatures: { jsx: true },
        sourceType: 'module',
      },
    },
    settings: { react: { version: '18.3' } },
    plugins: {
      react,
      'react-hooks': reactHooks,
      'react-refresh': reactRefresh,
    },
```

```
      rules: {
        ...js.configs.recommended.rules,
        ...react.configs.recommended.rules,
        ...react.configs['jsx-runtime'].rules,
        ...reactHooks.configs.recommended.rules,
        'react/jsx-no-target-blank': 'off',
        'react-refresh/only-export-components': [
          'warn',
          { allowConstantExport: true },
        ],
      },
    },
  ]
```

eslint.config.js 파일은 ESLint에 대해 설정하는 세부 설정 파일로 무시할 파일을 설정하거나 적용 파일에 대한 파일 매칭 설정, 언어 옵션, 플러그인, 규칙 설정 등을 세분화할 수 있으므로 필요 시 변경하도록 합니다.

[코드 11-8] Vite 프로젝트 생성 시의 index.html 파일

```html
<!doctype html>
<html lang="en">
  <head>
    <meta charset="UTF-8" />
    <link rel="icon" type="image/svg+xml" href="/vite.svg" />
    <meta name="viewport" content="width=device-width, initial-scale=1.0" />
    <title>Vite + React</title>
  </head>
  <body>
    <div id="root"></div>
    <script type="module" src="/src/main.jsx"></script>
  </body>
</html>
```

index.html 파일에는 파비콘으로 루트 폴더(public 폴더) 내의 vite.svg를 사용하고, 기본적인 메타 태그, ⟨title⟩ 태그와 ⟨body⟩ 태그 내부의 root라는 id를 가진 ⟨div⟩ 태그가 있습니다. main.jsx 파일 내부에서 해당 태그에 리액트를 생성하고 렌더링하는 설정합니다. 그리고 ⟨script⟩ 태그를 type="module"로 설정해 import, export를 브라우저 기준으로 사용할 수 있도록 설정합니다.

package.json과 package-lock.json 파일은 Node.js 프로젝트의 의존성 관리에 중요한 역할을 하는데 package.json부터 특징들을 살펴보면 다음과 같습니다.

- 프로젝트의 메타데이터와 의존성 목록을 정의
- name, version: 프로젝트 식별자
- scripts: npm 또는 yarn으로 실행할 수 있는 스크립트 명령 설정
- dependencies: 프로덕션에 필요한 의존성 패키지
- devDependencies: 개발 시에만 필요한 의존성 패키지
- 패키지 버전은 "^" 기호를 통해서 특정 버전 이상으로 지정 가능

package-lock.json의 주요 특징들은 다음과 같습니다.

- npm install 실행 시 자동으로 생성되고 업데이트 됨
- 정확한 버전 정보와 의존성 트리를 저장해서 개발자들 간의 패키지 버전 차이를 제거
- 각 패키지의 URL 정보, 무결성 검증을 위한 해시값 등이 자동으로 생성되어 존재함

package.json과 package-lock.json의 주요 차이는 개발자가 직접 수정 가능한지에 대한 여부에 있습니다. 여기서 직접 수정하는 package.json 파일을 조금 더 살펴보겠습니다.

[코드 11-9] Vite 프로젝트 생성 시의 package.json 파일

```json
{
  "name": "basic",
  "private": true,
  "version": "0.0.0",
  "type": "module",
  "scripts": {
    "dev": "vite",
    "build": "vite build",
    "lint": "eslint .",
    "preview": "vite preview"
  },
  "dependencies": {
    "react": "^18.3.1",
    "react-dom": "^18.3.1"
  },
  "devDependencies": {
    "@eslint/js": "^9.9.0",
    "@types/react": "^18.3.3",
    "@types/react-dom": "^18.3.0",
    "@vitejs/plugin-react": "^4.3.1",
    "eslint": "^9.9.0",
    "eslint-plugin-react": "^7.35.0",
```

```
    "eslint-plugin-react-hooks": "^5.1.0-rc.0",
    "eslint-plugin-react-refresh": "^0.4.9",
    "globals": "^15.9.0",
    "vite": "^5.4.1"
  }
}
```

[코드 11-10] Vite 프로젝트 생성 시의 package.json 파일

```
"scripts": {
  "dev": "vite",
  "build": "vite build",
  "lint": "eslint .",
  "preview": "vite preview"
},
```

scripts 속성의 dev, build, lint, preview는 커맨드로 입력해 사용할 수 있는 명령어입니다. 직접 수정할 수도 있으니 임의의 커맨드를 입력해보세요. 예를 들어, dev를 develop으로 변경한 뒤에 npm run develop이라고 해도 "vite"가 실행되어 개발 서버가 띄워질 것입니다.

dev는 개발 서버를 실행, **build**는 프로덕션 빌드를 생성, **lint**는 ESLint를 사용해 전체 코드 검사를 하고, **preview**는 프로덕션 빌드를 개발 서버로 띄워서 확인할 수 있는 기능입니다.

프로덕션에 필요한 react, react-dom과 같은 필수 패키지들은 **dependencies**에 선언하고 개발 과정에만 필요한 패키지들은 **devDependencies**에 선언합니다. Readme.md에는 Vite로 생성한 프로젝트에 대한 소개가 작성되어 있고, vite.config.js 파일에는 Vite에 리액트 플러그인을 추가하는 설정이 포함되어 있습니다.

[그림 11-11] Ctrl+Shift+P 또는 cmd+Shift+P를 눌러 사용자 설정 열기(JSON)을 선택

ESLint 확장 프로그램에 대한 설정 및 리액트 구문으로 작성된 파일도 기본 포맷터를 prettier로 설정하기 위해서 settings.json 파일을 열어 다시 설정합니다.

[코드 11-11] settings.json VS Code 설정 파일

```json
{
  "[javascript]": {
    "editor.defaultFormatter": "esbenp.prettier-vscode"
  },
  "[javascriptreact]": {
    "editor.defaultFormatter": "esbenp.prettier-vscode"
  },
  (...)
  "editor.codeActionsOnSave": {
    "source.fixAll.eslint": "always"
  },
  (...)
}
```

[javascript]와 마찬가지로 [javascriptreact]에 대한 설정을 **esbenp.prettier-vscode**로 해서 prettier가 기본 포맷터로 작동하게 하고 파일 저장 시 자동으로 수행할 코드 액션으로 ESLint가 자동으로 문제를 수정할 수 있도록 합니다.

```
npm i -D eslint-config-prettier prettier
```

커맨드: npm i -D(npm install --save-dev: 패키지를 devDependencies에 설치)로 eslint-config-prettier와 prettier를 설치

npm 명령어를 입력해 eslint-config-prettier, prettier 패키지를 설치합니다.

이는 현재 eslint와 prettier를 연결해서 .vscode에 설정한 source.fixAll.eslint 설정을 사용하여 파일 저장 시 ESLint의 자동 수정 기능이 Prettier의 포맷팅 기능도 수행하도록 합니다.

[코드 11-12] chapter_11_threejs_scroll / basic / eslint.config.js

```
(...)
import prettier from 'eslint-config-prettier';

export default [
  (...)
  {
    rules: {
      ...prettier.rules,
      (...)
    },
  },
];
```

설치한 후 eslint.config.js 파일의 rules 속성으로 **...prettier.rules**를 설정하여 prettier의 설정이 ESLint의 규칙으로 포함되도록 합니다.

이제 basic 폴더 안에 .prettierrc 파일을 만들어 다음과 같이 설정한 후 App.jsx 파일을 열어 저장했을 때 prettier 포맷팅이 제대로 적용되는지 확인해 보겠습니다.

[코드 11-13] prettierrc 설정 파일

```
{
  "semi": true,
  "trailingComma": "all",
  "singleQuote": true,
  "printWidth": 200,
  "tabWidth": 2,
  "bracketSpacing": true,
  "arrowParens": "always"
}
```

[코드 11-14] Vite 프로젝트 생성 시의 src/App.jsx 파일

```jsx
import { useState } from 'react';
import reactLogo from './assets/react.svg';
import viteLogo from '/vite.svg';
import './App.css';

function App() {
  const [count, setCount] = useState(0);

  return (
    <>
      <div>
        <a href="https://vitejs.dev" target="_blank">
          <img src={viteLogo} className="logo" alt="Vite logo" />
        </a>
        <a href="https://react.dev" target="_blank">
          <img src={reactLogo} className="logo react" alt="React logo" />
        </a>
      </div>
      <h1>Vite + React</h1>
      <div className="card">
        <button onClick={() => setCount((count) => count + 1)}>count is {count}</button>
        <p>
          Edit <code>src/App.jsx</code> and save to test HMR
        </p>
      </div>
      <p className="read-the-docs">Click on the Vite and React logos to learn more</p>
    </>
  );
}

export default App;
```

세미콜론이 자동으로 삽입되며, printWidth 설정을 통해 한 줄에 표시되는 코드의 양이 늘어나 하단 코드가 상단으로 정렬되는 등 코드 포맷팅 기능이 정상적으로 작동하고 있나요?

11-3 R3F를 사용해 Three.js 개발 환경 구성

Vite + 리액트 개발 환경이 잘 설정되었으니 Three.js를 선언형 프로그래밍으로 사용하기 위해 필요한 R3F 패키지를 설치하고 간단한 예제를 만들어 보겠습니다.

app 폴더를 src 하위에 만들고 App.css, App.jsx 파일을 해당 폴더 하위에 옮기고 components, hooks 폴더를 생성하여 필요한 파일들을 만들어 가져오기(import)해서 사용해 보겠습니다.

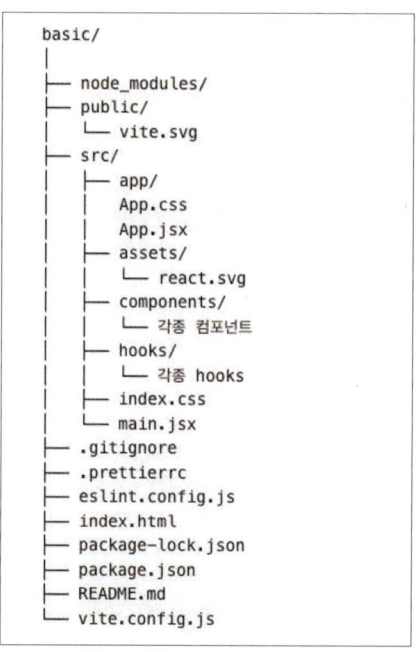

[그림 11-12] app, components, hooks 폴더를 만들어 프로젝트 구조 설계

```
npm i three @react-three/fiber @react-three/drei
```

커맨드: npm install 커맨드로 three, @react-three/fiber, @react-three/drei 설치

11장 스크롤을 따라서 회전하는 도넛(R3F)

three.js 패키지와 @react-three/fiber, @react-three/drei를 설치합니다. three.js는 WebGL을 사용하여 브라우저에서 3D 그래픽을 렌더링하기 위한 핵심 패키지이고 @react-three/fiber는 three.js를 위한 리액트 렌더러로 선언적 프로그래밍을 할 수 있도록 해주고 리액트의 각종 상태 관리, 훅, 컴포넌트와 같은 다양한 기능들을 3D 컨텍스트에서 사용할 수 있게 해줍니다. @react-three/drei의 경우에는 R3F(@react-three/fiber)를 위한 유용한 컴포넌트와 훅들의 모음을 통해 three.js에서 자주 사용하는 Sphere, Text, OrbitControls 등의 컴포넌트를 포함하고 있어 생산성을 극대화할 수 있습니다.

[코드 11-15] chapter_11_threejs_scroll / basic / src / index.css

```css
*,
*::before,
*::after {
  box-sizing: border-box;
}

#root {
  width: 100%;
  overflow: hidden;
}

body {
  margin: 0;
}

canvas {
  width: 100%;
  height: 100vh;
}
```

기존에 있던 index.css 내부 내용을 지우고 전체 선택자를 사용해 box-sizing 속성을 border-box로 작성하며 #root 선택자의 너비와 넘치는 영역에 대해 스크롤이 생기지 않도록 overflow 속성을 hidden으로 설정합니다. body에 기본 여백을 제거하기 위해서 margin 속성을 0으로 설정하고 canvas 스타일의 너비를 100%로 채우며 높이는 뷰포트를 가득 채우도록 작성합니다.

[코드 11-16] chapter_11_threejs_scroll / basic / eslint.config.js

```js
(...)
export default [
  (...)
  {
    (...)
    rules: {
      (...)
      'react/no-unknown-property': 'off',
    },
  },
];
```

R3F로 작성된 컴포넌트들의 속성들이 '알 수 없는 속성'으로 오류가 표시되는 것을 방지하기 위해 rules에 react/no-unknown-property 속성을 off로 설정하겠습니다. 이렇게 설정하면 ESLint가 해당 규칙에 관한 검증을 수행하지 않으므로, R3F 컴포넌트에서 사용되는 3D 관련 특수 속성들(position, rotation 등)에 대한 오류 메시지가 표시되지 않습니다.

[코드 11-17] chapter_11_threejs_scroll / basic / vite.config.js

```js
import { defineConfig } from 'vite';
import react from '@vitejs/plugin-react';

export default defineConfig({
  plugins: [react()],
  optimizeDeps: {
    include: ['three', '@react-three/fiber', '@react-three/drei'],
  },
});
```

vite.config.js 파일에 optimizeDeps의 include 옵션으로 3가지 패키지를 포함시켜 항상 Vite의 사전 번들링(pre-bundling) 프로세스에 포함시켜 성능을 최적화합니다.

이를 통해 개발 서버의 구동 시간을 개선해주고, **HMR(Hot Module Replacement)** 기능을 개선함으로써 좋은 개발 경험을 만들 수 있습니다. 하지만, 과도한 include 사용 시 사전 번들링 시간을 증가시킬 수 있으므로 사용에 주의해야 하고 문제가 생겼을 때만 추가하는 것을 권장합니다.

HMR(Hot Module Replacement)?

HMR은 개발 과정을 더욱 효율적으로 만들어주는 도구로 Hot Module Reloading이라고도 불립니다. 이는 애플리케이션이 실행 중인 상태에서 모듈을 교체, 추가 또는 제거할 수 있게 해주는 기능인데 개발 중 변경사항을 즉시 반영해 개발 경험 및 생산성을 향상하는 데 목적을 두고 있습니다.
리액트에서는 변경된 컴포넌트만 선택적으로 리렌더링해서 전체 페이지의 새로고침 없이 화면에 즉시 UI를 업데이트해줍니다.

기존에 있던 App.jsx 내용을 삭제하고 R3F를 사용해 3D 공간을 만들어 보겠습니다.

[코드 11-18] chapter_11_threejs_scroll / basic / src / app / App.jsx

```jsx
import { useRef } from 'react';
import { Canvas } from '@react-three/fiber';
import { OrbitControls } from '@react-three/drei';

function Box(props) {
  const meshRef = useRef();

  return (
    <mesh {...props} ref={meshRef}>
      <boxGeometry args={[1, 1, 1]} />
      <meshStandardMaterial color="skyblue" />
    </mesh>
  );
}

function Scene() {
  return (
    <>
      <Box position={[0, 0, 0]} />
    </>
  );
}

export default function App() {
  return (
    <Canvas>
      <Scene />
      <OrbitControls />
```

```
    </Canvas>
  );
}
```

먼저, JSX를 반환하는 Box 함수를 생성해 박스를 만듭니다. 인자로 **props**를 받아오는데 다양한 속성들이 포함될 수 있도록 〈mesh〉 컴포넌트 생성 시 spread 연산자로 ...props를 사용해 〈mesh〉 컴포넌트에 전달되는 모든 속성들이 적용될 수 있도록 합니다.

meshRef 변수를 리액트에서 제공하는 useRef 훅을 사용해 초기화합니다. 여기서 meshRef는 three.js의 mesh 객체에 대한 참조를 생성하고 나중에 이 mesh 객체의 속성을 직접 조작하거나 접근할 수 있게 합니다.

useRef는 **current**라는 프로퍼티를 가진 객체를 반환하고 JavaScript에서의 DOM 접근을 하는 document.querySelector, document.getElementById와 비슷한 역할을 합니다. 하지만, DOM이 다 로드되고 사용할 수 있는 것이 아니라 컴포넌트가 마운트되는 즉시 사용할 수 있고, 가상 DOM을 사용하기 때문에 useRef의 참조를 변경해도 컴포넌트가 리렌더링되지 않습니다.

〈boxGeometry〉 컴포넌트를 사용해 1x1x1 크기의 사각형 지오메트리를 생성하고 〈meshStandardMaterial〉 컴포넌트를 사용해 표준 재질에 color 속성을 추가해 하늘색 색상을 적용합니다.

 props란?

Props는 리액트에서 매우 중요한 개념으로 "properties"의 줄임말로, 리액트 컴포넌트에 전달되는 데이터를 의미합니다. 리액트의 특성인 단방향 데이터 흐름(부모→자식)에 의해 기본적으로 불변성을 가지고 있고 이를 통해 컴포넌트를 반복적으로 재사용할 수 있도록 합니다.

 지오메트리(Geometry)란?

3D 그래픽스에서 중요한 개념으로 3D 공간에서 객체의 형태를 정의하는 점(vertices), 선(edges), 면(faces)의 집합이고 3D 객체의 기본 뼈대로 생각할 수 있습니다.
- 정점(Vertices): 3D 공간상의 점들
- 모서리(Edges): 정점들을 연결하는 선들
- 면(Faces): 보통 삼각형이나 사각형으로, 정점들로 둘러싸인 평면

재질(Material)이란?

3D 그래픽스에서 재질은 객체의 표면 특성을 정의하는 중요한 요소입니다. 이는 조명의 영향을 받는 재질과 받지 않는 재질이 있으며, 조명을 비추게 되었을 때 어떻게 노출되는지 확인해볼 수 있습니다.

- **color**: 재질의 기본 색상을 정의
- **roughness**: 표면의 거칠기를 0(매끄러움)에서 1(거친)사이의 값으로 정의
- **metalness**: 금속성을 0(비금속)에서 1(금속) 사이의 값으로 정의

Scene 함수에서 JSX를 반환할 때 Box 컴포넌트를 반환하게 되고 이는 App 함수 내부에서 반환할 때 〈Canvas〉 컴포넌트로 3D 영역을 생성하고 내부에 **Scene**과 **OrbitControls**을 렌더링합니다.

OrbitControls는 Three.js에서 제공하는 카메라 컨트롤 기능 중 하나로 사용자가 3D 장면을 직관적으로 탐색할 수 있게 카메라가 중심점 주위를 돌 수 있게 해주고 사용자가 마우스 입력을 통해서 회전, 확대 및 축소, 이동 등을 사용할 수 있도록 해줍니다.

OrbitControls의 속성 및 이벤트 처리

속성

- enableRotate: 회전 기능 활성화/비활성화(기본값: true)
- enableZoom: 확대/축소 기능 활성화/비활성화(기본값: true)
- enablePan: 이동 기능 활성화/비활성화(기본값: true)
- minDistance, maxDistance: 확대/축소의 최소/최대 거리 설정
- minPolarAngle, maxPolarAngle: 수직 회전 각도의 제한
- minAzimuthAngle, maxAzimuthAngle: 수평 회전 각도의 제한

이벤트

- change: 컨트롤이 변경될 때 발생
- start: 사용자 상호작용이 시작될 때 발생
- end: 사용자 상호작용이 끝날 때 발생

[그림 11-13] R3F를 사용해서 사각형을 화면에 렌더링한 결과

화면에 3D 박스가 나타나고, 마우스 휠을 사용하면 확대와 축소가 되며, 마우스로 드래그하면 3D 박스가 회전하고 있나요? 한 가지 이상한 점은 color 속성을 하늘색으로 지정했음에도 불구하고 검정색으로 나타나고 있는데, 이는 환경적 조명이 설정되지 않은 상태이기 때문입니다. 이제 환경 또는 조명을 사용해서 3D 박스에 적용된 재질, 지오메트리, 속성들이 잘 적용되어 나타나도록 해보겠습니다.

[코드 11-19] chapter_11_threejs_scroll / basic / src / app / App.jsx

```jsx
(...)
import { OrbitControls, Environment } from '@react-three/drei';
(...)
function Scene() {
  return (
    <>
      <ambientLight intensity={1} />
      <spotLight position={[5, 5, 5]} angle={0.35} penumbra={1} intensity={1} castShadow/>
      <Box position={[0, 0, 0]} />
    </>
  );
}
export default function App() {
  return (
    <Canvas>
      <Scene />
      <OrbitControls />
      <Environment preset="sunset" background />
    </Canvas>
  );
}
```

⟨ambientLight⟩ 컴포넌트로 전체적인 주변광을 만들어주는데 세기를 1로 비교적 밝게 설정합니다.

⟨spotLight⟩ 컴포넌트를 사용해 한 곳을 집중적으로 비추는 스포트라이트를 생성하고 다음과 같은 속성을 사용해서 설정합니다.

- position={[5, 5, 5]}: 조명의 위치를 설정(x, y, z 좌표)
- angle={0.35}: 조명의 원뿔 각도를 라디안 단위로 설정
- penumbra={1}: 조명 가장자리의 부드러움을 설정(0에서 1 사이)
- intensity={1}: 조명의 강도를 설정
- castShadow: 이 조명이 그림자를 생성

⟨OrbitControls⟩ 컴포넌트 아래에 ⟨Environment⟩ 컴포넌트를 사용해 환경 조명을 추가하는데 sunset을 **preset** 속성의 값으로 설정하여 해가 지는 석양 빛의 환경 조명을 설정해 박스를 은은하게 비추도록 하고 background 속성을 추가해 현실감이 있도록 HDR(High Dynamic Range) 이미지 포맷을 사용한 배경이 노출되도록 합니다.

⟨Environment⟩ 컴포넌트의 preset 속성

Environment 컴포넌트의 preset 속성은 미리 정의된 환경 조명 설정을 제공하는데 다음과 같은 환경 조명을 제공합니다.

1. sunset: 황혼/석양 분위기
2. dawn: 새벽 분위기
3. night: 밤 분위기
4. warehouse: 창고 내부 분위기
5. forest: 숲 분위기
6. apartment: 아파트 내부 분위기
7. studio: 스튜디오 조명 분위기
8. city: 도시 분위기
9. park: 공원 분위기
10. lobby: 로비 분위기

각 preset 속성은 특정 환경과 조명 조건을 시뮬레이션하여 3D 장면에 적용해서 빠르게 원하는 분위기를 연출할 수 있습니다.

모든 라이브러리와 마찬가지로 이렇게 편한 장점도 있지만 특별한 요구사항이 있을 경우에는 커스텀 HDR 이미지를 사용하거나 개별 조명을 직접 설정하는 것이 더 적합할 수 있습니다.

HDR(High Dynamic Range)?

HDR은 Environment 컴포넌트에서 사용되는 배경 이미지로 다양한 이미지 포맷 중 하나입니다.
- .hdr: 가장 흔히 사용되는 이미지 포맷으로 넓은 동적 범위를 제공하여 밝은 영역과 어두운 영역을 동시에 표현할 수 있습니다.
- .exr: 높은 품질의 HDR 이미지를 제공하고 매우 정확한 색상 표현이 가능합니다.
- .png 또는 .jpg (LDR 이미지): HDR이 아닌 일반 이미지도 360도 파노라마 이미지 형태로 사용 가능하지만, 동작 범위가 제한적입니다.
- .env: 환경 맵 전용 포맷입니다.
- .ktx2: 압축된 포맷으로 로딩시간과 메모리 사용량을 줄일 수 있습니다.

[코드] 〈Environment〉 컴포넌트에 이미지 포맷을 적용하는 방법

```
// 하나의 이미지 사용
<Environment files="path/to/your/image.hdr" background />
// 여러 이미지 사용
<Environment files={[
  'positive_x.hdr', 'negative_x.hdr',
  'positive_y.hdr', 'negative_y.hdr',
  'positive_z.hdr', 'negative_z.hdr'
]} background />
```

[그림 11-14] 환경 조명과 개별 조명을 활용해 3D 박스의 하늘색과 명암이 잘 보이도록 한 결과

3D 박스가 자동으로 회전하면서, 박스의 재질 속성을 조절하여 조금 더 조명에 반사되어 나타나도록 해보겠습니다.

[코드 11-20] chapter_11_threejs_scroll / basic / src / app / App.jsx

```jsx
(...)
import { Canvas, useFrame } from '@react-three/fiber';
(...)

function Box(props) {
  const meshRef = useRef();

  // 매 프레임마다 3D 박스를 회전
  useFrame((state, delta) => {
    meshRef.current.rotation.x += delta * 0.5;
    meshRef.current.rotation.y += delta * 0.5;
  });

  return (
    <mesh {...props} ref={meshRef}>
      <boxGeometry args={[1, 1, 1]} />
      <meshStandardMaterial color="skyblue" roughness={0.3} metalness={1.5} />
    </mesh>
  );
}
(...)
```

useFrame은 매 프레임마다 실행되는 훅으로, 주로 애니메이션을 구현할 때 사용하는 함수입니다. 미리 선언했던 meshRef의 current 값인 3D 박스의 mesh 컴포넌트의 rotation 속성을 x, y축을 회전시켜서 애니메이션을 작동시킵니다. 이때 인자로 받는 delta 값은 이전 프레임과 현재 프레임 간의 시간 차이를 의미하며, 프레임 속도와 무관하게 일관된 애니메이션을 만들 수 있도록 도와줍니다. 이전 회전 각도에 delta * 0.5 만큼 값을 더해 지속적으로 초당 0.5 라디안씩 회전하게 됩니다.

〈meshStandardMaterial〉 컴포넌트에 roughness(거칠기), metalness(금속성) 속성을 각각 0.3, 1.5로 설정합니다. 이는 거칠기는 낮으면서, 금속성은 높게 설정하여 조명에 의해 박스가 잘 반사되도록 하기 위함입니다.

[그림 11-15] useFrame으로 지속적으로 회전하고 mesh 컴포넌트에 roughness, metalness 속성을 부여해서 조명 반사가 잘 되도록 구성된 3D 박스

스스로 회전하고 조명의 반사가 잘 되는 3D 박스가 완성되었나요?

회전 속도를 변경해 보거나 재질, 조명 속성 등의 수치를 수정해 보고 다양한 속성들에 대해서 이해하고 사용해 보세요.

스크롤에 따라 회전하는 박스 만들기

이번에는 App2.jsx 파일을 만들어 스크롤에 따라 회전하는 박스를 구현해 보겠습니다.

[코드 11-21] chapter_11_threejs_scroll / basic / src / app / App2.jsx

```jsx
import { useRef, useEffect, useState } from 'react';
import { Canvas, useThree, useFrame } from '@react-three/fiber';
import { Environment } from '@react-three/drei';

// Box 컴포넌트
const Box = () => {
  // 3D 메시에 대한 참조 생성
  const meshRef = useRef();

  return (
    <mesh ref={meshRef} castShadow receiveShadow>
      <boxGeometry args={[1, 1, 1]} />
      <meshStandardMaterial color="violet" roughness={0.5} metalness={0.5} />
    </mesh>
  );
};

// 3D 씬을 설정하는 컴포넌트
const Scene = () => {
  // Three.js의 카메라
  const { camera } = useThree();

  // 카메라 위치 설정
  useEffect(() => {
    camera.position.set(0, 0, 5);
  }, [camera]);

  return (
    <>
      <ambientLight intensity={1} />
```

```
      <Box />
      <Environment preset="park" background />
    </>
  );
};

// 메인 App 컴포넌트
export default function App() {
  return (
    {/* 3D 캔버스 */}
    <Canvas shadows>
      <Scene />
    </Canvas>
  );
}
```

우선, 이전 예제와 마찬가지로 3D 박스를 생성하고 메시에 대한 참조 ref를 선언합니다.

〈mesh〉 컴포넌트의 속성으로 참조 ref를 할당하고 castShadow, receiveShadow 속성을 사용해 그림자를 생성하고 받을 수 있도록 합니다.

〈boxGeometry〉 컴포넌트와 〈meshStandardMaterial〉 컴포넌트도 이전 예제와 유사하게 생성하고, 〈Scene〉 컴포넌트에서 〈ambientLight〉와 〈Box〉, 〈Environment〉를 렌더링하고 preset 속성값을 park로 공원 환경 조명을 사용합니다.

〈Canvas〉 컴포넌트에서는 shadows 속성을 설정하여 그림자 렌더링을 활성화하고 스크롤에 따라 확대 축소 기능을 하던 〈OrbitControls〉 컴포넌트 대신 useThree 훅에서 camera 객체를 가져와 useEffect에 따라 컴포넌트가 마운트되거나 dependency에 삽입되어 있는 카메라가 변경될 때마다 카메라의 위치를 (0, 0, 5) 좌표로 설정하는데 이는 카메라가 z축 방향으로 5 단위 떨어진 위치에서 원점(0, 0, 0)을 바라보게 하기 위함입니다.

[코드 11-22] chapter_11_threejs_scroll / basic / src / main.jsx

```
(...)
import App from './app/App2';
(...)
```

기존 main 파일에 App으로 작성되어 있던 컴포넌트 주소를 App2로 바꿔주고 App2.jsx 파일에서 작성한 컴포넌트가 렌더링되도록 합니다.

[그림 11-16] camera 객체를 사용해서 camera가 바라보는 시점을 지정한 결과

camera 객체의 x, y, z축의 숫자를 각각 입력해서 동작 원리에 대해 파악을 해보세요. 다음으로 한 위치에 3D 박스가 떠 있는 상태에서 스크롤이 생성되도록 콘텐츠를 추가해 보겠습니다.

[코드 11-23] chapter_11_threejs_scroll / basic / src / app / App2.jsx

```
(...)
// 메인 App 컴포넌트
export default function App() {
  return (
    <>
      {/* 3D 캔버스 */}
      <Canvas shadows style={{ position: 'fixed', top: 0, left: 0, width: '100%', height: '100%' }}>
        <Scene />
      </Canvas>
      {/* 스크롤 영역 */}
      <div id="wrap" style={{ position: 'relative', width: '100%', height: '500vh' }}>
        <p style={{ position: 'absolute', top: '50vh', width: '100%', color: 'white', mixBlendMode: 'overlay' }}>스크롤 하세요.</p>
        <p style={{ position: 'absolute', top: '300vh', width: '100%', color: 'white', mixBlendMode: 'overlay' }}>계속 스크롤 해보세요.</p>
        <p style={{ position: 'absolute', top: '400vh', width: '100%', color: 'white', mixBlendMode: 'overlay' }}>거의 다 왔어요.</p>
      </div>
    </>
  );
}
```

〈Canvas〉 컴포넌트에 style 속성을 position: fixed로 정의하여 Canvas 요소가 스크롤할 때마다 화면을 따라다니도록 합니다. 스크롤 영역을 id 속성을 wrap으로 한 〈div〉 태그로 합니다. #wrap 의 높이는 500vh로 전체 높이의 5배를 스크롤해야 끝에 다다를 정도의 스크롤이 생성됩니다.

스크롤했을 때, 따라 움직일 요소들을 〈p〉 태그를 사용해 position 속성을 absolute로 설정하고 top 속성의 값을 각각 vh(Viewport Height)로 달리 지정하여 스크롤 시 텍스트가 순차적으로 노출되도록 합니다. **mixBlendMode**를 **overlay**로 설정해 텍스트가 배경과 합성되도록 설정합니다.

스크롤 시 3D 박스는 화면 정중앙에 고정되어 있고, 텍스트는 아래에서 올라가고 있나요?

[코드 11-24] chapter_11_threejs_scroll / basic / src / app / App2.jsx

```
(...)
// Box 컴포넌트
const Box = () => {
  // 3D 메시에 대한 참조 생성
  const meshRef = useRef();

  // 스크롤링을 통해서 박스 회전
  const [targetRotation, setTargetRotation] = useState({ x: 0, y: 0 });
  const currentRotationRef = useRef({ x: 0, y: 0 });

  // 스크롤 이벤트 처리
  useEffect(() => {
    const handleScroll = () => {
      const scrollHeight = document.documentElement.scrollHeight - window.innerHeight;
      const progress = window.scrollY / scrollHeight;
      setTargetRotation({
        x: progress * Math.PI * 2,
        y: progress * Math.PI * 2,
      });
    };

    window.addEventListener('scroll', handleScroll);
    return () => window.removeEventListener('scroll', handleScroll);
  }, []);
  (...)
};
```

useState 훅을 사용해 targetRotation으로 목표 회전 수를 객체로 관리하고 현재 어느정도 회전했는지는 currentRotationRef로 관리해 보겠습니다.

useEffect 훅을 사용하여 컴포넌트가 마운트되었을 때 handleScroll 함수를 선언하고 window.addEventListener DOM API 메서드를 통해 스크롤 시 이벤트로 등록합니다. 언마운트 시에는 removeEventListener 메서드를 통해 이벤트 등록을 제거합니다.

handleScroll 함수 내부에서 스크롤 시 스크롤 위치에 따라 목표 회전 각도를 계산합니다. scrollHeight 변수를 선언하여 실제 스크롤 가능한 영역을 계산하기 위해 전체 스크롤 영역에서 현재 브라우저 창의 크기의 높이를 빼면 스크롤할 수 있는 범위를 계산할 수 있습니다.

다음으로 progress 변수를 사용해 스크롤할 수 있는 영역에서 현재 스크롤 위치를 나누어, 0에서 1 사이의 위치 비율을 계산합니다. 이를 통해 스크롤 가능한 영역의 상대적인 위치를 정규화해서 사용할 수 있습니다.

setTargetRotation를 사용해 목표 회전각을 업데이트하는데 0에서 1사이의 progress 진행도에 Math.PI * 2(원의 360도를 라디안 단위로 표현)를 계산해서 스크롤 진행도에 따라 0에서 2π 사이의 값을 할당합니다.

[코드 11-25] chapter_11_threejs_scroll / basic / src / app / App2.jsx

```
(...)
  // 프레임마다 실행되는 애니메이션 로직
  useFrame(() => {
    if (meshRef.current) {
      // 현재 회전 값을 목표 회전 값으로 부드럽게 보간
      currentRotationRef.current.x += (targetRotation.x - currentRotationRef.current.x) * 0.1;
      currentRotationRef.current.y += (targetRotation.y - currentRotationRef.current.y) * 0.1;

      meshRef.current.rotation.x = (currentRotationRef.current.x / (Math.PI * 2)) * Math.PI * 2;
      meshRef.current.rotation.y = (currentRotationRef.current.y / (Math.PI * 2)) * Math.PI * 2;
    }
  });
  (...)
};
```

meshRef의 current 값이 존재한다면 currentRotationRef의 current의 x, y 축에 (targetRotation.x - currentRotationRef.current.x)로 x, y의 현재 값과 목표 값의 차이를 계산하고 이 차이에 0.1을 곱하여 전체 차이의 10%만큼만 현재 값을 변화시켜 선형 보간을 통해 부드럽게 회전하도록 설정합니다. 마지막으로, 계산된 현재 회전 값을 3D 메시 객체에 적용합니다.

화면에서 스크롤할 때 부드럽게 회전하는 상자를 확인할 수 있나요?

11-5 GSAP 라이브러리 적용

3D 박스가 너무 일정하게 움직이는 것 같으니 GSAP(GreenSock Animation Platform)이라는 애니메이션 라이브러리를 사용해 역동적으로 전환하도록 해보겠습니다.

 GSAP(GreenSock Animation Platform)?

GSAP는 웹 애니메이션을 위한 JavaScript 라이브러리인데 거의 모든 속성을 애니메이션화할 수 있고, 풍부한 내장 이징(Easing) 함수들이 존재하며 복잡한 애니메이션 시퀀스를 쉽게 만들고 제어하면서도 높은 성능을 가지고 있는 특징이 있습니다.

 이징(Easing)?

이징은 애니메이션에서 중요한 개념으로 일정한 속도로 진행되거나 가속, 감속 등을 적용해 애니메이션을 더 자연스럽고 생동감 있는 움직임으로 만들어 사용자 경험을 향상시키고 흥미를 유발할 수 있습니다. https://easings.net/ko 사이트를 참고하여 여러 가지 이징을 사용해 보세요.

```
npm i gsap
```

커맨드: npm i 커맨드로 GSAP 라이브러리 설치

GSAP을 적용하기 위해 npm i gsap 또는 npm install gsap로 라이브러리를 먼저 설치합니다. 기존 다소 복잡했던 스크롤 이벤트 및 useFrame 등을 제거하고 useState로 상태를 관리하는 부분도 제거합니다.

[코드 11-26] chapter_11_threejs_scroll / basic / src / app / App2.jsx

```jsx
(...)
import { gsap } from 'gsap';
import { ScrollTrigger } from 'gsap/ScrollTrigger';

//GSAP ScrollTrigger 플러그인 등록
gsap.registerPlugin(ScrollTrigger);

// Box 컴포넌트
const Box = () => {
  // 3D 메시에 대한 참조 생성
  const meshRef = useRef();
  // 컴포넌트가 마운트된 후 애니메이션 설정
  useEffect(() => {
    // GSAP를 사용하여 메시의 회전 애니메이션을 정의
    gsap.to(meshRef.current.rotation, {
      x: Math.PI * 2, // X축으로 360도 회전
      y: Math.PI * 2, // Y축으로 360도 회전
      scrollTrigger: {
        trigger: '#wrap', // 스크롤 트리거 요소
        start: 'top top', // 애니메이션 시작 지점
        end: 'bottom bottom', // 애니메이션 종료 지점
        scrub: 1, // 부드러운 스크롤 효과
      },
    });
  }, []);

  return (
    (...)
  );
};
(...)
```

기존 useFrame 및 스크롤 이벤트에 대한 핸들러 함수들도 모두 제거하고 **GSAP**과 **ScrollTrigger**를 import해서 작성합니다. gsap.registerPlugin(ScrollTrigger);을 작성해 먼저 ScrollTrigger 플러그인을 GSAP에 등록시킵니다. 기존 Box 컴포넌트에서 useEffect로 컴포넌트가 마운트되었을 시 GSAP의 to 메서드를 사용해서 scrollTrigger에 의해 스크롤 중에 애니메이션이 발생하도록 합니다. 첫 번째 인수로 meshRef.current.rotation을 넘겨주어서 3D 박스 객체를 타겟으로 삼고 두 번째 인수로 X, Y축을 360도 회전하도록 하는데 scrollTrigger 속성으로 스크롤이 되는 영역인 #wrap과 start, end로 애니메이션 시작, 종료 지점을 표시해주고 scrub 속성을 1로 하여 스크롤과 애니메이션 사이에 1초의 부드러운 지연 효과를 줍니다.

[그림 11-17] GSAP 라이브러리를 활용해서 스크롤에 따라 부드럽게 회전하는 3D 박스

스크롤에 따라 회전하는 도넛 만들기

랜딩 페이지를 만들기 전에 스크롤에 따라 도넛이 회전하는 애니메이션과 카메라 무빙을 통해 다양한 각도로 사물을 바라볼 수 있는 페이지를 먼저 만들어 보겠습니다.

[코드 11-27] chapter_11_threejs_scroll / basic / src / main.jsx

```
(...)
import App from './app/App3';
(...)
```

기존 main 파일에 App2로 작성되어 있던 컴포넌트 주소를 App3로 바꿔주고 App3.jsx 파일에서 작성한 컴포넌트가 렌더링되도록 하겠습니다.

[코드 11-28] chapter_11_threejs_scroll / basic / src / app / App3.jsx

```
import { Canvas } from '@react-three/fiber';

export default function App() {
  return (
    <>
      {/* 3D 캔버스 */}
      <Canvas shadows style={{ position: 'fixed', top: 0, left: 0, width: '100%', height: '100%' }}>
        <Scene />
      </Canvas>
      {/* 스크롤 영역 */}
      <div id="wrap" style={{ position: 'relative', width: '100%', height: '500vh', fontSize: '3rem' }}>
        <p style={{ position: 'absolute', top: '50vh', width: '100%', color: 'white', mixBlendMode: 'overlay' }}>스크롤 하세요.</p>
```

```
          <p style={{ position: 'absolute', top: '300vh', width: '100%', color: 'white',
mixBlendMode: 'overlay' }}>계속 스크롤 해보세요.</p>
          <p style={{ position: 'absolute', top: '400vh', width: '100%', color: 'white',
mixBlendMode: 'overlay' }}>거의 다 왔어요.</p>
        </div>
      </>
  );
}
```

기존 App2 컴포넌트와 구성은 동일하게 유지하고 아이디가 wrap인 〈div〉 태그에 style의 fontSize 속성을 3rem으로 적용합니다.

[코드 11-29] chapter_11_threejs_scroll / basic / src / app / App3.jsx

```
import { useRef, useEffect } from 'react';
import { Canvas, useThree } from '@react-three/fiber';
import { useGLTF, Environment } from '@react-three/drei';
import { gsap } from 'gsap';
import { ScrollTrigger } from 'gsap/ScrollTrigger';

gsap.registerPlugin(ScrollTrigger);

// 3D 도넛을 렌더링하고 애니메이션을 적용
const Donut = ({ url }) => {
  const { scene } = useGLTF(url);
  const meshRef = useRef();

  // 컴포넌트가 마운트된 후 애니메이션 설정
  useEffect(() => {
    // GSAP를 사용하여 메시의 회전 애니메이션을 정의
    gsap.to(meshRef.current.rotation, {
      x: Math.PI * 2, // X축으로 360도 회전
      y: Math.PI * 2, // Y축으로 360도 회전
      scrollTrigger: {
        trigger: '#wrap', // 스크롤 트리거 요소
        start: 'top top', // 애니메이션 시작 지점
        end: 'bottom bottom', // 애니메이션 종료 지점
        scrub: 1, // 부드러운 스크롤 효과
      },
    });
  }, []);
  return <primitive object={scene} ref={meshRef} scale={1.5} />;
};
```

```
// 3D 씬을 설정하는 컴포넌트
const Scene = () => {
  // Three.js의 카메라
  const { camera } = useThree();

  // 카메라 위치 및 애니메이션 설정
  useEffect(() => {
    camera.position.set(0, 0, 5);
  }, [camera]);

  return (
    <>
      <ambientLight intensity={1} />
      <Donut url="/donut.glb" />
      <Environment preset="park" background />
    </>
  );
};
(...)
```

App 컴포넌트에서 렌더링되고 있는 〈Scene〉 컴포넌트 내부에 〈Donut〉 컴포넌트를 작성해 보겠습니다. 이전 작업과 동일하게 ScrollTrigger를 등록하고 360도 회전하는 애니메이션을 구현합니다. 카메라의 position 속성도 동일하게 (0, 0, 5)로 작성합니다. 환경 조명에 대해 preset 속성을 park로 하고 background 속성을 부여하는 것과 전체 조명에 강도를 1로 하는 것도 동일하게 합니다.

〈Donut〉 컴포넌트의 url로 **donut.glb** 파일을 로드하며, 해당 파일은 public 폴더에 두고 경로는 절대 경로로 /donut.glb로 지정합니다. Donut 함수 내부에서 props인 url을 인자로 넘겨받아 **useGLTF**를 사용해 3D 모델(GLB 또는 GLTF 형식)을 로드하고 모델링이 로드된 장면인 scene 객체를 〈primitive〉 태그의 object 속성으로 사용합니다. 〈primitive〉 태그는 3D 객체를 렌더링하며, object 속성으로 3D 모델을 지정하고 ref={meshRef}로 애니메이션을 위해 생성한 ref를 연결합니다. 또한 scale={1.5}로 객체의 크기를 1.5배 확대합니다.

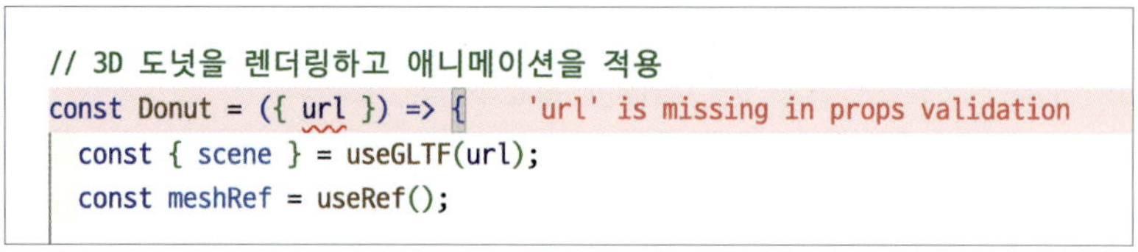

```
// 3D 도넛을 렌더링하고 애니메이션을 적용
const Donut = ({ url }) => {      'url' is missing in props validation
  const { scene } = useGLTF(url);
  const meshRef = useRef();
```

[그림 11-18] useGLTF 훅을 사용해 url로 glb 파일을 할당한 예제

Error Lens 확장 프로그램과 ESLint에 의해 그림 11-18과 같이 'url' is missing in props validation이라는 에러가 노출된다면 ESLint의 react/prop-types 규칙에 의해 발생하므로 다음 그림과 같이 빠른 수정을 클릭해 Disable react/prop-types for this line이라는 옵션을 선택해 에러가 노출되지 않도록 설정합니다.

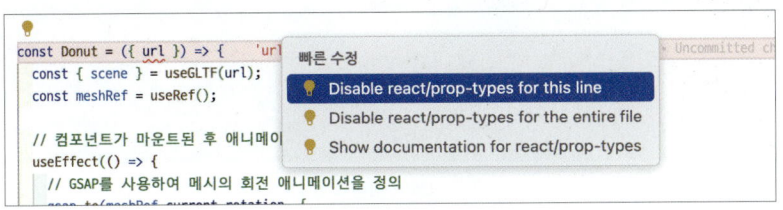

[그림 11-19] 'url' is missing in props validation 에러가 노출되지 않도록 설정

[코드 11-30] chapter_11_threejs_scroll / basic / src / app / App3.jsx

```
(...)
// eslint-disable-next-line react/prop-types
const Donut = ({ url }) => {
(...)
```

이는 권장되지 않는 방법이지만, 때에 따라 유용할 수 있습니다. 가장 좋은 방법은 TypeScript나 PropTypes를 사용해서 해당 인자에 대한 타입을 명확하게 지정하는 것이 좋습니다.

[코드 11-31] PropTypes를 적용한 예제

```
import PropTypes from 'prop-types';
(...)
Donut.propTypes = {
  url: PropTypes.string.isRequired,
};
```

[그림 11-20] 스크롤에 따라 회전하는 도넛 결과

스크롤에 따라 도넛이 잘 회전하고 있는데, 카메라의 위치를 조절해 회전이 조금 더 역동적인 느낌이 나도록 수정해 보겠습니다.

[코드 11-32] chapter_11_threejs_scroll / basic / src / app / App3.jsx

```
(...)
const Scene = () => {
  // Three.js의 카메라
  const { camera } = useThree();

  // 카메라 위치 및 애니메이션 설정
  useEffect(() => {
    camera.position.set(0, 0, 5);

    // GSAP를 사용하여 카메라 위치 애니메이션을 정의
    gsap.to(camera.position, {
      x: 6,
      y: 5,
      z: 4,
      scrollTrigger: {
        trigger: '#wrap',
        start: 'top top',
        end: 'bottom bottom',
        scrub: 1,
      },
    });

    // 카메라 회전 애니메이션 추가
    gsap.to(camera.rotation, {
      x: -0.8,
```

```
      y: 1,
      z: 1.2,
      scrollTrigger: {
        trigger: '#wrap',
        start: 'top top',
        end: 'bottom bottom',
        scrub: 1,
      },
    });
  }, [camera]);
  (...)
};
(...)
```

scrollTrigger의 옵션은 모두 동일하게 적용하고 카메라의 초기 위치가 0, 0, 5인데 이 x, y, z축을 각각 스크롤에 따라 변화시켜 카메라의 위치를 (6, 5, 4)로 이동시키는 애니메이션을 정의하고 카메라의 회전을 (-0.8, 1, 1.2) 라디안으로 변경하는 애니메이션을 정의합니다.

[그림 11-21] 스크롤에 따라 카메라의 위치 및 회전을 반영한 결과

스크롤 시 카메라의 회전 및 위치 조절 애니메이션으로 극적인 효과가 잘 나타나고 있나요?

스크롤 도넛 랜딩 페이지 만들기

지금까지 배운 여러 가지 기법들을 활용해 스크롤에 따라 회전하는 도넛을 사용한 랜딩 페이지를 완성하겠습니다.

```
npm create vite@latest landing
```

커맨드: npm create 커맨드로 "landing"이라는 이름의 최신 버전의 vite로 생성

기존 basic 프로젝트 폴더를 빠져나와서 새로운 프로젝트를 landing이라는 이름으로 생성합니다.

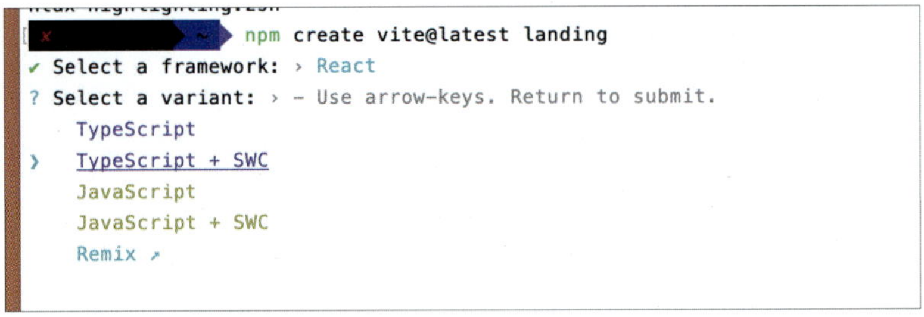

[그림 11-22] 터미널에서 vite를 사용해 landing이라는 이름의 프로젝트를 생성할 때 TypeScript + SWC 옵션을 선택

이번에는 TypeScript + SWC를 선택해 타입스크립트의 장점을 살려 좋은 개발 경험으로 프로젝트를 완성해 보겠습니다. 더불어, Babel보다 빠른 번들링 도구인 SWC를 사용하여 TypeScript를 빠르게 JavaScript로 변환합니다.

> **TIP Babel?**
>
> **Babel**은 JavaScript 컴파일러로, 주로 최신 버전의 JavaScript 코드를 이전 버전의 JavaScript로 변환하는 데 사용됩니다.

```
cd landing
npm i three @react-three/fiber @react-three/drei gsap
```

커맨드: cd landing 명령어로 landing 폴더로 진입 후 npm i 명령어로 필요한 라이브러리 설치

landing이라는 이름으로 생성된 폴더에 cd 커맨드를 통해 진입하고 필요한 라이브러리를 모두 설치합니다.

npm run dev 명령어를 통해 기본 화면이 잘 뜨는지 확인한 후 작업을 시작해 보겠습니다. 먼저, TypeScript로 작업할 때 prettier가 기본적으로 적용되도록 하기 위해 settings.json(기본 설정: 사용자 설정 열기(JSON)) 파일을 열어 기본 포맷터(default formatter)를 지정해 줍니다.

[코드 11-33] .vscode / settings.json

```json
{
  "[javascript]": {
    "editor.defaultFormatter": "esbenp.prettier-vscode"
  },
  "[javascriptreact]": {
    "editor.defaultFormatter": "esbenp.prettier-vscode"
  },
  "[typescript]": {
    "editor.defaultFormatter": "esbenp.prettier-vscode"
  },
  "[typescriptreact]": {
    "editor.defaultFormatter": "esbenp.prettier-vscode"
  },
  (...)
}
```

이번에는 App.tsx 파일 내에 모든 내용을 작성하는 것이 아니라 리액트 모듈화의 장점을 살려 components 폴더와 hooks 폴더 내에 각각 컴포넌트와 훅들을 작성해 App.tsx에서 조합해서 보여주는 방식으로 작성해 보겠습니다.

[코드 11-34] chapter_11_threejs_scroll / landing / src / index.css

```css
*,
*::before,
*::after {
  box-sizing: border-box;
}

#root {
  width: 100%;
  overflow: hidden;
}

body {
  margin: 0;
}

canvas {
  width: 100%;
  height: 100vh;
}
```

index.css는 basic 프로젝트와 동일하게 스타일링합니다.

[코드 11-35] chapter_11_threejs_scroll / landing / src / App.tsx

```tsx
import { useEffect } from 'react';
import { Canvas } from '@react-three/fiber';
import { Scene } from './components/Scene';
import './App.css';

export default function App() {
  return (
    <>
```

```
      {/* 3D 캔버스 설정 */}
        <Canvas shadows style={{ position: 'fixed', top: 0, left: 0, width: '100%', height:
'100%', backgroundColor: '#ff8c42' }}>
          <Scene />
        </Canvas>
        <div id="wrap"></div>
    </>
  );
}
```

우선, basic 프로젝트와 마찬가지로 〈Canvas〉 컴포넌트에 shadows 속성을 부여해 그림자를 나타낼 수 있도록 하고, style 속성을 통해 스크롤 시 항상 같은 위치에 떠있도록 작성합니다. 미리 Canvas 요소에 〈Scene〉 컴포넌트에서 사용하게 될 backgroundColor도 작성합니다. 그리고, 형제 태그로 스크롤되는 콘텐츠 영역을 아이디 wrap을 가진 〈div〉 태그로 생성합니다. 이제 내부에 〈Section〉 컴포넌트와 〈Content〉 컴포넌트를 만들어 메인 콘텐츠 영역에 렌더링하겠습니다.

[코드 11-36] chapter_11_threejs_scroll / landing / src / components / Section.tsx

```
import { ReactNode } from 'react';

interface ISection {
  children: ReactNode;
  bgColor?: string;
  textColor?: string;
  isReverse?: boolean;
}

export const Section = ({ children, bgColor, textColor = '#ffffff', isReverse = false }:
ISection) => (
    <div className={`section ${isReverse ? 'reverse' : ''}`} style={{ backgroundColor:
bgColor, color: textColor }}>
      <div className={`content_wrapper ${isReverse ? 'reverse' : ''}`}>{children}</div>
    </div>
);
```

ISection이라는 인터페이스를 선언해 Section 컴포넌트의 props 타입을 정의합니다. 해당 컴포넌트를 사용할 때 children 속성은 무조건 포함, 그 외의 속성들은 ?(선택적 속성)를 붙여 선택적으로 받을 수 있는 속성들을 지정합니다. 그리고 Section 컴포넌트를 선언하고 받을 수 있는 타입들을 중괄호 안에 객체 내부의 내용으로 지정하고 그 객체의 타입을 마지막에 :(콜론)을 사용해 지정합니다. 〈div〉 태그에 section 클래스와 style 속성을 사용해 backgroundColor와 color 속성을 할당하고 자식 요소로 〈div〉 태그를 생성합니다. 그 내부에 children 속성으로 ReactNode를 렌더링하고 content_wrapper 클래스를 부여하고 기본값이 false로 되어있는 isReverse 속성 여부에 따라 reverse 클래스를 부여합니다.

 인터페이스(interface)란?

인터페이스는 TypeScript에서 객체의 구조를 정의하는 데 사용되는 키워드입니다. 인터페이스를 통해 컴포넌트가 받을 수 있는 속성들과 그 타입을 명시적으로 선언합니다. 인터페이스를 사용하면, 컴포넌트에 전달되는 props의 타입을 미리 정의함으로써, 잘못된 타입의 데이터가 전달되는 것을 방지하고 개발 도구에서 props를 사용할 때 자동 완성 기능을 활용할 수 있습니다.

[코드 11-37] chapter_11_threejs_scroll / landing / src / App.css

```css
.section {
  display: flex;
  justify-content: center;
  align-items: center;
  position: relative;
  height: 100vh;
  padding: 2rem;
  & .content_wrapper {
    display: flex;
    justify-content: space-between;
    align-items: center;
    width: 100%;
    max-width: 1200px;

    &.reverse {
      flex-direction: row-reverse;
    }
  }
}
```

먼저, section 클래스에 대한 스타일을 작성하고 reverse 클래스에 대한 대응으로 flex-direction 속성만 기존 row에서 row-reverse로 변경합니다.

[코드 11-38] chapter_11_threejs_scroll / landing / src / components / Content.tsx

```tsx
interface IContent {
  title: string;
  description: string;
  buttonText?: string;
  onButtonClick?: () => void;
}

export const Content = ({ title, description, buttonText, onButtonClick }: IContent) => (
  <section className="content">
    <h2 className="title">{title}</h2>
    <p className="description">{description}</p>
    {buttonText && (
      <button onClick={onButtonClick} className="btn">
        {buttonText}
      </button>
    )}
  </section>
);
```

다음으로 〈Content〉 컴포넌트를 작성하겠습니다. 〈section〉 태그에 content 클래스를 작성하고 자식 태그로 〈h2〉 태그를 title 속성의 필수 속성으로 넘겨받아 렌더링하고, description도 〈p〉 태그로 전달 받아 동일하게 렌더링합니다. buttonText 속성은 값이 존재할 때 〈button〉 태그를 렌더링하는데 onClick 이벤트의 값으로 onButtonClick을 받아서 바인딩하고, className은 btn으로 설정합니다.

[코드 11-39] chapter_11_threejs_scroll / landing / src / App.css

```css
(...)
.content {
  flex: 0 0 45%;
  & .title {
    margin-bottom: 1rem;
    font-size: 3.5rem;
    color: #ffffff;
    user-select: none;
  }

  & .description {
    margin-bottom: 2rem;
    font-size: 1.5rem;
    color: #fff0e0;
    user-select: none;
  }

  &.main_content {
    text-align: center;
    pointer-events: auto;

    & .title {
      font-size: 9rem;
      line-height: 1;
      color: rgb(255 168 0);
      text-align: left;
    }

    & .description {
      margin-bottom: 0;
      font-size: 2rem;
      text-align: left;
    }
  }
}

.btn {
  padding: 0.8rem 1.5rem;
  border-radius: 25px;
  border: none;
  background: rgba(255, 165, 0, 0.8);
  font-size: 1.5rem;
  font-weight: bold;
  color: #8b4513;
```

```
    cursor: pointer;
    transition: all 0.3s ease;
    user-select: none;

    &:hover {
      background: rgba(255, 165, 0, 1);
      box-shadow: 0 4px 8px rgba(0, 0, 0, 0.2);
      transform: scale(1.05);
    }
  }
```

content의 flex 속성을 0 0 45%로 작성해 flex-grow, flex-shrink를 0으로 하여 남는 공간에서 팽창하거나 축소하지 않고 flex-basis의 값이 45%이므로 부모 컨테이너 너비의 45%만 차지하도록 해서 전체 너비가 넓어지거나 줄어들어도 유지하도록 합니다. title과 description 클래스에 대해 margin, font-size, color 등의 속성값을 지정합니다. 마지막으로 btn 클래스에 둥근 버튼을 작성하는데 마우스를 올렸을 때는 box-shadow 속성을 나타내고 transform의Scale 속성을 사용해 입체감 있는 버튼으로 스타일링합니다.

[코드 11-40] chapter_11_threejs_scroll / landing / src / App.tsx

```tsx
export default function App() {
  // 주문 버튼 클릭 핸들러
  const handleOrderClick = () => {
    alert('Thank you for your order!');
  };
  return (
    <>
      {/* 3D 캔버스 설정 */}
      <Canvas shadows style={{ position: 'fixed', top: 0, left: 0, width: '100%', height: '100%', backgroundColor: '#ff8c42' }}>
        <Scene />
      </Canvas>
      {/* 메인 콘텐츠 영역 */}
      <div id="wrap">
        {/* 첫 번째 섹션: 메인 타이틀 */}
        <Section bgColor="rgba(30, 60, 114, 0.15)">
          <div className="content main_content">
            <h1 className="title">Noel Donut</h1>
            <p className="description">A sweet moment melting in your mouth</p>
          </div>
        </Section>
```

```
        {/* 두 번째 섹션: 제품 특징 */}
        <Section bgColor="rgba(139, 69, 19, 0.15)">
            <Content title="Soft Sweetness" description="Experience a burst of rich flavor with every bite" />
        </Section>

        {/* 세 번째 섹션: 제품 다양성 */}
        <Section bgColor="rgba(160, 82, 45, 0.15)">
            <Content title="Variety of Flavors" description="From classic to seasonal specials, a donut for every taste" />
        </Section>

        {/* 네 번째 섹션: 주문 섹션 */}
        <Section bgColor="rgba(165, 42, 42, 0.2)">
            <Content title="Order Now" description="Taste the warm and fresh Noel Donuts today" buttonText="Place Order" onButtonClick={handleOrderClick} />
        </Section>
      </div>
    </>
  );
}
```

이제 메인 콘텐츠 영역의 첫 번째 〈Section〉 컴포넌트부터 네 번째 〈Section〉 컴포넌트까지 bgColor를 지정하고 자식 요소로 main_content를 제외하고 〈Content〉 컴포넌트를 사용해서 속성을 간편하게 작성합니다. 네 번째 주문 섹션에서는 buttonText 속성과 onButtonClick 속성을 사용해 클릭했을 때 특정 이벤트가 발생하도록 작성합니다.

[그림 11-23] 〈Section〉 컴포넌트 내부에 일반 태그들을 렌더링하여 스타일링한 결과

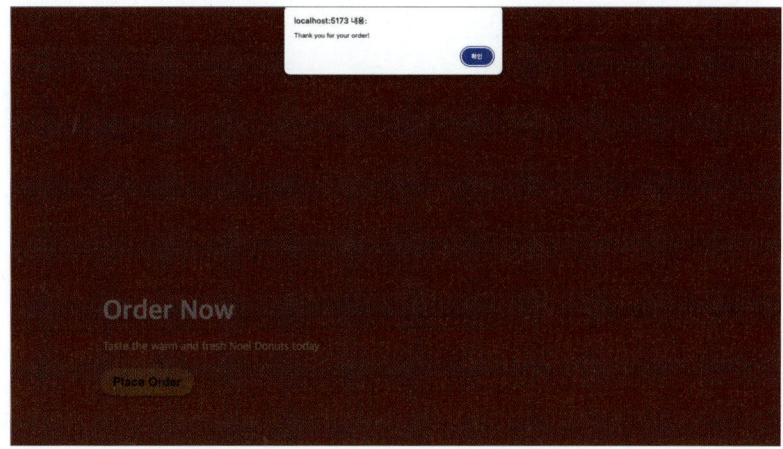

[그림 11-24] 〈Section〉 컴포넌트 내부에 〈Content〉 컴포넌트를 사용하고 buttonText와 onButtonClick 속성을 사용해서 이벤트 등록을 한 결과

Place Order 버튼을 누르게 되면, 시스템 경고창(System Alert)이 띄워지도록 설정합니다.

[코드 11-41] chapter_11_threejs_scroll / landing / src / components / Scene.tsx

```tsx
import { Suspense } from 'react';
import { Donut } from './Donut';

export const Scene = () => {
  return (
    <>
      <color attach="background" args={['#ff8c42']} />
      <Suspense fallback={null}>
        <Donut url="/donut.glb" />
      </Suspense>
    </>
  );
};
```

기존에 〈Canvas〉 컴포넌트에 작성했던 backgroundColor를 〈Scene〉 컴포넌트의 〈color〉 컴포넌트의 속성으로 옮겨 보도록 하겠습니다.

Fragment 요소를 사용해 〈color〉 컴포넌트로 배경색을 지정하고, 리액트에서 제공하는 〈Suspense〉 컴포넌트를 사용해 〈Donut〉 컴포넌트를 로드할 때 비동기적으로 처리합니다. 모델링 파일의 용량이 너무 클 경우 폴백 속성을 사용해 다른 태그나 컴포넌트를 보여줄 수도 있지만, 현재는 fallback={null}로 설정되어 있어 glb 파일을 로딩할 때 아무것도 표시하지 않습니다.

[코드 11-42] chapter_11_threejs_scroll / landing / src / components / Donut.tsx

```tsx
import React, { useRef } from 'react';
import { useGLTF } from '@react-three/drei';
import * as THREE from 'three';

interface IDonut {
  url: string;
}

export const Donut: React.FC<IDonut> = ({ url }) => {
  const { scene } = useGLTF(url);
  const meshRef = useRef<THREE.Mesh>(null);

  return (
    <group scale={1.5}>
      <primitive object={scene} ref={meshRef} />
    </group>
  );
};
```

〈Donut〉 컴포넌트를 만들어 인자로 넘겨받은 url 경로에 있는 glb 모델링 파일을 useGLTF를 사용해 로드하고, scene 객체를 〈primitive〉 컴포넌트의 object 속성으로 작성하여 렌더링합니다. ref는 미리 선언해 둔 3D 메시에 대한 참조인 meshRef를 할당합니다.

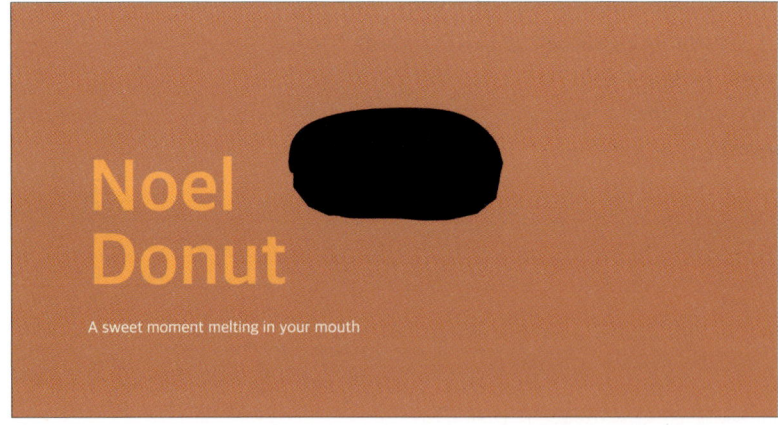

[그림 11-25] 〈Donut〉 컴포넌트를 〈Scene〉 컴포넌트에 로드해서 렌더링한 결과

도넛 형상의 검정색 메시가 나타난 것을 확인한 후, 이제 환경 조명 및 기타 조명들로 물체가 잘 보이도록 하겠습니다.

[코드 11-43] chapter_11_threejs_scroll / landing / src / components / Scene.tsx

```
(...)
export const Scene = () => {
  return (
    <>
      (...)
      <ambientLight intensity={1.5} />
      <directionalLight position={[5, 5, 5]} intensity={1.8} />
      <pointLight position={[-5, -5, -5]} intensity={1.5} />
      <spotLight position={[10, 10, 10]} angle={0.3} penumbra={1} intensity={1.8} castShadow />
      (...)
    </>
  );
};
```

〈Scene〉 컴포넌트 내부에 〈ambientLight〉, 〈directionalLight〉, 〈pointLight〉, 〈spotLight〉를 사용해서 전체적인 밝기를 주는 **환경광**, 오른쪽에서 **직사광**, 왼쪽 아래에서 **점광원**, 오른쪽 위에서 비추는 **스포트라이트**를 추가합니다. 조명의 세기(intensity) 및 위치(position) 속성으로 x, y, z축을 적절히 조절하고 angle 속성을 사용하여 빛의 퍼짐을 결정합니다. penumbra 속성으로 빛의 끝부분으로 갈수록 빛의 세기를 감소하도록 설정해 자연스러운 분위기를 연출하고 castShadow 속성을 추가해 오브젝트에 현실감 있는 그림자를 생성합니다.

[그림 11-26] 도넛에 환경광, 직사광, 점광원, 스포트라이트 조명을 추가하여 잘 보이도록 한 결과

이제 도넛 오브젝트가 잘 보이고 있지만 스크롤했을 때 여전히 고정된 모습으로 내려가고 마우스와의 인터랙션도 없습니다. 스크롤할 때 카메라 위치 및 회전을 사용해 도넛이 회전하면서 위치가 변경되도록 애니메이션을 추가해 보겠습니다. 또, GSAP 애니메이션 라이브러리를 사용해 각 섹션들의 텍스트가 스크롤을 내리면 서서히 커지면서 나타나고, 스크롤을 올리면 서서히 작아지며 사라지는 효과를 구현해 보겠습니다.

우선, 앞서 말했듯이 여러 기능을 컴포넌트와 훅으로 분리해서 진행하기 위해 GSAP과 관련된 애니메이션 기능도 하나의 훅 파일로 분리해 작성하겠습니다.

[코드 11-44] chapter_11_threejs_scroll / landing / src / hooks / useGsap.ts

```ts
import { gsap } from 'gsap';
import { ScrollTrigger } from 'gsap/ScrollTrigger';

gsap.registerPlugin(ScrollTrigger);

export const setupAnimations = (): void => {
  gsap.utils.toArray<HTMLElement>('.js-fadeIn').forEach((el: HTMLElement) => {
    gsap.fromTo(
      el,
      { opacity: 0.5, y: 100, scale: 0.5 },
      {
        opacity: 1,
        y: 0,
        scale: 1,
        duration: 1,
        ease: 'power2.out',
        scrollTrigger: {
          trigger: el,
          start: 'top 80%',
          end: 'center center',
          scrub: 1,
          toggleActions: 'play none none reverse',
        },
      },
    );
  });
};
```

GSAP 모듈에서 ScrollTrigger를 가져와서 registerPlugin 메서드를 사용해 등록하고, setupAnimations 함수를 만들고 export 구문을 통해 다른 파일에서 사용할 수 있도록 내보냅니다.

해당 함수는 :void로 어떤 것도 반환(return)하지 않는 함수의 타입을 의미하며 gsap.utils.toArray 메서드를 사용해 모든 js-fadeIn 클래스 선택자들을 가져와 배열 메서드인 forEach를 통해 fromTo 메서드의 첫 번째 인수로 대상 노드, 두 번째 인수로 시작 값, 세 번째 인수로 끝 값을 각각 설정해 각 섹션의 텍스트가 스크롤에 따라 나타나고 사라지도록 작성합니다.

power2.out은 애니메이션이 빠르게 시작하여 끝에서 점점 느려지는 효과를 주고 시작 지점을 top 80%로 설정해 트리거 요소의 상단이 뷰포트의 80% 지점에 도달했을 때 시작되고, 화면 중앙쯤 위치했을 때 끝나도록 설정합니다.

훅(hook)이란?

훅은 React 16.8 버전에서 도입된 기능으로, 함수형 컴포넌트에서 생명주기(lifecycle)와 상태(state)를 이용해서 다양한 기능을 만들 수 있습니다.

훅은 왜 'use'로 시작할까?

훅을 만들 때는 기본적으로 use라는 prefix(접두사)를 사용하는데 리액트 커뮤니티에서 널리 사용하기로 약속한 부분이고 가독성 및 자동완성 등의 기능들을 제공하며 ESLint와 같이 린트 규칙에서도 use를 훅으로 인식하고 평가합니다.

toggleActions: 'play none none reverse' 속성의 해석 방법?

- play: 처음 진입 시 재생
- none: 요소를 완전히 벗어났을 때 아무 동작 없음
- none: 다시 진입할 때 아무 동작 없음
- reverse: 위로 스크롤하여 시작 지점으로 돌아갈 때 애니메이션 역재생

[코드 11-45] chapter_11_threejs_scroll / landing / src / App.tsx

```tsx
import { setupAnimations } from './hooks/useGsap';
(...)
export default function App() {
  (...)
  useEffect(() => {
    setupAnimations();
  }, []);
  return (
    (...)
  );
```

useGsap 훅을 App 컴포넌트에 가져오기해서 ScrollTrigger 동작과 텍스트 애니메이션이 동시에 적용되도록 합니다.

[코드 11-46] chapter_11_threejs_scroll / landing / src / components / Scene.tsx

```tsx
import { Suspense, useEffect } from 'react';
import { useThree, useFrame } from '@react-three/fiber';
import { Donut } from './Donut';
import { gsap } from 'gsap';

export const Scene = () => {

  const { camera } = useThree();

  useEffect(() => {
    // 초기 카메라 위치 설정
    camera.position.set(0, 0, 3);

    // GSAP 타임라인 생성 및 스크롤 트리거 설정
    const tl = gsap.timeline({
      scrollTrigger: {
        trigger: '#wrap',
        start: 'top top',
        end: 'bottom bottom',
        scrub: 1,
      },
    });
```

```
      tl.to(camera.position, {
        x: 1,
        y: 0.5,
        z: 3.5,
      })
        .to(camera.position, {
          x: -0.5,
          y: -0.5,
          z: 4,
        })
        .to(camera.position, {
          x: -0.5,
          y: -0.5,
          z: 2.5,
        });
    }, [camera]);

    useFrame(() => {
      camera.lookAt(0, 0, 0);
    });

    return (
      (...)
    );
  };
```

도넛의 회전하는 애니메이션을 연출하기 위해 camera 객체를 useThree 훅에서 가져와 useEffect에서 camera 객체가 변경될 때마다 카메라의 초기 위치를 z축 3으로 설정하고 GSAP 라이브러리의 여러 애니메이션을 순차적 또는 동시에 동작하도록 할 수 있는 timeline 메서드를 활용해 tl이라는 변수에 할당하고 3단계의 위치 변경을 정의합니다.

그리고 매 프레임마다 useFrame 훅을 통해서 (0, 0, 0) 지점을 바라보도록 설정하는데 이는 카메라가 움직이긴 하지만 매 프레임마다 3D 오브젝트를 바라보도록 하는 카메라 연출입니다.

[코드 11-47] chapter_11_threejs_scroll / landing / src / components / Donut.tsx

```
(...)
interface IDonut {
  url: string;
  isMobile: boolean;
}
(...)
export const Donut: React.FC<IDonut> = ({ url, isMobile }) => {
 (...)
 useEffect(() => {
   (...)
   const startX = isMobile ? 0 : 1.2;
   const endX = isMobile ? 0 : 0.5;

   if (groupRef.current) {
     (...)
     .to(
       groupRef.current.scale,
       {
         x: isMobile ? 1.5 : 1.3,
         y: isMobile ? 1.5 : 1.3,
         z: isMobile ? 1.5 : 1.3,
       },
       '<',
     )
     .to(rotationRef.current, { x: Math.PI / 2, y: 0, z: 0 }, '<');
   }
   (...)
 }, [scene, isMobile]);
 (...)
};
```

〈Donut〉 컴포넌트에는 3D 객체의 그룹에 접근할 수 있는 **THREE.Group**에 대한 ref를 생성하고 groupRef 변수에 할당하고 〈group〉 컴포넌트의 ref에 할당합니다.

groupRef.current가 있는지 확인하고 선언된 tl 타임라인을 사용해서 position의 시작 지점 및 끝 지점을 조절하고 scale 속성을 사용해 0.9 정도의 크기로 축소합니다.

[코드 11-48] chapter_11_threejs_scroll / landing / src / components / Donut.tsx

```
(...)

export const Donut: React.FC<IDonut> = ({ url, isMobile }) => {
 (...)
  useEffect(() => {
    scene.traverse((child: THREE.Object3D) => {
      if (child instanceof THREE.Mesh) {
        child.material.roughness = 0.2;
        child.material.metalness = 0.1;
        child.castShadow = true;
        child.receiveShadow = true;
      }
    });
    (...)
  }, [scene]);

  return (
    (...)
  );
};
```

scene 객체의 traverse 메서드를 활용해 scene의 모든 자식 및 자손 객체들을 재귀적으로 순회하는데 재질의 roughness(거칠기), metalness(금속성), castShadow(그림자 생성) 및 receiveShadow(그림자 수신)에 대한 설정들을 작성합니다.

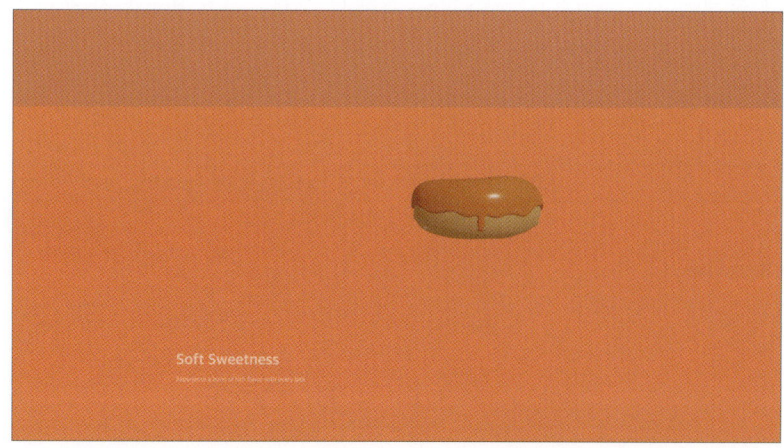

[그림 11-27] 스크롤에 따라서 각 섹션의 문구들이 커지면서 노출되고 전체 장면 카메라의 위치 및 오브젝트의 위치, 크기를 타임라인에 따라 변화한 결과

이제 스크롤을 내리면 각 섹션의 문구가 커지면서 노출되고, 반대로 스크롤을 올리면 문구들이 작아지면서 사라집니다. 화면 중앙에 위치하면 문구가 완전히 커진 상태로 유지되는 것이 확인됩니다. 〈Scene〉, 〈Donut〉 컴포넌트들에 설정된 카메라의 위치 및 오브젝트의 크기 변경에 따라 도넛이 작아 보이고 아래에서 올려다보는 느낌을 주고 있나요?

[코드 11-49] chapter_11_threejs_scroll / landing / src / components / Donut.tsx

```
import { useFrame } from '@react-three/fiber';
(...)
export const Donut: React.FC<IDonut> = ({ url }) => {
  const meshRef = useRef<THREE.Mesh>(null);
  (...)
  useFrame((_state, delta) => {
    if (meshRef.current) {
      meshRef.current.rotation.y += delta * 0.3;
    }
  });

  return (
    (...)
  );
};
```

이번에는 도넛이 3D 오브젝트라는 것을 알 수 있도록 스크롤하지 않는 경우에도 useFrame 훅을 사용해서 각 프레임마다 y축을 중심축으로 좌에서 우로, 기존 delta 값에 0.3을 지속적으로 곱해 일정하게 회전하도록 작성합니다.

[코드 11-50] chapter_11_threejs_scroll / landing / src / components / Donut.tsx

```
(...)
interface IRotation {
  x: number;
  y: number;
  z: number;
}

export const Donut: React.FC<IDonut> = ({ url }) => {
  (...)
  const rotationRef = useRef<IRotation>({ x: 0, y: 0, z: 0 });
    useEffect(() => {
```

```
    (...)
    if (groupRef.current) {
      tl.fromTo(groupRef.current.position, { x: startX, y: -0.5 }, { x: endX, y: 0.5, z:
-0.25 })
        .to(groupRef.current.scale, { x: 0.9, y: 0.9, z: 0.9 }, '<')
        .to(rotationRef.current, { x: Math.PI, y: Math.PI * 2, z: Math.PI }, '<')
        .to(groupRef.current.position, {
          y: 0,
          x: endX,
          z: 0,
        })
        .to(
          groupRef.current.scale,
          {
            x: 1.3,
            y: 1.3,
            z: 1.3,
          },
          '<',
        )
        .to(rotationRef.current, { x: Math.PI / 2, y: 0, z: 0 }, '<');
    }
  }, [scene]);

  useFrame((_state, delta) => {
    if (groupRef.current) {
      groupRef.current.rotation.x += (rotationRef.current.x - groupRef.current.rotation.x)
* 0.05;
      groupRef.current.rotation.y += (rotationRef.current.y - groupRef.current.rotation.y)
* 0.05;
      groupRef.current.rotation.z += (rotationRef.current.z - groupRef.current.rotation.z)
* 0.05;
    }
    (...)
  })

  return (
    (...)
  );
};
```

마우스 스크롤 시에 도넛이 역동적으로 회전하는 인터랙티브한 효과를 주기 위해 timeline을 활용해 position과 scale을 세부적으로 조절해 보겠습니다. '〈'는 이 애니메이션이 이전 애니메이션과 동시에 시작됨을 의미합니다. 기존 tl에 회전에 대한 좌표 정보를 담당하는 rotationRef를 선언하고 x축 180도 y축 360도 z축 180도로 각각 설정합니다.

그리고 다음 타임라인인 최종 위치, 크기, 회전에 대해서 설정하기 위해서 '〈'가 없는 groupRef에 대한 position, scale을 각각 작성하고 rotationRef에 대해서도 x축을 Math.PI / 2인 90도로 하여 도넛의 상단 단면이 잘 보이도록 최종 회전각을 작성합니다. 마지막으로 useFrame에서 전체 회전각에 대한 보간을 위해서 전체 x, y, z축의 회전각에서 각각 현재 x, y, z 축을 뺀 남은 회전각들에 0.05를 곱한 값을 지속적으로 더해 줌으로써 부드러운 회전 애니메이션에 대한 보간 작업을 합니다.

[그림 11-28] 가만히 있을 때도 지속적으로 y축을 기준으로 움직이고 스크롤에 따라 역동적으로 회전하는 도넛 결과

스크롤에 따라 도넛이 역동적으로 회전하고 가만히 있을 때에도 지속적으로 y축으로 회전하고 있나요?

사용자가 도넛을 직접 마우스로 회전시킬 수 있도록 3D 오브젝트의 장점을 살려 더 재미있는 인터랙션을 만들어 보도록 하겠습니다.

[코드 11-51] chapter_11_threejs_scroll / landing / src / components / Donut.tsx

```tsx
(...)

interface IMousePosition {
  x: number;
  y: number;
}

export const Donut: React.FC<IDonut> = ({ url }) => {
 (...)
 const isMouseDownRef = useRef<boolean>(false);
 const lastMousePositionRef = useRef<IMousePosition>({ x: 0, y: 0 });
   useEffect(() => {
     (...)
     const handleMouseDown = (e: MouseEvent) => {
       isMouseDownRef.current = true;
       lastMousePositionRef.current = { x: e.clientX, y: e.clientY };
     };

     const handleMouseUp = () => {
       isMouseDownRef.current = false;
     };

     const handleMouseMove = (e: MouseEvent) => {
       if (isMouseDownRef.current && groupRef.current) {
         const deltaMove = {
           x: e.clientX - lastMousePositionRef.current.x,
           y: e.clientY - lastMousePositionRef.current.y,
         };

         const rotationSpeed = 0.01;
         groupRef.current.rotation.y += deltaMove.x * rotationSpeed;
         groupRef.current.rotation.x += deltaMove.y * rotationSpeed;

         lastMousePositionRef.current = { x: e.clientX, y: e.clientY };
       }
     };

   window.addEventListener('mousedown', handleMouseDown);
   window.addEventListener('mouseup', handleMouseUp);
   window.addEventListener('mousemove', handleMouseMove);

   return () => {
     window.removeEventListener('mousedown', handleMouseDown);
     window.removeEventListener('mouseup', handleMouseUp);
```

```
      window.removeEventListener('mousemove', handleMouseMove);
    };
  }, [scene]);

  useFrame((_state, delta) => {
    if (!isMouseDownRef.current && groupRef.current) {
      (...)
    }
  })

  return (
    (...)
  );
};
```

isMouseDownRef로 현재 마우스를 누르고 있는 상태인지 여부를 관리하기 위한 ref와 lastMousePositionRef로 마지막 마우스 이동 지점을 저장해서 handleMouseDown 함수에서 isMouseDownRef의 current 값을 true로 하고 현재 마우스 위치를 lastMousePositionRef에 저장하고 마우스를 떼었을 때는 isMouseDownRef의 current 값을 다시 false로 설정합니다. 마우스를 누른 상태에서 움직일 때마다 마우스의 이동 거리(deltaMove)를 계산하고 이동 거리에 회전 속도(rotationSpeed)를 곱하여 3D 객체의 회전 각도를 변경하고 lastMousePositionRef의 current 값에 현재 마우스 위치를 업데이트하여 다음 이동 계산을 위해 준비합니다.

마지막으로 마운트 시 이벤트를 등록했으면 언마운트 시에는 이벤트를 다시 제거해주고 useFrame에서 마우스를 누르고 있을 때는 각 프레임의 groupRef.current.rotation 값이 수정되지 않도록 예외 처리합니다.

마우스 인터랙션을 통해서 도넛이 회전하고 마우스를 떼면 다시 기존 current의 애니메이션 프레임의 경로로 돌아가기 위한 애니메이션이 잘 발생하나요?

이제 반응형을 고려해 각 섹션의 텍스트의 위치 및 크기를 미디어 쿼리를 사용해서 수정하고 isMobile이라는 props를 넘겨 각각 다른 속성값으로 position 및 scale 속성을 적용해 보겠습니다.

[코드 11-52] chapter_11_threejs_scroll / landing / src / App.css

```css
(...)
@media (max-width: 1024px) {
  .section {
    & .content_wrapper {
      flex-direction: column;
      text-align: center;

      &.reverse {
        flex-direction: column;
      }
    }
  }

  .content {
    flex: 0 0 100%;
    margin-bottom: 2rem;

    & .title {
      font-size: 2.5rem;
    }

    & .description {
      padding: 0 1.2rem;
      font-size: 1.5rem;
    }

    &.main_content {
      & .title {
        font-size: 4.8rem;
        text-align: center;
      }

      & .description {
        padding: 0 4rem;
        font-size: 1.5rem;
        text-align: center;
      }
    }
  }
}
```

먼저, flex-direction, flex-basis, font-size, padding 등 가변적 속성들을 조절해 적은 수정으로도 모바일 화면에서 콘텐츠가 잘 보이도록 합니다.

[그림 11-29] 모바일 화면에서도 텍스트가 자연스럽게 보일 수 있도록 미디어 쿼리를 적용한 결과

[코드 11-53] chapter_11_threejs_scroll / landing / src / hooks / useIsMobile.ts

```
import { useState, useEffect } from 'react';

export const useIsMobile = (): boolean => {
  const [isMobile, setIsMobile] = useState<boolean>(false);

  useEffect(() => {
    const mediaQuery: MediaQueryList = window.matchMedia('(max-width: 1024px)');

    const handleMediaQueryChange = (event: MediaQueryListEvent): void => {
      setIsMobile(event.matches);
    };
```

```
    setIsMobile(mediaQuery.matches);

    mediaQuery.addEventListener('change', handleMediaQueryChange);

    return () => {
      mediaQuery.removeEventListener('change', handleMediaQueryChange);
    };
  }, []);

  return isMobile;
};
```

useIsMobile이라는 훅을 만들어 true, false인 boolean을 반환합니다.

먼저, useState인 isMobile의 초기 값을 false로 하고, window 메서드인 **matchMedia**를 통해 max-width: 1024px 이하 여부에 따라 handleMediaQueryChange 함수를 mediaQuery로 선언한 matchMedia의 change 이벤트의 콜백 함수로 할당하여 변경을 감지합니다. useEffect 내에서 초기에 한 번 setIsMobile을 통해 현재의 matches 속성이 true인지 false인지의 상태를 내보냅니다. 이를 통해 화면 크기의 초기 상태가 크든 작든 모두 대응할 수 있습니다.

[코드 11-54] chapter_11_threejs_scroll / landing / src / App.tsx

```
(...)
import { useIsMobile } from './hooks/useIsMobile';

export default function App() {
  const isMobile = useIsMobile();
    (...)
    return (
    <>
      <Canvas shadows style={{ position: 'fixed', top: 0, left: 0, width: '100%', height: '100%' }}>
        <Scene isMobile={isMobile} />
      </Canvas>
      (...)
    </>
  );
}
```

isMobile 여부는 전역적으로 사용할 것 같으므로 App 컴포넌트에서 로드하고 〈Scene〉 컴포넌트의 isMobile props로 넘겨주도록 합니다.

[코드 11-55] chapter_11_threejs_scroll / landing / src / components / Scene.tsx

```
(...)
export const Scene = ({ isMobile }: { isMobile: boolean }) => {
 (...)
 useEffect(() => {
   (...)
   if (!isMobile) {
     tl.to(camera.position, {
       x: 1,
       y: 0.5,
       z: 3.5,
     })
       .to(camera.position, {
         x: -0.5,
         y: -0.5,
         z: 4,
       })
       .to(camera.position, {
         x: -0.5,
         y: -0.5,
         z: 2.5,
       });
     // 모바일 환경에서의 카메라 애니메이션
   } else {
     tl.to(camera.position, {
       y: -0.5,
       z: 3.5,
     });
   }
 }, [camera, isMobile]);
 (...)
};
```

〈Scene〉 컴포넌트에서는 props로 전달받은 isMobile 여부에 따라서 camera 객체의 position 속성을 다르게 설정해, 모바일 화면에서는 카메라가 수평 이동 없이 단순히 아래로 내려가고 뒤로 물러나는 효과만 부여합니다.

[코드 11-56] chapter_11_threejs_scroll / landing / src / components / Donut.tsx

```
(...)
interface IDonut {
  url: string;
  isMobile: boolean;
}
(...)
export const Donut: React.FC<IDonut> = ({ url, isMobile }) => {
  (...)
  useEffect(() => {
    (...)
    const startX = isMobile ? 0 : 1.2;
    const endX = isMobile ? 0 : 0.5;

    if (groupRef.current) {
      (...)
      .to(
        groupRef.current.scale,
        {
          x: isMobile ? 1.5 : 1.3,
          y: isMobile ? 1.5 : 1.3,
          z: isMobile ? 1.5 : 1.3,
        },
        '<',
      )
      .to(rotationRef.current, { x: Math.PI / 2, y: 0, z: 0 }, '<');
    }
    (...)
  }, [scene, isMobile]);
  (...)
};
```

마지막으로 〈Donut〉 컴포넌트에서 isMobile을 props로 전달받아 3D 오브젝트의 position 및 scale을 조절하고 useEffect의 의존성 배열(dependency)에도 추가해 isMobile 여부가 바뀔 때마다 useEffect 내부의 코드를 재실행되도록 합니다.

[그림 11-30] 모바일 화면에서 도넛이 렌더링된 결과

마무리

　이번 장에서는 리액트와 Three.js를 활용한 3D 웹 개발을 학습했습니다. Vite를 사용한 React 개발 환경 구성부터 시작하여, R3F(React Three Fiber)를 통해 Three.js를 리액트 환경에서 효과적으로 사용하는 방법을 익혔습니다. 3D 객체 생성, 조명 설정, 카메라 제어 등 Three.js의 핵심 개념들을 실습을 통해 익혔습니다. 또한 GSAP 라이브러리를 활용하여 스크롤에 반응하는 애니메이션을 구현하는 방법도 배웠습니다. R3F를 활용해서 기초적인 3D 박스 애니메이션부터 도넛 모델 파일을 활용한 랜딩 페이지 프로젝트까지 실제 상용 웹사이트에서 사용될 수 있는 3D 인터랙션 기법들을 적용했습니다. 스크롤에 따른 3D 객체의 회전과 이동, 마우스 인터랙션을 통한 객체 조작, 반응형 디자인 적용 등 실무에서 활용 가능한 기술들을 종합적으로 다루었습니다.

　또한, TypeScript를 도입하여 코드의 안정성과 가독성을 높이는 방법, 컴포넌트와 훅을 분리하여 코드를 구조화하는 기법 등 대규모 프로젝트에서 필요한 개발 방법론도 함께 학습했습니다. 이번 장에서 배운 내용들은 3D 그래픽과 인터랙티브 요소를 구현하는 데 필수적인 기술들이기 때문에 앞으로 다양한 프로젝트에서 이 기술들을 활용하여 더욱 흥미롭고 몰입도 높은 경험을 제공해 보세요.

FRONT-END WEB ANIMATION

결과물 보기

12장

WebGL을 활용한 웹 게임 만들기

웹 기술의 발전은 브라우저에서 복잡한 3D 그래픽을 구현할 수 있는 수준에 이르렀고, WebGL의 등장으로 웹에서도 고품질의 3D 그래픽을 렌더링할 수 있게 되어 웹 게임 개발 분야에 큰 혁신을 가져왔습니다. 이전 장에서 R3F(React Three Fiber)를 통해 Three.js를 리액트 환경에서 효율적으로 사용하는 방법을 배웠습니다. 이번에는 한 단계 더 나아가 WebGL을 활용하여 웹 게임을 만드는 과정을 실습해 보겠습니다.

이러한 실습을 통해 웹 브라우저에서 동작하는 인터랙티브한 3D 웹 게임을 만드는 기술을 습득하고, 단순한 그래픽 구현을 넘어, 사용자와 실시간으로 상호작용하는 몰입도 높은 웹 경험을 만들 수 있는 능력을 갖추게 될 것입니다.

- **12-1** Game 프로젝트 생성 및 기본 설정
- **12-2** useGLTF 활용한 3D 캐릭터 로드
- **12-3** 환경 조명 및 방향 조명 생성
- **12-4** 카메라 위치 및 움직임 구성
- **12-5** TextureLoader를 사용한 바닥 생성
- **12-6** 캐릭터 크기 조절 및 애니메이션 적용
- **12-7** 마우스 인터랙션으로 캐릭터 이동 구현
- **12-8** 키보드 인터랙션으로 캐릭터 점프 구현
- **12-9** 이벤트를 통한 축구공 노출 구현

12-1 Game 프로젝트 생성 및 기본 설정

[그림 12-1] WebGL을 활용한 웹 게임 만들기 결과

이번 장에서는 R3F를 사용하여 3D 오브젝트를 생성하고 배치하는 방법을 복습하며, 게임의 기본 환경을 구축하고, 조명을 추가하여 〈Scene〉에 생동감을 불어넣고, 그림자 효과로 현실감을 높이는 과정 등을 복습합니다. 또한, 카메라의 움직임을 구현하여 사용자에게 동적인 시점을 제공하는 것을 실습해 보겠습니다.

마우스를 통해 3D 환경에서 캐릭터를 움직이고, 키보드를 통해 점프를 하는 등 상호작용을 발생시키는 것을 구현해 더욱 인터랙티브한 웹을 만들어 보겠습니다.

우선, 이전 프로젝트와 마찬가지로 Vite + React + TypeScript로 프로젝트를 생성해 보겠습니다.

```
npm create vite@latest game
```

커맨드: npm create 커맨드로 game이라는 이름의 새로운 vite 프로젝트 생성

Select a framework는 React로 **Select a variant**는 TypeScript + SWC 프로젝트 생성 후에 cd 커맨드로 game 폴더 내에 진입하여 npm install 명령어를 실행해 관련 패키지를 설치합니다.

```
cd game
npm install
npm run dev
```

커맨드: cd game 커맨드로 game 폴더로 진입 후 npm install로 관련 패키지 설치 및 npm run dev로 개발 서버 구동

npm run dev 커맨드로 웹 서버를 띄웠을 때 기본 Vite + React + TS 프로젝트 초기 화면이 잘 노출된다면 다른 패키지들도 설치합니다.

```
npm install three @react-three/fiber @react-three/drei gsap
```

커맨드: 3D 구현에 필요한 패키지 설치

불필요한 App.css를 삭제하고 index.css 파일에 기본적인 내용들만 작성 후에 App.tsx에 Scene 컴포넌트를 로드합니다.

[코드 12-1] chapter_12_webgl_game / game / src / App.tsx

```css
body {
  overflow: hidden;
  margin: 0;
  background-color: #87ceeb;
}
```

[코드 12-2] chapter_12_webgl_game / game / src / App.tsx

```tsx
import React from 'react';
import { Canvas } from '@react-three/fiber';;
import Scene from './components/Scene';

const App: React.FC = () => {
  return (
    <Canvas shadows style={{ width: '100vw', height: '100vh' }}>
      <Scene />
    </Canvas>
```

```
    );
};

export default App;
```

브라우저의 기본 margin 속성을 제거하고 Canvas 영역이 body 영역보다 커지더라도 스크롤이 노출되지 않도록 overflow 속성의 값을 hidden으로 설정합니다.

기본 배경색은 하늘 색상의 #87ceeb로 지정하고 〈Canvas〉 컴포넌트에 shadows 속성을 추가해 그림자를 렌더링할 수 있도록 설정합니다. 너비와 높이를 각각 뷰포트의 너비와 높이로 설정해 화면이 항상 가득 차도록 설정합니다.

[코드 12-3] chapter_12_webgl_game / game / src / components / Scene.tsx

```
import React from 'react';

const Scene: React.FC = () => {
  return (
    <></>
  );
};

export default Scene;
```

components 폴더를 생성하고 〈Scene〉 컴포넌트를 생성해 다양한 추가 컴포넌트를 렌더링할 수 있도록 합니다.

useGLTF 활용한 3D 캐릭터 로드

이전 장에서 도넛을 로드한 것과 마찬가지로 R3F의 useGLTF를 활용해 캐릭터를 로드해 보겠습니다.

[코드 12-4] chapter_12_webgl_game / game / src / components / Player.tsx

```tsx
import React, { useRef } from 'react';
import { useGLTF } from '@react-three/drei';
import * as THREE from 'three';

interface IPlayerProps {
  modelSrc: string;
}

const Player: React.FC<IPlayerProps> = ({ modelSrc }) => {
  const { scene } = useGLTF(modelSrc);
  const modelRef = useRef<THREE.Group>(null);

  return <primitive object={scene} ref={modelRef} scale={[1, 1, 1]} />;
};

export default Player;
```

〈Player〉 컴포넌트를 생성하고, useGLTF를 활용해 상위 컴포넌트에서 받은 modelSrc 경로에 있는 3D 캐릭터를 로드합니다. scene 객체를 구조 분해 할당으로 가져와서 〈primitive〉 컴포넌트의 object 속성으로 할당해서 렌더링합니다. ref로 컴포넌트 내에서 3D 객체에 접근할 수 있는 참조를 useRef로 생성한 뒤 scale 속성은 1, 1, 1로 하여 원본 크기로 설정합니다.

> **TIP** ⟨primitive⟩
>
> R3F에서 제공하는 ⟨primitive⟩ 컴포넌트를 사용하면, 복잡한 3D 객체를 R3F의 선언적 구조 안에 쉽게 통합할 수 있고, 외부에서 로드한 3D 모델을 렌더링할 때 매우 유용합니다.

[코드 12-5] chapter_12_webgl_game / game / src / components / Scene.tsx

```tsx
import React from 'react';
import Player from './Player';

const Scene: React.FC = () => {
  return (
    <>
      <Player modelSrc="/manman.glb" />
    </>
  );
};

export default Scene;
```

⟨Scene⟩ 컴포넌트에서 ⟨Player⟩ 컴포넌트를 로드하고 modelSrc 속성으로 public 폴더의 manman.glb 경로를 절대 경로로 작성합니다.

[그림 12-2] ⟨Player⟩ 컴포넌트를 ⟨Scene⟩에서 로드한 결과

환경 조명 및 방향 조명 생성

그림 12-2를 보면, 아직 조명이 없어 그림자로 뒤덮인 모델링 파일의 실루엣만 보이는 것을 확인할 수 있습니다.

이전 장에서 도넛에 환경 조명과 방향 조명을 사용했던 것과 마찬가지로 3D 캐릭터가 조명을 받고 원래의 색상을 띠도록 해보겠습니다.

[코드 12-6] chapter_12_webgl_game / game / src / components / Light.tsx

```
import React from 'react';

const Light: React.FC = () => {
  return (
    <>
      {/* 환경광: 전체적인 기본 조명 제공 */}
      <ambientLight
        intensity={0.6}
      />

      {/* 방향광: 주요 조명과 그림자 생성 */}
      <directionalLight
        position={[50, 50, -25]}
        intensity={1}
        castShadow
      />
    </>
  );
};

export default Light;
```

환경 조명에 대해서 0.6정도로 적용해 전체적으로 부드럽게 퍼지는 조명이 렌더링되도록 하고, 방향 조명에 대해서는 position 속성으로 광원의 위치와 intensity 속성으로 조명의 강도를 지정한 후 castShadow를 사용해 그림자를 생성할 수 있도록 설정합니다.

[코드 12-7] chapter_12_webgl_game / game / src / components / Scene.tsx

```tsx
(...)
import Light from './Light';
import { OrbitControls } from '@react-three/drei';

const Scene: React.FC = () => {
  return (
    <>
      <Light />
      <OrbitControls />
      (...)
    </>
  );
};

export default Scene;
```

화면에 적용하기 위해 〈Scene〉 컴포넌트에 〈Light〉 컴포넌트를 렌더링하고, 마우스 움직임을 통해 모델링 파일을 세부적으로 볼 수 있도록 〈OrbitControls〉 컴포넌트를 추가하여 렌더링합니다.

[그림 12-3] 조명을 추가해서 3D 캐릭터가 렌더링된 결과

이제 3D 캐릭터가 조명을 받아 제대로 노출되고 있나요?

마우스를 통해 줌인과 회전 등을 수행해 보며 모델링 파일을 관찰할 수 있습니다. 보다 세부적으로 빛 조정을 하기 위해 **helper**를 추가해 볼 수 있습니다.

[코드 12-8] chapter_12_webgl_game / game / src / components / Light.tsx

```tsx
import { useThree } from '@react-three/fiber';
import React, { useEffect, useRef } from 'react';
import * as THREE from 'three';

const Light: React.FC = () => {
  const { scene } = useThree();
  const directionalLightRef = useRef<THREE.DirectionalLight>(null);
  const helperRef = useRef<THREE.DirectionalLightHelper | null>(null);

  useEffect(() => {
    if (directionalLightRef.current) {
      const helper = new THREE.DirectionalLightHelper(directionalLightRef.current, 20);
      helperRef.current = helper;
      scene.add(helper);
      return () => {
        if (helperRef.current) {
          scene.remove(helperRef.current);
        }
      };
    }
  }, [scene]);
  return (
    <>
      (...)
      <directionalLight
        ref={directionalLightRef}
        position={[50, 50, -25]}
        intensity={1}
        castShadow
      />
    </>
  );
};

export default Light;
```

먼저, DirectionalLight와 Helper에 대한 참조를 생성하고 DirectionalLight가 생성되면 해당 Helper를 만들고 크기를 20으로 설정한 뒤 〈Scene〉에 추가합니다.

컴포넌트가 언마운트될 때 Helper를 〈Scene〉에서 제거하는 함수를 반환하고 DirectionalLight를 렌더링할 때 directionalLightRef를 참조로 지정합니다.

[그림 12-4] 조명을 세부적으로 조절하기 위해서 〈Light〉 컴포넌트에 helper를 추가한 결과

이제 조명을 비추는 위치를 조절하면 helper도 따라서 움직이기 때문에 조명의 위치를 세부적으로 눈으로 확인하면서 조절할 수 있습니다.

조명의 위치를 충분히 조절한 후에는 주석처리를 통해 불필요한 렌더링을 방지합니다.

12-4 카메라 위치 및 움직임 구성

이번에는 현재 정면을 보고 있는 캐릭터를 실제 게임처럼 전체적인 캐릭터를 볼 수 있도록 카메라 위치와 캐릭터의 위치를 지정해서 렌더링해 보겠습니다.

[코드 12-9] chapter_12_webgl_game / game / src / components / CameraController.tsx

```tsx
import React, { useEffect } from 'react';
import { useThree } from '@react-three/fiber';
import * as THREE from 'three';

const CameraController: React.FC = () => {
  const { camera, size } = useThree();

  useEffect(() => {
    const updateCamera = () => {
      if (camera instanceof THREE.OrthographicCamera) {
        const aspect = size.width / size.height;
        const newFrustumSize = 5 * Math.max(1, aspect);

        camera.left = (-newFrustumSize * aspect) / 4;
        camera.right = (newFrustumSize * aspect) / 4;
        camera.top = newFrustumSize / 4;
        camera.bottom = -newFrustumSize / 4;
        camera.updateProjectionMatrix();
      }
    };

    updateCamera();
    window.addEventListener('resize', updateCamera);
    return () => window.removeEventListener('resize', updateCamera);
  }, [camera, size]);

  return null;
};

export default CameraController;
```

우선, 3D 장면에서 카메라의 동작을 제어하는 역할을 하게 될 〈CameraController〉라는 컴포넌트를 작성합니다.

useThree 훅을 사용해 현재 3D 장면에서 camera와 size를 가져옵니다. useEffect 훅을 사용하여 컴포넌트가 마운트될 때와 camera 또는 size 변경 시에 실행되는 구문 내에서 화면 비율을 계산하고, OrthographicCamera인지 확인 후 카메라의 left, right, top, bottom 값을 설정해 시야 범위를 조정합니다.

화면을 4등분하여 중앙에 초점을 맞추기 위해 값을 나누고, 카메라의 updateProjectionMatrix() 메서드를 호출해 변경 사항을 적용합니다. 마지막으로 resize 이벤트 시 updateCamera를 호출하며, 컴포넌트 언마운트 시에는 이벤트를 정리합니다.

[코드 12-10] chapter_12_webgl_game / game / src / components / CameraController.tsx

```tsx
import React, { useRef, useEffect } from 'react';
import { useFrame } from '@react-three/fiber';
(...)

interface ICameraControllerProps {
  playerPosition: THREE.Vector3;
}

const CameraController: React.FC<ICameraControllerProps> = ({ playerPosition }) => {
  const cameraOffset = useRef(new THREE.Vector3(7, 5, 7));
  const cameraLookAtOffset = useRef(new THREE.Vector3(0, 0.5, 0));
  (...)
  useFrame(() => {
    if (camera instanceof THREE.OrthographicCamera) {
      const cameraPosition = new THREE.Vector3().addVectors(playerPosition, cameraOffset.current);
      camera.position.lerp(cameraPosition, 0.1);
      const lookAtPosition = new THREE.Vector3().addVectors(playerPosition, cameraLookAtOffset.current);
      camera.lookAt(lookAtPosition);
    }
  });

  return null;
};

export default CameraController;
```

props로 받아오게 되는 playerPosition 값은 **THREE.Vector3** 타입으로 ICameraController Props 인터페이스를 정의합니다.

cameraOffset 변수에 카메라와 캐릭터 위치 사이의 거리를 (7, 5, 7)로 설정하고 cameraLook AtOffset 변수에 카메라가 바라보는 지점을 (0, 0.5, 0)으로 조정합니다.

useFrame을 사용해서 매 프레임마다 cameraPosition 변수에 Vector3().addVectors() 메서드를 통해서 playerPosition과 cameraOffset.current 값을 각각 더한 위치를 계산하고 그런 다음, lerp 메서드를 통해 카메라를 부드럽게 0.1 속도로 이동시킵니다.

camera.lookAt 메서드를 사용해 카메라가 계산된 위치를 바라보도록 설정합니다.

THREE.Vector3란?

THREE.Vector3는 Three.js 라이브러리에서 제공하는 3차원 벡터를 표현하는 클래스로 3D 공간에서의 방향, 크기, 위치 등을 나타내는 데 사용되고 x, y, z 속성으로 구성되어 방향, 크기, 속도, 가속도 등의 표현 등에 사용됩니다.

주요 메서드는 다음과 같습니다.

메서드	설명
add(v)	다른 벡터를 더하는 메서드
sub(v)	다른 벡터를 빼는 메서드
clone()	벡터의 복사본을 생성하는 메서드
set(x, y, z)	벡터의 값을 설정하는 메서드
length()	벡터의 길이(크기)를 반환하는 메서드
normalize()	벡터를 정규화하여 길이를 1로 만드는 메서드
addVectors(a, b)	두 개의 3D 벡터를 더하는 메서드

[표 12-1] THREE.Vector3 메서드

add(v) 메서드와 addVectors(a,b) 메서드의 차이는 현재 벡터 객체에 직접 다른 벡터를 더하는 add(v) 메서드와 달리 **addVectors(a,b)는 두 벡터 a와 b를 더한 결과를 현재 벡터 객체에 저장**하는 데 사용됩니다.

[코드 12-11] chapter_12_webgl_game / game / src / components / Scene.tsx

```
(...)
import { OrthographicCamera } from '@react-three/drei';

const PLAYER_INITIAL_Y = 0.3;

const Scene: React.FC = () => {
  const [playerPosition, setPlayerPosition] = useState(new THREE.Vector3(0, PLAYER_INITIAL_Y, 0));
  return (
    <>
      (...)
      <OrthographicCamera makeDefault />
      (...)
      <CameraController playerPosition={playerPosition} />
    </>
  );
};

export default Scene;
```

⟨CameraController⟩ 컴포넌트에서 3D 캐릭터의 기본 포지션을 0, 0.3, 0으로 지정해서 캐릭터가 가운데에 위치하도록 하고 원근감 없이 물체를 렌더링하는 직교 카메라인 ⟨OrthographicCamera⟩ 컴포넌트를 렌더링하고 makeDefault 속성으로 설정해서 이 카메라를 ⟨Scene⟩의 기본 카메라로 설정하고 기존 ⟨OrbitControls⟩ 컴포넌트는 제거하도록 합니다.

 makeDefault 속성을 여러 카메라에 설정하면?

> 여러 카메라에 makeDefault를 설정하면 마지막으로 렌더링된 카메라가 기본 카메라가 됩니다. makeDefault 속성을 가진 카메라는 scene.add(camera)와 camera.lookAt(scene.position)을 자동으로 수행하는 것과 같은 효과가 있습니다.

[그림 12-5] 카메라의 위치 및 방향을 컨트롤해 3D 공간을 게임처럼 만든 결과

12-5 TextureLoader를 사용한 바닥 생성

캐릭터가 서 있을 바닥을 만드는 것은 3D 게임 환경을 구성하는 중요한 단계입니다. 이번에는 TextureLoader라는 메서드를 활용해 캐릭터가 서 있을 바닥을 구성하겠습니다.

[코드 12-12] chapter_12_webgl_game / game / src / components / Floor.tsx

```tsx
import { forwardRef } from 'react';
import { useLoader } from '@react-three/fiber';
import * as THREE from 'three';

interface IFloorProps {
  textureUrl: string;
}

const Floor = forwardRef<THREE.Mesh, IFloorProps>(({ textureUrl }, ref) => {
  const floorTexture = useLoader(THREE.TextureLoader, textureUrl);
  floorTexture.wrapS = floorTexture.wrapT = THREE.RepeatWrapping;
  floorTexture.repeat.set(100, 100);

  return (
    <mesh ref={ref} rotation-x={-Math.PI / 2} receiveShadow position={[0, 0, 0]}>
      <planeGeometry args={[100, 100]} />
      <meshStandardMaterial map={floorTexture} roughness={0.8} metalness={0.2} />
    </mesh>
  );
});

export default Floor;
```

〈Floor〉 컴포넌트를 새로 생성해 IFloorProps 인터페이스에 textureUrl로 바닥을 구성할 이미지를 props로 전달받아 로드할 수 있도록 합니다. **forwardRef**를 사용해서 〈Floor〉 컴포넌트 상위에서 해당 컴포넌트를 접근하고 조작할 수 있도록 하여 제네릭 타입으로 THREE.Mesh와 IFloorProps를 지정해서 ref가 단순히 DOM 요소가 아닌 Three.js의 Mesh 객체임을 알려주고 컴포넌트의 props로 textureUrl만 받을 수 있음을 정의합니다.

R3F에서 제공하는 useLoader 메서드를 사용해서 텍스처를 비동기적으로 로딩한 후에 텍스처의 래핑 모드를 RepeatWrapping으로 설정하여 반복되게 하는데 100×100번 반복하도록 합니다.

JSX를 반환하는데 〈mesh〉 컴포넌트에 ref로 부모 컴포넌트에서 받은 ref를 그대로 넘겨주고, rotation-x를 -90도로 설정하여 바닥을 수평으로 만들며, receiveShadow를 설정하여 그림자를 받을 수 있게 한 뒤, position을 [0, 0, 0]으로 설정하여 중앙에 위치시킵니다.

〈planeGeometry〉 컴포넌트를 사용하여 100×100 평면의 지오메트리를 생성하고 〈meshStandardMaterial〉 컴포넌트로 지오메트리 평면에 map 속성으로 로드한 텍스처를 적용하여 roughness와 metalness로 거칠기와 금속성을 정의합니다.

 forwardRef?

forwardRef는 리액트 컴포넌트에서 ref를 자식 컴포넌트로 전달할 수 있게 해주는 함수입니다. 일반적으로 부모 컴포넌트에서 자식 컴포넌트의 DOM 노드나 리액트 컴포넌트의 인스턴스에 접근해야 할 때 사용됩니다.

forwardRef는 컴포넌트의 캡슐화를 유지하면서도 필요할 때 내부 요소에 접근할 수 있게 해주고 컴포넌트의 재사용성을 향상시킬 수 있습니다. React 19에서는 기본적으로 forwardRef를 명시하지 않아도 자동으로 ref를 전달할 수 있도록 업데이트되었습니다.

[코드 12-13] chapter_12_webgl_game / game / src / components / Scene.tsx

```
(...)
const Scene: React.FC = () => {
  const floorRef = useRef<THREE.Mesh>(null);
  (...)
  return (
    <>
      (...)
      <Floor ref={floorRef} textureUrl="/grass.png" />
      (...)
    </>
  );
};

export default Scene;
```

마지막으로 〈Scene〉 컴포넌트에 바닥 컴포넌트인 〈Floor〉를 로드하고 화면을 확인합니다.

[그림 12-6] 3D 공간에 평면의 잔디를 렌더링한 결과

캐릭터 크기 조절 및 애니메이션 적용

현재까지 완성된 것을 보면, 3D 캐릭터가 너무 커서 캐릭터의 크기를 조금 줄이고, 전체 화면 구성이 더 균형 잡히도록 애니메이션을 추가해 사용자 경험이 더 흥미롭게 만들어 보겠습니다.

[코드 12-14] chapter_12_webgl_game / game / src / components / Player.tsx

```
(...)
const Player: React.FC<IPlayerProps> = ({ modelSrc }) => {
  (...)
  return <primitive object={scene} ref={modelRef} scale={[0.5, 0.5, 0.5]} />;
};

export default Player;
```

우선, 기존 <primitive> 컴포넌트의 scale 속성을 1, 1, 1 에서 0.5, 0.5, 0.5로 줄여서 캐릭터의 크기가 원본 크기의 반 정도로 보이도록 합니다.

[코드 12-15] chapter_12_webgl_game / game / src / components / Player.tsx

```
(...)
const enum AnimationState {
  IDLE = 0,
  JUMP = 1,
  WALK = 2,
}
(...)
const Player: React.FC<IPlayerProps> = ({ modelSrc }) => {
  (...)
};

export default Player;
```

우선, 애니메이션을 IDLE(가만히 있는 상태), JUMP(점프할 때), WALK(걷고 있을 때)를 enum(열거형)으로 정의합니다.

 enum?

enum(열거형)은 주로 관련된 상수들의 집합을 정의할 때 사용되는데 실수를 줄여주고 코드의 가독성과 타입 안정성을 높이는 데 도움이 됩니다.

각 상수에는 자동으로 숫자 값이 할당되는데 기본적으로 0부터 시작하고 필요한 경우 각 상수에 명시적으로 값을 할당할 수 있습니다.

[코드 12-16] chapter_12_webgl_game / game / src / components / Player.tsx

```
(...)
const Player: React.FC<IPlayerProps> = ({ modelSrc }) => {
  (...)

  const setupModel = useCallback((model: THREE.Object3D) => {
    model.traverse((child) => {
      if (child instanceof THREE.Mesh) {
        child.castShadow = true;
      }
    });
  }, []);
  (...)
};

export default Player;
```

useGLTF를 활용해 **animations** 객체를 가져오고, modelRef와 마찬가지로 mixerRef라는 참조를 생성하여 애니메이션을 관리합니다. setupModel 함수를 만들고 useCallback으로 최적화합니다. traverse 메서드를 통해 모든 메시에 그림자를 생성할 수 있도록 설정합니다. 그다음, useEffect를 생성하여 scene이나 animations 객체가 변경될 때마다 modelRef.current로 해당 메시의 존재를 확인해서 setupModel 함수의 인수로 전달하여 그림자를 생성합니다. 이 방식으로 애니메이션이 변경될 때마다 그림자가 동적으로 업데이트되어, 더욱 자연스러운 효과를 얻을 수 있습니다.

useCallback이란?

메모이제이션 : 프로그래밍에서 사용되는 최적화 기법으로 이전에 계산한 결과를 저장하고 재사용하는 기술인데, 동일한 함수가 반복적으로 호출될 때 계산을 다시 하지 않고 미리 저장한 결과를 반환합니다.
useCallback은 리액트의 훅 중에 함수를 **메모이제이션(Memoization)**된 함수로 생성해 불필요한 렌더링을 방지하고 메모리 사용을 최적화하는 등 성능에 이점을 제공합니다. 하지만, 모든 함수에 useCallback을 사용하는 것은 오히려 성능을 저하시킬 수 있어 복잡한 구조나 성능에 민감한 상황에서 사용하는 것을 추천합니다.

[코드 12-17] chapter_12_webgl_game / game / src / components / Player.tsx

```
(...)
const Player: React.FC<IPlayerProps> = ({ modelSrc }) => {
  const { scene, animations } = useGLTF(modelSrc);
  const mixerRef = useRef<THREE.AnimationMixer | null>(null);
  (...)
  const setupAnimations = useCallback(() => {
    if(modelRef.current) {
      mixerRef.current = new THREE.AnimationMixer(modelRef.current);
      const newActions = animations.map((clip) => mixerRef.current!.clipAction(clip));

      if (newActions[AnimationState.IDLE]) {
        newActions[AnimationState.IDLE].play();
      }
    }
  }, [animations]);
  (...)
};

export default Player;
```

setupAnimations 함수를 생성하여 animations 배열이 변경될 때만 함수를 재생성하고 mixerRef 참조의 값으로 현재 캐릭터의 **AnimationMixer**를 새로 생성합니다. AnimationMixer는 여러 애니메이션을 효율적으로 관리하고 제어하는 데 사용됩니다. newActions 변수에 animations 배열을 순회하며 mixerRef.current가 null이 아님을 Typescript에 알리기 위해 느낌표(!)를 사용한 **단언 연산자(non-null)**로 작성하고 그 내부의 clipAction 메서드를 사용해 애니메이션 클립을 배열로 저장합니다. enum으로 선언했던 애니메이션 클립으로 IDLE(기본 동작)이 있다면 해당 애니메이션을 play 메서드를 사용해 재생합니다.

단언 연산자(non-null)?

이 연산자는 작성자가 이 값이 존재한다는 것을 알고 있으니 null 체크를 하지 않는 것으로 컴파일러에게 알려주는 것입니다. **! 연산자**라고도 하고 런타임에 영향을 주지 않지만, 잘못 사용하면 런타임 오류의 원인이 될 수 있으므로 주의해서 사용해야 합니다.
옵셔널 체이닝(?.)을 사용하거나, **명시적으로 null 체크**를 수행하는 것이 더 안전합니다.

 AnimationMixer?

Three.js에서 제공하는 객체로 3D 모델의 여러 애니메이션을 동시에 재생하고 제어하기 위한 컨테이너 역할을 합니다. 개별 애니메이션을 시작, 정지, 일시 정지, 루프, 한 번 재생 등 다양한 재생 모드를 지원하고 여러 애니메이션을 동시에 수행하는 등 다양한 기능을 제공합니다.

 clipAction?

clipAction 메서드는 정적인 애니메이션 데이터(AnimationClip)를 동적으로 제어 가능한 객체(AnimationAction)로 변환하는 역할을 합니다. 이를 통해 "걷기", "달리기", "점프" 등의 동작이 각각 하나의 AnimationClip으로 재생 가능하도록 설정할 수 있습니다. 그리고 애니메이션 블렌딩을 통해서 걷기에서 자연스럽게 점프가 이어지도록 필요에 따라 이들을 부드럽게 결합하거나 전환할 수 있어 자연스럽고 역동적인 캐릭터 움직임을 구현할 수 있습니다.

[코드 12-18] chapter_12_webgl_game / game / src / components / Player.tsx

```
(...)
const Player: React.FC<IPlayerProps> = ({ modelSrc }) => {
  (...)

  useEffect(() => {
    if (modelRef.current) {
      setupModel(modelRef.current);
      setupAnimations();
    }
    // eslint-disable-next-line react-hooks/exhaustive-deps
  }, [scene, animations]);

  useFrame((_, delta) => {
    if (mixerRef.current) mixerRef.current.update(delta);
```

```
  });
  (...)
};

export default Player;
```

이제, useEffect를 생성해 scene이나 animations가 변경될 때 setupModel, setupAnimation 함수를 각각 호출해 모델의 속성을 설정하고 애니메이션을 설정합니다. useEffect 내에서 사용하는 다른 함수들이 의존성 배열에 추가되어야 한다는 경고가 뜬다면 빠른 수정 메뉴를 통해 해당 라인에 추가되지 않아도 된다는 것을 알리는 주석을 추가합니다. useFrame을 사용해 매 프레임마다 AnimationMixer의 update 메서드를 통해서 매 애니메이션을 부드럽게 동작하도록 설정합니다.

 ### eslint-disable-next-line react-hooks/exhaustive-deps 주석의 의미?

해당 주석의 의미는 ESLint에게 다음 줄에 대해서 **react-hooks/exhaustive-deps** 규칙을 비활성화하라고 설정하는 것입니다. 함수가 자주 변경되지 않거나, 변경되어도 영향을 주지 않을 때 useEffect의 의존성 배열에 해당 함수를 넣지 않는 것이 적절할 수 있습니다. VS Code의 확장 프로그램에 의해서 경고 문구가 뜨고 있다면 해당 경고 문구에 마우스를 가져다 대면 빠른 수정 메뉴가 활성화되고 해당 메뉴를 통해서 주석을 추가할 수 있는 옵션을 선택할 수 있습니다.

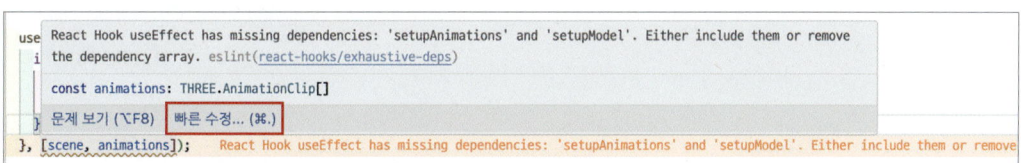

[그림 12-7] 경고 문구가 떴을 때 마우스를 올렸을 때 뜨는 빠른 수정 클릭 가이드

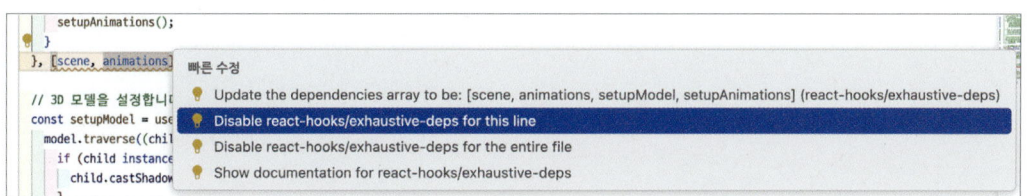

[그림 12-8] 빠른 수정 목록에서 Disable react-hooks/exhaustive-deps for this line 옵션 선택 화면

주석을 추가한 이후에는 해당 경고 문구가 사라지게 됩니다. 이런 예외 처리는 특정 상황에서 필요할 수 있지만, 신중하게 사용해야 하고 예외를 만들 때는 그 이유를 충분히 이해하고 진행하는 것이 중요합니다.

[그림 12-9] 3D 캐릭터의 크기를 줄이고 그림자와 애니메이션을 적용

3D 게임 캐릭터의 크기가 적절하게 줄어들었고 애니메이션에 따라 그림자가 부드럽게 움직이고 있나요?

12-7 마우스 인터랙션으로 캐릭터 이동 구현

이번에는 3D 공간에 마우스를 사용해 3D 캐릭터를 이동시키고, 이동할 때 애니메이션을 재생해 마치 마우스에 따라 걷는 것처럼 표현해 보겠습니다. 우선 〈Scene〉 컴포넌트에서 화면 전체에 대해 마우스에 따라 3D 캐릭터의 포지션을 자연스럽게 움직일 수 있도록 하겠습니다.

[코드 12-19] chapter_12_webgl_game / game / src / components / Scene.tsx

```
(...)
import { useThree, ThreeEvent, useFrame } from '@react-three/fiber';
(...)
const Scene: React.FC = () => {
  (...)
  const { raycaster, gl, camera } = useThree();
  const [playerPosition, setPlayerPosition] = useState(new THREE.Vector3(0, PLAYER_INITIAL_Y, 0)); // 기존에 작성
  const [playerTargetPosition, setPlayerTargetPosition] = useState(new THREE.Vector3(0, PLAYER_INITIAL_Y, 0));
  const [isDragging, setIsDragging] = useState(false);
  const updatePointerPosition = (event: ThreeEvent<PointerEvent>) => {
    const canvas = gl.domElement;
    const rect = canvas.getBoundingClientRect();
    const x = ((event.clientX - rect.left) / rect.width) * 2 - 1;
    const y = -((event.clientY - rect.top) / rect.height) * 2 + 1;

    raycaster.setFromCamera(new THREE.Vector2(x, y), camera);
    const intersects = raycaster.intersectObject(floorRef.current!, true);

    if (intersects.length > 0) {
      const point = intersects[0].point;
      return new THREE.Vector3(point.x, PLAYER_INITIAL_Y, point.z);
    }
    return null;
  };
};
(...)
```

```
    return (
      <>
        (...)
      </>
    );
};

export default Scene;
```

R3F의 useThree에서 **raycaster, gl, camera** 객체를 꺼내 사용하고 **ThreeEvent**를 타입으로 가져와 사용해 보겠습니다. 기존 작성되어있던 플레이어의 현재 위치에 추가로 목표 위치, 드래그 상태를 관리를 위한 useState 훅을 작성합니다.

updatePointerPosition 함수를 생성해 마우스의 포인터 이벤트를 인자로 받아 캔버스의 크기와 위치를 고려하여 raycaster와 교차하는 바닥(floorRef) 객체의 교차점을 찾아 3D 좌표를 반환합니다.

gl은 WebGL의 렌더러 객체로 domElement는 실제 렌더링이 이루어지는 〈canvas〉 요소를 참조하고 canvas의 뷰포트의 상대적 위치를 가져오기 위해서 getBoundingClientRect() 메서드를 사용해 뷰포트 상의 마우스 위치인 event.clientX, Y에서 rectX, Y를 빼서 캔버스 내부 좌표로 계산하고 크기로 나누어서 0에서 1사이 값으로 변환합니다. 그 변환된 값에 * 2 - 1 또는 * 2 + 1을 통해서 -1 ~ 1 사이 값을 만들어 raycaster에 카메라의 정보로 사용합니다.

raycaster.intersectObject(floorRef.current!, true)을 통해서 바닥과의 교차점을 생성하고 만약 교차점이 있으면 이 값을 3D 캐릭터의 x, z 포지션을 이동하는 것에 사용합니다.

 raycaster?

> **raycaster**는 3D 그래픽스에서 중요한 개념으로, 3D 공간에서 광선(ray)을 통해 객체와의 교차점을 찾는 기술입니다. 시작점과 방향을 가진 가상의 광선을 생성해 3D 공간 상의 객체들과 교차하는지 검사하고 주로 마우스 클릭, 게임에서의 시야 확인, 충돌 감지 등에 사용됩니다. Three.js에서는 setFromCamera()로 카메라와 화면 좌표를 이용해 광선을 설정하고, intersectObjects()로 교차하는 객체를 찾아 반환합니다.

[코드 12-20] chapter_12_webgl_game / game / src / components / Scene.tsx

```tsx
(...)
import { useThree, ThreeEvent, useFrame } from '@react-three/fiber';
(...)
const CLICK_DELAY = 200;

const Scene: React.FC = () => {
  (...)
  const clickTimeout = useRef<number | null>(null);
  (...)
  const handlePointerDown = (event: ThreeEvent<PointerEvent>) => {
    if (clickTimeout.current) clearTimeout(clickTimeout.current);

    clickTimeout.current = window.setTimeout(() => {
      if (event.isPrimary) {
        setIsDragging(true);
        const newPosition = updatePointerPosition(event);
        if (newPosition) setPlayerTargetPosition(newPosition);
      }
    }, CLICK_DELAY);
  };
  (...)
  return (
    <>
      (...)
    </>
  );
};

export default Scene;
```

updatePointerPosition을 활용해 마우스 포지션에 따라 PointerEvent를 인수로 넘겨 3D 캐릭터의 이동을 구현하겠습니다. CLICK_DELAY 상수를 200으로 설정하여 클릭과 드래그를 구분하도록 하고 타임아웃 ID를 저장하기 위한 ref를 생성한 후 handlePointerDown이라는 함수를 생성합니다. 타임아웃 객체가 이미 있으면 clearTimeout을 통해서 빠른 연속 클릭에 대응을 하고 setTimeout을 생성해 current 값으로 할당합니다. event.isPrimary를 체크하여 주 포인터인지 확인하는데, 이는 멀티 터치를 할 수 있는 환경에서 첫 번째 터치인지 확인하기 위함입니다. 드래그 상태를 true로 변경해 드래그 중임을 설정하고 updatePointerPosition의 반환 값인 교차점 정보를 3D 캐릭터의 목표 위치로 하기 위해 setPlayerTargetPosition useState 훅을 활용해 값을 할당합니다.

[코드 12-21] chapter_12_webgl_game / game / src / components / Scene.tsx

```
(...)
import { useThree, ThreeEvent, useFrame } from '@react-three/fiber';
(...)
const Scene: React.FC = () => {
  (...)
  const handlePointerMove = (event: ThreeEvent<PointerEvent>) => {
    if (isDragging && event.isPrimary) {
      const newPosition = updatePointerPosition(event);
      if (newPosition) setPlayerTargetPosition(newPosition);
    }
  };

  const handlePointerUp = (event: ThreeEvent<PointerEvent>) => {
    if (clickTimeout.current) {
      clearTimeout(clickTimeout.current);
      clickTimeout.current = null;
    }
    if (event.isPrimary) {
      setIsDragging(false);
      const newPosition = updatePointerPosition(event);
      if (newPosition) setPlayerTargetPosition(newPosition);
    }
  };

  const handlePointerLeave = () => {
    setIsDragging(false);
  };

  (...)
  return (
    <>
      (...)
    </>
  );
};

export default Scene;
```

handlePointerMove 함수를 작성해 드래그 중 마우스를 움직이는 동작을 pointerEvent로 처리를 합니다.

handlePointerUp에서는 기존 clickTimeout 객체가 있으면 null로 초기화하고, 드래그 여부를 false로 설정합니다. 마찬가지로 setPlayerTargetPosition을 지정해 마우스를 뗏을 때 마지막으로 지정했던 위치까지 캐릭터가 움직이도록 합니다.

마우스가 드래그 중에 화면 밖으로 나갔을 때는 setIsDragging을 false로 할당하여 isDragging 상태를 false로 설정합니다.

[코드 12-22] chapter_12_webgl_game / game / src / components / Scene.tsx

```tsx
(...)
import { useThree, ThreeEvent, useFrame } from '@react-three/fiber';
(...)
const Scene: React.FC = () => {
  (...)
  return (
    <>
      <group onPointerDown={handlePointerDown} onPointerMove={handlePointerMove} onPointerUp={handlePointerUp} onPointerLeave={handlePointerLeave}>
        (...)
        <Player
          modelSrc="/manman.glb"
          targetPosition={playerTargetPosition}
          onPositionUpdate={(position) => {
            setPlayerPosition(position);
          }}
        />
        (...)
      </group>
    </>
  );
};

export default Scene;
```

handlePointerDown, handlePointerMove, handlePointerUp, handlePointerLeave 함수를 <group> 컴포넌트를 사용해 여러 3D 객체를 그룹화하고 onPointerDown(누름), onPointerMove(이동), onPointerUp(해제) 이벤트에 각각 등록합니다. onPointerLeave는 마우스가 드래그 중에 브라우저 화면 밖으로 이동했을 때 사용하는 것으로 handlePointerLeave 함수를 등록합니다.

이제, 〈Player〉 컴포넌트에 targetPosition, onPositionUpdate 속성을 인터페이스로 받을 수 있도록 준비하고 〈Scene〉 컴포넌트에서 넘겨서 3D 캐릭터의 애니메이션과 위치를 조작할 수 있도록 작성하고 플레이어의 실제 위치가 업데이트될 때 호출되는 콜백 함수를 사용해 새로운 위치를 받아 setPlayerPosition을 호출하여 상태를 업데이트합니다.

[코드 12-23] chapter_12_webgl_game / game / src / components / Player.tsx

```tsx
(...)
interface IPlayerProps {
  modelSrc: string;
  targetPosition: THREE.Vector3;
  onPositionUpdate: (position: THREE.Vector3) => void;
  movementSpeed?: number;
  rotationSpeed?: number;
}

const Player: React.FC<IPlayerProps> = ({ modelSrc, targetPosition, onPositionUpdate,
movementSpeed = 3, rotationSpeed = 20 }) => {
  (...)
};

export default Player;
```

우선, 〈Player〉 컴포넌트를 열어 기존 IPlayerProps 인터페이스에 props로 넘겨받을 속성들을 추가로 정의합니다. targetPosition(플레이어가 이동할 목표 위치), onPositionUpdate(위치가 업데이트될 때 호출될 콜백 함수)를 필수로 넘겨받도록 하고 movementSpeed(이동 속도), rotationSpeed(회전 속도)는 선택적으로 넘겨받을 수 있도록 ?를 선언하고 실제 인자 값에 **기본 매개변수(Default Parameter)** 값으로 이동 속도 3, 회전 속도를 20으로 초기화합니다.

기본 매개변수(Default Parameter)?

매개변수에 기본값을 지정하는 기능으로 함수 호출 시 인자 값을 제공하지 않거나 undefined를 인수로 전달할 시에 지정된 기본값이 사용되고 ES6(ECMAScript 2015)에서 도입된 기능으로, TypeScript에서도 사용할 수 있습니다.

기본 매개변수를 사용하면 코드의 가독성을 높이고, 선택적 매개변수를 쉽게 처리할 수 있어 함수 인터페이스를 더 간결하게 만들 수 있는 장점이 있습니다.

유의사항으로 기본값이 없는 인자가 기본값이 있는 인자 뒤에 위치할 수 없습니다.

[코드] 기본 매개변수(Default Parameter) 예시

```
function createUser(name, age = 28) {
  return { name, age };
}
```

[코드 12-24] chapter_12_webgl_game / game / src / components / Player.tsx

```
(...)
const Player: React.FC<IPlayerProps> = ({ modelSrc, targetPosition, onPositionUpdate,
movementSpeed = 3, rotationSpeed = 20 }) => {
  (...)
  const [actions, setActions] = useState<THREE.AnimationAction[]>([]);
  (...)

  const setupAnimations = useCallback(() => {
    if (modelRef.current) {
      (...)
      const newActions = animations.map((clip) => mixerRef.current!.clipAction(clip));
      setActions(newActions);
      (...)
    }
  }, [animations]);
  (...)
};

export default Player;
```

actions를 관리하는 useState 훅을 생성해서 Three.js에서의 AnimationAction을 배열로 관리합니다. animations 배열을 순회해서 mixerRef에 담긴 animationMixer를 clipAction 메서드로 가져와 setActions을 통해 배열로 담고 사용할 수 있도록 작성합니다.

[코드 12-25] chapter_12_webgl_game / game / src / components / Player.tsx

```tsx
(...)
const Player: React.FC<IPlayerProps> = ({ modelSrc, targetPosition, onPositionUpdate,
movementSpeed = 3, rotationSpeed = 20 }) => {
  (...)
  const updatePosition = useCallback(
    (delta: number) => {
      const distance = currentPosition.current.distanceTo(targetPosition);

      if (distance > 0.1) {
        const direction = targetPosition.clone().sub(currentPosition.current).normalize();
        const movement = direction.multiplyScalar(movementSpeed * delta);
        currentPosition.current.add(movement);
        modelRef.current!.position.x = currentPosition.current.x;
        modelRef.current!.position.z = currentPosition.current.z;
      }
    },
    [targetPosition, movementSpeed, rotationSpeed],
  );
  (...)
};

export default Player;
```

updatePosition 함수를 작성하는데 useCallback으로 targetPosition, movementSpeed, rotationSpeed 값이 변할 때 각각 다시 함수를 재생성할 수 있게 설정합니다. 함수 내부에서 distance 변수를 선언하고, distanceTo 메서드를 활용해 현재 위치와 목표 위치 사이의 거리를 계산합니다.

목표 위치와의 거리가 0.1을 초과하면 목표 위치의 복사본을 만들어 목표 위치에서 현재 위치를 뺀 값을 사용하여 현재 위치에서 목표 위치로의 벡터를 생성합니다. normalize 메서드를 사용해 벡터의 길이를 1로 만들어 방향 정보로 사용합니다.

그런 다음, movement 변수에 direction 정보에 multiplyScalar로 스칼라 값을 곱하는데 이동 속도에 인자로 받아온 delta를 곱해서 선언합니다. modelRef인 3D 캐릭터 모델 객체에 currentPosition에 이동한 만큼을 더해서 그 값의 x와 z값을 할당합니다.

 **스칼라(scalar)란?**

스칼라는 간단히 말해 하나의 숫자를 의미하고 크기만 있고 방향은 없는 양을 나타냅니다. 예를 들어 나이, 온도, 무게 등 방향성이 없는 숫자를 의미합니다. 게임 개발 시 벡터에 단일 숫자를 곱해서 이동 거리를 제어하는 것에 사용됩니다.

이제 움직임과 거리에 대해 각각 계산하고 할당했으니 방향 회전 값을 구해야 합니다. 방향 회전에 대한 함수가 나중에도 사용될 수 있기 때문에 utils 폴더에 utils.tsx라는 파일을 만들어 선언하고 내보내기로 사용하겠습니다.

[코드 12-26] chapter_12_webgl_game / game / src / utils / utils.tsx

```
export const setAngle = (start: number, end: number, t: number): number => {
  // 시작 각도와 목표 각도의 차이 계산
  let diff = end - start;

  // 각도 차이가 180도를 넘어가면 반대 방향으로 회전하는 것이 더 짧음
  // 이를 위해 각도 차이를 조정
  if (diff > Math.PI) diff -= Math.PI * 2;
  if (diff < -Math.PI) diff += Math.PI * 2;

  // 선형 보간(linear interpolation)을 사용하여 새로운 각도 계산
  return start + diff * t;
};
```

시작 각도와 목표 각도를 각각 인자로 넘겨받아 두 각도 간의 차이를 계산하고 **최단 경로 회전 공식**을 작성하여 10도에서 350도로 회전할 때, 340도를 시계 방향으로 도는 것보다 20도를 반시계 방향으로 돌아 더 효율적인 방향으로 회전하도록 설정합니다. 이를 위해 **차이값이 180도를 넘어가면 반대 방향으로 회전**하도록 계산합니다.

t는 0에서 1 사이의 값으로, 전환의 정도를 나타냅니다. 선형 보간법을 사용해 부드럽게 해당 방향으로 회전하도록 합니다.

[코드 12-27] chapter_12_webgl_game / game / src / components / Player.tsx

```tsx
import { setAngle } from '../utils/utils';
(...)
const Player: React.FC<IPlayerProps> = ({ modelSrc, targetPosition, onPositionUpdate,
movementSpeed = 3, rotationSpeed = 20 }) => {
  (...)
  const updatePosition = useCallback(
    (delta: number) => {
      (...)
      if (distance > 0.1) {
        (...)
        const targetAngle = Math.atan2(direction.x, direction.z);
        modelRef.current!.rotation.y = setAngle(modelRef.current!.rotation.y, targetAngle,
rotationSpeed * delta);
      }
    },
    [targetPosition, movementSpeed, rotationSpeed],
  );
  (...)
};

export default Player;
```

updatePosition 함수 내에 targetAngle 변수를 선언해 아크탄젠트(arctangent) 함수인 두 점 사이의 각도를 계산합니다. 이를 통해 x와 z의 각도를 계산하고 −π에서 π 사이의 라디안 값을 반환합니다.

setAngle 함수를 임포트로 가져와서 현재 y축 회전 값에 현재 모델의 y축 회전 값, 아크탄젠트로 계산한 목표 각도, 회전 속도에 이전 프레임과의 시간 차이를 곱한 값을 각각 인수로 할당합니다. 반환된 값으로 회전 각도를 결정합니다.

[코드 12-28] chapter_12_webgl_game / game / src / components / Player.tsx

```
(...)
const Player: React.FC<IPlayerProps> = ({ modelSrc, targetPosition, onPositionUpdate,
movementSpeed = 3, rotationSpeed = 10 }) => {
  (...)
  const updateAnimation = useCallback(() => {
    const isMoving = currentPosition.current.distanceTo(targetPosition) > 0.1;

    const setAnimationState = (newState: AnimationState) => {
      if (currentAnimation !== newState) {
        actions[currentAnimation]?.stop();
        actions[newState]?.play();
        setCurrentAnimation(newState);
      }
    };

    let nextAnimationState: AnimationState;

    switch (true) {
      case isMoving:
        nextAnimationState = AnimationState.WALK;
        break;
      default:
        nextAnimationState = AnimationState.IDLE;
    }

    setAnimationState(nextAnimationState);
  }, [targetPosition, currentAnimation, actions]);
  (...)
};

export default Player;
```

updateAnimation 함수를 만들어 isMoving 변수를 생성하고 현재 위치와 목표 위치 사이의 거리가 0.1 이상이면 이동 중으로 선언합니다.

setAnimationState 내부 함수를 생성해 newState를 인자로 받아 현재 애니메이션과 일치하지 않는다면 현재 애니메이션을 중지, 그리고 인자로 받은 애니메이션을 시작하도록 하고 currentAnimation 값을 새로운 애니메이션으로 대체합니다.

nextAnimationState 변수를 생성해 switch 문에 따라 만약 isMoving이 true인 경우 WALK로 설정하여 걷는 애니메이션을 재생시킵니다. 그렇지 않은 경우 IDLE로 기본 상태를 할당하도록 setAnimationState를 호출해 애니메이션을 재생시킵니다.

[코드 12-29] chapter_12_webgl_game / game / src / components / Player.tsx

```
(...)
const Player: React.FC<IPlayerProps> = ({ modelSrc, targetPosition, onPositionUpdate,
movementSpeed = 3, rotationSpeed = 10 }) => {
  (...)
  const updateCameraPosition = (camera: THREE.Camera, playerPosition: THREE.Vector3) => {
    camera.position.x = playerPosition.x + 5;
    camera.position.z = playerPosition.z + 5;
    camera.lookAt(playerPosition);
  };
  (...)
};

export default Player;
```

updateCameraPosition 함수를 생성해 camera 객체와 3D 캐릭터의 현재 위치를 나타내는 3D 벡터를 인자로 받아 카메라의 x 좌표와 z 좌표를 플레이어의 x, z 좌표보다 5단위 더 크게 설정합니다.

그리고 lookAt 메서드는 카메라가 특정 지점을 바라보도록 하는데 여기에서는 플레이어의 위치를 바라보게 설정합니다.

[코드 12-30] chapter_12_webgl_game / game / src / components / Player.tsx

```
(...)
const Player: React.FC<IPlayerProps> = ({ modelSrc, targetPosition, onPositionUpdate,
movementSpeed = 3, rotationSpeed = 10 }) => {
  (...)
  useFrame((_, delta) => {
    if (mixerRef.current) mixerRef.current.update(delta);

    if (modelRef.current) {
      updatePosition(delta);
      updateAnimation();
      onPositionUpdate(modelRef.current.position);
      updateCameraPosition(camera, modelRef.current.position);
    }
  });
```

```
    return <primitive object={scene} ref={modelRef} position={currentPosition.current}
scale={[0.5, 0.5, 0.5]} />;
};

export default Player;
```

생성한 updatePosition, updateAnimation, onPositionUpdate, updateCameraPosition 함수는 각각 애니메이션 프레임이 진행되는 동안 플레이어의 위치를 업데이트하고 현재 상태에 맞는 애니메이션을 설정합니다. 부모 컴포넌트에 새로운 위치를 알려주고 플레이어의 새 위치에 따라 카메라의 위치를 조정합니다. 그리고 〈primitive〉 컴포넌트에 position 속성으로 현재 위치를 할당합니다.

[그림 12-10] 3D 캐릭터가 마우스 포인트에 따라서 움직이는 화면

마우스를 클릭하고 드래그하며 3D 캐릭터가 움직이는 것을 확인할 수 있습니다. 3D 공간에 raycaster를 사용해 마우스의 정확한 위치를 계산하고 3D 캐릭터 모델이 단순히 이동하는 것이 아니라 삼각함수와 보간법을 활용해 자연스럽게 방향에 따라서 회전하고 이동합니다.

이동 시, 모델 파일에 존재하는 애니메이션을 재생해 마치 걷는 것처럼 표현되며, 카메라는 그 캐릭터를 따라 이동하도록 설정되어 있습니다.

캐릭터를 이동하다 보면 그림자가 사라지는 구간이 발생할 수 있습니다. 이를 해결하기 위해 〈Light〉 컴포넌트에 방향 조명인 〈directionalLight〉 컴포넌트에 조명의 크기 속성들을 추가해서 그림자가 전체 화면의 크기와 동일하게 생성되도록 설정하겠습니다.

[코드 12-31] chapter_12_webgl_game / game / src / components / Light.tsx

```
(...)
const Light: React.FC = () => {
  (...)
  return (
    <>
      (...)
      <directionalLight
        (...)
        shadow-mapSize-width={4096}
        shadow-mapSize-height={4096}
        shadow-camera-far={200}
        shadow-camera-left={-100}
        shadow-camera-right={100}
        shadow-camera-top={100}
        shadow-camera-bottom={-100}
        shadow-bias={-0.0001}
      />
    </>
  );
};

export default Light;
```

4096×4096 해상도의 그림자 맵을 생성하는데 높은 해상도는 더 선명한 그림자를 만듭니다. 그림자를 계산할 최대 거리를 200 유닛으로 설정하고, 그림자를 렌더링할 영역은 200×200 영역을 커버할 수 있도록 설정합니다. 이는 〈Floor〉 컴포넌트인 100×100 크기의 바닥에 그림자 계산에 충분한 여유 공간을 제공해서 바닥 위에 있는 높은 객체들의 그림자도 포함할 수 있습니다. 그리고 상하좌우 그림자의 평면 값들을 far의 반값으로 각각 양수와 음수를 지정해서 작성합니다. shadow-bias 속성을 음수 값으로 설정하여 그림자를 캐릭터 쪽으로 살짝 밀어 보정해줍니다.

12-8 키보드 인터랙션으로 캐릭터 점프 구현

캐릭터를 움직이며 걸어다닐 수 있고 그림자도 잘 따라다니는 것을 확인했으니 키보드로 점프하는 인터랙션을 추가해 보겠습니다.

[코드 12-32] chapter_12_webgl_game / game / src / hooks / usePlayerJump.ts

```ts
import { useState, useCallback } from 'react';
import * as THREE from 'three';

const JUMP_HEIGHT = 1.5;
const JUMP_DURATION = 0.5;

const usePlayerJump = () => {
  const [isJumping, setIsJumping] = useState(false);
};

export default usePlayerJump
```

점프는 다소 복잡한 로직이기 때문에 usePlayerJump라는 훅을 생성해 작성하고 〈Player〉 컴포넌트에서 가져다 사용하도록 하겠습니다. 훅의 인수로 할당해 훅에 옵션을 넘겨서 사용할 수 있도록 하면 더 좋을 것 같지만, 우선은 JUMP_HEIGHT(점프의 높이), JUMP_DURATION(점프의 지속 시간)을 상수로 1.5와 0.5로 작성합니다. 점프 중인 상태를 isJumping useState 훅으로 상태 관리를 하고 각각 점프에 관련된 함수를 생성해 실행해 보겠습니다.

우선, 기존 〈Player〉 컴포넌트에 있던 AnimationState enum을 types라는 파일을 생성해 할당하고 이를 내보내기해서 공통적으로 사용할 수 있도록 구성합니다.

[코드 12-33] chapter_12_webgl_game / game / src / types / type.ts

```ts
export const enum AnimationState {
  IDLE = 0,
  JUMP = 1,
  WALK = 2,
}
```

[코드 12-34] chapter_12_webgl_game / game / src / hooks / usePlayerJump.ts

```ts
(...)
const usePlayerJump = () => {
  (...)

  const stopCurrentAnimation = (actions: THREE.AnimationAction[], currentAnimation: number) => {
    actions[currentAnimation]?.stop();
  };

  const startJumpAnimation = (actions: THREE.AnimationAction[]) => {
    actions[AnimationState.JUMP].reset().setLoop(THREE.LoopOnce, 1).play();
  };

  const finishJump = (modelRef: React.RefObject<THREE.Group>, actions: THREE.AnimationAction[], currentAnimation: number, startY: number) => {
    if (!modelRef.current) return;

    setIsJumping(false);
    actions[AnimationState.JUMP].stop();
    modelRef.current.position.y = startY;
    actions[currentAnimation]?.reset().play();
    applyLandingEffect(modelRef);
  };

  const applyLandingEffect = (modelRef: React.RefObject<THREE.Group>) => {
    if (!modelRef.current) return;

    const originalScale = modelRef.current.scale.y;
    modelRef.current.scale.y *= 0.9;
    setTimeout(() => {
      if (modelRef.current) modelRef.current.scale.y = originalScale;
    }, 100);
  };

export default usePlayerJump;
```

현재 실행 중인 애니메이션을 중지하는 stopCurrentAnimation 함수를 생성하고 startJump Animation 함수를 생성해 점프 애니메이션을 리셋하고 한 번만 재생하도록 합니다.

finishJump 함수를 생성해 점프 중인 상태를 false로 할당하고 점프 애니메이션도 중지하고 modelRef 모델 참조값의 y 위치도 시작값인 startY로 할당합니다.

그리고 점프 종료 상태일 때 인자로 넘겨받은 현재 애니메이션을 재생하도록 하고 apply LandingEffect 함수를 실행하는데 이 함수는 점프하고 난 후 점프했다는 느낌을 부여할 수 있도록 modelRef.current.scale.y *= 0.9로 캐릭터의 크기를 9/10의 크기로 약간 줄였다가 원래 크기로 돌아오게 하여 착지감을 줍니다.

[코드 12-35] chapter_12_webgl_game / game / src / hooks / usePlayerJump.ts

```ts
(...)
const usePlayerJump = () => {
  (...)

  const jumpHook = useCallback(
    (modelRef: React.RefObject<THREE.Group>, actions: THREE.AnimationAction[],
currentAnimation: number) => {
      if (isJumping || !modelRef.current) return;

      setIsJumping(true);

      const startY = modelRef.current.position.y;
      const startTime = performance.now();

      stopCurrentAnimation(actions, currentAnimation);
      startJumpAnimation(actions);

      const animateJump = () => {
        if (!modelRef.current) return;

        const currentTime = performance.now();
        const elapsedTime = (currentTime - startTime) / 1000;
        const jumpProgress = Math.min(elapsedTime / JUMP_DURATION, 1);
        const heightOffset = Math.sin(jumpProgress * Math.PI) * JUMP_HEIGHT;
        modelRef.current.position.y = startY + heightOffset;

        if (jumpProgress < 1) {
          requestAnimationFrame(animateJump);
        } else {
          finishJump(modelRef, actions, currentAnimation, startY);
```

```
            }
        };

        requestAnimationFrame(animateJump);
    },
    // eslint-disable-next-line react-hooks/exhaustive-deps
    [isJumping],
    );
};

return {
    isJumping,
    setIsJumping,
    jumpHook,
  };
};

export default usePlayerJump;
```

jumpHook이라는 함수를 만들어 캐릭터 모델의 참조값인 modelRef, 애니메이션 동적 배열인 actions, currentAnimation으로 현재 동작 중인 애니메이션을 인자로 전달받습니다.

만약 점프 중이거나 모델 참조값이 없으면 빠르게 반환하고 내부 함수의 나머지 내용들이 실행되지 않도록 합니다.

점프 중이 아닐 때 해당 함수가 호출되면 setIsJumping을 통해 점프 중이라는 상태를 할당하고 startY 변수로 모델의 y값을 할당합니다. 이는 점프할 때의 시작 값을 의미합니다. startTime 변수에 시작 시간을 performance.now() 메서드로 얻은 시작 시간을 할당하고 stopCurrentAnimation 함수를 호출하는데 actions 배열과 currentAnimation으로 현재 진행 중인 애니메이션을 중단합니다.

startJumpAnimation 함수를 호출해 점프가 한 번 진행되도록 하고 animateJump 함수를 만들어 requestAnimationFrame으로 호출합니다. 현재 시간에서 시작 시간을 빼 경과 시간을 계산하고 1000으로 나누어 초 단위로 환산합니다. 경과 시간을 점프 지속 시간으로 나누어 진행률을 계산해서 Math.min 값으로 1을 초과하지 않도록 해서 이를 jumpProgress 변수로 선언합니다.

Math.sin을 활용해서 부드러운 점프 곡선을 만드는데 jumpProgress * Math.PI를 계산해서 0에서 π까지의 값을 생성하고 JUMP_HEIGHT 값을 곱해서 실제 점프 높이를 얻습니다.

modelRef.current.position.y에 계산된 값을 할당해 자연스러운 점프 높이를 할당할 수 있고 점프 진행도가 1 미만으로 점프가 완료되지 않았다면 requestAnimationFrame을 사용해서 다음 프레임을 요청합니다. 점프가 완료되었다면 finishJump 함수를 호출하여 점프를 마무리합니다.

마지막으로, 반환값으로 점프 상태 여부를 나타내는 isJumping, 점프 상태로 변경할 수 있는 setIsJumping 함수, 그리고 점프 동작을 수행하는 jumpHook 함수를 객체로 내보내서 훅을 호출하는 곳에서 사용할 수 있도록 합니다.

 performance.now()?

performance.now()는 자바스크립트의 고성능 타이밍 API의 일부로 현재 시간을 밀리초 단위로 반환합니다. 1970년 1월 1일부터의 경과 시간을 반환하는 Date.now()와 달리, performance.now()는 페이지 로드 시점 부터의 경과 시간을 반환하고 성능적으로 더 뛰어난 특징이 있습니다.

[코드 12-36] chapter_12_webgl_game / game / src / components / Player.tsx

```tsx
(...)
import usePlayerJump from '../hooks/usePlayerJump';
import { AnimationState } from '../types/type';

(...)
const Player: React.FC<IPlayerProps> = ({ modelSrc, targetPosition, onPositionUpdate, movementSpeed = 3, rotationSpeed = 10 }) => {
  (...)
  const { isJumping, jumpHook } = usePlayerJump();
  (...)
  const jump = useCallback(() => {
    jumpHook(modelRef, actions, currentAnimation);
  }, [actions, currentAnimation, jumpHook]);

  const updatePosition = useCallback(
    (delta: number) => {
      (...)
      if (distance > 0.1) {
        (...)
        const movement = direction.multiplyScalar(movementSpeed * delta * (isJumping ? 0.7 : 1));
        (...)
      }
    },
```

```
      [targetPosition, movementSpeed, rotationSpeed, isJumping],
    );

    const updateAnimation = useCallback(() => {
      (...)
      switch (true) {
        case isJumping:
          nextAnimationState = AnimationState.JUMP;
          break;
        (...)
      }
    }, [isJumping, targetPosition, currentAnimation, actions]);
    (...)
    useEffect(() => {
      const handleKeyDown = (event: KeyboardEvent) => {
        if (event.code === 'Space') {
          jump();
        }
      };

      window.addEventListener('keydown', handleKeyDown);
      return () => window.removeEventListener('keydown', handleKeyDown);
    }, [jump]);
    (...)
};

export default Player;
```

이제, 〈Player〉 컴포넌트에 usePlayerJump 훅을 선언하고 isJumping, jumpHook을 구조 분해 할당으로 가져와서 jump 변수를 생성해 jumpHook 함수의 반환값을 할당합니다. 기존 updatePosition 함수에서 이동 거리를 계산할 때 점프를 하기 때문에 약간 덜 이동하도록 isJumping 상태에는 0.7로 할당합니다. updateAnimation 함수 내부에서도 switch 문에서 case를 추가하는데 isJumping이라면 AnimationState.JUMP를 할당합니다. useEffect 훅을 생성해 jump 함수가 키보드의 Space 를 눌렀을 때 실행되도록 하고, keydown 이벤트에 할당하여, 손을 뗐을 때에는 해당 이벤트를 삭제하도록 합니다.

[그림 12-11] 3D 캐릭터가 마우스 이동 중에 점프해서 뛰어오르는 모습

이동하면서 스페이스바를 눌렀을 때, 점프가 자연스럽게 잘되고 있나요?

12-9 이벤트를 통한 축구공 노출 구현

마우스와 키보드를 사용한 인터랙션을 넣어 게임적인 요소가 포함되었지만 물체와의 이벤트를 통한 게임 요소를 하나 더 추가해 보겠습니다.

바닥에 동그란 지점(Spot)을 생성하고 그 지점에 올라서면 축구공이 나타나는 이벤트를 추가합니다.

[코드 12-37] chapter_12_webgl_game / game / src / types / type.ts

```
(...)

export interface IPosition {
  readonly x: number;
  readonly y: number;
  readonly z: number;
}
```

type.ts 파일에 3D 공간에서의 위치를 나타내는 x, y, z 속성을 반복적으로 사용하기 때문에 IPosition으로 interface를 작성하고 export로 내보내서 사용하겠습니다.

[코드 12-38] chapter_12_webgl_game / game / src / components / Spot.tsx

```
import React from 'react';
import { IPosition } from '../types/type';

interface ISpotProps {
  position: IPosition;
}

const Spot: React.FC<ISpotProps> = ({ position }) => {
  return (
    <mesh position={[position.x, position.y, position.z]} rotation-x={-Math.PI / 2}
receiveShadow>
```

```
        <circleGeometry args={[1.2, 20]} />
        <meshStandardMaterial color="red" transparent opacity={0.5} />
      </mesh>
  );
};

export default Spot;
```

〈Spot〉 컴포넌트를 생성해 type.ts 파일에서 내보냈던 IPosition을 가져와 ISpotProps에서 위치 속성인 position의 타입으로 할당합니다.

〈mesh〉 컴포넌트의 position 속성에 받아온 세 가지 위치를 배열로 담고 rotation-x 속성에는 -Math.PI / 2 값으로 할당해 X축 기준으로 90도 회전시켜 바닥에 평행하게 만듭니다.

receiveShadow 속성을 추가해 그림자를 받을 수 있도록 하고 〈circleGeometry〉 컴포넌트에 args 속성의 값으로 반지름 1.2인 20개의 모서리가 있는 원을 만듭니다.

〈meshStandardMaterial〉 컴포넌트의 color 값은 red로 지정하고 transparent로 투명도를 활성화한 다음 opacity 값으로 0.5를 주어 붉은색 계열과 초록색 바닥에 적절하게 어울러서 영역을 표시하겠습니다.

[코드 12-39] chapter_12_webgl_game / game / src / components / Scene.tsx

```
import Spot from './Spot';
(...)
const SPOT_POSITION = { x: 2, y: 0.01, z: 2 };
(...)
const Scene: React.FC = () => {
  (...)
  return (
    <>
      <group ...>
        (...)
        <Spot position={SPOT_POSITION} />
        (...)
      </group>
    </>
  );
};

export default Scene;
```

〈Scene〉 컴포넌트를 열어 〈Spot〉 컴포넌트를 렌더링하는데, SPOT_POSITION을 상수로 x, y, z 포지션으로 지정하고 position 속성의 값으로 넘깁니다.

[그림 12-12] 〈Spot〉 컴포넌트가 렌더링되어 바닥에 투명하게 붉은 원이 생성된 결과

[코드 12-40] chapter_12_webgl_game / game / src / components / Ball.tsx

```
import React, { useRef, useEffect } from 'react';
import { useThree } from '@react-three/fiber';
import { useGLTF } from '@react-three/drei';
import * as THREE from 'three';
import { IPosition } from '../types/type';

interface IBallProps {
  modelSrc: string;
  position: IPosition;
  visible: boolean;
}

const Ball: React.FC<IBallProps> = ({ modelSrc, position, visible }) => {
  const { x, y, z } = position;
  const { scene: threeScene } = useThree();
```

```
  const modelRef = useRef<THREE.Object3D>();
  const { scene } = useGLTF(modelSrc);

  useEffect(() => {
    if (scene.children[0]) {
      const modelMesh = scene.children[0].clone();

      modelMesh.traverse((child) => {
        if (child instanceof THREE.Mesh) {
          child.castShadow = true;
          child.receiveShadow = true;

          if (!child.material) {
            child.material = new THREE.MeshStandardMaterial();
          }
        }
      });

      modelMesh.position.set(x, y + 2, z);
      modelRef.current = modelMesh;
      threeScene.add(modelMesh);

      return () => {
        threeScene.remove(modelMesh);
      };
    }
  }, [scene, x, y, z, threeScene]);

  return null;
};

export default Ball;
```

〈Ball〉 컴포넌트를 생성하여 캐릭터가 원 안에 들어가면 축구공이 튀어나오도록 축구공 모델 파일을 로드하고 애니메이션을 적용해 보겠습니다.

필요한 모듈들을 임포트하고, IBallProps라는 인터페이스를 정의해서 modelSrc로 모델 파일 경로를 string 타입으로, position으로 x, y, z 객체를 할당하고 visible 속성으로 〈Ball〉 컴포넌트의 노출 여부를 작성합니다.

position에서 x, y, z 좌표를 추출하고 useThree 훅에서 scene을 구조 분해 할당해 threeScene이라는 이름으로 3D 공간에 접근을 하고 modelRef를 useRef로 3D 모델에 대한 참조를 생성합니다.

useGLTF를 사용해 모델 파일의 경로로 축구공 모델 파일을 로드하고 useEffect 훅에서 modelMesh 변수에 해당 로드된 모델의 첫 번째 자식을 복사하여 할당합니다.

traverse 메서드를 활용해서 마찬가지로 모델에 대해서 각각 그림자, 재질에 대해서 기본으로 설정하고 modelMesh.position.set(x, y + 2, z)로 모델의 초기 위치를 설정하고 scene에 추가를 합니다.

마지막으로 해당 컴포넌트가 렌더링을 하는 용도가 아닌 축구공 모델 파일을 조작하는 데 사용되기 때문에 return null을 통해서 null을 반환합니다.

[코드 12-41] chapter_12_webgl_game / game / src / components / Scene.tsx

```
import Ball from './Ball';
(...)
const Scene: React.FC = () => {
  (...)
  return (
    <>
      <group ...>
        (...)
        <Ball modelSrc="/ball.glb" position={SPOT_POSITION} visible={true} />
        (...)
      </group>
    </>
  );
};

export default Scene;
```

〈Scene〉 컴포넌트에서 〈Ball〉 컴포넌트를 로드하고 modelSrc로 모델 파일의 경로를 전달하며, position 속성으로 미리 선언해뒀던 SPOT_POSITION을 사용해서 동그란 원과 위치를 똑같이 설정합니다.

[그림 12-13] 〈Ball〉 컴포넌트가 렌더링되어 머리 위에 그림자와 함께 떠 있는 축구공 모델

이제 축구공 모델 파일이 잘 로드된 것을 확인했으니, 동적으로 나타나게 하기 위해 gsap 라이브러리를 사용해 해당 원에 위치했을 때 부드럽게 나타나도록 하고 축구공이 회전하는 애니메이션을 만들어보겠습니다.

[코드 12-42] chapter_12_webgl_game / game / src / components / Ball.tsx

```tsx
import { useThree, useFrame } from '@react-three/fiber';
import gsap from 'gsap';
(...)
const Ball: React.FC<IBallProps> = ({ modelSrc, position, visible }) => {
 (...)
 useEffect(() => {
   (...)
   modelMesh.position.set(x, y - 1, z);
   (...)
 }, [scene, x, y, z, threeScene]);

 useEffect(() => {
    if (modelRef.current) {
     const targetY = visible ? y + 2 : y - 3;
     const targetScale = visible ? 1 : 0.8;
```

```
      gsap.to(modelRef.current.position, {
        y: targetY,
        duration: 1,
        ease: 'elastic.out(1, 0.5)',
      });

      gsap.to(modelRef.current.scale, {
        x: targetScale,
        y: targetScale,
        z: targetScale,
        duration: 0.5,
        ease: 'power2.inOut',
      });
    }
  }, [visible, y]);

  useFrame((_, delta) => {
    if (modelRef.current && visible) {
      modelRef.current.rotation.y += delta * 2;
    }
  });

  return null;
};

export default Ball;
```

축구공 모델의 초기 위치 중 y를 기존 + 2에서 – 1로 하여 바닥 아래에 있도록 하고 useEffect 훅에서 visible 속성의 상태에 따라 targetY 변수에 y + 2 또는 y –3 으로 할당을 합니다.

targetScale이라는 변수에 visible 여부에 따라서 공의 크기도 약간 작은 상태에서 커지도록 설정해 자연스럽게 나타나도록 하고 gsap 라이브러리를 사용해 현재 축구공 모델의 포지션 값 중에 y 속성에 대해서 targetY 변수에 따라서 할당하는데 elastic.out 이징을 사용해서 탄력있게 튀어오르는 애니메이션 효과를 1초간 줍니다.

gsap를 사용해서 축구공 모델의 scale 속성도 마찬가지로 x, y, z로 각각 커지도록 하고 0.5초 동안 power2.inOut 이징을 사용해서 부드럽게 커지도록 합니다.

useFrame 속성을 사용해 매 프레임마다 y축을 기준으로 이전 프레임의 값인 delta 속성에 *2를 곱해 일정한 속도로 공이 회전하도록 합니다.

[그림 12-14] 〈Ball〉 컴포넌트에 애니메이션을 부여해서 축구공 모델이 회전하고 있는 결과

이제, 축구공이 애니메이션 효과를 나타내며 스스로 회전하고 있고 축구공 자체에도 그림자가 생성된 것을 확인할 수 있고 잔디의 그림자도 같이 회전하고 있음을 확인할 수 있습니다.

이제 캐릭터 모델이 원 안에 들어갔을 때 축구공 모델이 튀어 올라와 회전하고 다시 캐릭터가 원 밖으로 나가면 사라지는 효과를 부여해 보겠습니다.

[코드 12-43] chapter_12_webgl_game / game / src / components / Scene.tsx

```
(...)
const BALL_VISIBILITY_THRESHOLD = 1.5;

const Scene: React.FC = () => {
 (...)
 const [isBallVisible, setIsBallVisible] = useState(false);
   (...)
   return (
   <>
     <group ...>
       (...)
       <Player
          (...)
          onPositionUpdate={(position) => {
          (...)
          const distanceToBall = position.distanceTo(new THREE.Vector3(SPOT_POSITION.x, SPOT_POSITION.y, SPOT_POSITION.z));
            setIsBallVisible(distanceToBall < BALL_VISIBILITY_THRESHOLD);
```

```
        }}
      />
      <Ball ... visible={isBallVisible} />
      (...)
    </group>
  </>
 );
};

export default Scene;
```

BALL_VISIBILITY_THRESHOLD 상수로 축구공과 캐릭터 모델 간의 거리에 대한 조건값을 1.5로 설정합니다. 이 임계값 이내로 근접하면 축구공이 나타나도록 합니다. 〈Ball〉 컴포넌트의 visible 속성에 기본값 true 대신, useState 훅으로 생성된 기본값이 false인 isBallVisible을 할당합니다. 〈Player〉 컴포넌트에서 onPositionUpdate 함수를 통해 캐릭터 모델의 x, y, z 좌표를 인자로 넘겨받습니다. 이 값으로 distanceTo 메서드를 활용해 축구공 모델의 위치와의 거리를 distanceToBall 변수에 정의합니다.

마지막으로 distanceToBall 변수와 BALL_VISIBILITY_THRESHOLD 임계값을 비교해 캐릭터 모델이 축구공 모델과 가까워지거나 멀어질 때 setIsBallVisible을 true 또는 false로 업데이트합니다.

[그림 12-15] 캐릭터 모델이 원 안에 들어갔을 때만 축구공 모델이 나타나는 결과

이제, 원 밖으로 이동하면 축구공이 사라지고 원 안에 들어오면 축구공이 자연스럽게 나타나요?

마무리

이번 장에서는 리액트와 Three.js를 활용한 3D 웹 게임 개발을 학습했습니다.

R3F(React Three Fiber)를 사용하여 Three.js를 리액트 환경에서 효율적으로 활용하는 방법을 배웠고, 3D 객체 생성, 조명 설정, 카메라 제어 등 Three.js의 핵심 개념들을 실습을 통해 익혔습니다.

3D 캐릭터 모델을 로드하고 애니메이션을 적용하는 방법, 마우스와 키보드 인터랙션을 통한 캐릭터 조작 구현, 그리고 이벤트를 통한 게임 요소 추가 등 실제 Three.js를 활용한 웹 게임 개발에 필요한 기술들을 종합적으로 다루었습니다.

또한, GSAP 라이브러리를 활용하여 부드럽고 동적인 애니메이션 효과를 적용하는 방법도 학습했습니다.

TypeScript를 도입하여 코드의 안정성과 가독성을 높이는 방법, 컴포넌트와 훅을 분리하여 코드를 구조화하는 기법 등도 함께 배웠습니다.

이번 장에서 배운 내용들은 3D 그래픽과 인터랙티브 요소를 구현하는 데 필수적인 기술들이므로, 앞으로 다양한 프로젝트에서 이 기술들을 활용하여 더욱 흥미롭고 몰입도 높은 3D 웹 게임 프로젝트를 만들어 보세요.

찾아 보기

한글(ㄱ~ㅎ)

가상 요소 선택자	125
가상 클래스 선택자	118
가상 DOM	673
검색 엔진 최적화(SEO)	540
공공 API(Public API)	404
관심사의 분리	582
구조 분해 할당(destructuring assignment)	346
그룹 선택자	125
기본 매개변수(Default Parameter)	781
기본 설정: 설정 열기(UI)	49
기본 포맷팅	39
내부 스타일시트(Internal Stylesheet)	94
네트워크 탭	407
노드(Node)	317
단언 연산자(non-null)	771
동기(Synchronous)	390
디바운스(Debounce)	360
라디안	466
레거시 코드	20
리액트(React)	673
리팩터링(Refactoring)	358, 580
린팅(Linting)	683
마진 병합 현상	363
마크업(MarkUp)	447
메서드	306
메서드 체이닝(Method Chaining)	406, 662
메서드와 함수의 차이	435
명령형 프로그래밍	677
모듈시스템	508
모바일 메뉴	511
문단 요소(<p>)	71
문법적 설탕(Syntactic Sugar)	623
미디어 쿼리(Media Query)	265, 420
바닐라 자바스크립트(Vanilla JavaScript)	673
박스 모델(Box Model)	103
반응형 레이아웃(Responsive Layout)	420
반응형 웹(Responsive Web)	262
버블링(Bubbling)	333
변수	314
불릿(bullet) 스타일	105
브라우저 렌더링 과정	59
브라우저 점유율	20
브라우저 캐시	98
블록 요소	61
비동기(Asynchronous)	390
색상 표현법	117
생성자(constructor) 메서드	624
생태계	674
선언형 프로그래밍	677
소프트 스킬	16
속성 선택자	125
스칼라(scalar)	783
스켈레톤 UI	439
스크린 리더(Screen reader)	76
쌓임 맥락(Stacking Context)	137
쓰로틀(Throttle)	360
아이디 선택자	108
아크탄젠트	466
애플리케이션	17
언어 코드와 국가 코드	378
엔드포인트(endpoint)	595
오픈 그래프 프로토콜(Open Graph Protocol)	55
외부 스타일시트	96
요소(Element)	317
우선순위와 특정성	107
웹 워커	393
유사 배열 객체	310
유클리드 거리 공식	465
의미론적 태그(Semantic Tags)	71
이미지 포맷(jpg, png, webp)	161
이벤트	331
이벤트 객체	376
이벤트 디스패치(Event Dispatch)	351
이벤트 위임(Event Delegation)	333
이징(Easing)	711
인라인 스크립트	286
인라인 스타일(Inline Styles)	94
인라인 요소	62
인수(arguments)	312

인자(parameter)	312	함수 표현식	386
인접 선택자	125	해시 태그	550
인접 형제 선택자	125	헤딩 요소	68
인터랙티브 UI	18	호이스팅	385
인터페이스(interface)	724	확장 프로그램	29
		환경 변수 설정	24
자손 선택자	104	훅(hook)	733
자손 요소	86		
자식 선택자	104		
자식 요소	86		
재질(Material)	700		
저수준 언어(Low-level language)	674		
적응형 웹(Adaptive Web)	262		
전개 연산자(spread operator)	310		
주석 처리	359		
지오메트리(Geometry)	699		

영어(A~Z)

캐싱(Caching)	629	active	211
캐스케이딩(Cascading)	115	alert	379
캔버스	334	animation	228
캡처링(Capturing)	333	animation-timeline	564
콘텐츠 모델(Content Model)	63	AnimationMixer	772
쿼리 스트링(Query String)	535	append	315
크로미움	21	appendChild	315
크로스 브라우징	22, 573	apply	648
크롬 다운로드	22	async	60, 290
클래스 문법	623	async/await	393
클래스 선택자	108	Auto Close Tag	30
		Auto Import	36
태그 선택자	100	Auto Rename Tag	34
트러블슈팅	585	Axios	395
폰트 스택(font stack)	170	Babel	720
폰트 포맷(ttf, otf, woff, woff2)	164	beforeunload	528
폴리필(Polyfill)	162	bind	648
폴백(fallback)	163	bun	680
폼 요소의 method 속성	370		
표준과 비표준	352	Can I Use	81, 421, 572
프로덕션 빌드	679	carousel	231
		CDN(Content Delivery Network)	398
하드 스킬	16	clipAction	772
함수	368	Code Spell Checker	34
함수 선언식	386	Color Highlight	35
함수 선언식과 표현식	385	common.css	136
		confirm	379
		const	314
		cookie	526

CSS 변수	189
CSS 선택자	99
CSS 우선순위	191
CSS Navigation	36
CSS의 중첩(Nesting)	223
Cubic Bezier 곡선	207
currentColor	456
decodeURIComponent	632
defer	60, 290
document.documentElement	521
document.getElementById	305
document.querySelector	305
DocumentFragment	318
DOM(Document Object Model)	301
DRY(Don't Repeat Yourself) 원칙	368
DX	16
Early Return	349
encodeURIComponent	632
enum	770
Error Lens	35
ESLint	33
ESLint 프로젝트 설정	296
ettings.json에서 편집	38
event.preventDefault()	350
event.stopPropagation()	350
fetch	395
flex	146
float	129
focus	211
FOIT(Flash of Invisible Text)	168
forEach	533
forwardRef	767
FOUT(Flash of Unstyled Text)	168
Grid	156
GSAP(GreenSock Animation Platform)	711, 732, 801
HDR(High Dynamic Range)	703
HMR(Hot Module Replacement)	698
hover	211

HTML 문자 엔티티	72
HTML CSS Support	34
HTML(Hyper Text Markup Language)	46
HTTP 메서드	91
HTTP 상태 코드	395
IDE	26
Image preview	36
indent-rainbow	35
innerHTML	324, 376
innerText	324, 376
inset	561
IntelliCode	32
IntelliSense for CSS class names in HTML	35
IntersectionObserver API	360, 577
JavaScript (ES6) code snippets	34
js-* 접두사 클래스 사용 이유	524
JSON.parse	531
JSON.stringify	531
JSX(JavaScript XML)	677
Korean Language Pack for Visual Studio Code	36
lang 속성	75
let	314
Live Server	32
localStorage	526
LTS	23
map	533
matchMedia	745
new Map()	654
Node.js 설치	23
npm	680
Opacity	192
OrbitControls	700
outerHTML	324
package.json	690
parseInt	381
Path Intellisense	34

performance.now()	793
perspective	224
pnpm	680
popstate	587
position	136
preconnect	167, 476, 542
Prettier	31
Prettier 프로젝트 설정	296
Project Manager	35
Promise	393
prompt	379
props	699
proxy	581
Quokka.js	36
R3F(@react-thre/fiber)	696
raycaster	776
rel	219
removeChild	316
reset.css	108
REST API	594
REST API(Representational State Transfer API)	404
return this	662
sans-serif 폰트	170
scroll-snap-align	560
scroll-snap-stop	560
scroll-snap-type	557
scrollIntoView	586, 664
sessionStorage	526
Spinner UI	400
sr-only	116
State of JS	674
static 메서드	651
StrictMode	684
SVG	172
SWC(Speedy Web Compiler)	681
text-rendering	546
textContent	324
Three.js	675
THREE.Vector3	763
toLocaleString()	382

Trailing Spaces	36
Transform	216
Transition	197
traverse	737
type module 속성	549, 627
URLSearchParams	537
use strict	344
useCallback	771
useFrame	704
useRef	699
useThree	707
view-timeline	564
viewBox	432
Visibility	192
Visual Studio Code	27
Vite 프로젝트 폴더 구조	695
VS Code 테마	28
vscode-icons	34
W3C	21
W3C Validator	64
WebGL(Web Graphics Library)	674
yarn	680

기호

:root	182
?(Optional Chaining) 연산자	402
.gitignore	292, 683
@layer	556
@media (hover: hover)	454
@property 규칙	195
@supports	278, 540, 571
<a>	76
<audio>	79

	82
<dl>	83

<Environment>	702
<form>	86
<hr>	82
<img>	77
<input>	86
<label>	86
<link> 태그	58
<meta> 태그	52
<ol>	83
<picture>	413
<primitive>	716, 756
<script> 태그	58
<select>	86
<Suspense>	729
<textarea>	86
<title> 태그	53
<ul>	83
<video>	79

프론트엔드 개발자를 위한
인터랙티브 웹 애니메이션

1판 1쇄 발행 2025년 7월 1일

저 자 | 김영민
발 행 인 | 김길수
발 행 처 | (주)영진닷컴
주 소 | (우)08512 서울특별시 금천구 디지털로9길 32
갑을그레이트밸리 B동 10층
등 록 | 2007. 4. 27. 제16-4189

©2025. (주)영진닷컴

ISBN | 978-89-314-7939-3

이 책에 실린 내용의 무단 전재 및 무단 복제를 금합니다.

YoungJin.com **Y.**
영진닷컴